KB001776

시네마 폴리티카

이 도서의 국립중앙도서관 출판예정도서목록(CIP)은 서지정보유통지원시스템 홈페이지(http://seoji.nl.go.kr)와
국가자료공동목록시스템(http://www.nl.go.kr/kolisnet)에서 이용하실 수 있습니다.
CIP제어번호: CIP2016013204(양장), CIP2016013206(학생판)

시네마
폴리티카

영화로 읽는 정치적 삶과 세계

CINEMA
POLITICA

홍익표 지음

한울
아카데미

영화로 읽는 정치적 삶과 세계

모든 영화는 정치적이지만 같은 방식으로 정치적이지는 않다.

마이크 웨인(Mike Wayne)

거리에서 영화관으로 걸어 들어가는 것이 더 이상 꿈의 세계로 들어가는 것을
의미하지는 않는다.

테오도어 아도르노(Theodor Adorno) · 막스 호르크하이머(Max Horkheimer)

정치가 사라지고 있다. 무슨 말일까? 신문을 펼치거나 텔레비전을 틀기만
하면 정치 관련 뉴스가 범람하고 정치인들 역시 끄떡없이 활동하고 있는데
정치의 '실종'이라니, 뭔가 잘못된 말이 아닐까? 이런 의문에 대해서는 "그렇
다면 우리 사회를 지배하는 것은 무엇인가"라고 되물을 수 있다. 이는 "누가
혹은 무엇이 실제로 권력을 소유하고 행사하는가"라는 질문이기도 하다. 다
양한 답 중에서 대부분의 사람들이 수긍할 만한 것은 재벌 혹은 시장일 것이
다. 아예 권력이 시장에 넘어갔다고 말한 대통령도 있다. 재벌 혹은 시장이

지배하는 사회란 시장의 법칙이 위력을 발휘하는 사회를 말한다. 이는 시장 이데올로기가 광범위하게 통용되는 사회이기도 하다. 여기서는 사람마저 공공연하게 상품으로 취급되고 사람들 간의 관계는 사적 이익에 따라 손쉽게 바뀐다. 비용과 수익 비율, 능률, 수익성, 효율성은 사회의 지배적 가치로 간주된다.

정치 영역 역시 다르지 않다. 아르헨티나 출신의 사회학자인 로날도 뭉크(Ronaldo Munck)는 금권이 전에 없이 정치적 영향력을 미치고 있으며, 정치는 여타 다른 상품과 마찬가지로 시장화되고 패키지화되었다고 말한다(뭉크, 2009: 119~120). 일찍이 세계화를 국정 구호로 내걸었으며, 외환 위기에 처해 국제통화기금(IMF)이 강요한 지원 조건을 충실히 이행했던 한국은 더 말할 나위도 없을 것이다. 이런 사회에서는 집단적 결정을 만들고 이를 강제하는 통치 기술이라는 협소한 범주의 정치는 존재할지 몰라도 복잡하게 이해가 얽혀 있는 사회의 갈등을 민주적 절차와 과정을 통해 조정하고 합의를 통해 공공선을 추구하는 넓은 범주의 정치는 제대로 작동하지 않는다. 전자에 비해 후자가 바람직한 정치인 것은 분명하다. 전자에만 의지할 경우 시민들의 자유의 공간은 폐쇄되거나 억압되고, 정부의 정책 결정 역시 정치적 권위와 정당성을 얻지 못하는 등 여러 가지 사회적 문제가 발생하기 때문이다.

주위를 둘러보면 일반 대중은 물론이거니와 정치 지도자라는 사람들까지도 정치를 왜곡되게 인식하는 경우가 너무 흔하다. 정치를 한낱 권모술수에 기초한 권력 장악의 기술이나 강압력과 일방적 홍보를 통해 반대 세력에 다수의 의지를 관철하려는 권위적 통치로만 인식하는 것이 대표적이다. 이는 적지 않은 부작용을 초래한다. 그중 하나가 바로 정치에 대한 불신과 혐오이다. 현재 한국 사회에서 정치적 불신은 매우 심각한 수준이다. 대중이 정치를 불신하고 거리를 둘수록 그들의 이해는 정치에 반영되지 않는다. 정치는 통제에서 벗어난 권력자들이 사적인 이익을 추구하는 장이 되기 쉽다. 사회적 약자들의 삶은 불안해질 수밖에 없는 것이다. 그렇다면 정치 불신의 원인은 무엇일까?

그 원인은 다양한 수준과 영역에서 찾을 수 있을 것이다. 정치 영역에서는 정치제도와 정치 행태를 거론할 수 있다. 한국의 정치제도는 다수제의 특징을 지니고 있다. 집행부, 그중에서도 대통령에게 집중된 권력, 강력한 양당제도, 다수대표제의 선거제도 등은 다수제를 구성하는 내용들이다. 대통령 중심제를 채택하고 있지만 행정부, 사법부, 입법부 간에 균형과 견제가 제대로 이뤄지지 못하고 대통령 1인에게 지나칠 정도로 권력이 집중된다. 대통령과 국회의원 선거제도 역시 다수대표제를 채택한 데서 알 수 있듯 비례성의 수준이 높지 않다. 다수대표제는 소수 세력을 권력에 대한 접근에서 배제하기 때문에 유권자들이 정치 참여를 기피하는 경향이 있다. 대의제 민주주의의 핵심 기구인 의회와 정당도 제도화 수준이 낮다. 의회는 사회 전체의 이익을 대표하기보다는 특정 집단의 이익이나 해당 선거구민의 의사만을 국정에 반영하는 데 몰두하고 있다. 대통령에 대해서도 온전한 자율성을 지니고 있지 못하다. 정당 역시 사회적 균열과 갈등을 조정하고 다양한 계층과 집단들의 요구를 정책에 반영하는 데 실패하고 있다.

정치 행태도 그리 다르지 않다. 공동체가 처한 위기 상황과 약자가 겪는 고통은 아랑곳하지 않고 오직 배타적 이익과 기득권 유지에 도움이 되느냐만을 삶의 방향을 결정하는 기준으로 삼은 이들이 버젓이 '사회 지도층'이라고 불린다. 권력을 획득하기 위해 온갖 중상모략과 노골적인 힘의 행사가 만연하고, 공익을 명분으로 사익을 추구하는 경우도 비일비재하다. 여기에 일부 정치인들은 해묵은 지역주의를 부추기고 시대착오적 색깔론으로 유권자를 자극하는 실정이다. 파벌 다툼이나 벌이고 툭하면 부패와 비리에 연루되는 정치인들도 적지 않다. 민주주의에 대한 이해와 의지가 부족하다 보니 권력자가 말을 억압하고 정보를 통제하며 의사 결정 과정을 비밀에 부쳐도 별탈이 없다. 이렇게 된 이유는 정치인들의 자질 부족도 있지만 다른 한편으로는 지배 세력에 물질적으로 포섭되거나 그들의 가치를 아예 내면화함으로써 순응적인 삶을 살아가는 사람들이 많기 때문이다. 이 같은 정치인들의 행태는 정치에 대한 일반 대중의 무관심과 혐오를 확산시키고 정치 참여를 저하시키기 마련이다.

권위주의 집권 세력이 정치적 반대 세력을 탄압하고 제거하는 데 악용해 왔던 분단 상황과, 정치권력을 유지하기 위해 특정 지역을 배제하고 소외시킨 데서 비롯된 지역주의 역시 탈정치화를 초래했다. 이념이나 계급, 지역 갈등을 유발하고 국가 안보에 대한 공포감을 조성함으로써 지배를 유지하고 강화하려는 것은 동서고금을 막론하고 기득 세력의 오래된 통치 전략이기도 하다. 그러나 시대가 변화하면서 반공(북)주의와 지역주의는 이전처럼 다른 모든 사회적 쟁점들을 잠재울 정도의 위력을 보여주지 못하고 있다. 그런데도 이 둘은 여전히 선거 때마다 동원되고 있으며, 각종 사회화 과정을 통해 이를 내재화한 기성세대와 특정 지역민들에게 일정한 영향력을 유지하고 있다. 이들은 점차 급변하고 다원화되는 한국 사회에서 여전히 과거와의 단절에 저항하고 대안적 이념이나 가치도 완강히 거부하고 있다.

부침을 겪고 있는 이 이데올로기들에 비해 현재 한국 사회에서 무소불위의 힘을 행사하는 것은 단연 신자유주의라 할 수 있다. 미국발 금융 위기가 초래한 전 세계적인 경제 침체로 인해 일부 국가에서 정부가 위기의 근원지인 시장에 대한 규제를 강화하기도 했지만 이는 한국과는 먼 이야기였다. 무제한적인 시장의 자유를 내세우는 신자유주의는 거시적 수준의 정치·경제뿐만 아니라 미시적 수준에서 한국인들의 일상을 더 강하게 옥죄고 있다. 규제 철폐, 감세, 민영화, 노동의 유연화와 노조 파괴가 만연해 있고, 기업의 이해관계를 옹호하기 위해 새로운 시장 자유의 영역이 계속 확대되고 있다. '비즈니스 프렌들리(business-friendly)'를 내세운 자칭 'CEO 대통령'은 감세와 민영화, 고환율·저금리 정책을 통해 화끈하게 재벌 대기업을 밀어줬지만 '고용 없는 성장'에서 보듯이 성장의 적하효과(trickle-down effect)는 별반 이뤄지지 않았다. 후임 대통령 역시 경제 활성화를 명분으로 노동과 환경, 부동산과 의료 영역 등에서 지속적으로 규제 완화를 밀어붙이고 있다. 그러나 사회적 폐해에 대한 숙고 없이 무분별하게 탈규제를 추진하는 사회란 어느 철학자가 적절히 비유한 것처럼 "수많은 칸막이들을 일순간 모두 제거해버린 동물원"(강신주, 2014)과 같은 사회이기도 하다.

빈곤의 대물림과 불공정 경쟁, 강자의 횡포와 착취, 불안한 노동과 저임금, 체념과 분노는 이제 한국 사회의 약자를 특징짓는 키워드가 되고 있다. 별다른 안전망 없이 극단적 경쟁이 지배하는 시장으로 내몰린 이들에게는 생존이 가장 절실한 삶의 목표가 될 수밖에 없다. 장시간에 걸쳐 높은 강도의 노동을 감당해야 하거나 저임금과 고용 불안으로 지속적으로 고통을 받는 사람들이 정치에 적극적으로 관심을 갖고 참여하기란 쉽지 않다. 이에 따라 공동체에 관심을 갖고 자발적으로 참여하는 자질을 지닌 시민이 형성되지 못한다. 신자유주의의 확산이 민주주의를 위협하고 정치를 형해화하는 까닭이 바로 여기에 있다. 신자유주의자들은 정치를 시장 경쟁의 결과를 사회에 강제하는 통치 기술이나 시장에서 비롯된 권력관계를 둘러싼 사회현상으로 협소하게 이해한다. 그래서 대화와 타협, 합의를 통해 공공선을 추구하기보다는 특수하고 사적인 이익이 우선되고 이를 관철하는 과정에서 노골적으로 강압력이 행사된다. 이런 현실에 실망한 대중이 정치에 거리를 두거나 무관심을 보이고 나아가 혐오를 드러내는 것은 어찌 보면 자연스러운 일이기도 하다. 이에 더해 공적인 장소에서는 정치에 관한 이야기를 하지 않는 것이 미덕이라고 여기는 풍토도 생겨나게 되었다. 아예 일부 대중은 자신들의 선택이 가져올 결과에 대한 고려 없이 '묻지 마 투표'처럼 계급에 반하는 행동을 하거나 사회적 약자에 대한 혐오와 적대적 행동에 은밀하게 가담하는 데서 탈출구를 찾기도 한다.

한편에서는 시장의 경제 권력이 비대해지면서 정치의 공간이 축소되고 역할이 무력화되고 있으며, 다른 한편에서는 정치에 대한 비난과 혐오가 만연해 있는 것은 사회 통합과 민주주의 발전을 위해서 결코 바람직한 현상이 아니다. 엎친 데 덮친 격으로 최근에는 탈정치화를 더욱 심화시킬 사건이 연이어 발생했다. 바로 '세월호 참사'와 '메르스 사태'이다. 초대형 사고가 발생했는데도 정부는 인명을 구조하지 못한 채 허둥댔다. 해경이 구조를 민간 기업에 맡기고 규제 기관은 불법과 탈법을 묵인한 사실이 드러났는데도 정부와 여당은 사건의 축소와 은폐에 매달렸고 정치권은 책임 추궁과 비난에 몰두했다. 우여곡절 끝에 '4·16세월호참사 진상규명 및 안전사회 건설 등을 위한 특별법'에 의해 설치된 세월호참사특별조사위원회는 조직과 예산이 대폭 축소되고 활동을 방해받는 등 끊임없이 무력화가 시도되고 있다. 이런 상황을 돌아보며 한 해고 노동자는 "죽은 사람과 살아남은 이들과 기억하는 자들만이 잔인함을 공유하고 분노를 나눠 마시는 데 비해 정치권은 늘 그렇듯이 이번에도 통제와 관리, 면피만으로 치열함을 보여주고 있다"(이창근, 2015: 396)라고 지적했다. 정부의 무능력은 메르스 사태에서 그대로 재연되었다. 세월호 참사 때처럼 정부는 골든타임을 놓치고 안일하게 초기 대응을 하다 걷잡을 수 없는 메르스 확산을 가져왔다. 국가적 비상 상황임에도 방역 지휘 체계는 제대로 작동하지 않았고, 감염병이 발생한 민간 병원에 대한 관리 통제도 엉망이었다. 이 사건들을 보고 겪으면서 사람들은 국가가 위기 상황에서 자신을 보호해주지 않는다는 것을 분명히 알게 되었다. 이제 사람들은 국가에 대한 기대를 접은 채 '각자도생'을 삶의 수칙으로 삼는 지경에까지 이르렀다. 그런 국가는 지그문트 바우만(Zygmunt Bauman)이 말한 대로 아무런 책임도 지지 않으면서 통치하는 완전히 새롭고 이상한 지배 형태, 즉 "국가 없는 국가"(바우만·보르도, 2014: 75)라고 할 수 있다.

개인의 삶은 직간접적으로 정치와 긴밀하게 연결되어 있다. 정치적 과정을 통해 제정된 규칙에 구속되고, 다양한 영역과 수준에서 작동하는 온갖 권력관계에 영향을 받는다. 이익을 둘러싸고 대립과 적대가 존재하지만 협상과 타협을 통해 갈등을 해소하기도 한다. 불평등한 사회에서 사회적 강자들은 자기 이익을 관철하는 수단을 갖고 있기 때문에 안전과 풍요로운 삶을 누린다. 이에 비해 사회적 약자들의 삶은 차별과 배제, 억압과 착취로 점철되기 쉽다. 이런 모순된 현실은 공동체, 상호주의, 공정성, 협력, 합의, 공공선에 기반을 둔 정치가 부재하거나 왜곡된 형태로 존재하기 때문이다. 사실이 그러함에도 정치에서 이탈하는 것은 사회 구성원들, 특히 사회적 약자들에게는 탐욕스러운 지배 권력과 냉혹한 시장 경쟁에 무방비 상태로 노출된다는 것을 의미한다. 이런 현실에서는 그들이 원하는 '좋은 삶'이 실현 불가능한 것은 물론이고, 기본적인 생존조차 제대로 담보되지 못한다. 그렇다면 이처럼 답답한 현실에서 어떻게 벗어날 수 있을까? 어떻게 개별적이고 특수한 이익을 추구하는 세력을 민주적으로 통제하고 공공의 이익이 우선되는 공동체를 만들 수 있을까? 어떻게 사회적 약자를 포함한 더 많은 사회 구성원들의 권리를 증진시키고 삶의 질을 높일 수 있을까?

시장의 지배가 강화되는 반면 국가의 무능은 두드러진다는 것은 무엇보다도 정치를 통해 사회구조와 시장의 왜곡을 바로잡거나 다양한 사회문제를 해결하는 것이 점차 어려워지고 있다는 뜻이다. 자유주의자들이 강변하는 개인과 자유 역시 위협을 받거나 아예 실현될 기회조차 사라지기 쉽다. 나아가 '공동의' 또는 '공공의' 이익을 보호하고, 사회 구성원, 특히 사회적 약자들의 욕구와 행복을 실현하는 일이 점차 불가능해지는 것이다. 자유와 평등, 정의 등과 같은 인류의 보편 가치를 '보존되어야 하는 가치'로 만들고 이를 공동체 내에서 구현하는 일도 시민권과 연대에 기반을 둔 '좋은' 정치를 통해서만 가능하다. 따라서 관건은 정치의 우선성에 대한 믿음과 이를 현실 세계에 구현하려는 집단적 노력이다. 배제와 차별과 위계에 문제를 제기하고 '보이지 않았던 것'을 보이게 만드는 정치의 복귀만이 현재의 위기를 극복할 수 있는, 즉 복잡하게 얽혀 있는 '고르디우스의 매듭'을 풀 수 있는 길이기 때문이다. 더구나 시장만능주의와 성장우선주의가 지배하는 사회라면 민주주의의 고갈에 대항하는 정치의 중요성은 더욱 크다.

정치의 우선성에 대한 믿음은 정치의 특성을 제대로 이해하지 않고는 형성될 수 없다. 정치란 무엇이고 왜 중요한가에 대한 공부가 필요하다는 말이다. 교과서나 전공 서적에 나와 있는 딱딱하고 지루한 설명만 들여다보면 정치에 대해 흥미를 갖고 제대로 이해하기 어렵다. 오히려 정치에 대한 편견과 오해만 생기기 십상이다. 관련 교과서는 '답정너'("답은 정해져 있으니 넌 대답만 하면 돼"라는 뜻의 신조어) 식으로 일방적 시각이 반영되거나 현실과 동떨어진 서술이 적지 않다. 민주주의의 의미와 중요성을 축소하고 수동적 시민의식을 강조한다는 평가도 받고 있다. 균형 잡힌 시각에서 충실히 서술되지 않은 책의 부작용이 클 수밖에 없다는 점은 묻지 않아도 알 수 있다. 기대하기 어려운 것은 언론 매체 역시 마찬가지이다. 극우 보수 성향의 매체가 압도적 다수를 형성하고 있는 '가파르게 기울어진 운동장' 상황에서 대다수 매체들은 민주주의 기능을 촉진하는 토론과 여론 형성의 역할을 수행하지 못하고 있다. 위르겐 하버마스(Jürgen Habermas)가 말한 '공론장'의 역할에 충실하지 못하다는 말이다. 주요 매체들이 사회의 지배 세력과 이익집단을 위해 봉사하고 선전하는 기능을 수행하는 것은 어제오늘 일이 아니다. 현실이 이렇다 보니 젊은 세대들은 온라인에서 서로 콘텐츠를 공유하고 수평적으로 의사소통을 하는 소셜네트워크서비스(이하 SNS)에서 주로 관련 정보를 얻고 있다. SNS가 수평적인 커뮤니케이션을 가능케 하고 기존 매체에서 다루지 않던 사회문제를 이슈화하고 대중을 동원하는 데도 탁월하기 때문이다. 촛불시위를 통해 먹거리와 환경, 교육 등 생활 영역의 문제에 대해 즉각적이고 창조적으로 문제 제기를 하고, 노동자들에 대한 집단 해고에 항의하는 크레인 고공 농성 소식을 전국으로 전파해 자발적으로 '희망버스'를 조직했던 것은 SNS가 있었기에 가능했다고 할 수 있다.

『시네마 폴리티카: 영화로 읽는 정치적 삶과 세계』는 바로 이 점에 착안해 기획되었다. 개방성과 자유에 대한 인식과 경험, 정보화에 대한 노출 정도에서 기성세대와는 차별적인 세대가 "대표되지 않는 민주주의"(홍익표, 2013)에 좌절하고 정치인들의 부패와 파벌 투쟁에 실망해 정치를 외면하는 것은 무척 안타까운 현상이다. 이들 세대는 등록금과 취업난에 분노하고, 전셋값과 교육비에 불안감을 느끼는 이들이다. 실력주의가 통하지 않고 패자 부활의 가능성이 낮으며, 부모의 기득권으로 자식의 미래를 사는 '금수저'의 나라를 그들은 이제 '헬조선'으로 부르는 지경에까지 이르렀다. '금수저'와 '흙수저'는 삶의 무게도 천양지차이다. 이런 청년 세대의 문제를 지배 세력은 적실성 있는 대책 마련 없이 세대 갈등 프레임을 이용한 분할 지배 전략을 이용해서 빠져나가려고만 한다. 사정이 이렇다 보니 일부 젊은이들은 여성과 장애인, 특정 지역인 등을 비하하고 혐오 발언을 쏟아내거나 소비자본주의가 조장하는 유아적 퇴행 현상에 무력하게 빠져들기도 한다. 그러나 다른 한편으로 이들 세대는 기성세대가 만든 고정관념과 권위주의를 싫어하고 자유와 개성, 다양성을 중시하는 특성도 지니고 있다. SNS를 통해 정보를 공유하고 전파하면서 나름의 관계를 맺는 일에도 능숙하다. 일부는 SNS를 통해 그들이 직면한 문제를 함께 토론하고 그 해결을 모색하면서 정치적 소외에서 벗어나 사회적 연대를 경험하기도 한다. 레이철 보츠먼(Rachel Botsman)이 지적했듯이 이전에 없던 커뮤니티를 만들고 필요한 것을 주고받으며 네트워크를 형성하는 것은 새로운 삶의 방식과 사회관계의 등장을 알리는 것이기도 하다(보츠먼, 2011).

권력을 가진 자들이 민주주의를 멀리하고 공익을 위한 정치를 기피하는 현실에서는 무엇보다도 대중이 자신의 삶을 결정짓는 정치의 다원적 차원과 속성을 이해하고 공동체의 구성원들에게 요구되는 자질을 익히며 정치 과정에 자발적으로 참여하는 것이 중요하다. 괴테의 『파우스트(Faust)』에 나오는 것처럼 "자유도 생명도 날마다 싸워서 얻는 자만이 그것을 누릴 만한 자격이 있는 것"(괴테, 2006: 365)이기 때문이다. 이 중에서 선행되어야 하는 것이 정치의 다원적 차원과 속성을 제대로 이해하는 것이다. 이를 위해 효과적인 도구가 될 수 있는 것이 바로 영화이다. 영화는 정보화 세대에게 매우 익숙한 매체이다. 모바일 게임, 웹툰 등과 더불어 스크린은 이들 세대가 친숙하게 다루는 문화 코드이기도 하다. 이들은 성장 과정에서 방송과 영화, 광고, 사진, 컴퓨터 그래픽, 애니메이션과 같이 렌즈를 통해 형성된 이미지를 가깝게 다뤄왔다. 이들이 '테트리스'나 '스타크래프트'에 열광하고 『미생』과 『송곳』에 깊이 공감하는 것은 너무나 자연스럽다. 이 작품들은 쉽고 재미난 콘텐츠를 대중의 눈과 귀에 잘 전달되도록 만든 것이라는 공통점도 있다.

같은 영상 매체에 속하는 영화 역시 강한 매력을 갖고 있다. 인생이 영화 같다는 말이 있다. 이는 영화가 현실을 비교적 충실하게 기록하고 재현한다는 뜻이기도 하다. 인생이 복잡한 것처럼 영화 역시 거의 무제한일 만큼 다양한 소재와 주제를 다룰 수 있다. 사회적 현상의 하나인 정치 현상도 이런 영화를 통해 잘 묘사될 수 있다. 조지프 보그스(Joseph M. Boggs)의 영화 예찬을 들어보자.

> 영화는 주제의 영역만이 아니라 소재에 접근하는 시각에 있어서도 무한하다. 영화는 서정적인 것에서 서사적인 데 이르는 어떤 영역도 포함할 뿐만 아니라 시점에 있어서는 순전히 객관적인 것에서 극도로 주관적인 것에 이르기까지 다 담아낼 수 있다. …… 시간적인 차원에서는 먼 과거나 미래를 간단없이 오가고, 불과 몇 초를 몇 시간처럼 확장시키는가 하면, 반대로 한 세기를 몇 분으로 압축할 수도 있다. …… 그러나 더 중요한 것은 영화 매체가 전달하는 전적인 현실감이다. …… 이처럼 완전하면서도 극단적인 환상이 영화를 통해 현저한 리얼리티를 형태 지우고 또한 정서 효과를 불러일으킨다(보그스, 1995: 19~20).

영화는 회화, 건축, 음악, 연극, 문학, 무용 등이 어우러진 종합예술이라고들 한다. 이러한 지적은 영화가 보고 듣고 느끼고 판단하고 나아가 특정한 행위를 수행하는 인간의 복합적이고 역동적인 특성에 의존한다는 것을 의미한다. 모든 영화의 텍스트는 역사의 변화에 상응하는 특수한 문화적·사회적 조건들에 영향을 받아 생성되며, 당대의 사회적·문화적 발전, 즉 어느 정도 시대정신과 관계가 있다(미코스, 2015: 325). 그런 점에서 다른 어떤 예술 분야보다도 영화는 오랜 세월에 걸쳐 축적되어온 인간들의 사고와 행동 체계를 '움직이는 영상'을 통해 응축적으로 보여준다. 촬영과 조명, 음향을 통해 관객의 정서와 판단에 직접적으로 호소하는 것은 영화가 가진 핵심적 특성이기도 하다. 이런 점 때문에 영화는 개인과 사회에 미치는 파급력이 클 수밖에 없다. 관객은 영화 속의 인물과 사건에 몰입하거나 동일시를 함으로써 자신이 영화 속 현장에 있다는 환상에 빠지기도 한다. 영화가 사건과 인물, 이야기에 특정한 가치를 부여함으로써 사회적 쟁점에 대해 관심을 유발하거나 사회적 유행을 이끄는 일도 흔히 발견된다. 이 영화들 중에는 지배 권력의 가치를 투영하고 정당화하는 것도 있지만, 약자들이 처한 현실에 공감하고 연대를 꾀하는 데 도움이 되는 것도 있다.

다큐멘터리와 실험 영화 같은 대안적 형식의 영화를 제외하고 대부분의 영화는 특정한 시공간에서 전개되는 인과관계를 지닌 사건들로 연결된 스토리를 갖는다. 이를 일컬어 서사 영화라고 한다. 이런 영화일수록 사람들은 자신의 지각과 경험을 영화에 투영하기 쉽다. 다시 괴테의 말을 빌려보자. 파우스트 박사는 "우리 인생은 채색된 영상에서 파악될 뿐이다"(괴테, 2006: 143)라고 말한다. 사람들은 마치 우리네 인생을 압축해놓은 듯한 영화에 더 애착을 갖게 마련이다. 많은 영화에서 희로애락을 비롯한 삶의 드라마가 다채롭게 펼쳐진다. 여기에 더해 많은 사람들에게 영화는 비교적 저렴하게 호기심을 충족하고 즐거움을 느낄 수 있는 오락으로 여겨진다. 처음부터 대량 판매와 이윤을 목적으로 할리우드 제작 방식을 충실히 따라 제작된 상업 영화라면 두말할 나위도 없다. 최근에 들어와서는 영화의 진입 장벽이 더욱 낮아지고 있다. 이제 사람들은 굳이 상영관에 가지 않더라도 각자 편리한 장소에서 텔레비전이나 컴퓨터를 통해 영화를 감상하게 되었다. 아예 공간적 제약을 뛰어넘게 만든 스마트폰도 대량 보급되었다.

많은 사람들에게 영화 관람은 일상의 고단함과 스트레스를 잠시 잊게 만드는 일종의 환각제이기도 하다. 특히 장시간에 걸친 강도 높은 노동, 극심한 경쟁으로 구성원들에게 언제나 불안이 침윤된 사회에서 사람들은 소비에 탐닉하거나 찰나의 쾌락에 몰두하는 경향이 있다. 이런 현실은 다른 분야의 예술, 예를 들어 클래식 음악 연주회나 미술 작품 전시회에 가는 사람들의 발걸음을 위축시킨다. 그렇지만 대중의 기호에 부합하는 정서적 호소력이 뛰어난 영화를 향한 관객의 발걸음은 쉽사리 돌려놓지 못한다. 그렇다 보니 이 나라에서는 천만 관객을 돌파했다는 영화도 자주 나온다. 물론 영화의 '르네상스'를 저해하는 요인도 있다. 패권적인 할리우드 자본의 공세, 배급망을 장악한 재벌 기업의 독과점 폐해, 표현의 자유를 억압하고 영화계의 독립성을 저해하는 권위주의적 정치권력, 대다수 영화인들의 열악한 복지 현실 등이 그것이다. 한국 영화가 이 같은 이중, 삼중의 드높은 파고 속에 포위되어 있는 것도 부인할 수 없는 사실이다.

영화가 지닌 여러 특성 중에서 중요한 점은 영화가 특정한 방식으로 정치를 비롯한 사회현실을 반영한다는 점이다. 영화는 사회를 충실하게 비추는 거울이라고 할 수 있다. 이는 사회적으로 박탈된 사람들과 그들이 견뎌야 하는 삶의 조건을 있는 그대로 보여주는 사실주의 영화에서 잘 드러난다. 2차 대전 직후 이탈리아의 네오레알리스모(Neorealismo) 영화, 1960년대 프랑스의 시네마 베리테(cinéma vérité)나 미국의 다이렉트 시네마(direct cinema)가 대표적 사례이다. 이러한 계열의 영화들은 대중에게 현실을 고발하고 그 나름의 메시지를 전달하는 데 성공했다고 평가된다. 그러나 본격적으로 정치권력의 도구로 사용된 영화는 볼셰비키 혁명 후 소련에서 처음 등장했다. 이 시기에 영화는 사회주의 이념에 입각해 '인민'을 새롭게 개조하고 하나로 통합하는 수단이었다. 국가가 영화 제작을 넘겨받아 젊은 세대의 영화인들을 후원했고, 이러한 조건하에서 〈전함 포템킨〉, 〈10월〉, 〈대지〉, 〈무기고〉 같은 새로운 이론과 양식의 영화들이 잇달아 제작되었다.

이렇게 된 것은 정치인들이 영화가 지닌 정치적 효용성에 주목했기 때문이다. "우리에게는 모든 예술 중에서 영화가 가장 중요한 예술"이라는 레닌(Vladimir Il'ich Lenin)의 언급은 너무나 유명하다. 이와 관련해 프랑스 아날학

파(Annales School)의 일원이었던 마르크 페로(Marc Ferro)는 『역사와 영화(Cinéma et Histoire)』라는 책에서 다음과 같이 지적한 바 있다. "1923년에 레온 트로츠키는 이렇게 썼다. 지금까지 우리가 영화에 손을 대지 않았다는 것은 우리가 바보까지는 아니더라도 얼마나 서툴고 교양 없는가를 증명한다. 영화는 극히 중요한 기구이며 최선의 선전 도구이다"(페로, 1999: 137). 이 같은 정치 영화는 1930년대 집권한 나치 독일에서도 두드러졌다. 당시 영화 관계자들은 소련 영화의 성공에 자극받아 '독일판 〈전함 포템킨〉'을 만들려 했다. 무오류의 지도자, 선택받은 민족, 천년 제국의 건설을 과장되게 강조했던 영화들은 독일인들에게 자기도취를 심어주고 외국에는 공포심을 심어주었다(리히터, 1996: 71~73). 그러나 나치 영화는 다수에게 특정한 이념을 판매하는 데 불과한 선전 영화라는 점에서 그 한계가 분명했고 수명도 길지 않았다.

대다수의 영화는 제작자와 소비자의 기호와 취향을 충실히 반영하려 한다. 이 점은 전 세계에서 가장 많이 소비되고 있는 할리우드 영화가 미국 자본주의 체제에서 만들어진 문화 상품이라는 점을 상기해보면 이해하기 쉽다. 제작자들은 영화가 흥행에 성공해서 많은 이윤을 남기기를 원할 것이고, 소비자들은 대부분 그저 즐겁고 편한 영화를 봄으로써 작은 위안을 얻으려 할 것이다. 그러나 사회나 역사와 절연된 상업 오락영화만 범람하는 것은 부작용이 크다. 테오도어 아도르노와 막스 호르크하이머가 지적했듯이, 자본주의 체제에서 대량생산된 대중문화인 문화 산업은 모든 것을 동질화하고 획일화된 체계를 만들어내면서 피지배자들이 지배자들의 도덕을 자연스러운 것으로 받아들이게 만든다. 문화 산업은 자신이 행하는 기만이 욕구의 충족인 양 소비자를 설득하려 들 뿐만 아니라 이를 넘어 문화 산업이 무엇을 제공하든 소비자는 그것에 만족해야 한다고 주입시킨다. 그런 점에서 아도르노와 호르크하이머는 거리에서 영화관으로 걸어 들어가는 것이 더 이상 꿈의 세계로 들어가는 것을 의미하지는 않는다고 말한다(아도르노·호르크하이머, 2001: 203, 215, 211).

영화는 한 사회의 가치와 규범, 생활양식과 밀접하게 연결되어 있다는 면에서 뚜렷한 문화적 성격을 갖는다. 문제는 대중문화가 제공하는 부정적인 기능이다. 단지 상업적 목적만 추구하는 오락영화만 존재한다면 대중은 체제에 순응하고, 지배 세력의 가치를 내면화하며, 소비와 같은 사소한 일에 쉽사리 탐닉하게 될 것이다. 역사적으로 보면 지배 세력이 헤게모니를 구축하고 유지하는 수단으로 영화를 이용한 사례는 무수히 많다. 학교, 정당, 교회 등의 제도가 그런 것처럼 대부분의 영화는 지배계급의 특수한 이해관계를 당연시하거나 주류로 일컫는 삶의 양식을 확산시키는 데 기여한다. 일레인 글레이저(Eliane Glaser)가 지적했듯이 영화는 우리의 상상력을 동원한 욕망과 도피주의의 그물을 조작한다. 그럼으로써 현실 세계의 문제를 왜곡하고 환영적인 해결책을 제시하기도 한다(글레이저, 2013: 154~155). 그렇지만 변화를 방해하고 현상 유지에 기여하는 헤게모니의 허상을 파헤치며, 연대와 투쟁을 통해 진정한 변화를 모색하는 영화도 비록 소수일지언정 존재한다. 이 영화들은 자유와 평등, 정의 등과 같이 인류가 오랜 세월 힘들게 얻어내고 애써 지켜온 보편적 가치를 옹호한다는 공통점이 있다. 이처럼 빛나는 소수의 영화는 사람들이 더 나은 삶과 공동체를 만드는 데 공헌한다. 그런 과정을 통해 인류의 역사는 비록 갈지자이나마 서서히 앞으로 나가게 되는 것이다.

이 책에서 분석의 대상으로 삼는 것은 나름의 정치적 삶과 정치적 세계를 보여준다고 판단되는 영화들이다. 인간이란 로빈슨 크루소처럼 사회에서 멀리 떨어져 홀로 고립된 상태로 살아가는 존재가 아니다. 수많은 사람들이 수직적·수평적으로 복잡한 관계를 맺으며 모여 산다. 지배와 피지배, 분업과 분화, 불평등과 이에 대한 저항 등 복합적인 상호작용이 발생한다. 여기서 정치학자들이 관심을 갖는 것은 개개인의 살림살이처럼 '사적인 것'이 아니라 공공성을 중시하는 사람들이 맺는 집합적 관계이다. 대표적인 것이 고대 그리스의 폴리스(polis)처럼 문화와 가치 등을 공유하는 사람들이 거주하는 공간을 일컫는 공동체 내에서의 삶이다.

폴리스는 동등한 권리를 지닌 시민들이 군사적·종교적·정치적 삶을 영위하는 공동체였다. 시민들은 외부의 공격에 대항해 공동체를 함께 방어했고, 그들을 지켜주는 신들에 대한 제사를 함께 거행했으며, 무엇보다도 민회를 열어 공동체와 관련된 안건들을 토론하고 의사 결정을 내렸다. 민회에 참석한 사람은 누구든 발언권을 가지며, 추첨으로 선발된 대의기관인 평의회의 제안에 대해 수정을 요구할 수 있었다.

이 점에 주목해 아리스토텔레스(Aristoteles)는 시민이라면 누구나 동등한 자격으로 지배에 참여하는 공동체인 폴리스를 일컬어, 지배하는 자가 지배받고 지배받는 자가 지배하는 곳이라 불렀다. 그는 『정치학(Politika)』에서 "인간은 자연적 본성상 폴리스에서 삶을 살도록 되어 있는 동물이다"(아리스토텔레스, 2010: 20)라고 지적한다. 독일 출신의 정치 이론가 한나 아렌트(Hannah Arendt)도 폴리스의 발생은 인간이 사적 생활 외에 일종의 두 번째 삶인 정치적 삶을 부여받았음을 의미한다고 말한다.

이제 모든 시민은 두 가지 존재의 질서에 속하며, 그의 삶에서 자신의 것 (idion)과 공동의 것(koinon) 사이에는 예리한 구분이 있게 된다. …… 인간 공동체에 존재하고 필요한 모든 활동 중에서 두 활동만이 정치적 활동으로, 그리고 아리스토텔레스가 '정치적 삶(bios politikos)'으로 명명한 것을 구성한다고 여겨졌다. 그것은 행위(praxis)와 언어(lexis)이다. …… 폴리스를 확립함으로써 인간들이 전 생애를 정치적 영역 속에서, 즉 행위와 토론으로 보낼 수 있었던 것은 확실하다. …… 폴리스를 경험하면서 행위와 말은 점점 분리되어 독자적인 활동이 되었다. 답변을 주고 대응을 하며 적절한 조처를 취하는 특별히 인간적인 방식으로서의 말보다는 설득의 수단으로서 말이 강조되었다. '정치적인'이라는 것, 즉 폴리스에서 생활한다는 것은 힘과 폭력이 아니라 말과 설득을 통해 모든 것을 결정함을 의미한다(아렌트, 1996: 76~79).

근대에 들어서면서 공동체는 다양한 구성원들이 공존하는 복잡한 공간으로 변모했다. 미국의 타운 미팅(town meeting)이나 파리 코뮌(Paris Commune)의 평의회에서 보듯이 특정한 목적을 실현하기 위해 자율적으로 모여 문제를 논의하고 결정을 행하는 공공의 영역도 존재했다. 그러나 집단적 이익을 관철하기 위해 상대방에게 물리적 강제력을 동원해 행사하는 일도 잦아졌다. 국가 간의 전쟁, 내부 국민들에 대한 약탈, 자본주의적 착취 등이 대표적 사례이다. 이에 비례해 정치의 범위도 넓어졌다. 현대적 의미에서 정치는 공동체에 존재하게 마련인 다양한 갈등에서 기원한 현상이다. 공동체 내에서 삶을 영위하는 인간들은 각자 이해와 선호가 다르기 때문에 누가 무엇을 획득해야 하는가, 권력과 자원이 어떻게 분배되어야 하는가, 갈등이 어떻게 해결되어야 하는가를 둘러싸고 이견을 가질 수밖에 없다. 특히 인간의 욕구를 충족시켜줄 수 있는 수단인 부와 권력, 명예는 충분치 않기 때문에 이것들의 분배를 둘러싸고 치열한 경쟁을 벌이고 갈등을 빚는데 이를 해결하기 위해 강압력이 행사되거나, 아니면 언어를 매개로 대화와 타협이 이뤄진다.

그런 까닭에 현대의 공동체는 권력을 행사하고 토론을 전개하며 규칙을 정하고 자원을 분배하는 영역이기도 하다. 그리고 이익의 갈등에서 비롯된 투쟁이 전개되거나 공동의 목표를 위한 협력이 이뤄지기도 한다. 여기서 개별적 인간들은 앞에서 설명한 '정치적인 것'에 기초해 다른 사람들과 관계를 맺으며 삶을 영위해나가는데 이를 정치적 삶이라고 지칭할 수 있다. 그리고 수많은 공동체 구성원들의 복잡하기 그지없는 정치적 삶이 전개되는 범위나 영역을 정치적 세계라 부를 수 있다. 이는 지구처럼 단순한 물리적 공간을 일컫는 개념이 아니다. 수많은 행위자들의 복잡다단한 정치적 삶이 서로 교직되면서 나름의 형태와 속성을 지닌 정치적 세계가 형성된다. 이 세상에는 정치적 존재인 인간들이 모여 만들어내는 다양한 정치적 세계가 존재한다. 한편, 정치적 세계는 위르겐 하버마스가 이야기하는 '생활세계(Lebenswelt)'와 일정 부문 공통분모를 지니지만 그 영역은 더 크고 구성은 더 복합적이다. 언어적으로 달성된 합의에 의해 움직이는 의사소통 행위에 더해 권력과 화폐가 매개하는 도구적 행동의 영역인 '체계'도 일부 포함하기 때문이다. 이를 요약하면 다음과 같다.

정치적 삶: 개별적 인간이 '정치적인 것'에 기초해 관계를 맺는 것

정치적 세계: 공동체 구성원들의 복잡다기한 정치적 삶이 상호작용하는 사회 영역

그렇다면 정치 영화란 무엇일까? 단순하게 정의하면 정치 영화란 정치적 성향을 띤 영화나 정치적 메시지를 지닌 영화이다. 그러나 정치와 영화의 관계는 그리 간단하지 않다. 각각 영국과 아일랜드의 영화학자인 이바 마지에르스카(Ewa Mazierska)와 라우라 라스카롤리(Laura Rascaroli)의 견해를 살펴보자. 그들은 정치와 영화의 관계를 살펴보는 방법에서 두 가지 대조적인 접근이 가능하다고 밝힌다. 첫 번째 접근에 따르면 모든 영화는 의도적이든 의도적이지 않든 간에 세계에 대한 주어진 시각을 받아들이거나 반대한다는 점에서 불

가피하게 정치적이다. 이 접근은 프랑스 잡지 ≪시네티크(Cinéthique)≫와 ≪카이에 뒤 시네마(Cahiers du Cinéma)≫에 1968년 혁명적 사건의 결과로 영화와 이데올로기 논쟁이 게재되면서 제기되었다. 두 번째 접근은 정확한 정치적 견지를 직접적으로 제시하고 지지하며 특정 이데올로기를 드러내고 비난하는 일부 영화만을 정치적이라고 규정한다. 여기서 '정치적'이라는 형용사가 사용되어온 방식 가운데 하나는 명백한 선전 및 체제 지지 영화와 이탈리아 네오레알리스모처럼 저항과 사회비평의 도구로서 리얼리즘의 미학을 옹호한 영화 사이에 포괄적인 영화 범주를 규정하고 구별하는 것이다. 제국주의와 식민주의가 가져온 고단한 현실을 중시한 '제3영화(Third Cinema)'가 대표적이다(마지에르스카·라스카롤리, 2012: 214~217).

한편, 미국의 정치학자인 테리 크리스텐슨(Terry Christensen)과 피터 하스(Peter Haas)는 많은 영화가 외부의 사회적·정치적 환경과 상호작용하는 까닭에 정치적 중요성과 의미를 지닌다고 한다. 그들은 정치적 내용을 기준으로 할 때 정치 영화란 정치체제, 특히 정치적 제도와 정치적 행위자의 다양한 측면을 묘사한 영화라고 정의한다. 정치적 메시지를 중심으로 정의를 내린다면, 정치 영화는 정치적·이데올로기적 메시지의 전달을 중시하는 영화이다. 또한 명백히 정치적인 언급이 결여된 영화에서도 뚜렷한 이데올로기적 메시지가 표현된다고 한다. 그러나 영화에서 표현되는 많은 정치적 메시지는 영화 제작자의 의도적 계획의 결과는 아니라고 지적한다. 이들은 정치적 내용과 정치적 의도를 기준으로, 정치적 속성을 보여주는 영화(politically reflective films), 순수한 정치 영화(pure political films), 사회적 속성을 보여주는 영화(socially political films), 독창적인 감독에 의해 의도적으로 제작된 정치 영화(auteur political films)로 나누어 유형화를 시도한다(Christensen and Haas, 2005: 4~10).

정치를 광범위한 의미에서 사회적 자원의 불평등한 분배와 위계적 질서로 특정되는 현상으로 보고 이를 다룬 영화를 정치 영화로 간주하는 견해도 있다. 영국의 언론학자 마이크 웨인은 『정치 영화: 제3영화의 변증법(Political Film: The Dialectics of Third Cinema)』에서 다음과 같이 지적한다.

모든 영화는 정치적이지만 같은 방식으로 정치적이지는 않다. 이 경구의 앞부분이 사실이라면 정치 영화의 정의는 완전하게 세르게이 에이젠슈타인(Sergei Eisenstein)의 〈파업〉(1924)부터 〈케빈 앤 페리 고 라지〉(2000)까지로 확대된다. 이 경구의 뒷부분은 우리를 보다 특수한 의미에서 정치 영화를 구성하고 있는 것으로 이끈다. 이 책에서 논의되고 있는 모든 영화들은 그들이 어떻게 해서든 물질과 문화적 자원에 대한 불평등한 접근과 분배, 이들 격차에 따른 정통성과 사회적 지위의 위계질서를 언급하고 있다는 점에서 정치적이다(Wayne, 2001: 1).

정치 영화는 서사체와 비서사체 형식에서 차이를 보인다. 이 중에서 비교적 뚜렷하게 정치적 메시지를 표현하기 쉬운 것은 교육영화, 정치광고, 실험영화 등 스토리를 담지 않는 영화이다. 여기서는 주제를 범주로 구분하거나 논쟁점을 제시하고 지지할 증거를 보여주는 방식으로, 또는 형태·색채·청각적 리듬을 묘사해서 주의를 끌거나 시각을 암시해서 분위기를 이끌어내는 방식으로 특정한 제작자의 성향을 드러낸다. 이에 비해 서사 영화는 시간과 공간에서 발생하는 인과적인 사건들을 통해 특정한 메시지를 보여주기도 한다. 제작자에 따라 사실이라고 주장되는 것을 관객에게 보여주고, 한 시대의 문화에서 통용되는 신념에 호소하거나 애국심·낭만적 감상주의 등 관객의 감정에 호소하기도 한다(보드웰·톰프슨, 1993: 96~99, 140~141). 한편, 정치 영화는 상황이나 출연자, 행위들을 인과적으로 연결한 스토리인 내레이션 또는 이야기를 하는 것과 같은 행위가 정치적 성격을 띠는 영화라고도 정의할 수 있다. 아울러 영화의 등장인물들의 행위들과 그 행위들이 만들어내는 일련의 사건들이 정치적 정체성과 콘셉트를 갖고 있다고 관객이 인지하고 느낀다면 그 영화는 정치 영화의 범주에 포함시킬 수 있다.

그러나 인간의 정치적 삶이 매우 다양한 영역과 수준에서 전개되고 정치적 세계도 복잡하고 변화하기 때문에 정치 영화를 정의하는 일도 간단하지 않다. 이는 정치에 대한 정의가 단순하지 않다는 사실에서 연유한다. 지금까지 수많은 정치학자들이 각자 정치에 대해 다양한 주장을 개진했다. 여기서 중요한 것은 정치가 공적인 영역에서 이뤄지는 것이고, 공동체 구성원들 간에 존재하게 마련인 다양한 이해관계의 차이에서 비롯된 갈등을 조정하고 해결하는 일종의 메커니즘이며, 강압적 힘이 아니라 대화·타협·합의를 통해 공공선을 추구한다는 것이다. 이 같은 견해는 우리가 살고 있는 세계에서는 권력과 부, 명예 등의 사회적 자원이 구성원들 간에 불평등하게 배분되어 있으며, 그로 말미암아 구성원들 간에는 늘 배타적 이해관계, 상이한 선호와 경쟁적인 의견이 존재한다는 것을 전제로 하고 있다. 그런 까닭에 인간 사회에서 갈등은 자연스러운 것이다. '좋은' 정치란 이 갈등을 합의된 규칙에 토대를 둔 민주적 절차와 방식에 따라 사회적 약자를 포함한 최대 구성원들에게 이익이 되는 방향으로 해결하는 것을 핵심 내용으로 한다. 이런 점에서 본다면 정치란 독일의 정치가 비스마르크(Otto Eduard Leopold von Bismarck)가 말한 대로 '가능성의 예술(die Kunst der Möglichen)'이라고도 할 수 있다. 이런 까닭에 우리는 '좋은' 정치와 '나쁜' 정치를 분별하고 '좋은' 정치를 실현하기 위해서는 개인뿐만 아니라 사회적으로 어떤 것이 필요한지 숙고해봐야 한다. 정치 영화는 이 점에 대해 문제를 제기하고 논쟁을 끌어내는 영화이기도 하다.

이는 미국의 정치학자인 로버트 W. 그레그(Robert W. Gregg)가 지적했듯이 영화가 우리가 살아가는 세계, 국가, 사람들 사이의 무수한 교류에 관한 정보를 전파하기에 가장 일반적이고 영향력 있는 수단 중 하나이기 때문에 가능한 것이다. 물론 모든 영화가 이렇지는 않다. 사람들은 흔히 기분 전환이나 호기심 때문에 영화를 관람한다. 그럼에도 영화를 통해 반드시 알아야할 역사에 대해 알게 되거나 몇 가지 학문 분야를 접할 기회와 시간을 갖게될 수도 있다는 것이다. 이 같은 영화의 역할에 대해 그레그는 다음과 같이 언급한다.

특별한 관심을 가질 필요가 있으나 평범하게 여겨진 사건을 극적으로 바꿀 수 있는 것이 영화의 능력이다. …… 영화는 특히 인격화(personalizing)를 통해 극화된다. …… 소수의 몇몇 사람이 안게 된 문제들, 특히 관객들이 이들 하나하나를 알게 되고 이들의 인생을 함께 따라가게 될 때엔 영화가 관객의 집중과 감성적 공감대를 강하게 불러일으키게 된다. …… 영화는 관객들로 하여금 머나멀지만 여전히 중요한 시기와 사건들로 가는 교량 역할을 함으로써 국제관계에 대한 지식을 넓혀줄 수 있는 능력이 있으며…… 마지막으로 영화는 토론과 질문을 야기하는 촉매 역할을 한다(그레그, 2007: 18~25).

마이클 래드퍼드(Michael Radford) 감독의 〈일 포스티노〉를 보자. 이 영화에서는 가난한 어부의 아들로 임시 우편배달부에 불과한 마리오 로폴로가 시인의 도움으로 '메타포'에 대해 이해하는 장면이 나온다. "시인 동무, 당신이 저를 이 소동에 빠뜨렸으니 책임지고 저를 구해주세요. 당신이 제게 시집을 선물했고, 우표를 붙일 때나 쓰던 혀를 다른 데 쓰도록 가르쳤어요. 사랑에 빠진 건 당신 때문이에요." 마리오는 네루다를 통해 감정을 전달하는 방법을 배우고 삶의 의미를 깨닫게 되며 나아가 세상을 새롭게 인식하게 된다. 그는 네루다가 들려준 다음과 같은 체험담을 듣고 고통받는 이들의 처지에 공감하게 된다. 그리고 사람은 투쟁 의지만 있으면 세상을 바꿀 수 있다고 믿게 된다. "내가 상원 의원으로 있었을 때 칠레의 한 고원 분지를 방문한 적이 있었다네. 나에게 표를 준 사람들이 누군지 알고 싶었지. 그곳은 반세기 동안 딱 한 번 비가 왔었다더군. 주민들은 너무나 힘들게 살고 있었어. 하루는 탄광에서 땀과 먼지로 범벅이 된 한 광부가 나왔어. 그의 얼굴엔 주름살이 깊게 패어 있었고 눈은 먼지로 빨갛게 충혈되어 있었다네. 그는 굳은살이 박인 손을 내밀며 내게 말했어. '어디를 가든지 우리의 고통을 알려주십시오. 지옥에 살고 있는 당신의 형제를 기억해주십시오.' 그때 나는 인간의 투쟁과 핍박받는 사람들에 대한 시를 써야겠다고 결심했네."

마리오는 선거를 앞둔 때에만 잠시 모습을 나타내는 기회주의적 정치인을 비판하고, 별로 가진 것이 없는 상인들에게까지 물건 값을 흥정하는 이기적인 사람들을 힐책한다. 〈일 포스티노〉는 시인과 우편배달부의 진정한 연대를 보여준다. 이 영화의 원작인 안토니오 스카르메타(Antonio Skármeta)의 장편소설 『네루다의 우편배달부(Ardiente Paciencia: El Cartero de Neruda)』는 위대한 시인인 파블로 네루다(Pablo Neruda)에게 바치는 헌사이자 조국 칠레의 민주화에 대한 갈망을 담고 있는 책이기도 하다. 영화는 단지 배경을 칠레의 이슬라 네그라에서 이탈리아의 한 섬으로 옮겨놓았을 뿐이다. 그런 점에서 〈일 포스티노〉는 관객의 감정에 호소하는 진부한 공식의 멜로드라마를 넘어 나름의 뚜렷한 메시지를 담고 있는 정치 영화로 분류할 수 있다.

물론 영화가 실제 현실을 있는 그대로 보여주지는 않는다는 점도 염두에 둘 필요가 있다. 영화는 가공물이기 때문이다. 모든 영화는 그 제작에 참여한 이들의 지식, 관점, 비전을 반영한다. 이른바 영화의 '반영성'은 1970년대와 1980년대에 여러 좌파 영화 이론가들에 의해 강조된 바 있다. 이들은 1930년대 브레히트(Bertolt Brecht)와 루카치(György Lukács) 사이에 벌어진 리얼리즘 논쟁을 '소환'하고 인용하고 변형했으며, 리얼리즘에 대한 브레히트의 비판을 옹호했다. 이 시기의 경향은 단순하게 '리얼리즘'을 '부르주아'와 연결하고 '반영적'인 것을 '혁명적'인 것과 동일시했다. '할리우드 주류 영화'는 퇴행적이고 수동성을 유도하는 것과 동의어가 되었다(스탬, 2012: 184). 이러한 주장은 카메라가 단순히 부르주아 이데올로기라는 필터를 거쳐 세계를 전달할 뿐이며, 그 결과 관객은 부르주아 사회의 '자유로운' 주체라는 환각을 지니게 된다는 뜻이다. 이는 이데올로기가 재현의 시스템으로서 한 사회 안에서 역사적인 역할을 지닌 것이라는 루이 알튀세르(Louis Pierre Althusser)의 이데올로기 이론에 근거한 것이다. 알튀세르에 따르면 이데올로기는 개인들에게 사회적 정체성을 부여하며, 개인들을 생산관계 시스템 안에서 자신들의 역할을 아무 생각 없이 받아들이는 주체로 구성하는 '호명'에 의해 작동한다. 이데올로기는 사회적 불평등과 지배 관계를 자연적이고 변화될 수 없는 것으로 보게 만들어서 이를 자연화한다는 것이다(스탬, 2012: 164~166).

정치 영화로 불리는 영화는 많다. 그중에서도 장 르누아르(Jean Renoir)의 〈위대한 환상〉이나 질로 폰테코르보(Gillo Pontecorvo)의 〈알제리 전투〉, 코스타 가브라스(Constantin Costa-Gavras)의 〈제트〉 같은 정치 영화는 인간과 역사와 사회를 정확하게 볼 수 있도록 돕고 나아가 더 정의롭고 인간적인 방향으로 이 세상을 바꾸는 데 일조한다고 평가된다. 그렇다면 어떤 영화가 '좋은' 정치 영화일까? 그 대답은 여러 가지일 것이다. 탄탄한 시나리오, 아름다운 영상 연출, 배우의 뛰어난 연기 등은 좋은 영화의 필요조건이다. 그러나 좋은 정치 영화가 되기 위해서는 이에 더해 인간과 시대를 날카롭게 꿰뚫어보는 제작자의 혜안이 필요하다. 이는 온갖 모순과 갈등으로 점철된 사회를 왜곡하지 않고 사실적으로 재현하거나 불평등한 사회에서 고통받는 타자의 삶에 관심을 갖고 공감을 끌어내는 것을 가리킨다. 하워드 진(Howard Zinn)이 언급한 대로 "언론, 교육, 경제 분야의 상호 협력 속에 재생산되어 지배 이데올로기로 구실하는 복잡다단한 거짓의 그물망을 자유롭고 비판적으로 생각하고, 지배 세력이 만들어낸 다양한 주장 속에 내재된 오류를 깨닫도록"(진, 2009: 28~29) 자극하는 영화 역시 좋은 정치 영화이다.

이 책은 대중에게 잘 알려진 할리우드 영화들만 다루고 있지는 않다. 라틴 아메리카 등지에서 제작된 '제3영화'나 권력과 자본에서 벗어나 작가 정신에 충실하게 만든 독립영화도 일부 포함시켰다. 이 책은 단순한 정치 영화 안내서가 아니다. 등장인물을 소개하고 줄거리를 전달하거나 같은 장르의 영화들과 비교하는 데 그치지 않는다. 이 영화들을 미처 보지 못했거나 한 번 봤더라도 깊이 있게 이해하지 못한 이들에게 영화의 주제와 플롯을 설명하고 이를 정치학적 시각에서 분석하고 있다. 무엇보다 이 책에서는 각각의 영화에서 사람들이 처한 삶의 조건이 어떻게 묘사되고, 사람들이 맺는 관계가 어떻게 서술되며, 어떤 정치적 메시지가 제시되고 있는지 검토한다. 아울러 특정 계급이나 집단에서 생산된 일련의 관념 체계로서, 현존하는 지배 관계에 대해 순응적이거나 비판적인 태도를 이끄는 이데올로기가 영화에서 어떻게 나타나고 있는지도 고찰하려 했다.

영화 서사의 구성 요소 중에서 특히 주안점을 둔 것은 대사이다. 대사는 인물, 시대, 장르의 특성을 반영한다. 클레르 바세(Claire Vassé)가 적절하게 지적했듯이 "말을 한다는 것은 의사 표명을 하는 것이고, 권력을 쥐는 것이며, 스스로에게 말할 권리를 주는 것이고, 상대방에게 명령하는 것이며, 그를 유혹하는 것이고, 설득하는 것이며, 강제하는 것이고, 욕망하는 것"(바세, 2010: 21)이기 때문에 세밀하게 분석할 필요가 있다.

독자들의 이해를 위해 이 책에서는 정치학의 하부 영역에서 중요하다고 생각되는 열여덟 가지 주제를 정하고 각 주제별로 그 특징이 잘 나타났다고 판단되는 영화들을 선별해 평가하고 있다. 예를 들어, 자유와 해방을 위한 투쟁에 대해서는 「인간 해방을 외치다」라는 제목 아래 〈스파르타쿠스〉, 〈전함 포템킨〉, 〈만델라: 자유를 향한 머나먼 여정〉을 한 그룹으로 묶었다. 「제3세계의 군부 정치」에는 〈로메로〉, 〈제트〉, 〈계엄령〉, 〈칠레 전투〉를, 「국가는 왜 전쟁을 하는가?」에는 〈위대한 환상〉, 〈영광의 길〉, 〈지옥의 묵시록〉, 〈그린 존〉을 배치한 후 각 작품의 배경과 주제, 플롯을 소개하고 이를 정치적으로 분석했다. 특히 독자의 이해를 돕기 위해 각 장의 첫 번째 절에 해당 주제에 대한 이론적·역사적 배경 해설을 넣었다. 신자유주의란 무엇이고 어떤 역사적 경로를 통해 형성되었으며 현실 구조는 어떠한지 알지 못한 채 〈월스트리트〉와 〈브래스드 오프〉를 이해하기는 어렵기 때문이다. 프랑스 혁명, 민족주의, 현실 사회주의, 68 혁명, 전쟁, 복지국가 등도 마찬가지이다.

이러한 구성을 통해 독자들이 복잡하기 그지없고 변화무쌍한 정치적 삶과 정치적 세계를 간접적으로나마 경험할 수 있도록 했다. 그리고 경우에 따라서는 한국 현실과의 연관성을 밝히고 시사점을 제시하려고 시도했다. 이는 정치가 자신과는 무관한 그들만의 것이거나 바다 건너 먼 나라에서 일어나는 남의 것만이 아니기 때문이다. 정치는 지금 여기 나의 삶과 우리 공동체의 행로와 밀접하게 연관된 것이기도 하다. 독자들이 다채로운 영화들을 통해 정치 현상을 더 심층적으로 이해하고 그 바탕 위에서 사회와 역사를 비판적으로 꿰뚫어보는 데 이 책이 조금이나마 도움이 되기를 기대한다.

참고문헌

강신주. 2014.3.31. "철책이 모두 제거된 동물원." ≪경향신문≫.

괴테, 요한 볼프강 폰(Johann Wolfgang von Goethe). 2006. 『파우스트』. 이인웅 옮김. 문학
    동네.

그레그, 로버트 W.(Robert W. Gregg). 2007. 『영화 속의 국제정치』. 여문환·윤상용 옮김. 한울.

글레이저, 일레인(Eliane Glaser). 2013. 『겟 리얼: 이데올로기는 살아 있다』. 최봉실 옮김. 마티.

니콜스, 빌(Bill Nichols). 2005. 『다큐멘터리 입문』. 한울.

리히터, 한스(Hans Richter). 1996. 「정치 영화」. 카르스텐 비테(Karsten Witte) 엮음. 『매체
    로서의 영화』. 박흥식·이준서 옮김. 이론과실천.

마지에르스카, 이바(Ewa Mazierska)·라우라 라스카롤리(Laura Rascaroli). 2012. 『난니 모레
    티의 영화』. 정란기 옮김. 본북스.

뭉크, 로날도(Ronaldo Munck). 2009. 「신자유주의와 정치, 그리고 신자유주의적 정치」. 알프
    레도 사드필류(Alfredo Saad-Filho)·데버러 존스턴(Deborah Johnston). 『네오리버럴
    리즘: 신자유주의는 어떻게 세계를 지배하게 되었는가?』. 김덕민 옮김. 그린비.

미코스, 로타르(Lothar Mikos). 2015. 『영화와 텔레비전 분석 교과서』. 정민영 외 옮김. 커뮤
    니케이션북스.

바세, 클레르(Claire Vassé). 2010. 『대사』. 박지희 옮김. 이화여자대학교출판부.

바우만, 지그문트(Zygmunt Bauman)·카를로 보르도(Carlo Bordoni). 2014. 『위기의 국가:
    우리가 목도한 국가 없는 시대를 말하다』. 안규남 옮김. 동녘.

보그스, 조셉(Joseph Boggs). 1995. 『영화 보기와 영화 읽기』. 이용관 옮김. 제3문학사.

보드웰, 데이비드(David Bordwell)·크리스틴 톰프슨(Kristin Thompson). 1993. 『영화 예
    술』. 주진숙·이용관 옮김. 이론과실천.

보츠먼, 레이철(Rachel Botsman). 2011. 『위 제너레이션: 다음 10년을 지배할 머니 코드』. 이
    은진 옮김. 모멘텀.

스카르메타, 안토니오(Antonio Skármeta). 2004. 『네루다의 우편배달부』. 우석균 옮김. 민음사.

스탬, 로버트(Robert Stam). 2012. 『영화 이론』. 김병철 옮김. K-books.

아도르노, 테오도어(Theodor W. Adorno)·막스 호르크하이머(Max Horkheimer). 2001. 『계
    몽의 변증법』. 김유동 옮김. 문학과지성사.

아렌트, 한나(Hannah Arendt). 1996. 『인간의 조건』. 이진우·태정호 옮김. 한길사.

아렌트, 한나(Hannah Arendt). 2007. 『정치의 약속』. 김선욱 옮김. 푸른숲.

아리스토텔레스(Aristoteles). 2010. 『정치학』. 천병희 옮김. 숲.

이창근. 2015. 『이창근의 해고일기』. 오월의봄.

정지연. 2012. 「영화와 정치」. 김이석·김성욱 외. 『영화와 사회』. 한나래.

진, 하워드(Howard Zinn)·도날도 마세도(Donaldo Macedo). 2009. 『하워드 진, 교육을 말
하다』. 김종승 옮김. 궁리.

진보적미디어운동연구센터 프리즘 엮음. 2002. 『영화운동의 역사: 구경거리에서 해방의 무기
로』. 프리즘.

페로, 마르크(Marc Ferro). 1999. 『역사와 영화』. 주경철 옮김. 까치.

헤이워드, 수잔(Susan Hayward). 2012. 『영화 사전: 이론과 비평』. 이영기·최광열 옮김. 한
나래.

홍익표. 2013. 『한국 정치를 읽는 20개의 키워드: 신자유주의부터 포퓰리즘까지』. 오름.

Beaver, Frank. 1994. *Dictionary of Film Terms*. New York: Twayne Publishers.

Christensen, Terry and Peter J. Haas. 2005. *Projecting Politics: Political Messages in American
Films*. Abingdon: M.E. Sharpe.

Ryan, Michael and Douglas Kellner. 1990. *Camera Politica: The Politics and Ideology of
Contemporary Hollywood Film*. Bloomington: Indiana University Press.

Wayne, Mike. 2001. *Political Film: The Dialectics of Third Cinema*. London: Pluto Press.

차례

1장

왜 정치가 중요한가?

〈스미스 워싱턴에 가다〉〈모두가 왕의 부하들〉〈도시 위에 군림하는 손〉〈밀크〉

> 정치는 인간의 복수성에 기초한다. 신은 단수의 인간(man)을 창조하였지만, 복수의 인
> 간(men)은 인간적이며 지상에서 만들어진 산물이고, 인간 본성의 산물이다.
>
> 한나 아렌트

정치란 무엇이고 왜 중요한가?

도대체 정치란 무엇일까? 정치에 대해서는 수많은 정의가 존재한다. 학자
들마다 견해도 다 다르다. 그러나 학자들이 동의하는 몇 가지 내용은 있다.
우선 인간이란 홀로 고립된 상태에서 생존에 급급한 채 살아가는 존재가 아
니라 수많은 사람들이 함께 모여 수직적·수평적으로 복잡한 관계를 맺으며
모여 사는 사회적 존재이다. 권력과 부와 같은 유한한 사회적 자원을 둘러싸
고 지배와 피지배, 분업과 분화, 불평등과 이에 대한 저항 등 복합적인 상호
작용이 발생한다. 이 과정에서 사회질서를 유지하기 위해서는 다 같이 지키

기로 합의한 규칙을 제정하고 보존하는 것이 필요하다. 그러나 환경은 고정된 것이 아니라 늘 변하기 때문에 이 규칙들도 개정되어야 한다. 넓은 의미에서 이같이 규칙을 제정하고 보존하고 개정하는 활동을 일컬어 정치라고 할 수 있다. 데이비드 이스턴(David Easton)은 개인과 집단들의 반복적이고 정형화된 행태에서 나타나는 규칙성을 주로 연구한 행태주의 학자이다. 그가 정치에 대해 내린 다음의 정의는 매우 유명하다. 정치란 사회의 가치에 대한 권위적 배분(authoritative allocation of values for a society)이라는 것이다. 여기서 사회의 가치란 인간의 욕구를 충족시켜줄 수 있는 물질적·비물질적 수단을 가리키고 권위적 배분은 배분 과정에 참가하는 사람들이 권력, 권위, 합의, 보상 등의 이유로 그 결정에 구속된다는 것을 의미한다(Easton, 1953). 이 같은 이스턴의 주장을 통해 우리는 정치가 불충분하게 마련인 사회적 자원의 분배, 그리고 이를 둘러싼 갈등과 협력이라는 현상과 연관된 것이라는 점을 알 수 있다. 정치에 대한 이견은 인간의 본성, 인간 사이의 행위를 형성하는 것이 무엇인가에 대한 차별적 견해에서 비롯된다.

정치학자들이 관심을 갖는 것이 개개인의 살림살이처럼 '사적인 것'이 아니라 공공성을 중시하는 사람들이 맺는 집합적 관계라는 점도 강조될 필요가 있다. 대표적인 것이 고대 그리스의 폴리스처럼 문화와 가치 등을 공유하는 사람들이 거주하는 공간을 일컫는 공동체 내에서의 삶이다. 폴리스는 동등한 권리를 지닌 시민들이 군사적·종교적·정치적 삶을 영위하는 공동체였다. 시민들은 외부의 공격에 대항해 공동체를 함께 방어했고, 그들을 지켜주는 신들에 대한 제사를 함께 거행했으며, 무엇보다도 민회를 열어 공동체와 관련된 안건들을 토론하고 의사 결정을 내렸다. 민회에 참석한 사람은 누구든지 발언권을 가지며, 추첨으로 선발된 대의기관인 평의회의 제안에 대해 수정을 요구할 수 있었다. 이 점에 주목해 아리스토텔레스는 시민이라면 누구나 동등한 자격으로 지배에 참여하는 공동체인 폴리스를 일컬어, 지배하는 자가 지배받고 지배받는 자가 지배하는 곳이라고 했다. 그는 『정치학』에서 다음과 같이 지적한다.

> 여러 부락으로 구성되는 완전한 공동체가 국가인데, 국가는 이미 완전한 자급자족(autarkeia)이라는 최고 단계에 도달해 있다고 할 수 있다. 달리 말해 국가는 단순한 생존(zēn)을 위해 형성되지만 훌륭한 삶(eu zēn)을 위해 존속하는 것이다. 따라서 이전 공동체들이 자연스러운 것이라면 모든 국가도 자연스러운 것이다. 국가는 이전 공동체들의 최종 목표(telos)고, 어떤 사물의 본성(physis)은 그 사물의 최종 목표이기 때문이다. …… 이로 미루어 국가는 자연의 산물이며, 인간은 본성적으로 국가 공동체를 구성하는 동물(zõion politikon)임이 분명하다. 따라서 어떤 사고가 아니라 본성으로 인해 국가가 없는 자는 인간 이하이거나 인간 이상이다(아리스토텔레스, 2010: 20).

지금껏 수많은 학자들이 제시한 정치에 대한 다양한 정의는 다음과 같이 정리할 수 있다.

첫째, 정치는 권력관계를 둘러싼 현상이다. 여기서 권력은 사회 구성원이 상호 관계를 맺는 과정에서 자신의 욕구와 의사를 관철할 수 있는 능력을 말한다. 이런 견해는 국제정치학의 가장 지배적인 패러다임인 현실주의에서 두드러진다. 현실주의자들은 정치는 권력을 추구하고, 국가는 '권력으로 정의된 국가이익(national interest defined in terms of power)'을 우선순위에 두고 추구해야 한다고 주장한다. 둘째, 정치는 공동체 내에서 집단적 결정을 행하고 이를 강제하는 통치 기술이다. 주요한 사안들에 대해 집단적으로 결정한 후 그 실행을 강제함으로써 질서를 유지한다고 보는 정치관은 역사가 오래된 것으로 특히 동양에서 발달했다. 셋째, 정치는 공적 영역에서 일어나는 집합 행위이다. 여기서 공적 영역이라는 것은 개인 영역이나 사적 영역으로부터 독립적인 영역으로 공적인 권위가 존재하고 공적인 업무가 이뤄지는 공간을 말한다. 국가와 같은 정치적 공동체나 자율적 집단과 단체가 활동하는 시민사회가 이에 속한다. 여기서 바람직한 국가는 공공성을 추구하는 것을 핵심적 특성으로 삼는 국가이다. 넷째, 정치는 타협과 합의이다. 이에 따르면 정치는 강제나 노골적인 힘보다는 타협, 화해, 협상을 통해 갈등을 해소하는 하나의 특별한 수단이다. 사회 구성원 간의 다양한 이해관계를 조정하는 갈등 해결 수단으로 정치를 볼 때 정치는 '가능성의 예술'이라고도 불릴 수 있다. 다섯째, 정치는 적과 동지의 구분이라는 기준을 기초로 한 공동체 내에서의 갈등과 대립 관계이다. 독일의 정치학자이자 법학자인 카를 슈미트(Carl Schmitt)는 정치를 비롯한 모든 영역에서 필연적으로 적대의 관계가 창출된다고 주장한다. 그에 따르면, 국가는 조직된 정치적 통일체로서, 그 자신에 대한 적과 동지를 구별한다는 '정치적' 사실과 관련된다고 한다.

이 정의들은 각자 나름대로 정치에 대한 독특한 시각을 보여주고 있어서 저마다 살펴볼 가치가 있다. 그러나 중요한 사실은 정치에 대해 어느 한쪽에 치우친 견해는 설득력이 적다는 점이다. 우리 주위를 둘러보면 정치를 통치 기술이나 사적인 이익 추구와 같이 협소하게 이해하는 경우가 많다. 이런 견해는 비민주적인 체제를 정당화하는 것이기 쉽다. 강압력을 동원하거나 이데올로기적 도구를 동원해 반대 세력에게 다수의 의지를 관철하려는 행태를 보라. 다른 한편으로는 시장의 자생적 질서를 근거로 국가의 개입을 최소화해야 한다고 강변하는 목소리도 높다. 정치가들이 정치 논리가 아니라 기업의 논리를 대변하는 것은 전혀 낯설지 않다. 이와 관련해 샹탈 무페(Chantal Mouffe)는 정치가 하나의 도구적 활동으로, 사적인 이익들을 이기적으로 추구하는 것으로 제한되었다는 사실을 비판한다. 민주주의를 단순히 일련의 중립적 절차들로 제한하는 것, 시민을 정치적인 소비자로 변형하는 것, 자유주의가 국가의 '중립성'이라는 관계를 고집하는 것은 정치의 모든 실체성을 비워버린다는 것이다(무폐, 2007: 177~178).

한국의 상황도 그리 다르지 않다. 지난 세기 말부터 사회가 신자유주의적으로 급격히 재편되면서 정치의 공간이 축소되고 역할이 무력화되고 있다. 신자유주의를 신봉하는 권력자들은 사회의 욕구를 보호하고 무한 경쟁의 시장을 민주적으로 통제하는 정치를 노골적으로 폐기하려고 시도했는데 불행하게도 이는 지금까지 성공적으로 이뤄지고 있다. 사적 이익이 공적 이익보다 우선시되고 시민들은 서로 일시적이고 변하기 쉬운 교환관계로만 맺어진 사회에서는 정치도 시장에서 거래되는 한낱 상품처럼 취급되게 마련이다. 바로 이런 현실에 주목해보면 정치를 '복원'하고 제자리에 두는 것이 얼마나 중요한지 알 수 있다. 정확히 말하면 지금 사회적으로 중요하게 인식되고 시급히 복구되어야 하는 것은 '모든' 정치가 아니라 '좋은' 정치이다.

여기서 '좋은' 정치란 공적인 영역에서 공공의 이익을 추구하는 정치, 강압력과 독선이 아니라 민주적 절차와 소통을 통해 합의를 추구하는 정치를 가리킨다. 자유와 평등, 정의와 같이 인류가 오랜 기간 피땀을 흘려 이룩한 보편적 가치에 부응하고 이를 기본 원리로 삼는 정치도 '좋은' 정치이다. 그리고 고통받는 이들의 아픔을 품고 이들의 삶을 개선하는 정치(이창근, 2015: 397) 역시 '좋은' 정치이다. 이런 정치가 부재한 곳에서는 이해관계의 차이에서 비롯된 사회적 갈등을 조정하고 대화와 타협을 통해 공공의 이익에 부합하도록 합의를 이끄는 것이 어렵다. 사회구조와 시장의 왜곡을 바로잡을 수 있는 힘이 약한 까닭에 사회적 약자와 취약 계층의 권리 역시 제대로 보장되지 못한다. 불행하게도 지금 한국의 현실이 바로 그렇다. 용산 참사와 강정 마을 해군기지, 밀양 송전탑, 현대차 비정규직, 쌍용차 해고 사태 등을 보라! 사회적 약자들이 처한 삶의 문제에 대해 정치가 별다른 해결책을 만들어내지 못하는 현실에, 우리는 정치의 근본적인 존재 이유를 반문하게 된다.

정치의 이상과 현실

정치가 무엇이고 왜 중요한가에 대해 생각하게끔 하는 영화로는 〈스미스 워싱턴에 가다(Mr. Smith Goes to Washington)〉(1939), 〈모두가 왕의 부하들(All The King's Men)〉(1949), 〈도시 위에 군림하는 손(Le mani sulla città)〉(1963), 그리고 〈밀크(Milk)〉(2008)를 들 수 있다. 〈스미스 워싱턴에 가다〉는 미국적 이상주의와 더불어 미국 정치의 어두운 현실도 함께 보여준 대표적 영화라 할수 있다. 루이스 R. 포스터(Lewis R. Foster)의 미출간 소설인 『몬태나에서 온신사(The Gentleman from Montana)』가 원작이며, 이탈리아 출신 프랭크 캐프라(Frank Capra)가 감독했다. 캐프라는 아카데미상 주요 다섯 개 부문(작품상, 여우주연상, 남우주연상, 감독상, 각본상)을 수상한 최초의 영화 〈어느 날 밤에 생긴 일(Happened One Night)〉(1934)로 스크루볼 코미디(screwball comedy) 형식을 완성했다는 평가를 받았다. 그는 자신의 영화들을 통해 미국적 가치를 표현하기는 했으나 실제 삶은 달랐다. 캐프라는 지독한 보수주의자였으며 프랑코와 무솔리니를 지지하고 인종주의적 발언을 했던 인물이다. 몽타주 기법을 동원해 촬영한 초반부의 링컨 관련 시퀀스도 당시 할리우드의 검열 기관 PCA(Production Code Administration)에서 시나리오가 또다시 반려되지 않도록 추가로 포함시킨 것이다.

〈스미스 워싱턴에 가다〉는 누가 정치를 지배하는가를 미국의 사례를 통해 잘 보여준다. 공공의 이익을 위해 헌신해야 할 정치인들이 실제로는 특수하고 개별적인 이익만 추구하는 현실을 비판적으로 성찰하게 하는 영화이기도 하다. 이 영화에는 유력 정치인인 상원 의원 조지프 페인과 그에게 절대적 영향력을 행사하는 정계의 큰손 제임스 테일러라는 인물이 등장한다. 이들은 끈끈한 이해관계로 얽혀 있는 사이이기도 하다. 윌레트 강에 댐 건설을 예상하고 주변 땅을 몰래 매입해놓았다. 소유주를 가명으로 해놓은 것은 물론이다. 그런데 예상치 않은 문제가 생긴다. 바로 이 지역의 상원 의원이 갑자기 사망한 것이다. 댐 건설 계획이 연기되거나 취소되면 조사가 시작되어 인접한 땅의 소유주가 가명인 게 드러나게 될 것을 우려한 이들은 이권이 걸린 댐 건설에 반대하지 않는 말 잘 듣는 꼭두각시를 물색해 새로운 의원으로 세우려 한다.

주지사 호러스 밀러가 아이들에게 인기 있는 보이 레인저스(Boy Rangers) 대장인 제퍼슨 스미스(제임스 스튜어트 분)를 추천한다. 주지사의 아들들도 그의 팬이다. 주지사 아들은 아버지에게 "그는 동물, 수석, 밀림, 모르는 게 없어요. 그는 최고의 영웅이에요. 그는 진정한 애국자예요. 워싱턴 대통령의 말도 외워요"라고 말한다. 환경보호 운동을 벌여 스위트 강을 살려낸 영웅이라며 시민들이 스미스에게 감사패를 전달하는 기사가 신문에 보도된 것도 테일러 패거리들의 눈길을 끈다. 제퍼슨 스미스가 새로운 상원 의원으로 임명된다. 밀러는 페인과 테일러에게 스미스가 정치에 문외한이니 안심하라고 한다. 5만 명의 아이들의 영웅은 그 부모들의 영웅도 된다며 스미스가 대단한 표밭이라는 점도 덧붙인다. 이권이 거래되고 속임수가 횡행하는 추악한 권력정치를 전혀 알지 못하는 스미스는 독립 기념관과 링컨 기념관을 둘러보며 애국심을 되새기고 의원으로서의 각오를 다진다. 영화는 링컨 기념관의 석판에 새겨진 글을 클로즈업해 관객에게 보여준다. 우리가 익히 알고 있

는 링컨(Abraham Lincoln)의 게티즈버그 연설문이다. "우리는 명예롭게 죽어
간 이들이 마지막 신명을 바쳐 지키고자 한 대의에 우리 자신을 바치고, 그
들이 헛되이 죽어가지 않았다는 것을 굳게 다짐합니다. 신의 가호 아래 이
나라는 새로운 자유의 탄생을 보게 될 것이며, 인민의, 인민에 의한, 인민을
위한 정부는 이 땅에서 결코 사라지지 않을 것입니다."

그러나 미국 정치의 중심지인 워싱턴에서는 링컨이 지적한 대로 국가 공
동체의 정책 결정이 다수 국민이 아니라 소수 권력자들에 의해 좌지우지되
고 있음을 이 영화는 폭로한다. 스미스의 비서인 클라리사 산더스(진 아서 분)
는 "멍청이를 몇 달간 모시게 되었어요. 가짜 애국자의 뒷감당을 하게 되었
어요"라고 불만을 토로한다. 가난한 소년들이 자연을 체험하게 하고 그들에
게 미국의 정신을 심어주고 싶어서 스미스는 소년 캠프장을 마련하려고 하
지만 언론들은 헛물켜는 풋내기라고 조롱하면서 신임 상원 의원의 뜻을 곡
해한다. 이에 분노해 기자들에게 주먹을 날린 스미스에게 고참 기자는 "지방
에서 기껏 올려 보내도 거수기 노릇만 한단 말이야. 투표는 하겠지. 동료들
이 시키는 대로 말이야. 꼭두각시 인형처럼. 네, 하고 투표하겠지. 당신은 상
원 의원이 아니라 명예로운 꼭두각시야"라고 비아냥거린다. 기자가 산더스
를 향해 잔을 들며 "크고 힘센 놈들을 위해"라고 건배를 하는 장면은 몇몇 권
력자들이 좌지우지하는 워싱턴 정치의 현실을 압축적으로 나타낸다. 후에
스미스는 "정치 세계라는 것이 이런 건지 몰랐소. 정말 환멸을 느꼈소. 타락
한 정치인이 많더군"이라고 고백한다.

스미스는 캠프장 예정지가 페인과 테일러가 추진하는 댐 건설 현장이고
이로 인해 자신이 동료 의원들에게서 따돌림을 당하고 있다는 사실을 산더
스에게 듣는다. 스미스는 페인과 테일러에게 차례로 가서 따진다. 댐 건설이
테일러가 추진하는 사업이라고 전해 들었다며 도대체 그가 어떤 사람이냐고

묻자 페인은 "내가 한 개인의 이익을 위해 일을 꾸미고 있단 말인가"라고 반문한다. 화려한 언변을 지닌 페인은 자기의 이익을 위해서는 권모술수도 마다하지 않는 정치인이다. 막후의 권력자인 테일러는 페인보다 더 노골적으로 속내를 드러낸다. 강력한 이익집단에 휘둘리는 미국 정치의 모습이 직접적이고 명료하게 드러나는 대사이기도 하다. "내 이해관계? 국가에 이익이 된다면 그것이 곧 나의 이익이지. 산업과 신문사 같은 것 말이지. 당신도 애국심이 대단하다던데. 나중엔 나처럼 될 수 있을 거요. 희망이 뭐요? 사업? 사업을 하려면 사업계에 투신해야 하고, 정치가가 되려거든 선배 의원들을 따라야지. 예를 들어 조 페인을 봐요. 아주 잘하고 있잖소? 다들 내 말을 잘 들으면 차기 대권은 따놓은 당상이야. 그들은 똑똑하니까 내 말을 잘 듣지. 페인은 벌써 20년째요." 다시 그를 찾아온 스미스에게 페인은 이렇게 토로한다. "여기는 냉혹한 정치의 세계야. 함부로 나서다간 다친다고. 이 모든 걸 잊는 게 좋아. 더러운 속임수도 있고 공갈도 통하는 데라고. 벌써 30년이 되었나. 나도 자네처럼 이상이 있었지. 나도 자네처럼 협박을 받았어. 난 굴복을 했지. 타협을 한 거야. 상원 의원의 자리에 앉아서 국민에게 봉사할 수 있게 사실들을 보고 얘기하자고. 우리 주에 좋은 일을 많이 했어. 실직 상태도 제일 낮고 정부 빚도 제일 적어. 그래서 타협을 한 거야. 국민들은 투표를 잘 안 해. 나는 그들의 도움이 필요했어. 그렇게 나라는 만들어진 거야. 알아듣겠나?"

미국 정치는 이익집단의 정치로 불리곤 한다. 정치 과정에서 수많은 이익집단의 활동과 영향력이 두드러지기 때문이다.[1] 그 수는 상상을 초월하게 많

---

1 미국에서 이익집단이 크게 발달하게 된 원인으로는 미국 사회가 이질적으로 구성되어 있고, 이익집단이 정책 결정 과정에 접근할 수 있는 기회와 창구인 침투성이 크며, 서유

다. 활동이나 영향력 역시 다른 나라와 비교가 되지 않는다. 단순히 로비를 통해 자기들의 이익을 추구하는 정도가 아니라, 선거부터 특정 정책에 대한 아이디어 제공과 정책 형성 및 집행, 그리고 그 평가에 이르기까지 정책 결정 과정의 모든 단계에서 이익집단들이 활동하고 있는 것이다. 이와 같이 다른 나라들에 비해 이익집단의 수가 많고 다양하며 그 영향력이 월등히 크다는 점은 미국 정치의 독특성을 구성하는 중요한 요소이다(최명·백창재, 2000: 145~146). 공통의 이해관계에 따라 해당 정책 영역의 위원회 의원들과 소관 행정 부처 관료 및 이익집단 간에 지속적인 호혜적 관계가 형성되기도 한다. 소위 '철의 삼각동맹(iron triangle)'이 구축되는 것이다. 이를 통해 의원들은 이익집단들에게서 정치적·재정적 후원을 얻게 되고, 관료들은 예산과 권한을 증대시킬 수 있으며, 이익집단들은 특수 이익을 챙기게 된다(최명·백창재, 2000: 145~146, 164~165).[2]

이 영화에서 눈길을 끄는 것은 페인의 모함을 받아 제명될 위기에 처한 스미스 의원이 "세상에는 테일러나 페인 같은 구렁이들만 있는 게 아네요. 진실을 존중하는 사람들도 그들 못지않게 많다고요. 모두가 굴복하면 이 나라는 누가 지키죠?"라는 산더스의 고언을 받아들여 무려 24시간에 걸쳐 필리

럽처럼 강력한 정당이 발달하지 못한 것을 들 수 있다. 정부의 정책 변화에 의해 이익집단 수가 증가했는데, 특히 1920~1930년대에 기업에 대한 규제가 본격화되고 노사관계에 정부가 적극적으로 개입하게 되면서 기업 단체나 노조 등이 워싱턴에 지부를 설치하고 로비 활동을 본격적으로 벌이게 되었다(최명·백창재, 2000: 146~147, 149).

2   유착 관계의 폐해가 큰 문제로 대두하자 1946년에 '로비 규제법(Federal Regulation of Lobbying Act)'이 만들어져서 의원들을 상대로 하는 모든 로비스트들이 법무부에 등록하고 분기마다 회계 보고를 하도록 의무화했다. 그러나 이 법은 법무부가 집행 의지가 없는 까닭에 실효성이 없었다. 강력한 규제 제도인 '로비 공개법(Lobbying Disclosure Act)'이 만들어진 것은 한참 뒤인 1995년이었다(최명·백창재, 2000: 201~202).

버스터(filibuster)를 하는 시퀀스이다. 원래 필리버스터는 의회에서 소수당 의원들이 다수당의 독주를 막기 위해 합법적인 방법과 수단을 이용해 의사 진행을 고의로 방해하는 행위를 가리킨다. 가장 흔한 것이 질문 또는 의견 진술이라는 명목으로 행하는 장시간의 연설이다.[3] 스미스는 할 말을 다 하기 전에는 이 자리를 결코 떠날 수 없으며 질서에 저촉되거나 개인의 신상에 저촉되지 않는 한 그의 발언은 계속될 것이라며, 이는 양심의 호소라고 밝히면서 필리버스터를 시작한다. 참을 수 없는 것은 테일러라는 탐욕스러운 사람이 사익을 충족하려고 국회의원들을 조종하고 있다는 사실이라고 말한다. 발언권을 잃지 않으려고 미국의 헌법 조문을 처음부터 끝까지 읽는다. 이것

---

[3] 한국에서는 2012년 5월 18대 국회 마지막 본회의 때 국회선진화법이 통과될 당시 '무제한 토론제'라는 이름으로 도입되었다. 이 제도는 국회 내 다수파인 여당이 쟁점 법안을 강행 처리하는 것을 막기 위한 것이다. 이 제도에 따르면 야당은 무제한 발언을 통해 의사 진행을 의도적으로 방해할 수 있다. 현행 국회법에 따르면 본회의 안건에 대해 필리버스터를 할 경우 재적 의원 3분의 1 이상이 서명한 요구서를 본회의 시작 전에 의장에게 제출해야 한다. 일단 해당 안건에 대한 무제한 토론이 시작되면 의원 1인당 1회에 한해 토론을 할 수 있다. 의원들은 연이어 발언을 하며 의사 진행을 방해하게 된다. 토론자로 나설 의원이 더 이상 없을 경우 무제한 토론이 끝난다. 또 재적 의원 3분의 1 이상이 무제한 토론의 종결을 원하고 무기명 투표로 재적 의원 5분의 3 이상이 종결에 찬성할 경우에도 무제한 토론이 마무리된다. 이 같은 조건이 충족되지 않을 경우 야당은 자정까지 발언을 계속함으로써 특정 안건의 본회의 표결을 막을 수 있다(≪뉴시스≫, 2013년 11월 28일 자). 2016년 2월 정의화 국회의장이 국정원의 권한 남용 가능성으로 논란이 되고 있던 '테러방지법'을 직권상정하자 이 법의 표결을 막고자 더불어민주당과 정의당 등 야당 의원들이 돌아가면서 무려 127시간을 이어나가기도 했다. 의정사에서 47년 만에 재등장한 필리버스터는 유튜브 등을 통해 생중계되었다. 시민들의 반응도 뜨거워서 4000여 명의 시민들이 본회의장을 찾았다. 시민들은 "그냥 싸우는 게 아니라 시민들을 위해 싸우는 게 정치라는 것을 느꼈다", "결과는 패배였지만 과정이 정말 아름다웠다. 국회가, 정치가 살아 있다는 걸 보여줬다" 등의 반응을 보였다(≪경향신문≫, 2016년 3월 20일 자).

이 보도되는 것을 막기 위해 테일러가 언론을 통제하자, 이에 맞서 보이 레인저스 단원들은 밤새 소식지를 만들어 돌린다. 양심의 가책을 느껴 괴로워하던 페인이 결국 진실을 밝히면서 스미스가 누명을 벗게 되는 스토리는 이 영화가 미국식 이상주의를 기초로 한다는 것을 보여준다. 감독은 관객에게 필리버스터라는 '훌륭한' 미국 정치제도에 의해 미국의 가치가 지탱된다는 것을 말하고 있다.

〈스미스 워싱턴에 가다〉는 비록 80여 년 전에 제작된 오래된 영화이지만 미국 정치의 이상과 현실을 잘 보여준다는 점에서 지금도 볼 가치가 있다. 그런 영화이다 보니 개봉 후에도 나치 독일, 무솔리니와 프랑코 치하의 이탈리아와 스페인에서 상영 금지 처분을 받기도 했다. 그러나 이 영화에서 묘사된 미국 정치의 이상적 측면이 얼마나 사실에 부합하는 것인지는 따져볼 필요가 있다. 이익집단에 휘둘리는 미국 정치의 부정적 측면이 과연 지금 얼마나 개선되었는지도 의문이다. 『페더럴리스트 페이퍼(The Federalist Papers)』 등에 근거한 미국의 건국 정신은 이미 오래전 이익집단에 휘둘리는 정치에 의해 변질되었다. 미국의 주류 정치학에 속하는 다원주의(pluralism)에서는 민주주의가 다양한 이해관계와 권력의 분산을 전제로 한다고 주장한다. 자유주의 경제사상과 정치사상에서 유래한 다원주의 이론으로 볼 때 정치권력은 파편화되고 넓게 분산되어 있으며 이에 대한 영향력은 조직과 정부에 접근할 수 있는 잠재력을 지닌 집단의 규모 및 지지의 강도와 비례한다고 한다. 정책 결정 역시 다양한 견해와 상이한 이익을 지닌 수많은 집단들 사이의 복잡한 흥정과 상호작용을 통해 이뤄진다는 것이다. 그러나 다원주의에 대한 비판자들은 미국과 같은 집단 지향적인 사회에서조차 국민의 절반만이 자발적 결사체에 참여하며, 그러한 결사체들도 정치에 다만 주변적으로 참여할 뿐이라는 데 주목해왔다. 국가정책이 다양한 이익집단의 요구를 정확하게 반영한다는 다원주의자들의 견해에 대해서도 비판자들은 자본주의와 계급사회 아래에서는 특정한 정책들만이 시행될 수 있을 뿐이라고 주장해왔다(칠코트, 1999: 445). 권력이 분산되지 않고 파워 엘리트들에게 집중되어 있다는 밀스(C. Wright Mills)나, 정치권력은 자본주의 체제의 지배계급이 소유하며 기업과 노동 집단의 예처럼 불평등한 경쟁이 나타난다는 랠프 밀리밴드(Ralph Miliband)의 주장 역시 다원주의를 겨냥한 주요 비판들이다.

〈모두가 왕의 부하들〉은 정직하고 순수한 신념을 지닌 사람이 비루한 정치계에 몸담으면서 점차 타락해가는 과정을 잘 보여주는 영화이다. 원작은 미국 작가 로버트 워런(Robert Penn Warren)이 1946년 발간한 동명의 소설이다.[4] 1930년대 미국 남부를 배경으로 서로 엮인 주지사 윌리 스타크와 그의 오른팔인 잭 버든의 삶의 여정을 그렸다. 사람들은 윌리 스타크 같은 메시아적 정치인에게 열광하지만 그런 스타크도 모든 사람들의 요구를 충족시켜주지 못하는 법이다. 1949년 개봉한 영화는 2006년 숀 펜(Sean Penn)과 주드 로(Jude Law), 케이트 윈즐릿(Kate Winslet) 등으로 호화 배역진을 꾸려 리메이크되었다. 그러나 리메이크 작은 캐릭터를 부각시키지 못하는 평이한 연출과 편집으로 원작에 미치지 못한다는 평가를 받았다. 워터게이트 사건을 다룬 앨런 J. 퍼쿨라(Alan J. Pakula) 감독의 영화 〈모두가 대통령의 사람들(All the President's Men)〉(1976)도 이 원작 소설의 제목을 차용했다.

이 영화의 주제는 "사람은 뭔가를 너무 간절히 원하면 그 자체가 욕망이 되어서 정말 원하는 게 뭔지 잊어버리곤 해"라는 주인공 윌리 스타크의 말에

---

[4] 워런은 이 소설로 그다음 해 퓰리처상을 받았다. ≪모던 라이브러리(Modern Library)≫에서 영어로 쓰인 20세기 최고의 소설 가운데 하나로 선정되었으며, ≪타임 매거진(Time Magazine)≫에서는 자사의 창립 연도인 1923년부터 2005년 사이에 발간된 100대 소설 중 하나로 뽑았다.

잘 나타나 있다. 스타크는 정치인과 관료, 기업인의 부패를 목격하면서 처음에는 평범한 사람들을 위한 정치 개혁이 이뤄지기를 원했지만 개혁을 추진하는 과정에서 기득권의 강력한 벽에 부딪히게 된다. 결국 그 자신도 기업인들과 부당한 거래를 주고받게 된다. 제도와 정책을 신설하고 변경할 권한을 갖고 있는 정부에 접근해서 유착 관계를 형성하고 사익을 추구하는 지대 추구(rent-seeking) 행위는 우리에게도 너무 익숙한 모습이다. 〈모두가 왕의 부하들〉 역시 이 점을 극적으로 보여준다. 따라서 이 영화는 누가 어떤 환경에서 권력을 추구하는지, 그리고 이 과정에서 애초의 신념이 어떻게 탈색되고 부패에 매몰되는지 살펴보는 것이 관람 포인트이다.

영화는 무덥고 먼지가 날리는 전형적인 시골인 카노마 카운티에서 ≪크로니클(chronicle)≫ 신문 기자 잭 버든이 청렴하다고 소문난 잭 윌리 스타크를 처음 만나는 장면으로 시작된다. 스타크는 몇 안 되는 주민들 앞에서 열정적으로 연설한다. "그들은 세금을 착복하기 위해 거짓말을 하죠. 카노마에 이런 선거가 존재했던 적이 있나요? 야당이 왜 절 파괴하려고 난리죠? 제가 선출되는 것을 왜 막으려 할까요? 말씀드리죠. 진실이 두려워서죠. 이게 진실입니다. 그들은 여러분의 돈을 훔치고 있습니다. 세금 횡령이죠. 위원회는 학교 건설 수주를 비싸게 낙찰했습니다. 왜냐? 그럼 더 잘할 것이라고 하더군요. 그들이 복지에 관심이 있는 것처럼 보이나요? 그들이 관심을 갖는 것은 바로 자신들입니다. 정확한 수치를 근거로 예를 들죠. 벽돌 공장은 한 위원(commissioner)의 처남 소유입니다. 그 공장에서는 죄수들을 부려먹고 있습니다."

5인 이상의 군중은 소란을 야기하므로 모여선 안 된다는 시의 명령을 위반했다는 명목으로 스타크가 경찰에 연행된다. 전단을 나눠 주던 스타크의 아들도 체포된다. 경찰서에서 풀려난 스타크는 아내가 해고되고 아들이 폭행당하며 집에 돌이 날아오는 등 압박을 받는다. 그는 진실을 알린다며 출마를 결심한다. "나를 막을 수는 없어. 한 표도 못 얻더라도 출마하겠어." 신문에서는 그를 "강한 신념과 강철 의지를 지닌 이 시대에 흔치 않은 사람이자 용기를 가진 청렴한 사람"이라고 소개한다. 고향을 방문한 자리에서 계부는 여기선 모두가 돈만 밝히며, 목청을 높일수록 가격이 올라간다고 말한다. 돈이면 다 된다고 생각하느냐는 질문에 그렇다고 답한다. 그러나 현실 정치의 벽은 호락호락하지 않아 스타크는 선거에서 패배한다. 그리고 대학교에서 법학을 공부해 졸업한 후 변호사 개업을 한다. 다시 스타크에게 기회가 온다. 초등학교 벽 붕괴 사고가 발생하자 그 책임을 물어 유족들이 시를 고소하고, 스타크가 이들의 손해배상 청구를 돕는다. 스타크는 착복과의 전쟁을 하자고 주장한다. 그러자 사람들은 청렴한 사람에게 투표하지 않은 벌이라며, 스타크가 옳았다고 말한다. 변호사로 일하며 돈이나 벌어야겠다는 스타크에게 버든이 정치 입문을 권한다. 버든은 차기 주지사로 출마한 스타크에게, 울리고 웃기고 흥분시키면 유권자들이 연설을 경청할 거라고 조언한다.

"친구들이여. 연설을 하겠습니다. 연설의 내용은 우리 주에 필요한 것이죠. 무엇이 필요한지는 말할 필요도 없겠지요? 저기 당신, 바지에 구멍이 뚫리진 않았나요? 배에 귀를 기울이세요. 쪼르륵 소리를 듣지 않았나요? 농작물이 썩지 않나요? 시장까지 가는 길이 너무 험한가요? 부인, 아이들은요? 학교가 없어서 문맹으로 자라나요? 연설문을 읽지 않겠어요. 한 가지 얘기를 해드리죠. 한 촌놈에 관한 얘기입니다. 여러분 같은 한 촌놈이 비포장도로와 농장 도랑에서 성장했는데 새벽에 일어나서 소젖을 짜고 판자로 벽을 댄 학교까지 10킬로미터를 걸어갔습니다. 촌놈은 촌놈의 일을 알기에 뭔가를 해야만 했고 혼자서 해냈습니다. 그는 늦게까지 공부했어요. 자신과 같은 사람들을 위해. 세상을 바꾸어보려고 법학을 공부했습니다. 거짓말은 하지 않겠어요. 그는 촌놈들을 위해서 시작하지 않았어요. 자신만을 생각했었죠. 하지만 도중에 사람들 도움 없이는 아무것도 못한다는 사실을 깨달았습니다. 정치인들이 지은 학교가 무너졌을 때 많은 학생들이 죽었어요. 여러분들도 아시죠? 사람들은 그와 함께 부실 공사를 규탄했어요. 정치가들도 그걸 알고 그의 집까지 찾아가서 주지사 선거에 나서라고 부추겼어요. 그는 덥석 물었어요. 어떻게 사회를 바꿀지 생각했죠. 그 시골 사람은 비록 가난할지라도 주변에서 인정한다면 당선되리라 여겼습니다. 공무원들도 그 촌놈을 받아들였죠. 바로 저 사람입니다. 더러운 정치인! 잘 보세요. 모두 거짓입니다. 잘 들으세요. 저들은 나와 여러분을 속였어요. 이번엔 제 차례죠. 전 끝까지 싸울 것입니다. 혼자서라도 싸우겠어요. 눈을 치켜뜨고 진실을 들여다보세요. 이것이 진실입니다. 여러분은 촌놈입니다. 촌놈을 도울 사람은 늘 촌놈뿐이었습니다."

스타크와 버든에게 엄청난 압박이 가해진다. 신문사 사장까지 나서 버든을 해고하고, 선거에서는 지역의 토호 세력이 미는 해리슨이 박빙의 승리를 거둔다. 스타크는 출마를 통해 승리하는 법을 포함해 많은 것을 배웠다고 말한다. 선거에서는 졌지만 사람들을 얻었다고도 하면서 이익단체들과 거래를 시작한다. 성공적으로 선거를 치르기 위해서는 막대한 자금이 필요하다는 것을 절감한 스타크는 선거에서 이길 수 있다면 악마와도 거래하겠다고 한다. 자신의 행위를 정당화하기 위해 "선이 어디서 나오는지 압니까? 악에서 나와요. 아니면 성공할 수 없습니다"라고 떠벌린다. 누가 선과 악을 구별하느냐는 질문에는, 자신이 하며 그 방법은 적당히 지어내면 된다고까지 말한다. "당선을 도와준다면 모든 공약을 지키겠소. 여러분의 도움이 필요해요. 구걸하진 않겠어요. 법부장관직을 드리죠. 뭐든 원하는 대로 하세요. 길은 제가 닦겠습니다." 결국 스타크는 다음 선거에서 승리한다. 당선되자마자 그는 공직자를 대거 물갈이하고 사람들에게 원하는 것을 준다. 주 의회에 가서는 "이 법은 통과되어야 해요, 주를 운영하는 데 필요한 법안이오"라면서 의원들을 압박한다. 수첩에 적힌 거래 리스트에 따라 스타크는 경기장과 도로를 건설하고 학교와 발전소도 세우면서 도시를 완전히 바꿔놓는다. 항상 뭔가를 만들면서 사람들에게 아부한다. 그런 스타크에게 정치는 한낱 '더러운 게임'일 뿐이다.

부패 스캔들이 법무장관에 의해 세상에 알려지면서 스타크는 결국 위기에 처하게 된다. 버든은 스타크와 내연 관계를 맺고 있는 앤의 오빠인 의사와의 대화에서 "달걀을 깨지 않고는 오믈렛을 못 만드네. 나는 스타크가 선을 행한다고 믿네. 자네도 그렇고. 방법상의 차이지. 선은 악에서 나온다네. 고통은 악이야"라면서 스타크를 옹호한다. 이에 대해 의사는 "고통 자체가 악은 아닐세. 스타크가 악이지. 비평을 두려워했기 때문에 스타크는 처음에 신문사와 방송국을 접수했어. 선을 행한다면 진실에도 관심을 가져야지. 그 둘은 다른 것이 아니잖아"라고 대답한다. 천문학적인 돈이 들어가는 선거를 감당하기 위해 선출직 공직자 후보들이 이해 당사자들과 결탁해서 행하는 정치 부패는 어제오늘 일이 아니라서 별로 새삼스럽지도 않다. 반세기도 더 전에 제작된 이 영화를 통해 관객은 오늘날 미국 정치의 문제점으로 지적되는 금권정치가 얼마나 뿌리 깊은 것인지 알 수 있다.

현재로 시선을 돌려보자. 미국 정치의 특징 중 하나는 각종 선거에 출마하는 후보들이 점점 더 소수의 부자들에게 의존하는 현상이라고 지적된다. 대선과 같은 큰 선거는 더욱 '슈퍼 부자'들에게 의존하는 현상이 심화되고 있다. 이는 무엇보다 특정 후보를 지지하기 위해 억만장자들로 구성된 합법적인 정치자금 후원 단체 '슈퍼팩(PAC: Political Action Committee)' 때문이다. 노조나 환경 단체 등도 소규모 '팩'을 구성하나 그 액수는 상대적으로 매우 적다. 미국 대법원은 2010년 슈퍼팩의 선거 자금 지출을 무제한 허용해 과열 모금 경쟁의 길을 터준 데 이어 2014년에는 슈퍼팩에 대한 개인의 선거 자금 기부 제한을 폐지했다(≪한겨레≫, 2015년 8월 2일 자). 이는 정치에 대한 부자들의 영향력이 강화된다는 것을 의미하며, 노동자와 소수 인종 등과 같은 사회적 약자들의 정치적 대표가 제대로 이뤄지지 않는다는 것을 의미한다.

〈도시 위에 군림하는 손〉은 1963년 프란체스코 로시(Francesco Rosi)가 감독한 영화이다. 베니스 국제영화제에서 금사자상을 받았다. 크레디트에 나오는 것처럼 이 영화의 인물과 사건은 응용한 것이나, 사회적 배경과 환경은 사실에 근거한 것이다. 영화의 배경이 되는 곳은 나폴리이다. 나폴리는 이탈리아 남부의 대표적 도시이다. 반도 끝에 위치한 남부의 네 개 주는 '빈곤의 극'이라 불릴 정도로 낙후된 지역이다. 이사이아 살레스(Isaia Sales)는 로마의 중앙 정치인들이 남부 지역에서는 산업 발전을 추진하지 않았다고 지적한다. 그 대신 직접적인 복지와 소득 지원을 통해 이 지역 유권자들의 지지를 얻어내면서 보수 정당인 기독교민주당(Democrazia Cristiana) 중심의 지배 체제를 공고화했다는 것이다. 남부는 북부에 저렴한 노동자들을 공급하는 곳이자 북부 산업의 소비 시장이었다. 이는 이탈리아 산업화 과정에서 북부의 경제성장이 이들 남부 지역에 대한 경제적 착취와 정치적 후견주의에 의해 이뤄질 수 있었다는 것을 의미한다(살레스, 1996).

영화에서는 도시 개발을 통해 '산업 르네상스'를 만들고 나아가 남부 지역 활성화를 이룰 수 있다고 강변하는 보수 정치인들이 등장한다. 그 중심인물이 개발업자이기도 한 에두아르도 노톨라 의원(로드 스타이거 분)이다. 노톨라는 정치 자금 제공을 통해 정·관계에 단단한 인적 네트워크를 갖춘 사람이다. 그는 저렴한 도시 북부의 농지 구역을 개발하면 무려 50배의 순익을 얻을 수 있다고 주장한다. 이익만 있고 위험은 없는 사업이 바로 도시 개발이라는 것이다. 순탄하게 달성되는 듯하던 노톨라의 야망은 그의 아들이 건설을 맡은 노후된 건물이 붕괴해 사상자가 발생하면서 벽에 부딪히게 된다. 비판의 선봉은 진보사회당과 공산당에 속한 좌파 정치인들이었다. 그들은 사건의 진상을 밝히기 위해 특별위원회를 소집할 것을 요구하나 다수당 의원들은 사법부에 맡기자고 한다. 그러나 사법부는 진상 규명 의지가 별로 없는 상황이다. 드비타 의원은 시의회에서 이렇게 목소리를 높인다. "이것은 별도의 사건이 아닙니다. 어제, 그리고 그 이전의 일련의 사고 희생자들은 개인적 투기가 빚어낸 부끄러운 희생자들입니다. 우리 도시의 모습을 점점 더 변형해가며 이권을 챙기는 주범은 바로 이 방 안에 앉아 있습니다."

사건의 전모가 하나둘 밝혀진다. 통상 6개월에서 1~2년이 걸리던 사업 허가가 불과 3일 만에 났으며, 3년간 붕괴 위험이 지적되었던 건물에 사전 안전 예방 지시가 없었다는 것이 드러난다. 거주민들은 퇴거 명령에 불응하고 시위를 벌인다. "아이들을 위해 지붕을 달라! 우리를 동물 취급하지 말라! 우린 오두막이 아니라 집을 원한다!" 가까워진 선거에서 패배할 것을 우려한 기민당 정치인들이 노톨라에게 압력을 가한다. "건물 신축을 위해 퇴거 명령을 내리면 그들의 표를 잃어요. …… 선거철이오. 많은 중대 사안이 산적해 있소. 우린 이겨야만 해요! 바보짓을 해선 안 돼요!" 집회 현장을 방문한 드비타가 주민들에게 말한다. "이건 당신들이 자초한 일이오. 당신들이 그들을 찍어줘서 생긴 일이오. 그들이 이 지경을 만들도록 힘을 실어준 거라고요. 그들이 당신들에게 해준 게 뭐가 있소? 새 건물에 살도록 해준 건가요? 살 곳이 더 나빠지고, 일자리가 사라져도 당신들은 손 놓고 있잖아요."

그럼 누굴 찍어야 하느냐는 한 주민의 물음에 드비타는 "당신의 혈세로 이득을 보지 않는 사람을 찍으세요"라고 답한다. 드비타에게도 다수당 의원들의 비난이 쏟아진다. 공공 토지를 현직 의원이 대표로 있는 개인 사업체에 매각한 사실을 언급한 것이 비민주적이고 부적절하다는 것이었다. 그러나 드비타는 이에 굴하지 않는다. 결국 다수당 안에서도 노톨라의 정치적 야망에 희생될 수 있다며, 노톨라에게 "건설이나 해! 당신은 정치가가 아니야!"라고 말한다. 사람들이 당이 공약을 지키지 않는다고 불만을 토로하고, 예전처럼 그들의 말에 귀 기울이지 않는다는 것이다. 그들은 단지 돈을 원할 뿐이라는 지적에 "사람들은 불행과 실의에 젖어 있어요. 말조심해요. 사람들은 안전을 원해요. 공장 일을 원하고요"라고 반대 의견을 피력한다. 노톨라와 검찰관의 대화 역시 인상적이다. "정치 인생에서 도덕적 분노는 아무런 가치가 없어요." "그럼 유일한 진짜 죄는 뭡니까?" "지는 것이요."

〈도시 위에 군림하는 손〉은 비록 시간과 장소를 달리하지만 지금의 한국 정치의 민낯을 보여주는 영화로도 손색이 없다. 일본과 비슷하게 한국에서도 정부가 주도해 대규모 토건 사업이 국책 사업으로 추진되고 온갖 선거에서는 개발을 부추기는 정치인과 정당에게 지지가 쏠리고 있다. 한 사회학자가 지적했듯이 한국에서는 국가가 각종 개발 공사를 설립해 대규모 사회간접자본의 건설과 관리를 전담하게 하고 있다. 이들 개발 공사와 토건 업체, 정치권 간에는 복합적 유착 관계가 존재함은 물론이고, 이 과정에서 부패가 발생하고 자연환경과 지역사회, 문화가 파괴된다(홍성태, 2005: 25~27). 대표적 사례는 이명박 정권 시기에 추진된 이른바 '4대강 살리기' 사업이다. 추진 과정에서 대통령과 정부는 예비 타당성 조사와 환경영향평가 등 제대로 된 평가를 받지 않았을 뿐만 아니라 설득력 있는 명분을 제시하고 제대로 된 공론 과정을 거치지 않은 채 일방통행식 밀어붙이기로 일관했다. 집권 여당 역시 이에 별다른 제동을 걸지 않고 청와대의 지시에 맹종하는 모습을 보였다. '통법부'와 '거수기'라는 비판이 제기된 것은 그 당연한 결과였다. 4대강 사업이 완료된 후 천문학적인 예산 낭비와 환경 파괴가 지적되고, 정부의 초법적인 행위와 업체의 비리와 담합 사실이 드러났다. 그렇지만 한국 정치계에는 여전히 엄청난 지대를 발생시키는 국가 주도의 개발을 공약으로 내걸고 추진하되 책임은 전혀 지지 않는 정치인들이 넘쳐난다. 그들은 한국판 노톨라 의원이라고 할 수 있다.

도대체 정치는 왜 존재하는가?

〈밀크〉는 실화를 배경으로 한 영화이다. 동성애자 운동을 펼친 샌프란시스코 시의원 하비 밀크가 바로 그 주인공이다. 그는 인종과 계급뿐만 아니라 성적 취향에 상관없이 누구나 고르게 자유와 평등을 누리는 세상을 추구했다. 시대상을 정직하게 재현한 데서 이 영화의 가치를 발견할 수 있다. 주인공인 밀크 역을 맡은 숀 펜의 뛰어난 연기가 눈길을 끈다. 이미 숀 펜은 팀 로빈스(Tim Robbins) 감독의 〈데드 맨 워킹(Dead Man Walking)〉(1995)에서 혐의를 완강히 부인하는 사형수 역, 우디 앨런(Woody Allen) 감독의 〈스윗 앤 로다운(Sweet and Lowdown)〉(1999)의 고독한 천재 재즈 기타리스트 역, 제시 넬슨(Jessie Nelson) 감독의 〈아이 엠 샘(I Am Sam)〉(2001)에서 일곱 살의 지능을 지닌 지적 장애인 역으로 세 차례나 아카데미 남우주연상 후보에 오른 데 이어, 클린트 이스트우드(Clint Eastwood)의 추리극인 〈미스틱 리버(Mystic River)〉(2003)에서 딸을 잃고 복수심에 불타는 아버지 역으로 아카데미 남우주연상을 수상했었다. 그는 인간의 내면에 가려진 잔인함과 분노, 비열함과 같은 본성을 탁월하게 해석해낼 줄 아는 연기파 배우로 평가받는다. 〈밀크〉로 제81회 아카데미 시상식에서 남우주연상과 각본상을, 제43회 전미비평가협회상에서 남우주연상을 거머쥐었다.

이 영화의 키워드는 소수자(minority)이다. 소수자는 그 범위와 유형이 매우 다양한 이질적인 집단들이지만 정치적·경제적으로 권력과 부의 분배에서 배제되고 사회적·문화적으로 억압받고 차별받는다는 공통성을 지니고 있다. 그런 점에서 동성애자 문제를 다룬 〈밀크〉는 정치의 존재 이유에 대해 생각하게끔 하는 영화이다. 자신의 과거를 술회하는 첫 장면에서 밀크는 다음과 같이 자신의 정체성과 삶을 정리한다. "난 신념대로 행동하는 사람이다. 게이 인권운동가로서 불안하고 겁에 질리고 뒤틀린 사람들의 표적이 될 수밖에 없다. 그도 그럴 것이 샌프란시스코에서 우린 미국의 거대한 편견을 무너뜨렸으니까." 영화는 밀크가 동성애자인 스콧과 만나는 장면에서부터 시작된다. 장소는 누구나 일탈에 빠지고 사랑에 빠지는 곳이라는 샌프란시스코의 카스트로라는 작은 동네이다. 매우 로맨틱하게도 스윙글 싱어즈(The Swingle Singers)가 아카펠라로 부르는 바흐(Johann Sebastian Bach)의 「평균율 7번(Prelude No.7 in E Flat)」이 배경음악으로 깔린다. 동성애자들은 사람들의 차가운 시선과 더불어 경찰 폭력을 감당하면서 살고 있다. 그 과정에서 정치의 필요성을 절감한다. 부상당한 스콧을 치료하면서 밀크는 "우리도 정치에 진출해야 해. 흑인들도 대변자가 있잖아. 그들을 대변하는 지도자가 있어. 정치권은 무대지(politics is scene). 발언하는 게 중요해. '나 여기 있소'라고 말하면 주목받게 마련이지. 재미있을 거야"라고 말한다.

밀크가 사회적 발언을 시작한다. "안녕하세요, 하비 밀크입니다. 일주일 전에 배지를 가린 경찰들이 몰려와서 열네 명의 형제들을 구타하고 체포했습니다. 죄라면 거리를 걸은 게 다였죠. 우리 세금으로 탄압 대신 보호를 받읍시다. 마리화나 대신 총기를 규제합시다. 서적 검열 대신 교육과 노인을 지원합시다." 밀크는 동료들에게 정치계에 진출할 것을 밝힌다. "변태 동지 여러분! 제가 샌프란시스코 시의원에 출마하겠습니다. 더 이상 벽장에 숨지 맙시다." 그러나 정치계를 지배하는 것은 다수의 주류 인사들이었고 밀크는 선거에 거듭 낙선한다. 토론회에서 밀크는 민주당 주의원 후보에게 돌직구를 날린다. "민주당이란 조직은 더럽고 비인간적이죠. 정당 지도자들 요구 이외에 다른 목소리엔 침묵할 뿐입니다." 그러면서 자신의 정치적 비전을 제시한다. "더 나은 세상, 더 나은 미래, 더 나은 터전에 대한 희망을 줍시다. …… 아메리칸드림은커녕 일자리조차 없는 현실 때문에 좌절한 노동자에게 희망을 줍시다." 재도전이 거듭되는 과정에서 레즈비언인 앤 크로넨버그가 매니저로 가담하고 밀크를 지지하는 언론사도 나타나게 된다. 1978년 선거에서는 노조원, 여성, 노인, 그리고 게이 등 소수집단이 투표에 동참해서 지지한 덕분에 드디어 밀크는 바라던 시의원에 당선될 수 있었다. 시의원이 된 후 그의 싸움은 본격화된다. "정치권과 싸워야 해. 그들은 그냥 변하지 않아. 90퍼센트의 사람들에게 10퍼센트의 우릴 밀어달라고 하려면 우리가 누군지 세상에 알려야 해. 모두 커밍아웃해야 해. 어디에 사는 누구든…… 프라이버시는 우리의 적이야. 우리가 정치적 영향력을 발휘할 수 있으려면 진실을 밝혀야 해. 지금 여기서 시작해. 집에서 알면 우릴 위해 투표할 거야." 밀크는 게이 인권법 폐지에 대한 반대 운동을 벌이고, 게이에게 불리한 내용을 담은 브릭스 법의 통과를 막기 위해 애쓴다. 노력 끝에 그가 발의한 '게이 인권 규정(Gay Rights Bill)'이 시의회에서 10대 1로 통과된다. 그가 동료 의원 댄에게 말했듯이 일이나 이슈 차원이 아니라 살기 위해서였다.

주디 갈랜드(Judy Garland)의 「오버 더 레인보우(over the rainbow)」가 배경음악으로 흐르는 가운데 동성애자들이 그들의 권리를 쟁취하기 위해 시위를 벌이는 장면이 인상 깊게 묘사된다. 1978년 샌프란시스코의 동성애자 퍼레이드에서 쓸 목적으로 화가 길버트 베이커(Gilbert Baker)가 만든 8색 깃발에서 유래한 레인보우는 동성애자를 상징하는 색깔로 현재까지 사용된다. 시위대를 향한 밀크의 연설은 미국적 가치를 호명하고 상기시킨다. "자유의 여신상엔 이렇게 쓰여 있죠. 지치고 가난하고 고난에 처한 그대, 자유를 바라는 그대, 내게로 오라. 독립선언문엔 이런 말이 있습니다. 만인은 평등하게 태어났고 양도할 수 없는 권리를 부여받았다. 이 땅의 편협한 이들이여, 아무리 애를 써도 독립선언문의 글귀를 지울 수 없습니다. 자유의 여신상의 글귀를 지울 수 없습니다." 밀크는 혹시 있을지도 모를 사태에 대비해 세상에 남기는 말을 녹음해놓는다. "바라건대 만일 내가 암살당하면 삼삼오오 모여서 수백, 수천 명이 떨쳐 일어나주길. 내 머리에 박힌 총알로 닫힌 벽장문을 부숴주길. 이 운동을 이어가길 당부한다. 이건 개인의 성취 문제도 자아나 권력의 문제도 아니다. 이건 우리의 문제다. 게이뿐 아니라 흑인과 동양인, 노인과 장애인까지 우리의 문제다. 희망이 없으면 우리는 무너진다." 얼마 후 밀크가 동료 의원에게 암살당하면서 이 말은 그의 유언이 되었다.

이 영화는 우리에게는 왜 소수자를 위한 정치인이 부재한가라는 질문을 던지게 한다. 소수자들은 정치에 의해 포용되어야 하는 대표적인 사람들이기도 하다. 그들의 권리가 온전히 보장되고 그들이 정치에 접근할 때 배제되지 않는 것은 매우 중요하다. 최근 들어 한국 사회에서도 소수자 문제에 대한 사회적 관심이 증가하고 있다. 이는 압축적 경제성장과 사회의 다원화, 세계화의 압력 등과 같은 복합적 요인들로 인해 한국 사회에 소수자 집단이 증가하고 있고 이들과 관련된 문제가 새로운 쟁점이 되는 현실과 무관하지 않다. 이주 노동자, 동성애자, 장애인, 미혼모, 양심적 병역거부자, 노숙자, 혼혈인 등의 부당한 사정과 열악한 처지가 알려지는 것과 동시에 자신들의 정체성을 확보하고 이익을 실현하려는 이들의 노력이 사회적 반대 또는 호응을 불러일으키고 있다. 이 소수자들 가운데에는 장애인과 같이 통상적으로 사회적 약자로 알려진 소수자도 있지만, 경기 침체와 가족해체 등으로 생겨난 노숙자 등도 있으며, 민주화와 인권의 성장에 따라 자신의 사회적 권리를 쟁취하고자 하는 동성애자나 양심적 병역거부자 같은 소수자들도 있다. 이들은 그 범위와 유형이 매우 다양한 이질적인 집단들로 구성되어 있다.[5]

그러나 현실은 그리 밝지 않다. 이들의 권리가 온전하게 보장되고 있지 못할뿐더러, 사회적 인식도 그리 크게 개선되지 못한 듯하다. 이들에게 혐오 발언을 일삼는 이들도 적지 않다. 이런 행동을 '누군가를 싫어할 수 있는 자유' 또는 '표현의 자유'라는 이름으로 누그러뜨리려고 하는 일도 벌어진다. 이렇다 보니 정치인들도 '차별금지법'을 둘러싼 논란에서 드러났듯이 아예 관심을 갖지 않거나 소극적 자세를 취하는 경우가 대부분이다.[6] 사회 주류

---

5 이렇다 보니 소수자 운동 및 소수자 연구에서 드러나는 소수자의 범주 구분은 그다지 명백하지 않다. 이는 학자들 사이에 소수자를 특징짓는 공통의 기준을 발견하기가 어렵고, 학자들마다 상이한 기준에 따라 소수자를 정의하고 논의를 전개하는 것으로 이어졌다. 이 소수자들은 뿌리 깊은 사회적 차별을 겪을 뿐만 아니라 정치적 배제의 당사자가 되기도 한다. 정치적 배제는 사회적 배제의 한 유형으로 박탈이나 고립을 통해 사회로부터 한계화된 개인이나 집단이 겪는 상황이나 과정을 의미한다. 관계적 쟁점에 초점을 둔 용어인 정치적 배제는 특정 개인과 집단에 대한 정치적 권리가 인정되지 않고, 이들이 정치에 포괄적으로 참여하는 길이 막혀 있는 상황을 의미한다. 정치에서 배제된 개인과 집단들은 개인적 안전, 법의 지배, 표현의 자유, 정치적 참여, 기회의 균등, 노조의 결성 등과 관련된 권리를 침해받는다(강신욱·김안나 외, 2005: 62~66).

6 한국에선 입법이 좌절되었지만, 뉴질랜드 인권법(1993), 아일랜드 평등법(2004), 프랑스 차별금지법(2008), 스웨덴 반차별법(2009) 등의 사례에서 볼 수 있듯 차별금지법 제정은 전 세계적인 추세이다. 미국 역시 2015년 6월 26일 연방대법원이 미국 전역에서 동성 결혼이 합법이라고 판결했다. 버락 오바마(Barack Obama) 미국 대통령은 이날 환영 성명을 내고 "미국의 승리"라고 밝혔고, 전 세계에서는 '동성애 축제'가 열렸다. 이 밖에도 2013년 5월에는 네덜란드, 프랑스, 스페인 등 유럽의 14개국이 EU 차원에서 LGBT(Lesbian, Gay, Bisexual, Transgender)의 삶을 개선시키기 위한 행동을 촉구하는 청원서를 작성했고, 2014년 9월에는 유엔 인권위원회에서 LGBT 결의안을 발표한 바 있다.

구성원에 의해 명시적·암묵적으로 사회적 차별을 받고 있는 이 소수자들이 스스로 또는 옹호자(advocacy groups)에게서 도움을 받아, 자신들이 느끼는 차별·소외·피해를 극복하고자 하는 운동을 전개하는 것(전영평 외, 2010: 28)은 매우 바람직하다. 소수자들의 인권과 피해 복구를 위한 정책 및 제도 개선책이 마련되는 것은 한 나라의 민주주의 수준을 나타내는 핵심 지표이기도 하다.

스미스 워싱턴에 가다 Mr. Smith Goes to Washington (미국, 1939)

감독　**프랭크 캐프라** Frank Capra

각본　**시드니 부크먼** Sidney Buchman　　　　원안　**루이스 R. 포스터** Lewis R. Foster

배우　**제임스 스튜어트** James Stewart, **진 아서** Jean Arthur, **클로드 레인스** Claude Rains, **에드워드 아널드** Edward Arnold, **가이 키비** Guy Kibbee

모두가 왕의 부하들 All The King's Men (미국, 1949)

감독　**로버트 로슨** Robert Rossen

각본　**로버트 로슨**　　　　　　　　　　　원작　**로버트 펜 워런** Robert Penn Warren

배우　**브로데릭 크로퍼드** Broderick Crawford, **존 아일랜드** John Ireland, **조앤 드루** Joanne Dru, **존 데릭** John Derek, **머시디스 매케임브리지** Mercedes McCambridge, **셰퍼드 스트러드윅** Shepperd Strudwick, **랠프 덤크** Ralph Dumke, **앤 시모어** Anne Seymour

도시 위에 군림하는 손 Le mani sulla citta (이탈리아·프랑스, 1963)

감독　**프란체스코 로시** Francesco Rosi

각본　**라파엘레 라카프리아** Raffaele La Capria

배우　**로드 스타이거** Rod Steiger, **살보 란도네** Salvo Randone, **귀도 알베르티** Guido Alberti, **테렌치오 코르도바** Terenzio Cordova, **대니 파리스** Dany Paris

밀크 Milk (미국, 2008)

감독　**거스 밴 샌트** Gus Van Sant

각본　**더스틴 랜스 블랙** Dustin Lance Black

배우　**숀 펜** Sean Penn, **조시 브롤린** Josh Brolin, **에밀 허시** Emile Hirsch, **제임스 프랑코** James Franco, **디에고 루나** Diego Luna

모두가 대통령의 사람들 (All the President's Men, 1976)　앨런 J. 퍼쿨라(Alan J. Pakula) 감독

밥 로버츠 (Bob Roberts, 1992)　팀 로빈스(Tim Robbins) 감독

왝 더 독 (Wag the Dog, 1997)　배리 래빈슨(Barry Levinson) 감독

올 더 킹즈맨 (All the King's Men, 2006)　스티븐 자일리언(Steven Zaillian) 감독

킹메이커 (The Ides of March, 2011)　조지 클루니(George Clooney) 감독

참고문헌

강신욱·김안나 외. 2005. 『사회적 배제의 지표 개발 및 적용 방안 연구』. 한국보건사회연구원.

김은향. 2010. 「〈모두 왕의 사람들〉에 나타난 미국 정신의 이원적 현상」. 『미국학 논집』, 제42집,
2호.

메이젤, L. 샌디(L. Sandy Maisel). 2010. 『미국인도 잘 모르는 미국 선거 이야기』. 정의길 옮
김. 한겨레출판.

무페, 샹탈(Chantal Mouffe). 2007. 『정치적인 것의 귀환』. 이보경 옮김. 후마니타스.

살레스, 이사이아(Isaia Sales). 1996. 「국가 분열의 위기에 처한 이탈리아 남부와 북부」. 정병
기 옮김. ≪역사 비평≫, 가을 호.

슈미트, 카를(Carl Schmitt). 1995. 『정치적인 것의 개념』. 김효전 옮김. 법문사.

아렌트, 한나(Hannah Arendt). 2007. 『정치의 약속』. 김선욱 옮김. 푸른숲.

아리스토텔레스(Aristoteles). 2010. 『정치학』. 천병희 옮김. 숲.

이창근. 2015. 『이창근의 해고일기』. 오월의봄.

전영평 외. 2000. 『한국의 소수자 정책: 담론과 사례』. 서울대학교출판부.

최명·백창재. 2000. 『현대 미국 정치의 이해』. 서울대학교출판부.

칠코트, 로널드 H.(Ronald H. Chilcote). 1999. 『비교정치학 이론』. 강문구 옮김. 한울.

홍성태 엮음. 2005. 『개발 공사와 토건 국가』. 한울.

Cristensen, Terry and Peter Haas. 2005. *Projecting Politics: Political Messages in American
Films*. London: Routledge.

Easton, David. 1953. *The Political System: An Inquiry into the State of Political Science*. New
York: Alfred A. Knopf.

Lane, Melissa. 2014. *The Birth of Politics: Eight Greek and Roman Political Ideas and Why
They Matter*. Princeton: Princeton University Press.

2장

인간 해방을 외치다

〈스파르타쿠스〉〈전함 포템킨〉〈만델라: 자유를 향한 머나먼 여정〉

> 여기 인간의 자유와 존엄성을 위해 싸우는 군대가 있다. 그 군대의 병사들은 모든 땅과
> 도시와 부족 출신이기 때문에 그 군대는 어떤 땅이나 도시를 자기의 것이라고 부르지
> 않는다. 그 군대의 병사들은 똑같이 노예였다는 유산을 공유하고 있고, 다른 사람들을
> 노예로 만드는 사람들에 대한 증오를 공유하고 있다.
>
> 하워드 패스트(Howard Fast)

위대한 해방 투쟁의 단초를 열다

인간은 정치적 과정을 통해 제정된 규칙에 구속되고, 다양한 영역과 수준
에서 작동하는 온갖 권력관계에도 영향을 받는다. 그런 점에서 인간은 정치
적 존재이기도 하다. 문제는 인간 사회가 불평등하다는 점이다. 이는 인간들
사이에 재화와 권력, 명예와 같은 사회적 자원이 평등하지 않게 분배되는 데
주된 이유가 있다. 인류의 역사 이래 지금까지도 모든 사회는 사회적 자원을
상대적으로 더 많이 소유한 강자들과 그렇지 않은 약자들로 크게 나눌 수 있
다. 사회적 강자들은 자기 이익을 관철하는 수단을 갖고 있기 때문에 안전과

풍요로운 삶을 누리기 마련이다. 이에 비해 사회적 약자들의 삶은 차별과 배제, 억압과 착취로 점철되기 쉽다. 그런 까닭에 약자들은 그들이 갈구하는 사회적 자원을 획득하기 위해서, 그리고 그들의 사회적 권리를 확보하고 지위를 높이기 위해서 끊임없이 지배 세력과 투쟁하고 갈등을 빚었다. 개별적인 저항에 더해 불평등한 사회구조를 변혁하기 위한 집합적 투쟁도 수반되었다. 노예제나 봉건제, 자본주의 체제, 식민주의, 제국주의 그 무엇이든 간에 그들을 억압하는 것에 저항하고 투쟁한 사례는 매우 흔하다. 에릭 홉스봄(Eric Hobsbawm)의 『원초적 반란(Primitive Rebels)』과 『밴디트(Bandits)』, 이브 프레미옹(Yves Frémion)의 『역사의 격정(The Orgasms of History)』에서 살펴본 사례들만 보더라도 의적, 농민반란, 혁명, 민족운동, 코뮌, 도시 폭동, 노동운동, 자주관리 운동, 인민 봉기 등 그 형태가 매우 다양하다. 이 투쟁들은 대부분 기존의 경제적·사회적·정치적 질서에 대한 도전이었기 때문에 지배 세력에게 탄압을 받았다. 지배 세력은 이 도전자들에게 불법과 비도덕적 행위를 자행하고 질서를 파괴한다는 사회적 낙인을 찍은 후 공공 영역에서 배제했다. 물론 투쟁 과정에서 지배 권력에 포섭되거나 매수된 이들도 적지 않았다.

자유롭고 평등하지 못한 세상을 아래로부터 바꾸려는 열망과 저항의 움직임은 지금까지도 끊임없이 존재해왔다. 가혹한 세금을 징수하고 자의적으로 인신을 구속하는 왕과 영주와 성직자에 맞서 봉기하고, 수탈과 착취를 일삼는 자본가들에 대항해 사회적 권리를 확대하기 위한 사회운동과 정치적 투쟁을 벌인 것은 사회정의와 민주주의의 발전에 크게 기여했다. 그런데도 인류의 전체 역사를 돌아볼 때 인민(demos)의 통치(kratos)를 의미하는 민주주의(democracy)의 역사는 상대적으로 매우 짧다. 인민들이 자유롭고 평등한 삶을 누리는 것은 20세기 들어 가능해졌지만 서유럽을 비롯한 일부 지역에

국한되었다. 몇 차례에 걸쳐 '민주화의 물결'이 일었어도 전 세계적으로 보면 민주주의의 현실은 여전히 빈약하다. 현실이 그렇다 보니 불평등과 억압과 착취에 대항한 인물과 스토리에 대한 사람들의 관심은 매우 높을 수밖에 없다. "아담이 밭을 갈고 이브가 베를 짤 때 누가 귀족이었던가"라는 중세 농민 전쟁의 외침이 여전히 깊은 공감을 불러내는 이유도 여기에 있다.

탐욕스러운 지배자들에게서 재물을 빼앗아 민중에게 나눠 주는 '의적'인 로빈 후드와 임꺽정, 판초 비야(Pancho Villa)에게 대다수 사람들이 애정을 쏟는 것은 자연스러운 현상이다. 이 이야기들은 영화의 좋은 제재가 되기도 한다. 많은 영화인들은 불의한 체제와 권력자들에 순종하지 않고 과감하게 맞선 인물들을 영화의 주인공으로 삼았다.

그중 대표적인 영화 가운데 하나가 〈스파르타쿠스(Spartacus)〉(1960)이다. 스탠리 큐브릭(Stanley Kubrick)의 작품으로 커크 더글러스(Kirk Douglas)가 주연을 맡았다. 기원전 1세기 로마 공화정에 대항해 노예 항쟁을 이끌었던 검투사 스파르타쿠스의 파란만장한 일대기를 담은 이 영화는 할리우드의 대형 서사극 중 하나로 러닝타임이 세 시간이 넘는다. 원작자는 하워드 패스트이다. 그는 매카시즘(McCarthyism)의 광풍으로 수감되어 있던 시기에 이 소설을 구상하기 시작했다.

감옥에 있을 때 나는 이 작품의 일부를 이미 마음속에 그려놓았다. …… 당시 나의 죄목은 하원의 '반미활동조사위원회'에 '반파시스트연대난민위원회'의 지지자 목록을 제출하지 않았다는 것이었다. 합법적으로 세워진 스페인 공화국을 상대로 프랑코가 승리를 거둠에 따라 수천 명의 공화국 군인들과 그 지지자들, 또 그들의 가족이 피레네 산맥을 넘어 프랑스로 피신했고, 그들 중 상당수는 툴루즈에 정착했다. 그들은 대부분 병들거나 부상당한 절박한 상태에 있었다. 한 반파시스트

그룹이 돈을 모아 낡은 수녀원을 구입해서는 병원으로 개조했다. …… 하원 위원회에 우리가 제출을 거부한 것은 바로 이들의 명단이었다. 결국 그로 인해 그룹의 모든 회원들이 법에 불복한 죄로 투옥되었다. …… 미국은 그 어느 때보다도 경찰국가에 가까웠다. FBI 국장이었던 에드거 후버(John Edgar Hoover)가 비열한 독재자의 역할을 맡았다. …… 누구도 감히 우리의 투옥에 반대 의사를 표명하거나 항의하려 하지 않았다(패스트, 2008: 5~6).

스파르타쿠스는 라티푼디움(latifundium)에 속한 노예였다. 로마 제국이 영토를 확대하는 과정에서 광대한 국유지가 생겼는데 이를 원로원 의원이나 기사들이 점유하게 되었다. 이를 일컬어 라티푼디움이라 한다. 라티푼디움의 등장으로 토지를 잃은 자작농들은 빈민으로 전락했다. 농업 노동자들의 수요가 점차 커지자 외국에서 수많은 노예들이 끌려왔다. 라티푼디움에서는 노예들이 낮에는 보통 열 명이나 그 이하의 수로 무리를 지어 일하고 밤에는 더러 쇠사슬에 묶인 채 숙소에 갇혀 지냈다. 사실 때때로 낮에도 쇠사슬에 묶인 채로 일하는 노예들을 특권을 지닌 일단의 노예 집사들이 관리했다(스트라우스, 2011: 83~84). 인간 이하의 취급을 받던 노예들 중 일부가 반란을 일으켰는데, 가장 유명한 사람이 바로 '자유의 투사'로 불린 스파르타쿠스였다. 스파르타쿠스는 후세의 혁명가들에게도 적지 않은 영향을 끼쳤다. 19세기에 카를 마르크스(Karl Marx)는 스파르타쿠스를 고대 프롤레타리아의 진정한 대표자로 평가했고, 20세기 초 독일에서 카를 리프크네히트(Karl Liebknecht)와 로자 룩셈부르크(Rosa Luxemburg)는 혁명 조직인 '스파르타쿠스단(Spartakusbund)'을 조직해 활동하기도 했다.

고대의 군사사를 연구하는 배리 스트라우스(Barry Strauss)는 스파르타쿠스 반란이 고대의 가장 유명한 노예 반란이었으며 아마도 가장 큰 반란이었을 것이라고 지적한다. 반란 세력은 남부 이탈리아를 장악하고 본토가 무방비 상태나 다름없던 로마의 허를 찔렀으며 로마 군대를 아홉 차례에 걸쳐 격퇴했고 2년 가까이 고대 세계에서 가장 막강한 군사력을 막아냈다는 것이다. 스트라우스는 대체 그런 일이 어떻게 가능했으며, 어째서 반란군은 그렇게 오랫동안 잘 싸울 수 있었을지 묻는다.

그의 이야기는 게릴라 전술의 천재가 이끈 반란과 고통스러운 희생을 치러가며 적의 장기를 이용해 그들을 물리치는 법을 서서히 터득하게 된 기존 세력의 대게릴라전에 관한 고전적 사례 연구라 할 만하다. 스파르타쿠스 전쟁은 또한 민족 갈등에 관한 이야기다. 스파르타쿠스는 트라키아 사람이지만 부하의 상당수는 켈트족이었다. …… 자유를 향한 행진은 패거리들 사이의 싸움으로 변질되었고 역사에서 흔히 그렇듯이 혁명은 결국 실패했다. 또한 스파르타쿠스 전쟁은 인정투쟁에 관한 이야기이기도 하다. 로마에 반기를 든 스파르타쿠스는 자신이 인정하고 싶었던 것보다 더 로마인다웠으며, 로마인들이 인정하고 싶었던 것보다 분명히 더 로마인다웠다(스트라우스, 2011: 20~21).

원작자인 하워드 패스트는 반란군을 다음과 같이 묘사한다.

그것은 가장 단순하고 소박한 의미에서 자유를 위해 싸우는 군대다. 지금까지 수도 없이 많은 군대가 있었다. 그 군대들은 국가, 도시, 부, 전리품, 권력 또는 어떤 지역에 대한 통제권을 놓고 싸웠다. 그러나 여기 인간의 자유와 존엄성을 위해 싸우는 군대가 있다. 그 군대의 병사들은 모든 땅과 도시와 부족 출신이기 때문에 그 군대는 어떤 땅이나 도시를 자기의 것이라고 부르지 않는다. 그 군대의 병사들은 똑같이 노예였다는 유산을 공유하고 있고, 다른 사람들을 노예로 만드는 사람들에 대한 증오를 공유하고 있다(패스트, 2008: 383).

스파르타쿠스는 자유인 출신의 병사로 반란이 실패하면서 붙잡혀 노예가
되었다. 강건한 몸과 뛰어난 무술 실력을 지닌 스파르타쿠스는 검투사로 뽑
혀 선전을 노린 권력자와 여흥을 즐기는 시민들을 위해 목숨을 걸고 싸워야
했다. 대부분 전쟁 포로와 노예, 범죄자 출신으로 양성소를 거쳐 동료 검투
사나 맹수와 결투를 벌인 검투사들은 법의 보호에서 제외되고 수치스러운
야만인이라고 멸시를 받았다. 결투에서 끝까지 살아남아 보상을 받고 노예
신분에서 해방될 수도 있었지만 그렇다고 로마 시민이 될 수는 없었다. 권력
자들의 유흥거리에 동원되었던 검투사 중에서 스파르타쿠스는 무술 실력이
탁월했을 뿐만 아니라 자존감도 높았다. 잔혹하고 비인간적인 투기 대회를
부정적이고 비판적으로 인식했던 검투사였다. 그는 바리니아에게 "난 짐승
이 아니야! 난 짐승이 아니라고!"라고 외친다. 스파르타쿠스는 동료 검투사
들에게 "내가 나가면 다시는 죽도록 싸우는 것을 보지 않겠다고 내 자신에게
약속했어. 드라바(스파르타쿠스와의 싸움에서 이겼지만 오히려 귀족을 공격하다 살
해된 흑인 노예)도 약속을 지켰지. 나도 지키겠어. 우리가 뭘 배웠나? 그냥 주
정뱅이 약탈자로 남아 있을 순 없지 않은가? 그럼 뭘 한단 말인가? 검투사,
검투사 군대, 그런 군대는 전례가 없었어. 진격해나가면서 마을의 모든 노예
를 해방시키겠어"라고 포부를 밝힌다.

스파르타쿠스는 크라수스가 이끄는 로마 군단에게 밀리자 메시나 해협을
건너 시칠리아로 건너가려고 키리키아 해적과 협상을 벌인다. 해적 두목 대
행인에게 스파르타쿠스는 "패배할 수 있다는 걸 알아도 인간은 죽으면 지는
거고 모든 인간은 죽게 되지요. 하지만 노예와 자유인은 잃어버리는 게 다릅
니다. 자유인은 삶의 즐거움을 잃지만, 노예는 고통을 잃지요. 죽음이 노예

에겐 유일한 자유요. 그래서 두렵지 않은 거요. 그렇기 때문에 우리는 이길 거요"라고 언급한다. 전투에서 패배한 로마의 장군에게 스파르타쿠스는 부러진 지휘봉을 가리키며 "이것이 로마의 권력이다. 원로원으로 가져가라. 나와 이 부러진 막대가 로마 수비대의 남은 전부라고 해. 우리는 로마에게 원하는 게 없다고 말해라. 자유 외에는 아무것도"라고 전한다. 굳센 의지는 마지막 전투를 앞두고도 변함이 없다. "로마에 맞서 진군하는 것 외에는 방법이 없습니다. 나는 여기 형제들 가운데 자유인으로 남기 위해 긴 행군과 고된 싸움을 하겠습니다. 결코 로마의 부유한 시민으로 남기를 원치 않습니다. 일하지 않는 음식으로 살찌고…… 노예에 둘러싸여 있길 원치 않습니다."

　　로마인들은 스파르타쿠스를 이중적 사고와 태도로 대했다. 공포와 멸시, 증오와 찬탄, 무관심과 강박관념 등이 바로 그것이었다. 로마인들에게 검투사란 먹이고 훈련시키고 응원하고 떠받들고 추파를 던지고 재우고 땅에 묻고 심지어 가끔은 풀어줄 수도 있는 존재였지만 절대로 자신들과 대등한 사람으로 취급할 수는 없는 존재였다(스트라우스, 2011: 98). 결국 로마군에게 패해 십자가에 매달린 스파르타쿠스[1]에게 바리니아가 "아버지가 누구였는지, 무엇을 꿈꾸었는지 전할게요"라고 말한다. 스파르타쿠스가 꿈꾼 세상은 어떤 것이었을까? 그들은 어떤 자유를 원했을까? 이 질문에 대한 답은 영화가 아니라 하워드 패스트의 소설에 자세히 나와 있다.

---

[1]　　실제 역사적 사실은 영화와 다르다. 기원전 71년 스파르타쿠스의 노예 반란군은 크라수스의 토벌군과의 마지막 전투에서 패배했다. 스파르타쿠스도 전사한 것으로 추정되지만 그의 시체는 찾을 수 없었다. 살아남은 노예 병사들은 모두 학살당했다. 특히 공명성에 불타고 잔인함으로 악명 높았던 크라수스는 마지막 전투에서 생존한 노예 병사 6000여 명을 카푸아에서 로마에 이르는 아피아 가도변의 십자가에 매달아 처형했다.

노예의 피와 땀과 고통이 아니라면 로마는 무엇입니까? 우리가 만들 수 없는 것이 있습니까? …… 우리는 로마를 끝장내버리고, 노예와 주인이 없는 세상을 만들 것이오. …… 우리는 로마인들처럼 하지 않을 것입니다. 우리는 로마의 법에 복종하지 않을 것입니다. 우리는 우리 자신의 법을 만들 것입니다. …… 우리의 법은 단순합니다. 우리가 무엇을 빼앗든 우리는 다 공동으로 소유합니다. 그리고 누구도 무기와 옷 이외에는 자신의 것을 가질 수 없습니다. 옛날 방식 그대로 할 것입니다(패스트, 2008: 227~228).

마지막에 크라수스가 "스파르타쿠스는 건설한 것이 아니라 오직 파괴했을 뿐이야. 세계는 오직 건설한 사람들만 기억하는 거야"라고 지적하자, 바리니아는 "그는 희망을 건설했습니다"라고 맞받는다.

혁명적 사건의 역사적 재현

〈전함 포템킨(Bronenosets Potemki)〉은 1925년에 제1차 러시아 혁명 20주년을 기념하기 위해 제작되었다. 1905년 6월 포템킨호의 해군들이 일으킨 선상 반란을 소재로 했다. 에이젠슈타인의 두 번째 영화로 1926년 1월 모스크바에서 개봉되었다. "인간과 구더기들", "항구에서의 드라마", "죽은 자가 정의를 호소하다", "오데사 계단", "함대와의 조우", 다섯 개의 장으로 구성되어 있다. 네 번째 장의 오데사 계단에서 유모차가 굴러떨어지는 시퀀스와 극적인 클로즈업은 이 영화의 백미이다. 카자흐 병사들에게 쫓기는 군중이 병사들의 발포로 쓰러진다. 쓰러진 아이는 짓밟힌다. "여보세요, 쏘지 마세요. 내 아이가 몹시 다쳤어요"라고 외친 여인도 예외 없이 총을 맞고 쓰러진다.

억압과 폭력을 다반사로 행사하는 러시아 제국의 정치 상황을 상징적으로 보여주는 장면이다. 아기를 데리고 있던 젊은 여인이 총을 맞고 쓰러지자 그녀가 잡고 있던 유모차가 계단을 굴러 내려간다. 에이젠슈타인은 갸우뚱거리며 계단 아래로 내려가는 유모차와 잔혹한 제국 병사들의 모습을 교차편집해서 관객에게 보여준다. 이 장면들이 보여주듯이 〈전함 포템킨〉은 어트랙션 몽타주 기법을 선구적으로 활용해 제작되었다. 몽타주(montage)는 필름의 단편들을 결합해 한 편의 통일된 작품으로 만드는 편집 작업을 의미하며, 편집과 동의어로 사용되기도 한다. 몽타주 편집은 1920년대의 소련 실험 영화에서 처음 등장했다. 레프 쿨레쇼프(Lev Vladimirovich Kuleshov)가 처음 사용했으며, 세르게이 에이젠슈타인이 〈파업(Stachka)〉, 〈전함 포템킨〉, 〈10월(Oktiabr)〉에 본격적으로 적용했다. 에이젠슈타인은 몽타주가 단순한 쇼트의 결합이 아니라 쇼트와 쇼트가 충돌하고 갈등해 제3의 의미를 만들어 내는 것이라 주장했다. 이 같은 편집을 무용가이자 영화학자인 캐런 펄먼(Karen Pearlman)은 '충돌(collison)'이라는 용어로 설명한다. 편집이 변증법적이어야 한다고 생각한 에이젠슈타인은 두 쇼트의 충돌이 완전히 새로운 개념을 만들어낸다고 했다. 쇼트 사이의 전환도 부드럽고 섬세하게 넘어가는 것이 아니라 날카롭고 거칠고 심지어 폭력적이어야 한다는 것이었다. 그런 면에서 에이젠슈타인에게 편집이란 강한 충돌이었다. 두 가지 정반대의 힘이 충돌하는 과정에서 생긴 에너지와 폭발력은 세상을 변화시키는데, 에이젠슈타인은 이를 편집과 영화 형식으로 확장했다. 충돌 개념은 편집의 발전에 엄청난 영향을 미쳤고, 그의 설명은 편집 스타일의 한 방식으로 여전히 유용하다(펄먼, 2014: 162~163).

〈전함 포템킨〉은 정치 영화의 단초가 된 작품으로 평가된다. 한스 리히터(Hans Richter)에 따르면 정치적인 영화는 1919년과 1925년 사이에 러시아에서 거대한 사회적 변혁의 체험을 계기로 탄생했다. 이 시기에 제작된 〈전함 포템킨〉을 비롯해 〈어머니(Mat)〉, 〈대지(Zemlya)〉, 〈10월〉 등과 같은 영화는 리얼리즘 양식의 대작으로 전 세계에서 센세이션을 일으켰다. 혁명 전의 멜랑콜리한 색조의 러시아 영화에서 급작스럽고 근본적인 변화가 일어났는데, 그 원인은 다음과 같다. 첫째, 국가가 영화 제작을 넘겨받아 정보를 제공하고 정치교육을 행하는 수단으로 삼았다. 둘째, 자발적이고 능동적으로 혁명에 몰두한 러시아인들이 관객이었다. 셋째, 젊은 세대의 영화인들이 혁명 과정에서 거대하고 무진장한 소재를 찾아냈다. 넷째, 오랜 예술적 관습들이 타도되고 새로운 내용과 수요, 세계관에 적합한 표현 형식과 방법을 찾기 위해 새로운 이론들이 실험되었다(리히터, 1996: 65~66).

가장 두드러진 현상은 다른 지역의 상업 영화가 소홀히 해왔던 민중이 등장했다는 점이다. 무정형의 군중이 아니라 수많은 살아 있는 개인들의 다양성으로서의 민중이 그것이다. 러시아 비평가들은 에이젠슈타인이 〈전함 포템킨〉에서 민중을 충분히 개인 속에 녹아들게 만들지 못했고, 개인의 행동이 사회 상황을 통해 얼마나 많이 규정되는가, 개인이 다수 속에서 얼마나 잘 반영되며 군중은 개인 속에서 얼마나 잘 반영되는가 하는 사실을 충분히 강조하지 못했다고 비판했다. 그럼에도 에이젠슈타인은 관객이 일련의 동요를 겪도록 만들고, 고도의 긴장을 지닌 항상 새로운 충격을 부과해 마침내 능동화된 관객이 영화관을 떠나도록 하는 '흡인력의 몽타주' 기법을 선구적으로 사용했다는 점에서 러시아 영화의 모범이자 최고점으로 남았다고 평가된다(리히터, 1996: 67). 〈전함 포템킨〉은 1976년 소련에서 복원되었다.

이 영화의 배경이 되는 사건을 이해하는 데는 영국 작가 리처드 휴(Richard Hough)가 쓴 『전함 포템킨』이 유용하다. 사건의 실제 전모는 다음과 같다. 러시아의 흑해 제국 함대에 소속된 전함 포템킨호에서 선상 반란이 일어났다. 사건은 수병들에게 부패한 쇠고기를 제공한 데서 비롯되었다. 수병들은 대부분 베사라비아와 우크라이나의 농민 출신으로 극동 전쟁에 투입하기 위해 징집한 사람들이 대부분이었고 거의 문맹이었다. 오데사에서 구입해 온 쇠고기가 썩어서 구더기가 꿈틀거리는 것을 당직 사병이 발견했고, 이내 이 소식은 전체 670명의 수병들에게 알려졌다. 항의가 빗발쳤다. 식료품의 상태를 검사해 보고하라는 함장의 지시를 받고 수석 군의관이 나온다. 그러나 그는 짧고 형식적인 검사를 한 뒤 "이건 좋은 고기야. 아무 문제 없어. 식초로 씻어내기만 하면 돼. 그것으로 충분해"라고 말하고는 들어가버린다. 수병들이 배식받는 것을 거부하고 나서자 함장은 이들을 집합시킨 후 소요를 즉각 중지하라면서 선동자는 교수형에 처할 것이라는 연설을 행한다. 부함장은 주모자들을 선별해 이들에게 방수포를 씌워 총살에 처하려 한다. 어뢰 담당 숙련 수병인 마투셴코는 동료들에게 총을 쏘지 말라고 외치며 다른 수병들에게 소총과 탄약으로 무장하고 배를 장악하라고 호소한다. 전면적인 봉기의 시작이었다(휴, 2005: 17~53).

에이젠슈타인은 이 사건을 당시로는 혁신적인 촬영 기법을 동원해서 충실하게 영상으로 재현했다. 더불어서 이 영화는 의미 있고 유용한 역사를 탁월하게 해석해냈다는 점에서 일종의 역사 영화로도 범주화할 수 있다. 1905년은 러시아 역사에서 매우 중요한 해이다. 차르(tsar) 치하의 러시아 제국 정부는 대외적으로는 무기력하게 일본에 패했고, 대내적으로는 노조 설립과 노동조건 개선을 요구하는 노동자들을 무자비하게 진압했다. '피의 일요일(Krovavoye Voskresenye)' 사건을 계기로 대규모 파업이 일어났고 농민반란도 속출했다. 이 저항운동들이 기존의 사회관계를 근본적으로 재구성하려는 혁명으로 연결되는 것은 시간문제였다. 같은 해 5월 포템킨호의 수병들이 일으킨 반란은 이 거대한 역사적 격변의 물꼬가 되었다. 마르크스주의자답게 에이젠슈타인은 이 사건도 계급 갈등으로 특징되며, 첨예한 대립이 혁명적 변동으로 귀결된다는 것을 보여주고자 했다. 영화의 첫 부분에 나오는 레닌의 말은 바로 에이젠슈타인의 이 같은 혁명관을 압축적으로 보여준다. "혁명은 전쟁이다. 역사에 기록된 전쟁 중 유일하게 합법적이며 정당한 것은 혁명이다. 진실로 위대한 전쟁이 시작되었다. 러시아에서 전쟁이 선포되고 시작되었다."

놀라운 점은 에이젠슈타인이 영화에 대해 정식 교육을 받은 적이 한 번도 없다는 사실이다. 영화와 관련된 경력이라고 해봐야 연극 〈천재〉를 연출하면서 장면 사이사이에 보여줄 짧막한 영화 시퀀스를 촬영하고, 그러고 난 뒤 영화 스튜디오에서 편집 기계에 대해 잠깐 청강을 한 것이 전부였다. 전작인 〈파업〉에서와 같은 아마추어리즘을 벗어나 에이젠슈타인은 거의 단숨에 소련의 천재적 영화감독이 되었다. 발터 벤야민(Walter Benjamin)의 평가에 따르면 〈전함 포템킨〉은 "마치 다리의 아치처럼 모든 개별 장면들이 정확히 계산되어 있다". 가장 유명한 장면, 시위하는 사람들로 가득 찬 오데사 항구의 계단 장면을 보자. 위에서도 도시 쪽에서도 카자흐 군대가 몰려온다. 화면에 보이는 것은 군인들의 목이 긴 장화뿐이다. 이리저리 굴러다니는 국가 권력에 대한 강력한 예증이다. 부분으로 전체를 대표한다는 원칙은 에이젠슈타인의 이후 영화 작업들에서 매우 중요한 예술적 수단이 되었다(볼프하임, 2005: 151~152).

자유를 향한 지난한 여정

〈만델라: 자유를 향한 머나먼 여정(Mandela: Long Walk to Freedom)〉(2013)

은 1994년에 나온 만델라의 동명 자서전을 기초로 제작된 영화이다. 우리에게 잘 알려진 남아프리카의 정치가 넬슨 만델라(Nelson Mandela)의 고난에 찬 일대기를 영화로 재현했다. 엔딩 신은 만델라의 삶을 압축하고 있다. "난 자유를 향해 머나먼 길을 걸었다. 외로운 길이었고 아직도 끝나지 않았다. 나는 내 나라가 증오의 땅이 되라고 만들어진 것이 아님을 안다. 누구도 태어날 때부터 피부색 때문에 다른 사람을 증오하면서 태어나지는 않는다. 사람들은 미워하는 법을 배운다. 그럼 사랑하는 법도 가르칠 수 있다. 사랑은 인간의 마음에 더 자연스럽게 다가오니까."

영화에 대한 더 깊은 이해를 위해 원작과 비교하며 영화를 보는 것도 좋겠다. 원작은 국내에 1995년 당시 아태평화재단 김대중 이사장의 번역으로 상하 두 권으로 출판되었다. 만델라의 책과 더불어 영국의 언론인 앤서니 샘슨(Anthony Sampson)이 쓴 『만델라: 공식 전기(Mandela: The Authorized Biography)』와 프랑스 정치가 자크 랑(Jack Lang)이 쓴 『넬슨 만델라 평전(Nelson Mandela)』 또한 유익하다.

제작 노트를 보면 작가인 윌리엄 니콜슨(William Nicholson)은 이 영화에서 이야기의 정수를 뽑아 사람들 마음에 사무치게 하는 것을 염두에 두었다고 말한다. 아난트 싱(Anant Singh)은 만델라가 신임하던 제작자였다. 만델라는 생전에 그에 대해 "제가 무척 존경하는 제작자예요. 굉장한 기량을 지닌 사람이죠. 주어진 자원과 사람들의 지원을 고려하면 그는 아주 훌륭하게 해낼 수 있다고 생각해요"라고 언급했다고 한다. 싱은 만델라에 대해 "그는 여러 면에서 신화와도 같은 분이고 우리는 그 신화를 현실로 이끈 겁니다"라고 했다. 주역을 맡은 엘바(Idris Elba)는 만델라의 닮은꼴을 보여주려는 게 아니라 우리가 느끼는 바를 보여주려고 했다고 후술했다. 실제로 만델라를 연기하는 배우가 만델라와 닮지 않은 까닭에 감독은 관객을 어떻게 설득할 것인가를 고민했다고 한다. 결국 채드윅(Justin Chadwick) 감독은 만델라 정신의 내면을 보여주려 했다.

이 영화의 배경은 남아프리카이다. 남아프리카는 백인 정권에 의해 유색인종에 대한 차별 정책인 아파르트헤이트(Apartheid)가 오랜 기간 실시된 국가이다. 인구의 다수를 차지하는 흑인을 비롯한 유색인종들은 '분리에 의한 발전'이라는 구호 아래 거주지와 출입 구역 및 학교 등이 분리되었고 통혼이 금지되었다. 백인과 유색인종의 성관계는 부도덕한 범죄행위로 간주되었다. 반공법을 제정해 이를 구실로 흑인들을 잡아 가두거나 살해하는 일도 있었다. 당시에 국민당은 1880년대 폴 크루거(Paul Krueger)가 만들어낸 아프리카넨덤(Afrikanendom)이라는 개념을 되살려, 역사의 종교적 해석에 근거한 일종의 국가-기독교주의(national christianism)에 입각한 사회를 세우려 했다. 국민당의 강령 11항은 경악할 만하다. "그렇지 않으면 우리는 평등 정책을 채택해야 한다. 그것은 길게 보면 백인종의 국가적 자살에 해당한다. 우리는 아파르트헤이트의 길에 참여해야 한다. 그 덕분에 각 인종의 성격과 미래는 보호·보전된다"(랑, 2007: 88~89).

전 네덜란드 개혁교회의 목사이자 신문사 편집장인 다니엘 말란(Daniel François Malan) 박사가 이끄는 국민당은 수십 년 동안 그들을 열등하게 취급해온 영국에 대한 적개심에서 출발했다. 이것은 동시에 아프리카인에 대한 적개심이기도 했다. 국민당원들은 남아프리카 흑인들이 남아프리카 백인 문화의 순수성과 발전을 위협한다고 믿고 있었다. 말란의 기본 강령은 아파르트헤이트로 알려졌다. 이는 글자 그대로 '분리'를 의미하며 수세기에 걸쳐 남아프리카 흑인들을 열등한 위치에 놓이게 한 모든 억압적 법규 및 제도의 상징이었다. 그것은 지난 300년에 걸쳐 형성된 인종차별의 관습이 하나의 사회제도로 굳어짐을 의미한다. 네덜란드 개혁교회는 남아프리카 백인들은 신에 의해 선택받은 존재이며 흑인들은 천한 인종이라고 주장하면서 인종차별 정책을 종교적으로 정당화했다. 결국 남아프리카 백인들의 가치관은 인종차별주의와 종교적 정당성이 서로 맞물려서 형성되어온 것이다. 왜곡된 세계관을 지닌 남아프리카 백인들은 국민당의 승리를 마치 이스라엘 사람들이 약속의 땅을 향해 떠난 고난의 길처럼 간주했다. 그들은 국민당의 승리는 신이 약속한 바가 실현된 것이라고 믿고 있었다(만델라, 1995: 180~181).

1950년 인구규제법(Population Registration Act)은 남아프리카의 모든 인종 구분 기준을 규정했다. 1952년에는 모든 아프리카 성인의 통행증 소지가 의무 사항이 되었다. 다음 해 편의시설분리령(Separate Amenities Act)은 교통수단과 공공장소에서의 흑백 분리를 입법화했고, 반투교육령(Bantu Education Act)은 흑인에게 특별 교육 프로그램을 부과했다. 원주민재정착령(Native Resettlement Act)은 1954년 백인 지역으로 선포된 지역에 거주하는 흑인들을 이주시키는 것을 합법화했다. 1958년 네덜란드계 목사의 아들이자 교수로서 나치에 동조해 이름을 날린 한 신문사의 편집인이었던 헨드릭 페르부르트(Hendrik Frensch Verwoerd)가 총리가 된다. 그는 아파르트헤이트 정책을 완성했다. 남아프리카 인종주의의 병기창은 인종주의의 엄격한 준수를 보증하기 위해 마련된 '금지령'으로 완성된다. 법무부의 간단한 법령만으로도 이러한 조치를 취하는 데는 충분했다. 그러한 처분을 받은 사람은 어떠한 정치 활동도 할 수 없으며, 정해진 구역을 벗어나면 체포되어 재판 없이 구금된다. 만델라가 관찰한 바에 따르면 "이것은 한 개인을 투쟁으로부터 멀어지게 해 그로 하여금 정치에서 분리되어 주어진 삶을 살도록 하기 위해 마련된 전략이었다"(랑, 2007: 91, 93).

합법적으로 분리 정책이 이뤄지고 유색인종들은 온갖 차별에 시달리는 나라에서 흑인인 만델라는 오직 두 가지 삶만을 선택할 수 있었다. 이를 자크 랑은 다음과 같이 표현한다. "두 개의 길이 이 젊은이 앞에 열려 있었다. 하나는 기존 권력에 잘 적응한다는 조건하에 더 나은 상류사회로 가는 길, 다른 하나는 위험스러운 저항의 길이었다"(랑, 2007: 63). 처음에 젊은 만델라는 출세를 위한 순응의 삶을 택했다. 그러나 그 길이 순탄할 수만은 없었다. 동족들은 대부분 고통스러운 삶을 견디며 살고 있었다. 만델라가 동족들에게 관심을 갖게 된 계기는 자서전에 이렇게 표현되어 있다.

> 바수토랜드의 섭정 여왕인 만체보 모쉐쉐는 나에게 특별한 관심을 보였고 한번은 내가 거의 알아듣지 못하는 세소토어로 직접 말을 했다. …… 그녀는 나를 불신의 눈으로 바라보면서 영어로 말했다. "자기 동포들의 말도 할 수 없는 내가 무슨 변호사나 지도자가 되려고 하는가?" 나는 대답하지 못했다. 그 질문은 나를 부끄럽게 했으며, 올바로 정신이 들게 했다. 이 일은 내가 얼마나 지역적으로 편협하며, 동포들을 위해 봉사할 준비가 없었는지 깨닫게 했다. 나는 나도 모르게 백인 정부가 조장한 인종 분리 정책에 복종하고 있었고, 나는 일가친척들과 말하는 법도 모르고 있었다(만델라, 1995: 138).

만델라가 정치에 눈을 뜨게 한 사람 중 하나가 가우르 라데베(Gaur Radebe)였다. 만델라가 변호사 시험에 합격한 후 알렉산드라의 법률 회사에 근무할 때 친하게 지낸 사람이었다. 가우르는 교육은 우리의 삶을 향상시키는 데 반드시 필요하지만 결코 어떤 민족이나 국민도 교육만으로 자유로워진 경우는 없다고 주장한다. "교육이란 좋고 훌륭한 것이지. 그러나 우리가 오로지 교육에만 의존한다면, 우리는 우리의 자유를 수천 년 동안 기다려야 할 거야. 우리는 가난하며, 선생은 없고, 학교는 더욱 없어. 우리는 우리 자신을 교육할 권리조차도 갖지 못했어." 가우르는 이론을 지껄이기보다는 해결책을 찾아야 한다면서 바로 아프리카민족회의(ANC)가 아프리카인을 위한 변화를 만드는 원동력이라고 주장한다. 즉, ANC의 정책이 남아프리카에서 권력을 얻기 위한 최선의 방법이라는 것이었다(만델라, 1995: 141).

가우르의 말에 동감한 만델라는 1943년 8월 1만여 명의 사람들과 함께, 4펜스에서 5펜스로의 버스 요금 인상에 저항하는 알렉산드라의 버스 안 타기 운동을 지지하기 위해 행진하면서 정치 운동에 본격적으로 발을 디뎠다. 영화에서는 한 흑인이 통행증이 없다는 이유로 구금된 후 경찰들에게 맞아 죽는 일이 발생한다. 만델라는 동료들과 변화를 가져올 방법에 대해 이야기를 나눈다. 그는 교육과 노력을 통해 변화를 가져올 수 있다고 주장한다. 이에 대해 동료는 만델라 혼자서는 못한다고 말한다. "우리 중 아무도 못해. 우리 각자는 너무 작아서 아무것도 할 수 없지만 다 같이 합치면 힘이 생기지." 월터는 버스를 보이콧할 것을 제안한다. "사람들에게 자유와 정의에 대해 얘기해봤자 아무도 듣지 않아. 하지만 버스 요금을 1센트만 올려도 그건 신경을 쓰지. 버스 보이콧이야. 우리가 단결하면 이길 수 있어!"

시간이 흐름에 따라 만델라는 단순한 관찰자에서 벗어나 적극적인 정치 참여자로 변해갔다. 1948년 발생한 7만여 명에 달하는 리프 지역 광산 노동자들의 파업 시위와 인도인 지역사회가 2년에 걸쳐 벌인 집단거주법(Group Areas Act)[2]에 반대하는 비폭력 저항운동은 만델라의 정치적 신념을 발전시키고 투쟁 방향을 설정하는 데 크게 영향을 미쳤다. 특히 인도인들의 저항 시위는 청년 동맹이 주창하고 있던 투쟁의 본보기가 되었다. 그것은 사람들

---

2   국민당 정부가 남아프리카인들을 백인, 아프리카 원주민, 혼혈 유색인으로 구분해 지역별로 분리·거주하도록 강제한 법을 말한다. 이는 백인을 제외한 남아프리카인들의 토지 소유권을 박탈하고, 결혼과 직업의 자유도 침해한 악법으로 평가된다.

사이에 저항 정신과 개혁 의지를 심어주었고, 감옥에 잡혀가는 것에 대한 두려움을 없애주었다. 이들은 아파르트헤이트 정책을 실행하는 국민당 정권에 대해서도 저항을 하자고 말한다. "왜 우리가 그들의 법에 복종해야 합니까? 우리는 투표권도 없는데. 이건 우리의 정부가 아닙니다. 그들이 벌인 파티에 우린 초대받지 않았어요. 그러니 그 부당한 법에 반항합시다. 그자들이 어쩌겠어요? 우리를 다 감옥에 넣을까요? 그러라고 하세요. 우리가 다 감옥에 있으면 자기들이 직접 금광에서 일하고 집도 직접 청소하고 빨래도 직접 하라고 하죠. 우리의 자유를 위해 싸울 겁니다. 그들이 전쟁을 원한다면 전쟁을 줄 것입니다. 모두 함께 갑시다."

남아프리카에서 인도인들이 행한 초기 비폭력 저항운동의 지도자는 간디였다. 간디가 만델라에게 미친 영향을 자크 랑은 다음과 같이 지적한다.

넬슨 만델라는 간디를 열렬히 존경했고 그로부터 영감을 받았지만, 그렇다고 해서 맹목적으로 흉내 내지는 않았다. 그는 '수동적인 저항'이라는 표현 속에 나오는 '수동적'이라는 형용사를 견딜 수 없어 했던 것이다. …… 몇 가지 본질에서 만델라는 스스로 마르크스주의자라고 느꼈다. 그가 보기에 잉여가치이론은 광산 채굴에 대한 명쾌한 설명처럼 보였다. 그는 공산주의의 목표가 "공유에 기초한 공동체 생활이라는 면에서 전통적인 아프리카 사회와 가깝다"고 평가했다. 남아프리카공산당에 입당할 생각은 단 한순간도 하지 않았지만 스스로 그들의 길동무이기를 바랐고 과거의 적대감을 버렸다. …… 만델라는 '전쟁은 다른 수단들에 의한 외교의 연장'이라고 한 클라우제비츠의 논문에 매료되었다. 정확히 이런 과정을 거쳐 만델라는 논쟁을 접고 총을 잡았다(랑, 2007: 103~104, 157).

당시에 만델라는 계급이 없는 사회를 추구하는 공산주의 사상에 깊이 매료되었던 것으로 보인다. 그의 자서전을 보면 공동체적 삶을 강조하는 전통적인 아프리카 문화와 공산주의 사이에 공통된 면이 있다고 생각했다는 구절이 나온다.

나는 간결성과 보편성이라는 황금률을 따른 '능력에 따른 분배로부터 필요에 따른 분배로'라는 마르크스의 기본적인 주장에 찬동했다. 상품의 가치는 그 상품의 생산에 들어간 노동의 양에 기초한다는 생각이 당시의 남아프리카 상황에 잘 부합된다고 생각했다. 지배 계층은 노동자들에게 최저생계비용만을 지불하고 상품의 잉여가치를 챙겼다. …… 그러나 공산주의자와 대화하기 위해 반드시 내가 공산주의자일 필요는 없었다(만델라, 1995: 195~197).

백인 정부와 ANC 군사단인 '민족의 창' 전국 사령부가 법정에서 맞부딪친다. 검사는 피고인들이 정부 전복의 의도를 갖고 이 나라에 대한 무장 침략과 폭력적인 혁명을 용이하게 하기 위한 사보타주(sabotage) 행위를 저질렀다고 주장한다. 피고 1번 넬슨 만델라의 발언이 이어진다. "재판장님, 피고석에 서야 할 건 제가 아니라 바로 정부입니다. 저는 무죄를 주장합니다. 사보타주를 계획한 것을 부정하지 않겠습니다. 그걸 계획한 것은 무모한 마음에서라든가 폭력을 사랑해서가 아니었습니다. 엄연한 사실은 50년 동안의 비폭력 항쟁으로 아프리카 민족(people)이 얻은 건 아무것도 없었고 억압적인 제정법은 점점 증가하고 권리는 점점 줄어들었다는 겁니다. 아프리카인들도 남아공 전체에 대한 정당한 지분을 원합니다. 우리도 동등한 정치적 권리를 원합니다. 1인 1표의 투표권을 원합니다. 저는 이런 아프리카인들의 투쟁에 저 자신을 헌신했습니다. 백인의 지배에 맞서서 싸웠습니다. 흑인의 지배에도 맞서서 싸웠습니다. 저는 모든 사람이 동등한 기회를 갖고 조화롭게 공생하는 자유민주주의 사회의 이상을 소중히 여겨왔습니다. 제가 그 이상을 위해 살고 또 성취할 수 있기를 바랍니다. 하지만 필요하다면 그 이상을 위해 죽을 각오도 돼 있습니다."

이에 대해 재판장은 판결문에서 피고인들 모두에게 기소된 대로 유죄를 선고한다. 피고인들은 자신들의 행동에 대해 도덕적인 주장을 했고, 본질적으로 그들은 자신들이 압제자라고 부르는 사람들의 손에 죽는 순교를 원했지만, 재판장은 그런 만족을 주지 않을 것이라고 한다. 우리는 법치국가이며 가능할 때는 정의에 자비를 가미한다는 것을 세상에 보여준다며 최고형을 내리지 않기로 결정했다고 밝힌다. 종신형을 선고받고 항소를 포기한 만델라는 케이프타운 앞의 로벤 섬 형무소에 투옥된다. 간수들은 다시는 이곳을 떠날 수 없다며 협박을 가한다. 유폐된 공간에서도 만델라는 용기를 잃지 않는다. "이 감옥은 통제 불능이고 간수들은 그저 술에 취한 불량배들일 뿐입니다. 무슨 권리로 우리를 공격하는 겁니까? 당신들은 사법제도의 일원인 거요? 아니면 그냥 제복 입은 깡패요?"

감옥에 갇힌 만델라의 사정이 알려지면서 전 세계인들이 연대를 표명하고 석방 운동이 벌어진다. 면회를 온 딸은 싸울 거라고 다짐하면서 그것은 정치가 아니라 그녀의 삶이라고 말한다. 대내외적으로 반대 여론이 높아지자 결국 보타(Pieter Willem Botha) 대통령은 조건부 석방을 제안한다. 만델라는 이렇게 답한다. "저는 폭력적인 사람이 아닙니다. 우리는 다른 모든 저항할 방법이 더 이상 남아 있지 않았을 때에만 무력 투쟁으로 돌아섰습니다. 보타 대통령이 폭력을 포기하게 하십시오. 아파르트헤이트를 철회하게 하십시오. 나와 여러분, 우리 민족이 자유의 몸이 아닌 이때에는 어떤 약속도 할 수 없고 하지도 않을 것입니다. 여러분과 저의 자유는 떼어놓을 수 없는 관계입니다. 저는 돌아올 것입니다." 1990년 2월 만델라는 무려 27년간이나 지속되었던 수감 생활에서 벗어나 석방되었다. "저는 제 평생을 투쟁에 바쳤습니다. 죽을 각오도 했습니다. 제 인생의 27년을 감옥에서 잃어버렸습니다. 하지만 지금 말씀드리는데 저는 그들을 용서했습니다. 여러분도 용서할 수 있습니다. 우린 전쟁에서 승리할 수 없습니다. 하지만 선거에서는 승리할 수 있습니다. 평화를 지키십시오. 그리고 선거일이 오면 투표하십시오."

같이 볼만한 영화로는 쿠르드계 이란 배우 바흐만 고바디(Bahman Ghobadi)가 제작한 〈코뿔소의 계절(Fasle Kargadan)〉과 스티브 매퀸(Steve McQueen) 감독의 〈노예 12년(12 Years a Slave)〉이 있다. 〈코뿔소의 계절〉은 1979년 이란의 이슬람 혁명 당시 반혁명죄를 범했다는 이유로 무려 30년 동안 투옥되었던 쿠르드족 시인 사데그 카망가르(Sadegh Kamangar)의 이야기를 소재로 했다. 영화 시작 부분에 다음과 같은 자막이 나온다. "사니 잘레와 파르자드 카망가르를 포함해 모든 정치범 수감자에게 이 영화를 바친다. 이 영화는 30년간 수감 생활을 했던 이란 시인 카망가르의 작품을 바탕으로 했다." 이 영화는 실화를 바탕으로 했다는 데 의의가 있다. 때로 실화는 그들이 보이려 하지 않는 은폐된 진실을 보여주기도 한다. 파도가 치는 스산한 바닷가, 황폐한 평야 등을 풀숏으로 찍은 영상은 매우 아름답다. 여기에 매혹적인 바이올린 선율이 겹쳐진다. 뒤집힌 거북이, 차 안으로 들어온 말의 커다란 눈, 물속에 빠진 코뿔소와 같은 상징들 역시 눈길을 끈다. 미나가 남편의 등에 새긴 문신은 "경계 지역에 사는 자만이 새로운 땅을 만든다"라는 시구였다.

〈노예 12년〉은 노예해방 이전에 미국의 흑인들이 처했던 참혹했던 현실을 사실적으로 보여준다. 주인공은 자유주인 뉴욕에 거주하는 바이올리니스트이지만 악단 관계자의 속임수로 남부의 조지아 주로 팔려가 인간 이하의 짐승 같은 대우를 받으며 일하는 솔로몬 노섭이다. 영화의 내러티브가 전개되면서 관객은 흑인들이 처한 비인간적 상황에 분노하고 나아가 비참한 처지에 빠진 노섭에게 감정이입을 하게 된다. 팻시에게 가혹한 체벌을 가하는데 반대한 노섭에게 피범벅이 되도록 매질을 가하고 벌거벗은 상태로 집 밖에 묶어 방치해두는 장면에서 특히 그렇다. 자연스러운 방식으로 동일시를 유도하는 것은 이 영화가 지닌 강점이기도 하다. 감독은 "살아남고 싶지 않다. 살고 싶다"라고 이야기하는 노섭을 통해 그가 권리를 가진 인간으로서 자유롭게 살고 싶은 강한 의지를 지닌 사람이라는 것을 알려준다.

한편 백인 남성 노예주는 신약성서의 누가복음에 있는 산상수훈 구절을 문자 그대로 해석해 노예에게 절대적 복종을 강요하고 목화밭에서 강제노동으로 내모는데, 이는 권력에 야합함으로써 기득권을 유지했던, 그리고 지금도 그러한 기독교의 현실을 떠오르게 한다. 역사적으로 보면 불평등한 사회관계가 지배적인 사회에서 기독교는 지배자가 자신의 권리를 자연스럽게 여기고 피지배자는 억압과 착취를 무비판적으로 수용하게 하는 이데올로기로서 기능했다. 그런 점에서 이 영화에서 노예주와 노예들이 같이 예배를 보는 장면은 의미하는 바가 크다. 마틴 루서 킹(Martin Luther King)이 염원했던 "노예의 자손들과 노예 주인의 자손들이 형제처럼 손을 맞잡고 한자리에 있는 꿈"을 연상시킨다. 이와 관련해서 에이바 듀버네이(Ava DuVernay) 감독의 〈셀마(Selma)〉(2014)를 참조할 수 있다. 1870년 수정헌법 15조에서 투표권을 보장받았음에도 100여 년 가까이 투표권을 박탈당하고 있던 흑인들이 실질적인 투표권 획득을 위해 펼친 위대한 운동을 재현한 영화이다. 듀버네이는 〈셀마〉에 위대한 어느 지도자의 목소리와 승리를 쟁취한 어느 지역사회의 목소리, 그리고 더 나은 사회로 발전하고자 고군분투하는 어느 국가의 목소리를 담았다면서, 이 모든 것이 얼마나 가치 있으며 귀를 기울일 필요가 있는지 사람들이 깨달을 수 있었으면 한다고 언급한 바 있다. 그러나 이 영화가 새삼스레 관심을 끌고 높은 평가를 받는 것은 역설적으로 아직도 미국 사회에서 흑인들이, 그리고 다른 유색인종들이 온전한 시민권을 누리고 있지 못한 현실을 반증한다. 법적 차별과 사회적 갈등, 정치적 시민권의 박탈과 경제적 착취로 점철되었던 예속의 세월은 흑인 대통령이 나온 지금까지도 여전히 미국 사회에 짙은 그림자를 드리우고 있다. 이런 사실에 비춰본다면 아프리카계 미국인들에게 완전한 시민권을 부여함으로써 백인들과 한 공동체에 통합시키는 것이 인종문제의 유일하고 바람직한 대안은 아닐지도 모른다.

스파르타쿠스 Spartacus (미국, 1960)

감독	**스탠리 큐브릭** Stanley Kubrick		배우	**커크 더글러스** Kirk Douglas
각본	**돌턴 트럼보** Dalton Trumbo			**로런스 올리비에** Laurence Olivier
원작	**하워드 패스트** Howard Fast			**진 시먼스** Jean Simmons
				존 개빈 John Gavin

전함 포템킨 Bronenosets Potemkin (소련, 1925)

감독	**세르게이 M. 에이젠슈타인**		배우	**이반 보브로프** Ivan Bobrov
	Sergei M. Eisenstein			**베아트리체 비톨디** Beatrice Vitoldi
각본	**세르게이 M. 에이젠슈타인**			

만델라: 자유를 향한 머나먼 여정 Mandela: Long Walk to Freedom (영국·남아프리카공화국, 2013)

감독	**저스틴 채드윅** Justin Chadwick		배우	**이드리스 엘바** Idris Elba
각본	**윌리엄 니컬슨** William Nicholson			**나오미 해리스** Naomie Harris
				토니 크고로게 Tony Kgoroge
				리아드 무사 Riaad Moosa

같이 볼만한 영화

코뿔소의 계절 (Fasle Kargadan, 2012) 바흐만 고바디(Bahman Ghobadi) 감독

노예 12년 (12 Years a Slave, 2013) 스티브 매퀸(Steve Mcqueen) 감독

셀마 (Selma, 2014) 에이바 듀버네이(Ava DuVernay) 감독

서프러제트 (Suffragette, 2015) 세라 개브론(Sarah Gavron) 감독

참고문헌

김경현. 1998. 「서양 고대 세계의 노예제」. 역사학회 엮음. 『노비·농노·노예』. 일조각.

랑, 자크(Jack Lang). 2007. 『넬슨 만델라 평전』. 윤은주 옮김. 실천문학사.

만델라, 넬슨(Nelson Mandela). 1995. 『자유를 향한 머나먼 여정』. 김대중 옮김. 아태평화출판사.

볼프하임, 엘스베트(Elsbeth Wolffheim). 2005. 『마야코프스키와 에이젠슈타인』. 이현정 옮김. 아카넷.

스트라우스, 배리(Barry Strauss). 2011. 『스파르타쿠스 전쟁』. 최파일 옮김. 글항아리.

패스트, 하워드(Howard Fast). 2008. 『소설 스파르타쿠스』. 김태우 옮김. 미래인.

펄먼, 캐런(Karen Pearlman). 2014. 『커팅 리듬, 영화 편집의 비밀』. 김진희 옮김. 커뮤니케이션북스.

프레미옹, 이브(Yves Fremion). 2003. 『역사의 격정』. 김종원 옮김. 미토.

홉스봄, 에릭(Eric Hobsbawm). 1989. 『원초적 반란』. 진철승 옮김. 온누리.

홉스봄, 에릭(Eric Hobsbawm). 2004. 『밴디트: 의적의 역사』. 이수영 옮김. 민음사.

휴, 리처드(Richard Hough). 2005. 『전함 포템킨』. 김성준 옮김. 서해문집.

Sampson, Anthony. 2000. *Mandela: The Authorized Biography*. New York: Vintage.

3장

백성과 즐거움을 나눠라

〈공자: 춘추전국시대〉 〈광해, 왕이 된 남자〉 〈산쇼다유〉

백성이 가장 귀중하고, 국가가 그다음이고, 왕이 가장 가벼운 존재이다. 그러므로 백성
의 마음을 얻어야 왕이 되고, 왕에게 신임을 얻어야 제후가 되고, 제후에게 신임을 얻어
야 대부가 된다. 제후가 국가를 위태롭게 하면 다른 사람으로 바꾼다.

맹자(孟子)

공자를 현대로 불러내다

유교는 2500여 년 동안 동아시아인들의 일상생활과 사고에 가장 큰 영향
을 미쳤다. 유교의 시조는 공자(孔子)이다. 몰락한 귀족의 자손이었던 공자는
혼란스럽기 그지없던 춘추전국시대에 천하를 주유하면서 자신의 가르침을
이해하고 이를 현실 정치에서 실현할 군주를 찾았다. 공자는 당대에는 권력
자와 대중에게 크게 주목받지 못했지만 사후에 그의 가르침을 추종하는 제
자들을 통해 국가와 사회에 큰 영향을 미쳤다. 후메이(胡玫)가 감독한 〈공자:
춘추전국시대(孔子)〉(2010)는 바로 이러한 공자의 삶과 사상을 담은 일종의

전기 영화이다. 공자 역은 주윤발(周潤發, 저우룬파)이 맡았다. 한 인터뷰에서 주윤발은 중국인들에게 공자란 어떤 존재이며, 지금 중국의 상황에 비춰볼 때 어떤 의미를 갖는 인물인가 하는 질문에 다음과 같이 답했다. "현대 중국 인들에게 공자는 그 중요성을 잃어가고 있는 존재다. 요즘은 학교에서도 예 전만큼 공자에 관해 가르치지 않는다고 들었다. 중국은 급성장을 이뤄가고 있지만 한편으로는 정부도 해결하지 못하는 많은 문제도 함께 커져가고 있 다. 만약 공자라는 인물이 현대에 있다면 정신적인 성장을 이루는 데 큰 도 움이 되었을 것 같다"(≪씨네 21≫, 2010년 2월 16일).

과연 그렇게 볼 수 있을까? 주윤발이 언급한 것처럼 공자의 사상은 현대 사회가 직면한 문제를 해결하는 데 어떤 시사점을 주고 있을까? 만약 그렇다 면 공자의 어떤 사상이 그러할까? 영화에서는 이와 관련된 것들이 어떻게 묘 사되었을까? 그리고 이를 어떻게 평가할 것인가? 잊지 말아야 할 사실은 공 자에 대해서 극단적으로 상반된 해석이 병존한다는 점이다. 이는 중국 고대 사에 대한 세계적 석학으로 꼽히는 크릴(Herrlee Glessner Creel) 교수의 저서 『공자: 인간과 신화(Confucius: The Man And The Myth)』에 잘 나와 있다. 크릴 은 공자가 구질서를 회복하고 세속적인 귀족정치의 권위를 강화하는 반동주 의자에 불과하다는 견해가 있는 반면에, 전면적으로 사회적·정치적 개혁을 주장하고 그 구현에도 기여한 위대한 혁명가 가운데 한 사람으로 간주하는 견해도 있다고 말한다(크릴, 1997: 21). 이렇다 보니 공자를 태두로 하는 윤리 와 도덕의 가르침인 유교가 동아시아 국가와 사회에 실제로 미친 영향에 대 해서도 다양한 해석이 서로 대립하고 있다.

〈공자: 춘추전국시대〉의 마지막에는 "세인들은 공대인의 고통을 이해할 진 몰라도 그 속에서 일궈낸 참진리는 잘 알지 못할 거요"라는 군부인의 지 적과 "후세에 날 이해하는 것도 이 책을 통해서일 게고 날 오해하는 것도 이

책을 통해서일 게다"라는 공자의 독백이 나온다. 바로 여기에 주안점을 두고 〈공자: 춘추전국시대〉를 비롯해 〈광해, 왕이 된 남자〉(2012), 〈산쇼다유(山椒太夫)〉(1954), 세 편의 영화를 살펴볼 수 있다. 우선 〈공자: 춘추전국시대〉는 공자의 삶의 편력과 사상에서 사실이라고 주장되는 것을 관객에게 보여준다. 어떤 것이 사실일까? 문하의 제자를 데리고 여러 제후국을 편력하는 과정에서 겪는 곤궁함, 권력을 탐하는 제후에 대한 실망감, 그리고 과도한 노역과 세금 및 사적 형벌로 피폐한 삶을 살아가는 백성들에 대한 연민이 이에 해당할 것이다. 영화에서는 제나라 경공과의 외교 협상을 통해 노나라의 실지를 회복하는 지략가, 당시 권세가였던 삼환씨(三桓氏)의 횡포를 꺾기 위해 그들의 요새인 삼성을 무너뜨리는 단호한 개혁가와 같이 다양한 얼굴의 공자가 나타난다.

무엇보다 〈공자: 춘추전국시대〉에서는 공자의 사상에서 핵심이라고 할 만한 것들을 스토리와 대사를 통해 보여준다. 대표적인 것이 순장을 피해 계씨 문중 무사들에게 쫓겨 온 어린 노비가 나오는 장면이다. 제자인 자로(子路)는 화가 미칠까봐 노비를 위나라의 자기 처형한테 보내자고 한다. 이에 공자는 그냥 여기 두도록 하자면서 의(義)를 행해야 참된 자라고 말한다. 그런 후 왕에게 산 자를 순장하는 폐습을 폐지할 것을 건의한다. 인(仁)이 우선일진대 살인은 전통이 될 수 없다는 주장을 내세운다. 그러면서 동제에 바칠 꿩이 깃털을 물어뜯어 빠지자 살려준 일을 상기시키면서 꿩도 인으로 대했으니 이미 팔을 잃은 노비도 가엾게 여겨달라고 간청한다. "천지간에 가장 귀한 게 인간인데 산 자를 순장하는 건 악습이라 문무주공 때부터 폐지되었습니다. 노나라는 주공의 고향으로 예를 중시해왔으니 응당 폐습을 바꿔야 마땅합니다." 공자는 개혁을 단행하는 과정에서 반발에 부딪히자 "기꺼이 살신성인해야지 어찌 살기 위해 인을 저버리십니까?"라고 말하나 "패하면 인의가 무슨 소용이 있소. 세상엔 성패만 있을 뿐 인은 단지 구실에 불과하오"
라는 제후의 답을 듣고 노나라를 떠난다. "나도 어디로 떠나야 할지 모르겠
구나. 안회야 보아라, 저 앞엔 평탄한 땅도 없고 부유한 삶도 없다. 황량한
들판뿐인데 두렵지 않느냐?"

인은 공자 사상의 정수로 여겨진다. 원래 씩씩하고 늠름한 남자다운 외모
를 지칭하던 인은 춘추시대 중기 이후에는 선량한 마음가짐, 뛰어난 기량과
같이 사람이 지녀야 하는 내면의 아름다운 자질을 가리키는 말로 변화했다
(토가와 요시오·하치야 쿠니오 외, 1990: 34). 사람 인(人)과 두 이(二)의 합성어인
데서 알 수 있듯이 인은 두 사람 이상의 인간관계와 연관된 말이다. 이러한
점에서 공자는 "인이란 사람을 사랑하는 것이다"(성백효, 2011: 357)라고 했으
며 "내가 이 사람의 무리와 더불지 않고 누구와 함께할 것인가"(성백효, 2011:
515~516)라고 했다. 이 같은 공자의 애인(愛人) 사상은 인의 본질이자 그의 정
치사상의 토대가 된다. 여기서 인을 실현하는 방법이 바로 "자기가 원하지
않는 것을 남에게 하지 않는 것"(성백효, 2011: 332)이며, "자기가 서고 싶으면
남을 먼저 세우고 자기가 이루고 싶으면 남을 먼저 이뤄주는 것"(성백효, 2011:
185)이다. 이는 이기적 사랑이 아닌 이타적 사랑으로 외부 세계에 대한 정복
이라는 역사적 특징을 갖는 서구적 윤리관과 대비된다(전세영, 1992: 61).

물론 상반된 해석도 존재한다. 중국의 철학자인 조기빈(趙己彬, 자오지빈)이
대표적이다. 그는 『논어신탐(論語新探)』에서 역사주의 방법론에다 언어분석
방법론을 동원해 공자 철학의 계급성을 논증했다. 그는 다른 학자들과는 달
리 인(人)과 민(民)을 분류한다. 춘추시대의 인 개념은 통치 계급만을 지칭하
는 명사라고 한다. 그러므로 공자가 말하는 '애민(愛民)'은 '통치 계급을 사랑
하라' 또는 '노예주 귀족을 사랑하라'는 의미라는 것이다. 당시 역사적 조건
에 비춰보더라도 인에 속하지 않는 민, 곧 노예와 농노 그리고 '우리 중화 민

족의 종족이 아닌' 변방 이민족 출신의 포로들은 모두 당연히 사랑해야 할 대상에 포함되지 않는다고 한다. 정리하면 『논어』에서 말하는 '애인'은 공자의 복례(復禮) 노선 중의 특수한 정치 용어이지 근본적으로 윤리 범주가 아니기 때문에 '인자애인(仁者愛人)'에서 '모든 사람을 사랑하라'는 함의를 도출해내는 것은 '애인'이 원래 갖고 있는 의미에 대한 오해인 동시에 글자의 표면에 나타난 의미만을 보는 데서 온 결과라는 것이다(조기빈, 1996: 124~125).

정치와 관련된 공자의 견해가 잘 나타나는 대목은 공자가 노정공(魯定公)과 만나는 장면이다. 공자는 노정공에게 예로써 나라를 다스리면 1년이면 그 효과가 보이고 3년이면 대성할 수 있다고 간언한다. 이에 노정공이 공자가 제자들과 더불어 노나라를 예로써 다스려 군신의 질서를 올바르게 세워주면 좋겠다고 말한다. 그리고 노나라가 강해지려면 제나라의 법치를 본받아야 하지 않겠느냐고 묻는다. 이 질문에 공자는 다음과 같이 답한다. "그들이 법을 지키는 건 형벌이 두렵기 때문인데 사람들이 예를 지키고 염치를 알아서 법을 지키는 게 더욱 좋지 않겠습니까? 인재를 중용하고 소인을 배척해 제 부모가 자식을 아끼듯 남을 위해주고 남녀가 각자 본분을 지키면서 고아며 과부며 노약자를 알뜰히 보살펴준다면 백성들은 안락을 누릴 것이고 태평성대가 될 겁니다."

예치(禮治)는 공자의 대표적인 정치관 중 하나이다. 예는 인간이 혼자 살 수 없기 때문에 다른 사람과 관계를 맺지 않을 수 없는데 이때 사회질서의 유지를 위해 따라야 하는 규칙이라 할 수 있다. 『논어』의 「안연(顏淵)」에서 공자는 "자기의 사욕을 누르고 예로 돌아가는 것이 인(仁)함이다. 하루라도 자기의 사욕을 극복하고 예로 돌아가면 천하가 인으로 돌아갈 것이다. 인하는 것은 자신에게 말미암는 것이니 어찌 남에게서 말미암을 수 있겠는가?"라고 말한다. 이어서 안연이 예의 조목을 묻자 공자는 "예가 아니면 보지 말며,

예가 아니면 듣지 말며, 예가 아니면 말하지 말며, 예가 아니면 움직이지 말아야 한다"(성백효, 2011: 328~329)라고 강조한다. 예를 알지 못하면 설 수 없다는 것이다. 예치는 덕치(德治)와 연결된다. 덕은 천(天)이 부여한 통치자의 능력을 가리키며, 덕치는 군주가 몸에 익힌 인격의 감화로 백성을 교화하는 정치를 말한다. 공자는 덕으로 이끌고 예로써 가지런히 하는 것, 즉 덕으로 교화하고 예로 규제하는 것을 정치의 기본 방법으로 여겼다. 이에 비해 법치는 단지 피상적으로 대중을 바르게 하는 것으로 근본이 아닌 보조적인 것에 불과한 것이라 할 수 있다(이영찬, 2001: 137~140).

다른 한편으로 윤리로서의 예는 지배 세력의 통치 수단으로 이용될 수 있다. "위에서 예를 좋아하면 백성들은 쉽게 다스려질 수 있다"(성백효, 2011: 429)라는 말처럼 예가 사회질서의 유지 수단으로 이용된다는 것을 의미한다. 공자는 타율적 규범으로서의 법이 통치 수단으로 이용될 때 오는 부정적 작용과 자율적 규범으로서의 예가 이용될 때 나타나는 긍정적 작용을 구분해 설명한다. 이를 통해 공자는 자신이 이상적으로 여겼던 정체에 도덕적 권위를 부여하려 했던 것이다(전세영, 1992: 148~150). 이런 점에서 보면 사회주의 국가 중국에서 대규모 지원을 받아 제작된 〈공자: 춘추전국시대〉 또한 기존 질서가 지닌 불평등과 지배 관계를 자연적이고 변화될 수 없는 것으로 보게 만드는 이데올로기를 내포하고 있다고 할 수 있다. 중국을 대표하는 사상인 유교의 윤리 체계를 끌어내 애국심, 낭만적 감상주의 등 관객의 감정에 호소하려 한 영화이기도 하다. 〈공자: 춘추전국시대〉를 현대에 불러낸 것은 '중국 특색 사회주의'를 내세운 기존 질서의 문제를 보이지 않게 하고 자연화하려는 의도였다. 이렇듯 영화 역시 하나의 이데올로기적 장치이다.

민본 정치를 역설하다

〈광해, 왕이 된 남자〉는 미국 영화 〈데이브(Dave)〉(1993)가 원작이다. 〈데이브〉는 직업소개소를 운영하는 평범한 인물인 데이브 코빅이 미국 대통령 빌 미첼과 똑같이 생겨서 벌어지는 사건을 그린 영화이다. 물론 왕과 천민이 뒤바뀌는 이야기는 동서고금을 막론하고 흔하다. 그러나 마크 트웨인(Mark Twain)의 『왕자와 거지(The Prince and the Pauper)』에서 보듯이 이 이야기들이 사람들의 입에 오르내리는 것은 흥미로울 뿐만 아니라 강자들에 희생되는 약자들의 삶이 공감을 불러일으키기 때문이다. 〈광해, 왕이 된 남자〉도 마찬가지이다. 이 영화를 비롯해 〈왕의 남자〉, 〈관상〉 등이 보여주는 당시의 시대상은 오늘날에도 주목할 가치가 있다. 관객은 여기서 조선의 왕이었던 광해군(〈광해, 왕이 된 남자〉), 연산군(〈왕의 남자〉), 수양대군과 문종(〈관상〉)이 권력을 어떻게 획득하고 행사했는지, 어떻게 민생을 보살피거나 저버렸는지 알게 된다. 또한 이를 현재의 '바람직한 리더십'과 연결해 판단을 내릴 수도 있다.

〈광해, 왕이 된 남자〉는 탄탄한 스토리와 발랄한 역사적 상상력, 이병헌과 장광, 특별 출연한 김명곤 등의 뛰어난 연기가 인상적이다. 여기에 더해 이 영화에서 묘사된 군주상을 현재 한국 지도자들의 리더십에 견줘 파악해볼 수도 있다. 관객은 "그대들이 죽고 못 사는 사대의 예보다 이 나라, 이 백성이 열 갑절, 백 갑절은 더 소중하오. 부끄러운 줄 아시오!"라는 가짜 광해의 일갈에 깊이 공감했을 것이다.[1] 광해를 자신이 지지하는 정치인의 이미지

---

1 이런 대사는 〈해적: 바다로 간 산적〉(2014)에서도 볼 수 있다. 극중 주인공인 여월은 장사정에게 이렇게 말한다. "우리에게 지킬 만한 나라가 있었던가. 임금과 귀족들은 외

에 투영해 해석한 이도 있었을 것이다. 기득 세력이 아닌 백성을 먼저 생각하는 지도자, 예속과 사대가 아니라 자주와 균형 외교를 추구한 지도자가 우리 역사에서 얼마나 있었겠는가? 이런 사실을 감안하면 이 영화가 누렸던 높은 인기는 '착한' 지도자와 '좋은' 정치에 대한 큰 갈망에서 비롯된 것이라 할 수 있다.

영화는 임진왜란 직후인 17세기 초반의 혼란한 시대를 배경으로 하고 있다. 대내적으로는 북인과 남인, 서인 사이에서 정쟁이 그치지 않았고, 대외적으로는 신생국 후금이 세력을 확장해 명나라를 압박하고 있었다. 왕의 둘째 서자로 태어나 천신만고 끝에 왕의 자리에 오른 광해군은 서인들을 비롯한 반대 세력들에 의해 계속되는 반정의 위험에 처해 있었다. 취약한 지위의 광해군이 왕권을 강화하기 위해 취한 대동법을 비롯한 정책들이 기득 세력의 이익을 해쳤기 때문이다. 이러한 역사적 사실에 더해 영화는 허구적 이야기를 펼친다. 왕의 최측근인 도승지 허균이 암살에 대비해 왕 노릇을 대신할 사람을 비밀리에 찾게 되는 것이 그것이다. 공교롭게도 반대파의 사주를 받은 안 상궁에 의해 왕이 양귀비에 취해 그만 혼수상태에 빠진다. 허균은 양반들의 잔칫상에서 흥을 돋우는 일을 하는 광대 하선을 납치해 가짜 왕 노릇을 시킨다.

하선이 처음 경험한 궁궐은 온갖 부류의 인간상들이 모여 있는 곳이다. 특히 3품 이상 대신들이 모여 왕의 하명을 듣는 자리가 그랬다. 영화에서 묘사

적이 쳐들어오면 제일 먼저 내빼고, 어린아이들은 공녀나 환관으로 바치고, 백성들은 고혈을 쥐어짜 조공으로 바치는 그런 나라를 지키기 위해 목숨을 거느니 내 소중한 사람을 지키기 위한 목숨을 걸겠네." 장사정은 이성계에게 민본 정치를 펼치라고 말한다. "나는 어느 나라 백성이오? 조선이란 이름은 명나라가 줬으니 명나라 백성이오? 나는 그런 나라의 백성이고 싶지 않소. …… 어찌 하물며 왕이란 자가 그깟 명나라가 내려준 국새를 찾자고 백성들을 희생시킨단 말이오. 어떤 세상을 만들지 잘 생각해보시오. 왕께서 백성들을 위한 진정한 새 세상을 만든다면 나 또한 그대의 백성이 될 것이오."

되는 이들의 면면이 제법 자세하고 흥미를 끈다. "권력이 있는 곳이라면 똥통이라도 들어갈 자, 욕심이 많고 성품이 잔인해 한번 눈 밖에 나면 끝을 보는 인물, 여기에 무조건 맞장구를 치며 나오는 인물로 자리만 지키기에 급급한 인물, 눈은 매처럼 매섭고 성품은 독사보다 잔인한 자……." 이 영화가 천만 관객을 넘기면서 많은 이들에게 인기를 끈 것은 단순히 호기심을 만족시키는 데 그치지 않고 시대와 정치에 대해 생각하게 만들기 때문이다. 클라이맥스는 다음의 교지가 낭독되는 장면이다. "대신들에게 알리노라, 호판은 폐지된 대동법을 다시 살릴 법안을 마련해오라. 공판은 궐 공사를 즉각 중단하라. 궐이 백성들의 피눈물로 지어진다면 이 어찌 떳떳하다 할 수 있겠는가? 형판은 들으라, 진주 부사 유종호의 죄를 묻지 않겠다. 역도는 참해야 마땅하나 무고한 백성들이 죄를 받는다면 아니함만 못한 일이다. 경들에게 명하노라. 차제에 근거 없는 고변으로 궁을 어지럽히는 자, 내 역도에 준해 죄를 물을 것이다."

이 영화는 도대체 임금의 자리는 어떤 것이며, 개혁은 어떻게 가능한가를 생각하게끔 한다. 가짜 왕 광해는 수라간 궁녀들을 위해 얼른 팥죽만 들고 식사를 물리며, 조 내관과 사월이의 사정도 알게 된다. 조 내관에게서는 호패가 조세뿐 아니라 부역까지 짊어져야 하는 것이니 이를 버리고 국경을 넘거나 스스로 거세해 내시가 되기도 한다는 사실을 듣는다. 사월이의 사정도 그리 다르지 않다. "소인의 아버지는 산골 소작농이었습니다. 그런데 어느 날 관아에서 세금으로 전복을 바치라 해 고리를 메워 세금을 바치다 보니 빚이 빚을 낳게 하고 결국 집과 전답마저 빼앗기고 아버지까지도 옥살이를 하게 되었나이다. 그걸로도 갈음이 되지 않자 어머니와 동생은 변방 노비로 팔리고 저는 참판댁 집 몸종으로. 혼자 남은 아버지는 결국, 맞은 장이 화근이 되어 해를 넘기지 못하시고 그만……." 광해는 사월이의 하소연을 듣고 왕

노릇 끝나기 전에 어미를 꼭 만나게 해주마고 약조한다. 그리고 묻는다. "어찌하면 좋소? 백성들의 코 묻은 돈을 짜내는 그 호로 새끼 같은 놈들을. 어떡하면 좋소?"

밤새 대동법을 공부한 후 광해는 도승지와 대화를 나눈다. 결수대로 세금을 부과하는 대동법이 1년도 안 가 폐지된 까닭이 차별 운운하는 지주들의 반대 때문이라는 것도 알게 된다. 부당한 현실에 광해는 격노한다. "땅 열 마지기 가진 이에게 쌀 열 섬을 받고 땅 한 마지기 가진 이에게 한 섬을 받겠다는 게 차별이오? 백성들은 스스로 노비가 되고 내시가 되는 판에 기껏 지주들 쌀 한 섬 때문에 차별 운운한단 말이오. 저자는 강원도 현감으로 양민들에게 고리를 챙긴 관리요. 저자가 챙긴 고리를 어떤 놈한테 갖다 바쳤는지 그걸 받아 처먹은 놈은 또 어떤 놈한테 갖다 줬는지 내가 저놈의 주리를 틀어 그 전모를 밝혀야겠소. 대신들 중 누가 저자의 고리를 상납받지 않았다 자신할 수 있소? 호판, 공납을 독점해 높은 고리를 취하는 자, 즉각 엄단토록 하시오. 형판, 각 관아는 곡간을 열어 취한 쌀과 포목을 양민들에게 모두 돌려주도록 하시오. 그대들에게 명하오, 대동법을 즉각 실천토록 하시오."

영화는 명나라와의 관계를 둘러싼 논란도 인상적으로 구성했다. 여진족 왕조 후금을 세운 누루하치가 명나라를 압박하자 명나라는 조선에게 임진왜란의 파병을 거론하며 후금과의 전쟁에 필요한 병력과 물자를 보낼 것을 강요한다. 조선의 조정에서 격론이 벌어진다. 명에 공물의 예를 취하고 지원 군사를 파견하자는 신하는 북방의 경비가 위험할 것을 걱정하는 광해에게 이렇게 말한다. "대감, 이 나라가 있는 것이 누구의 덕이옵니까? 명이 있어야 조선이 있는 법, 오랑캐와 싸우다 짓밟히는 한이 있더라도 사대의 예를 다하는 게 황제의 은혜에 보답하는 길이라 사료되옵니다." 이에 대해 광해는 "적당히들 하시오! 대체 이 나라가 누구 나라요? 명 황제가 그리 좋으시면 나라를 통째로 갖다 바치시든가"라고 맞받아친다. 사대의 예를 저버리고 오랑캐에게 손을 내밀다니 부끄러운 줄 알라는 비난에는 다시 "그 사대의 명분이 뭐요? 도대체 뭐길래 2만의 백성을 사지로 내몰라는 것이오. 임금이라면, 백성이 지아비라 부르는 왕이라면 빼앗고 훔치고 빌어먹을지언정 내 백성을 살려야겠소. 그대들이 죽고 못 사는 사대의 예보다 이 나라, 이 백성이 열 갑절, 백 갑절은 더 소중하오. 부끄러운 줄 아시오!"라고 맞받아친다.

광해의 이 말에는 『맹자』의 색깔이 짙게 묻어나 있다. 중국의 전국시대(기원전 403~221)에 활동한 유학자인 맹자는 잘 알려져 있다시피 인의설(仁義說)과 그것을 발전시킨 왕도론(王道論)을 주장했다. 맹자는 각 나라가 왕도를 구현하면서 서로 전쟁을 포기할 때 느슨한 연방과도 같은 새로운 제국이 출현할 것이라 기대했다. 그가 15년에 걸쳐 여러 나라를 주유하는 동안 직접 필기한 자료들과 은퇴 후에 편찬한 자료들을 편집해 구성한 책이 『맹자』이다. 이 책의 첫 장인 「양혜왕」은 다음과 같은 글로 시작한다.

> "어르신께서는 천리 길을 멀다 않으시고 찾아와주셨으니 저의 나라에 큰 이익을 줄 어떤 방도를 갖고 오셨겠지요." 맹자가 대답했다. "왕이시여, 어찌 이익에 대해 말씀하십니까(何必曰利). 왕께서는 오직 인의(仁義)의 덕만을 추구하시면 됩니다. 왕께서 어떻게 해야 내 나라의 이익이 될까 말씀하시면 대부들도 선비와 백성들까지 모두 어떻게 해야 내 자신에게 이익이 될까라고 말할 것입니다. 위아래가 서로 다투면서 사리만을 추구하다 보면 나라 전체가 위태로워질 것입니다(이기동, 2005: 21~22).

맹자는 진정으로 사람을 죽이기를 좋아하지 않는 인군만 있다면야 천하에 그와 더불어 하지 않을 사람이 없을 것이라고 하면서, 지금 천하에 사람의 목자 노릇을 한다는 임금치고 사람 죽이기를 좋아하지 않는 자가 없다고 지적한다. 맹자가 이런 주장을 하게 된 시대적 배경에 유의할 필요가 있다. 당시의 제후국 군들은 끝없는 사치와 탐욕으로 백성들을 수탈했다. 무고한 백성들은 밖으로는 늘 전쟁의 위협을 받아야 했고, 안에서는 부패하고 잔인무도한 정치에 시달렸다. 위로는 부모를 섬기기에 부족하고, 아래로는 처자를 먹여 살리기에 부족하고, 풍년에도 내내 고생하고, 흉년에는 죽음을 면하지 못한다는 것이다. 이런 시대 상황에 대한 냉철한 고찰에서 맹자는 민본 정치를 역설한다. "백성이 가장 귀중하고, 국가가 그다음이고, 왕이 가장 가벼운 존재이다. 그러므로 백성의 마음을 얻어야 왕이 되고, 왕에게 신임을 얻어야 제후가 되고, 제후에게 신임을 얻어야 대부가 된다. 제후가 국가를 위태롭게 하면 다른 사람으로 바꾼다"(이기동, 2005: 648).

"백성은 귀하고 왕은 가볍다(民貴君輕)"라는 맹자의 혁명적인 주장은 인류 정치사상 최초라고 할 수 있다. 군주와 사직은 바꾸어놓을 수 있지만 백성은 바꿀 수 없다는 것이다. 유가 정치사상에서 백성은 정치의 중심이며, 군주와 사직, 즉 왕과 국가는 모두 백성을 위해 존재한다. 정치란 백성을 사랑하고 편안하게 해주는 것일 뿐이다. 그러므로 정치의 핵심은 민생에 있다. 맹자는 백성을 자식처럼 아끼고 사랑하는 마음으로 정치를 한다면 백성은 왕을 돕는 것이 자신을 위한 것임을 알기 때문에 헌신적으로 왕의 뜻을 따를 것이라고 한다. 정치의 근본을 설파한 것이다. 중국의 철학자인 채인후(蔡仁厚, 차이런호우)는 이를 백성을 부양함(養民), 백성을 가르침(敎民), 백성을 부림(使民), 백성을 보호함(保民)의 네 가지로 나누어 설명한다(채인후, 2000: 180~186).[2]

---

2   백성을 부양하는 것의 중요성을 맹자는 다음과 같이 강조한다. "왕께서 만일 인정을 백성에게 베풀어 형벌을 줄이고 세금 걷는 것을 적게 하신다면, 백성들은 여유가 생겨 밭

조선을 개국할 때 국가의 근본 틀을 설계한 정도전은 이러한 맹자의 통치 사상을 기본으로 삼았다. 신흥 사대부 세력과 무장 세력이 중심이 되어 개국한 조선은 불교를 배척하고 신흥 사대부가 수용한 성리학을 사회 지도 이념으로 채택했다. 조선의 정치 조직은 국왕 중심의 중앙집권적 관료 체제로, 정치의 이상을 유교적 덕치에 두고 민생의 안정을 앞세웠다. 절대왕정 국가에서 최고 권력자는 왕(군주)이다. 그런데 군주는 지켜야 할 도리가 있다는 것이다. 즉, 군주는 덕으로써 인을 행하며(以德行仁), 덕을 숭상하고 선비를 존경하고(貴德尊士), 백성과 더불어 좋아하고 싫어해야(與民同好惡) 한다는 것이다. 이는 좋은 군주를 분별하는 기준이 되었다. 만약 군주가 이런 도리를 지키지 않으면 백성과 신하들 중에서는 목숨을 걸고 도리를 지킬 것을 간하는 자들도 있었다. 신하의 도리가 군주의 나쁜 마음을 바로잡고(格君心之非), 군주를 바른 데로 이끄는(引君於正) 것이었기 때문이다. 바로 이것이 조선을 무려 500여 년이나 지탱하게 한 힘이었다.[3]

그러나 유교는 한계도 자명하다. 비판적 견지에서 보면 유교는 폐쇄적 신분사회를 떠받치던 사상이었다. 지배 계층은 학문적·도덕적 엘리트인 군자에 국한되었다. 민은 항상 계몽과 교화의 대상이었다. 군자에 대한 복종과 예를 핵심 내용으로 하는 것이 유교였다. 민이 가장 귀하고 그다음이 사직이며 임금이 가장 가볍다는 맹자의 구절을 언급하기도 했지만, 안민이나 위민

갈이를 깊게 하며 김매기를 잘하고, 장성한 자들이 여가를 이용해 효성, 공경, 충성, 신의를 배우게 될 것입니다. 이것으로써 집에 들어가서는 부형을 섬기며, 나와서는 그 어른과 윗사람을 섬길 것이니, 그리 된다면 그들 스스로 나무 몽둥이를 만들어 진과 초나라의 정예군과 맞서게 할 수 있을 것입니다"(이기동, 2005: 43~44).

3   오항녕(2010)은 조선이 왕조를 500년간이나 지속할 수 있었던 저력으로 최고 권력자인 왕에 대한 교육과 견제를 행했던 경연(經筵)과 실록, 대동법 등을 거론한다.

을 거론한다 해도 민을 정치적 주체로 본다는 것은 아니었다. 민주는 아래에서부터 위로 올라가는 것이며, 백성들이 자각적·자발적으로 자유·인권과 평등·행복을 쟁취하는 것이다(채인후, 2000: 195).

이 영화는 역사적 사실을 소재로 했지만 픽션이다. 비슷한 소재의 영화로 〈관상〉이 있다. 화려한 캐스팅이 눈을 끌고 탄탄한 시나리오가 몰입도를 더하는 영화이다. 계유정난이라는 역사적 사실과 관상쟁이 김내경이 거대한 역사적 흐름 속으로 휩쓸려 들어가는 픽션이 잘 버무려졌다. 내경 부자를 세상 밖으로 끌어내고 종국에는 파국으로 몰아넣는 조정석의 연기가 눈에 띈다. 그가 송강호와 함께 엮어나가는 해학적 삶과 비극적 삶이 영화 초반부와 후반부에서 교차되면서 관객은 영화에 동화된다. '시대와 왕과 정치' 혹은 '역사에서의 비관주의'라는 주제로 〈광해, 왕이 된 남자〉와 비교해보는 것도 가치가 있다. 한편, 흡사 마카로니 웨스턴(macaroni western) 같은 구성과 전개를 지닌, 도적을 소재로 한 오락 영화 〈군도: 민란의 시대〉도 거론할 수 있다. 이 영화는 삼정의 문란과 재정 행정을 둘러싼 정치 부패 등 조선 말의 피폐한 현실과 도적들의 명분 있는 봉기를 구체적으로 잘 보여준다. 지리산의 추설 도적 떼가 나주목사 관아를 덮친 후 목사에게 훈계를 늘어놓는다. "목민심서라, 여기 서문에 아주 좋은 글이 나오네. 오늘날 백성을 다스리는 자들은 오직 거두어들이는 데에만 급급하고, 백성을 부양할 바를 알지 못하니, 이 때문에 하민들은 여위고 곤궁하고 병까지 들어 진구렁 속에 가득 차 있소. 그들을 다스리는 자는 고운 옷과 맛있는 음식에 자기들만 살찌고 있으니 슬프지 아니한가?"

〈광해, 왕이 된 남자〉에서 비중 있는 인물로 나오는 허균은 실제로는 성리학에 기초한 조선의 제도와 관행을 비판하고 이를 뛰어넘려 했던 이였고, 그로 인해 불운한 삶을 살았던 비주류 학자였다.[4] 그는 영화에서처럼 권력을 휘두르는 지위에 있지 않았다. 광해군이 신임한 신하는 허균이 아니라 이이첨이었다. 후에 그는 광해군을 배신하고 폭군이라는 누명을 씌운다. 광해군에 대한 평가도 학자들 사이에서는 엇갈린다. 영화에서는 광해군을 제백성을 살리려 명과 맞선 단 하나의 왕으로 그린다. 대동법으로 조세개혁을 단행하고 명과 후금 사이에서 실리 외교를 전개했다는 평가(한명기, 2000)가 있는 반면, 무고한 사람을 해치고 경연을 폐했으며 과도한 토목공사를 벌이는 등 '판단이 흐려 폐위된 왕'이고, 대후금 정책은 내정 파탄 속에서 불가피하게 전개한 기회주의 외교라는 평가(오항녕, 2012)도 있다. 조선 시대 내내 유지되었던 광해군에 대한 부정적 평가가 뒤바뀐 것은 일본 식민사학자 이나바 이와키치(稻葉岩吉)에 의해서였고 이런 해석이 이병도로 이어져 현재에 이르렀다. 이병도는 일제강점기의 어용 학술 단체였던 조선사편수회와 청구학회의 회원으로 활동했다. 해방 후 그는 남한 역사학계의 주류가 되었다.

다른 한편으로 대부분의 역사는 승자에 의해 기록되며, 따라서 편향과 왜

---

4   허균은 종종 '조선의 이지(李贄)'로도 불린다. 탁오(卓吾) 이지는 유교를 넘어 노장과 선종, 기독교까지 두루 통했던 명대의 뛰어난 사상가로 당대 지식인들의 위선과 자기기만을 비판했다. 봉건 군주의 충실한 파수견으로 욕망을 부정하고 위선적 삶을 살았던 당대의 유학자들보다 이지는 더 솔직했고, 대의와 도리, 체면 등에서 벗어나 인간의 본성과 영혼에 충실한 자유로운 삶을 살았다. 그가 쓴『속분서(續焚書)』「성교소인(聖敎小引)」에는 다음과 같은 구절이 있다. "나는 어려서부터 성인의 가르침이 담긴 책을 읽었지만 그 내용이 무엇인지 알지 못했고, 공자를 존경했지만 공자에게 어떤 존경할 만한 점이 있는지 알지 못했다. 그야말로 난쟁이가 광대놀음을 구경하다가 사람들이 잘한다고 소리치면 따라서 잘한다고 소리 지르는 격이었다. 나이 오십 이전의 나는 정말로 한 마리의 개에 불과했다. 앞의 개가 그림자를 보고 짖으면 나도 따라서 짖어댔던 것이다. 만약 남들이 짖는 까닭을 물어오면 그저 벙어리처럼 쑥스럽게 웃거나 할 따름이었다. 오호라! 나는 오늘에서야 우리 공자를 이해했고 더 이상 예전처럼 따라 짖지는 않게 되었다"(김혜경, 2004: 38~39). 욕망을 긍정하고 개가 아닌 자유로운 인간으로 살기를 원했던 이지에 대해서는 옌리에산·주지엔구오 외(2005)를 참조할 수 있다.

곡이 가해질 여지가 다분하다는 점도 염두에 둬야 한다. 실학자 이익(李瀷)은 역사란 성패가 이미 결정된 뒤에 승자에 의해 쓰이기 때문에 주관에 따라 아름답게 꾸미기도 하고 나쁘게 깎아내리기도 한다고 지적한 바 있다. 광해군에 대해 조선 시대 내내 지속되었던 부정적 평가도 인조반정으로 정권을 거머쥔 세력들이 자신들의 행동을 정당화하기 위해 주도적으로 확산시킨 것 역시 부인 못 할 사실이다. 결국 관건은 핵심 사료인 『광해군일기』를 당시의 역사적 맥락과 정치적 조건에서 누가 어떻게 작성했는가를 총체적으로 평가하는 일이다.[5]

유교와 여성

〈산쇼다유〉는 게이샤, 창녀, 주부 등 불행한 여성들의 삶을 주로 다룬 '뉴리얼리즘' 영화로 잘 알려진 미조구치 겐지(溝口健二)의 말년 작품 중 하나이다. 모리 오가이(森鷗外)의 동명 소설을 영화로 만들었다. 미조구치 겐지가 사회적으로 학대받는 여성들의 삶에 깊은 관심을 갖게 된 것은 게이샤로 팔려 간 누나와 가족들에게 폭력을 행사하는 아버지를 보며 자란 그의 성장 환경과 관련이 있다. 그는 1954년 베니스 국제영화제에서 은사자상을 수상하면서 〈서학일대녀(西鶴一代女)〉(1952), 〈우게츠 이야기(雨月物語)〉(1953)에 이어 3년 연속 수상하는 쾌거를 이루었다. 겐지의 작품들은 프랑스 비평가들에게 높은 평가를 받았다. 앙드레 바쟁(André Bazin)은 그를 '로베르토 로셀리니에 견줄 대가'라고 극찬하기도 했다. 미조구치 겐지는 정형화된 아름다

---

5   『조선왕조실록』은 한국고전번역원의 한국고전종합DB에서 쉽게 찾아볼 수 있다.

움이 돋보이는 탐미주의 감독으로 롱 테이크와 수평 트래킹, 풍성하고 묘사적인 미장센을 즐겨 사용했고 누벨바그(nouvelle vague) 감독들에게 큰 영향을 줬다고 평가된다. 인물의 동선에 따라 오른쪽에서 왼쪽, 혹은 왼쪽에서 오른쪽으로 움직이는 수평 트래킹의 카메라워크는 미닫이문으로 연결되어 공간이 자유롭게 확대되고 반대로 쉽게 분할될 수 있는 일본식 가옥의 특징을 그대로 반영한 것이기도 하다.

여성의 비극적인 삶을 소재로 한 이 작품에서 인상적인 것은 유교에서 설파하는 도덕에 대해 언급하고 있다는 점이다. 헤이안 시대 높은 관직에 있던 주시오의 부친이 모함을 받아 규슈 지방으로 귀양을 가게 된다. 그는 백성들에게 존경받는 관료였다. 자식인 주시오와 안주를 모아놓고 그는 "모든 인간은 평등할 권리가 있다. …… 동정심 없는 인간은 인간이 아니다. 너 스스로를 지키기 위해 강해져야 하며, 남들에게는 자비를 베풀어라"라고 당부한다. 주시오는 동생인 안주와 함께 노예가 되어 천을 짜는 일에 종사한다. 주시오가 독백하듯이 죽음만이 일에서 떼어놓을 수 있을 정도로 노동은 가혹하다. 그는 "우리는 사람이 아니다"라고도 외친다. 안주의 도움으로 겨우 도망친 주시오는 승려가 된 타로가 있는 절에 몸을 숨긴다. "타로 선생님, 당신은 무슨 목적으로 떠나셨나요?" "나도 수도로 가면서 너처럼 생각했단다. 그러나 하나도 쉽지 않았지. 사람들은 외지인을 무시했어. 그들 자신의 존재를 인정하지 않을 때 사랑도 없고 잔인해지는 것이다. 인간성이 남아 있다면 달라질 수도 있지. 네 꿈속에 있는 그런 세상은 절대 오지 않을 것이다. 만약 정직하게 살고 싶다면 자신의 의식에 충실해야 한다."

타로의 충고에 대해 주시오는 자신의 목표를 달성하기 위해 싸울 거라고 답한다. 타로가 주시오를 총리에게 소개해주고 총리는 주시오 아버지의 명예를 회복하기 위해 주시오를 탕고 지방의 정부 관리로 임명한다. 관리가 된

주시오는 과거의 일을 잊지 않고 산쵸의 노예들을 지옥 같은 삶에서 해방시키려 한다. 그러나 산쵸가 사유지라서 정부 관리의 권한이 미치지 않는다는 반론을 듣는다. 산쇼의 인맥으로 주시오의 자리와 생명이 위태로울 수도 있다는 것이었다. 주시오를 움직인 것은 그의 아버지에 대한 소식이었다. "당신의 아버지는 관대했소. 가난한 농부들을 잘 보살폈지요. 그들에게 읽고 쓰기도 가르쳤어요. 가치가 어떤 것인지 가르쳤지요. 윤리적 가치들을." 주시오는 공유지와 사유지 어느 곳에서든 노예시장과 노예제도를 금지하는 법을 관철한다. "해방된 자들은 그들의 의지에 따라 떠나거나 머무를 수 있다. 모든 일에 대해서는 보상한다. 이것을 즉시 공표한다!" 온갖 간난을 겪은 후에 주시오는 관리가 되어 노예를 해방하고 선정을 베푼다. 그럼에도 겐지의 영화에서는 남녀를 구별해 달리 대하는 유교의 전통적 여성관이 두드러진다.

이 영화에는 관리들의 부패상도 묘사되어 있다. 주시오 남매가 노예로 일하는 산쇼다유에 총리가 방문한다. 주인은 총리에게 엄청난 선물을 바친다. 총리는 주인 아들인 타로에게 "이런 아버지를 둔 걸 감사해라! 존경을 표해야지!"라고 말한다. 무희가 춤을 추고, 총리는 선물을 하나씩 살펴보며 좋아한다. 총리의 탐욕스러운 모습을 경멸스러운 눈빛으로 바라보던 타로가 못 견디겠다는 듯 일어선다. 부패한 관료들에 대한 유교의 경고가 담겨 있는 장면이다.

일본에 유교가 전래된 것은 중세 시기였다. 4세기 말 백제의 왕인(王仁)과 아직기(阿直岐)가 일본에 『논어』와 『천자문(千字文)』을 전래했다. 수입된 유교는 처음에는 사원의 승려들이 주로 연구하다가 에도 막부 시대에 이르러 나라의 주요한 지배 이데올로기가 되었다. 당시 유교에 기초한 위계적 신분제도가 확립되고, 현실 생활 속에서는 오륜(五倫)과 오상(五常)을 중시하는 봉건 도덕이 자리 잡았다. 가부장적 가족제도도 확립되었다. 특히 무가 사회에서의 권위와 복종을 중시하는 논리는 촌장과 촌민, 주인과 종, 지주와 소작인, 스승과 제자, 오야분(親分)과 고분(子分), 부모와 자식 등 모든 인간관계에 확대 적용되었다. 그러나 윤리 체계의 표현으로서 중시되는 예(禮)는 도입되지 않았다. 일본에서는 유교에서 중시하는 '효'보다 '충'을 우위에 두었는데 이는 무사 사회에 필요한 상무 정신을 고취시키는 데 이용되었다.

주시오 부자가 대를 이어 농부들을 보살피고 그들에게 윤리적 가치들을 가르친 것은 동양 사회에서 질서를 형성하고 유지하는 데 유교가 미친 영향을 짐작케 한다. 그러나 주시오의 어머니와 여동생은 비참한 삶을 영위하는 데 더해 봉건사회적 차별까지 견뎌내야 했다. 여자를 소인으로 여기고 남자와 역할을 엄격히 구분해야 한다고 강조한 유교는 봉건사회의 위계질서를 정당화한 이데올로기이기도 했다. 가부장제는 서양에서 형성되어 널리 퍼진 기독교와 자본주의에서도 예외 없이 나타난다. 미조구치 겐지는 여성들이 처한 고단한 삶에 관심을 갖고 이를 세밀하게 묘사했지만 여기서 더 나아가 더 진전된 남녀 관계와 이를 기초로 한 사회상을 보여주지는 못했다. 인간들 사이에서 억압과 차별, 배제가 사라지고 각 개인들의 주체성과 자유가 진정으로 보장되는 세상은 승려가 주시오에게 한 말처럼 "자네 꿈속의 세상"이었을까? 아니면 절대 오지 않을 미래의 어떤 세상일까?

공자: 춘추전국시대 孔子 (중국, 2010)

감독	후메이 胡玫	배우	주윤발 周潤發
각본	천한 陳汗		저우쉰 周迅
	허옌장 何燕江		젠빈천 陳建斌
	장키타오 江奇濤		야오루 姚魯
	후메이		왕반 王斑
			장카이리 張凱麗

광해, 왕이 된 남자 (한국, 2012)

감독	추창민	배우	이병헌
각본	황조윤		류승룡
	추창민		한효주
	안소정		김인권
			장광

산쇼다유 山椒太夫 (일본, 1954)

감독	미조구치 겐지 溝口健二	배우	다나카 기누요 田中絹代
각본	모리 오가이 森鷗外		하나야기 요시아키 花柳喜章
원작	야히로 후지 八尋不二		가가와 교코 香川京子
	요다 요시카타 依田義賢		신도 에이타로 進藤英太郎
			고노 아키타케 河野秋武
			시미즈 마사오 清水將夫
			미쓰다 켄 三津田健

관상 (2013)　한재림 감독
군도: 민란의 시대 (2014)　윤종빈 감독

참고문헌

김혜경. 2004. 「이지와 『분서』」. 이지(李贄). 『분서 I』. 김혜경 옮김. 한길사.

미조구치 유조(溝口雄三) 외 엮음. 2011. 『중국 사상 문화 사전』. 김석근 외 옮김. 책과함께.

성백효 역주. 2010. 『논어집주』. 전통문화연구회.

옌리에산(鄢烈山)·주지엔구오(朱健国) 외. 2005. 『이탁오 평전: 유교의 전제에 맞선 중국 사상 사 최대의 이단아』. 홍승직 옮김. 돌베개.

오항녕. 2010. 『조선의 힘: 조선, 500년 문명의 역동성을 찾다』. 역사비평사.

오항녕. 2012. 『광해군, 그 위험한 거울』. 너머북스.

이가원. 2000. 『유교반도 허균』. 연세대학교출판부.

이기동 옮김. 2010. 『맹자강설』. 성균관대학교출판부.

이승환. 2001. 『유가사상의 사회철학적 재조명』. 고려대학교출판부.

이영찬. 2001. 『유교사회학』. 예문서원.

전세영. 1992. 『공자의 정치사상』. 인간사랑.

조기빈(趙紀彬). 1996. 『반논어: 공자의 논어, 공구의 논어』. 조남호·신정근 옮김. 예문서원.

채인후(蔡仁厚). 2000. 『맹자의 철학』. 천병돈 옮김. 예문서원.

크릴, H. G.(Herrlee Glessner Creel). 1997. 『공자: 인간과 신화』. 이성규 옮김. 지식산업사.

토가와 요시오(戶川芳郎)·하치야 쿠니오(蜂屋邦夫) 외. 1990. 『유교사』. 조성을·이동철 옮김. 이론과실천.

한명기. 2000. 『광해군, 탁월한 외교정책을 펼친 군주』. 역사비평사.

4장

근대를 움직인 프랑스 혁명

〈라마르세예즈〉〈당통〉〈레미제라블〉

시민들이여, 평등이란 공민권적 측면에서 모든 능력이 같은 기회를 부여받고, 정치적으로는 모든 유권자의 투표지가 같은 무게를 가지며, 종교적으로는 모든 양심이 같은 권리를 향유한다는 뜻입니다.

빅토르 위고(Victor Hugo)

프랑스 혁명과 민족의식의 고양[1]

프랑스 대혁명은 불평등한 신분제가 지배하던 프랑스의 구체제에 불만을 품고 있던 평민들이 당시 지배 세력에 대항해 봉기하면서 시작되었다. 구체제하에서는 인구의 2퍼센트 정도밖에 안 되는 제1신분(추기경 등의 로마 가톨릭교회 고위 성직자)과 제2신분(귀족)이 권력과 부와 명예를 독점하고 있었던 데 반해 인구의 약 98퍼센트를 차지하던 제3신분(평민)은 무거운 세금을 부

---

1   이 절은 신민정·홍익표(2009: 52~57)를 수정·보완했다.

담하는 데다 정치 과정에서도 배제되어 있었다. 제3신분은 다양한 계급과 계층으로 구성되어 있었다. 그중에서도 부르주아들은 점차 경제적 부를 쌓았지만 폐쇄적인 신분제 사회 때문에 신분의 상승은 막혀 있는 상태였다. 이런 상황에서 모든 사람은 평등하며 통치자와 피치자의 사회계약이 파기되었을 때 더 이상 통치자에 대한 충성이나 복종의 의무가 없다는 루소의 사상이 유행하기 시작했다.

1787년부터 연이은 흉작이 발생했지만 왕과 대신들은 이에 제대로 대처하지 못하고 무능함만 보여주었다. 민심은 극단적으로 악화되었고 혁명이 일어나는 것은 시간문제였다. 할 수 없이 루이 16세는 1614년 이후 한 번도 열린 적이 없었던 신분제의회인 삼부회를 소집할 수밖에 없었다. 국민의회 (Assemblée nationale)라는 명칭으로 소집된 삼부회가 표결 방법을 둘러싸고 분열되자 제3신분 대표들은 테니스 코트에서 회합을 갖고 프랑스에 새로운 헌법이 제정될 때까지 해산하지 않기로 서약했다. 이에 왕은 마지못해 굴복했지만 왕과 특권계층이 개혁에 반대하는 일을 꾸미고 있다는 음모설이 떠돌면서 군중은 왕의 폭정을 상징하는 바스티유 감옥을 점거했다. 많은 사람들이 대공포(Grande Peur)에 휩싸였다. 대공포는 다시 민중의 무장과 새로운 농민반란을 촉진했다(르페브르, 2002: 181). 이제 혁명은 누구도 되돌릴 수 없게끔 절정으로 치달리고 있었다.

프랑스 혁명은 봉건사회의 종말을 가져온 사건이기도 하다. '헌법 제정 국민의회'는 귀족의 특권을 폐지하고 국왕을 입헌군주로 만든 데 이어 '인간과 시민의 권리선언'을 채택해 자유·평등·사유재산의 불가침성, 압제에 저항할 권리 등을 천명했다. 특히 선언은 3조에서 "모든 주권의 원리는 민족에게 있다. 어떤 단체나 개인도 분명히 민족에게서 나오지 않는 한 그 권위를 행사할 수 없다"라고 규정함으로써 민족 주권을 명문화했다. 이 밖에도 교회와 성직자가 소유한 토지는 국가가 몰수해 경매에 부쳤다. 이로 말미암아 광범위한 부의 재분배가 이루어졌고, 부르주아들과 자영농들은 큰 혜택을 보았다. 그러나 혁명이 프랑스 밖으로 전파되는 것을 우려한 오스트리아와 프로이센은 자국 내의 혁명 지지파를 탄압했다. 이에 프랑스는 1792년에 이들에게 선전포고를 하고 혁명전쟁을 시작했다. 전쟁 초기에 오스트리아와 프로이센의 연합군에게 프랑스는 패배를 거듭했다. 국민의회는 "조국이 위험에 처해 있다"라고 선언하면서 프랑스인들의 민족주의를 자극시켰다. 프랑스의 방위를 혁명 이념의 수호와 동일시하는 지원병들이 몰려들었고 마침내 프랑스군은 프로이센에게 승리를 거두었다. 같은 날 입법의회가 해산되고 남성에 의한 보통선거로 구성되는 국민공회(Convention nationale)가 소집되었다. 국민공회는 공화국을 선포했다. 그러나 인구의 대다수를 차지하고 있던 민중의 핍진한 삶은 별반 나아지지 않았다. 여전히 부와 권력은 소수의 수중에 있었다. 1930년 7월 혁명 이후 루이 필리프(Louis Philippe) 치하에서는 "부르주아의 일 분파, 즉 은행가들, 증권거래소 왕들, 철도 왕들, 탄광·철광·삼림의 소유자들, 그들과 결탁한 일부 토지 소유자들이 왕좌에 앉아 있었고, 그들이 의회에서 법률을 명했으며, 그들이 내각에서부터 전매청에 이르기까지 관직을 나누어 주었다"(Marx, 1985: 10).

프랑스 혁명은 프랑스 내에서 민족주의 의식이 확산되는 데 크게 기여했다. 혁명정부는 평등의 가치 위에 하나의 국민과 이와 불가분의 관계에 있는 하나의 공화국을 수립하고자 했다. 이런 바탕 위에서 혁명전쟁도 프랑스인들의 민족주의적 열정을 급속도로 고양시켰다. 모병령이 통과되고, 국민총동원령이 실시되는 가운데 나중에 국가가 될 「라마르세예즈(La Marseillaise)」가 작곡되고 국민적 영광을 드높이기 위한 각종 상징이 만들어져 사용되었다. 이러한 민족주의의 확산은 총재정부 시기에 반대파의 반란을 진압하면서 유명해진 나폴레옹 보나파르트(Napoléon Bonaparte) 장군이 이후 짧은 기간에 전 유럽을 휩쓸고 이집트 원정을 수행하면서 최고조에 달했다.

프랑스 혁명은 근대적 개념으로 민족적 시민권을 처음으로 제도화하면서 이후 유럽의 민주주의 발전에 크게 기여했다. 또한 근대적 민족과 민족주의 형성에도 큰 영향을 미쳤다. 국민공회는 프랑스군이 발미(Valmy) 전투에서 승리한 후 민족이 스스로 결정할 권리, 그리고 프랑스로의 통합에 대한 국민의 권리를 보장한다고 밝혔다. 외국 영토를 점령한 장군들을 대상으로 '폭군과 그 추종자들'에게 세금을 징수하도록 하는 훈령을 통과시켰다. 이어서 1792년 11월에는 유명한 훈령을 통해 프랑스 국민의 이름으로 "자유를 되찾고자 하는 모든 국민들에게 우애와 원조를 보낼 것을 약속하며, 이 국민들을 돕고 나아가 자유의 대의를 위해 고통받고 있는 시민들을 보호하도록 장군들에게 필요한 명령을 하달할 것을 행정부에 촉구한다"(뒤로젤, 2003: 153~154)라고 선언했다.

프랑스 혁명은 민족을 이론적으로 프랑스인 전체 인구로 확장했고, 자발적 의지에 따라 형성된 민족이 정치권력의 유일한 원천이 되도록 했으며, 민족의 자율성을 주장함으로써 자율적인 민족·국가가 세계를 구성하는 기본 단위가 되도록 했다. 프랑스 혁명은 유럽에서 대단한 반향을 일으켰다. 유럽의 많은 지역, 특히 강대국의 지배하에 있던 아일랜드와 같은 국가들에서는 프랑스 혁명의 원리를 수출하는 일종의 혁명 십자군 역할을 자임하는 프랑스군에 호응해 자민족의 독립을 추구하는 운동에 박차를 가했다. 원래 분열된 국가로 프랑스군에 유린되었던 독일과 이탈리아 같은 곳에서는 외국 지배의 타파와 민족의 통일, 공화국 또는 입헌군주국 건설을 추구하는 정치적 운동이 전개되었다. 이베리아 반도에 대한 프랑스군의 침략은 브라질 등 유럽 외부에 있는 식민지에서 연쇄적으로 독립의 물결을 일으켰다. 그러나 유럽의 정치 지형에 미친 긍정적 영향에도 프랑스 혁명이 고무한 민족주의는 그 한계 또한 자명한 것이었다.

첫째, 혁명정부는 공화국을 선포하면서 주권이 인민에게 있다며 그들에게 조국 수호의 의무를 부과했다. 그렇지만 인민주권은 입증하기 힘들고 인민의 이름으로 획득한 권력은 남용되기 쉬운 법이다. 결국 이 문제는 공포정치 기간에 인민의 통일성을 해치는 요소를 제거한다면서 인민의 일부를 처벌하는 역설적인 상황을 불러왔다. 둘째, 브뤼메르 18일(1799년 11월) 이전에 프랑스의 팽창은 적어도 외적으로는 '혁명의 팽창'이었지만 이후의 팽창은 패권을 위한 것이었다. 나폴레옹 군대가 20세기 독일 기갑부대의 전격전을 방불게 하는 속도와 위력으로 짧은 기간에 전 유럽을 휩쓸자 프랑스인들은 위대한 국민의 감격과 영광에 고무되었다. 그러나 이는 국수주의(Chauvinisme)적 성격을 띤다는 점에서 지극히 배타적이고 편협한 민족주의에 다름 아니었다. 시민적 평등에 입각한 프랑스 혁명기의 민족주의는 대내적으로는 경쟁자를 타자화해 배제하고, 대외적으로는 침략을 정당화하는 강한 국가주의적 성향을 내포하고 있었다. 이러한 성향은 특히 프랑스 공화정이 나폴레옹 보나파르트의 쿠데타로 무너진 후 인민의 자발적 의지보다는 민족의 불가분성과 언어라는 객관적 요소가 강조되는 것으로 나타났다. 이 같은 프랑스 민족주의의 이중적 성격은 19세기 후반 '자유와 문명의 사명'이라는 명분 아래 본격적인 제국주의로 연결되었다.

나폴레옹 전쟁을 마무리하기 위해 체결된 비엔나 조약으로 비엔나 체제가 출범했다. 이 체제는 프랑스 혁명으로 크게 일어난 자유주의와 민족주의를 누르고 유럽의 질서를 혁명 전의 모습으로 되돌리려는 보수 반동 체제였다. 무엇보다 비엔나 체제는 정통주의를 표방하고 세력균형에 입각해 각국의 영토 변경을 결정했다. 오스트리아·러시아·프로이센·영국은 이를 지탱하기 위해 사국동맹을 체결했고, 러시아·오스트리아·프로이센을 중심으로 거의 모든 유럽의 군주들이 참가한 신성동맹도 이 체제의 유지에 이용되었다. 그러나 자유주의와 민족주의의 움직임은 보수 반동주의자들의 탄압 속에서도 유럽에 더욱 널리 확산되어 있었다. 프랑스 혁명의 대의는 유럽 대부분의 지식인들에게 받아들여졌고, 이들은 프랑스 또는 프랑스 혁명이 추구한 이념이 유럽을 전제자들에게서 해방하리라는 신념을 갖고 있었다. 그 결과 독일에서는 대학생들이 주도한 부르센샤프트(Burschenschaft) 운동이 일어났고, 이탈리아에서는 카르보나리당(Carbonari)의 통일 운동이 전개되었으며, 러시아에서는 데카브리스트(Dekabrist)들이 들고일어났다. 이러한 자유주의 운동은 계속 확대되어 중남미 여러 식민지들이 독립을 쟁취하고, 그리스가 독립을 하는 것으로 이어졌다. 당연히 비엔나 체제는 크게 흔들리게 되었다.

다채로운 태피스트리로 표현한 혁명의 시대

〈라마르세예즈〉는 영화사에서 가장 위대한 감독 중 한 사람으로 꼽히는 장 르누아르 감독이 프랑스 노동총연맹(Confédération Générale du Travail)의 의뢰를 받아 1938년에 제작한 영화이다. 당시는 2차 대전의 전운이 감돌던 시기였다. 이 영화에서 르누아르는 롱 테이크와 디프 포커스 같은 기술을 선구적으로 사용했다. 그는 무엇보다도 사회의 특정 계층이 처한 삶의 조건을 정직하게 묘사한 의식 있는 예술가였다. 이 영화는 혁명을 찍은 뉴스 필름의 몽타주 같다는 평을 들었다. 프랑스 대혁명 당시 500여 명으로 구성된 의용군이 마르세유에서 파리까지 이동하는 과정을 그렸다. 프랑스 대혁명의 이념을 열렬히 지지하는 의용군, 핍박받는 농민, '새로운 음식'인 토마토에 관심을 기울이는 왕, 스위스 용병, 망명한 귀족들과 같은 인간 군상이 엮어내는 다채로운 시대의 태피스트리가 인상적이다. 일반적으로 국기나 국가는 공동체의 상징으로 보수주의자들이 흔히 내세우기 마련이다. 그러나 68 혁명이 한참 전개되던 1968년 5월 7일, 학생 3만여 명이 파리의 무명용사 묘지 앞에 모여 함께 부른 것에서도 알 수 있듯이 「라마르세예즈」는 기성 질서에 대한 저항을 상징하기도 한다. 이 영화에 대한 앙드레 바쟁의 탁월한 분석을 살펴보자.

> 말투와 연기에 있어 궁정과 민중 간의 대조에 주목하라. 민중 인물들은 큰 소리로 거리낌 없이 말한다. 반대로 궁정에서 사람들은 결코 목소리를 높이지 않으며, 가장 심각한 이야기나 하찮은 이야기 모두 한결같게 거의 나지막한 목소리로 말한다. …… 르누아르는 각각의 인물에게 기품 있는 태도 속에 하나의 개성, 하나의 적확하고 섬세한 존재 방식을 부여하고 있어서 그것이 우리를 단숨에 사로잡는다. …… 영화의 핵심적 의도, 영화의 전체 스타일을 지배하는 것은 역사적 인물의 성격 묘사와 인간적이며 일상적인 리얼리티를 개인들에게 찾아내는 것이다. …… 이러한 관점에서 파리를 향한 의용군들의 기나긴 행군 장면을 주목해야 한다. 발에 관한, 발을 보호하고 돌보는 갖가지 방법들에 대한 탁월한 대사들로 점철되어 있다(바쟁, 2005: 79~80).

첫 장면의 무대는 베르사유 궁이다. 라 로슈푸코 리앙쿠르(La Rochefoucault Liancourt) 공작이 국왕에게 바스티유 감옥이 점령되었다고 보고한다. 반란이냐는 국왕의 물음에 공작은 혁명이라고 대답한다. 이와 관련해 빅토르 위고는 『레미제라블(Les Miserables)』에서 "사람들에 의해 받아들여지는 반란을 일컬어 혁명이라 하고, 거절되는 혁명을 폭동이라고 한다. …… 그들이 프랑스에서 왕권과 함께 실제로 뒤엎으려 했던 것은 전 세계에 만연되어 있던, 인간에 의한 인간의 찬탈 및 특권에 의한 보편적 권리의 찬탈 행위였다"(위고, 2010: 108~109)라고 언급한다. 혁명은 사회를 근본적으로 재구성하려는 목적을 갖는 대중 행위를 가리킨다. 앤서니 기든스(Anthony Giddens)에 따르면, 혁명은 일련의 사건들이 대중 사회운동을 수반해야 하고, 주요한 개혁이나 변동의 과정을 이끌어야 하며, 대중운동에 참여하는 사람들에 의해 폭력을 행사한다고 위협하거나 그것이 사용되는 현상이라는 특성을 지녀야 한다.

다음 장면은 장소를 바꿔 프로방스의 한 마을을 보여준다. 농부 쎄무가 비둘기를 잡는다. 비둘기가 그의 생계 수단인 농작물을 쪼아 먹었기 때문이다. 그러자 관리는 농부를 붙잡아가서 노략질 죄목으로 기소한다. 마을 영주인 백작은 '환영받지 못하는 특권'인 상벌을 내릴 권한을 물려받았다면서 모두가 왕을 위해 일한다는 점을 주지시킨다. 노역 형을 둘러싸고 영주와 지방관 사이에 논쟁이 벌어진다. "지방 판사는 뒷동산 돌덩이보다 인정이 없습니다. 오래된 냄비보다 판단력이 없고요. 그렇게 하면 반드시 노역을 받을 겁니다. 비둘기 때문에 노역을 하다니 이게 공정하다고 생각하십니까?" "비둘기와는 상관없소. 이건 내가 지켜내야 할 치안을 상징하오." "참으로 빈약한 상징이군요." "한번 과격해지면 손댈 수 없는 법이오. 비둘기를 죽이게 놔두면 곧 이곳의 성도 불태울 거요." "그래서 당신은 폐하의 법보다 당신의 봉토가 중요하다는 거요?" "나는 그 두 가지 모두 지키고 있소. 당신 권리를 받쳐주는 봉건제가 무너지면 하늘이 내린 타고난 질서를 기반으로 한 사회조직도 끝장이오." 구체제를 유지하는 지배 세력들이 지닌 혁명에 대한 두려움을 잘 보여주는 대사이다.

쎄무는 산으로 도망을 가서 숨는다. 마르세유 감옥에서 탈출한 두 명의 도망자들도 함께한다. 그들에게 음식을 날라다준 신부는 지배자들의 부패와 타락을 성토한다. "1년 동안 내 사제관 방에는 창유리가 없었지. 그러는 동안 주교는 궁전에 살면서 정부까지 뒀어. 주님의 봉사자로서, 그는 그런 타락을 수치스러워해야 해. 주교는 스물두 살 풋내기야. 하지만 평민이 아니라 귀족 자제야. 우리는 아이를 낳으면 우리의 콧대나 머리칼 색깔을 물려주지. 그런데 귀족이 사랑을 하게 되면 어려움 없이 모든 권한을 물려줘. 정치, 군대, 교회 조직 모두. 아이는 배운 것 하나 없으면서 자신이 다 안다고 느껴. 우리 작은 교회 사제들은 하사관처럼 되는 거야. 마치 군대에서처럼. 장교가 되겠다는 희망은 포기한 지 오래야. 난 젊었을 때 홀아비가 되었어. 내 아이들도 다 죽었네. 서민이 분별력이 있다면 더 이상 아이를 낳지 않을 거야."

1790년의 마르세유에서는 혁명의 기운이 무르익는다. 구체제가 떠받들던 질서는 서서히 붕괴되고 있었다. "혁명에는 신분증이 필요 없어. 작가고 학자고 간에 너 같은 사람들은 니들 잘나게 보이려고 이 시뻘건 신분증 쪼가릴 만들었어. 무질서 속에서 질서를 만들 수는 없는 거야. 시민이 길거리에서 폭행을 당했지만 시장은 넋 놓고 있어. 거리에는 질서고 뭐고 없지." 시민들이 해안가에 있는 요새를 점령한다. 붙잡힌 총사령관에게 주동자인 아흐노와 보미에가 한 말에는 프랑스 혁명을 태동시킨 새로운 사상에 대한 내용이 담겨 있다. "자네는 내가 알아듣지 못할 말로 폭동이 정당하다고 하는군. 국가, 민족이라, 무슨 말이지?" "국가란 모든 프랑스인이 하나가 된 것을 의미합니다. 당신과 나 둘 다 포함되오. 길가의 행인들도. 저 배의 어부도 포함되오. 민족/국민은 국가를 구성하는 사람들이죠." "난 이런 사람들과 상관이 없어. 이건 내가 받아들일 수 없는 새로운 신조야. 난 폐하를 모시는 것만 아네. 왕이 거친 신하들의 포로가 되고 더 이상 자유롭게 통치하지 못할 때 충신은 그 반대로 상황을 가정할 수밖에 없어. 나에게 바라는 바가 무언가?" "국경으로 가길 원합니다. 다시는 볼 수 없게. 독일에 잘 머무르시오."

귀족들은 망명을 준비하고, 오스트리아군을 포함한 외국 군대가 '구두 수선공, 직조공, 법률가로 구성된 군대'를 격파하리라 기대한다. 재판소에 모인 시민들은 혁명적 언사를 토해낸다. "조국이 패배하면 귀족들 특권이 부활합니다. 폐하는 반역자입니다. 그는 남의 앞잡이이기 때문입니다. 왕비도 앞잡이입니다. 그녀는 오스트리아인입니다. 그녀는 거만하기 때문입니다. 그녀는 프랑스를 증오합니다. 그녀 조카인 오스트리아 황제의 군대가 그녀의 절대 권력을 되찾아줄 거라 믿고 있습니다. 그녀는 자기 남편과 달리 쉽게 다룰 수 없는 사람들은 알지 못합니다. 의회는 겁에 질려 우리를 배신하고 있습니다. 사람들은 혁명을 원합니다. 하지만 그것은 이익을 위해서죠. 이익이 사람들에게 돌아가면 고삐를 멈추고 무정부를 지지할 것입니다." "대대를 마르세유에서 국경으로 보내는 것에 대해 말해봅시다. 국경으로 가기 전에 파리를 지나야 합니다. 하지만 우리가 의심이 많아졌다는 얘기가 많습니다. 우리가 원하는 것은 오스트리아군과 맞닥뜨리기 전에 조국을 보호하기보다 자신들의 이익을 앞에 놓은 범죄 지도자들을 처리할 우리 병사들에 대한 보장입니다."

므와상이 왜 마르세유가 북쪽으로 대대를 보내야 하는지에 대해 설명한다. "이 군대는 왕과 의회보다 국가의 의지를 상징합니다. 마르세유는 각 병사에게 애국자 단체들 그리고 다른 부대들과 연합하고 애국지사가 대표가 되어 나타날 때까지 먼저 수도로 가서 머물러줄 것을 요청할 것입니다. 순종치 않는 사제들에게, 외국의 힘을 등에 업은 자들에게, 공론가들에게 혹독한 조치를! 혁명의 적들에게도 혹독한 조치를! 이런 조치들이 실행된다면 조국의 안전이 보장되고 우리 연방군들이 적과 싸우기 위해 국경으로 갈 수 있습니다. 우리를 최대한 극악무도한 자들로 묘사할 적들의 비난에 대응하기 위해 마르세유는 자신의 가치를 증명할 수 있는 2만 대대에 들어가기로 결정했소. 지원자들은 그들이 없어도 가족들이 먹고살 수 있는 방법이 있다는 것을, 그리고 범죄 기록이 없다는 것을 증명해야 합니다. 빚이 없다는 것도 증명해야 합니다. 이 원정이 누구에게도 자신의 책임을 기피할 이유가 되어선 안 됩니다. 지원자들은 육군이나 국가방위군 혹은 도시군으로 복무할 것입니다. 여러분, 이제 모병이 시작되었습니다. 조국이 당신을 부릅니다."

모병이 시작된다. 그러나 원하는 사람 누구나 입대할 수 있는 것은 아니었다. 보미예가 동료와 나누는 대화에는 이에 대한 불만이 담겨 있다. "그런데 여전히 대대에 들어가기 힘들게 해놨어. 가난하고 빚 있는 사람들이 많단 말이야. 난 모르겠어. 세금 내는 사람만이 나라를 지킬 수 있다니. 이상한 혁명이야." "조금 기다려봐. 혁명은 이제 막 시작되었다구. 부자들이 시작했지만 가난한 자들이 마무리 지을 거야." "그게 언제가 될까?" "몰라, 살아 있는 동안에 못 볼지도 몰라." 그러면서 보미예는 몽펠리에 출신의 미뢰르가 부르는 노래가 좋다고 말한다. 미뢰르는 몽펠리에에서 온 일꾼들이 부르는 걸 들었고, 그자들은 또 스트라스부르에서 유대인 행상들이 부르는 걸 들었다고 한다. 라인군 행진곡이라는 지적에, 라인군도 유대인 행상도 아니고 데즈른가 데릴인가 하는 공병대 장교가 썼다고 말한다. 길거리에 운집해서 의용군들을 환송하는 사람들이 함께 노래를 부른다.

무기를 들어라, 시민들이여!
너희의 부대를 만들어라!
나가자, 나가자!
그들의 불결한 피를
우리 들판에 물처럼 흐르게 하자

신성한 조국애여,

우리의 복수심에 불타는 팔을

인도하고 떠받쳐라

자유, 사랑하는 자유여,

네 지지자와 함께 싸워라,

네 지지자와 함께 싸워라

우리의 깃발 아래에, 승리가

네 씩씩한 노래에 맞춰 돌진하리라

네 죽어가는 적들이

네 승리와 영광을 보도록

때로는 노래의 힘이 총보다 강한 법이다. 이 노래는 사람들에게 어려움을 극복하고 단합하면 공동의 목적을 달성할 수 있다는 메시지를 전해준다. 보미예는 동료 병사에게 이렇게 말한다. "이 노래는 모든 사람들을 하나로 엮어줄 거야. 새로운 연방이 생긴 것과 같아. 파리인들이 이 멋진 노래를 들으면 우리처럼 될 거야. 우릴 환영해주면서 함께 따라 부를 거라고. 겁먹은 왕비는 자기 나라의 다뉴브 강으로 돌아갈 거야. 크로아티아군도 함께 가지. 왕은 물러나고 애국자가 수상이 될 거야."

바쟁이 지적했듯이, 발을 보호하는 '탁월한 방법들'도 흥미롭다. "이것 봐, 짚이야, 큰 군화에 짚을 조금 넣은 거야. 그렇게 하면 파리에 도착할 때까지 발이 편할 거야." "무슨 말 하는 거야? 신문 넣는 게 더 싸. 그거보다 나은 게 없어." "쓸데없는 소리. 제일 좋은 건 기름을 넣는 거야. 발가락 사이를 주물러주지. 그거면 바람처럼 돌아다닐 수 있을걸." 마침내 파리에 입성하는 대대원들을 시민들은 열렬히 환영한다. 그렇지만 귀족들은 민주주의자들을 목매달라고 외친다. 그들은 "폭도들이 파리의 법도를 어지럽히러 온 것이 믿어지지 않아. 국민의 프랑스 만세! 국왕 만세!"라고 외치다 쫓겨난다. 공작은 주식 중개인의 말을 빌려, 승리에 도취되어 파괴를 일삼는 무리를 보느니 루이 16세 궁에서 프로이센군이 숙영하는 것을 보는 게 낫겠다고 말한다. 왕비와 대신들 사이에도 심각한 말들이 오간다. "이건 군주제의 사활이 걸려 있는 중대한 문제입니다." 마리 앙투아네트(Marie Antoinette)가 맞장구친다. "맞아요, 르루. 비극의 마지막을 향해 막이 오르고 있어요. 나는 남은 기회를 쓰고 싶어요. 전쟁에선 공격이 최선의 방어예요. 왕이 왕 취급을 못 받고 백성들이 더 이상 따르지 않으며 우리 동맹, 우리 편에게서 전쟁의 대가를 치르도록 위협받는 이 상황을, 적이라고 할 수 있는 이들이 우릴 지키러 싸우는 이 상황을 너무나 벗어나고 싶어요. 우리가 싫어하는 적과 끔찍이도 타협하며 모욕을 당하는 계속되는 굴욕을 벗어나고 싶어요. 어서 반란을 일으켜요. 그들이 궁을 공격하게 두세요. 우리가 준비할 시간입니다." 상황이 이렇듯 심각한데도 왕은 새로운 음식을 시식하고 있다. 현실과 사뭇 동떨어진 말도 내뱉는다. "위장은 정치의 난해함을 이해 못하오. 토마토를 시켰소. 마르세유군이 파리에 온 이후로 이 채소에 대한 말이 많았지. 내가 먹어보고 싶었소. 부인, 내 생각을 말해볼까? 매우 훌륭한 음식이야. 우리가 놓치고 있었어." 그리고 머리 장식을 매만진다.

당통과 로베스피에르

〈당통(Danton)〉(1982)의 시대적 배경은 프랑스 대혁명기의 공포정치 기간이다. 알베르 소불(Albert Soboul)의 『프랑스 대혁명사(Précis d'histoire de la

Révolution Française)』에 따르면 혁명정부 시기 중앙집권이 강화되었고, 공포
정치는 촉진되었으며, 숙청당한 집단은 굴복했고, 국민공회에서의 표결은
토론 없이 진행되었다. 상당한 정도의 안정을 누린 시기였지만 혁명정부의
사회적 토대는 위험할 정도로 축소되었다. 혁명정부는 일종의 전시 정부였
다. 공화국의 기초를 공고히 하는 데 목표를 둔 혁명정부는 전쟁 상태에 돌
입해 있는 만큼 비상조치를 필요로 하며, 벼락처럼 행동해야 하고, 모든 저
항을 분쇄해야 한다고 여겨졌다. 이를 위해 혁명정부는 강제력을 장악하고
'인민의 적'으로 간주되는 사람들에게 철권을 휘둘렀다. 국민공회의 통제를
받는 정부에는 20개가 넘는 위원회가 존재했지만 그중에서도 공안위원회와
보안위원회가 실질적으로 권력을 행사했다. 공안위원회는 모든 행정기관과
공무원들을 직접적인 감독하에 두고 대부분의 국가정책을 관할했다. 1793년
에는 반혁명적인 모든 기도를 심리하는 혁명재판소가 설치되었다. 국민공회
가 임명한 혁명재판소는 약식절차에 의해 판결을 내렸으며, 그 판결에 대해
서는 어느 누구도 항소하거나 파기할 수가 없었다(소불, 1994: 34~36, 41).

〈당통〉은 프랑스 대혁명이 발발한 후 로베스피에르(Robespierre) 일파의
공포정치가 지배하던 긴박했던 시기 당통(Georges Jacques Danton)과 로베스
피에르의 대립과 갈등을 소재로 한 영화이다. 폴란드 출신의 안제이 바이다
(Andrzej Wajda)가 감독한 이 작품은 독일의 희곡작가인 게오르크 뷔히너
(Georg Büchner)의 『당통의 죽음(Dantons Tod)』이 원작이다. 영화에서 표현
된 두 인물의 캐릭터는 상반된다. 당통은 혁명의 와중에도 부인들과 놀아나
는 자유주의자로, 로베스피에르는 혁명의 속도에 조급해하며 동지마저도 제
거하는 잔혹한 원칙주의자로 나온다. 당통은 앙시앵 레짐(Ancien Régime)을
무너트린 주도자 중 한 사람이고 혁명정부의 실질적 집행부인 공안위원회의
초대 위원장이기도 했다. 당통은 그가 몸담았던 혁명 이후에도 고단한 민중

의 삶은 별 차이가 없다는 사실에 고민하고, 쾌락에 매달리기도 한다. 그는 로베스피에르가 이끄는 공안위원회가 혁명의 이름으로 혁명을 파괴하고 있고, 독재를 경계한다면서도 실제로는 독재를 향해 가고 있다고 비판한다. 공안위원회는 혁명재판소를 설치해서 에베르파, 당통파 등 반대파를 단두대에서 처형하고 공포정치를 실시했다. 당통은 에베르파의 극단적인 공포정치와 최고가격제 강화, 주전론을 비판하고, 급진주의자들의 역할은 끝났다고 선언한다. 로베스피에르는 당통을 제거한다면 공포정치만이 유일한 통치 수단이 될 것임을 안다. 당통이 예언한 대로 그는 3개월도 못 가 국민공회 내 반대파에 의해 당통과 같은 운명이 된다. '테르미도르(Thermidor)의 반동'이라 불리는 새로운 칼바람이 바로 그것이다. 당통은 자신의 죽음으로 민중이 자각할 것이라고 확신했지만 큰 변화를 가져오지는 못했고 혁명은 좌절되었다. 민중이 역사의 주체인지, 아니면 한낱 선동의 대상일 뿐인지 묻게 되는 대목이기도 하다.

로베스피에르는 공화정은 미덕에 의해 지배되고 이 미덕은 공포에 의해 지배되어야 한다고 주장한다. 여기서 미덕은 민주적 또는 민중적 정부의 기본 원리로서 구체적으로는 조국과 법에 대한 사랑이며, 모든 개인적 이익을 일반 이익에 종속시키는 숭고한 자기희생이라고 지적되었다(소불, 1994: 35). 영화의 원작인 뷔히너의 희곡에는 이런 구절이 나온다.

이들은 우리를 약하게 만들려 합니다. 이들의 구호는 "자비를 베풀라!"입니다. 이들은 민중으로부터 무기와 무기를 쓸 힘을 빼앗아, 민중을 벌거벗기고 무기력하게 만들어 국왕에게 넘겨주려 합니다. 공화국의 무기는 공포고, 공화국의 힘은 미덕입니다. 미덕이 없으면 공포는 부패하기 쉽고, 공포가 없으면 미덕은 무기력해집니다. 공포는 미덕의 발로이며, 신속하고 엄격한 불굴의 정의와 다름없습니다.

······ 악덕은 귀족주의가 남긴 카인의 낙인입니다. 악덕은 공화국에서 도덕적인 범죄일뿐더러 정치적인 범죄이기도 합니다. 악덕을 행하는 자는 자유의 적입니다(뷔히너, 2013: 99~101).

이에 대해 당통은 다음과 같이 맞받아친다.

나는 처벌이란 단어를 이해 못하겠어. 자네가 말하는 미덕이란 단어도······ 로베스피에르, 자네는 겁날 정도로 반듯한 사람이야. 나 같으면 30년 동안이나 한결같이 도덕적인 얼굴로 하늘과 땅 사이를 돌아다니는 게 부끄러울 것 같아. 그건 나보다 남이 더 나쁘다고 생각하려는 고약한 심보에 불과해. ······ 자네가 언제나 깨끗하게 솔질한 옷을 입고 다닌다고 해서, 단두대를 다른 사람들의 불결한 세탁물을 헹굴 빨래 통으로 만들 권리가 자네에게 있다고 생각하나? ······ 그들이 아무 거리낌 없이 돌아다닌다고 해서, 자네에게 그들을 무덤에 처넣을 권리가 있단 말인가? 자네가 하늘에서 내려보낸 헌병이라도 된단 말인가? ······ 악덕을 너무 매도하지 말게. 자네는 악덕에게서 너무 많은 덕을 보고 있어. 말하자면 악덕과 대조되면서 말이야(뷔히너, 2013: 117~118).

로베스피에르의 엄격함은 그의 아내가 아들을 씻기면서 훈육을 하는 장면에서도 나타난다. 그녀는 훌륭한 혁명가는 강해야 한다면서 아들에게 국민의회 의원들이 작성한 '인간과 시민의 권리 선언'의 암기를 강요한다. 아이가 머뭇거리자 사정없이 손등을 때린다. 영화에서 아이가 강제로 암기했던 "모든 사람은 자유롭고 평등하게 태어났다. 사회의 불평등이 만들어질 경우는 오직 공공의 이익을 위해서일 때뿐이다"로 시작되는 선언은 서구 시민권 발달에 대한 논의에서 가장 중요한 문서이다.[2] 프랑스 혁명은 시민권의 사상을 인간 평등에 대한 논의와 명백히 연결시켰으며, 사회적 우애의 원칙에 따라 시민권을 공동체의 관념과 결합시켰다(터너, 1997: 40). 권리는 더 이상 특권계층에게만 허락된 것이 아니었으며, 그 대신 인민의 의지를 대표했던 국민이라는 맥락 속에서 개별 시민들에게 속하게 되었다. 권리의 중심 정신은 1789년 '인간과 시민의 권리 선언'의 공포를 통해 마련되었다. 이 문서는 "인권에 대한 무지, 망각, 또는 경멸이 공공의 불행과 정부의 부패를 가져온 유일한 원인"(포크, 2009: 41)이라고 단언했다. 프랑스 혁명의 중심에는 시민권에 대한 새로운 개념이 있었다. 이는 보편적이고 평등주의적인 지위의 가능성을 강조했다. 혁명은 시민이라 불리는 구체적 주체와는 별도로 국민적 시민권(national citizenship)이라는 생각을 크게 발전시켰다. 그리고 혁명은 시민권을 정치적 해방의 추구와 결합시켰다. 비록 프랑스 혁명이 부르주아의 자유주의적 의도나 파리의 소수 노동계급의 급진적 의도에 부합하는 결과들을 낳지는 못했지만, 그 혁명의 주요 성격 중 하나는 사회 평등, 정치적 해방, 경제적 평등과 연계된 근대적 시민권 개념을 부각시켰다(터너, 1997: 41~42).

영화 속에서 줄을 선 군중은 왜 빵이 없느냐고 묻는다. 어떤 이가 전쟁 때문이라고 답하자, 또 다른 사람은 빵하고 전쟁은 관계없으며 그건 정부를 불신하고 민중의 봉기를 부추기려는 자들의 계략이라고 말한다. 그러면서 부

---

2   국민의회 의원들이 작성한 선언은 프랑스인만이 아닌 모든 인간이 "자유롭게, 그리고 권리에 있어 평등하게 태어나 존재한다"(제1조)라고 천명했다. 인간의 자연적이고 양도할 수 없으며 신성한 권리들에 속하는 것은 자유, 소유, 안전, 그리고 억압에 대한 저항이며(제2조), '모든 시민'은 법의 제정에 참여할 권리를 갖는다고 밝혔다. 이처럼 프랑스 의원들은 문서 하나에 개인 권리의 법적 보호와 정부의 정당성을 위한 새로운 토대를 함축적으로 담으려 했다(헌트, 2009: 150).

패한 정부의 계략일 수도 있다고 덧붙인다. 군중이 당통을 보고 열광하는 모습을 로베스피에르는 창문을 통해 물끄러미 지켜본다. 당통은 직접 유인물을 작성해 사람들에게 배포하려 한다. "독재자는 무고한 자 여럿을 죽이는게 범죄자 하나 놓치는 것보다 낫다고 합니다. 공안위원회는 전제정이 필수적인 수단이라고 주장합니다. 공안위원회는 마키아벨리에 동의하며 대선을위해 소악은 어쩔 수 없고 자유는 어린이와 같아서 성숙하려면 희생을 필요로 한다고 주장합니다. 실제로 자유에의 단순한 열망만으로 사람은 자유로워질 수 있습니다. 사람들이 자유의 권리를 획득한 것은 자유를 요구한 바로그날 7월 14일이었습니다. 전제정에 대한 최후의 방어자는 자유로운 언론입니다. 모스크바에 자유로운 언론이 있다면, 러시아는 내일이라도 공화국이될 수 있습니다." 로베스피에르가 미처 배포되지 않은 당통의 글을 읽은 후인쇄소가 괴한들에 의해 파괴된다.

당통이 쿠데타 음모를 꾸미고 있으니 그를 제거하자는 공안 위원들에게로베스피에르는 다음과 같이 대답한다. "그가 처음 시작했어. 그가 우리의혁명 세포를 조직했어. 1790년, 1791년에…… 그걸 기억하게! 내가 지금 얘기하는 것은 여기서만 알고 있어야 해. 시민들이여, 모두와 마찬가지로 나도당통의 사상을 의심하네. 하지만 내가 명확히 반대하는 건 그의 처형이네.정의는 신성한 가치이고 획득될 수 있는 게 아니네. 혁명 법정은 절대로 정의의 구현체가 아니고 단지 국가의 적을 응징할 도구일 뿐이야. 그러나 법정이 정적들을 탄압해선 안 되네. 당통은 가장 비난받아야 하지만 손대선 안돼. 당통의 처형은 부르주아를 반혁명으로 내몰 뿐이야. 국민공회가 우리에게 반발할걸세. 처형은 혁명에 대한 인민의 신념을 흔들어놓을 거야. 그럴경우에 우린 단지 공포만으로 통치해야 할 거야. 그게 뭘 의미하는지 아나?공포는 절망이야. 그걸로 끝이야."

당통은 끄떡도 하지 않는다. "누가 감히 나를 비난해? 그 보잘것없는 공안위원회? 파리 전체가 내 뒤에 있네. 내겐 로베스피에르에게 없는 것이 있어. 바로 신문이네. 신문이 그 분 바른 협잡꾼보다 훨씬 더 날 강력하게 해줘." 그는 자신만만하다. 그러면서 자신도 책임이 있기 때문에 이 공포정을 끝장낸 다음에 은퇴하겠다고 밝힌다. 빈곤이 혁명의 미덕이라고 생각한다면 로베스피에르에게 합류하라고 한다. 당통은 로베스피에르를 찾아가 만난다. 로베스피에르는 자신에 대한 공격을 멈추면 당통의 신변을 보호해주겠다고 한다. 자신에게 동조한다는 것을 공표하라고 권유한다. 당통은 단호하게 거절한다. "그럴 수 없소. 왜냐, 난 정부를 인정하지 않소. 난 그럴 권리가 있어요. 그걸 선언하진 마시오. 특히 당신은 안 돼. 당신은 날보고 그들에게 절하라는 거요? 당신이 정부보다 위에 군림한다고 생각하시오? 개인이란 다수의 위에 존재하는 거요. 당신과 나는 모두 공안위원회를 경멸해요. 나는 그 점을 말하는 것이지. 그들이 우리 사이에 있어서는 안 돼요. 공안위원회도, 정부도, 그 무엇도 안 돼요. 우리가 분리되면 우린 공멸할 거요. 당신이 공포정을 계속하면 난 당신을 지원할 수 없소, 누구나 그럴 거요. 우리의 힘인 인민이, 혁명을 파괴할 거요. 우리가 믿는 건 같지 않소?" 이젠 아니라고 로베스피에르는 말한다. "우린 정의와 평등의 이름으로 혁명을 위해 싸웠소. 지금 당신은 방해되는 모든 모가지를 잘라내지. 그게 우리의 목적이요?" "난 인민을 방어할 뿐. 아무도 그걸 안 해요." "누구에게서? 혁명을 이용해서 부를 늘려가는 자들에게서?"

찬성인지 반대인지를 밝히라는 로베스피에르에게 당통은 이렇게 말한다. "당신은 사람들이 소설 속 영웅처럼 행동하길 바라오. 당신이 잊은 건 우리가 살과 피로 이루어졌다는 거요. 당신은 너무 이상 세계로 우리를 끌어올리려 한다고. 그래서 혁명을 외롭게 만들지, 혁명을 얼어붙게 한다고. 가장 뜨거운 호응도 얼려버리지. 우리 수준으로 돌아오시오, 당장. 당신은 혁명의 동력을 멈추게 하고 혁명을 죽이고 있어. 사람들은 먹고 잠자고 싶어. 평화롭게. 빵이 없으면 법이 없어. 자유도 정의도. 공화국도 없다고. 공안위와 함께 지옥까지 가보시오. …… 권력을 너무 오래 쥐고 있으면 안 돼요. …… 유일한 진정한 권력. 거리의 사람 하나하나에서 나오는. 난 그들을 알고 그들도 날 이해해요. 그걸 잊지 마시오." 로베스피에르가 아내에게 말했듯이 당통의 재판은 그에게 딜레마였다. 재판에서 지면 혁명이 패배하는 것이고, 반대로 이겨도 마찬가지인 것이었다.

아틀리에 장면도 상징적이다. 한 화가가 열성적인 자코뱅 당원으로 공포정치를 이끈 마라의 죽음을 화폭에 그리는데, 모델은 공교롭게도 로베스피에르이다. 이 장면은 마라의 동료인 로베스피에르에게도 곧 죽음이 닥치고 혁명도 실패할 것임을 예고해준다.

로베스피에르가 침대에서 한 말도 의미심장하다. "그게 나에게 의미하는 건 내가 믿는 모든 것, 살면서 지키려 한 모든 것이 영원히 깨져버렸다는 거야. 혁명은 잘못된 길로 들어섰어. 내가 무슨 말을 하는지 모르겠군. 이제 독재가 정말 필요하게 되었어. 국가가 스스로를 통치할 순 없지. 민주주의는 단지 환상일 뿐이야."

원작인 뷔히너의 희곡에는 다음과 같은 대사가 나온다.

언젠가는 진실이 알려질 겁니다. 프랑스에 커다란 재앙이 닥쳐오고 있습니다. 독재라는 재앙 말입니다. 독재가 베일을 벗어버렸고, 보란 듯이 빼기며 우리 시신을 밟고 지나갈 것입니다. …… 나는 로베스피에르, 생쥐스트, 그리고 대역죄를 저지른, 이들의 사형집행인을 고발합니다. 이들은 피로 공화국을 질식시키려 합니다. 단두대로 가는 호송마차의 길을 따라, 외국 군대들이 조국의 심장부로 진격해

올 것입니다. 자유의 발자국이 얼마나 오랫동안 무덤이 되어야 한단 말입니까?(뷔

히너, 2013: 192)

당통이 혁명재판소에서 한 말은 이 영화의 백미로 평가된다. "당신은 이 거짓 덩어리를 기소장이라고 부르나? 프랑스! 5년간 난 여러분을 지도해왔소. 내 이름은 여러분의 역사의 모든 쪽에 찍혀 있소. 정치는 항상 정의를 구속해왔소. 오늘은 더욱 그렇소. 내가 왜 죽어야 하지요? 오직 나만 말할 수 있소. 그건 내가 순수하기 때문이오. 내가 진실을 말하기 때문이오. 그리고 내가 그들을 두렵게 하기 때문이오. 이게 정직한 자를 비난하는 세 가지 이유요. 난 인민들의 정의를 만들어낸 사람 중 하나입니다. (재판관에게) 당신은 내가 이걸 왜곡할 수 있다고 생각하시오? 이 웃기는 정의가 도대체 뭐지? 프랑스 인민이여, 재판관은 여러분입니다. …… 프랑스 인민이여! 나 당통은 호소합니다. 여러분만이 나를 심판할 수 있습니다." 처형을 앞두고 감옥에서 당통이 마지막으로 뱉은 말은 나중에 그대로 실현되었다. "내가 없으면 모두 붕괴하고 테러만이 남을 거야. 이 무슨 부끄러운 혁명이야. 기껏해야 석 달이면 모두 붕괴할 거야."

'비참한 자들'이 펼치는 혁명의 서사시

〈레미제라블(Les Miserables)〉(2012)은 혁명의 기운이 다시 고조되는 격동의 시기 프랑스에서 삶의 색깔을 달리하는 다양한 '비참한 자들'이 펼치는 대서사시를 보여준다. 24601번 죄수인 장 발장(Jean Valjean)뿐만 아니라 공장의 노동자, 창녀, 걸인 등은 열악한 현실에서 온전히 자유를 보장받지 못한

존재들이었다. 여성 노동자들이 함께 부르는 노랫말에 나오는 것처럼 정의는 그들을 향하지 않고 지나쳐 갔다. 원작자인 빅토르 위고는 공화주의의 옹호자였다. 그는 1851년 루이 나폴레옹의 쿠데타에 반대하다 국외로 추방되어 영국의 섬들에서 19년간이나 망명 생활을 보내야 했다. 『레미제라블』은 바로 이 시기에 집필되어 1862년에 출간되었다.

한국에서 이 영화는 대선 정국이던 2012년 12월에 개봉되었다. 자연히 한국의 정치 현실과 관련해 해석되는 일이 많았다. 꼭 개봉 시기뿐만이 아니더라도 이 영화는 시간과 공간을 뛰어넘어 작금의 한국 사회에 주는 울림이 크다. 외환 위기 이후 한국 사회는 시장의 절대화와 함께 사회적 배제가 규칙이 되면서 사회적 약자들은 별다른 사회적 안전망의 보호 없이 극단적인 경쟁이 지배하는 시장으로 내몰리고 있다. 그런데도 지배 세력은 이들의 힘겹고 버거운 삶에 무지하다. '모두를 위한 나라'인 공화국(res publica)을 수립하기 위한 프랑스 민중의 지난한 투쟁을 보여주는 영화에 관객이 가슴 깊이 공감하고 열광한 까닭이 바로 여기에 있다. 어디 한국 사회뿐이겠는가. 지그문트 바우만이 지적했듯이, 유동성이 지배하는 글로벌 사회에서 불안과 공포가 일상이 된 수많은 사람들이 이주자와 난민이 되어 정착할 곳을 찾지 못하고 잉여 인간으로 떠돌고 있지 않은가? 그들 역시 현재의 레미제라블이다.

웅장한 스케일과 뚜렷이 대비되는 캐릭터가 인상적인 이 영화의 마지막 장면에서 시위대들이 함께 부르는 노래를 들으면서 어떤 관객은 절망 속 희망을 찾으려 할지도 모르겠다. "너는 듣고 있느냐, 분노한 민중의 노랫소리를, 다시는 노예가 되지 않겠다는 민중의 음악을, 너의 심장 소리가 북소리와 하나 되어 울릴 때, 내일이 오면 새로운 삶이 시작되리라." 이와 관련해서는 원작자인 빅토르 위고가 프랑스의 역사를 '국가의 주권자로서의 예정된 지위를 향한 민중의 행진'으로 보았다는 지적을 되새겨볼 필요가 있다. 그러나 민중이 늘 혁명의 이상에 부합하게 행동하는 것만은 아니다. 이 영화 역시 현실적 욕망에 갇혀 정의와 민주주의라는 가치를 외면하는 다수의 레미제라블을 잘 보여준다. 고립된 시위대들이 동참을 호소하지만 자신들에게 화가 미칠까봐 문을 걸어 잠그는 파리 시민들을 보라. 그들의 모습에 '일자리와 질서'를 원했던 1930년대 독일의 '작은 사람들(kleine Leute)'의 모습이 겹쳐지는 것은 매우 자연스럽다.[3] 예나 지금이나 변하지 않는 현실을 있는 그대로 재현한 가장 인상적인 장면 중 하나이기도 하다. 강자의 이데올로기에 깊이 포섭된 다수의 민중이 선거에서 개혁보다 안정적 '위기' 관리를 내세우는 후보를 지지하는 것은 별반 놀라운 일이 아니다. 역사는 반복된다.

마지막 바리케이드 전투와 바리케이드 위에서 앙졸라가 시민들에게 연설하는 장면은 이 작품의 하이라이트라 할 만하다. "좋소이다. 바리케이드를 20피에(pied) 높이로 쌓고, 우리 모두 그 속에서 버팁시다. 시민들이여, 시신들의 항변으로 맞섭시다. 국민이 공화파를 버려도 공화파들은 결코 국민을 버리지 않았음을 보여줍시다." 원작에는 더 자세한 연설이 나온다.

여기에서 평등이라는 것에 대해 그 의미를 분명히 해둘 필요가 있을 것 같습니다. 왜냐하면, 자유가 사회의 정점인 반면 평등은 사회의 토대이기 때문입니다. 시민들이여, 평등이란 모든 식물의 키가 같아야 한다는 뜻이 아닙니다. 키 큰 풀과 키가 같은 작은 떡갈나무로 이루어진 사회를 가리키는 말이 아닙니다. 서로 거세하기에 여념이 없는 질투들이 이웃해 있는 현상을 가리키는 말이 아닙니다. 그것

3　나치에 동조하거나 침묵한 평범한 사람들에 대해서는 데틀레프 포이케르트(Detlev Peukert)가 쓴 『나치 시대의 일상사: 순응, 저항, 인종주의(Volksgenossen und Gemeinschaftsfremde: Anpassung, Ausmerze und Aufbegehren unter dem Nationalsozialismus)』(개마고원, 2003)를 참고할 수 있다.

은, 공민권적 측면에서, 모든 능력이 같은 기회를 부여받고, 정치적으로는 모든 유권자의 투표지가 같은 무게를 가지며, 종교적으로는 모든 양심이 같은 권리를 향유한다는 뜻입니다. 평등을 보장하기 위한 하나의 장치가 있는바, 그것은 무상으로 제공되는 의무교육입니다. …… 시민들이여, 우리의 19세기는 위대하지만, 20세기는 행복할 것입니다. 그때는 낡은 역사를 닮은 것이 더 이상 없을 것입니다 (위고, 2010: 42~43).

위고는 이 연설 장면을 다음과 같이 묘사하고 있다.

그 말이, 개인적 불안감으로 형성되어 있던 고통스러운 구름을 걷어내고, 모든 이들의 사념을 명료하게 드러냈다. 그 말에 모두들 열광적으로 환호했다. 그렇게 말한 사람의 이름은 끝내 알려지지 않았다. 노동자 차림의 이름 없는 사람, 미지의 사람, 잊혀진 사람, 어느 지나가던 영웅, 인간적 위기나 사회적 태동기에 끼어드는 그 위대한 익명의 인물, 그리고 어느 순간, 숭고한 억양으로 결정적인 말을 던진 다음, 그리고 번개의 빛 속에서 신의 백성을 잠시 대변한 다음, 깊은 어둠 속으로 사라지는 그러한 사람이었다(위고, 2010: 28).

같이 볼만한 또 다른 영화로는 피터 왓킨스(Peter Watkins) 감독의 〈코뮌 (La Commune)〉(2000)을 들 수 있다. 이 영화는 1871년 파리 코뮌에 대한 인터뷰를 묶은 다큐멘터리이다. 코뮌은 프랑스 혁명의 연장선상에서 살펴볼 수 있다. 이와 관련해 데이비드 하비(David Harvey)는 『모더니티의 수도 파리 (Paris, Capital of Modernity)』에서 파리 코뮌은 유일하고 독특하고 극적인 사건이었고, 자본주의 도시의 역사에서 이런 종류로는 가장 특별한 사건이라고 평가를 내린다.

코뮌에서 일어난 일들 대부분은 그 연원이 제2제정 파리의 변형 과정과 그 영향에 있다. …… 수공업 노동자 의회와 노동조합의 강화, 1868년에서 1870년 사이에 열린 대중 집회 장소에서 성장했으며 구역 방어에 핵심적인 역할을 담당하게 되는 이웃 간 클럽의 활력, 여성 노동조합의 결성, 중앙집중화와 탈중앙집중화 간의, 그리고 위계질서와 민주주의 간의 긴장을 이어주는 노동자의 정치조직들을 연합하려는 시도는 모두 옛날 관계가 낳은 새로운 조직 형태를 활발하게 추구하려는 실험이었다. …… 하지만 코뮌은 결코 사유재산이나 화폐 권력에 진지하게 도전하지는 않았다. 그것은 단지 포기된 작업장과 주거만을 징발했고, 프랑스 은행의 합법성 앞에 굴복했다. 주류의 다수파는 서로 맞서기보다는 원칙적이고 상호 간에 받아들일 수 있는 조처를 찾으려 했다(하비, 2010: 437~438).

라마르세예즈 La Marseillaise (프랑스, 1938)

감독	장 르누아르 Jean Renoir	배우	피에르 르누아르 Pierre Renoir
각본	장 르누아르		레옹 라리브 Léon Larive
	칼 코흐 Carl Coch		윌리암 아게 William Aguet
	마르텔 드레퓌스 N. Martel-Dreyfus		

당통 Danton (프랑스·폴란드·서독, 1982)

감독	안제이 바이다 Andrzej Wajda	배우	제라르 드파르디외 Gerard Depardieu
각본	장클로드 카리에르		보이치에흐 스조니아크
	Jean-Claude Carriere		Wojciech Pszoniak
	아그니에슈카 홀란트 Agnieszka Holland		
	안제이 바이다		

레미제라블 Les Miserables (영국, 2012)

감독	톰 후퍼 Tom Hooper	배우	휴 잭맨 Hugh Jackman
각본	윌리엄 니컬슨 William Nicholson		앤 해서웨이 Anne Hathaway
원작	빅토르 위고 Victor Hugo		러셀 크로 Russell Crowe
			어맨다 사이프리드 Amanda Seyfried

같이 볼만한 영화

코뮌 (La Commune, 2000) 피터 왓킨스(Peter Watkins) 감독

나폴레옹 (Napoleon, 1955) 사샤 기트리(Sacha Guitry) 감독

마리 앙투아네트 (Marie Antoinette, 2006) 소피아 코폴라(Sofia Coppola) 감독

참고문헌

뒤로젤, 장바티스트(Jean-Baptiste Duroselle). 2003. 『유럽의 탄생』. 이규현·이용재 옮김. 지식의풍경.

르페브르, 조르주(Georges Lefebvre). 2002. 『1789년의 대공포』. 최갑수 옮김. 까치.

몸젠, 볼프강(Wolfgang Mommsen). 2006. 『원치 않은 혁명 1848』. 최호근 옮김. 푸른역사.

바쟁, 앙드레(André Bazin). 2005. 『장 르누아르』. 박지회·방해진 옮김. 한나래.

뷔히너, 게오르크(Georg Büchner). 2013. 『보이체크·당통의 죽음』. 민음사.

블뤼슈, 프레데리크(Frederic Bluche) 외. 1999. 『프랑스혁명』. 고봉만 옮김. 한길사.

소불, 알베르(Albert Soboul). 1994. 『프랑스대혁명사』(상·하). 최갑수 옮김. 두레.

위고, 빅토르(Victor-Marie Hugo). 2010. 『레미제라블 5』. 이형식 옮김. 펭귄클래식코리아.

신민정·홍익표. 2009. 『왜 민족음악인가?: 다시 읽는 유럽의 민족주의와 음악』. 예솔.

터너, 브라이언 S.(Brian S. Turner). 1997. 『시민권과 자본주의』. 서용석·박철현 옮김. 일신사.

포이케르트, 데틀레프(Detlev Peukert). 2003. 『나치 시대의 일상사』. 김학이 옮김. 개마고원.

포크스, 키스(Keith Faulks). 2009. 『시티즌십』. 이병천 외 옮김. 아르케.

하비, 데이비드(David Harvey). 2005. 『모더니티의 수도 파리』. 김병화 옮김. 생각의나무.

헌트, 린(Lynn Hunt). 2009. 『인권의 발명』. 전진성 옮김. 돌베개.

Marx, Karl. 1985. "Der Klassenkämpfe in Frankreich. 1848 bis 1850." in *Marx Engels Ausgewählte Werke*, Band II. Berlin: Dietz Verlag.

Marx, Karl. 1988. *Der achtzehnte Brumaire des Louis Bonaparte*. Berlin: Dietz Verlag.

Renoir, Jean. 1991. *My Life and My Films*. Translated by Norman Denny. New York: Da Capo Press.

5장

민족이 우선한다

〈간디〉〈알제리 전투〉〈비정성시〉〈종달새 농장〉

식민지 민족은 혼자가 아니다. 식민주의는 막강한 힘을 자랑하지만 그 변방에서는 외부에서 새로운 이념과 영향이 유입될 수 있다. 그 결과 폭력의 분위기가 강해지고, 여기저기서 사태가 터져 나오며, 여기저기서 식민지 체제가 무너진다. …… 디엔비엔푸에서 베트남 민중이 거둔 위대한 승리는 엄밀히 말해서 베트남만의 승리가 아니다.

프란츠 파농(Frantz Fanon)

민족주의란 무엇인가?

민족주의는 근대 정치 질서의 형성과 변화 과정에서 핵심적인 역할을 수행한 이데올로기이다. 민족주의는 자유주의와 더불어 근대국가의 성립을 도왔고, 서구 강대국들이 해외에서 제국을 건설하고 제국주의 전쟁을 벌이도록 추동했으며, 식민지에서는 대항적 민족주의 운동을 촉발하기도 했다. 물론 배제와 차별을 특징으로 하는 민족주의에 대한 비판도 만만치 않다. 민족주의를 이해하기 위해서는 우선 민족이 어떤 의미로 사용되는지 살펴볼 필요가 있다. 민족이란 무엇일까? 민족의 정의는 시대와 국가별로 다르다. 이럴 경우 민족에 해당하는 nation의 어원을 추적하면 그 의미의 모호함이 덜해질 수 있다. nation의 어원은 '출생하다'의 뜻을 가진 라틴어 nascor이다. 이 말이 고대 로마에서는 natio의 형태로 다양한 외국인을 지칭했고, 중세에는 파리 대학이나 라이프치히 대학 등에서 학생들을 출신 지역 언어에 따라 natio로 분류해 불렀다. 그러다가 근대에 들어와서 국가의 통일된 영토 안으로 민족 구성원들을 집중시킬 필요가 생기면서 민족을 국가의 근거로 삼는 관념이 생기게 되었다. 민족은 '우리'라는 공동체의 감정, 즉 사람들이 집단 속에서 공유하는 공통의 정체성에 초점을 두게 되었다.

독일어에서 nation에 해당하는 단어는 Volk이다. Volk는 원래 18세기 중엽까지 군대 등의 집단이나 모멸적인 의미에서 사회 하층의 민중을 가리키던 용어였다. 그러던 중 18세기 말 '질풍노도 운동(Sturm und Drang)'을 이끈 낭만주의 운동의 선구자인 헤르더(Johann Gottfried von Herder)가 '공통의 언어를 기초로 하고, 역사적으로 형성되었으며, 독자적인 개성을 갖는 문화 공동체'라는 의미를 부여했다. 헤르더는 다른 인간 활동에서와 마찬가지로 예술에서 진정으로 근본적이고 창조적이며 자극적인 요소를 형성하는 것은 '민족정신(Volksgeist)'이라고 지적한 바 있다. 이후 독일에서는 프랑스 혁명과 나폴레옹 침략이 가져온 보편주의적 합리주의에 대항하는 낭만주의와 역사주의의 영향으로 독일의 전통이나 독자적인 민족성을 강조하게 된다. 그러나 20세기 초 바이마르 헌법에서는 Volk가 주권자로서 국민 내지 인민을 의미하는 공식 용어로 사용되기도 했다. 이런 점에 비춰보면 Volk는 민중, 민족, 국민, 인민 등 다양한 의미를 지니며 역사적으로 다양한 변화를 겪어왔다고 할 수 있다.

민족의 정의와 관련해서 중요한 문제는 어떤 요인들이 공통된 정체성과 공동체라는 감정을 만드는가 하는 점이다. 흔히 민족의 속성으로는 인종적 동일성, 공통의 역사와 언어 및 문화 등이 거론되지만 이 역시 고정적이거나 불변적이지 않다. 그렇기는 해도 민족의 정의는 크게 둘로 구분이 가능하다. 먼저 객관적인 정의는 민족을 구성하는 혈통, 언어, 관습, 종교, 영토 등의 단일하거나 복합적인 기준들을 제시한다. 반면에 민족에 대한 주관적 정의는 민족 성원들의 집단적이거나 개인적인 소속감과 소속 의지를 가장 중요한 기준으로 내세운다. 주관적 정의의 대표적인 사례가 프랑스의 철학자이자 종교사가인 르낭(Ernest Renan)이 보불전쟁 시기인 1882년 소르본 대학에서 행한 유명한 연설이다.

> 하나의 민족은 하나의 영혼이며 정신적인 원리입니다. 둘이면서도 사실 하나인 이것은 한쪽은 풍요로운 추억을 가진 유산을 공동으로 소유하는 것이며, 다른 한쪽은 현재의 묵시적인 동의, 함께 살려는 욕구, 각자가 받은 유산을 계속해서 발전시키고자 하는 의지입니다. ······ 한 민족의 존재는 개개인의 존재가 삶의 영속적인 확인인 것과 마찬가지로 매일매일의 국민투표입니다(르낭, 2002: 80~81).

르낭은 민족국가의 경계는 자발적인 인간 의지에 의해 만들어진다고 규정하고 국민투표처럼 민족은 그 구성원들에 의해 끊임없이 만들어지고 확인받아야 하는 생성체라고 주장한다. 그러나 민족에 대한 주관적 정의는 설명해야 할 것을 단순히 전제하고 있다는 점에서 동어반복의 맹점을 지닌다. 민족에 대한 객관적 기준들 역시 대단히 모호하고 유동적이어서 민족을 규정하는 토대일 뿐 민족 자체가 되지 못한다고 할 수 있다. 그러니 민족은 주관적 요인과 객관적 요인을 오갈 수밖에 없는 '뫼비우스의 띠'와 같다. 결국 민족 개념에 내포되어 있는 모호함과 모순성을 고려하면 차라리 특정 지역에서 민족 개념의 역사적 변형 과정에 초점을 맞추는 편이 민족주의를 더 구체적이고 풍부하게 이해하도록 해준다고 할 수 있다(장문석, 2007: 42~43).

유럽의 경우 종족과 종족적 정체성이 생성된 것은 로마 제국 말기 게르만 족의 대이동기였다. 이 시기에 앵글로·색슨, 프랑크, 고트, 롬바르드, 수에 비, 반달 등 게르만 종족들이 옛 로마 제국 안으로 이동해 왕국들을 건설했 다. 그러나 다양한 부족과 종족들을 하나의 법률 아래 통합시켜 단일한 로마 시민을 창조한 로마인들에게 종족적 정체성은 생소한 것이었다. 게르만족의 대이동은 법률적 정체성과 종족적 정체성이 뒤얽히게 했다. 종족적 정체성 은 가변적이고 유동적이었으며, 개인이 갖는 여러 정체성 중 하나였을 뿐이 다. 권력과 부를 기준으로 고귀한 자라는 뜻의 honestiores와 미천한 자라는 뜻의 humiliores가 구분되었듯이 중세는 사회적 정체성이 중요한 시기였다 (장문석, 2007: 71~72). 근대에 들어 유럽에서 제일 먼저 대중적인 민족주의가 출현한 곳은 대륙 국가들이 아니라 섬나라인 잉글랜드였다. 잉글랜드에서는 종교개혁이 로마 교황청에서 벗어난 앵글리칸 처치(Anglican Church)의 발전을 가져오고 영어판 성경의 발간을 통해 민족의식이 고양되었다. 그러나 유럽 대부분 지역에서 근대적 의미의 민족에 눈을 뜨게 된 것은 프랑스 혁명과 나 폴레옹 전쟁을 거치고 나서였다.

민족에 대한 이해에 근거해 우리는 민족주의란 무엇인가에 대해서도 살펴 볼 필요가 있다. 민족주의 역시 모호한 개념인 민족을 대상으로 삼는 운동이 자 이데올로기라는 점에서 정의 내리기가 어렵다. 그런 까닭에 민족주의는 그 용어가 사용되는 정치적·사회적·문화적 환경의 맥락 속에서 살펴봐야 한 다. 역사적으로 보면 사람들은 오랫동안 자신이 속한 씨족, 촌락, 도시, 직 업, 신분, 지방, 왕조, 제국, 종교 등에 일체감을 느끼면서 자신들의 충성심 을 과시해왔다. 이러한 맥락에서 보면 먼저 민족주의란 개인이 민족에 최고 의 충성을 바쳐야 한다고 믿는 교리라고 정의를 내릴 수 있다. 이 정의는 민족의 이해관계와 가치가 다른 것들에 우선해야 한다는 전제를 깔고 있다. 나아가 이 정의는 충성심의 최고의 대상인 민족은 가능한 한 독립적이어야만 하며, 이를 위해 정치적 주권을 획득할 필요가 있다는 주장으로 연결된다. 바로 이 점에 착안해 많은 학자들이 민족주의를 정의한다.

그 대표적인 학자가 체코 출신의 어니스트 겔너(Ernest Gellner)이다. 겔너는 민족주의란 산업화가 진척되고 사회가 발전하면서 국가가 대내적으로 국민들을 동원하고 대외적으로 다른 국가들과 경쟁하기 위해 만든 정치적 논리이자 이념이라 주장한다. "민족주의가 민족을 만들었다"라는 것이다. 이러한 관점에서 겔너는 민족주의가 "일차적으로 정치적 단위와 민족적 단위가 일치해야 한다고 주장하는 정치 원리"(겔너, 2009: 15)라고 정의를 내린다. 이 정의는 민족 경계가 정치 경계를 자르고 지나가서는 안 된다는 것으로, 한 국가 안에서 민족 경계로 인해 권력 보유자들과 그 나머지 사람들 사이가 분리되어서는 안 된다는 점을 강조한 것이다. 영국의 사학자인 에릭 홉스봄 역시 민족주의를 겔너가 규정한 의미로 사용하고 있다(홉스봄, 1994: 25). 이에 더해 홉스봄은 민족은 민족주의에 의해 형성되며 그 과정에서 가공이나 발명, 사회공학이 중요한 역할을 한다면서 '발명된 전통(the invention of traditions)'이라 칭한다.

베네딕트 앤더슨(Benedict Anderson)은 근대론의 입장에서 민족주의의 형성과 특징을 독창적으로 고찰했다. 앤더슨은 근대에 들어 전통적인 종교 공동체나 왕조적 질서가 사라진 공간을 민족이 메웠다고 한다. 기독교가 지배하던 중세 시대의 과거·현재·미래를 넘나드는 초월적인 시간관 대신, 사람들이 현세적인 시간관을 갖게 됨으로써 같은 시간대에서 다른 사람들과 동시성을 느끼거나 16세기 이래 발전한 인쇄 자본주의가 만든 문화적 동질성이 소설이나 신문 같은 인쇄 매체들을 통해 멀리 떨어져 있는 사람들을 하나로 묶어준다는 것이다. 그 결과 익명의 개인 간에 상상 속의 기반이 만들어 지고 같은 시간과 공간을 공유하는 내셔널리티로 이루어지는 '상상된 공동체(imagined communities)'에 대한 소속감이 생겼다고 주장한다(앤더슨, 2002).

민족주의의 성격에 대해서는 저명한 민족주의 이론가인 한스 콘(Hans Kohn) 의 다음과 같은 고전적인 정의가 여전히 유효하다.

> 민족주의는 국가가 국제정치적 원칙이나 개인 수준의 이해관계보다도 더욱 큰 중요성을 갖는다는 주의로서 정책이나 사상 체계라기보다는 정치적 견해라고 할 만하다. 역사적으로는 자기 민족을 다른 민족이나 국가와 구별하고 그 통일·독립·발전을 지향하는 사상 혹은 운동이며, 정치적으로는 민족을 사회공동체의 기본단위로 보고 그 자유의지에 의해 국가적 소속을 결정하려는 입장이라고 요약할 수 있다. 일민족 일국가의 원리를 주장하는 이러한 민족주의는 자각적 민족의식이 성립한 근대 이후의 현상으로서 시민적 자유주의와 궤를 같이한다(Kohn, 1969: 18~19).

민족주의는 어떻게 보느냐에 따라서도 다양하게 해석된다. 외즈키림리 (Umut Özkirimli)에 따르면 민족주의에 대한 시각은 크게 셋으로 구분된다 (Özkirimli, 2000). 첫째, 원초론(primodialism)은 민족주의 연구의 초기 패러다임으로 민족은 역사적으로 존재해왔고 자연스러운 현상이라고 한다. 둘째, 근대론(modernism)은 민족주의가 근대의 산물로서 정치적 이유로 출현했다고 한다. 서양학계의 주류 담론으로, 앞에서 언급한 겔너나 홉스봄이 이에 속한다. 마지막으로 종족적 상징론(ethno-symbolism)은 원초론과 근대론을 절충해서 근대론자들 주장의 일부를 수용하고 있기는 하지만 공유된 역사의 기억, 문화적 공통성, 신화 및 상징 등 전근대적 요소의 연속성도 중시한다.

제3세계 민족주의와 간디의 비폭력 투쟁

제3세계 민족주의는 19세기 말에서 20세기에 걸쳐 동아시아를 필두로 서남아시아, 북아프리카, 남아메리카 등 식민지 전역으로 확산되었다. 서유럽과의 접촉을 통해 수입되어 그 지배를 받으면서 성숙했고, 나아가 독립을 쟁취하는 원동력이 되었다. 반봉건적 성격의 고전적 민족주의에 비해 제3세계 민족주의는 반제국주의 성향이 강하고 사회주의나 해당 지역의 종교와 결합하는 경우도 있었다. 그런데 방어적 민족주의의 논리는 사회진화론(Social Darwinism)이라는, 서구에서 만들어낸 제국의 법칙을 그대로 따랐다는 한계를 갖고 있기도 하다. 이와 관련해 같은 제3세계 국가이지만 독립에 이르는 경로는 달랐던 인도와 알제리의 민족운동을 비교해보는 것은 의미가 있다.

〈간디(Gandhi)〉(1982)는 리처드 애튼버러(Richard Attenborough)가 20여 년간의 준비 과정 끝에 내놓은 대작이다. 그는 감독이자 배우로서, "인류 역사상 비폭력의 원리를 개인으로부터 사회와 정치의 수준으로 확장시킨 최초의 인물"(차다, 2001: 55)이었던 간디의 삶을 비교적 충실히 재현했다. 〈간디〉는 흔히 사람들이 생각하는 것처럼 비폭력이 무력하고 소극적이며 비현실적인 것이 아니라 오히려 거대한 폭력에 맞서는 대단히 위험한 혁명적 개념이자 사회의 본질을 전면적으로 바꾸어놓고자 하는 개념이라는 것을 알게 해준다.[1] 워낙 방대한 간디의 삶을 재현하려다 보니 정확성을 기하기 위해 수많은 자문과 고증을 거쳤다고 전해진다. 영화의 시작 부분에는 이 영화에 영감

---

[1] 폭력과 비폭력의 관계, 비폭력의 의미, 그리고 인류사에서 비폭력이 수행한 역할이 궁금하다면 미국 작가 마크 쿨란스키(Mark Kurlansky)가 쓴 『비폭력(Nonviolence)』(을유문화사, 2007)을 참고하라.

을 주고 끊임없는 지지와 신뢰를 보내준 마운트배튼(Louis Mountbatten) 백작과 자와할랄 네루(Jawaharlal Nehru)에게 바친다는 자막이 나온다. 이어서 "어떤 사람의 삶도 한마디로 표현될 수 없다. 삶이 나아갈 수 있게 도와준 사람과 일들을 한 편의 영화에 다 담을 수는 없지만 인간의 마음에 닿을 수 있는 영화를 만들기 위해 노력했다"라는 자막이 이어진다. 이런 점들을 인정받아 〈간디〉는 1983년 아카데미상에서 유력한 후보 〈이티(The Extra-Terrestrial)〉를 제치고 최우수작품상과 최우수감독상, 최우수남우주연상 등 주요 부문에서 여덟 개의 상을 수상했다.

영화는 1948년 뉴델리에서 간디가 암살당하는 장면부터 시작한다. 간디가 남긴 마지막 말은 "오, 신이시여!"였다. 이어서 영화는 시간상으로 간디의 인생이나 역사의 좀 더 앞선 시기로 되돌아가 관객에게 보여준다. 역사라는 틀에서 볼 때 전기적인 플래시백은 '위인'을 신화화하는 경향이 있는데, 그것은 역사를 주관적으로 짜 맞춰 한 사람의 삶을 평가하기 때문이다. 그런 점에서 전기적인 플래시백은 이데올로기적인 함의를 갖는다고 지적되기도 한다(헤이워드, 2012: 645). 영화에는 간디가 돈독한 신앙뿐만 아니라 불의에 저항하는 용기를 가진 사람이라는 점이 잘 부각되어 있다. 1893년 남아프리카의 기차 안에서 간디는 인도인이 어떻게 이 기차를 탔느냐며 삼등칸으로 옮기지 않으면 쫓아내겠다는 협박을 승무원에게 받는다. 간디는 대부분 힌두교도인 인도인들이 광산 일이나 농장 일을 위해 불려 왔고 다른 직업은 허용되지 않는다면서 우린 모두 신의 자식들이라고 강조한다. 우리는 영국 국민이고 위대한 문명을 지니고 있는데 왜 거리를 마음대로 걷지도 못하냐고 항의한다. 남아프리카에 거주하는 인도인들에게 행한 연설에는 간디의 초기 정치관이 집약되어 있다.[2] "우리는 권리를 찾아야 합니다. 영국 국민으로 대우받아야 합니다. 무력은 안 씁니다. 우리를 더 강하게 누를 테니까요. 평화적인 투쟁만이 가능합니다. 정의는 반드시 옵니다. 여기에 우리의 신분이 적혀 있습니다. 항상 이것을 지니고 다녀야 합니다. 유럽인들은 이런 건 필요도 없죠. 먼저 이것부터 없애야 합니다. 차별 대우를 없애는 겁니다. 우리가 원치 않는 건 두려움과 증오입니다. 나는 힌두교도, 무슬림, 시크교도가 모두 협력해 영국을 일깨우길 바랍니다. 불의에 대한 우리의 저항으로 말입니다. 이제 이 통행증을 태울 겁니다. 여러분도 그렇게 하십시오."

통행증을 태웠다는 이유로 간디는 경찰에 체포되어 구타를 당한다. 그를 방문해 정당한 일을 하고 있고 많은 사람들이 따라 할 것이라고 격려하는 찰리 앤드루 신부 같은 이도 있지만, 모든 사람이 다 간디 같지는 않기 때문에 앞으로 더욱 힘들어질 거라고 걱정하는 간디의 아내 같은 사람도 있다. 그러나 간디의 신념은 꺾이지 않는다. 국민회의 사람들을 대상으로 간디는 "살인을 할 만한 명분은 안 됩니다. 무슨 일이 있어도 공격은 안 합니다. 살인도 안 합니다. 하지만 지문도 안 찍을 겁니다. 우리를 가두고 벌금형을 내리겠죠. 재산도 빼앗겠죠. 하지만 우리의 자존심은 절대 뺏기지 않을 겁니다. 폭력을 쓰지 말고 오히려 받아들입시다. 우리의 고통을 통해 그들이 불의하다는 것을 깨닫게 합시다. 모든 싸움이 그렇듯 고통스러울 것입니다. 그러나 패배는 아닙니다. 질 수가 없습니다. 그들은 우릴 죽일 수는 있어도 복종시

---

2 간디의 정치관 형성에 큰 영향을 미친 사람은 '정치적인 구루'라고 불리던 크리슈나 고칼레(Gopal Krishna Gokhale)였다. 고칼레는 인도봉사자협회라는 단체를 창설했는데, 이는 대영제국 내 인도의 자치를 이루고 전반적으로 인도 국민의 생활수준을 더욱더 높이는 데 목적이 있었다. 이 협회의 구체적인 설립 목적은 다음과 같다. ① 국민에게 말과 행동을 통해서 그들의 최고의 성취를 봉사와 희생에서 찾는, 조국에 대한 깊고도 정열적인 사랑을 일깨우게 한다. ② 공공의 문제에 대한 신중한 연구를 근거로 해서 정치적 운동과 교육의 과업을 조직화하고 공적인 삶을 전반적으로 강화한다(라우, 2000: 80~82).

킬 수는 없을 것입니다. 무슨 일이 있어도 이 법을 따르지 맙시다"라고 힘주어 말한다. 간디와 그를 따르는 인도인들이 "우리는 영국 제국의 시민이다 (We are citizen of the empire)"라는 팻말을 들고 행진한다.

1915년 삼등칸 배로 뭄바이에 귀국한 간디에게 지인들은 말해야 할 것과 들어야 할 것을 알게 될 것이라며 인도를 빛내달라고 부탁한다. 간디는 기자들에게 인도인으로 살 것이라고 밝힌다. "인도인의 삶은 영국에 의해 결정되니까요. 뭘 사고, 뭘 팔지, 그들의 사치품들도 우리의 가난 속에서 나온 겁니다. 정의의 개념도 그들에게 배우죠. 그렇기 때문에 훌륭한 젊은이들이 동양을 존중하면서도 서양의 단점에 빠른 속도로 동화되고 마는 겁니다." 간디는 소작료는 그대로인데 시장에 팔 게 없다고 호소하는 농부들을 위해 시위를 벌이다 체포된다. 재판에서 민중선동죄가 선고되자 간디는 이를 정중하게 거절한다. 감옥에 가고 싶으냐는 질문에는 "원하신다면"이라고 대답한다. 판사가 판결을 내릴 때까지 100루피 보석금으로 석방하겠다고 하자 보석금 내는 것을 거부하겠다고 단호하게 말한다. 결국 간디는 소작료 인하, 농작물의 자유로운 선택, 위원회의 반을 인도인으로 구성한다는 약속을 총독에게서 얻어내고 감옥에 갇힌다. 간디에게는 "최고의 축복을 받는 진정한 길"이 "감옥으로 가는 것과 거기서 자기 나라와 자신이 속한 종교의 이익을 위해 고통과 궁핍을 참고 견디는 것"(라우, 2000: 87)이었다.

그러나 간디가 직면한 가장 큰 문제는 각 종파 지도자들 간의 분열과 알력이었다. 불온 문서를 소지하면 영장 없이 체포할 수 있게 한 새로운 법에 대한 대응책을 놓고 이견이 맞붙는다. 무슬림들의 지도자인 무함마드 알리 진나(Muhammad Ali Jinnah)는 방법은 오직 하나라면서 그들이 감당하지 못하게 직접행동을 끝까지 밀어붙이자고 주장한다. 국민회의파 의원인 자와할랄 네루는 테러는 억압을 정당화할 뿐이라며 포악한 통치자만 만드는 셈이라고 반대 의견을 말한다. 이에 대해 간디는 그런 법을 따를 수 없기 때문에 적극적이고 도발적인 저항을 하자고 제안한다. "이 법은 4월 6일 발효됩니다. 난전 국민에게 그날 금식 기도를 하라고 하겠소. 물론 일은 안 하죠. 버스 운행정지, 기차 운행 정지, 공장 가동 정지, 행정 정지, 온 나라가 정지죠. 영국신문도 보도할 거요. 이유도 알릴 게고." 영국 군대가 비폭력 시위를 벌이는 군중을 향해 총격을 가해 무려 1516명의 사상자가 발생한다. 간디의 의지는 꺾일 줄 모른다. "결국 당신들은 물러날 것이오. 10만의 영국인이 10억 5000만 인도인을 통치할 수는 없소. 비폭력적이고 평화로운 비협조를 하겠소. 당신들은 떠나는 지혜를 배우게 될 거요." 그는 군중에게 새로운 운동을 제안한다. "옷을 만드는 영국 공장이 우리를 가난하게 합니다. 영국인의 편에 서는 사람들은 맨체스터에서 옷을 보내 입게 했는데 우리가 그 옷을 태울 것입니다." 이어서 그 유명한 '소금 행진'을 벌인다. "소금은 사람에게 꼭 필요하죠. 공기나 물처럼. 이 소금은 인도양에서 나와요. 당연히 인도인의 것이오." 행진에 참가한 인도인들은 군인들에게 맞고 쓰러져도 걸음을 멈추지 않는다. 영화에서는 소금 행진을 취재한 언론의 보도 기사를 소개한다. "그래도 그들은 계속 걸어갔다. 서양이 주장하던 도덕성이 오늘 여기서 실추되었다. 인도는 자유롭다. 무자비한 잔학성도 꿋꿋하게 견디며. 인도는 비굴하지도, 물러서지도 않았다."

영국에서 열린 인도의 독립을 위한 원탁회의에 참가한 간디는 "진나는 영국에 협조하고 권력과 언론의 자유를 얻었소. 무슬림을 위협하고 있소"라면서 진나의 행위를 비판한다. 당시에 간디는 힌두교도에 의해 무슬림이 억압받을 것을 우려해 국민회의와 무슬림연맹의 화합을 통해 무슬림을 포용할것을 요구했다. 무슬림과 힌두교도의 간극을 메우는 일은 쉽지 않았다. 독립이후에 인도의 모든 주요 관직을 무슬림에게 다 주고도 파키스탄의 독립을 막으려 한 간디의 노력은 성공하지 못하게 된다.

영화에서는 비폭력에 대한 간디의 견해도 소개된다. "행복은 물질에서 나오지 않는다는 걸 나는 알고 있죠. 행복은 일과 자부심에서 나와요. 인도는 갇힌 사회죠. 가난에서 벗어나는 길은 고유의 기술을 살리는 거죠. 가난은 가장 나쁜 형태의 폭력이오. 인도의 아픔은 오직 비폭력으로 치료될 수 있소. 인도가 서양의 불행을 수입한다면 그건 발전이 아니지요. 히틀러 같은 자에게도 비폭력을 사용할 수 있을까요? 패배와 고통 없이는 안 되죠. 우리는 그들의 불의를 용납할 수 없소. 불의를 밝혀내고 죽을 각오를 해야 해요."

영화에서 펼쳐지는 간디의 삶과 이를 떠받치는 사상을 더 상세하게 이해하기 위해서는 하이모 라우(Heimo Rau)와 요게시 차다(Yogesh Chadha)의 저서를 참조할 수 있다. 라우는 간디를 마냥 긍정적으로만 평가하지는 않는다. 그에 따르면 간디는 남아프리카에 오래 거주하면서 지속적으로 인도인의 이익을 대변하기 위한 토대를 만들기 위해 나탈인도의회(Natal Indian Congress)를 만들어 꾸려갔다고 한다. 당시에 간디는 대영제국을 신의 섭리라고 여기고 있었고 영국에 대한 완전한 충성심으로 봉사 활동을 했다는 것이다. 예를 들어, 보어 전쟁과 줄루 반란 시 영국인을 위한 인도인 응급 지원단을 만들었고, 유럽식 양복과 줄무늬 셔츠, 빳빳한 흰 칼라에 알록달록한 넥타이를 매고 다녔다고 한다(라우, 2000: 58~61). 간디가 1차 대전에 참여한 것도 불가피하게 일각의 비판을 불러일으켰다. 간디는 대영제국의 보호를 받고 그로 인해 이익을 보는 이상 대영제국을 파괴하려 한 적이 없으며, 이제 제국의 존재 자체가 위협을 받고 있기 때문에 그것이 파괴되도록 내버려두지 않는 것이 그의 의무라고 주장했다. 간디는 훗날 이렇게 썼다.

전쟁에 참여하는 것이 아힘사와 양립할 수 없다는 것은 분명한 일이었다. 그러나 자신의 의무에 대해서도 늘 그렇게 분명하게 알 수 있는 것은 아니다. 진리를 숭배하는 사람도 어둠 속에서 더듬을 수밖에 없다. 무슨 일을 할 때 관습만 존중하면 안 된다. 늘 바로잡을 준비가 되어 있어야 한다. 자신이 잘못했다는 것을 알 때는 무슨 일이 있어도 그것을 고백하고 속죄해야 한다(차다, 2001: 362~363).

간디가 지녔던 이러한 전쟁관은 그가 인도로 돌아와 식민 당국과 투쟁을 벌이면서 변화하게 된다. 간디는 연설과 글을 통해서 악마의 조직이라고 불렀던 영국 제국주의에 대해 비난했다. 한때 이 조직 안에서 세계의 안녕을 보려고 했던 종전 입장은 정반대로 바뀌었다. 간디는 비협조를 종교적이고 윤리적인 데 바탕을 둔 하나의 운동으로 여겼다. 하지만 이것이 정부를 전복시키는 것을 목적으로 한다는 것을 은폐하지는 않았다(라우, 2000: 111).

중요한 점은 폭력과 비폭력에 대한 생각이 간디의 삶의 국면마다 변화했다는 사실이다. 힌두교도와 무슬림 간의 국민 분열과 통합도 마찬가지였다. 진나는 "우리는 이 땅의 아들들이며 함께 살아가야 합니다. 우리는 함께 일해야 하며, 우리의 차이가 무엇이든 피를 흘려서는 안 됩니다. 무슬림과 힌두교도가 단결하기 전에는 인도에 발전이 없다고 믿습니다"라고 강조한 바 있다. 간디는 영국이 오스만 제국을 아랍과 유럽 지역으로 분할하려는 것에 항의하는 킬라파트(Khilafat) 운동을 지지했다. 이에 비해 진나는 간디가 주도하는 자치 정부 획득을 위한 비폭력 시민 불복종 운동이 종교적 광신을 기초로 한 극단적 정책으로 분열을 초래한다고 생각했다. 서구식 의복이 아닌 카디를 입고, 영어 대신 힌디어를 사용한 진나는 중앙에 국민회의 정부가 수립되면 무슬림이 위축될 것을 우려해 국민회의를 탈퇴했다. 이를 계기로 인도 무슬림을 위한 분리된 조국 건설 아이디어로 전향하게 된다(이정호, 2009).

간디의 종교적인 습관과 정치관, 생활 방식이 하나로 결집되어 성숙하게 된 시기는 그가 변호사로 등록한 후 동포들을 위해 정치적인 활동을 재개한 무렵이었다. 서양의 사회개혁가 존 러스킨(John Ruskin), 헨리 데이비드 소로 (Henry David Thoreau), 레프 톨스토이(Lev Nikolaevich Tolstoi)도 간디에게 사 상적으로 영향을 미쳤다. 간디에 따르면 부라는 것은 인간 위에 군림하는 힘 이므로 부자는 가난한 자가 충족하게 가질 때까지 모든 사치를 피해야 한다. 간디는 단순하게 살아야 할 뿐만 아니라 구성원 모두가 평등한 하나의 공동 체를 건설해야 한다고 주장했다. 흑인 노예제도를 반대하고 개인이 교회, 국 가, 전통과 관습에 종속되는 것을 증오하고 시민의 불복종을 주장했다. 생활 습관으로는 육체노동, 무욕, 무소유, 살생 회피 등을 추구했다. 톨스토이와 편지를 주고받은 간디는, 악에 대한 소극적인 저항이란 바로 인간의 삶에서 가장 고귀하고 유일한 법칙인 사랑을 베푸는 것과 다름없다는 내용을 죽음 의 문턱에서 깨닫는다. 사탸그라하(satyagraha)[3]는 산스크리트어로 진리와 정 의를 고수한다는 의미로 간디의 전체 사고와 행동의 내적인 추진력으로 평 가된다(라우, 2000: 62~80).

---

3 이에 대해 간디는 다음과 같이 구체적으로 설명한다. "나는 사탸그라하 법칙에 복종함
   으로써 완전한 민족적 삶(full national life)을 사는 것이 가능하다는 사실뿐만 아니라,
   사탸그라하 곧 진실한 종교적 삶 없이는 완전한 국민적 삶(fullness of national life)이
   불가능하다는 사실을 내 경험을 바탕으로 주장하고 싶다. …… 나는 흔히 '수동적 저항'
   과 '사탸그라하'를 동의어로 사용했다. 그러나 사탸그라하 교의가 진전되자, '수동적 저
   항'이라는 표현은 동의어로 사용할 수 없게 되었다. 그 표현이 여성참정권론자의 경우처
   럼 폭력을 수용하게 되었고, 약자의 무기로 널리 인정을 받게 되었기 때문이다. 더구나
   수동적 저항은 모든 경우에 진리를 완전히 고수하는 것을 반드시 의미하지 않게 되었다.
   그래서 그것은 세 가지 핵심 사항에 있어서 사탸그라하와 다르다. 사탸그라하는 강자의
   무기이고 어떤 경우에도 폭력을 용납하지 않는다. 그것은 항상 진리를 고수한다"(이예
   르, 2004: 70, 81).

민족주의의 다른 길, 무장투쟁

〈알제리 전투(La Battaglia Di Algeri)〉는 1966년 베니스 국제영화제에서 황금 사자상과 국제영화비평가협회상을 수상했다. 질로 폰테코르보가 감독했고, 음악은 그와 엔니오 모리코네(Ennio Morricone)가 맡았다. 알제리민족해방전선 (FLN)이 프랑스 제국주의의 식민 통치에 저항했던 것을 다큐멘터리 형식으로 재구성했다. 독립 이후 알제리 정부의 전폭적인 지원을 받아 제작되었고, 로케이션에는 알제리인들이 엑스트라로 영화에 출연했다. 당시 프랑스 정부는 알제리 식민 지배의 치부를 드러낸 이 영화의 배급을 금지했다. 프랑스에서 〈알제리 전투〉가 개봉되기까지는 40여 년 가까운 세월이 흘러야 했다.

1830년부터 120여 년 동안 식민 통치를 받은 알제리인들은 왜 FLN을 결성하고 제국주의자들에 대항하는 무장투쟁에 나서게 되었을까? 한 프랑스 기자의 공격적인 질문에 대한 FLN 지도자 벤 미디의 대답에서 그 실마리를 발견할 수 있다. "여자들에게 폭탄이 든 바구니를 운반하도록 해 무고한 생명을 수없이 죽인 건 비겁한 행동 아닌가요?" 미디가 반문한다. "네이팜탄으로 민간 마을을 공격해 수천 명을 죽인 건 더 비겁한 짓이 아닌가요? 폭격기가 있다면 우린 훨씬 쉬울 겁니다. 당신네 폭격기를 주면 바구니를 드리죠." 다시 질문이 이어진다. "아직도 민족해방전선이 승산이 있다고 보세요?" FLN 지도자는 굳은 의지를 피력한다. "프랑스가 역사의 흐름을 바꾸는 것보다 우리가 프랑스를 이길 확률이 더 높습니다."

역사적 사실에 충실한 기록영화라고 볼 수 있는 〈알제리 전투〉는 1957년 10월 FLN 대원 하나가 고문 끝에 지도자 알리 라 쁘왕뜨의 은신처를 알려주는 장면으로 시작한다. 물론 주둔군 사령관인 매슈 대령은 "고문이란 건 우리 명령에 없소. 우린 불법행위에 대한 유일한 합법적 수단인 심문을 할 뿐이오"라고 말한다. 그 자신 2차 대전 중에는 레지스탕스 대원이기도 했던 매슈 대령은 전형적인 군인으로 이제는 침략자의 입장에 서서 식민지에서 일어난 저항운동을 무력 진압하는 것을 당연시하는 인물이다. 프랑스 군대는 알리의 은신처를 포위하고 투항을 권한다. 생사의 갈림길에서 알리는 치열했던 지난 3년간의 투쟁을 회상한다. 영화는 현재에서 1954년 알제의 유럽지구인 카스바라는 과거의 특정한 장소로 관객을 옮겨놓는다. FLN의 성명 1호가 발표된다. "알제리 동포여, 우리는 식민통치에 대항한다. 목표는 독립과 이슬람 교리에 입각한 알제리인의 존엄 회복, 종교와 인종을 막론한 기본 자유의 존중이다. 유혈 사태를 막고자 우리는 프랑스에 알제리 자결권 협상을 제의한다. 알제리 동포여, 조국과 자유를 되찾는 것은 우리의 의무다. 승리는 우리 것이다. 동포여, 단결하라! 무장하라!"

주인공 알리는 밑바닥 인생 출신이다. 영화에서는 그에 관한 군의 기록을 보여준다. "1930년 밀리아나 태생으로 문맹, 노동, 권투 선수. 현재 실직 상태. 병역기피자. 공공 기물 파괴로 알제 소년 법원 소년원 감호 1년 형, 치안문란 행위로 소년원 감호 2년 형, 매춘 알선 공무 집행 방해로 징역 8월. 감옥서 단두대 처형 목격. 대원이 됨." 식민 지배의 가장 큰 피해자는 민중이고 민족 해방 투쟁을 주도하는 것도 역시 이들 민중임을 알 수 있다. 프란츠 파농의 용어를 빌리자면, 이들은 식민지 체제에서 소외되고 착취당하며 어떤 권리도 없는 사람들인 '대지의 저주받은 자들(Les Damnés de la Terre)'이기도 하다. 이름 없는 수많은 별들이 어두운 하늘을 밝히듯이 이 평범한 민중이 제국주의 프랑스의 강압적인 식민 통치에 맞서 독립을 쟁취하기 위해 지난한 투쟁을 벌였다. 그 방법은 폭력이었다.

FLN 대원이 된 알리에게 지도자인 엘하디 자파는 우선 체계부터 갖추고 은신처를 확보해야 활동에 착수할 수 있다고 말한다. 조직은 강해지는데 여전히 술주정뱅이, 창녀, 마약중독자가 만연하고, 심지어 FLN 대원을 팔아넘기려는 작자도 있다는 것이다. 먼저 내부를 정화하고 기강을 잡아야 적과 대적할 수 있다는 조직의 판단에서 1956년 '전선 성명 24호'가 공표된다. "알제리 동포들이여, 식민 정부는 민중의 삶을 피폐하게 했고 이 때문에 인간의 존엄성을 상실한 형제들은 타락과 파멸로 치닫고 있다. 우리는 이 병폐를 근절하는 데 앞장서고 동포들의 동참을 촉구한다. 이는 독립을 향한 첫 발돋움이다. 오늘부로 우리가 동포의 신체적·도덕적 안녕에 대한 책임을 진다. 이에 마약과 술의 판매 및 음용을 금하고 매춘과 그 알선 행위 일체를 금지하는 바이다. 위반자는 처벌될 것이며 상습범은 사형에 처한다."

이어서 경찰서 습격, 순찰 경관 공격이 행해지고 거리에서 총격전이 벌어지는 등 FLN의 무장투쟁이 본격화된다. 프랑스 정보부원이 아랍 지구에 폭탄을 설치해 어린이를 포함한 주민들을 폭사시킨 사건이 발생한 후에는 FLN 역시 검문을 피할 요량으로 양장한 여자들을 내보내 프랑스 항공, 카페, 찻집에 타이머를 부착한 폭탄을 설치한다.

알리가 FLN 간부와 폭력에 대해 얘기하는 장면에서 간부는 알리에게 "폭력 행위로는 전쟁에서 이길 수 없어. 혁명도 성공 못해. 테러는 처음엔 효과가 있지만 결국은 민중이 스스로 움직여야 해"라고 말한다. 그러면서 파업을 통해 결집한 힘을 보여주게끔 모든 알제리인을 동원하자고 주장한다.

그러나 제국주의 프랑스가 알제리를 식민지로 삼고 강압과 수탈 정책을 펼친 것 자체가 거대한 폭력이었다. 이들은 수도인 알제의 무슬림 집단 거주 구역을 폐쇄하고 철저한 검문을 실시했으며 FLN 조직원을 체포하면 온갖 고문을 자행해 유용한 정보를 얻어내려 했다.[4] 알제리인들이 이에 분노한 것

---

4   프랑스에서는 1954년 11월 민족 해방 봉기와 함께 시작해 8년간 지속된 알제리 전쟁이

은 당연한 일이었다. 나름의 정의를 구현하기 위해 이들도 폭력에 의존하게 된다. 폭력에 폭력으로 맞서는 상황이 펼쳐진 것이다. 그들은 프랑스 주둔군과 같이 주권국가의 정규군이 아닌 무장한 민간인들로, 비대칭적인 군사력에도 독립이라는 정치적 목적의 달성을 위해 전투에 뛰어들었는데 주된 수단은 게릴라전술과 테러였다. 그런 점에서 1차·2차 인도차이나 전쟁과 더불어 알제리 독립전쟁은 나중에 세계화가 진척되면서 본격적으로 대두된 '새로운 전쟁' 또는 '전 지구적 내전'의 초기 형태를 보여준다.[5]

알제리 민족 해방운동에 투신했고, 전 세계의 탈식민주의 운동에 커다란 영향을 미친 프란츠 파농은 사망 직전 집필한 『대지의 저주받은 사람들(Les Damné's de la Terre)』에서 폭력에 대해 "식민지 민중으로서는 폭력만이 유일하게 가능한 일이기 때문에 폭력에 긍정적이고 창조적인 성격을 부여하게 된다"라고 말한다. "폭력의 행사는 그들을 한 덩어리로 묶어주며, 각 개인은 폭력이라는 커다란 사슬의 고리들이 된다. 이 거대한 폭력의 유기체는 이주

대규모 학생 동원을 불러왔다. 제2차 인도차이나 전쟁이 시작되면서 패배한 프랑스군이 철수하고 있던 인도차이나와 달리 알제리 전쟁은 공산주의를 봉쇄한다는 냉전 정책에 의해 정당화될 수 없었다. 프랑스공산당(PCF)은 처음부터 전쟁을 비난하지 않았다. 오히려 사회주의자 수상은 알제리에서 징병제를 지시했다. 그런 가운데 일부 프랑스 언론들이 프랑스 군대가 알제리에서 사람들을 고문하고 살해하고 있다는 것을 폭로하면서 프랑스 사회에 엄청난 파장을 초래했다. 이에 충격을 받은 젊은이들은 "도덕적 이유로 전쟁을 거부했고, 도덕적 위기 때문에 정치에 뛰어들었다"(프레이저, 2002: 65).

5 아우토노미아(autonomía) 운동을 창시한 이탈리아의 정치철학자인 안토니오 네그리(Antonio Negri)와 동료 마이클 하트(Michael Hardt)에 따르면, '새로운 전쟁'은 근대적 전쟁의 특징인 주권국가 간의 무력 충돌이 아니라 주권국가로부터 벗어나서 나름의 목적과 조직을 갖춘 채 활동하는 무장 단체들이 기성 국가나 다른 무장 단체와 벌이는 분쟁을 가리킨다. 그리고 '전 지구적 내전'은 2000년 이후 방어나 공격에서 안보로의 전환과 개인 및 집단을 비롯한 전방위적인 주적 설정을 특징으로 한다는 면에서 내전의 징후로 읽힐 수 있는 전쟁을 말한다. 이에 대해서는 네그리·하트(2008: 67~71) 참조.

민이 처음에 행사한 폭력이 클수록 덩치가 커진다. 집단들은 서로를 인정하고, 미래의 통합된 민족이 싹을 드러낸다. 무장투쟁은 민중을 동원시키며, 한쪽 방향을 취하도록 몰아간다"(파농, 2004: 117)라는 것이다. 파농은 식민지에서 사람들을 조직하고 행동에 나서기 위해 어떻게 폭력을 사용할 것인지에 대해서 다음과 같이 언급한다.

> 식민지 민족은 혼자가 아니다. 식민주의는 막강한 힘을 자랑하지만 그 변방에
> 서는 외부 세계로부터 새로운 이념과 영향이 유입될 수 있다. 그 결과 폭력의 분위
> 기가 강해지고, 여기저기서 사태가 터져 나오며, 여기저기서 식민지 체제가 무너
> 진다. ······ 디엔비엔푸에서 베트남 민중이 거둔 위대한 승리는 엄밀히 말해서 베
> 트남만의 승리가 아니다. ······ 식민지 정부의 목적은 전위를 체포하고 해방운동
> 의 방향을 우익으로 돌리고 민중을 무장해제하는 데 있다. 따라서 탈식민화를 서
> 둘러야 한다. 아프리카 전역에서 헌법을 제정하고, 프랑스식 공동체인 코뮈노테
> (communauté)를 수립하고, 그 코뮈노테를 쇄신하라(파농, 2004: 92).

민족 갈등이 초래한 대만 현대사의 비극

〈비정성시(悲情城市)〉(1989)는 대만 뉴웨이브를 이끈 허우샤오시엔(侯孝賢) 감독이 격동의 대만 현대사 속에서 유영하는 문씨 집안의 3대에 걸친 가족사를 담담한 영상으로 담아낸 영화이다.

1949년부터 국민당 정권의 장기 지배하에 있던 대만에서 1980년대에 새로운 세대가 출현한다. 1980년대는 급속한 경제성장으로 대만인들이 물질적 풍요를 누리기 시작하고, 비록 제한된 수준이지만 이전보다는 정치적 자

유도 신장된 시기였다. 고등교육 이수자의 수도 증가하고 있었다. 전후에 대만에서 나고 자란 세대는 기성세대와는 다른 가치관을 갖게 된다. 이들 새로운 세대는 그들의 고국인 대만의 고유한 문화와 역사, 특히 현대사에 관심을 갖기 시작했다.

허우샤오시엔 역시 1947년 중국 본토의 광둥 성에서 태어났지만 이듬해 대만으로 이주해 성장했다. 대만 국립 예술 아카데미를 졸업한 후 시나리오 작가, 조감독 등을 거쳐 1980년 멜로물인 〈귀여운 여인(Lovable You)〉으로 데뷔했다. 이후 자전적 성격의 〈샌드위치 맨(The Sandwich Man)〉(1983), 〈펑꾸이에서 온 소년(風柜来的人)〉(1983), 〈연연풍진(戀戀風塵)〉(1986) 등을 통해 섬세한 연출 감각을 선보이면서 영화계에 알려지게 되었다.

허우샤오시엔은 1989년 〈비정성시〉를 시작으로 대만의 현대사를 본격적인 영화의 주제로 삼게 된다. 한 외성인(外省人) 가족이 겪는 비극을 다룬 〈비정성시〉에서 대만 현대사의 비극적 사건인 '2·28 사건'을 소재로 끄집어냈고, 이후 제작된 〈희몽인생(戱夢人生)〉에서는 일제강점기에 인형극단을 전전하는 리 티엔루의 고달픈 삶을 다뤘다.

1989년 제46회 베니스 국제영화제에서 허우샤오시엔에게 황금사자상을 안겨준 〈비정성시〉에는 대만의 민족 갈등이 배경으로 깔려 있다. 대만은 여러 민족이 섞여 사는 나라이다. 그중 다수 민족은 명과 청 시대에 대륙의 푸젠 성(福建省) 등에서 건너와 정착한 사람들로 본성인(本省人)이라 불린다. 이들이 선사시대부터 대만에서 살아온 소수민족인 원주민들과 공존하며 살아왔는데 국공내전(國共內戰)에서 패한 장제스(蔣介石) 국민당 군대가 대만으로 피신하면서 같이 들어온 외성인이라 불리는 대륙 출신들이 본성인들을 탄압하면서 갈등이 빚어지기 시작했다.[6] 2·28 사건이 대표적인 사례이다. 이 사건은 1947년 2월 국민당 정부의 강압적 지배에 항거해서 대만 본토인들이 일으킨 항쟁을 가리킨다. 대륙에서 쫓겨 온 국민당 정부는 실업과 고물가 문제에 무능했고 뇌물을 받고 마약 밀수를 눈감아주는 등 관리들의 부정부패도 만연했다. 생활고에 시달리는 대만인들의 불신도 깊어졌다. 1947년 밀수한 담배를 파는 여인이 전매청 관리에게 맞아 사망한 일이 도화선이 되어 대만인들의 반정부 시위가 이어졌다. 공권력의 진압으로 희생된 사람들은 3~4만 명에 달한다.

〈비정성시〉의 주인공들은 평범한 대만인인 문 씨와 그의 네 아들들이다. 비교적 느린 리듬으로 카메라는 초점을 중앙에 맞춘 채 이들 부자가 그려나가는 다채로운 색깔의 삶을 정확히 화면에 담는다. 디프 포커스를 통해 감독은 현실을 투명하게 옮겨놓는 데 성공했다. 그러나 이 영화가 뛰어나다고 할 수 있는 것은 단순히 허우샤오시엔이 보여주는 영화 미학 때문만은 아니다. 역사적 격동기에 넷째 아들인 문청(양조위 분)과 지식인 청년 관영의 관계를 통해 민족주의가 한 가족과 개인의 삶에 미치는 영향을 보여준다. 청각 장애와 언어 장애를 가진 문청은 사진관에서 일한다. 문청이 관영과 함께 타이베이로 향하는 기차를 타고 갈 때 대만 청년들이 올라와 외성인을 색출한다. 말을 못하는 문청을 외성인으로 오해한 청년들이 낫과 작대기로 그를 죽이려 하는 찰나 관영이 나서 오해를 풀고 무마한다.

감독은 관영의 동생인 관미의 내레이션과 문청과 관미가 주고받는 쪽지를 통해 당시 시대 상황을 알려준다. "이젠 전쟁도 끝났는데 대만은 어떻게 될까?" "물론 아주 좋지. 조국의 품에 다시 안기고 사방에서 국기를 볼 수 있잖아." "기분이 너무 좋아. 솔직히 말해서 진희 같은 매국노를 정부가 중용하다

---

6   본성인과 외성인 간의 갈등은 전후 대만 사회의 지형을 형성하고 변화의 흐름에 가장 큰 영향을 미친 요인으로 평가된다.

니 국민당에게 실망했어." 술집 안에 있던 젊은이들이 같이 부르는 「유망삼부곡(流亡三部曲)」에는 고향을 떠난 이들의 비애가 서려 있다. "918, 918, 그 비참한 때에 내 고향을 떠났고 많은 보물을 포기했었지. 유랑, 유랑. 많은 날을 갇혀 지내면서. 유랑, 유랑. 언제가 돼야 내 고향으로 돌아갈 수 있나. 언제가 돼야 내 고향으로 돌아갈 수 있나. 언제 그 보물들을 찾을 수 있는지."

관영의 친구들과 문청이 나누는 대화에도 당시 대만이 처한 정치적 상황이 잘 나타난다. 관영의 친구는 관리들에게 뇌물만 주면 마약을 들여올 수 있다면서, 법원에 근무하는 친구한테 들은 바에 따르면 새로 부임한 대법원장이 모든 대만인을 내쫓고 자신의 친척들을 취직시키는 바람에 지금 법원이 그들의 집이 되었다고 불만을 토로한다. 또 다른 친구는 국민당의 법이 바뀌지 않는 한 계속 고통받으며 살 거라면서, 국민들이 들고일어나서 뒤엎어야 하며 국민당이 계속 진희에게 정치를 맡긴다면 대만은 언젠간 큰일이 날 거라고 말한다. 군인들이 들이닥치자 도망친 임 씨도 "우리 대만인이 제일 불쌍해. 일본인과 대륙인에게 차례로 괴롭힘을 당해"라고 말한다.

감독은 라디오 방송에서 나오는 진희의 성명서를 통해 2·28 사건을 간접적으로 관객에게 전달한다. 물론 당시 국민당 정부에 의해 장악된 방송이 사건을 축소하고 은폐하려는 목적으로 행한 보도이다. 이것은 우리에게도 낯익은 광경이다. 1980년 5월 계엄령 해제와 동향 출신 정치인 석방을 구호로 내걸고 평화적으로 시위를 하는 광주 시민들을 "총을 든 난동자"로 몰고 "무법천지"라고 보도했던 신문이 떠오르기 때문이다.

"대만 동포 여러분, 27일 밤 타이베이에서 큰 싸움이 일어나서 많은 사람이 다쳤는데 우리가 모두 검거했습니다. 큰 싸움을 일으켜서 많은 인명 피해를 낸 자들은 큰 벌을 받을 겁니다. 그때 부상을 입은 여자는 다행히 상처가 크지 않아 지금 치료 중에 있습니다. …… (그다음 방송) 민심과 질서를 회복하기 위해 특별히 몇 조항을 발표합니다. 첫째, 이번 사건 관계자들은 정부의 과잉 진압을 인정해 죄를 추적하지 않겠습니다. 둘째, 사건에 검거된 자들은 모두 석방해 헌병대로 보낼 테니 식구가 와서 신병을 인도해가세요. 셋째, 피해자는 신분과 지위를 가리지 않고 부상자는 치료하고 사망자는 합당한 보상을 하겠습니다. 넷째, 정부와 국민 대표로 구성된 위원회를 설립하겠습니다. 나는 여러분을 보호하기 위해 계엄령을 선포했습니다. 절대 소문을 믿고 두려워해선 안 됩니다. 법을 지키는 국민에겐 아무 피해도 없을 것입니다. 내가 다시 계엄령을 선포한 것은 소수의 난당들 때문입니다. 이들을 빨리 없애지 않으면 여러분은 안심할 수 없습니다."

이 사건은 관미와 결혼해 태어난 아기와 함께 짧은 행복을 누리던 문청에게도 덮쳐온다. 이미 형제들은 밀수에 가담하던 폭력 조직 간의 싸움에 휘말리거나, 일본군에 끌려가서 사망하거나, 경찰에 끌려가서 미쳐버린 후였다. 문청은 생업에 충실하라면서 신념만 있다면 어느 곳에서 어떤 방식으로든 저항할 수 있다는 관영의 말을 가슴속에 새긴다.

사랑하는 가족과 자신의 사진관에서 가족사진을 찍은 지 얼마 후 문청도 어디론가 끌려간다. 관영이 속한 저항 조직에 비밀리에 자금을 댔기 때문이다. 감독은 비극적인 가족사와 격동의 대만 현대사를 교차시키면서 관객에게 그동안 정치권력이 은폐해왔던 어두운 과거의 기억을 집단적으로 상기시킨다.

배타적 민족주의가 가져온 재앙

타비아니 형제(Paolo and Vittorio Taviani)는 사회적 현실과 약자가 처한 삶의 조건을 생생하게 묘사한 전후 이탈리아의 영화 흐름인 네오레알리스모의 영향을 받았다. 이탈리아의 국민 형성 시기에 아들에게 폭력을 행사하는 권위주의적 아버지에 대한 이야기 〈파드레 파드로네(Padre Padrone)〉(1977)와 전쟁의 참혹함을 동화의 형식을 빌려 표현한 〈로렌조의 밤(La Notte Di San Lorenzo)〉(1982) 등과 같은 탁월한 작품을 통해 세계적 명성을 획득했다. 타비아니 형제는 2007년 개봉한 〈종달새 농장(La Masseria Delle Allodole)〉에서 그동안 은폐된 역사적 사건을 끄집어내어 현재를 살아가는 이들에게 던져놓았다. 역사의 격랑에 빠진 아바키안 가족의 수난사를 다룬 이 영화는 여전히 지속되는 아르메니아와 터키 간 민족 갈등의 한 뿌리를 알게 해주고 나아가 배타적 민족주의가 가져온 어두운 결과를 고찰하게 만드는 데서 그 가치를 발견할 수 있다. 아르메니아계 이탈리아 작가 안토니아 아슬란(Antonia Arslan)의 소설 『종달새(La masseria delle allodole)』를 원작으로 한 이 영화는 집단 학살이라는 재앙을 마치 얼마 전의 과거처럼 생생하게 묘사하고 있다. 전쟁 후 학살자들에 대한 재판이 개최되었고 인술 장교의 증언도 나왔지만 법원은 판결을 유예했다. 타비아니 형제는 마지막에 "아르메니아인들은 아직도 정의를 기다리고 있다"라는 자막을 통해 명백하게 희생자 편에 선다. 파비아니 형제가 〈종달새 농장〉에서 역사를 배경으로 다룬 목적은 "현재에 대해 하고 싶은 이야기를 전달하기 위해"(남인영, 2015: 72)서이다. 파올로 타비아니는 2008년 부산국제영화제에 참석해 나눈 대담에서 〈종달새 농장〉의 제작 동기에 대해 다음과 같이 말한 바 있다.

〈종달새 농장〉의 작가는 아르메니아인 여성인데 그분의 할아버지가 아르메니아 학살이 일어났을 때 이탈리아로 피난을 오셨습니다. …… 그녀의 아버지가 그 사건을 딸에게 이야기로 들려줬습니다. …… 이렇게 잔혹하고 비극적인 사건들은 현재에도 일어나고 있습니다. …… 그러나 우리는 그것을 TV나 신문을 통해 접할 뿐이고 이런 현실을 막으려 하지 않습니다. …… 저와 비토리오 형은 죄책감을 느꼈고, 이런 학살에 대해 이야기하자고 결심했습니다. 비록 우리가 만들었던 배경은 1915년이지만 가장 최근의 모습을 잘 이야기할 수 있는 영화라고 생각했습니다(남인영, 2015: 75~76).

타비아니 형제가 학살을 소재로 함께 만든 영화가 〈종달새 농장〉이 처음은 아니다. 첫 작품 〈1944년 7월 산 미니아토(San Miniato, Luglio '44)〉(1954)에서 유년 시절에 경험한 독일군의 학살을 다룬 바 있다.

〈종달새 농장〉의 배경이 되는 사건은 다음과 같다.[7] 19세기 말 오스만 제국의 북동쪽 고원지대에는 소수민족인 기독교계 아르메니아인 약 250만여 명이 거주하고 있었다. 이들이 오스만 제국의 무슬림 교도와 불화를 빚게 된 계기는 1877년 제정 러시아와 오스만 제국 간에 벌어진 전쟁이다. 전쟁에 승리한 러시아가 산스테파노(San Stefano) 조약을 통해 아르메니아인들의 권리 향상을 목표로 한 개혁을 실시하겠다고 약속한 것이 아르메니아인들의 민족주의 정서를 자극했다. 오스만 제국 내에서 아르메니아인들의 민족운동이 시작되었고, 해외에서는 독립을 지향하는 정당들이 창설되어 활동을 시작했다. 이 밖에 러시아와 오스만 제국의 전쟁 기간 러시아 점령지에서 아르메니아인들이 러시아와 협력해 무슬림을 추방한다는 소문이 널리 퍼진 것도 제국 내에서 아르메니아인들에 대한 적대적 감정이 높아지는 한 원인이 되었다. 자국 영토 내에서 분리주의 움직임을 경계하던 술탄 압둘 하미드 2세(Abdul Hamid II)는 이웃한 쿠르드인들의 민족주의를 부추겨 수천 명의 아르

---

7   이는 김영미(2015)를 정리했다.

메니아인들을 죽이고 마을을 불태웠다. 1884년에 발생한 이 사건은 아르메니아인들이 겪게 될 비극의 시작이었다. 1894년에는 비틀리스 지역에서 아르메니아인들과 무슬림 간에 심각한 민족 분쟁이 일어나자 오스만 제국이 이를 무력 진압하는 과정에서 2만 명이 넘는 아르메니아인들이 희생되었다.

1914년 제1차 세계대전이 일어나자 독립을 갈망하던 아르메니아인들은 오스만 제국에 대항해 봉기했다. 게릴라 활동으로 오스만 제국의 무슬림 신도들을 살해하기도 했다. 그러나 1915년 제국의 잔혹한 역습이 개시된다. 그해 4월 24일 오스만 제국은 수도 이스탄불에 거주하던 아르메니아 지식인 수백 명을 잡아들여 처형했다. 그다음에는 18~50세 모든 아르메니아 남성에 대한 강제 징집에 나섰다. 이들은 대부분 징벌 성격의 군사훈련과 노동 현장에 투입되면서 식량도 제대로 공급받지 못했다. 오스만 제국은 아르메니아의 여성들과 어린이들도 시리아로 강제 이주시켰다. 이 과정에서 허다한 아르메니아인들이 추위와 굶주림으로 사실상 살해당했다. 문제는 터키 정부가 지금까지 한 번도 아르메니아에 과거사를 제대로 사과한 사실이 없다는 점이다. 터키의 역사교육과정에서도 이 사건은 철저히 배제되었다. 이 사건에 대한 가해자와 피해자의 해석은 너무 다르다. 아르메니아 측은 학살의 피해자가 150만 명이 넘는다고 주장한다. 그러나 터키 측은 30만 명 수준이라고 반박한다. 참극의 성격에 대한 주장에서도 큰 차이를 보인다. 아르메니아인들은 매년 4월 24일, 희생자 추모식을 열며 치를 떤다. 그러나 터키는 '양측이 동시에 고통받은 내전'으로 '인종 학살은 없었다'고 발뺌한다. 전쟁 중 우연히 벌어진 비극적 참사에 불과하다는 말이다. 또한 학살의 주체는 당시의 오스만 제국이지 터키가 아니라는 입장이다. 심지어 터키 내부에서는 당시의 학살이 종교 갈등에서 파생된 사건이라며 초점을 흐리기도 한다.

영화는 당시의 사건과 이로 인한 아르메니아인들의 고통을 비교적 충실하게 카메라에 담았다. 1915년 소수민족인 아르메니아인들이 집단적으로 거주하는 터키의 작은 도시는 평화롭다. 포도를 수확하고 장사를 하며 터키인들과도 사이좋게 지낸다. 아바키안가의 딸인 누니크는 터키인 장교 에곤 중위를 사귀며, 할아버지의 장례식에는 터키 군인들도 참석한다. 에곤은 이스탄불로부터 정보를 접하고는 불안한 생각에 누니크에게 함께 유럽으로 도망치자고 제안한다. 의아해하는 누니크에게 에곤은 "우리가 여기서 순탄치 못할 거란 거였어요. 난 터키인, 당신은 아르메니아인이니까요. 이 도시를 떠나야만 해요. 당신이 결정해야 해요. 당신과 나, 세상에서 가장 행복할 수도, 가장 불행할 수도 있어요"라고 말한다. 이스탄불의 군부에서는 에곤이 우려하던 일이 실제로 벌어지고 있었다. 군부 내 회의에서 사령관은 "보다시피 전쟁이 우리 의도대로 되지 않고 있다. 러시아가 예상보다 더욱 심하게 우릴 압박하고 있다. 우린 맞서야 한다! 우리의 패배가 뭘 의미하는지 알 것이다. 그러면 '위대한 터키'에 대한 우리의 계획은 끝이다. 터키는 터키인에게. 내부의 적을 제거하는 것이 지금처럼 절실한 적은 없었다. 우리 조국은 위대한 나라다. 오염돼선 절대 안 된다"라고 강변한다. 회의에 참석한 장교들 역시 "그리스는 그리스인들 나라고 프랑스는 프랑스인들 나라인데 왜 터키는 터키인들 나라면 안 되는가? 부유한 아르메니아인들과 가짜들, 반역자들을 몰아냅시다!"라며 호응한다. 이들은 터키 국기를 보고 노래를 부른다.

아르메니아인들이 거주하는 지역의 사령관인 아르칸 대령의 부인이 군인들의 말을 엿듣는다. "이스탄불을 시작으로 전국적으로 아르메니아인들을 체포할 거야. 집, 병원, 대학, 신문사…… 아르메니아인들이 알아선 안 돼." "불시에 덮치겠군요." "적당한 때를 기다릴 거야. 특수부대를 보내줄 거야. 걱정 마, 저들이 다 알아서 할 거야. 기습, 검거, 제거……." "아이들과 여자들은 어떻게 되나요?" "그들은 이송돼서 추방될 거야. 모두 다." 마을 주민들은 그 사실을 모른 채 코차리 춤을 함께 춘다. 에곤 중위가 터키인 거지 나짐의 밀고로 발각된다. 에곤에게는 전선으로 떠나거나, 일등병으로 강등된 채 아르메니아인 부녀자들을 인솔하거나 둘 중 하나를 선택할 것이 강요된다. 나짐의 안내로 종달새 농장에 피신한 남자들은 집단 학살된다. 추방되어 떠나는 아르메니아 여인들 역시 같은 운명이 기다리고 있다.

영화의 마지막에 감독은 몇 년 후 전쟁이 끝나고 이스탄불에서 열린 학살자들의 재판 장면을 보여준다. 아르메니아인들을 인솔했던 유수프 중위가 법정에서 증언을 한다. "제 상관은 증언하지 말라고 했습니다. 저들은 진실을 부정하고 있습니다. 하지만 전 봤습니다. 내 두 눈으로 살육 현장을 봤습니다. 알레포에서 머무른 후 우린 추방자들을 강제로 행군시켰습니다. 데이레조르까지. 거기서 살아남은 굶주리고 목마르고 지친 사람들을 모두 죽였습니다. 임무를 수행한 것뿐입니다." 지금까지 발굴된 사료와 공개된 증언에 따르면 아르메니아인들에 대한 대량 학살은 케말 파샤(Mustafa Kemal)와 민족주의 성향의 정치 세력인 젊은 터키당이 민족적으로 동질적인 터키를 수립하려는 목적으로 자행한 것이라고 할 수 있다(김영미, 2015). 프랑스·러시아·그리스 등이 이 사건을 특정 집단의 구성원을 절멸할 목적으로 대량 학살하는 행위인 제노사이드(genocide)[8]로 규정한 데 이어 유럽의회도 터키 정부를 상대로 '제노사이드를 인정하라'는 결의안을 채택한 것은 이 같은 역사

---

[8]   민족, 종족, 인종을 의미하는 그리스어 제노스(genos)와 살인을 뜻하는 라틴어 사이드 (cide)의 합성어이다. 특정 집단의 구성원을 절멸할 목적으로 이뤄지는 대량 학살 행위를 가리킨다. 『인권(Human Rights)』의 저자 마크 프리드먼(Mark Friedman)은 오스만 제국에 의해 자행된 아르메니아 대학살을 현대의 첫 제노사이드라고 지적한다. 당시 오스만 제국은 아르메니아인들을 학살하는 것뿐만 아니라 아르메니아 교회를 부수고, 예술 작품·문서·도서관을 없애는 등 아르메니아인의 기억까지 파괴하려고 했다(프리드먼, 2015: 29~40).

적 사실이 확인되었기 때문이다. 〈종달새 농장〉은 은폐되었던 과거를 희생
자의 입장에 서서 실제적으로 접근하고 관객에게 보여준다는 점에서 그 의
의를 찾을 수 있다. 나아가 이 영화는 배제와 차별이라는 민족주의가 지닌
그림자가 여전히 맹위를 떨치는 현실에 대해서도 숙고하게 한다. 1991년 소
련의 해체 과정에서 독립한 아르메니아는 터키 영토 내에 있는 아르메니아
인들의 이전 거주 지역에 대한 영유권을 주장하고 나섰는데 외교적 갈등으
로 비화한 이 문제는 여전히 해결되지 않고 있다.

간디 Gandhi (영국·미국, 1982)

　감독　리처드 애튼버러 Richard Attenborough

　각본　존 브릴리 John Briley

　배우　벤 킹슬리 Ben Kingsley, 캔디스 버건 Candice Bergen, 에드워드 폭스 Edward Fox, 존 길구드 John Gielgud, 트레버 하워드 Trevor Howard, 존 밀스 John Mills, 마틴 신 Martin Sheen, 이언 찰슨 Ian Charleson

알제리 전투 La Battaglia Di Algeri (이탈리아·알제리, 1966)

　감독　질로 폰테코르보 Gillo Pontecorvo

　각본　질로 폰테코르보

　배우　브라임 하자드 Brahim Hadjadj, 장 마틴 Jean Martin

비정성시 悲情城市 (대만, 1989)

　감독　허우샤오시엔 侯孝賢

　각본　주톈원 朱天文, 우녠전 吳念振

　배우　양조위 梁朝偉(량차오웨이), 리톈루 李天祿, 천쑹융 陳松勇, 가오지에 高捷, 우이팡 吳義芳, 신수펀 辛樹芬

종달새 농장 La Masseria Delle Allodole (이탈리아·프랑스·불가리아·스페인·영국, 2007)

　감독　비토리오 타비아니 Vittorio Taviani, 파올로 타비아니 Paolo Taviani

　각본　비토리오 타비아니, 파올로 타비아니　　원작　안토니아 아르슬란 Antonia Arslan

　배우　파스 베가 Paz Vega, 모리츠 블라이브트로이 Moritz Bleibtreu, 알레산드로 프리지오이 Alessandro Preziosi, 안젤라 몰리나 Angela Molina, 아시니 칸지안 Arsinee Khanjian, 모하메드 바크리 Mohammed Bakri, 체키 카료 Tcheky Karyo

욜 (Yol, 1982)　일마즈 귀니(Yilmaz Guney) 감독

마이클 콜린스 (Michael Collins, 1996)　닐 조던(Neil Jordan) 감독

말콤 X (Malcolm X, 1992)　스파이크 리(Spike Lee) 감독

코카서스의 죄수 (Kavkazskij Plennik, 1996)　세르게이 보드로프(Sergey Bodrov) 감독

경계도시 2 (2009)　홍형숙 감독

참고문헌

겔너, 어네스트(Ernest Gellner). 2009. 『민족과 민족주의』. 최한우 옮김. 한반도국제대학원대
　　학교.

김영미. 2015.5.12. "과거를 잊은 민족에게 EU 가입은 없다." ≪시사IN≫, 399호.

남인영. 2015. 『파울로 타비아니』. 본북스.

네그리, 안토니오(Antonio Negri)·마이클 하트(Michael Hardt). 2008. 『다중: 제국이 지배하
　　는 시대의 전쟁과 민주주의』. 조정환·정남현·서창현 옮김. 세종서적.

라우, 하이모(Heimo Rau). 2000. 『간디』. 윤태원 옮김. 한길사.

르낭, 에르네스트(Ernest Renan). 2002. 『민족이란 무엇인가』. 신행선 옮김. 책세상.

앤더슨, 베네딕트(Benedict Anderson). 2002. 『상상의 공동체: 민족주의의 기원과 전파에 대
　　한 성찰』. 윤형숙 옮김. 나남출판.

이예르, 라가반(Raghavan Iyer). 2004. 『마하뜨마 간디의 도덕·정치사상 3: 비폭력 저항과 사
　　회변혁』. 허우성 옮김. 소명출판.

이정호. 2009. 「인도의 독립: 마하트마 간디와 무함마드 알리 진나의 갈등의 역사를 중심으로」.
　　≪남아시아 연구≫, 제14권 2호.

장문석. 2007. 『민족주의 길들이기: 로마 몰락에서 유럽 통합까지 다시 쓰는 민족주의의 역사』.
　　지식의풍경.

차다, 요게시(Yogesh Chadha). 2001. 『마하트마 간디』. 정영목 옮김. 한길사.

쿨란스키, 마크(Mark Kurlansky). 2007. 『비폭력』. 전제아 옮김. 을유문화사.

파농, 프란츠(Frantz Fanon). 2004. 『대지의 저주받은 사람들』. 남경태 옮김. 그린비.

프레이저, 로널드(Ronald Fraser). 2002. 『1968년의 목소리』. 안효상 옮김. 박종철출판사.

프리드먼, 마크(Mark Friedman). 2015. 『세상에 대하여 우리가 더 잘 알아야 할 교양: 제노사
　　이드』. 한진여 옮김. 내인생의책.

홉스봄, 에릭(Eric Hobsbawm). 1994. 『1780년 이후의 민족과 민족주의』. 강명세 옮김. 창작
　　과비평사.

Kohn, Hans. 1969. *The Idea of Nationalism*. Toronto: Collier.

Özkirimli, Umut. 2000. *Theories of Nationalism: A Critical Introduction*. Houndmills: Palgrave.

6장

나치즘과 지도자 신화

〈의지의 승리〉〈위대한 독재자〉〈히틀러: 악의 등장〉

우리는 신화를 창조했다. 그 신화는 하나의 신념, 하나의 열정이다. 우리의 신화는 민족
이며, 민족적인 것의 위대함이다!

베니토 무솔리니(Benito Amilcare Andrea Mussolini)

영화가 진실로 국민의 마음을 흔들어놓으리라는 신념, 이 신념은 독일에서 시작되었다.

레니 리펜슈탈(Leni Riefenstahl)

극단적 민족주의로서의 파시즘과 나치즘

근대에 들어서도 오랜 기간 정치적으로 분열되었던 독일과 이탈리아는 19
세기 후반에 와서야 통일을 달성할 수 있었다. 두 국가는 다른 서유럽 국가
들에 비해 뒤늦게 통일을 이뤘지만 아직 온전한 민족국가(nation state)가 되
기에는 부족한 점이 많았다. 양국의 영토 경계 내에는 여전히 여러 소수민족
들과 이념적·문화적 소수집단들이 거주하고 있었다. 이런 까닭에 통일 후에
양국에서는 이 이질적인 집단들을 동질화해서 '국민화(nationalization)'를 이
루려는 작업이 지배 세력에 의해 본격적으로 시도되었다. 이질적인 국가의

구성원들이 단일 국가와 민족의 일원으로 소속감과 충성심을 갖도록 하기 위해 다양한 조치가 위에서부터 취해졌다. 국가와 국기를 제작하고, 국어와 국사를 통일하며, 체계적인 국민교육을 행하기 시작했다. 이질적인 집단들에게는 국가가 지닌 강압력을 동원해 배제와 탄압을 가했다.

독일의 경우 자국의 영토 내에 존재하는 소수집단들을 '제국의 적'으로 간주하고 이를 뒷받침할 새로운 법률을 제정했다. 그중 대표적인 법률이 노동자들 사이에 유행하는 사회주의를 억제하기 위해서 제정한 '사회주의자탄압법(Sozialistengesetz)'이었다. 후발 산업화의 결과로 1880년에는 노동자들이 전 인구의 4분의 1가량을 차지할 정도로 급증한 상태였다. 사회주의자탄압법에 따라 사회주의 성향을 지닌 단체들의 설립과 활동이 금지되었다. 여기에 노동자들을 정치적으로 '포섭'해서 기존 체제를 공고히 하려는 목적으로 세계 최초로 사회보험제도가 도입되었다. 남서 독일을 기반으로 하는 가톨릭교도들이 프로테스탄트파가 대다수인 중앙정부에 도전하자 가톨릭 성직자의 정치 활동을 금지하고 교회 교육을 불허하며 교회에 대한 국가 감독을 강화하는 '문화투쟁(Kulturkampf)'도 전개되었다. 한편 대외적으로는 게르만 민족만을 위한 '생활공간(Lebensraum)'을 확충한다는 명분으로 팽창적인 제국 건설이 추진되었다.

이러한 상황은 이탈리아도 크게 다르지 않았다. 통일 후에 제정된 국민교육법은 자식들을 학교보다는 일터에 보내기를 원하는 학부모들의 강한 저항에 부딪혔다. 네오리얼리즘을 대표하는 이탈리아의 타비아니 형제가 감독한 〈파드레 파드로네〉[1]는 이탈리아 국민 형성 과정의 어려움을 잘 보여준다.

---

1   〈파드레 파드로네〉는 실존 인물인 한 언어학자의 삶을 사실적으로 재현했다. 제목에 나타난 대로 아버지이자 동시에 주인으로 군림하는 아버지와 아들의 얘기를 통해 근대화

그러나 이탈리아 국민의 형성을 저해하는 더 심각한 요인은 북부와 남부 간의 지역 격차였다. 앞선 공업화로 부를 축적한 북부 지역은 농업을 주축 산업으로 하는 빈곤한 남부 지역에 대해, 정치적으로는 선별적 지원 정책으로 지지를 이끌어내고 경제적으로는 북부 산업자본의 소비 시장으로 만들었다. 이 고질적인 '남부 문제'는 통일 후 국민 형성을 막는 가장 큰 요인이었다. 시칠리아를 중심으로 반도 남단에 위치한 여러 주에서 지주에 대항하는 농민 반란이 발생하자 이탈리아 통일 정부는 이들을 산적 떼로 규정하고 대규모 토벌 작전을 벌였다. 농민들 외에도 왕정 지지자들과 급진주의자들이 준동하자 정부는 폭력을 동원하는 한편, 그람시(Antonio Gramsci)가 말한 '수동 혁명(rivoluzione passiva)'[2]을 진행시킴으로써 이를 해결하려 했다(장문석, 2007: 197~206).

이러한 사례들을 통해 우리는 독일과 이탈리아에서 '비민족적' 혹은 '반민

과정에서 국가가 강요한 국민교육을 둘러싼 갈등을 보여준다. 1977년 칸 영화제에서 황금종려상을 받았다.

2　안토니오 그람시(1891~1937)는 20세기의 가장 독창적인 마르크스주의 이론가이자 실천가이다. 무솔리니의 파시즘에 대항해 투쟁하다 체포되어 1926년부터 사망하기 직전인 1935년까지 감옥에서 3000여 장에 이르는 방대한 수고를 집필했다. 그가 집필한 시민사회와 헤게모니, 남부주의, 문화이론은 사회주의 이론을 풍부하게 하는 데 크게 기여했다고 평가된다. 그중 '수동 혁명'은 아래로부터의 급진적 요구가 지배 권력에게 수용되어 사회적 변화가 진행되지만, 아래로부터의 힘이 주체가 되지 못하고 보수 세력에 흡수되어 진행되는 '위로부터의 변화와 개혁'을 의미한다. 즉, 국가와 사회를 재조직하는 행위가 저항 집단이나 지배 집단의 '능동적 선택'에 의한 것이 아니라 적대 세력의 타협에 근거한다는 점에서 '수동적 성격'을 지니며, 지배 세력의 입장에서는 더욱 급진적 변화를 막으려는 의도에서 추진되기 때문에 예방 혁명적인 성격을 지닌다. 그람시는 투옥 직전에 쓴 논문인 「남부 문제 및 그에 대한 공산주의자, 사회주의자, 민주주의자의 태도에 관한 노트」에서, 북부 노동자와 달리 이중·삼중으로 낙후된 남부 농민을 조직하기 위해서는 결집된 지식인의 매개가 필요하다고 주장했다.

족적'으로 간주된 내부의 소수집단들을 '타자' 혹은 '내부 식민지'로 분류하고 주변화하며 배제했다는 사실을 알 수 있다. 두 나라가 통일 후 걸어간 '폭력을 통한 국민화'라는 '특수한 길'은, 개인의 자유와 민족의 독립을 통합적으로 사고하려 한 19세기의 자유주의적 민족주의가 이들 국가에서 자리 잡는 것을 방해했다. 평화로운 시민 공동체는 이들 국가에서 아직 요원한 것이었다. 20세기에 들어서자 이들 국가에서는 서서히 혈연적 위계와 인종적 요소를 강조한 사회진화론[3]에 근거를 둔 민족주의가 유행하기 시작했다. 이 극단적 민족주의자들은 민족을 살아 있는 유기체로 간주하고 개인의 자유보다는 공동체의 조화를 강조하는 이데올로기를 내세우면서 정치권력을 장악하려는 노력을 전개했다.

20세기 초에 유럽에서 출현해 질서를 파괴하고 인류를 고통으로 몰아넣은 파시즘은 반자유주의적이고 반사회주의적인 민족주의라고 말할 수 있다.

---

3 찰스 다윈(Charles Darwin)은 『종의 기원(The Origin of Species)』(1859)에서 생물종이 자연선택의 메커니즘에 따라 진화한다는 사실을 과학적이고 포괄적으로 밝혔다. 진화론은 종교적 신념을 기반으로 했던 당시 사회에 큰 충격을 주었고, 자연과학은 물론 인문·사회과학 전반에 새로운 시각과 이론적 틀을 제공했다. 특히 진화론은 빅토리아 시대의 자본주의 및 자유주의자들이 신봉했던 발전의 맥락과 부합하는 것이었다. 부르주아들은 다양한 측면을 지닌 진화론 중에서 경쟁 논리를 자본 축적을 정당화하는 이론으로 역전시켰고, 사회주의자들도 유물론적 세계관을 정당화하는 이데올로기로 이를 수용했다. 특히 허버트 스펜서(Herbert Spenser)는 사회진화론을 주장해 눈길을 끌었다. 사회진화론은 진화는 종국적 목표를 향해 진행되며 그 목표에 도달한(혹은 근접해 있는) 개체 혹은 집단이 그렇지 못한 이들에 비해 우월하다는 관념으로 적자생존, 나아가 약육강식의 논리로 연결되었다. 사회진화론은 다윈의 조국인 영국보다 미국에서 각광을 받았다. 카네기(Andrew Carneigie)는 적자생존 보장 경쟁은 최고의 경주라 말했고, 록펠러(John Davison Rockefeller Jr.)는 적자생존이 자연과 신의 섭리라는 점을 강조했다. 사회진화론은 19세기 말 동북아에서 위기 극복 논리로 수용되었으며, 유럽 제국주의와 나치즘(Nazism)의 정당화에 이용되면서 위력을 발휘했다.

역사적으로 민족주의는 다양한 형태를 띠면서 진화했는데 그중에서도 시민 민족주의를 부정하고 종족민족주의를 극단적인 형태로 발전시킨 것이 바로 파시즘이었다. 이는 다름 아니라 파시즘이 계몽주의의 이상인 사회적 진보의 집단적 실현을 추구한 프랑스 혁명에서 표방했던 가치들을 부정한다는 것을 의미한다. 나치의 핵심 인물로 제3제국의 선전상을 역임했던 괴벨스 (Paul Joseph Goebbels)는 1923년 나치가 정권을 장악했음을 알리면서 다음과 같이 말했다. "이제부터 1789년은 역사에서 삭제된다." 이탈리아 파시즘의 지도자인 무솔리니 역시 파시즘이 프랑스 혁명이 지지한 모든 것들에 대한 거부임을 거듭 강조했다(네오클레우스, 2002: 23).

파시즘이 정확히 무엇을 의미하는지는 모호하다. 사회적 지지 기반이 상이하고, 여러 이질적인 이데올로기가 혼합된 것이 파시즘이기 때문이다. 파시즘이라는 용어가 정계에서뿐만 아니라 학계에서도 남용되는 것 또한 이런 모호함을 부추기고 있다. 이렇다 보니 개인주의, 합리주의, 자유주의, 보수주의, 사회주의, 유대주의 등과 같이 파시즘에서 반대하는 것, 학자들이 '파시즘이 부정하는 것(fascist negations)'이라고 부르는 것을 통해 파시즘을 더욱 잘 정의할 수 있다는 주장도 나오고 있다. 독일의 경우 이는 바이마르 공화국이 추구한 여러 가치에 반대하는 급진적이고 부정적인 항의 이데올로기와 관련된 용어라고 지적된다(Kershaw, 2001: 263). 파시즘에 대한 수많은 정의 중에서 가장 설득력이 있어 보이는 것은 미국의 역사학자 로버트 팩스턴 (Robert O. Paxton)이 내린 정의이다.

파시즘은 공동체의 쇠퇴와 굴욕, 희생에 대한 강박적인 두려움과 이를 상쇄하는 일체감, 에너지, 순수성의 숭배를 두드러진 특징으로 하는 정치적 행동의 한 형태이자, 그 안에서 대중의 지지를 등에 업은 결연한 민족주의 과격파 정당이 전통적 엘리트층과 불편하지만 효과적인 협력 관계를 맺고 민주주의적 자유를 포기하며 윤리적·법적인 제약 없이 폭력을 행사해 내부 정화와 외부적 팽창이라는 목표를 추구하는 정치적 행동의 한 형태이다(팩스턴, 2005: 487).

파시즘의 정의는 그것이 등장하게 된 역사적 상황을 살펴봄으로써 더 명확하게 파악할 수 있다. 파시즘은 1차 대전과 전후의 경제 침체 및 사회 혼란을 배경으로 대두했다. 원래 사회주의자였던 무솔리니는 1차 대전에 참전한 후 전향해 파시스트가 되었다. 무솔리니가 스스로를 일컬어 파시스트라 지칭한 까닭은 19세기의 이탈리아 혁명가들이 몸과 마음을 바친 투사들의 결속을 다지기 위해 '파쇼(fascio)'라는 용어를 사용했었기 때문이다. 전쟁에 중립을 표명한 사회당에서 축출된 무솔리니는 1914년 말에 이탈리아가 연합군 편에서 1차 대전에 참전하도록 자신들이 벌이는 운동의 열정과 결속력을 널리 알리기 위해 '파쇼 리볼루치오나리오 다치오네 인테르벤티스타(Fascio Rivoluzionario d'Azione Interventista: 정치 참여를 위한 혁명 동맹)'라는 단체명을 사용했다. 1차 대전이 끝날 무렵 무솔리니는 그의 주위에 몰려들던 민족주의 성향의 퇴역 군인들, 그리고 주전론을 내세우던 생디칼리스트(syndicaliste)들의 분위기를 부각하기 위해 파시스모(fascismo)라는 용어를 고안해냈다. 1919년 3월 23일 무솔리니는 밀라노에서 200여 명으로 구성된 최초의 파쇼 단체인 '일 파시 이탈리아니 디 콤바티멘토(Il Fasci Italiani di Combattimento: 파쇼 이탈리아 전투단)'를 창설했다(팩스턴, 2005: 28~29).

'파쇼 이탈리아 전투단'은 참전 퇴역 군인, 생디칼리스트, 반부르주아적 지식인, '미래파(Futurist)'에 속한 탐미적 예술가들, 언론인, 단순 가담자 등 이질적인 사람들로 구성되었지만 기성 사회를 경멸하고 이를 폭력적 수단으로 전복하려는 데는 의견을 같이하고 있었다. 부르주아적 가치를 비난하고, 백

화점 소유주의 재산과 대지주의 땅을 몰수하겠다는 공약을 내놓는 등 반자
본주의·반부르주아 성향도 드러냈지만 정치적 수사에 그쳤다. 권력을 잡은
후에도 파시스트당은 이를 실현하기 위한 정책을 내놓지 않았다. 오히려 비
판이 행해진 대상은 사회주의였다. 모든 사회계급의 구분과 계급투쟁이 부
정되었고, 사회주의를 겨냥한 위협적 정책이 실시되었다. 권력을 잡은 후 파
시즘 정권은 파업을 금지하고 독립적인 노동조합을 해산시켰으며, 노동자들
의 임금을 깎고, 군수산업에 막대한 자금을 지원했다(팩스턴, 2005: 41).

그러나 파시스트들이 대중의 마음을 움직일 수 있었던 것은 무엇보다도
민족주의적인 구호 때문이었다. 당시 대중은 막대한 전쟁배상금 지불과 경
제 및 금융 위기가 초래한 생활고로 인해 분노와 불만에 가득 차 있었다. 이
런 현실에서 파시스트들은 뛰어난 선전·선동과 조직을 통해 민족 부흥과 강
력한 국가 건설이라는 미래를 제시함으로써 적지 않은 지지를 끌어낼 수 있
었다. 1922년 무솔리니는 '검은셔츠단(camicie nere)'을 이끌고 로마로 진군
해 권력을 장악하는 무혈 쿠데타에 성공한다.[4] 이후 무솔리니는 이탈리아 왕
국의 국무총리로서, 또 그 이후에는 제국 정부의 수반으로서 습지 개간과 같
은 공공사업과 대중교통을 위한 기반 시설 확충 등을 통해 일자리를 늘리고
경제를 성장시키는 성과를 거뒀다. 또한 로마와 바티칸 사이의 문제를 해결
함으로써 능력 있는 정치인이라는 인상을 심는 데도 성공할 수 있었다. 그러

---

[4]   1차 대전 후의 정치적·경제적 혼란을 틈타 극우 단체인 '파쇼 이탈리아 전투단'의 행동
    대인 '검은셔츠단'은 급속히 세력을 확장했다. 이에 고무된 무솔리니는 5000여 명의 단
    원을 동원해 로마로 진입하는데 이 과정에서 아무런 제지도 받지 않았다. 쿠데타가 성
    공할 수 있었던 또 다른 요인으로는 민족주의의 득세, 노동운동의 약화와 사회당의 분열
    을 들 수 있다. 국왕 비토리오 에마누엘레 III세(Vittorio Emanuele III)의 요청으로 구성
    된 무솔리니 내각은 이후 파시스트 정권의 모태가 되었다.

나 무솔리니는 지하조직을 단속하고 파업을 금지하는 등 법률적 강제를 행하는 한편 각종 대중조직을 만들고 매체를 동원해 지도자 신화를 체계적으로 유포하는 일도 적극적으로 추진했다. 민족이 파시즘의 주요 관심사라는 점은 로마로 행진하기 3일 전에 무솔리니가 행한 '나폴리 연설'에 잘 나타나 있다.

> 우리는 신화를 창조했다. 그 신화는 하나의 신념, 하나의 열정이다. 그것이 현실일 필요는 없다. 그것은 자극이자 희망이요, 신념이자 용기이며, 이런 의미에서 하나의 현실이다. 우리의 신화는 민족이며, 민족적인 것의 위대함이다! …… 우리에게 민족이란 단지 영토가 아니라 영적인 것이다. …… 국가는 이런 민족의 영적인 힘을 현실로 바꿀 때 위대해진다(네오클레우스, 2002: 63).

무솔리니는 온갖 이데올로기들을 조합해 이탈리아 파시즘을 만들었다. 역사의 주체로 계급을 부인하고 민족을 그 자리에 놓았는데, 다름 아니라 민족은 역사의 주체로 전쟁을 지향하며, 정서적 연대로 민족 구성원들과 연결되어 있다는 것이다. 이탈리아의 민족적 가치와 영광을 강조한 파시스트들은 민족을 이데올로기적·정치적 이상에 맞게 훈육하고 창조할 수 있다고 봤다. 이들에게 민족은 주체의 의지와 구성을 강조하는 주관적 민족이었다. 물론 1861년 통일까지 민족국가를 형성하지 못했던 이탈리아에 순수한 민족적 신화는 존재하지 않았다. 가톨릭교회가 추구하는 보편적인 정신 역시 민족정신의 형성을 방해했다. 그럼에도 민족과 민족주의는 파시즘을 이해하는 데 결정적인 요소라 할 수 있다. 이러한 이탈리아 파시즘의 민족에 대한 숭배는 독일의 나치즘에 이르러 생물학적 인종주의로 극단화되었다.

독일의 나치즘은 극단화된 파시즘의 한 형태라 할 수 있다. 나치즘은 어느 정도 제한된 다원주의가 지속된 이탈리아 파시즘과 달리 모든 제도, 사상, 조직들을 획일화(Gleichschaltung)했다. 산업, 은행 자본가, 관료 및 군부 등 전통적인 엘리트와 동맹을 유지한 나치당은 대중의 불안을 조작하는 이데올로기를 사용하고 호전적이고 팽창적인 정책을 추구했다.[5] 나치즘 역시 이탈리아 파시즘처럼 침체되고 불안한 전후의 상황을 배경으로 등장했다. 자유민주주의 이념에 입각한 바이마르 공화국이 출범했지만 허약하고 불안정한 정부는 곧 취약성을 드러냈다. 민주적이고 공화적인 국민국가를 둘러싸고 지지자들과 반대자들이 대립했다. 반대자들은 선동적인 민족주의를 구사함으로써 종전 후 사회적·정치적으로 불안정한 사람들의 지지를 받게 되었는데 그중 한 명이 바로 히틀러(Adolf Hitler)였다.

히틀러는 바이에른을 주된 지역적 지지 기반으로 하는 국가사회주의독일노동당(Nationalsozialistische Deutsche Arbeiterpartei: NSDAP, 이하 나치당)[6]이라는 극우 정당을 이끌고 있었다. 높은 실업률과 광범위한 빈곤으로 신음하던 대중에게 패전국민의 굴욕감을 자극하고 위대한 독일의 미래를 약속하던 나치당은 이탈리아 파시스트들의 '로마 진군(Marcia su Roma)'을 모방한 1923년 '베를린 진격'이 실패로 끝난 뒤에도 여전히 대중의 지지를 넓혀나갈 수 있었다. 나치당 외에도 독일국민인민당(DNVP) 역시 베르사유 조약을 반대하고 팽창적 민족주의를 노골적으로 내세우고 있었으며, 독일민주당(DDP), 독일중앙당(DZP) 등도 민족적인 입장에 기울어 있었다. 민족주의야말로 바이마

---

5   나치즘과 파시즘의 관계에 대해서는 Ian Kershaw(2011: 69~79) 참조.

6   사회주의자들을 탄압하고 노동운동을 '국민의 적'으로 비난했던 히틀러가 사회주의와 노동이라는 이름이 들어간 당명을 채택한 데는 이유가 있었다. 이러한 명칭은 마르크스주의를 기초로 하고 국제주의를 지향하는 노동자 정당의 영향권에서 노동계급을 분리하려는 전술적 계산의 산물이었다.

르 공화국의 정치적 우익들을 엮는 중심적인 실마리였다(네오클레우스, 2002: 82). 이들 세력은 선전 문구를 이용해서 국가와 국가를 이끌어가는 세력으로 부터 가장 중요한 정체성인 국민적 정체성을 선점할 수 있었다. 순수한 독일 민족을 위한 인종주의적이고 생물학적인 개혁 운동으로서의 '민족운동(Völkische Bewegung)'이 논의되었고, 모든 정치 진영에서는 민족주의를 자신들의 대명사로 생각하기 시작했다(단, 1996: 228, 236, 238).

독일 국민들의 민족 감정을 정확하게 건드리며 대중의 추종을 끌어낸 데 서 알 수 있듯이 나치당은 새로운 자원을 동원하는 방법을 알았다. 무력 쿠 데타가 끝난 후 이들은 정연한 조직과 대중 선동 조작으로 방향을 바꿨다. 쿠데타 실패로 수감 중이던 히틀러는 '대중의 민족화(Nationalisierung der Massen)'를 새로운 당 전략으로 채택했다. 이에 대해 히틀러는 다음과 같이 쓰고 있다.

광범위한 대중의 민족화는 결코 어중간하게 도달할 수 있는 것이 아니라 오로 지 달성해야만 하는 목표에 대한 광신적이라 할 정도의 일방적인 견지에 의해서만 추구될 수 있다. 다시 말하면, 우리는 한 민족을 오늘날 부르주아지가 사용하고 있 는 의미로의 '국민적(national)'으로가 아니라 극단에 내재한 격렬함으로써 단지 '민족주의적(nationalistisch)'으로 만들 수 있을 뿐이다(단, 1996: 243~244).

이에 따라 베르사유 조약에 의해 강제된 '독일 민족의 노예화' 반대 투쟁과 바이마르 체제에 대한 비난, 좌파의 계급투쟁에 대한 대안으로서의 새로운 민족 공동체에 대한 선전이 행해졌다.

이와 더불어 나치당은 히틀러유겐트(Hitler-jugend), 국가사회주의여성단 (NS-Frauenschaft), 독일노동전선(Deutsche Arbeitsfront) 등 각종 단체 및 조직체를 창설하고 이들을 당의 하부 조직으로 연결하는 네트워크를 만들었다. 특히 준군사적 조직인 '돌격대(Sturmabteilungen: SA)'를 앞세운 나치당은 반대자로 간주된 세력들에게 무자비한 테러를 가하기 시작했다. 1932년 선거에서 원내 1당이 된 나치당은 다른 정당들의 지지로 3분의 2의 절대 과반수를 얻어 이른바 '수권법(Ermächtigungsgesetz)'을 통과시킴으로써 모든 권력을 '지도자(Führer)' 히틀러에게 집중시켰다. 제국 의회는 독재적인 지도자 국가에서 박수 부대로 전락했고, 긴 세월에 걸쳐 정치적 주권을 위해 투쟁했던 독일 국민은 이제 민족을 그 자신의 것으로 간주하는 한 명의 지도자만을 추종해야 하는 민족이 되어버렸다(단, 1996: 247). 이는 재앙의 전조였다. 나치 독일이 다시 한 번 유럽의 평화를 파괴하고 유럽인들을 전쟁의 고통으로 몰아넣기까지는 이로부터 그리 오랜 시간이 걸리지 않았다.

나치즘을 위한 프로파간다

레니 리펜슈탈(Leni Riefenstahl)의 이른바 '뉘른베르크 3부작'[7] 중 하나인 〈의지의 승리(Triumph des Willens)〉(1934)는 선구적인 다큐멘터리 촬영 기법을 사용했다는 점에서 세계 영화사에 뚜렷한 족적을 남긴 영화로 평가된다.[8]

---

[7]   다른 작품으로는 1933년 전당대회를 기록한 〈신념의 승리(Sieg des Glaubens)〉와 독일군에 대한 짧은 다큐멘터리인 〈자유의 날: 우리의 군대(Tag der Freiheit: Unsere Wehrmacht)〉(1935)가 있다.

[8]   1965년 프랑스 영화 잡지 ≪카이에 뒤 시네마≫에 실린 인터뷰에서 리펜슈탈은 다큐멘터리 영화의 가장 중요한 요소로 구조와 리듬감을 제시한 바 있다. "지금 저에게 다큐멘터리 영화에서 가장 중요한 것이 무엇인지, 관객이 보고 느끼도록 만드는 것이 무엇인지

리펜슈탈은 다양하면서도 역동적인 움직임을 보여주기 위해 트랙과 돌리, 핸드헬드 카메라 등을 이용했고, 원형경기장의 높은 깃대에 엘리베이터를 설치하거나 심지어는 비행선과 저공비행하는 경비행기 '클렘(Klemm) L25'를 동원하기도 했다. 그러나 이 영화는 나치의 홍보 영화라는 점에서 두고두고 논란을 겪게 된다. 물론 리펜슈탈은 선전 영화가 아니라고 말한다. "순수하게 역사적인 영화예요. 정확하게 말하자면, 그것은 다큐멘터리 영화(film-vérité)이죠. 그것은 1934년의 역사의 진실을 반영합니다. 그러니까 그것은 다큐멘터리 영화이지 선전 영화가 아니에요"(야콥센·케스·프린츨러, 2009: 57).

무용수 출신의 영화배우이자 감독인 리펜슈탈의 숭배자였던 히틀러는 1933년에 이어 1934년에도 리펜슈탈에게 나치 전당대회의 기록영화를 맡아달라고 요청했다. 리펜슈탈 역시 히틀러가 영화의 중요성을 제대로 인식하는 지도자라 여겨 이에 응했다. 영화의 제목은 보나파르트적인 환상을 떠올리게 만드는데, 이에 따르자면 한때는 혁명적이었던 일반적인 민중 의지는 이제 영도자의 최고 의지와 융합한다는 것이다(야콥센·케스·프린츨러, 2009: 57~58). 〈의지의 승리〉는 갓 출범한 독일 제국의 위용을 전 세계에 과시하려는 취지로 제작되었다. 이를 위해서 리펜슈탈에게 전권이 부여되었고 나치가 통제하는 영화사 우파(UFA)를 통해 많은 예산이 제공되었다. 이 영화에서 선구적인 촬영 기법과 더불어 환상적인 분위기를 연출하고 바그너(Richard Wagner) 풍의 장엄한 곡을 배경음악으로 사용한 것은 나치 전당대회를 신비화하고 '지도자'로 불린 한 인간을 신성화하기 위한 것이었다. 훗날 출판된

물어본다면, 저는 두 가지가 있다고 말씀드리고 싶습니다. 첫 번째는 우선 뼈대, 구성, 구조입니다. 구조는 명확한 형태를 갖고 있어야 합니다. 몽타주는 어떤 식으로든 이러한 구조의 원칙과 어우러질 때만 뜻이 통하거나 그 효과를 나타내니까요. 두 번째는 리듬감입니다"(설킬드, 2006: 287).

저서에서 리펜슈탈은 영화 애호가 히틀러에게 노골적인 찬사를 보냈다.

> 총통은 영화의 중요성을 알고 있었다. 영화에는 사건을 기록하고 해설하는 기
> 능이 내재해 있다는 사실을 이처럼 미리 내다본 국가가 세계 어디에 또 있는가?
> 총통이 영화제작을 이만큼 중요시한 것은 이 예술형식이 지닌 잠재력을 예견하고
> 있었다는 증거가 된다. 다큐멘터리에 대해서는 이미 잘 알려져 있었고, 정부가 영
> 화제작자에게 의뢰하기도 하고 정당에서도 자기들의 목적을 위해 영화를 이용한
> 일은 많이 있었다. 그러나 영화가 진실로 국민의 마음을 흔들어놓으리라는 신념,
> 이 신념은 독일에서 시작되었다(바누, 2009: 125에서 재인용).

〈의지의 승리〉는 빼어난 영상과 음향의 조화를 높이 평가받아 베니스 국
제영화제와 파리 영화제에서 최고작품상을 수상했다. 이 영화에는 행진하는
군인들, 환호하는 시민들, 나치의 표지인 스바스티카(swasticka)와 넘쳐나는
깃발, 고풍스러운 뉘른베르크의 건물과 첨탑, 연달아 등장하는 총통과 고위
직 인사들의 격정적인 연설 모습이 놀랍도록 박진감 있게 묘사되어 있다. 시
작 장면을 보자. 자막이 사라지면 스바스티카 문양 위에 날개를 활짝 편 독
일 독수리가 천천히 페이드인되고 견고한 고딕체로 '의지의 승리'라는 제목
이 나타난다. 시작 부문의 몇 쇼트는 매우 인상적인데 특히 구름 위로 비행
기가 힘차게 나가는 장면이 그렇다. 이 장면에서 리펜슈탈은 히틀러를 마치
웅장한 구름을 뚫고 하늘에서 내려오는 예언자처럼 묘사했다. 이어서 상공
에서 바라본 뉘른베르크의 지붕과 박공들이 나타나고, 열을 맞춰 행진하는
군인들로 가득한 뉘른베르크 시가가 보인다. 계속해서 카메라는 비행장에
내려 이동하는 히틀러에게 환호하는 엄청난 수의 시민들을 쫓아간다. 시민
들은 호텔 창문 밖으로 손을 흔드는 히틀러를 연호하고 야간에도 호텔 앞에

집결한다. 아침이 되어 창문을 열자 도시의 모든 건물에는 나치의 깃발이 휘날리고, 외곽에서 야영한 히틀러유겐트 단원들은 흥겹게 공동 작업을 한다. 독일 전통 의상을 입은 농부들이 질서정연하게 행진해 와서 히틀러를 위해 추수했다는 수확물을 바친다. 히틀러의 지시에 따라 제작된 이 영화는 노골적인 프로파간다 영화이다. 히틀러는 프로파간다가 최고의 무기이자 '독일 민족의 삶을 위한 투쟁'이라는 결과를 가져다주는 수단이라고 생각했다. 프로파간다는 정교하고 의도적으로 적용된 예술로 간주되었다. 그 대상은 물론 일반 대중이었다. 히틀러는 연설을 할 때 청중의 상상력과 감정을 이용해서 자신의 메시지를 정확하게 전달했고, 단순하고 정확하며 냉소적인 방법으로 그들의 마음속 원동력을 건드려 '숨겨진 힘'을 풀어내도록 했다. 히틀러는 『나의 투쟁(Mein Kampf)』에서 이렇게 말한다.

> 대중의 수용력은 매우 제한적이고 그들의 지식은 아주 적다. 반면에 망각의 힘은 어마어마하다. 그러므로 효과적인 프로파간다를 위해서는 요점을 단 몇 가지로 간추려야 한다. 또한 요점은 슬로건의 형태로 만들어서 대중 한 명 한 명이 모두 당신이 이해시키고자 하는 내용을 이해할 때까지 그 슬로건을 되풀이해야 한다(설킬드, 2006: 257에서 재인용).

히틀러는 거짓말이 거창할수록 사람들이 그것을 믿을 확률도 더 커진다고 주장한다. 그러나 히틀러가 제시한 철학은 정교하면서도 뒤죽박죽이었다. 그는 대중에게는 뚜렷한 키워드와 단순한 슬로건만 이해시키면 될 뿐 심오한 철학은 이해시킬 필요가 없다고 보았다. 히틀러의 연설에서는 피와 흙, 즐거움을 통한 힘, 우리의 국가적 신화, 생활권, 우리의 꺾을 수 없는 의지, 문화와 인종, 아리아인, 우리의 운명, 민족 등과 같은 단어들이 논리적 전개없이 반복된다. 이를 통해 그가 노린 것은 총통에 대한 충성이었다(설킬드, 2006: 256~258).

나치 치하에서 제작된 모든 영화는 예외 없이 이 같은 나치의 프로파간다 원칙에 충실했다. 이를 한스 리히터는 다음과 같이 설명한다.

> 단호함, 복종, 의지력, 순종, 조직과 그 밖의 것들을 나치 영화는 끊임없이 강조하는데, 그 모든 것들은 거짓말이 아니라 사실이었으며 열 번, 백 번 증명되고 모든 측면에서 제시되었다. 그리고 물론 그것들은 진실이 아니었다. 쇼트와 음향의 리듬은 그것들에 따르며, 관객의 비판 능력이 이러한 '진실들'의 위력으로 마비될 때까지 그것들을 앞으로 채찍질한다. 그들은 영화의 추론에 자신을 내맡기며 스스로도 과대망상적으로, 스크린의 과대망상을 지순한 진실로 여길 지경으로 히스테리에 이를 때까지 마음을 빼앗긴다. 그리고 아직도 일말의 비판과 반대와 개인적인 태도를 보존하고 있는 사람은 이 공식적인 영상 보고에서 표현되는 편집광적인 야만성에 의해 참살당한다(리히터, 1996: 73).

뉘른베르크 전당대회는 호흡 하나하나와 몸짓 하나하나까지 철저하게 계산된 것이었다. 〈의지의 승리〉는 가능한 모든 수법과 장치를 사용해 나치당 지지자들에게 경외심과 동료 의식을 심어주려는 전당대회 취지에 완벽하게 부응했다. 그중 하나는 제국 의회에서 열린 힌덴부르크(Paul von Hindenburg) 장군 추모 연설을 마치 실시간 중계방송처럼 보여주는 것이다. 나치의 2인자 루돌프 헤스(Rudolf Hess)의 열정적인 연설에는 힌덴부르크 관련 내용은 별반 없고 오로지 히틀러 찬양만 가득하다. 헤스가 소리 높여 "나의 지도자여, 당신을 중심으로 국기와 나치당이 존재합니다. 당신이 이 나라에 얼마나 큰 의미인지요! 당신이 독일입니다. 당신이 움직일 때 국가가 움직입니다.

당신이 심판하실 때 국민들도 심판합니다. 당신은 우리의 승리를 보장했습니다. 당신은 우리의 평화를 보장했습니다"라고 외친 말을 영화는 그대로 관객에게 전달한다. 마지막에 열린 폐회식에서 헤스는 우리의 정당은 곧 히틀러이고, 히틀러는 곧 독일이요, 독일은 곧 히틀러라고 강조한다.

'피의 깃발' 의식도 비슷하다. 이는 1918년의 쿠데타에서 사망한 나치 당원들이 들었던, 낡고 총탄 자국이 난 깃발을 통해 새로운 나치당 깃발들을 도입하는 의식이다. 히틀러가 낡은 깃발 귀퉁이를 잡고 길게 늘어선 기수들 사이를 지나다니며 낡은 깃발로 새로운 깃발을 건드린다. 이를 통해 나치의 상징인 각종 깃발을 신성화한다는 것이다. 히틀러의 제국 노동자 사열도 마찬가지이다. 총 대신 삽을 멘 제국노동봉사단(RAD: Reichsarbeitsdienst) 노동자들 5만 2000명이 검열을 받기 위해 도열한다. 이들은 지도자를 연호한 후 독일을 새 시대로 이끌어갈 준비가 되었다고 외친다. 이어서 대표들이 나와 출신 지역을 차례로 소개한 후 "하나의 민족, 하나의 지도자, 하나의 제국"을 다 같이 외치는 것으로 사열을 마친다. 히틀러유겐트 집회 장면에서는 총재가 젊은이들의 희생과 충성을 서약한 후 히틀러가 특유의 열정적인 몸짓과 말투로 연설을 시작한다. 이 연설에는 나치 사상의 핵심 내용이 담겨 있다. "우리는 독일의 아들딸들인 그대들이 독일을 위해 무엇이든 감당할 수 있기를 바랍니다. 우리는 하나가 되기를 원합니다. 그리고 그대들을 통해 그렇게 될 수 있을 것입니다. 우리는 계급이나 지위가 없는 사회를 원합니다. 우리가 원하는 것은 한 제국입니다. 우리는 그대들이 순종하기를 원합니다. 스스로 순종할 수 있도록 연습해야 합니다. 그리고 절대 쓰러지지 않도록 희생을 배워야만 합니다. 그대들의 몸은 우리의 몸이요, 그대들의 피는 우리의 피입니다."

나치를 연구한 학자들은 히틀러의 암시력과 후광, 카리스마가 그의 연설

능력에 극단적으로 의존되어 있었다고 지적한다. 연설은 히틀러 정치 경력
의 토대였다는 것이다. 나치당의 역사 초기에 이미 히틀러의 연설은 일종의
'인민 엔터테인먼트'였다. 사람들은 히틀러의 연설을 즐겼다. 그것은 마치 환
호할 자세가 되어 있는 팬들이 스포츠 이벤트에 열광하는 것과 비슷했다. 냉
소적인 비웃음으로 적당히 버무린 민중적인 선동과 정치적 메시아의 축제적
제스처를 결합한 것이야말로 다른 사람들과 히틀러를 구별시켜주는 것이었
다. 연설의 힘에 대한 의식, 말하는 속도와 높낮이의 조절, '피아노'에서 '포
르티시모'로의 강약 전환, 분위기를 절절한 수준으로 끌어올리기 위한 의도
적인 준비 등이 능란하기 짝이 없었다. 히틀러는 이를 위해 연기 지도까지
받았다. 히틀러에게는 청중이 무의식적으로 원하고 느끼는 것을 결연한 말
로 표현하고 축성하는 능력이 있었다. 그는 사람들이 마음속으로 생각만 하
던 것을 말로 표현하고, 사람들이 품고 있기는 하지만 주저하던 선망과 편견
을 강화함으로써 사람들에게 자기 확인의 깊은 만족감과 새로운 진리와 확
실성에 참여하고 있다는 느낌을 심어주었다(브로샤트, 2011: 47~48).

〈의지의 승리〉는 프리츠 랑(Fritz Lang)이 감독한 영화 〈메트로폴리스
(Metropolis)〉(1927)에 큰 영향을 받았다. 일반적으로 최초의 걸작 SF 영화로
인정받는 〈메트로폴리스〉는 이후 발표된 영화들이 미래 도시의 이미지를
과학의 발전과 인간의 절망이 어우러진 지옥으로 묘사하는 데 큰 몫을 담당
했다.[9] 〈메트로폴리스〉가 내포하고 있는 "과학과 산업은 선동가의 무기가

---

9   〈다크 시티(Dark City)〉(1950), 〈블레이드 러너(Blade Runner)〉(1982), 〈제5원소
     (The Fifth Element)〉(1997), 〈알파빌(Alphaville)〉(1965), 〈LA 탈출(Escape From
     L.A.)〉(1996), 〈가타카(Gattaca)〉(1997), 〈배트맨(Batman)〉(1989) 등 다양한 영화
     가 〈메트로폴리스〉의 성과를 계승했다. 이 많은 영화들의 공통점은 미래 사회의 내부
     작동 원리를 발견한 외로운 주인공이 전체 주민을 통제하는 시스템 속으로 침투한다는

될 것"이라는 메시지는 위력적이다. 영화는 만족스러운 삶을 영위하는 지상 시민과 지하에서 살아가는 노예들로 나뉜 거대한 도시의 이야기이다. 영화의 두 세계를 만들어내기 위해 1년 반의 제작 기간, 세 배나 초과한 530만 제국 마르크라는 기록적인 예산, 3만 6000명의 대규모 엑스트라, 광대한 세트와 눈부신 특수 효과가 동원되었다.

두 세계는 경기장, 마천루, 공중 고속도로가 있는 위대한 도시 메트로폴리스와, 시곗바늘이 노동자들을 열 시간의 교대 근무로 밀어 넣는 지하 노동자 도시로 구성된다. 영화는 리듬감 있게 쿵쾅대는 기계의 피스톤과 회전하는 톱니바퀴들을 근접 촬영으로 보여주는 쇼트들로 시작된다. 〈메트로폴리스〉에 담겨 있는 부정적인 동시에 낭만적으로 미화된 기계의 비전은 마법이자 위협으로 인지되었던 근대성에 대한 양가감정의 허구적 표현이기도 하다. 기술의 맹목적인 진보와 도구적 합리성의 결과에 대한 질문에 이 영화는 묵시론적이고 신화적인 재앙의 영상들로 대답한다. 스타일리시한 세트와 극적인 카메라 앵글, 강렬한 그림자와 과장된 연극적 연기가 결합된 랑의 영화는 독일 표현주의의 정점으로 평가된다(야콥센·케스·프린즐러, 2009: 103~104; 에버트, 2003: 106~107).

〈메트로폴리스〉는 히틀러가 가장 좋아한 영화로 알려졌다. 나치는 랑에게 영화 산업에 대한 전권을 주겠다는 제안을 했지만 랑은 이를 거절하고 프랑스를 거쳐 미국으로 망명을 떠났다.

〈의지의 승리〉에도 〈메트로폴리스〉가 연상되는 장면이 나온다. 수많은 군중이 운집해서 스포트라이트가 비추고 있는 독수리상과 히틀러가 있는 연

것이다. 〈메트로폴리스〉의 일부 아이디어는 히틀러를 찬양한 리펜슈탈의 〈의지의 승리〉에도 영향을 미쳤다. 그러나 이 다큐멘터리에는 〈메트로폴리스〉의 아이디어에 담긴 아이러니는 남아 있지 않다(에버트, 2003: 106~107, 110).

단을 향해 행진하는 장면이 바로 그것이다. 힌덴부르크를 위한 돌격대(SA)와 친위대(SS: Schutzstaffel)의 추모 서열식[10]에서도 수십만이 운집한 가운데 히틀러, 하인리히 힘러(Heinrich Himmler), 빅터 루츠(Victor Lutz)가 걸어 나와 분향대에 나치식 인사를 한다. 히틀러를 향한 SA, 나치자동차군단(NSKK: Nationalsozialistisches Kraftfahrerkorps), SS의 충성 맹세에 이어 히틀러 광장에서 펼쳐진 모든 나치당 부대의 퍼레이드, 뉘른베르크 의회에서 개최된 당회의 모습을 마지막으로 영화는 끝난다.

〈의지의 승리〉에서 보여줬던 최고 수준의 기술적 완성도는 올림픽 기록 영화인 〈올림피아(Olympia)〉(1938)로 이어졌다. 이 영화는 인간의 육체와 정치적인 상황을 교묘하게 몽타주하면서 아리안족의 우월성을 노골적으로 찬양했다.

나치와의 협력 아래 뉘른베르크 전당대회와 베를린 올림픽을 촬영한 리펜슈탈은 영화가 배타적 이데올로기에 복속되었을 때 얼마만큼 선전·선동 수단으로 쓰일 수 있는지 보여주는 대표적 사례이다. 그러나 당시 유럽에 리펜슈탈과 같은 영화인들만 있는 것은 아니었다. 예를 들어, 요리스 이벤스(Joris Ivens)와 앙리 스토크(Henri Storck)는 지구상의 고통받는 자들인 가난한 민중과 협력했다. 그들은 바리케이드 저편에서 이루어지는 민중의 참여적 개입을 미학적으로 고무하고 정치적으로 전환하는 액티비즘으로 기록하고자 했다. 요리스 이벤스는 벨기에 탄광 노동자들의 파업을 다룬 〈보리나주의 빈곤(Misere au Borinage)〉(1934)을 만들면서, 삶을 부지불식간에 포착하는 것만으로는 충분치 않으며 제작자의 시각에 덧칠을 하고 그 정치적 목소리를 약화시킬 수 있는 예술적 규범에 맞서야 함을 깨달았다(니콜스, 2005: 236~238).

---

10   1934년 8월 초에 힌덴부르크가 사망함에 따라 히틀러가 총리직과 대통령직을 겸했다.

같은 부류의 영화로는 루이스 부뉴엘(Luis Bunuel)의 〈빵 없는 땅(Land without Bread)〉이 있다.

히틀러에 맞선 위대한 어릿광대

〈위대한 독재자(The Great Dictator)〉(1940)는 당대 최고의 어릿광대이며 가장 사랑받은 한 인물이 현대사의 다른 어느 누구보다 많은 악과 재난을 초래한 인간에게 직접 도전장을 낸 영화이다(로빈슨, 2002: 767). 채플린(Charles Chaplin)과 히틀러는 외모가 비슷했을 뿐만 아니라 같은 해, 같은 달, 같은 주에 태어났다. 채플린이 방랑자(tramp) 영화로 유명해지기 몇 년 전, 히틀러는 실제 방랑자였다. 히틀러는 빈 아카데미 입학시험에 실패한 후 자신감을 상실한 채 빈의 구시가지에 있는 빈민가에서 노숙을 하는 부랑자가 되었다. 그때 그가 연명한 자선 숙소의 운영비 일부는 유대인 자선단체에서 대고 있었다. 바로 이 시기에 히틀러는 극우 민족주의자인 폰 리스트(Guido von List) 같은 사람들을 통해 아리안족의 우월성과 유대인에 대한 증오를 받아들이게 된다.

채플린과 히틀러는 이상을 좇아 각자의 고국인 영국과 오스트리아를 떠났다. 두 사람은 각자 유명한 영화배우와 정치가가 되었는데 둘 모두 대중에게 구애하는 직업이라는 점에서 공통점이 있다. 채플린은 히틀러를 자신이 아는 최고의 배우 중 하나로 꼽았다. 히틀러는 소문난 영화광으로, 구해볼 수 있는 미국 영화는 모두 봤다고 전해진다. 특히 그는 그레타 가르보(Greta Garbo)가 출연한 영화를 무척 좋아했다. 제국의 국민 계몽·선전부 장관이었던 괴벨스도 영화광이었다. 자신을 독일 영화의 특별한 보호자로 자처한 괴벨스는 자신의 보호 아래 수직적인 질서로 '지도자 원칙(Führerprinzip)'을 관철하려고 했다.[11] 1931년 채플린은 마를레네 디트리히(Marlene Dietrich)의 초청으로 베를린을 방문해서 열광하는 군중을 만났다. 나치는 유대인이 이처럼 환영받는 것에 치를 떨었다. 무솔리니 역시 채플린을 비난하며 그의 영화들을 금지했다. 무솔리니는 베니스를 방문해서 그를 만나기를 원했지만 이뤄지지 않았다. 몇 년 후 채플린은 무솔리니를 패러디했다.

채플린은 1889년 런던 남부의 빈민가에서 태어났다. 그의 부모는 뮤직홀 가수였다. 어머니가 정신병을 앓았기 때문에 찰리와 그의 동생은 구빈원에 보내졌다. 이는 후에 영화 〈키드(Kid)〉(1921)의 소재가 되었다. 채플린은 국가주의와 독재를 반대했으며, 패자를 진정으로 동정할 줄 알았고, 한때는 자신을 일컬어 무정부주의자라 칭했다. 〈위대한 독재자〉는 채플린이 만든 영화 중에서 처음으로 대화가 들어가고 완전한 대본을 갖고 제작한 영화이기도 하다. 그러나 이 영화가 제작되던 시기는 파시즘의 광기로 인해 세계가 다시 전쟁의 수렁으로 빨려 들어가던 때였다. 당시 할리우드에서는 반나치 영화를 공공연히 제작하는 일은 피하고 있었다(로빈슨, 2002: 801). 1930년대 미국에는 대량 실업이 유대인들을 포함한 유럽인들의 대규모 이주 때문이라

---

11   1933년 3월 영화 노동자와 영화 산업 대표자들을 위한 카이저호프 호텔 연설에서 괴벨스는 '조정하면서 개입하는 국가의 의무'를 선포했다. "예술은 자유롭다. 그렇지만 그것은 특정한 규정들에 익숙해져야만 할 것이다." 이틀 뒤에 공공의 질서와 안녕을 훼손한다는 이유로 프리츠 랑의 〈마부제 박사의 유언(Das Testament Des Dr. Mabuse)〉이 상영 금지되었다. 이어서 1934년에는 모든 시나리오의 사전 검열, 완성된 영화의 금지 시에 '수정 가능성들에 대해 자문할 것', '시대정신'을 거스르는 소재를 금지할 것, 시리즈물 제작을 막을 것, '민족사회주의적 감성과 예술적 감성을 훼손하는' 영화를 금지할 것 등을 내용으로 하는 제국영화법(Reichslichtspiegelgesetz)이 발효되었다. 1936년에는 언론과 라디오에서 영화를 비평하는 것을 아예 금지했다(야콥센·케스·프린츨러, 2009: 43~44).

고 공공연히 말하는 정치가들이 있었다. 나치스의 방식을 그대로 따른 독미동맹 집회가 매디슨 스퀘어 가든에서 2만여 명이나 모인 가운데 개최되기도 했다. 100여 개 이상의 단체가 반유대 출판물을 제작했다. 1930년대 경제위기 때 포드 사는 파업 노동자들에 맞서 군대를 투입했다. 헨리 포드(Henry Ford)는 히틀러를 지지했는데, 포드 역시 유대인을 혐오했으며 노조를 반대했다. 채플린은 〈모던 타임즈(Modern Times)〉에서 빅 보스를 헨리 포드와 비슷하게 묘사했다.

할리우드 영화제작자들은 문제가 될 만한 영화를 꺼렸다. 메이저 영화사였던 MGM은 독일 영사에게 영화를 먼저 보여주고 나치 노선에 거슬리는 장면은 삭제하도록 했다. 후에 영국 역시 〈위대한 독재자〉가 히틀러를 자극할 것을 우려해 상영을 금지했다. 채플린은 자비로 극비리에 영화제작을 강행했다. 제작자들은 독일 시장을 잃을까 우려했고, 유대인 친구들은 독일 유대인들이 나치에 보복을 당할 것을 염려했다. 당연히 제작 과정에서 어려움도 클 수밖에 없었다. 채플린에게는 엄청난 협박 편지가 쏟아졌다. 이는 파시즘이 단지 유럽이라는 공간에서만 출현하고 득세한 정치 현상이 아니라는 점을 잘 보여준다. 이 영화는 순수한 코미디임에도, 게토 또는 빈민가의 힘없는 사람들과 파시스트 거물을 대담하게 대비했다는 점에서 의심할 바 없는 영화사의 걸작으로 평가된다(로빈슨, 2002: 767~803).

채플린이 각본을 쓰고 감독과 주연을 맡은 〈위대한 독재자〉는 '간전기 광기가 들끓고 자유 개념은 바닥에 떨어졌으며 인간성이 심각하게 위협받던 시절 벌어진 이야기'라는 자막으로 시작한다. 유대인 이발사는 전쟁에 참가했다가 기억상실증으로 수년간 군병원에 수용된다. 그는 자신과 닮은 독재자 힌켈이 토매니아(영화 속 가상 국가)를 철권통치한다는 사실을 알지 못한다. 영화에서는 이 시기를 "쌍십자의 표상하에 자유는 배척되었고, 연설의 자유는 억압되어 오직 힌켈의 목소리만 들렸다"라고 표현하고 있다. 연설하는 힌켈의 말투와 표정, 제스처, 관중의 무조건적인 호응을 보고 관객은 이 영화가 히틀러를 조롱하기 위해 제작된 것이라는 사실을 눈치챈다. 힌켈의 연설은 히틀러의 연설과 너무나 닮았다. 힌켈은 말한다. "민주주의는 냄새가 나고, 자유는 추악한 것이며, 연설의 자유는 이의 제기의 여지가 있다. 토매니아는 세계 제일의 육군과 해군을 보유하고 있다. 그러나 위대함을 존속시키기 위해선 희생이 필요하다. 우리 모두 허리띠를 졸라매야 한다."

채플린의 아내였던 폴레트 고더드(Paulette Goddard)가 분한 세탁소 가정부 한나에게 특전 대원들이 토마토를 던지며 행패를 부리는 장면은 나치 친위대와 돌격대 등 테러 조직이 유대인을 체포하고 유대인 상점과 회당에 방화를 한 것을 떠올리게 한다. 유대인을 향한 폭력이 군중의 배고픔을 잊게 해준다는 힌켈 참모의 제언 역시 유대인이 나치의 내부 모순을 은폐하기 위한 희생양이 되었다는 점을 말해주는 대사이다. 허리띠를 졸라매지 못할 정도로 뚱뚱한 국방부 장관 헤링이 의자에 주저앉다가 허리띠가 풀려버리는 모습은 나치 지도부에 대한 어릿광대 채플린의 노골적인 조롱으로 해석된다. 파시즘에 대한 채플린의 관심은 전후에 제작된 〈살인광 시대(Monsieur Verdoux)〉(1990)로 연결된다. 이 영화는 대공황과 실업, 유럽의 위기, 스페인 내전과 공습으로 인한 피해 장면들을 담았다.

힌켈이 '독재자 형제'라 부르는 나폴리니가 방문하자 힌켈은 사상 초유의 사열식을 준비해 자신의 힘을 보여주려 한다. 힌켈과 나폴리니가 이발소에서 서로 의자를 높이려 하는 장면은 팽창적 외교정책을 통한 이들의 세계 지배 경쟁을 비꼰 것이다.

무엇보다 이 영화의 압권은 바그너의 「로엔그린(Lohengrin)」 1막의 전주곡이 흘러나오는 가운데 힌켈이 지구의를 튕기고, 머리로 받고, 거칠게 움켜

쥐거나 발로 차며 노는 장면이다. 그리고 힌켈로 오인받은 유대인 이발사가 경계와 탐욕과 증오가 사라지고 이성이 다스리는 나라에 대한 희망을 피력하는 연설을 하는 이 영화의 마지막 장면 역시 깊은 감동과 긴 울림을 준다. 채플린의 철학이 응축되어 있는 대사인 만큼 조금 길더라도 음미해볼 만한 가치가 있다.

"유감스럽게도 나는 황제가 될 생각이 없습니다. 그건 내가 할 일이 아닙니다. 누군가를 좌지우지하거나 정복하고 싶지도 않아요. 가능하다면 모든 이들을 돕고 싶어요. …… 남의 불행이 아니라 행복을 나누며 살길 원합니다. 인생은 자유롭고 아름답지만 우린 그 길을 잃었습니다.

탐욕이 인간의 영혼을 중독시키고 세계를 증오의 장벽으로 휘감고 비극을 초래했습니다. 우리는 급속한 발전을 이뤘지만 덕분에 노예가 되었고, 대량생산을 가져다준 기계는 결핍도 가져다줬습니다. …… 기계보다는 인간애가 더욱 필요하고 영리함보다는 친절과 따뜻함이 필요합니다. 그렇지 않으면 인생은 비참해지고 결국 모든 걸 잃게 될 것입니다. …… 지금 이 순간 내 목소리가, 인간을 고문하고 죄 없는 자들을 가두는 제도에 희생된 절망하고 있는 수백만의 남녀노소에게까지 들리고 있지 않습니까? …… 희망을 잃지 마십시오.

우리가 겪는 불행은 인류의 진보를 두려워하는 자들의 조소와 탐욕에서 비롯된 것입니다. 증오는 사라지고 독재자들은 사라질 것이며 그들이 인류에게서 앗아간 힘은 민중에게 돌아갈 것입니다. 인간이 그것을 위해 싸우는 한 자유는 소멸되지 않을 것입니다. 병사들이여, 그대들을 경멸하고 노예처럼 다루며 그대들의 행동과 사고와 감정, 심지어 삶까지 통제할 뿐 아니라 그대들을 짐승처럼 조련해 전쟁터의 희생물로 만들고 있는 저들에게 굴복하지 마시오! 저런 비인간적이며 기계의 지성과 마음을 가진 기계 같은 자들에게 굴복하지 마시오! 그대들은 기계도 짐승도 아닙니다! 인간입니다! 그대들의 마음엔 인류에 대한 사랑이 숨 쉬고 있습니다. 증오하지 마십시오. 비인간적인 자들만 증오를 합니다.

병사들이여, 노예제도가 아닌 자유를 위해 투쟁하시오! …… 민주주의의 이름으로 그 힘을 사용해 전 세계의 화합을 이룩합시다. 모두에게 일할 기회를, 젊은이에게는 미래를, 노인에겐 안정을 주는 훌륭한 세계를 건설하기 위해 싸웁시다. 극악한 자들도 이런 것들을 약속하며 권력을 키웠지만 그들의 약속은 실현되지 않았으며 앞으로도 그럴 것입니다. 독재자는 자신에겐 자유를, 국민에겐 억압만을 줍니다. 이제 세상을 해방하기 위해 싸웁시다! 세계를 해방시키며 나라 간의 경계를 없애며 탐욕과 증오를 버리도록 투쟁합시다. 이성이 다스리는 세계, 과학이 모두에게 행복을 주는 세계를 만들도록 투쟁합시다! 병사들이여, 민주주의의 이름 아래 하나로 단결합시다!"

그는 어떻게 '악의 화신'이 되었는가?

〈히틀러: 악의 등장(Hitler: The Rise of Evil)〉(2003)은 히틀러의 어린 시절부터 돌격대 대장 에른스트 룀(Ernst Julius Röhm)의 숙청, 힌덴부르크 대통령의 사망으로 히틀러가 수상과 대통령직을 겸직하기까지의 이야기를 드라마로 구성했다. 나중에 영국으로 망명해 연합군의 고문이 되는 출판업자 에른스트 한프슈텐글(Ernst Hanfstaengl)이 가세해 스토리를 이끌어간다. 한 편의 영화로서 수준과 완성도에 그리 높은 평가를 주기는 어렵지만, 히틀러가 어떻게 배타적 인종주의자가 되고 권력을 쟁취했는지 알고 싶은 사람들에게는 유익한 영화가 될 듯싶다.

영화의 맨 앞과 뒤에는 영국의 보수주의 사상가이자 정치가 에드먼드 버크(Edmund Burke)가 언급한 "악의 승리에 필요한 유일한 것은 선한 사람들이 아무 일도 하지 않는 것이다"라는 말이 자막으로 나온다.

크리스티안 두가이(Christian Duguay) 감독의 이 영화에서 특히 주목해야 하는 부분은 히틀러가 극우 민족주의자가 되는 과정이다. 영화에서는 빈 미술 아카데미에 불합격한 후 히틀러가 좌절한 채 방황하는 것으로 그려진다. 이때 히틀러는 누이에게 "화랑이 유대인들 건데 내 그림을 안 사줘. 폴란드인들 때문에 취직도 안 돼. …… 이 인종의 아수라장에서 당장 떠날 거야. 진짜 독일인들이 있는 곳에 갈 거야"라고 말한다. 그 후 뮌헨으로 떠난다. 1914년 1차 대전이 발발하자 곳곳에서 민족주의 집회가 열린다. "우린 같은 독일인입니다. 국가를 위해 기꺼이 희생합시다"라고 전쟁 참가를 고취하는 선동가들의 연설에 히틀러는 크게 동조하고 곧이어 입대한다. 영화대로라면 히틀러는 빈 아카데미에 낙방한 것을 계기로 유대인을 비롯한 외국인들에게 반감을 갖고 극우 민족주의자가 되었다고 할 수 있다.

그러나 영화는 복잡다단한 인간의 삶을 한정된 시공간에 영상으로 재현하기 때문에 삶의 모든 부분을 세밀하게 보여주지는 못한다. 〈히틀러: 악의 등장〉처럼 실제로 존재했던 인물을 소재로 다룬 영화도 마찬가지이다. 그렇기 때문에 실제에 대해 더 정확한 내용을 알고자 한다면 권위 있는 저자가 집필한 평전이나 전기를 참고하는 편이 좋다. 독일의 언론인인 요아힘 페스트(Joachim C. Fest)가 쓴 『히틀러(Hitler)』에 따르면, 히틀러는 유복하거나 원만한 가정환경에서 자라지 못했다. 규율과 복종을 중시하던 아버지가 이른 나이에 죽었고, 히틀러는 다니던 실업학교들에서 적응하지 못하고 자퇴를 해야 했다. 이때 히틀러는 화가가 되기로 결심한다. 예술이 '더 나은 사회'의 특권이라는 생각을 갖고 있던 히틀러는 예술을 통한 신분 상승을 꾀하게 된다.

그렇지만 두 차례나 빈 아카데미 입학시험에 낙방하자 깊이 실망하고 예술가의 꿈을 포기하게 된다. 그 후 히틀러는 학교와 아카데미 같은 기관과 기성 질서를 배척하는 태도를 갖는다. 하지만 페스트는 히틀러가 이런 상황에 처해서도 혁명적 이데올로기를 멀리하고 민족, 조국, 법의 권위, 종교, 도덕 등과 같은 시민사회의 규범을 옹호했다고 지적한다. 자기가 배척하는 질서를 옹호하는 기득권 지지자로 나타났다는 것이다(페스트, 1998: 82~87).

1차 대전에 참전한 히틀러는 연락병으로서 공로를 인정받아 철십자 훈장을 받는다. 제대한 후에는 퇴역 군인 단체에 가담한다. 단체 간부 앞에서 개최된 면접 자리에서 히틀러는 그가 속했던 독일노동자당이 천박한 사교 클럽이지만 그들의 정치철학은 마음에 든다고 밝힌다. 민족주의 강령에 유대인 말살을 포함해야 한다는 조항을 자신이 첨부했다고 자랑스럽게 말한다. "유대인 말살은 가능합니다. 필요하다면 강제 추방하면 되죠. 그들이 없는 세상을 상상해보셨습니까? 얼마나 순수하고 신성할지 말입니다." 그 후 연설가로 이름을 알리기 시작한 히틀러는 배타적이고 극단적인 민족주의의 당위성을 강변하며 다닌다. "우리의 적은 우리 중에 있습니다. 우리의 목숨을 빼앗으러 온 외부 침략자입니다. …… 누가 우리 사회의 도덕적 쇠락을 가져왔습니까? 비록 독일인임을 자처하지만 항상 그래왔듯이 환영받지 못한 그들이 도처에 있습니다. 우리 정부를 침략하고 재물을 빼앗고 가족과 전통을 겁탈하고 있습니다. 이것은 전쟁입니다. 곧 역전될 전쟁입니다!" 이 대사는 종족민족주의를 기초로 한 공동체에 최고의 가치를 부여한 히틀러가 공동체의 쇠퇴와 불안에 대한 두려움을 유대인에 대한 폭력으로 상쇄하려는 것을 명징하게 보여준다. 이런 인물이 대중의 추종을 받으면서 정치권력을 장악하고 자신을 정점으로 모든 제도와 사상, 조직들을 획일화한 '지도자 국가'를 건설한 것은 인류에게 실로 커다란 재앙이었다.

의지의 승리 Triumph des Willens (독일, 1934)

> 감독   레니 리펜슈탈 Leni Riefenstahl
>
> 각본   레니 리펜슈탈

위대한 독재자 The Great Dictator (미국, 1940)

> 감독   찰리 채플린 Charles Chaplin
>
> 각본   찰리 채플린

> 배우   찰리 채플린
>
> 폴레트 고더드 Paulette Goddard
>
> 잭 오키 Jack Oakie

히틀러: 악의 등장 Hitler: The Rise of Evil (캐나다·미국, 2003)

> 감독   크리스천 두가이 Christian Duguay
>
> 각본   존 필마이어 John Pielmeier

> 배우   로버트 칼라일 Robert Carlyle
>
> 스톡커드 채닝 Stockard Channing
>
> 제나 멀론 Jena Malone
>
> 줄리아나 마굴리스 Julianna Margulies
>
> 매슈 모딘 Matthew Modine
>
> 리브 슈라이버 Liev Schreiber
>
> 피터 스토메어 Peter Stormare

같이 볼만한 영화

순응자 (Il Conformista, 1970)   베르나르도 베르톨루치(Bernardo Bertolucci) 감독

1900년 (Novecento, 1976)   베르나르도 베르톨루치 감독

라콤 루시앙 (Lacombe Lucien, 1974)   루이 말(Louis Malle) 감독

살인광 시대 (Monsieur Verdoux, 1947)   찰리 채플린 감독

줄무늬 파자마를 입은 소년 (The Boy in the Striped Pajamas, 2008)   마크 허먼(Mark Herman) 감독

디 벨레 (Die Welle, 2008)   데니스 간젤(Dennis Gansel) 감독

한나 아렌트 (Hannah Arendt, 2012)   마가레테 폰 트로타(Margarethe von Trotta) 감독

참고문헌

네오클레우스, 마크(Mark Neocleous). 2002. 『파시즘』. 정준영 옮김. 이후.

니콜스, 빌(Bill Nichols). 2012. 『다큐멘터리 입문』. 이선화 옮김. 한울.

단, 오토(Otto Dann). 1996. 『독일 국민과 민족주의의 역사』. 오인석 옮김. 한울.

로빈슨, 데이비드(David Robinson). 2002. 『채플린: 거장의 생애와 예술』. 한기찬 옮김. 한길
   아트.

로이트, 랄프 게오르크(Ralf Georg Reuth). 2006. 『괴벨스, 대중 선동의 심리학』. 김태희 옮
   김. 교양인.

리히터, 한스(Hans Richter). 1996. 「정치 영화」. 카르스텐 비테(Karsten Witte) 엮음. 『매체
   로서의 영화』. 박흥식·이준서 옮김. 이론과실천.

바누, 에릭(Erik Barnouw). 2000. 『세계 다큐멘터리 영화사』. 이상모 옮김. 다락방.

브로샤트, 마르틴(Martin Broszat). 2011. 『히틀러 국가』. 김학이 옮김. 문학과지성사.

설킬드, 오드리(Audrey Salkeld). 2006. 『레니 리펜슈탈: 금지된 열정』. 허진 옮김. 마티.

야콥센, 볼프강(Wolfgang Jacobsen)·안톤 케스(Anton Kaes)·한스 헬무트 프린츨러(Hans
   Helmut Prinzler) 엮음. 2009. 『독일 영화사 1: 1890년대~1920년대』, 『독일 영화사 2:
   1930년대~1950년대』. 이준서 옮김. 이화여자대학교출판부.

에버트, 로저(Roger Ebert). 2003. 『위대한 영화』. 최보은·윤철희 옮김. 을유문화사.

장문석. 2006. 『민족주의 길들이기』. 지식의풍경.

팩스턴, 로버트 O.(Robert O. Paxton). 2005. 『파시즘: 열정과 광기의 정치 혁명』. 손명희·최
   희영 옮김. 교양인.

페스트, 요아힘(Joachim Fest). 2001. 『히틀러 평전 1·2』. 안인희 옮김. 푸른숲.

포이케르트, 데틀레프(Detlev Peukert). 2003. 『나치 시대의 일상사』. 김학이 옮김. 개마고원.

Kershaw, Ian. 2001. *Der NS-Staat*. Reinbek bei Hamburg: Rowohlt.

Morgan, Philip. 2002. *Fascism in Europe, 1919-1945*. London: Routledge.

Stackelberg, Roderick. 2008. *Hitler's Germany: Origins, Interpretations, Legacies*. London:
   Routledge.

7장

2차 대전과 레지스탕스 운동

〈무방비 도시〉 〈그림자 군단〉 〈가까이서 본 기차〉 〈새벽의 7인〉

레지스탕스들은 미치광이도 아니고 현인도 아니다. 그들은 영웅들, 말하자면 정념과 이성이 우연히 일치했던 사람들이었고, 흐릿한 욕망 속에서 역사가 기대하는 것을 행했던 자로서, 마침내 시대의 진리로서 드러나게 되었던 사람들이다.

모리스 메를로퐁티(Maurice Merleau-Ponty)

나치에 저항한 파르티잔

1939년 9월 나치 독일은 전격전을 통해 폴란드를 침공했다. 이후 1년도 지나지 않아 독일군은 파죽지세로 대부분의 유럽 지역을 장악했다. 독일이 폴란드를 침공하자 영국과 프랑스가 대독 선전포고를 하면서 시작된 2차 대전은 1941년 독일군이 흑해에서 핀란드에 이르는 전선에 걸쳐 대대적으로 소련에 대한 공격을 개시하면서 전선이 확대되었다. 걷잡을 수 없이 번진 2차 대전은 엄청난 재앙을 낳았다. 수천만 명의 군인들뿐만 아니라 그보다 더 많은 민간인들이 사망했고 평화롭던 삶의 공간은 무참히 파괴되었다. 당시 독일은 히틀러가 이끌던 나치당을 정점으로 극도로 위계적인 질서를 지닌 전체주의 국가였다. 앞서 6장에서 살펴보았듯이 나치당은 높은 실업률과 광범위한 빈곤을 겪던 패전국민의 굴욕감을 자극하고 위대한 독일의 미래를 약속해 집권한 정당이었다. 민족적 가치와 영광을 강조한 점은 이탈리아의 파시스트민족당(PNF)과 차이가 없었다. 돌격대를 앞세운 나치당은 국가기관과 언론을 장악하고 정당을 해산하고 노조를 해체했으며 긴급명령으로 시민들의 정치 권리를 유보했다. 불안을 조장하고 이른바 위대한 독일인의 생활 공간을 확충한다는 명분으로 호전적이고 팽창적인 대외 정책을 추구했다. 이는 오스트리아와 체코를 합병하고, 무솔리니의 이탈리아와 강철조약을 체결하며, 소련과 불가침조약을 조인한 후 1939년 9월 폴란드를 침공하는 것으로 나타났다. 1945년에 들어서면서 소련군이 동프로이센을 점령한 데 이어 베를린으로 진격하고, 서방 연합군은 이탈리아 공세를 성공적으로 이끈 후 독일 서부로 진격하면서 연합국으로 승세가 기울기 시작했다. 결국 5월 독일이 서방 연합군과 소련군에 항복하면서 유럽에서 일어난 미증유의 재앙이었던 이 전쟁은 끝날 수 있었다.

수많은 영화인들이 나름의 영화 언어를 통해 2차 대전을 필름에 담았다. 비교적 최근에 개봉된 것들로는 요제프 빌스마이어(Joseph Vilsmaier) 감독의 〈스탈린그라드: 최후의 전투(Stalingrad)〉(1993), 로베르토 베니니(Roberto Benigni) 감독의 〈인생은 아름다워(La Vita E Bella)〉(1997), 스티븐 스필버그(Steven Spielberg) 감독의 〈라이언 일병 구하기(Saving Private Ryan)〉(1998), 장자크 아노(Jean-Jacques Annaud) 감독의 〈에너미 앳 더 게이트(Enemy at the Gate)〉(2001), 로만 폴란스키(Roman Raymond Polanski) 감독의 〈피아니스트(The Pianist)〉(2002), 브라이언 싱어(Bryan Singer) 감독의 〈작전명 발키리(Valkyrie)〉(2008) 등을 들 수 있다. 여기에 오래전 동서 냉전 시기에 제작되었음에도 아직까지 2차 대전을 소재로 한 대표적 영화로 꼽히는 데이비드 린(David Lean) 감독의 〈콰이강의 다리(The Bridge on the River Kwai)〉(1957), 샘 페킨파(Sam Peckinpah) 감독의 〈철십자 훈장(Cross of Iron)〉(1977), 리처드 애튼버러 감독의 〈머나먼 다리(A Bridge Too Far)〉(1977), 볼프강 페터젠(Wolfgang Petersen) 감독의 〈특전 유보트(Das Boot)〉(1981), 페카 파리카(Pekka Parikka) 감독의 〈겨울 전쟁(Talvisota)〉(1989) 등까지 더하면 그 수는 적지 않다.

그중에서도 영화사에서 2차 대전의 역사적 맥락과 대립적 성격을 잘 보여주는 영화로 앨프리드 히치콕(Alfred Hitchcock) 감독의 〈구명선(Lifeboat)〉(1944)을 꼽을 수 있다.[1] 존 스타인벡(John Steinbeck)의 중편소설을 영화화한 이 작품은 독일군 U-보트의 어뢰 공격으로 격침된 상선의 생존자 일곱 명과 침몰된 U-보트 승무원 한 명이 비좁은 구명선 안에서 표출하는 심리적 갈등을 탁월하게 포착했다. 리카르트 슈트로벨(Ricarda Strobel)은 〈구명선〉을 당시의 역사적 상황에 대한 알레고리를 중심으로 해석하고 있다. 그에 따르면 구조선에 타고 있는 미국인들은 좌파와 사회주의의 대변자인 코박, 우파와 자본주의의 대변자인 리텐하우스로 나뉘어 갈등을 빚는 등 의견의 통일을 이루지 못해 자신들의 이익을 관철하기에 너무 미약하다. 이에 반해 나치는 강력

---

[1] 원래 히치콕은 이 영화의 시나리오를 어니스트 헤밍웨이(Ernest Hemingway)에게 부탁했다. 쿠바에 머무르고 있던 헤밍웨이에게 보낸 장문의 전보에서 히치콕은 "전체적으로 개성들의 갈등, 사회적 불평등으로 인한 분열, 나치의 지배 등으로 구성되는 구명선에서 벌어지는 이야기"가 내용인 '드라마틱한 내러티브'를 써달라고 했다. 헤밍웨이가 다른 작업 때문에 관여할 수 없다는 답장을 보내오자 영화 〈분노의 포도(The Grapes of Wrath)〉의 각색을 담당했던 누널리 존슨(Nunnally Johnson)이 당시 미국 소설가 중에서 헤밍웨이와 동급에 올라 있던 존 스타인벡을 제안했다. 스타인벡은 시나리오를 집필한 후 이에 기초해 중편소설을 써서 출판했고, 히치콕은 20세기 폭스 소속 작가들과 함께 상당한 수정을 거쳐 구명선 이야기를 완성했다(맥길리건, 2006: 566, 571, 576~577).

하고 단결되어 있으며 자신들이 무엇을 하려는지도 정확하게 알고 있다. 나치는 일련의 음모와 기만을 통해 구명선을 버뮤다 항로에서 벗어나 독일 공급선으로 향하게 한다. 나치는 수통을 숨기고 있다는 것을 알아챈 거스를 바다에 던져버리는 만행도 저지른다. 미국인들은 맹목적인 증오로 돌진해서 나치를 죽인다. 파시즘 체제에 대한 민주주의의 우월성을 강조한 명백한 선전 영화이기도 한 〈구명선〉은 비록 적에 의해 저지될지라도 민주적 세력들이 나치 독일에 대한 전투를 떠맡아야 한다는 것을 비유적으로 표현하고 있다(파울스티히, 2003: 149~150).

나치 독일에 대한 대항은 정규군들만의 몫이 아니었다. 2차 대전은 연합국과 추축국 정규군 간의 전쟁이었지만 이와는 별도로 독일의 점령 지역에서는 수많은 '파르티잔(partisan)'이 조직되어 점령군에 저항했다. 이들은 대부분 해당 지역 출신으로 지형과 지리에 밝고 주민들과 긴밀하게 연결되어 있어 효율적으로 임무를 수행할 수 있었다. 민간인들과 구별이 쉽지 않아 기습적으로 공격을 한 후 지하로 잠적할 수 있었다. 소수의 병력으로 독일군 간부를 암살하거나 무기와 물자를 탈취하고 주요 통신과 교통 시설을 파괴하는 등 파르티잔의 활약은 독일군에게 적지 않은 타격을 입혔다. 폴란드, 체코슬로바키아, 노르웨이, 덴마크, 네덜란드, 벨기에, 프랑스, 이탈리아의 저항 세력들은 적당한 시기에 연합군과 함께 싸우기 위해 비밀리에 군대를 조직하는 한편, 개인 혹은 소규모의 그룹을 조직해 테러, 전복, 사보타주 선동 등의 임무들을 수행했다. 또한 적의 규모와 활동 상황, 이동 상황에 대한 정보들을 수집해 연합군 측에 제공해줬다. 피격되어 추락한 연합군 공군 조종사들을 중립국으로 도피시키는 일을 돕는 것도 중요한 임무였다. 이들은 작전을 수행하는 과정에서 간단하지 않은 장애에 부딪히기도 했다. 은신을 위한 적합한 지형 조건이 결여되어 있거나 저항운동 세력 간에 의사소통이 불충분하고 정치적 입장이 서로 다른 데서 오는 것이었다. 또한 상당수의 파르티잔들은 항상 투옥과 고문, 추방, 그리고 죽음의 위험 앞에 놓여 있었다 (에스프레이, 1989: 154~155).

유럽에서 전개된 파르티잔 활동의 주된 지원국은 소련과 영국이었다. 소련은 자국 영토뿐만 아니라 동유럽 전역에서 사회주의 성향의 파르티잔 조직들을 지도하고 지원했다. 구체적으로는 코민테른(Comintern)이 각국의 공산당 지부를 통해 파르티잔들에게 지시를 내렸다. 영국에서는 1940년 7월 프랑스가 함락되고 독일 공군이 영국에 무차별 공격을 가한 직후 독일군 점령 지역에서 체계적으로 저항운동을 지도하고 감독할 목적으로 SOE(Special Operations Executive: 특수작전사령부)를 창설했다. 그러나 정통의 군사적 전투를 선호하는 정규 사관학교 출신들은 SOE의 활동을 지원하는 것을 마뜩지 않게 생각했다. 독일군 폭격기가 영국 본토를 난타하고 있을 때 영국 공군 원수였던 찰스 포털(Charles Portal)은 적군의 일원을 살해하려는 목적으로 민간인 복장을 한 병사를 투하하는 것은 영국 공군이 협력해야 할 작전이 아니라고 밝히기도 했다. 이러한 문제로 SOE는 육군성이나 외무성이 아닌 전시경제성(Ministry of Economic Warfare)에 소속되었다. SOE는 나치의 점령 지역에서 적군에 대한 스파이 행위와 더불어 군사적 공격을 유도하고 파업을 주도했다. 이에 대해 당시 수상 휴 돌턴(Hugh Dalton)은 다음과 같이 말했다.

우리는 아일랜드의 신페인(Sinn Fein) 운동, 중국의 항일 게릴라, 스페인의 비정규군, 그리고 나치 점령지에서의 저항 세력을 조직해야 한다. 우리는 산업적·군사적 사보타주와 노동자 선동 및 스트라이크, 계속적인 선전, 반역자와 독일군 지도자에 대한 테러, 보이콧 및 폭동 등을 포함하는 매우 다양한 수단들을 활용해야 한다(에스프레이, 1989: 156).

그러나 점령지에서 저항 세력을 지원하는 과정에서 소련과 영국은 서로 불신한 까닭에 주도권을 둘러싼 갈등을 빚기도 했다. 여기에는 역사적인 이유가 있었다. 러시아 혁명 시기 영국은 볼셰비키에 대항하는 백군을 군사적으로 지원했고 2차 대전 전에는 반파시스트 침략에 공동으로 대비하는 것을 거부했다. 핀란드 문제를 둘러싸고도 대립했다. 더군다나 영국의 수상인 처칠(Winston Churchill)은 유명한 반공주의자였다. 점령지 비정규전을 위해 협력한 경우도 위중한 시기에 맺은 전략적 선택이었을 뿐이다.

독일군은 다양한 파르티잔의 저항을 테러로 규정하고 강력한 보복으로 대응했다. 독일군 최고사령부는 점령지에서 점점 늘어가는 저항운동에 대해 심각한 우려를 표명했고, 히틀러는 "군인답게 행동하지 않고 산적 떼처럼 행동하는 영국과 그 동조자들의 모든 테러 및 파괴 부대"를 가차 없이 제거하라는 명령을 내렸다(에스프레이, 1989: 162). 그 대표적인 지역이 발칸 반도였다. 이 지역은 파르티잔들이 비교적 효율적인 조직을 갖추고 점령군에 대항해 거의 전면전에 가까운 전투를 전개했기 때문에 점령 당국의 압박도 그만큼 강했다. 세르비아 주둔군 사령관 프란츠 뵈메(Franz Friedrich Böhme) 장군은 독일군 한 명이 죽을 때마다 세르비아인 100명을 사살하라는 명령을 내렸다. 그는 곧 본보기를 보였다. 1940년 10월 베오그라드에서 파르티잔의 공격으로 독일군 23명이 죽자 사내아이들 2300명을 끌고 가 살해했다. 점령지에서 나치는 저항이 무용지물일 뿐이라고 선전했다. SS 대원들은 유대인을 비롯해 유해하다고 생각되는 사람들을 닥치는 대로 강제수용소로 끌고 갔다. 독일의 지배가 계속될 것으로 믿고 점령 정책에 적극적으로 협조하는 사람들이 생긴 것은 당연한 결과였다. 그러나 다른 편에서는 적지 않은 이들이 적에게 굴복하는 대신 죽음을 불사하고 저항운동에 자발적으로 뛰어들었다. 여성들도 예외가 아니었다. 이들 지원병은 독립뿐만 아니라 자유로운 유고슬라비아, 한발 더 나아가 민족 간 폭력이 근절된 단합된 유고슬라비아 연방의 건설을 바라고 있었다(리들리, 2003: 225, 233).

발칸 반도의 파르티잔 지도자는 크로아티아의 철강 노동자 출신으로 한때 독일의 다임러벤츠 자동차 공장에서 일하기도 했던 티토였다. 요시프 브로즈 티토(Josip Broz Tito)는 1차 대전 때 오스트리아군의 특무상사로서 복무했고 러시아 혁명과 내전 당시에는 러시아에 머무른 후 철강 노조 대표로 일하다 5년 동안 복역했다. 티토가 이끄는 파르티잔들은 독일군과 이탈리아군 등 점령군들과 전투를 벌이는 한편, 비공산주의자들로 구성된 또 다른 게릴라 조직인 체트니크(Cetnik)와도 경쟁해야 했다. 티토는 코민테른의 지시를 대체로 따랐으나 그렇다고 맹목적이지는 않았다. 이러한 티토의 태도는 코민테른이 유고의 파르티잔에게 별다른 군사 지원을 하지 않은 데서도 한 이유를 찾을 수 있다. 독일군과 포로 교환을 위한 협상을 제안한 티토에게 정치국원이었던 밀로반 질라스(Milovan Djilas)가 물었다. "러시아 사람들은 어떻게 생각할까요?" 티토의 대답은 이러했다. "그 사람들은 원래 자기 나라 사람들만 생각하지"(리들리, 2003: 259~260). 물론 영국 역시 유고슬라비아나 그리스에 대한 기본 정책은 철저히 영국의 국익을 기준으로 하고 있었다.

유고의 파르티잔들이 독일군과 맞서 싸운 가장 큰 전투는 5주 동안 지속되었던 이른바 '5차 공세' 기간 동안 수테스카(Sutjeska) 강변에서 벌어졌다. 연합군이 발칸 반도에 상륙할 거라 예상한 히틀러는 파르티잔들의 공격에 대비해 새로운 공세를 지시했다. 지정학적으로 중요한 발칸 반도를 안전하게 확보하고 유럽의 전쟁을 위한 힘을 비축하기 위해서 어떠한 희생을 무릅쓰고라도 유고슬라비아의 파르티잔을 섬멸하겠다는 의도였다. 이 지역의 주둔군 사령관은 마을을 불사르고 숨 쉬는 모든 것을 사살하라는 명령을 내렸다. 총통이 그런 보고서를 받기를 원한다는 것이었다. 대규모 작전이 펼쳐졌다. 독일군은 12만 명의 병력과 수백 대의 전투기를 동원해 적극적으로 공세를 퍼부었다. 연일 계속되는 폭격과 포위망을 피해 이동하는 과정에서 티토의 군대는 적지 않은 피해를 입었지만 악전고투 속에 독일군의 공세를 물리칠 수 있었다.

이 전투를 소재로 한 영화가 바로 스티페 델릭(Stipe Delic) 감독의 〈수체스카: 제5공세(Sutjeska: The Fifth Offensive)〉(1973)이다. 실제 전투 30주년을 기념해 유고슬라비아 정부가 대대적으로 물량을 투입해 만든 이 영화에는 영국 배우인 리처드 버턴(Richard Burton)이 출연했다. 티토가 살아 있을 때 제작되었기 때문인지 총사령관 티토의 리더십이 부각되고 파르티잔 전사들의 활동이 매우 긍정적으로 묘사되어 있다. 러시아 민요를 비롯한 장엄한 배경 음악이 깔리는 가운데 독일군 전투기와 탱크의 폭격이 가해지고 상대적으로 빈약한 병력과 무기를 지닌 파르티잔들은 독일군과 치열한 육박전을 벌인다. 영국군 지원 요원이 낙하산으로 도착하지만 고작 네 명뿐이다. "대포와 탱크, 식량을 원조해줄 거라 생각했는데 겨우 네 명뿐이군!" 열악한 상황에도 굴하지 않고 용감하게 싸운 유고슬라비아의 파르티잔들에게 전선은 특정 지역에만 국한되는 것이 아니었다. 지원군으로 투입된 영국군과 한 파르티잔의 대화가 이를 잘 보여준다. "전선은 어디에 있소?" "독일군이 있는 곳이요." "독일군은 어디에 있는데요?" "어디에나 있소."

이탈리아: 네오레알리스모와 혁명적 휴머니즘

〈무방비 도시(Roma Citta Aperta)〉(1945)는 2차 대전 말 연합군이 진주하기 전 사흘 동안 이탈리아 레지스탕스들이 겪는 사건들을 소재로 한 로베르토 로셀리니(Roberto Rossellini) 감독의 영화이다. 각본은 세르조 아미데이(Sergio Amidei)가 맡았다. 이 영화는 2차 대전 후 이탈리아에서 전개된 영화 운동의 한 흐름을 지칭하는 네오레알리스모의 대표작으로 평가된다. 네오레알리스모는 안토니오 피에트란젤리(Antonio Pietrangeli)가 루키노 비스콘티(Luchino Visconti)의 〈강박관념(Ossessione)〉(1943)에 대해 말하면서 처음 사용한 개념이다. 〈강박관념〉은 제임스 케인(James M. Cain)의 소설『우편배달부는 벨을 두 번 울린다(The Postman Always Rings Twice)』를 각색한 영화이다. 피에트란젤리는 파시스트 통치기의 웅대한 대하 사극물이나, 현실과 유리된 감상적인 상류계급 멜로드라마인 이른바 '백색전화(White telephone)' 영화와 구분해서 네오레알리스모라는 개념을 썼다. 비스콘티는 장 르누아르의 조감독으로 일하면서 그의 시적 리얼리즘과 사회 비판, 노동자와 도시민들의 삶에 대한 관심에 영향을 받았다. 비스콘티 역시 경제적 곤란과 궁핍 등 소수자가 처한 삶의 조건을 포착해 생생하게 묘사했다. 다큐멘터리 방식의 영화로 시퀀스 쇼트가 두드러지는 네오레알리스모의 대표작으로 로베르토 로셀리니의 3부작 〈무방비 도시〉, 〈전화의 저편(Paisa)〉(1946), 〈독일 영년(Germania anno zero)〉(1948)을 꼽을 수 있다. 로셀리니와 비스콘티 외에도 데산티스(Giuseppe De Santis), 데시카(Vittorio De Sica) 등이 이 부류에 속한다. 전후 이탈리아가 다시 번영을 맞기 시작하자 정부가 당시 사회에 대해 비판적인 영화들을 경계하기 시작했고, 감독들이 개인적인 관심사로 눈을 돌리면서 네오레알리스모는 점차 쇠퇴했다. 네오레알리스모는 프랑스의 누벨바그, 영국의 뉴웨이브, 라틴 아메리카의 시네마 노보(Cinema Novo) 등에 영향을 미쳤다(보드웰·톰프슨, 2008: 568~571). 2차 대전 후 이탈리아 영화는 앙드레 바쟁이 지적했듯이 혁명적인 휴머니즘을 보전하고 있는 매우 보기 드문 다큐멘터리적 가치를 지녔다고 평가된다(바쟁, 2001: 338~339).

이탈리아의 영화는 이른바 레지스탕스의 행위를 묘사하는 데에만 머물지 않는다. 우리 프랑스에서 레지스탕스는 곧 전설적인 것이 되었다. 그것은 시간상으로 아무리 가까운 사건이었다고 하더라도 해방 다음 날로 이미 역사에 지나지 않았다. 독일인들이 떠나는 것과 더불어 삶은 다시 시작되었다. 이에 반해 이탈리아에서는 아주 가까이 있던, 이전의 자유에로의 복귀를 의미하는 것이 아니라 정치혁명, 연합군에 의한 점령, 경제·사회적인 격변을 뜻하고 있었다. 요컨대 해방은 끝이 없는 몇 개월인가에 걸쳐서 천천히 이루어졌던 것이다(바쟁, 2001: 337).

〈무방비 도시〉의 등장인물은 실제 모델이 있다. 주인공인 만프레디는 이탈리아공산당의 지도자로 전후 토리노 시장이 된 첼레스테 네가르빌레(Celeste Negarville)를, 돈 피에트로 신부는 나치에 저항하다 체포되어 처형된 돈 모로시니(Don Giuseppe Morosini), 돈 파파갈로(Don Pietro Pappagallo) 신부를 모델로 삼았다. 나치 독일의 점령 기간 동안 이탈리아에서는 민족 해방을 위해 20만 명이 넘는 파르티잔을 비롯한 35만여 명의 사람들이 점령군에 대항해 목숨을 건 투쟁을 펼쳤다. 희생자는 무려 7만 6000여 명에 달했다. 로셀리니는 스튜디오 없이 영화를 만들어야 했다. 할 수 없이 로셀리니와 그의 동료들은 실제 로마 시민들을 출연시키고 즉흥 연출과 조악한 동시녹음, 뉴스릴(news reel)의 삽입을 통해 힘겹게 〈무방비 도시〉를 제작할 수밖에 없었다. 열악한 환경 속에서도 이들이 영화를 만든 것은 이탈리아인들의 빛나는 역사이기도 한 저항운동을 기록하고 세상에 알리고 싶었기 때문이다. 네오레알리스모 영화를 만든 다른 감독들처럼 로셀리니 역시 전후 평범한 이탈리아인들이 처한 곤란과 절망의 현실을 있는 그대로 포착한 후 이를 사실적으로 재현했다.

영화는 독일군의 행진 장면에 이어 게슈타포가 민족해방위원회의 지도자인 조르조 만프레디가 하숙하는 집을 급습하는 장면으로 시작된다. 만프레디는 스페인 내전 경험을 지닌 노련한 지도자이다. 영화는 전후 이탈리아가 처한 열악한 경제적 현실을 가감 없이 보여준다. 식료품 암거래가 횡행하고, 급기야 주부들이 빵 가게를 습격하기에 이른다. "빵을 얻으려고 전쟁을 하고 있군요?" "그럼 어떻게 해요. 굶어 죽을까요?" 타그리코조 근교 산에는 500명 이상의 파르티잔들이 숨어 있다. 이들은 검거자들을 호송하던 독일군 차량을 습격하고 다리에서 대원을 접선해 활동 자금을 전달한다. 파르티잔인 조르조와 프란체스코에게 자신의 집을 임시 은닉처로 내준 마리나 역시 순탄치 않은 삶을 살고 있다. 조르조에게 하는 말에는 그녀의 처지가 잘 드러나 있다. "나도 물론 남자들이랑 사랑을 했어요. 이 가구랑 옷이랑 이 모든 걸 어떻게 얻었겠어요? 내 월급으로는 담배나 스타킹밖에는 못 사요. 여자들도 어떻게든 살아야죠." 그건 사는 게 아니라는 지적에 마리나는 이렇게 대답한다. "말로만! 인생은 아주 잔인하고 더러운 것이죠. 난 가난이 뭔지 알아요. 날 겁나게 만들어요. 내가 그럼 수레꾼과 결혼했어야 했나요? 그럼 나랑 애들도 굶주림에 시달리고 있겠죠." 이에 대해 조르조는 비싼 옷, 부자 애인을 유일한 삶의 가치로 생각하지 말라고 충고한다. 그러면서 지금처럼 세상이 가장 절망적인 때라도 인생을 참을 만하게 만드는 유일한 한 가지는 남편과 자식과 친구에 대한 사랑이라고 말한다.

조르조와 프란체스코는 이건 긴 싸움이고 우리는 이제 막 시작했을 뿐이라고 다짐한다. 이러한 다짐은 전쟁이 끝난다고 해서 억압적 통치도 같이 종식되는 것이 아님을 의미한다. 모든 사람이 진실로 자유로운 세상은 이들의 길고 지난한 투쟁을 통해서야 비로소 이뤄진다. 돈 피에트로 신부가 이들에게 가짜 증명서와 은신처를 지원하기로 한다. 오스트리아 탈영병 한 사람도 합류한다. 그러나 마리나가 언니인 로레타를 통해 독일군에게 밀고하면서 프란체스코를 빼고 전부 체포된다. 로레타는 그 대가로 독일군 장교에게 돈을 받고, 마리나는 그녀에게서 값비싼 코트를 얻는다. 파르티잔들은 감옥 안에서 고문을 당한다. 조르조는 두려움에 떠는 탈영병에게 많은 사람들이 죽느냐 사느냐 하는 것이 당신의 입 하나에 달려 있다며 용기를 북돋우지만 탈영병은 "고문을 해대는데 그걸 견뎌낼 수 있겠어요? 그게 뭔지 알아요? 영웅에서 겁쟁이를 끄집어낸다고요!"라고 말한다. 심문하면서 독일군 스파이가 될 것을 제안하는 독일군 장교에게 조르조는 많은 사람들이 침묵을 지키다 죽거나 희생당했다며 그도 그들처럼 의롭게 죽을 거라고 답한다. 피에트로 신부 역시 배후 조종자로 제3제국과 군대를 해치려 했다고 말하는 독일군 장교에게 당당히 맞선다. 이탈리아 불순분자들에게 가짜 신분증을 만들어주고 이들에게 반역을 선동했으며 독일 탈영병에게 은신처를 제공하지 않았느냐는 심문에는, 그들이 교회의 자비를 구한 거라고 답한다. 독일군에 대항하는 사보타주의 행동은 국제 협약에 의해 보장된 점령법을 위반한 것이기 때문에 법의 심판에 맡겨야 한다는 말에는, 성당의 신부로서 하느님이 말씀하신 정의와 자유를 위해 싸울 뿐이라고 답한다.

독일군 장교가 있는 방에서 마리나와 로레타가 대화를 나눈다. 조르조를 비롯한 파르티잔들이 만약 입을 열지 않으면 어떻게 될지 묻자, 그럼 이탈리아인이 독일인만큼 가치가 있다는 것이며 그건 노예 인종(Sklavenrasse)과 지배 인종(Herrenrasse) 간에 차이가 없다는 뜻이라고 대답한다. 하르트만이라는 장교는 25년 전 그가 소규모 부대의 지휘관이었을 때 겪은 일을 이야기한다. 독일이 지배 인종이라고 생각했던 그는 프랑스 파르티잔이 동료들에 관한 정보를 발설하지 않고 죽음을 택한 것을 목격한 뒤, 사람들이 자유를 갈구한다는 것을 독일이 간과한다고 생각하게 되었다. 그는 잊어버리기 위해 매일 밤 취한다고 고백한다. "우리는 살인하는 것밖에 모르잖아. 온 유럽을 시체로 뒤덮었지. 그래서 모든 사람들의 증오와 분노만을 만들어내지. 어디를 가나 증오, 증오뿐이야. 우리는 증오를 먹고 사는 거야. 희망이 없어. 우리는 모두 죽어. 희망이 없이 죽는다고." 고문당한 조르조에게는 "당신의 용기를 인정하니 날 믿으시오. 그런데 당신은 그걸 지킬 수 없을 거요. 당신은 공산주의자요. 공산당은 반동 세력과 동맹조약을 맺기로 했어. 당신들은 함께 우리에게 대항하고 있지만 당신들이 로마를 점령하거나 당신들 주장대로 해방이 되었을 때 이 동맹이 계속될 수 있을 것 같소?"라고 말한다. 이들 파르티잔은 당당하게 점령군들에 맞섰지만, 영화는 선악에 대한 보상 심리를 충족시켜주지 않은 채 조르조는 고문사하고 신부는 총살당하며 비극적으로 끝을 맺는다.

프랑스: 역사적 정의와 레지스탕스 활동

나치 독일에 의해 유린된 프랑스에서 저항 활동은 처음에는 거의 미미한 수준이었다. 본격적인 저항은 프랑스공산당원들이 시작했다. 1941년 여름부터 공산당원들은 여러 도시와 지역에서 독일 국민들을 목표로 게릴라 작전을 펼치기 시작했다. 시간이 지남에 따라 나치 점령군의 억압정책에 대한 분노가 커지면서 레지스탕스 운동도 자리를 잡기 시작했다. 그 계기는 여러 가지가 있었다. 첫 번째는 히틀러가 소련과 체결했던 불가침조약을 파기하고 무방비 상태에 있던 러시아에 공포의 전격전을 전개한 것이었다. 소련이 나치 독일과의 우방 관계를 접고 전쟁에 돌입하자 그 영향하에 있던 공산주의자들은 그들의 이상과 조국에 대한 애국심 사이에서 갈등할 필요가 없어졌다. 오랜 지하운동의 경험을 지닌 공산당을 비롯한 공산주의 조직들은 반

나치 활동에 총력을 기울이기 시작했다(EBS, 2001). 이들은 드골(Charles De Gaulle)이 후일 기록해놓은 바대로 저항운동에 특히 적합한 "세포조직 체계, 지위 체계의 익명성, 기간요원들의 헌신성"을 갖추고 있었으며, 때와 장소를 가리지 않고 폭력 투쟁을 일으켜서 저항운동을 더욱 확산해나가야 한다는 신념을 갖고 있었다(에스프레이, 1989: 175). 두 번째는 1942년 나치 독일이 수립한 강제노동계획(STO: Service du travail obligatoire)을 들 수 있다. 이에 따라 비시 정부(Gouvernement de Vichy)는 입대 연령의 프랑스 청년들을 주마다 2만 명씩 강제로 독일로 보냈는데 이들 중 상당수가 산으로 도망쳤다. 이들은 체포와 강제수용을 피하기 위해 그 유명한 마키단(Le maquis)[2]을 결성하고 게릴라 투쟁에 나섰다. 이들은 비시 정부와 점령 당국에 쫓기는 연합군 공군 병사나 유대인들의 탈출도 도왔다. 룩셈부르크를 비롯한 인접국에서도 상황은 비슷해서 독일이 강제 노역을 도입하고 현지인들을 강제징집하자 많은 사람들이 프랑스와 벨기에의 저항운동에 동참했다. 영국의 라디오를 청취하고, 승리를 뜻하는 V자 그라피티가 등장했으며, 반독일 포스터와 지하신문도 나타났다.

프랑스의 레지스탕스 운동은 처음에는 많은 난관에 부딪힌다. 초기 레지스탕스 조직들은 운동원들을 조직하는 문제에 더해 빈번한 반역과 배신으로 조직이 와해되는 일이 빈발했다. 프랑스 내의 레지스탕스 운동은 파르티잔 조직이 독일군에게 엄청난 공포의 대상이었던 러시아나, 독일군과 파르티잔 간에 거의 전면전에 가까운 전투가 펼쳐졌던 발칸 국가들에서처럼 효율적이지는 못했다. 그러나 히틀러가 러시아와 체결했던 불가침조약을 파기하고

---

2   원래 마키(maquis)는 이탈리아어에서 유래한 코르시카 말로 역사적으로 위기에 처했을 때 지역민들이 몸을 숨기는 고원지대의 무성한 숲을 가리킨다.

바르바로사 작전(operation barbarossa)을 개시해 무방비 상태에 있던 소련에 공포의 전격전을 전개한 후, 사회주의 조직들은 저항운동에 총력을 기울이기 시작했다. 독일은 모든 파괴 행위에 대해 무조건 공산주의자에게 그 책임을 돌렸다. 이는 볼셰비키에 대한 대규모 선전 전술의 일부였지만 오히려 대중은 사회주의 레지스탕스를 동참해야 할 단체로 인식하게 된다. 이로써 레지스탕스 운동은 조직력을 갖춘다. 공산주의자들을 포함한 레지스탕스 조직들은 SOE 본부에 속해 활동했다. 프랑스 전담 부서인 F부는 영국인들이 드골의 보안상 실효성을 신뢰하지 않았기 때문에 자유프랑스운동을 이끌던 드골 장군과 독립적으로 활동했고, 자신이 제외되었다는 것을 알게 된 드골은 드골파를 위해서 RF부를 따로 만들었다. 두 단체는 주도권을 놓고, 독일에 대항하는 만큼이나 치열하게 싸웠다. 노르망디 상륙을 전후해 두 조직은 힘을 합해 통신망을 두절시키고 철로와 다리를 파괴했다.[3] 1942년 독일은 페탱(Henri Philippe Pétain) 원수를 퇴임시키고 비시 정부를 해산한 후 직접 프랑스 통치를 시작한다. 프랑스군은 더 이상 휴전협정을 지킬 의무가 없어지고 자유롭게 지하운동에 가담할 수 있게 된다. 이후 주도권은 드골이 이끌던 자유프랑스전국위원회로 넘어갔다(EBS, 2001).

〈그림자 군단(L'Armee des Ombres)〉(1969)은 장피에르 멜빌(Jean-Pierre

---

3   프랑스에서 레지스탕스 조직들에 의한 철도 파괴는 빈번하게 이뤄져 독일군에게 심각한 피해를 끼쳤다. 프랑스 주둔 독일군 사령부는 1943년 상반기에 월 평균 120건의 철도 파괴 행위가 있었던 데 비해 9월에는 무려 534개소의 파괴 행위가 발생했다고 보고했다. 그 대책으로 독일은 2만여 명의 철도 노동자를 불러왔고, SS 부대를 전선에서 이동시켜 정거장, 기관차 격납고, 작업장과 수천 킬로미터의 철로를 밤낮으로 경계하도록 했다(에스프레이, 1989: 180). 이에 대해서는 파리 박물관의 예술품들을 독일로 실어 나르려는 독일군에 맞선 프랑스 철도 노동자들의 투쟁을 그린 영화 〈대열차 작전(The Train)〉(1964)을 참조할 수 있다.

Melville) 감독이 레지스탕스 출신인 조제프 케셀(Joseph Kessel)의 원작 소설을 영화화한 작품이다. 에릭 드마르상(Eric De Marsan)의 음악과 피에르 롬(Pierre Lhomme)의 촬영은 관객이 마치 영화 속 공간에 레지스탕스 대원들과 함께 있는 듯한 생생한 느낌을 준다. 개선문에서 발소리와 군가가 들려오면서 군악대를 앞세워 행진하는 군인들이 점차 크게 나타나는 것으로 영화는 시작된다. 롱 테이크 기법을 활용한 이 장면은 영화가 다루는 시기가 나치 독일 점령기의 프랑스라는 것을 알려준다.

다음 장면은 황량하고 침울한 분위기의 비 내리는 벌판이다. 까마귀 소리가 들리고 멀리서 차 한 대가 달려온다. 카메라가 줌인되면서 나타나는 것은 수갑을 찬 남자와 호송 경찰이 차 안에 마주 보고 앉아 있는 장면이다. 수용소장의 내레이션을 통해, 호송되는 남자가 원기왕성하고 독립적인 사고의 소유자이자 냉담하고 냉소적인 성격의 엔지니어인 필립 제르비에(리노 벤투라 분)임을 알 수 있다. 그러나 수용소장은 증거가 부족하기 때문에 다만 그가 영향력 있는 인물일 것으로만 추정할 뿐이다. 이후 영화는 내레이션을 통해 등장인물들의 심정을 관객에게 전달한다. 이런 기법은 관객이 영화 속 인물과 사건에 몰입하도록 돕는다.

제르비에가 갇힌 수용소에는 다양한 국적의 사람들이 있다. "이곳에는 각국에서 온 사람들이 있다. 러시아인, 폴란드인, 알제리인, 각지에서 온 유대인, 집시, 유고슬라비아인, 루마니아인, 체코인. 나치즘에 반대하는 독일인. 파시즘에 반대하는 이탈리아인. 프랑코에 반대하는 스페인인. 그리고 몇몇은 밀수를 하다가 체포된 자들이다." 직업도 다양하다. 제르비에가 배정된 단출하기 이를 데 없는 방에도 군인, 화학자, 사업가, 공산주의자, 교사가 수용되어 있다. 나치 독일은 점령지에서 점령 정책에 협조하는 자를 제외한 대다수 주민을 적대시하고 탄압했는데 이는 유전학적 기준을 적용해 모든 사람을 규범화하고 분류한 데 근거를 둔 것이다. 이들 중 교육이 불가능하고 나치가 건설한다는 민족 공동체에 포함될 수 없다고 판정된 사람들은 강제 수용소로 끌려가 홀로코스트의 희생자가 되었다. 그런 점에서 레지스탕스들은 '피와 흙'으로의 복귀와 고대에서부터 내려오는 순수한 아리아인에 대한 찬양 등을 떠벌린 나치 독일을 반대하고 이에 저항한 사람들이기도 하다.

제르비에가 심문을 받으러 끌려온 게슈타포 본부에서 경비병을 제압하고 탈출해 이발소로 피신하는 장면과, 외딴 집에서 조직을 배신한 밀고자를 처형하는 장면도 눈길을 끈다. 이발소 벽에 페탱 원수의 포스터가 걸려 있는 걸 보고 제르비에는 이발사에게 경계심을 품는다. 그러나 면도 후 나가려는 제르비에에게 이발사는 다른 코트를 입으라고 건네고, 많지는 않지만 그가 가진 전부라면서 돈까지 건넨다. 주민들이 레지스탕스 대원들에게 가졌던 연대감이 잘 드러나는 장면이다. 자신의 집을 레지스탕스의 본부로 내주고 영지를 비행기의 착륙장으로 쓰라고 제안한 전 기병대 장교 출신 페르테 남작 역시 그런 인물이다. 그 대가로 남작과 그의 하인들은 독일군에 체포되어 총살된다. 이에 비해 제르비에를 밀고한 젊은 조직원을 붙잡아 처형하는 장면은 레지스탕스 대원들이 느꼈을 인간적 고뇌를 보여준다. 대원들은 소음을 의식해 밀고자의 목을 조르려 한다. 애절한 눈빛과 표정의 밀고자의 얼굴이 클로즈업되고 이를 본 신입 조직원인 클로드 드마스크는 그건 살인이라며 만류한다. 이에 대해 제르비에는 "어쨌든 우리는 죽이려고 여기 온 거야"라고 냉정하게 말한다. 심약한 신입에게는 체포될 경우를 대비해 청산가리를 갖고 다니라고 충고한다. 그렇지만 어두운 방에 남아 홀로 생각에 잠기는 제르비에의 모습은 때로 사람을 죽여야 하는 등 냉혹해야만 하는 임무 수행에 대해 그 역시 인간적인 고통을 느끼고 있음을 보여준다. 비정한 주인공과 더불어 음산한 톤과 어둡고 우울한 영상은 필름 누아르의 영향을 반영한다.

또 다른 대원인 장 프랑수아 자르디는 여성 대원인 마틸드(시몬 시뇨레 분)에게 라디오를 전달한 후 형인 뤼크 자르디 신부를 찾아간다. "안 지 며칠 안된 마틸드가 이럴 땐 형보다 가깝게 느껴진다. 이제 형에게는 서로 공통된 부분 없이 추억만 남았다"라는 독백에서, 공동의 대의를 위해 조직을 우선시해야 하고 아무리 가까운 사람에게도 절대로 조직의 비밀을 발설해서는 안되는 레지스탕스들의 엄격한 규칙을 알 수 있다. 프랑스 레지스탕스 조직에게 상당한 영향력을 행사했던 영국 SOE와 관련된 장면도 눈길을 끈다. 프랑수아는 세관원의 도움을 받아 사람들을 영국 잠수함에 태운다. 이 잠수함에는 대장인 제르비에 외에도 특공대 출신의 캐나다 장교와 비행사, 독일 당국에게 사형 판결을 받은 벨기에인 두 명이 타고 있다. 제르비에와 자르디는 런던에 도착해 드골에게 훈장을 받는다. 이 같은 장면 때문에 멜빌 감독은 드골의 영광을 재현하고 있다는 평가를 받았고 당대의 프랑스 평론가들에게 외면당했다. 그러나 영국의 담당 기관이 프랑스 레지스탕스를 전적으로 신뢰했던 것은 아니었다. 영화에서 런던의 SOE 담당자는 제르비에에게 이렇게 말한다. "여러분이 요구한 무기 전부를 보내드릴 순 없습니다. 영국은 레지스탕스의 효율성에 대해 그다지 신뢰하지 않고 있습니다. 영국은 독일을 폭격하기 위해 가능한 많은 비행기를 보유하고자 합니다. 그렇지만 당신들의 통신 장비는 개선해드리겠습니다. 그래서 나중에 실제로 필요하게 될 비행기 착륙장에 관한 정보를 제대로 얻기 위해 몇 명의 무선 기사를 파견해드리고 당신네들의 정보 요원들도 도와드리겠습니다." 잠시 틈을 이용해 대원들은 런던의 영화관에서 〈바람과 함께 사라지다(Gone with the Wind)〉(1939)를 관람한다. "프랑스 국민들이 이 놀라운 영화를 볼 수 있다면 전쟁은 프랑스의 승리로 끝날 걸세."

펠릭스와 프랑수아에 이어 제르비에도 게슈타포에게 체포되어 감옥에 간한다. 다리를 다친 제르비에는 기관총을 장전한 군인들 앞에서 무사히 벽까지 뛰어가면 그 대가로 처형을 다음번으로 미루겠다는 말을 듣는다. 뛰고 싶지 않다는 생각에 자리에 서 있지만 독일군 장교가 권총을 쏘자 제르비에는 뛰기 시작하고 마틸드의 도움으로 가까스로 감옥을 탈출한다. 그러나 그 점이 제르비에는 못내 마음에 걸린다. "내가 만약 뛰지 않았다면?" "뭐가 잘못되었나요? 뛰지 않은 사람들에 대해 생각해보라는 겁니까?" "아니, 내가 뛸 것이라고 확신했던 그 독일군 장교에 대해 생각해보라는 거야. 공포에 휩싸인 토끼처럼!" 그러나 제르비에의 탈출을 돕고 고뇌하던 그의 손을 잡아주었던 마틸드는 독일군에 체포된 후 비밀을 털어놓지 않으면 딸을 해치겠다는 협박을 받는다. 자백을 한 마틸드가 풀려나고 두 명의 대원들이 체포되자 대원들은 마틸드의 처리를 놓고 갈등을 빚는다. 이때 성직자인 뤼크 자르디가 나타나, 마틸드가 레지스탕스 대원들이 매일 주소를 바꾸고 있기 때문에 그들을 직접 만나봐야만 알 수 있다고 말해서 풀려난 것이라고 말한다. 마틸드가 우리에게 죽여달라고 부탁한 것이라면서 자신도 같이 가겠다고 한다. "당신이 킬러들과 함께 차를 타시다니요! 이제 세상에 신성한 것이란 없겠군요." 1944년 1월 22일 뤼크 자르디는 이름 하나를 자백한 후 고문으로 숨졌다. 그 이름은 자기 것이었다.

체코슬로바키아: 점령군에 대항한 투쟁

〈가까이서 본 기차(Ostre sledované vlaky)〉(1966)는 이리 멘젤(Jiri Menzel)이 감독한 체코 영화이다. 보후밀 흐라발(Bohumil Hrabal)의 소설을 원작으로 했다. 멘젤은 〈줄 위의 종달새(Skrivanci Na Niti Larks On A String)〉(1990)로

베를린 국제영화제에서 금곰상을 타는 등 다수의 영화제에서 수상한 체코의 대표적 영화감독이다. 비록 영화의 후반에 탄약 열차 폭파 장면이 나오지만 이 영화의 전체 분위기는 무겁지 않고 밝으며 따뜻한 휴머니즘을 느낄 수 있다. 영화는 1966년 사회주의 체제하의 체코에서 제작되었다. 만하임 영화제 그랑프리와 아카데미 외국어영화상을 수상했다. 안토닌 노보트니(Antonin Novotny)가 신경제모델을 통해 경제 재건을 시작한 직후였고, 알렉산드르 둡체크(Alexander Dubček)가 이끄는 개혁파들이 자유화 조치를 취한 시기를 가리키는 이른바 '프라하의 봄(Pražské jaro)' 직전이다. 체코 영화인들은 이미 1956년에 체코의 뉴웨이브 운동을 추진했으나 1958년 정권의 탄압으로 무산된 바 있다. 그러나 1960년대 들어와 체코국립영화아카데미(FAMU)를 졸업한 젊은 영화인들은 강한 주제 의식과 현실 비판을 담으면서 유머스럽고 창의적인 실험 영화들을 선보여 국제적 주목을 받게 된다. 스테판 우헤르(Stefan Uher), 밀로시 포르만(Miloš Forman), 얀 네메치(Jan Nemec), 베라 히틸로바(Vera Chytilova), 이리 멘젤, 프란티세크 블라칠(Frantisek Vlacil), 보이테흐 야스니(Vojtech Jasny), 야로밀 이레스(Jaromil Jires) 등이 이러한 '체코 영화의 혁신'을 주도했다(정태수, 2011). 프라하의 봄이 실패로 끝난 후 이들은 활동을 중지하고 침묵을 지켜야만 했고, 몇몇 감독은 아예 해외로 망명했다.

이 영화의 주인공은 이제 막 열차 배차원 견습생이 된 소심하고 감성적인 20대 초반의 밀로시 흐르마이다. 그의 아버지는 기관사로 재직했고, 할아버지는 자신의 힘으로 독일군 장갑차를 막아보려다 세상을 뜬 염력사였다. 작은 시골 역에 근무하게 된 밀로시는, 툭하면 밀로시의 사촌을 불러들여 즐기거나 전신 기사 홀리 즈덴카의 엉덩이에 스탬프를 찍어놓는 등 여자를 밝히는 선임 배차원 라디슬라브 후빅카와 이를 질투하는 역장 막스, 그리고 같은 또래의 여자 승차원 마사를 알게 된다. 역장은 "저 역겨운 놈은 추잡한 거 말고는 뵈는 게 없어!"라고 말하는 등 후빅카를 좋아하지 않는다. 딸의 엉덩이에 스탬프가 찍혀 있는 것을 발견한 즈덴카 어머니의 신고로 훈육위원회 사람들이 나치 간부와 함께 와서 조사를 벌이는 장면은 관객을 미소 짓게 한다. "어떻게 된 일이오?" "둘 다 밤 근무였어요. 자정까지 책을 읽고 있었죠. 열차가 없으니까 너무 지루했어요. 그때 후빅카 씨가 옷 벗기 게임을 하자고 말했어요. 그래서 했지요. 날개 달린 모든 것은 난다. 까마귀가 난다. 아이가 난다. 시간이 난다. 기차가 난다. …… 군인이 난다. 초침도 난다. 죽음도 난다. 모든 게 날죠. 난 계속 졌어요. 처음엔 신발, 그다음 스타킹, 그다음 블라우스, 속옷, 마지막으로 팬티." "누가 벗겼소?" "배차원 후빅카 씨요." "즈덴카, 배차원이 당신을 테이블 위에 눕힐 때 그가 폭력을 사용했나요? 당신을 위협했나요?" "아니요, 내가 스스로 누웠어요. 무슨 일이 벌어지나 지켜보았지요." "그렇다면, 이건 개인의 자유를 침해한 범죄는 아니오. 다만 제국의 공식 언어를 모독하고 명예를 실추시킨 행동이오."

지역 책임자인 나치 간부는 그 전에도 트롤리를 타고 나타나 역에서 자기 임무를 게을리하는 자는 최소 10년 형 또는 무기징역 또는 사형에 처한다며 서명을 강요한 일이 있었다. 그는 소수의 체코 국수주의자들만이 자신들의 역사를 되돌릴 수 있다고 생각한다며, 총통이 '선한' 체코인들을 보살피고 있고 앞으로도 버리지 않을 것이라 강변한다. 밀로시는 우연한 기회에 파르티잔 활동에 가담하게 되는데, 이에 가담하라고 권한 사람은 후빅카였다. "어젯밤 파르티잔들이 가까이서 본 열차를 공중에 날려버렸어. 아주 멋지게…… 그래서 열차랑 다리가 파괴되었지. 주 선로는 막혔고 최전선으로 향하던 열차는 이곳으로 지나게 될 거야. 내일 탄약을 적재한 열차가 여기를 지날 거야. 모든 걸 제때 맞춰 준비하라고. 암호는 빅토리아 프라이에야." 게릴라들이 선로를 떼어내서 숲에다 던져버리자 독일군은 이를 다시 조립한 후 밀로시를 열차에 태워 끌고 가다 내려준다. 후빅카는 내일 역을 통과할 화물열차를 날려버리자고 다시 제안한다. "밀로시, 상상할 수 있겠어? 28량 분량의 화약 박스가 우리 역 뒤에서 공중으로 폭파되는 걸?" "이젠 우리가 다시 가까이 다가서서 본 열차를 쫓아가겠군요." "네가 열차를 서행시켜야 해. 열차가 신호기에 가까워지면 그걸 멈추게 했다가 전진 신호를 다시 주는 거야." 후빅카를 조사하기 위해 다시 방문한 나치 간부는 체코인들을 '웃기는 동물'이라고 비하한다. 그는 소리 높여 이렇게 말한다. "유럽에서 가장 숭고한 피가 평화를 위해 최전선에서 흘려지고 있소. 자기 목숨과 피를 무릅쓰고 있단 말이오. 이게 제국에 대한 당신들의 감사 표시요? 한 놈은 전신 기사 엉덩이에 도장을 찍지 않나, 또 한 놈은 여자 때문에 자기 손목을 끊지 않나." 어리숙한 인물들이 만들어내는 유쾌한 코미디는 밀로시가 폭약을 떨어뜨린 뒤 총에 맞아 열차 위에 떨어지는 비극으로 끝을 맺는다.

　나치 점령 시기 체코슬로바키아인들의 저항을 다룬 또 다른 영화로는 〈새벽의 7인(Operation Daybreak)〉(1975)을 들 수 있다. 루이스 길버트(Lewis Gilbert) 감독의 영화로, 앨런 버지스(Alan Burgess)의 소설 『새벽의 7인(Seven Men at Daybreak)』이 원작이다. 주인공은 블라디슬라프 농부 출신인 얀과 필섬 지방 출신인 요제프, 프라하 근처 태생 세관원인 츄다이다. 영국 정부에 의해 이들은 '오퍼레이션 데이 브레이크' 작전에 투입되는데 보헤미아와 모라비아 총독 라인하르트 하이드리히가 그 대상이다. "히틀러가 죽게 되면 그가 새로운 공포의 대상이 될 걸세. 체코의 모든 저항 세력을 제거하고 독일에 충분한 노동력을 공급하려 하네. 그는 히틀러 같은 미개인이 아니라 고도의 지혜를 갖춘 인텔리라네. 거기에 흉폭한 야망까지 더해졌지. 히틀러가 유일하게 신뢰하는 자라네. 체코인들이나 슬라브인들에게 무슨 일이 일어나든 간에 관심 밖이라고 하네. 하이드리히를 암살하기 위해 제군들을 체코에 침투시킬 예정이네. 쉽지 않을 것이네. 항상 특별훈련을 받은 경호원들과 함께 간다네. 자네들이 그를 암살할 방법을 찾도록 하게."

이 영화는 영국에서 투입된 특공대들이 겪는 일들을 잘 보여준다. 얀과 요제프는 조종사의 착오로 목적지인 필섬에서 200킬로미터 떨어진 곳에 낙하한 후 온통 흰 눈이 덮인 들판을 걸어 검문 군인들을 처치하고 외따로 떨어진 주택으로 들어간다. 광장에서 둘을 안내하는 사람은 자전거를 탄 어린 소녀이다. 그녀는 밖에서 지키고 있다가 독일군이 가까이 오면 자전거 벨을 울려 신호를 한다. 현지의 레지스탕스 조직과 접선하는 과정에서는 웃옷을 벗고서 등에 난 스바스티카 표시의 고문 상처를 보여준다. 관객은 추격을 피해 비밀리에 동지들을 접선하고 암살을 준비하는 대원들에게 집중하고 감정을 이입한다. 검은 유니폼을 입은 소년단원들이 행진을 하고 독일군은 지나가는 시민들을 검문한다. 성당에서 열리는 부하의 결혼식에 참석한 하이드리히는 오늘까지 우리는 평화를 위해 싸워왔고, 새로운 인류와 새로운 세계의 건설을 위해 일해왔다고 강변한다. 특공대원들이 하이드리히의 암살을 둘러싸고 현지 대원들과 논쟁을 벌인다. 지원병이 올 때까지 기다리지 말고 서둘러 암살을 하자는 특공대원들에게 현지 대원은 이렇게 말한다. "그를 죽이는데 성공하면 그들이 무슨 짓을 할지 알고는 있어? 자네에게 명령을 내린 작자들은 안전하게 런던에 있다고. 가치 없는 일 때문에 목숨 걸 필요는 없어. …… 그들이 이 나라에 무슨 짓을 할지 생각해봐. 완전히 세상을 망하게 하는 일이라고. …… 우리가 감수해야 할 위험이야."

이들은 프라하의 기차역 교차로에서 거사를 꾀하지만 갑자기 반대편 철로에서 화물열차가 들어오는 바람에 실패한다. 하이드리히가 히틀러에 의해 전쟁의 비상 시기에 유럽 내 점령 지역 총 관리자로 임명되어 다시 베를린으로 간다는 정보를 입수한다. 대원들은 다시 하이드리히의 동선을 파악해 준비를 한다. 벌사비차 역의 교차로에서 요제프의 기관단총이 불발하자 얀이 하인리히에게 수류탄을 투척한다. 이들의 공격으로 중상을 입은 하이드리히가 사망한다. 나치는 대대적으로 범인을 수색하고 보복을 가한다. 이 대원들을 숨겨주었다는 이유로 리디츠에 포격을 퍼부어 마을 전체를 초토화하고 수많은 사람을 집단적으로 학살한다. 영국 망명 직전에 관계를 가진 애인이 딸을 낳아 살고 있는 것을 보고 마음이 약해진 츄다는 점령지 독일 경찰서에 제 발로 찾아가 동료들을 배신하고 자수한다. 전쟁이라는 극한 상황에서는 다양한 인간성들이 더욱 뚜렷이 나타나게 마련이다.

이 영화의 마지막 장면은 압권이다. 대원들은 쫓기게 되고 최후의 7인이 마지막 저항을 시도한다. 마지막 도피처인 성당 지하실 안. 한 명씩 죽어가고 두 사람만 남게 되자 독일군은 가스 공격에 이어 소방 호스로 지하실 내부에 물을 퍼붓는다. 레지스탕스 대원 얀과 요제프는 턱 밑까지 물이 차오른 상황에서 말없이 서로를 바라보다 총을 꺼내 서로의 머리에 겨눈다. 좁은 창문 사이로 들어온 아침 햇살이 퍼진다. 새벽은 끝나고 밝은 아침, 자유 체코슬로바키아가 멀지 않음을 암시하는 장면이기도 하다. 비장미가 관객을 전율하게 하는데 마지막 장면에서 배경음악으로 선택된 헨델(Georg Friedrich Händel)의 「사라반드(Saraband)」가 이를 더욱 고조시킨다. 이외에 베토벤(Ludwig van Beethoven)의 「교향곡 5번」, 라흐마니노프의 「피아노협주곡 3번 D단조」 등의 배경음악도 절묘하다.

무방비 도시 Roma Citta Aperta (이탈리아, 1945)

　감독　**로베르토 로셀리니** Roberto Rossellini

　각본　**페데리코 펠리니** Federico Fellini, **로베르토 로셀리니**

　원안　**세르조 아미데이** Sergio Amidei, **알베르토 콘실리오** Alberto Consiglio

　배우　**알도 파브리치** Aldo Fabrizi, **안나 마냐니** Anna Magnani, **마르첼로 파글리에로** Marcello Pagliero, **비토 아니키아리코** Vito Annichiarico, **난도 브루노** Nando Bruno

그림자 군단 L'Armée des Ombres (프랑스·이탈리아, 1969)

　감독　**장피에르 멜빌** Jean-Pierre Melville　각본　**조제프 케셀** Joseph Kessel, **장피에르 멜빌**

　배우　**리노 벤투라** Lino Ventura, **장피에르 카셀** Jean-Pierre Cassel, **시몬 시뇨레** Simone Signoret, **클로드만** Claude Mann, **폴 크로셰** Paul Crauchet, **크리스티앙 바르비에** Christian Barbier, **세르주 레지아니** Serge Reggiani, **잭 오키** Jack Oakie

가까이서 본 기차 Ostre Sledovane Vlaky (체코, 1966)

　감독　**이리 멘젤** Jiri Menzel

　각본　**이리 멘젤**　원작　**보후밀 흐라발** Bohumil Hrabal

　배우　**바츨라프 네카르시** Vaclav Neckar, **이트카 벤도바** Jitka Bendova, **요세프 소므르** Josef Somr, **블라스티밀 브로드스키** Vlastimil Brodsky, **블라디미르 발렌타** Vladimir Valenta, **알로이스 바체크** Alois Vachek, **페르디난트 크루타** Ferdinand Kruta, **이트카 젤레노호르스카** Jitka Zelenohorska

새벽의 7인 Operation Daybrea (미국·체코슬로바키·유고슬라비아, 1975)

　감독　**루이스 길버트** Lewis Gilbert

　각본　**로널드 하우드** Ronald Harwood　원작　**앨런 버지스** Alan Burgess

　배우　**티머시 보텀스** Timothy Bottoms, **마틴 쇼** Martin Shaw, **조스 애클랜드** Joss Ackland, **니콜라 파게트** Nicola Pagett, **앤서니 앤드루스** Anthony Andrews, **안톤 디프링** Anton Diffring

같이 볼만한 영화

행맨 올소 다이 (Hangmen Also Die, 1943)　프리츠 랑(Fritz Lang) 감독

수체스카: 제5공세 (Sutjeska: The Fifth Offensive, 1973)　스티페 델릭(Stipe Delic) 감독

전시의 겨울 (Oorlogswinter, 2008)　마르틴 콜호번(Martin Koolhoven) 감독

플레임 & 시트런 (Flammen & Citronen, 2008)　올레 크리스티안 마센(Ole Christian Madsen) 감독

참고문헌

리들리, 재스퍼(Jasper Ridley). 2003. 『티토: 위대한 지도자의 초상』. 유경찬 옮김. 을유문화사.

맥길리건, 패트릭(Patrick McGilligan). 2006. 『히치콕: 서스펜스의 거장』. 윤철희 옮김. 을유
　　문화사.

브레히트, 베르톨트(Bertolt Brecht). 2011. 「사형집행인도 죽는다」. 한국브레히트학회 엮음.
　　『브레히트 선집 4: 영화』. 조길예 옮김. 연극과인간.

솔랭, 피에르(Pierre Sorlin). 2002. 「유성의 밤: 파시즘, 레지스탕스, 그리고 이탈리아의 해방」.
　　로버트 A. 로젠스톤(Robert A. Rosenstone) 엮음. 『영화, 역사: 영화와 새로운 과거의
　　만남』. 김지혜 옮김. 소나무.

에스프레이, 로버트 B.(Robert B. Asprey). 1989. 『세계 게릴라 전사 2』. 편집부 옮김. 일월
　　서각.

정태수. 2011. 「일상적 현실에 대한 풍자와 비판, 창작 수법의 혁신, 체코슬로바키아 영화
　　(1963~1968)」. ≪영화 연구≫, 제50호.

주크스, 제프리(Geoffrey Jukes) 외. 2008. 『제2차 세계대전』. 강민수 옮김. 플래닛미디어.

파울스티히, 베르너(Werner Faulstich). 2003. 『영화의 분석』. 이상면 옮김. 미진사.

홍성남·유운성 엮음. 2004. 『로베르토 로셀리니』. 한나래.

EBS. 2001. "제22부 파르티잔 빨치산." 〈2차 세계대전사〉.

Kedward, Roderick. 1984. "The Resistance in France." *History Today*, Vol.34, Issue 6.

8장

라틴 아메리카의 고독

〈영혼의 집〉〈저개발의 기억〉〈모터사이클 다이어리〉

시인과 거지들, 음악가들과 예언자들, 전사와 악당들, 이 불행한 현실 속에서 사는 모든 창조물들은 거의 상상력을 필요로 하지 않습니다. 우리의 최대의 적은 우리의 삶을 믿게끔 만들 수 있는 전통적인 도구가 불충분하다는 것입니다. 이것이 바로 우리 고독의 핵심입니다.

가브리엘 가르시아 마르케스(Gabriel García Márquez)

억압과 약탈과 절망에 맞선 끈질긴 삶

2006년 9월 유엔총회에서 행한 연설에서 당시 베네수엘라 대통령이던 우고 차베스(Hugo Chavez)[1]는 이렇게 말했다. "어제 악마가 바로 이 자리에 왔

---

1 우고 차베스에 대한 평가는 극과 극으로 갈린다. 서방의 평가는 부정적이어서 차베스를 어릿광대나 과대망상증 환자, 음험한 포퓰리스트로 본다. 그렇지만 생전에 차베스는 서민과 중산층에게 견고한 지지를 받던 정치인이었다. 그가 전략산업 국유화, 국영기업의 노동자 협동조합 전환, 지역 자치위원회 설립, 농업 개혁, 극빈자 복지 프로그램을 통해, 과거 정권들에게 철저히 배제당해온 대중을 '볼리바리안 혁명'의 충실한 동조자로 바꿔

었습니다. 아직도 유황 냄새가 납니다." "부시는 어제 마치 세계의 주인인 양 행세했습니다. 엘리트들의 잘못된 민주주의, 폭탄의 민주주의를 퍼뜨리려 합니다." 그 전날 유엔총회에서 연설한 부시(George W. Bush) 미국 대통령을 비난한 것이다. 이어서 그는 놈 촘스키(Noam Chomsky)의 『패권인가 생존인 가: 미국은 지금 어디로 가는가(Hegemony or Survival: America's Quest for Global Dominance)』를 들어 보이며 총회 참석자들에게 한번씩 읽어보라고 권했다. 연설 직후 열린 기자회견에서도 차베스는 "미국인들은 사람들을 바보로 만드는 〈슈퍼맨〉이나 〈배트맨〉 같은 영화를 보느니 차라리 촘스키의 책을 읽길 바란다"라며 당부를 이어갔다. 이 연설 후 촘스키의 책이 아마존 닷컴에서 판매 1위로 올라서고, 촘스키는 차베스의 주장이 세계적으로 볼 때 다수의 견해를 반영하고 있으며 그의 분노는 충분히 이해할 만한 것이라 는 글을 ≪뉴욕 타임스(The New York Times)≫에 게재했다(≪오마이뉴스≫, 2006년 9월 26일 자).

차베스가 미국인들에게 읽기를 권한 『패권인가 생존인가』는 미국이 대외 정책에서 공격적으로 표방하는 자유무역, 민주주의, 평화 정책, 인권 등의 이면에는 자국의 정치적·경제적·군사적 이익이 숨어 있음을 구체적으로 밝힌 책이다. 이 같은 미국의 외교정책이 전개된 주 무대는 미국이 '뒷마당' 정도로 인식해온 라틴 아메리카였다. 그 역사적 뿌리는 먼로 독트린(Monroe Doctrine)에서 비롯된다. 1823년 제임스 먼로(James Monroe) 대통령은 외부 세력이 라틴 아메리카에 간섭하거나 식민지를 건설하는 것을 거부한다는 내용을 담아 비동맹·비식민·불간섭을 골자로 한 고립주의 외교 방침을 밝혔다. 그 후 1904년 시어도어 루스벨트(Theodore Roosevelt)가 라틴 아메리카에

놓는 데 성공했기 때문이다(월퍼트, 2013).

대한 비아메리카 국가들의 개입을 반대하고 미국이 이 지역 국가들에 대해 경제적·군사적으로 개입할 권리가 있다고 주장하는 것으로 먼로 독트린의 개념이 확대되었다. 미국이 라틴 아메리카의 권위주의 정권들을 공공연히 지지하고, 이들이 좌파 경향의 정당이나 단체, 민중주의적 노선을 걷고 있는 정치인들을 박해하는 것을 묵인하거나 방조한 것은 그 당연한 귀결이었다. 쿠바에서 친미 성향의 바티스타(Fulgencio Batista y Zaldívar) 정권이 무너지고 카스트로(Fidel Castro)가 이끄는 사회주의 정권이 출범하자 미국은 즉각적으로 쿠바를 봉쇄한 후 쿠바 망명자들을 규합해 군사적 침공에 나섰다. 칠레에서는 CIA와 국무부가 칠레 군부 내의 보수파를 추동해 아옌데(Salvador Allende) 정권을 쿠데타로 붕괴시켰다. 피노체트(Augusto José Ramón Pinochet Ugarte) 군부 정권은 집권하자마자 미국식 신자유주의 정책을 제3세계 국가들 가운데 가장 먼저 받아들여 추진했다.

불평등과 독재는 북아메리카의 멕시코부터 남아메리카의 칠레까지 광대한 지역에 걸쳐 있는 라틴 아메리카의 근현대사를 특징짓는 키워드이다. 1980년대 중반 민주주의로의 이행이 시작되기 전까지 라틴 아메리카에서는 인구의 대다수를 이루는 노동자, 농민, 여성, 인디오, 흑인, 청년 등이 제대로 정치적·경제적 권력을 소유한 적이 없었다. 권력은 늘 정치인과 관료, 군부, 자본가 등의 지배 연합이 장악하고 있었다. 다수의 라틴 아메리카인들은 권력과 부의 배분에서 철저히 소외되었다. 콜롬비아 출신의 세계적 작가인 가브리엘 가르시아 마르케스는 이와 관련해 "독재자는 중남미가 산출한 유일한 신화적 존재이며, 그 순환의 주기는 아직 끝나지 않았다"(송병선, 1997: 210~211)라고 지적한 바 있다. 마르케스는 『백 년 동안의 고독(Cien anos de soledad)』에서 수백 년간 굴곡진 라틴 아메리카의 역사의 산물로서 환상과 현실이 시공간을 넘어 결합된 마술적 리얼리즘의 전형을 창조했다. 그리고 그는 독재자를 통해 권력을 반성해볼 수 있다는 생각에서 『족장의 가을(El otoño del patriarca)』과 『독재자 반데라스(Tirano Banderas)』 같은 소설을 발표했다. 이 같은 문학서 외에 억압과 약탈과 절망으로 이어지는 라틴 아메리카의 역사적 구조와 특징을 사회과학적으로 촘촘히 분석한 저서로는 촘스키의 『507년, 정복은 계속된다(Year 501, The Conquest Continues)』가 대표적이다. 이 책은 오늘날 라틴 아메리카를 특징짓는 부정적인 면모들이 역사적으로는 스페인과 포르투갈, 미국이라는 외세의 침략과 개입의 유산이라는 점을 설득력 있게 논증하고 있다. 촘스키는 "유럽의 야만적 비행"이라는 절에서 이 유산의 기원을 다음과 같이 소개하고 있다(촘스키, 2000: 20~28).

콜럼버스(Christopher Columbus)가 라틴 아메리카 대륙을 발견한 1492년부터 1992년까지의 500년은 세계 역사의 '콜럼버스 시대'로 불린다. 이 시대의 가장 중요한 특징은 정복자와 피정복자 간의 충돌이 전 세계적으로 나타났다는 점이다. 1776년 영국의 애덤 스미스(Adam Smith)는 "아메리카의 발견과 희망봉을 끼고 도는 동인도 항로의 발견이야말로 인류 역사상 가장 위대하고 중대한 두 가지 사건"이라고 기록했다. 그러면서 "아메리카의 발견이야말로 '유럽 국가'에게 새롭고 무진장한 시장을 열어주었으며, 생산력의 엄청난 확대와 진정한 부를 가져다주었다", "유럽인들의 야만적인 비행은 모두에게 이로워야 했지만, 몇몇 불행한 국가들에게 멸망과 파괴를 초래했다"라고 언급했다.[2] 그는 아메리카 대륙에는 야만인들보다 훨씬 우월한 수준의 페루

---

2 아메리카의 비극적 역사는 디즈니에서 만든 〈론 레인저(The Lone Ranger)〉(2013)에서도 비교적 사실적으로 묘사되고 있다. 잘 알려졌듯이 디즈니는 인종주의를 비롯해 애국주의, 반공주의, 가부장제를 옹호하는 사람이 만든 기업이다. 그런 점에서 특정한 문화와 이데올로기를 조장하는 권력 집단이기도 하다. 그러나 시장이 지배하는 시대에 돈벌이만 된다면 디즈니라고 해서 무슨 영화인들 못 만들겠는가? 이 영화에서 탐욕스러운

와 멕시코 두 국가가 존재했지만 유럽의 정복자들에 의해 발견되자마자 모두 파괴되었으며 나머지 생존 토착민들은 야만인에 지나지 않았다고 기록했다. 이와 비슷하게 독일의 헤겔(Georg Wilhelm Friedrich Hegel)도 역사철학에 대한 강의에서 절대정신이 게르만 세계 속에서 완전한 상황에 도달함으로써 우리는 세계사의 마지막 장에 이르게 된다고 주장했다. 미 대륙의 토착민들은 육체적으로나 정신적으로 무기력했으며, 그들의 문화 역시 한계가 너무 많아 절대정신이 다가가자마자 스러져버릴 수밖에 없었다고 강조했다.

스페인과 포르투갈은 해외 정복에 나서기에 앞서 내부적으로 이교 세력에 대한 정복을 단행했다. 이에 따라 스페인에 거주하는 유대인들은 추방되거나 구교로 강제 개종해야만 했다. 수백만 명의 무슬림 무어족의 운명도 유대인과 비슷했다. 스페인 정복자들은 값을 따질 수 없는 귀중한 책들과 고전 학문에 관한 풍부한 기록들을 파괴해버렸으며, 결국 더 관용적이고 문명화된 무어족의 통치하에서 꽃피웠던 문화를 송두리째 짓밟아버렸다.

이어서 패권을 장악한 국가는 네덜란드였다. 당시 네덜란드는 발트 해 연안의 무역을 장악한 덕분에 스페인과 포르투갈보다 많은 자본을 확보하고 있었다. 1602년 설립된 동인도회사는 독자적으로 전쟁을 일으키고 조약을

백인 기업가, 그와 결탁한 협잡꾼들과 강도들이 원주민들과 법과 정의를 추구하던 주인공 존 같은 이들을 집단살해하는 장면은 실제 역사이기도 하다. 이와 관련해 하워드 진은 『미국 민중사(A People's History of United States)』 도입 부분에서 콜럼버스가 "황금으로 배를 가득 채우기 위해" 평화로운 씨족공동체를 이루고 있던 인디언들을 학살하고 포로로 삼았으며 노예로 부렸다고 지적한다. "아메리카의 시초는 정복, 노예제, 죽음으로 얼룩져 있다"(진, 2008: 28)라는 것이다. 그러나 원주민에게 야만적 폭력을 행한 것은 콜럼버스 패거리만이 아니었다. 코르테스(Hernan Cortés), 피사로(Francisco Pizarro), 그리고 지금의 미국 북동부에 도착해 식민지를 건설한 영국인들 역시 콜럼버스와 하등 다르지 않았다. 원주민과 더불어 이후 노예로 팔려 온 아프리카 흑인들과 이민노동자로 온 동아시아인들은 오랫동안 피부색에 따른 차별과 수탈에 시달려야 했다.

체결할 수 있는 막강한 권한을 지녔다. 그러나 국가 통치력의 무기력화로 인해 국민 개개인은 부자일지 모르지만 국가는 힘이 없는 '네덜란드 병'의 희생자가 되고 말았다.

네덜란드에게서 해상 패권을 빼앗은 나라는 영국이었다. 존 메이너드 케인스(Johnn Maynard Keynes)가 지적했듯이 해적들이 가져온 노획물은 영국 해외투자의 밑거름이 되었다. 엘리자베스 1세(Elizabeth I)는 이것으로 외채를 모두 청산하고 레반트 회사에 투자했으며, 회사 수익금으로 동인도회사를 설립했다. 영국인들은 변방에서 양을 키우며 사는 켈트족에 대해 경멸심을 품고 있었다. 이는 바다 건너 먼 땅에 살고 있는 사람들에게까지 영향을 미쳐 결국 노예무역을 장악하는 결과를 낳았다. 독자적으로 항해조례를 만들어 영국 선박에게만 교역 독점권을 허가했다. 영국의 상인들은 국가가 후원하는 정쟁과 다양한 경제적 기술을 동원해 아메리카, 아프리카, 아시아와의 약탈이나 다름없는 무역으로 부를 획득하게 되었다. 이후 유럽의 세계 지배는 지속적인 무력 사용에 결정적으로 의존했다. 유럽의 백인들이 세계사 속에서 잠시나마 최초로 국제적 헤게모니를 잡을 수 있었던 것은 사회적·도덕적·자연적으로 우월했기 때문이라기보다는 군사적으로 한 수 위였기 때문이다.

가르시아 마르케스는 라틴 아메리카인들의 역사와 정체성에 대해 오랜 기간 관심을 갖고 천착해왔다. 그러한 면에서 그가 1982년 스웨덴 한림원에서 행한 노벨문학상 수락 연설은 압권이었다.

우리는 한순간도 마음 편히 있었던 적이 없습니다. 불길에 휩싸인 대통령궁에 피신했던 프로메테우스 같은 어느 대통령은 혼자서 군대 전체와 싸우며 숨을 거두었고, 수상하기 짝이 없지만 아직까지 그 원인이 분명하게 밝혀지지 않은 두 번의 비행기 사고는 인자하기 그지없었던 또 다른 지도자의 목숨과 민중의 명예를 복구했던 민주적인 군인의 목숨을 빼앗았습니다. 다섯 번의 전쟁과 열일곱 번의 쿠데타가 있었습니다. 그리고 하느님의 이름을 빌린 악마 같은 독재자도 출현했습니다. …… 제가 노벨상을 받게 된 것은 단지 문학적 표현 양식뿐만이 아니라, 엄청난 우리의 가공할 만한 현실 때문이라고 생각해봅니다. …… 시인과 거지들, 음악가들과 예언자들, 전사와 악당들, 이 불행한 현실 속에서 사는 모든 창조물들은 거의 상상력을 필요로 하지 않습니다. 우리의 최대의 적은 우리의 삶을 믿게끔 만들수 있는 전통적인 도구가 불충분하다는 것입니다. 이것이 바로 우리 고독의 핵심입니다. …… 이 모든 것에도 불구하고 억압과 약탈과 절망에 맞선 우리의 대답은 삶이란 것입니다. 홍수나 페스트, 굶주림과 대격변, 심지어는 수세기 동안 지속된 영원한 전쟁도 죽음을 초월한 끈질긴 삶의 장점을 축소시킬 수는 없었습니다(마르케스, 1997: 187~197).

마르케스는 『백 년 동안의 고독』과 같은 작품이 세계적으로 높이 평가받아 노벨상을 비롯한 각종 문학상을 수상한 저명한 작가로만 한정 지을 수 없는 인물이다. 무엇보다도 그는 라틴 아메리카의 정치 현실에 깊은 관심을 갖고 독재로 고통받는 라틴 아메리카인들을 위한 투쟁에도 적극적으로 나섰다. 1973년 마르케스는 아옌데 정권을 쿠데타로 붕괴시킨 칠레의 군부에게 "칠레 민중은 미국 제국주의의 하수인인 당신들과 같은 범죄자 집단이 통치하게 허락하지 않을 것"이라는 전문을 보냈다. 1976년에는 칠레의 피노체트가 권좌에 있는 한 더 이상 소설을 출판하지 않겠다고 선언하고 정치 활동에 전념한다. 가령 브뤼셀에서 열린 중남미의 다국적기업에 관한 러셀 위원회(1976), 자유와 사회주의를 위해 투쟁했다는 이유로 구속된 사람들의 인권회복을 위한 아베아스 재단(1979)을 창설했을 뿐만 아니라 콜롬비아에서 정치적 이유로 구속된 수감자와 고문에 대해 고발하고, 아르헨티나에서 실종된 사람들과 쿠바의 정치범들을 위해 수많은 활동을 벌였다. 콜롬비아에서 발간된 정치 잡지인 ≪대안(Alternativa)≫의 편집 고문을 맡고 정치와 관계된 많은 글을 썼다(송병선, 1997: 26~27). 한편 마르케스는 영화에도 애착을 가져 시나리오를 집필하고 그의 작품들을 영화화하는 작업에도 참여했다.

마술적 사실주의로 그린 라틴 아메리카 현대사

〈영혼의 집(The House of the Spirits)〉(1993)의 시대적 배경은 혁명과 독재로 점철된 라틴 아메리카의 격동기이다. 환상과 현실을 교차시키는 방식으로 니베아, 클라라, 블랑카, 알바의 4대에 걸친 델 바예와 트루에바 가문의 여인들의 이야기를 그린 이사벨 아옌데(Isabel Allende)의 동명 소설을 빌레 아우구스트(Bille August)가 영화화했다. 음악은 한스 치머(Hans Zimmer)가 맡았다. 원작자인 아옌데는 다양한 사람들과 연결된 자신의 굴곡진 삶에 '마술적 사실주의'라는 색깔을 입혔다. 격동의 시기를 살아가는 고통스러운 개인들의 삶을 신비스러운 분위기의 환상으로 표현하는 것은 아옌데 소설의 특징이 되었다. 실제 아옌데의 삶 또한 순탄치 않았다. 그녀는 아버지가 행방불명된 뒤에 외가에서 살다가 외교관인 의붓아버지를 따라 세계 곳곳에서 성장했다. 산티아고로 돌아온 후 기자, 편집자, 희곡작가로 활동하다가 1973년 피노체트의 군부 쿠데타 이후 블랙리스트에 오르자 베네수엘라로 망명길에 오른다. 1981년 망명지에서 발표한 소설이 바로 『영혼의 집(La casa de los espiritus)』이다. 그녀의 외할아버지 타타와 외할머니 메메를 모델로 한 소설이었다.

원작 소설의 제일 첫 장에는 파블로 네루다의 시가 소개되어 있다. "결국, 인간은 얼마나 사는 걸까? 천 년? 단 하루? 일주일? 수 세기? 인간은 얼마나 오랫동안 죽는 걸까? '영원히'라는 말은 무슨 의미가 있는 걸까?" 이 소설에서 가장 인상적이라고 할 만한 부분은 '트레스 마리아스'라고 불리는 아시엔다가 농지개혁으로 농민들에게 넘어갔다는 소식을 듣고 소유주였던 에스테반 트루에바 상원 의원이 분노에 눈이 멀어 혼자 기관총을 들고 농장으로 쳐들어가는 장면이다. 그곳에서 태어나 대대로 그 땅을 경작하던 농민들은 협동조합을 결성한 후 30년 상환 정부 채권으로 농장 값을 지불하겠다고 나선다. 겁에 질린 농장 감독은 줄행랑을 쳐버린다. 명령을 내리는 사람도 복종할 사람도 없이 농민들은 생애 처음으로 자유의 맛을 음미하고, 자신들이 주인이 되는 경험을 만끽한다. 정부에서 파견된 농학자가 농민들에게 씨앗을 외상으로 나눠 주고 비료와 살충제, 농산물 유통과 시장에 대해 자세히 설명해주지만 농민들은 이 농학자가 손에 쟁기를 쥐어본 적이 없다는 것을 알고 그의 말에 귀를 기울이지 않는다. 다만 옛날 주인의 포도주 창고를 열어 오래 묵은 포도주를 내오고, 도축한 황소의 불알에 양파와 향신료를 잔뜩 넣은 요리를 만들어 방문을 축하할 뿐이다.

이성을 잃은 채 경호원도 없이 농장으로 달려온 트루에바는 보초를 서고 있던 소작인에게 총을 난사한 후 앞으로 달려가다 뒤통수를 맞고 쓰러진다. 농민들은 정신을 잃은 그의 두 손을 묶어 식당에 감금한다. 깨어난 트루에바에게 농민들이 그가 더 이상 주인이 아니라고 설득하려 하지만 그는 입에 거품을 물고 미친 사람처럼 욕을 해댄다. 기사의 연락을 받은 경호원과 다혈질의 보수당 젊은이 몇이 몽둥이와 쇠사슬로 무장한 채 그를 구하러 오지만 무장한 농민들은 "우리의 인질 동무는 아무도 데려갈 수 없소"라면서 강경한 태도로 나온다. 방송국에서 기자들이 나와 이 사건을 취재하고 농민들은 자신들의 인질을 에워싸고 만면에 미소를 띤 채 카메라 앞에서 포즈를 취한다. 그날 밤 전 국민은 텔레비전 화면을 통해, 줄에 묶인 채 분노로 거품을 물며 검열에 걸릴 정도로 지독한 욕설을 퍼부어대는 야당 지도자의 모습을 보게 된다. 상원 의원을 구출하라는 대통령의 지시를 받고 특수 경찰들이 오자 언론의 전폭적인 지지로 대담해진 농민들은 법원의 영장을 가져오라고 한다. 곤란한 처지에 놓일 것을 염려한 지방 판사는 서둘러 낚시 여행을 떠나버린다(아옌데, 2003: 194~199).

영화 〈영혼의 집〉은 늙고 쇠약해진 에스테반이 딸 블랑카와 함께 농장을 방문하는 장면으로 시작된다. 영화는 블랑카가 과거로 돌아가 그 시기를 이야기하는 플래시백 기법을 동원한다. 그런 점에서 〈영혼의 집〉은 에스테반의 가족사에 대한 주관적 진실의 영화적 재현이기도 하다. 에스테반이 델바예 가문의 로사와 결혼을 한 후 금광 발견으로 돈을 벌고, 초능력을 지닌 딸 클라라가 가족 중 한 명이 죽게 될 것이라고 예언한다. 그녀의 예언대로 아버지 세베로가 자유당 공천을 받은 것을 축하하는 파티에서 언니 로사가 브랜디 독주(원작에서는 남부의 유권자들이 보낸 토속주)를 마시고 죽는다. 에스테반은 그 후 20여 년에 걸쳐 트레스 마리아스를 그 고장 최고의 농장으로 일군다. 그가 농장에 와서 처음 한 말은 이러했다. "이제부터 내가 주인이다. 싫은 사람은 떠나도 좋다. 남는 사람에게 주림은 없지만 열심히 일해야 한다. 알겠나?" 그러나 아침 일찍부터 밤늦도록 농장 일꾼들과의 충돌이 끊임없이 일어난다. 에스테반은 강경한 자세로 그들을 대한다. "임금을 달라는 말이야? 그게 감사의 표시인가? 난 항상 공정하게 나눠 줬어." 사고 후 말을 하지 않는 클라라와 결혼을 하려는 에스테반에게 주위 사람들은 클라라가 그에게 필요한 사랑을 줄 수 없다면서 말린다. "저 애는 너무 이상해. …… 로사가 죽은 뒤로 이 애는 다른 세계에서 사는 것 같네. 말을 못하는 게 아니라 하고 싶지 않은 걸세." 그럼에도 에스테반은 클라라가 건강한 아이를 낳을 수만 있다면 그걸로 족하다면서 결혼을 강행한다. 에스테반가에는 누이 페룰로가 같이 살게 되고, 에스테반이 농장의 원주민 처녀와 관계해 아들 에스테반 가르시아가 태어난다. 누이는 노골적으로 우려를 표시한다. "제 동생이 그녀와 잘 때면 끔찍해요. 기도도 소용없고 잠도 잘 수가 없어요. …… 그녀를 악으로 이끄는 건 제 동생입니다. 그녀의 가장 깊은 비밀까지 말이죠, 저주받아야 해요." 클라라 부모가 사고로 죽고, 딸 블랑카가 태어난다.

정치적 갈등도 〈영혼의 집〉의 주요 스토리 라인 가운데 하나이다. 주된 축은 에스테반과 딸 블랑카의 남자친구 페드로 간의 갈등이다. 농장 일꾼의 아들인 페드로는 급진적인 정치 성향을 지닌 젊은이로 정치 집회를 다니면서 연설을 한다. 소작인들이 에스테반에게 착취를 당하고 있다면서 다들 그를 두려워하면서도 증오하고 있다고 말한다. "신의 말씀을 따르면 우리는 정의를 쟁취할 권리가 있어요. 그냥 앉아서 천국의 보상만 기다리는 건 신의 뜻이 아닙니다. 예수님 자신도 혁명가였어요. 일한 만큼 임금을 요구할 권리가 있단 말입니다. 일요일에 쉴 권리도 있고 투표할 권리도 있습니다." 한편 에스테반에게는 보수당에서 입당 제안이 온다. 보수당의 중진 정치인이 내세우는 정치 참여의 변은 다음과 같다. "당신은 힘이 있잖소. 명예를 가진 당신 같은 사람이 우리 당에 필요합니다. 세상이 바뀌고 있어요. 사람들이 미친 생각을 하고 있소. 당신 지역의 소작인들과 도시 노동자들이 힘을 합친다는데 지금 막지 않으면…… 당신도 보호해야 할 가정이 있잖소? 행복한 가정은 지킬 가치가 있는 거요." 갈등은 에스테반과 블랑카의 견해 차이와 대립으로도 이어진다. "좌파들이 언제 선거에서 이긴 적 있었소? 한 번도 없었지. 좌파가 민주주의의 적인 것은 애들이라도 알 거요. 역사를 보면, 혁명론자들이 여당으로 선출된 일은 없었어." "아버지 말대로라면 아무것도 안 변하죠. 흑백논리와 적자생존만이 아버지의 세계관이니까요." "자연의 법칙이다." "정글의 법칙이죠. 너무 구시대적이에요. 아버지의 세계는 좁아요. 너무나 좁다고요." "넌 정말 몽상가로구나. 존재하지도 않는 세계를 믿고 있으니." 마지막에 군부 쿠데타가 발생하고 블랑카는 군인들에게 끌려가기 전에 아버지에게 페드로를 외국으로 피신시켜달라고 부탁한다. 에스테반이 딸(원작에서는 손녀딸)을 구출하기 위해 백방으로 나서는 장면은 완고한 보수주의자 에스테반의 변화를 보여준다.

혁명과 지식인의 고뇌

〈저개발의 기억(Memorias Del Subdesarrollo)〉(1968)은 쿠바 출신 작가 에드문도 데스노에스(Edmundo Desnoes)의 동명 소설을 토마스 구티에레스 알레아(Tomas Gutierrez Alea)가 영화화했다. 시나리오 작업에는 원작자인 데스노에스가 함께했다. 알레아 감독은 이탈리아 로마에서 영화를 공부한 후 쿠바로 돌아와 바티스타 정권 시기 사파타 광부들의 이야기를 다룬 〈엘 메가노(El megano)〉(1955)를 만들어 정권과 마찰을 빚었다. 그는 카스트로의 혁명에 동참했고, 혁명 후에는 쿠바영화센터(CAC)에서 〈혁명의 역사(Historias de la revolución)〉 3부작을 만들었다. 그가 국제적 명성을 얻은 것은 관료주의의 병폐를 다룬 〈관료의 죽음(La Muerte De Un Burocrata)〉(1966)을 통해서였다. 〈저개발의 기억〉은 2009년 2월 영화 포털 사이트 노티시네(Noticine)에서 실시한 스페인·포르투갈어권 최고 영화를 선정하는 설문 조사에서 1위를 차지했다. 쿠바 혁명 후 가족을 미국으로 떠나보내고 쿠바에 혼자 남은 한 지식인의 고뇌를 그렸다. 영화는 플래시백을 사용해서 세르히오의 의식이 형성된 혁명 전의 사회적 컨텍스트, 즉 그의 교육, 가족의 영향력, 가구점과 아파트 소유주로서의 직업 생활을 보여준다. 영화는 또 그런 생활 방식에 대한 세르히오의 불만, 작가가 되고 싶어 하는 그의 열망, 가장 가까운 친지들조차 1961년 공중수송으로 모두 떠나갔는데도 쿠바에 남고자 하는 그의 명분을 보여준다. 영화는 원작 소설의 독백을 중요한 수단으로 삼아 전개된다. 그러나 세르히오의 명상과 그의 사회적 상호작용의 컨텍스트를 새로운 역사적 상황에 재배치함으로써 그 책을 '배반한다'. 한편, 영화에서 새로운 역사적 상황은 대부분 다큐멘터리 장면으로 제시된다(므라즈, 2002: 163). 이 영화를 이해하는 데는 원작인 데스노에스의 저서가 매우 유용하다.

> 백화점인 엘 엔칸토가 불에 탄 이후 아바나는 예전 같지 않다. 이제 아바나는 피나르 델 리오, 아르테미사, 마탄사스 같은 내륙 도시처럼 보인다. 관광객들과 창녀들이 말했던 것처럼 이제 카르브 해의 파리처럼 보이지 않는다. 지금은 그저 중미의 한 수도처럼 보인다. 테구시갈파나 산살바도르 혹은 마나과 같이 죽어 있고 저개발된 도시들 중 하나 말이다. 단지 엘 엔칸토가 망가지고 상점에 좋은 물건들이 없고 질 좋은 소비재도 거의 찾아볼 수 없기 때문만은 아니다. 사람들 때문이기도 하다. 지금 거리에서 보이는 모든 사람들은 초라하고, 옷도 아무렇게나 입고, 필요하지 않아도 눈에 보이면 아무거나 다 사버린다. …… 그들은 한 번도 좋은 것을 가져본 적이 없는 사람들 같다. 모든 여자들은 하녀처럼 보이고, 모든 남자들은 노동자 같다. 전부는 아니지만 거의 모든 여자와 남자들이 그렇단 말이다(데스노에스, 2009: 15~16).

이 영화에서 왜 제목이 '저개발의 기억'인지를 알게 해주는 대목이 있다. 주인공인 세르히오는 "우리는 힘 있는 문명국들의 조악한 모방일 뿐이다"라면서 다음과 같이 말한다.

푸짐한 검정콩은 문명화된 요리는 아니지만 맛이 좋다. 우리 주변에 있는 모든 것이 다 그렇다. 우리는 저개발 속에 갇혀 있다. 쿠바인의 감정조차도 저개발되어 있다. 쿠바인의 즐거움과 고통은 원시적이고 직접적이며, 문화에 의해서 다듬어지고 복잡해지지 않았다. 혁명은 쿠바인들의 머릿속에 던져진, 유일하게 복잡하고 진지한 그 무엇이다. 하지만 우리가 지금 상태에서 문명국가들에 발맞춰나가기까지는 많은 시간이 필요할 것이다. 이곳에서 잘난 줄 알고 목청 높이는 바보 천치들을 엿 먹이는 것, 이것이 내가 혁명에 유일하게 감사하는 점이다. 과거에 부르주아들이 나라를 이끌어갔다고 말할 수 없는 것이 그들은 지도층이 뭔지 아무 개념이 없었다. 그들은 절대로 책을 읽지 않았다. …… 쿠바 부르주아를 생각할 때마다 입에 거품을 물게 된다. 측은한 심정으로 그들을 경멸한다. 더 나아갈 수 있었는데 멍청해서 그렇게 되지 못한 그들을 보면 딱하다. …… 모두가 착각에 빠져 있다. 반혁명주의자들은 자신의 안일한 무지함을 회복할 것이라고 확신하고, 혁명주의자들은 나라를 저개발 상태에서 꺼낼 수 있다고 믿고 있다(데스노에스, 2009: 24~28).

쿠바 혁명에 대해 놈 촘스키는 미국은 쿠바 국민의 진정한 이익과 민주주의에 솔직히 별 관심이 없는 반면 쿠바와 관련된 미국 기업계의 진정한 이익에 대해서는 첨예한 반응을 나타낸다고 지적한 바 있다.

1989년 11월 엘살바도르의 예수회대학 학장인 이그나시오 엘라쿠리아 신부는 라틴 아메리카 잡지에 기고한 글에서 "쿠바 모델은 생활에 필요한 기본 욕구를 비교적 단기간 안에 만족시키는 데 성공했다"고 평가한 반면 "다른 라틴 아메리카 국가들은 자본주의 체제가 갖고 있는 본질적인 악과 민주주의의 이념적 오류를 드러내고 있다"고 주장했다. 엘라쿠리아 신부는 이 기사가 공개되자마자 미국에서 훈련받은 엘살바도르 특수부대원들에 의해 암살당해 이름 모를 곳에 묻혔다. 다른 수많은 사례들과 마찬가지로 서구 강대국이 카스트로 정권을 반대한 것은 독재정치 때문이 아니었다. 수하르토, 후세인, 그라마흐 등도 카스트로와 마찬가지로 독재자였지만 미국의 경제 이익을 충실히 보호해줬기 때문에 그 대가로 국제적 지지를 받을 수 있었다. 강대국이 쿠바에 대해 두려움과 분노, 그리고 복수심을 느낀 이유는 바로 쿠바가 은폐할 수 없는 지적인 문화를 갖고 독자적으로 성공을 이룩했기 때문이다(촘스키, 2000: 231~233).

영화에서는 가족을 외국으로 떠나보낸 후 회색 지식인 세르히오가 겪는 심적인 방황을 보여준다. "날 마지막 순간까지 사랑하고 괴롭히던 사람들은 이미 모두 떠나버렸다. 수년 전부터, 난…… 만약 시간이 나면 가만히 앉아서 소설이나 일기 형식의 글을 쓰겠노라고 말해왔다. 이제 할 얘기가 무엇인지 찾아보겠다. 모든 게 변함이 없다. 여기는 모든 게 예전과 똑같다. 갑자기 모든 게 영화 세트 같다. 마분지로 만든 도시처럼…… 청동 거인상, 쿠바, 자유와 독립, 이게 가능하리라고 어느 누가 생각이나 했겠는가?" 친구 파블로는 혁명을 비판적으로 대한다. "그들은 자기들이 아메리카 최초로 사회주의 혁명을 이뤄냈다고들 하지. 사람들은 정글로 돌아갈 거야. 모두 굶주릴 거라고…… 아이티 사람들처럼…… 그들은 나폴레옹을 몰아냈지? 그들은 세계에서 가장 중요한 설탕 산업을 갖고 있어. 근데 지금의 그들을 보라고." 또 다른 친구 페드로는 미국과 소련 사이에 낀 쿠바의 외교 상황에 대해서 회의적인 의견을 피력한다. "그건 우리 문제가 아니잖아. 미국과 러시아 사이의 문제라고. 우리와는 아무 상관 없어. 명심하라고, 세르히오. 모든 게 날아가버릴 거라고. 우리는 그 둘이서 날리는 첫 번째 주먹을 맞게 될 거야. 우리는 힘없는 작은 섬나라니까."

라틴 아메리카의 현실과 역사에 대한 세르히오의 독백도 이어진다. "우리가 겪어온 기아는 스페인 사람들이 오고 나서부터였다. 라틴 아메리카에서는 매 분마다 네 명의 어린이가 죽는다. 영양실조로 인한 질병 때문에. 10년 후면 어린이 사망자 수가 2000만 명에 육박할 것이다. 2차 대전으로 사망한 사람 수와 같다." 과거 정권에서 범죄를 저지른 사람들에 대한 청문회를 시청하면서 이렇게 말하기도 한다. "모든 자본주의 사회에서는, 부르주아지에게 위탁을 받은 이런 종류의 사람들이 있는데 그들은 특이한 일들을 수행한다. 도덕 분과에서 살인자들은 죽음과 직접 관련짓지 않는 그런 사람들의 존재를 묵인해줬고 분리된 개인으로서 그들은 자신의 영혼을 깨끗이 유지하길 원했다. …… 살인자, 고문자들은 도덕적으로 책임이 없음을 주장하기 위해 완전성이란 것에 호소했다. 지주인 프레이어의 돈으로도, 신부인 루고의 병자 성사로도, 철학자인 앤드루의 이성으로도, 예술 애호가인 리베로의 선천적 재능으로도, 바로나의 대의민주주의 안에서도, 누가 쿠바에 만연한 죽음을 분명하게 알 수 있을 것인가? 기아와 질병으로 인한 죽음, 그리고 고문과 좌절로 인한 죽음을."

관광지가 된 헤밍웨이의 집을 엘레나와 함께 방문한 세르히오는 아프리카 사냥을 위한 짐, 미국식 가구와 스페인 사진, 영어로 된 책과 잡지, 투우 포스터가 있는 이곳을 그의 도피처요, 탑이며, 열대에 있는 자신의 섬이라 말한다. 헤밍웨이는 쿠바에 대해서는 관심이 없었고, 이곳을 도피처 삼아 친구들을 즐겁게 해주고 영어로 책을 쓰고 낚시를 즐겼다는 것이다. '문학과 저개발 국가'라는 주제의 라운드테이블에서 토론자들이 연달아 주장을 개진하는 장면은 관객이 국가와 저개발, 문화, 자본주의 등의 주제에 대해 고찰하도록 자극한다. 첫 번째 토론자는 다음과 같이 주장한다. "저개발국의 문화는 가끔은 고통스러우며 다음과 같은 사람들의 노력으로 지탱됩니다. 자신의 사회생활을 변화시킬 능력을 깨달은 사람, 자신의 역사를 기록하는 사람, 그리고 자신의 성과를 위해 최선의 전통을 선택하는 사람. 그 성과는 국가적 자유를 위한 투쟁으로 생겨나는 주변 여건의 개선을 통해 결실을 맺습니다." 두 번째 토론자는 이렇게 말한다. "우리는 학교의 흑인 요리사와 하인들에게서 몇 발자국 떨어진 곳에 있었습니다. 나는 내가 지금까지 스파이였다는 걸 알았어요. 라틴 아메리카인을 무시하기 위해 경멸적인 말을 사용했었죠. 난 앵글로색슨이며 개신교도들인 백인들을 보고 알았습니다. 내가 남부 니그로란 것을…… 모든 라틴 아메리카인은 니그로이며, 차별받고 적대적이며 억압당하고 거부당하고 무시당하는 이방인이죠. 보편성이라는 구실을 가진 새로운 사기와 기만에 말입니다. 미국적인 생활 방식, 미국이라는 거대한 허상입니다."

세 번째 토론자도 주장을 펼쳐놓는다. "불신이 불신을 낳는 악마의 대변자 차례입니다. 그는 이렇게 속삭이죠. 하지만 당신들이 자주 사용하는 말을 몰라? 저개발은 지긋지긋해. 최소한 역겹지 않아? 이런 말들이 언어적 술책이란 거 모르겠어? 이미 지나가버린 문화의 공범이며 책략이고, 언어적 구실이고, 언어 이데올로기적 합의로서, 우리를 마음의 평화로 이끌지도 모른다는 거? 저개발된 언어적 대륙에서 달아나려는 것은 아무 소용이 없어. 우리 시대의 기본적인 모순을 망각하는 것도 말이야. 북미 제국주의와 제3세계 저개발국 사이의 모순이 아니야. 오히려 전 세계적인 생산력과 생산수단의 성급한 발전과 자본주의 생산관계 사이의 모순이며 사회주의 혁명과 최종 제국주의 단계에 있는 자본주의 구조 사이의 모순인 거야." 네 번째 토론자가 견해를 덧붙인다. "예를 들어 여러분들이 프롤레타리아와 자본주의 사이의 기본적인 모순을 얘기한다고 하죠. 여러분들이 하는 말은 완전히 추상적일 거라 생각합니다. 기본적인 모순은 현실에서 확인됩니다. 기본적인 모순을 구체화하면 전쟁으로 이어지는 것입니다. 제가 보기에 현재 유럽에서는 자본가와 프롤레타리아 사이에 기본적인 모순이 발견되고 있지 않지만 이 세상에는 전쟁이 이미 구체화되고 발생했으며 기본적인 모순을 보여주는 곳이 있습니다. 바로 베트남이죠."

세르히오의 독백이 이어진다. "천 마일이나 떨어진 곳에. 누가 어떻게 저 개발을 벗어날 수 있겠는가? 그건 모든 걸 나타내준다. 넌 거기서 뭐 하는 거지? 세르히오? 이게 대체 무슨 의미가 있는 거야? 넌 그들과 아무런 상관이 없어, 넌 혼자라고. 저개발국에서는 변하지 않는 게 없다. 모두 잊혀지고, 사람들도 일관성이 없다." 1962년 쿠바 미사일 위기가 발생한다. "이건 다 무엇을 위한 것인가? 그들은 무엇을 얻으려는 것인가? 그리고 모든 게 지금 시작돼야 한다면 예비 테스트는 필요 없다. 다른 사람들처럼 나도 죽을 것이다. 이 섬은 덫이다. 우린 너무 작고, 가난하다. 그건 비싼 존엄의 대가이다." 영화는 카스트로의 연설을 삽입해서 들려주는 것으로 끝을 맺는다. "우린 단호하게 어떠한 조사나 우리나라를 들여다보는 것을 거부합니다. 아무도 우리나라를 엿볼 수 없습니다. 우리는 우리가 하려는 것에 대해 잘 알고 있고 우리의 온전함을 지키는 방법을 압니다. 또 우리의 독립을 지키는 방법도 압니다. 저들은 우리가 핵무기의 표적이 될 거라며 위협을 합니다. 우린 그 말에 겁먹지 않아요. 우리는 앞으로 살아나가야 할 날들에 대해 알아야 합니다. 존엄을 지키며 살아가는 방법을. 모든 사람이, 남녀노소 모두가 이 위험한 시기에 하나입니다. 혁명가와 애국자들 모두에게도 마찬가지입니다. 그리고 승리는 우리 모두의 것입니다."

같이 볼만한 영화로 스페인 식민지 시기, 독재 시기, 혁명 후 시기라는 각기 다른 쿠바의 근현대사를 배경으로 한 움베르토 솔라스(Humberto Solas)의 3부작 옴니버스 영화 〈루시아(Lucia)〉(2004)가 있다. 여성해방 문제를 다룬 이 영화의 1부에서는 1895년 스페인 식민지 시대를 배경으로 귀족 여인 루시아가 스페인군의 앞잡이와 사랑에 빠졌다가 동생이 죽게 되자 연인을 찔러 죽이고 스페인군에게 끌려간다. 2부에서는 1930년대 독재 시대에 담배 공장에서 일하는 루시아가 시위에 참가하고 알도와 행복한 한때를 보내지만 폭력적인 정치 상황으로 알도가 죽는다. 혁명가 알도와의 사랑을 회상하는 장면으로 시작해 임신한 루시아가 카메라를 응시하는 장면으로 끝난다. 마지막 3부에서는 루시아가 혁명 후 농촌의 노동자로 등장한다. 남편의 질투심 때문에 아무 일도 하지 못하던 루시아는 문맹 퇴치를 위해 파견된 혁명군에게 글을 배운 후 남편을 떠나지만, 얼마 안 가 돌아와 앞으로는 일도 하고 그도 사랑할 것이라고 말한다.

불평등과 빈곤에서 혁명이 움트다

〈모터사이클 다이어리(diarios de motocicleta)〉(2004)는 호기심 많고 열정 넘치는 스물세 살의 젊은 의학도 에르네스토 게바라 데라세르나(Ernesto Rafael Guevara de la Serna, 일명 푸세)가 친구인 생화학도 알베르토 그라나도와 둘이서 '포데로사(poderosa)'라고 이름 붙인 낡은 모터사이클을 타고 떠난 라틴 아메리카 여행기이다. 다큐 형식의 로드무비로 볼 수 있다. 바우테르 살리스(Walter Salles)가 감독을 맡았고, 로버트 레드퍼드(Robert Redford)가 제작에 참여했다. 9개월에 걸친 고난에 찬 이 여정에서 게바라는 라틴 아메리카 대륙에 만연한 불평등과 빈곤을 목격하면서 새로운 인생관과 세계관을 갖게 된다. 나병 환자촌의 직원은 자원봉사자로 일하러 온 게바라와 알베르토에게 수녀들과 직원, 의사, 간호사들과 달리 환자들은 강의 이남에 거주하는데 대부분 가족에 의해 보내졌거나 직장에서 해고된 사람들이지만 다시 집을 짓고 새 삶에 적응하고 있다고 말한다. 강 하나로 사람들이 분리되어 있지만 게바라와 알베르토는 편견 없이 그들과 이야기하고 축구를 하며 진료를 해준다. 생일 축하를 받는 자리에서 게바라는 "저희는 이런 숭고한 대의를 대변하기에는 하찮은 인간들이지만 이번 여행에서 아메리카 대륙의 실체 없는 분열이 완벽한 허구라는 믿음을 다시 한 번 확인했습니다. 이 자리를 빌려 우리 모두 단일한 메스티소 민족으로서 편협한 지역주의를 탈피해 하나 된 아메리카를 위해 다 같이 건배합시다"라고 말한다. 마지막 날 그는 나병 환자와 일반인을 갈라놓은 드넓은 강을 힘겹게 헤엄쳐 건넌다.

영화는 자막을 통해 이것은 영웅담이 아니며 공동의 꿈과 열망을 갖고 한동안 같이 지냈던 두 사람에 관한 이야기라고 밝힌다. 1952년 의학도이자 럭비 선수이며 천식에 시달리는 게바라는 친구 알베르토와 낡은 노턴 500시시 중고 오토바이를 타고 라틴 아메리카 여행을 위해 출발한다. 파타고니아에서 칠레의 안데스를 거쳐 마추픽추, 아마존 유역 산 파블로 나환자촌, 대륙의 끝인 베네수엘라 과히라 반도에 이르는 여정이다. 게바라는 치치나와 헤어진 뒤 배 위에서 베네수엘라의 시인 오테로 실바(Otero Silva)의 시를 떠올린다. "배 위에서 나는 들었네. 맨발이 물 튀기는 소리를. 허기진 얼굴들이 떠올랐네. 그녀와 거리 사이를 오가는 내 마음. 무엇이 그녀 품에서 나를 벗어나게 했는지. 얼룩진 눈물과 고통만이 남았네." 두 사람은 광활한 평야와 산 등 아름다운 풍광을 지나친다. 젊은 객기에 마을의 주민과 충돌도 겪는다. 칠레의 신문에 보도된 그들 기사를 보여주고 공짜로 오토바이를 수리한 후 시청 파티에 참석해 수리공의 아내와 춤을 춘다. 남편이 쳐다보고 있는 걸 알아챈 수리공의 아내는 손을 잡고 밖으로 나가려 하는 게바라와 다투다 바닥에 넘어지고, 게바라와 알베르토는 성난 사람들에게 쫓겨 도망친다.

게바라가 치료차 방문한 늙은 여자를 보고 느낀 심경은 원작에 더 상세하게 묘사되어 있다.

그녀가 할 수 있는 일이라곤 어떤 변화가 생기기를 바라는 것뿐이다. 불과 한 달 전까지만 해도 이 불쌍한 여자가 헐떡거리는 심장을 끌어안고 살기 위해 식당 종업원으로서 돈을 벌어야 했던, 바로 그 부조리한 세계를 타파할 변화 말이다. 이같은 상황 속에서 생계를 꾸릴 수 없는 가난한 가족의 성원들은 가까스로 서로에 대한 적의를 감추고 살아간다. 그들은 더 이상 아버지, 어머니, 형제, 자매가 되지 못하고 단지 생존을 위한 투쟁에서 부정적인 요소로만 존재한다. …… 내일을 기대할 수 없는 사람들이 세계 곳곳에 만연한 프롤레타리아 계급의 거대한 비극적 삶을 이해하게 되는 지점이 바로 이곳이다. …… 계급제도라는 부조리한 이념에 기반한 현재의 질서가 얼마나 더 지속될지 나는 알 수 없다. 그러나 이제는 지배자들이 자신들의 치적을 선전하는 데 낭비하는 시간을 줄이고 사회적으로 유용한 일들에 더 많은, 훨씬 더 많은 돈을 써야 할 때가 왔다(게바라, 2004: 86~87).

그들은 고장 난 오토바이를 버린 후 도보 여행을 하는 중에 발파라이소의 아타카마 사막 근처에서 한 부부와 맞닥뜨린다. 그 부부 또한 그들에게 깊은 영향을 끼친다. 그들에게 광산으로 가는 길을 가르쳐준 부부는 근처에서 거친 땅이나마 경작하고 살다가 땅 투기꾼에게 쫓겨 나온 길이었다. "그게 개발이래요. 그래서 아들만 남겨두고 경찰도 피할 겸 일을 찾아 떠나왔어요. 우린 공산당원이에요. 광산에 가면 일이 있을 거예요. 위험한 일이라 신원 확인도 안 하죠." 게바라는 비참한 처지에 놓인 그들 부부에게, 집에서 출발할 때 치치나에게 받은 돈 전부를 준다. 그의 인생에서 가장 추운 밤이었지만 한편으로 그는 또 다른 인류에 점점 가까워지는 느낌을 갖게 된다. 그는 일자리를 구하러 간 추키카마타 광산에서 인부들에게 물을 줄 것을 요구하지만 잡아넣기 전에 꺼지라는 험한 말만 듣는다. 회사 사유지에 대한 불법침입이라는 것이다. 게바라는 안데스 산맥 깊숙한 곳에는 자기들 땅에서 집도 없이 사는 인디오들이 많다는 것을 알게 된다. 산길에서 만난 인디오는 일하던 땅에 지주가 경찰과 함께 와서 밀이랑 옥수수, 감자 같은 수확물을 빼앗고 자신들을 내쫓았다고 호소한다.

일자리를 찾아 도시로 나간 인디오들도 상황은 별반 다르지 않다. "학교엔 한 번도 안 가봤어요. 늘 가축만 돌보느라 스페인어도 못하고 케차어만 해요. 그래도 어렸을 땐 돈 때문에 힘든 적은 없었어요. 지금은 돈도 없고 일도 없지만요. 갈수록 더한 것 같아요. 일이라고 해봤자 수공예뿐인데 그것도 어릴 때부터 하다 보니 그냥 습관적으로 하는 거죠." 마추픽추에 들른 알베르토는 게바라에게 잉카 후손과 결혼해서 토착 당을 하나 만든 후 부족 표를 모아서 아메리카 인디오 혁명을 실현하자고 제안하지만, 총 없는 혁명은 절대로 성공하지 못한다는 말을 듣는다. 페루 리마의 나병 치료 책임자인 페스체 박사는 그들에게 남미 원주민과 노동자의 혁명적 잠재력에 관한 이야기를 해준다. 결국 중요한 문제는 땅의 문제이며, 혁명이 모방이 되어선 안 된다는 것이다. 그러면서 산 파블로에 가면 뭔가 찾을 수 있을 거라는 팁을 준다. "우리의 시각이 너무 좁고 편향되었던 건 아닐까? 그래서 경솔하게 판단한 것은 아닌지? 그럴지도. 이 대륙 여행은 생각 이상으로 날 변화시켰다. 나는 더 이상 내가 아니다. 과거와 같은 나는 없다."

영혼의 집 The House of the Spirits (덴마크·독일·포르투갈, 1993)

감독	빌레 아우구스트 Bille August		배우	메릴 스트리프 Meryl Streep	
각본	빌레 아우구스트			글렌 클로스 Glenn Close	
원작	이사벨 아옌데 Isabel Allende			제러미 아이언스 Jeremy Irons	
				위노나 라이더 Winona Ryder	
				안토니오 반데라스 Antonio Banderas	

저개발의 기억 Memorias Del Subdesarrollo (쿠바, 1965)

감독	토마스 구티에레스 알레아		배우	세르히오 코리에리 Sergio Corrieri	
	Tomas Gutierrez Alea			다이시 그라나도스 Daisy Granados	
각본	토마스 구티에레스 알레아			에스린다 누녜스 Eslinda Nunez	
원작	에드문도 데스노에스			오마르 발데스 Omar Valdes	
	Edmundo Desnoes			레네 데라크루스 Rene de la Cruz	

모터사이클 다이어리 The Motorcycle Diaries (아르헨티나·미국·칠레·페루·브라질·영국·독일·프랑스, 2004)

감독	바우테르 살리스 Walter Salles		배우	가엘 가르시아 베르날	
각본	호세 리베라 Jose Rivera			Gael Garcia Bernal	
원작	체 게바라 Che Guevara			로드리고 데라세르나	
				Rodrigo De la Serna	

소이 쿠바 (Soy Cuba, 1964)　미하일 칼라토조프(Mikhail Kalatozov) 감독

루시아 (Lucia, 1968)　움베르토 솔라스(Humberto Solas) 감독

오피셜 스토리 (La Historia Oficial, 1985)　루이스 푸엔조(Luis Puenzo) 감독

전설의 혁명가 체 게바라 (El Che, 1997)　모리스 뒤고브송(Maurice Dugowson) 감독

에비타 (Evita, 1996)　앨런 파커(Alan Parker) 감독

참고문헌

가르시아 마르케스, 가브리엘(Gabriel Garcia Marquez). 1997. 「라틴 아메리카의 고독」. 송병선 편역. 『가르시아 마르케스』. 문학과지성사.

게바라, 체(Che Guevara). 2004. 『모터사이클 다이어리』. 홍민표 옮김. 황매.

게바라, 체(Che Guevara). 2012. 『체 게바라 자서전』. 박지민 옮김. 황매.

네루다, 파블로(Pablo Neruda). 2008. 『파블로 네루다 자서전』. 박병규 옮김. 민음사.

데스노에스, 에드문도(Edmundo Desnoes). 2009. 『저개발의 기억』. 정승희 옮김. 수르.

므라즈, 존(John Mraz). 2002. 「저개발의 기억: 부르주아 의식/혁명적 컨텍스트」. 로버트 A. 로젠스톤(Robert A. Rosenstone) 엮음. 『영화, 역사: 영화와 새로운 과거의 만남』. 김지혜 옮김. 소나무.

박종욱. 2011. 『영화로 보는 라틴 아메리카』. 한국학술정보.

아엔데, 이사벨(Isabel Allende). 2003. 『영혼의 집 1·2』. 권미선 옮김. 민음사.

월퍼트, 그레고리. 2013. 「베네수엘라, 볼리바리안 운동의 미래」. ≪르몽드 디플로마티크≫, 2013년 4월.

진, 하워드(Howard Zinn). 2008. 『미국 민중사 1』. 유강은 옮김. 이후.

촘스키, 노엄(Noam Chomsky). 2000. 『507년, 정복은 계속된다』. 오애리 옮김. 이후.

촘스키, 아비바(Aviva Chomsky). 2014. 『쿠바혁명사』. 정진상 옮김. 삼천리.

Harmer, Tanya. 2011. *Allende's Chile and the Inter-American Cold War*. Chapel Hill: The University of North Carolina Press.

9장

아일랜드, 독립을 향한 지난한 항쟁

〈블러디 선데이〉〈마이클 콜린스〉〈보리밭을 흔드는 바람〉

글래드스턴은 정치에서 이상이란 결코 실현되지 못하기 때문에 국민들이 각성으로 인해 고통받아서는 안 된다고 언급한 적이 있다. 아일랜드에서는 그 꿈들 중 어떤 것도 실현되지 못했다.

테오 W. 무디(Theo W. Moody) · 프랭크 X. 마틴(Frank X. Martin)

얼마나 오래 이 노래를 불러야 하나?

"38년 전 그날 일어났던 일들은 결코 일어나지 말았어야 했다. 우리 군의 일부가 잘못 행동했고, 정부는 군의 행동에 궁극적으로 책임을 져야 한다. 나는 정부를 대신해, 그리고 이 나라를 대신해 깊이 사과드린다." 데이비드 캐머런(David Cameron) 영국 총리가 2010년 6월 15일 하원 연설에서 이른바 '피의 일요일' 사건에 대해 "결코 정당화할 수 없는 사건"이라며 공식 사과했다. 당시 사건 현장이었던 북아일랜드 데리의 길드홀 광장에 운집한 1만여 명의 북아일랜드인들은 대형 스크린을 통해 중계되는 연설에서 총리가 지난

12년간 전면 재조사한 결과물인 「새빌 보고서(Saville Report)」의 주요 내용을 읽어 내려갈 때마다 환호했다. 5000여 쪽의 보고서가 내린 결론은 당시 공수부대가 무고한 비무장 시민들에게 아무런 경고 없이 총격을 가했고, 많은 군인들이 자신들의 행동을 정당화하기 위해 거짓말을 했다는 것이다. 이런 내용은 사상자들이 총기를 소지하고 있었고 먼저 발포했다고 했던 1972년 당시 「위저리 보고서(Widgery Report)」의 내용을 완전히 뒤엎은 것이다. 일부 희생자 가족들은 희생자들을 무장 폭도로 몰았던 당시 보고서를 찢어 던지면서 "드디어 진실이 햇빛을 보게 되었다"라며 기뻐했다(≪한겨레≫, 2010년 6월 17일 자).

이 사건은 1972년 1월 30일 일요일에 발생했다. 문제의 뿌리는 1921년 12월 체결된 영국·아일랜드 조약(Anglo-Irish Treaty)이었다. 독립을 위한 전쟁을 끝내고 아일랜드 자유국(Irish Free State)을 건설한 이 조약은 전체 아일랜드에 적용되었지만, 북아일랜드는 그 협정에서 탈퇴해 법령이 확보한 지위를 존속한다는 선택권을 받았다. 새로운 국가에 가해진 무서운 위협은 국가를 폭력과 무질서 속으로 몰아넣을 뻔했던 당파 투쟁이었다. 북아일랜드 정부는 이러한 상황에 맞서기 위해 부분적으로 영국 군대에 의존했지만, 또한 정규 경찰대와 특수 보안대를 설치했다. 그러나 북아일랜드 내에서는 하나의 연합된 아일랜드를 지지하는 민족주의 세력과 영국 제국을 지지하는 합병주의자 분리파 세력이 대립하고 있었다. 1949년 합병주의자들은 아일랜드 법령을 통과시켰는데 이는 북아일랜드가 의회의 동의 없이 영 제국의 일부가 되는 것이 주요 내용이었다. 민족주의자들은 이에 항의해 시위와 폭동을 일으켰다. 북아일랜드의 가톨릭 공동체는 1967년 북아일랜드시민권연합(NICRA)을 창설했는데 이 단체는 이전의 조직과는 다르게 주로 악습의 철폐를 요구했다. 그러나 경찰과 신교도 우익당은 이를 북아일랜드를 저해하기 위한 시도로 간주했다. 데리와 번톨렛, 벨파스트에서 큰 충돌이 발생했으며 북아일랜드 정부가 질서 회복을 위해 영국 정부에 군대 파견을 요청하는 지경까지 이르렀다. 또 다른 극단주의 조직인 아일랜드공화국군(IRA: Irish Republican Army)은 이에 맞서 군인과 경찰을 살해하고 폭탄 테러를 기도하는 등 군사행동에 나섰다(무디·마틴, 2009: 387~388).

1972년 1월 30일 북아일랜드의 데리 시에서는 1만여 명의 아일랜드계 구교도들이 정부가 자치권을 몰수하고 경찰이 재판 없는 구금을 한 데 항의하며 시민권 회복을 요구하는 평화 행진을 하고 있었다. 영국 정부는 이 행진을 폭도들에 의한 잠재적인 폭력 사태로 간주하고 공수부대를 동원해 진압하고자 했다. 이 과정에서 공수부대원들이 시위대를 향해 발포해 열네 명이 숨졌다. 그 가운데 일곱 명은 십 대 청소년이었다. 총격을 지시한 장교들에게는 법적인 책임을 묻기는커녕 군 통수권자인 엘리자베스 여왕이 훈장을 수여했다. "이틀 후 영국 정부는 위저리 법원장 주재로 청문회를 열었다. 재판장은 영국군의 주장을 받아들여 IRA의 선제공격에 영국군이 반격한 것으로 결론지었다. 그러나 희생자들의 무장 여부와 작전의 정당성에 대해서는 강한 의구심(strong suspicion)을 표명했다. 총을 발사했던 병사들은 한 명도 처벌받지 않았다. 작전명령을 내렸던 장교들은 여왕에게 훈장을 수여받았다." '피의 일요일'[1]로 불리는 이 사건을 계기로 IRA의 지지 기반이 강화되었

---

1   '피의 일요일'이라고 불리는 사건은 1972년 1월 30일 북아일랜드의 데리 외에도 여러 차례 발생했다. 1965년 초부터 미국 앨라배마 주에서는 몽고메리로 향하는 흑인들의 대행진이 잇따랐다. 3월 7일 셀마 거리에서 인종차별에 항의하는 흑인 민권 운동가 525명을 경찰이 학살했다(≪주간경향≫, 1108호, 2015년 1월 6일 자). 1905년 1월 22일 제정 러시아 치하의 상트페테르부르크에서는 니콜라이 2세에게 탄원을 하기 위해 겨울 궁전으로 행진하는 노동자들에게 차르의 근위군이 발포해 수백 명이 사망하고 수천 명이 다쳤다. 이 사건은 제1차 러시아 혁명의 도화선이 되었다.

다. 북아일랜드 비폭력 인권운동은 IRA 주도의 무장 분리 투쟁으로 노선이 바뀌게 된다. 무장투쟁이 본격화되자 당시 에드워드 히스(Edward Heath) 보수당 정부는 사건 발생 석 달 만인 1972년 3월 북아일랜드 의회 활동을 중지하고 영국의 직접 통치로 전환했다. 1998년 신·구교도 간 권력 분점을 합의한 '굿 프라이데이 평화협정'으로 북아일랜드에 평화가 찾아오기까지 폭탄 테러와 총격전으로 3600여 명이 목숨을 잃었으며, 그중에는 영국 군·경 1100여 명도 포함돼 있었다.

폴 그린그래스(Paul Greengrass) 감독의 〈블러디 선데이(Bloody Sunday)〉(2002)는 제목 그대로 '피의 일요일' 사건을 소재로 했다. 그린그래스는 TV에서 여러 논픽션 드라마를 통해 알려진 후 장편영화 제작에 뛰어들었다. 〈블러디 선데이〉는 〈부활(Resurrected)〉(1989), 〈비행의 이론(The Theory of Flight)〉(1998)에 이은 세 번째 장편영화 연출작이다. 그가 북아일랜드에서 벌어진 비극적 사건에 관심을 갖게 된 것은 1981년 감옥에서 단식투쟁을 하는 한 IRA 대원을 인터뷰하면서부터였다. 그는 비무장 상태의 주민들을 폭도로 몰아 사살한 '피의 일요일' 사건에 충격을 받고 이에 대한 반발로 IRA에 가입한 청년이었다. 그에게 깊은 인상을 받았던 그린그래스는 20여 년이 흐른 후 이 사건을 영화의 소재로 삼았다.

무엇보다 이 영화는 사건의 시작과 끝을 제리 부부와 쿠퍼, IRA 대원, 경찰, 공수부대원 등 피해자와 가해자, 목격자들의 다양한 시선에서 상세하고 충실하게 재현했다. 이러한 시선의 구성은 감독이 특별한 의도를 갖고 선택한 것이며, 특별한 목적을 위해 계산되고 구성된 것이라 할 수 있다. 영화 비평가인 조엘 마니(Joel Magny)에 따르면 시점은 어떤 특정한 각도로 대상, 풍경, 현실의 일부 등을 바라보는 것이고, 관객이 그 특정한 각도로 동일한 것을 바라보게 하는 것이다(마니, 2007: 31~32). 그중에서 그린그래스 감독은 영국 군대의 진압 과정에 초점을 맞추고 있다. 원칙만 고수하는 영국군 지휘관과 시위대 사이에서 갈등하는 통신병, 마지막 부분에서 땀으로 뒤범벅이 된 채 진압 본부에 외롭게 서 있는 진압군의 공허한 표정을 보라.

영화는 한정된 공간에서 시시각각으로 변화하는 시위대와 진압 군인들의 대치를 16밀리미터 핸드헬드 카메라 촬영을 통해 생생하면서도 역동적으로 표현했다. 촬영 대상인 인물의 감정과 행동을 더 사실적으로 표현하기 위한 핸드헬드 쇼트는 1960년대 프랑스 누벨바그와 미국 다이렉트 시네마에서 이미 본격적으로 사용되고 있었다. 클레어 더글러스(Clare Douglas)가 담당한 편집 작업 역시 교차편집과 페이드아웃 등을 사용해 당시의 사건을 입체감과 긴장감 있게 잘 잡아냈다. 그리고 더블린 출신의 세계적 록밴드 U2의 노래 「Sunday Bloody Sunday」가 OST로 삽입된 것 또한 인상적이다. "난 오늘 뉴스를 믿을 수가 없네요. 오, 난 내 눈을 감아도 이것을 떨쳐낼 수가 없어요. 얼마나 우리는 이 노래를 불러야 하나요? 얼마나 얼마나 오래…… 깨진 병조각들은 아이들의 발 위에 나뒹굴고 막다른 길엔 시체들만 즐비합니다. 하지만 나는 끝까지 싸울 것입니다." 〈블러디 선데이〉는 2002년 선댄스 영화제에서 개봉했고, 같은 해 제52회 베를린 영화제에서 미야자키 하야오(宮崎駿)의 〈센과 치히로의 행방불명(千と千尋の神隠し)〉과 함께 황금곰상을 수상했다.

영화에서는 하원 의원이자 데리시민권연합 대표인 아이반 쿠퍼와 영국 육군 참모총장 포드 장군이 각자 기자회견을 한다. 적절한 교차편집으로 대립하는 두 집단의 상이한 시각을 관객이 비교해서 보도록 만드는 장면이기도 하다. "우리는 행진할 것입니다"라고 쿠퍼 의원은 회견을 시작한다. "북아일랜드 가톨릭교도들은 오랫동안 신교도의 압제에 고통받아왔습니다. 영국 정부는 개혁을 약속했으나 변명과 통제로만 일관해왔고 우리의 시민권은 묵살되었기에 가두 행진을 감행하는 것입니다. 정부는 잘 들으십시오. 우린 일요일의 평화 행진에서 걷고 또 걸을 것입니다. 이곳에 부당한 억압이 사라지고 진정한 개혁이 이뤄질 때까지!" 포드 장군의 회견은 그 내용이 사뭇 다르다. "그 지역의 불안한 안보 상황에 의거, 일체의 행진 및 시위 행위는 불법으로 간주될 것입니다. 시위를 조직하거나 참가하는 자는 즉석에서 체포할 것입니다. 법은 준수돼야만 합니다. 시민단체 리더들에게 경고하겠소. 폭력적인 사태가 발생할 시에는 전적인 책임을 져야 할 것입니다."

데리의 시민들은 평화 시위를 예상하고 있었다. 이를 앞두고 제리는 아내에게 그냥 걷기만 할 거라면서 걱정하지 말라고 말한다. 제리는 이전에도 시위를 하다 체포된 적이 있다. 그러나 제리의 예상과 달리 투입된 공수부대는 도시를 봉쇄하고 몰래 저격수를 배치한다. 공수부대 장교는 "폭도들을 양쪽에서 포위한 후 잡아들이는 게 우리 임무다. 우린 성벽에서 기다리다가 시위대 전방을 칠 거다. …… 오늘은 닥치는 대로 잡아들여. 만일 폭도들이 총격을 가해 오면 사정없이 반격하도록"이라고 지시를 내린다. 부하 대원들도 "놈들을 박살내고 공수부대의 진가를 확실히 보여주자"라며 준비를 한다. 쿠퍼 의원은 폭동은 없을 테니 겁내지 말고 행진해야 한다고 사람들을 격려한다. 여기서 포기하면 시민권도 없다고 말한다. IRA 사람에게는 총격전이 신물 난다면서 오늘은 평화로운 시위가 되게 해달라고 요청한다. 라간 경장은 동료에게 온건한 입장을 개진한다. "이보게, 난 데리 사람들을 알아. 3년 동안 신뢰를 쌓아왔다고. 이 행진을 원천 봉쇄하려는 이유는 권력 유지를 원하는 신교도의 입김 때문 아닌가? 처음부터 그들 때문에 이 지경이 되었어. 그냥 행진하게 놔둘 순 없나? 나중에 주동자만 잡아들이면 되잖아." 그러나 이미 그들 손을 벗어났고, 벌써 영국군 43명이 사망했기 때문에 이제는 끝내야 한다는 대답을 듣는다.

강경한 입장의 두 세력이 충돌하면서 시위는 파국으로 치닫게 된다. 「We Shall Overcome」을 부르며 행진을 시작한 시위대는 애초 계획과 달리 일부 젊은이들이 14방벽 쪽으로 직진을 하면서 군과 대치한다. 돌을 던지는 시위대를 향해 물대포와 최루가스가 살포되고 감시병의 총격으로 두 사람이 쓰러진다. 시위대가 흥분하고 공수부대 현장 지휘관은 정면 돌파를 명령한다. 쿠퍼가 시위대를 향해 연설을 한다. "우린 선택에 직면해 있습니다. 그 점을 잊지 맙시다. 원하는 건 물론 급진적인 개혁과 부당한 압제 및 차별의 철폐죠. 우린 방법을 선택해야 합니다. 폭력이냐, 비폭력이냐. 돌을 던지는 저 아이들에게 미래의 희망을 안겨주기 위해 비폭력의 모범을 보여줘야 합니다. 돌을 던지는 건 해결책이 아닙니다. 돌과 고무탄이 난무하는 가운데 우리의 권리를 찾을 순 없습니다. 총 들고 복수하자고 외치는 가운데 비폭력을 지키긴 쉽지 않겠죠. 여러분이 진심으로 시민운동을 믿는다면, 여러분도 저처럼 간디와 루서 킹의 신념을 믿는다면 결국엔 하나 된 행진으로 승리할 것입니다." 그러나 제리가 말했듯이 그의 가족과 이웃을 '영국에 붙어먹는' 매형 같은 인간들에게서 지키기를 원하는 한, 그리고 돌이라도 던지지 않았다면 오히려 그와 이웃들이 쫓겨났을 거라고 믿고 있는 한 비폭력 운동을 통한 시민권 회복은 무망한 일이었다. 그런 제리를 폭도로 간주하고 진압하려는 군인들이 있는 한 파국은 필연적이었다. 장갑차가 돌진해 시위대가 흩어지고 총격으로 무고한 시민들이 쓰러진다.

참사 후 열린 기자회견에서 사령관은 병사들이 총격에 반격했을 뿐이며 고속탄과 저속탄을 함께 사용한 것은 임무를 완수한 것이라고 말한다. 작전은 정당했고 일말의 후회도 없다는 것이다. 부하들에게는 "희생자가 나온 것은 유감이나 이 혼란한 상황에서 불가피한 희생이었다. 어쨌든 데리 시는 잠잠해졌으며 법과 질서는 바로 세워졌다. 무엇보다 강조하고 싶은 것은 오늘 우리 군이 수행한 작전에서 불명예스러운 어떤 행위도 찾아볼 수 없었다는 점이다. 장병들의 노고를 치하해주게. IRA와의 전쟁은 계속될 것이다"라고 언급한다. 쿠퍼 역시 기자회견을 연다. "오늘 스물일곱 명의 시민이 피격되었습니다. 그중 열세 명이 숨졌습니다. 그들은 죄 없는 시민이었죠. 오늘은 더없이 참혹한 대학살의 날이며 진실의 날이며 치욕의 날입니다. 전 영국 정부에 묻고 싶습니다. 무슨 짓을 했는지 아느냐고. 당신들은 시민의 권리를 파괴했고 IRA에게 최고의 승리를 안겨주었소. 오늘 밤 이 도시의 모든 젊은 이들이 IRA에 입단하면 폭풍이 몰아칠 것이오."

독립 전쟁을 이끈 마이클 콜린스

〈마이클 콜린스(Michael Collins)〉(1996)는 아일랜드 독립 전쟁을 이끌었던 마이클 콜린스(1890~1922)의 삶을 다룬 영화이다. 아일랜드 출신의 닐 조던(Neil Jordan)이 감독을 맡고, 북아일랜드 출신의 가톨릭교도 리엄 니슨(Liam Neeson)이 주연을 맡았으며, 앨런 릭먼(Alan Rickman)과 줄리아 로버츠(Julia Roberts) 등이 출연했다. 이 영화 전에도 리엄 니슨은 〈죽는 자를 위한 기도(A Prayer for the Dying)〉(1987)에서 IRA 대원 역을 맡은 바 있다. 〈마이클 콜린스〉는 베니스 국제영화제에서 최우수작품상인 황금사자상을 받았다.

아일랜드의 혁명가이자 정치가였던 콜린스는 아일랜드 민족주의에 대한 강한 신념에 근거해 1916년 영국 식민 지배에 대항하는 부활절 봉기(Easter Rising)를 주도했고, 1919년에는 비밀 무장 단체인 IRA를 창설했다. 이후 IRA의 정보 책임자로 있으면서 무기 도입, 영국 요인 및 군대·경찰에 대한 테러 행위 등을 통해 도시 게릴라전을 이끌었다. 1921년에는 영국군 합참의

장 윌리엄(Henry William)을 암살하면서 피의 보복전을 불러일으킨 바 있다. 이후 콜린스는 독립 쟁취를 위한 외교전에 주력했다. 그는 아일랜드 대표로 로이드 조지(David Lloyd George) 영국 총리와 협상을 벌여 영국·아일랜드 조약을 체결했다. 이 조약이 의회와 국민투표에서 연달아 통과되고, 그 결과 아일랜드 자치정부가 수립되었다.

그러나 콜린스의 입지가 강화되자 그때까지 아일랜드 독립을 위한 외교전에 주로 치중하던 이먼 데벌레라(Éamon de Valera)가 정치적 불복을 선언하면서 아일랜드는 내전에 돌입하게 된다. 콜린스는 1922년 데벌레라의 초청으로 내전 중단을 논의하기 위해 고향인 코크에 갔다가 매복병의 총격을 받고 암살된다.

역사적으로 보면 독립을 쟁취하고 새로운 국가를 건설하기 위한 투쟁 과정에 뛰어든 많은 정치가들이 암살을 당했다. 한국의 현대사를 보더라도 여운형과 송진우, 김구가 정적 제거를 노리는 경쟁자들에 의해 비극적으로 삶을 마쳤다. 마이클 콜린스와 비슷한 시기에 벌어진 대표적인 암살 사건으로 멕시코의 판초 비야와 에밀리아노 사파타(Emiliano Zapata)를 들 수 있다. 1910년대 초반 대지주와 외국 자본의 이익을 대변하던 포르피리오 디아스 (José de la Cruz Porfirio Díaz Mori) 독재 체제를 타도하기 위해 농민과 노동자, 지식인들이 무장투쟁을 벌였는데 그 지도자가 바로 판초 비야와 사파타였다. 멕시코 북부에서 광산 노동자와 농민들로 이뤄진 반란군을 이끌던 비야와 멕시코 남부 농민운동의 지도자인 사파타가 합세해 디아스 체제를 붕괴시키는 데 성공하지만 후임자인 프란시스코 마데로(Francisco Madero)가 개혁에 소극적이자 다시 저항운동을 전개하게 된다. 그러나 이질적인 계급으로 구성되어 있던 혁명 세력이 분열되면서 이들 간에 계급 전쟁이 시작되었다. 사파타가 이끄는 남부해방군(Ejército Libertador del Sur)과 비야가 이끄는 전설적인 북부사단(División del Norte)이 차례로 멕시코시티에 입성함으로써 위세를 보여줬지만 그 후 농민군은 카란사(Venustiano Carranza)가 지휘하는 헌정수호군(Constitutional Army)의 분리·대응 전략에 밀려 점차 쇠퇴하게 된다. 1919년 사파타가 카란사의 계략으로 암살당한 데 이어 4년 후에는 판초 비야가 그 뒤를 이으면서, 이들과 이름 없는 멕시코의 무수한 민중이 꿈꿨던 혁명의 이상은 결국 실패로 끝나고 말았다.[2]

　영화 〈마이클 콜린스〉는 격동의 시기 아일랜드 민족주의자들과 영국의 대립, 아일랜드 민족주의자들 내부 간의 갈등을 다루고 있다. 당시 아일랜드 내 정치 세력 간의 갈등을 초래한 결정적 계기는 영국 의회가 아일랜드 자치 법안을 통과시킨 일이었다. 아일랜드 자치 법안은 자유당이 주도했다. 안정적인 국정 운영을 위해 아일랜드민족당(Irish Nationalist Party)의 협조가 필요했기 때문이다. 1910년 총선에서 아일랜드민족당은 84석을 획득했다(자유당 272석, 보수당 172석, 노동당 42석). 그러나 아일랜드 북부 얼스터 지방의 신교도들이 자치 법안에 격렬하게 반발하면서 얼스터 분리 운동을 시작했고 이를 뒷받침할 무장 조직을 결성하고 나섰다. 이에 맞서 남부 아일랜드인들도 의용군을 조직하고 무장하기 시작했다. 이 와중에 커러에 주둔하고 있던 영

2　혁명의 이상은 사파타가 1918년 나우아 어로 발표한 선언문에 압축적으로 들어 있다. "토지는 우리 자신의 소유물이 될 것이고, 모든 사람들에게 속하게 될 것이다. 우리를 짓이기는 억센 손들이 선조들이 경작했던 땅을 우리에게서 낚아채 갔던 것이다." 멕시코 혁명의 영웅인 판초 비야와 사파타에 대해서는 엔리케 크라우세(Enrique Krauze)의 『멕시코 혁명과 영웅들(Biografia del Poder)』 3장과 2장을 각각 참조할 수 있다. 멕시코 혁명기 사파타의 활약을 그린 영화로는 엘리아 카잔(Elia Kazan)이 감독하고 말런 브랜도(Marlon Brando)가 주연을 맡은 〈혁명아 자파타(Viva Zapata)〉가 있다. 이 영화가 개봉한 1952년은 미국 사회에서 매카시의 광풍이 몰아칠 때였는데 카잔은 매카시를 추종하고 할리우드 내의 '블랙리스트' 작성을 도운 인물이었다.

국군 장교들이 사령관의 이동 명령을 거부하는 사건이 발생한다. 아일랜드에 주둔해 있는 장교들의 상당수가 '귀족 장교'라는 호칭이 붙을 정도로 대토지를 소유한 젠트리 계층 출신의 신교도였고, 전통적으로 보수당에 치우친 정치적 입장을 갖고 있었기 때문이다. 이들은 아일랜드 자치 법안이 실행된다면 자신들의 정치적·사회적·종교적·경제적 권리가 침해될 것이 자명하다는 확신을 갖고 있었다. 이 사건은 평화로운 방식으로는 영국 지배자들에게 자치를 인정받을 수 없다는 믿음이 아일랜드에 확산되는 계기가 되었다(최재희, 2004: 240~247).

커러 사건은 2년 후에 발발하는 부활절 봉기의 중요한 원인이 되었다. 이 사건과 1차 세계대전의 발발을 계기로 아일랜드 남부의 무장 세력은, 합법적 수단을 통한 자치 확보를 추구해온 아일랜드민족당을 지지하는 민족의용군(National Volunteers)과 무력 투쟁을 통한 완전 독립을 목표로 하는 아일랜드의용군(Irish Volunteers)의 두 집단으로 분열했다. 이 중에서 부활절 봉기를 주도한 조직은 아일랜드의용군이었다. 그 지도자들은 대부분 대학 졸업 후 언론기관이나 대학교에 근무하는 지식인으로 사회문제에 관심이 많은 '혁명 세대'였다. 이들은 자치에 매몰된 기존 민족주의 운동의 주류에 대해 상당히 비판적인 인식을 보였다. 부활절 봉기는 자치 법안에 대한 영국 보수층과 군부의 완강한 저항과 1차 대전에 따른 징병 위협이 원인으로 작용했다. 당시 징병제에 대한 전국적 저항운동이 전개되면서 아일랜드민족당은 몰락하고 이를 대신해 아일랜드 민족운동의 정치적 대변자 위치를 차지한 것은 신페인이었다. 민족당 노선에 반대하고 독립을 주장하던 소규모 단체 신페인은 봉기를 주도한 사람들과 관련이 거의 없었으나, 봉기에서 살아남은 유일한 지도자인 데벌레라가 의장이 되면서 독립 공화국과 징병제 반대라는 부활절 봉기의 이상을 계승한 정치단체가 되었다. 1918년 총선에서 민족당이 이전

84석에서 6석으로 줄어든 데 반해 신페인은 무려 73석을 차지했다. 신페인은 영국 의회에 합류하지 않고 독자적인 아일랜드 의회(Dál Éireann)를 구성해 얼스터 지방을 제외한 32개 주로 이루어진 공화국을 선언했다. 이후 데벌레라가 대통령으로 선출되고, 마이클 콜린스는 아일랜드의용군을 모태로 IRA를 창설했다. 영국이 이를 인정하지 않으면서 1921년까지 게릴라전을 중심으로 한 독립 전쟁이 계속되었다(최재희, 2004: 247~260).

영화 〈마이클 콜린스〉는 1916년의 부활절 봉기가 실패로 끝나는 장면부터 시작된다. 봉기의 주모자로 체포된 많은 아일랜드인들이 총살형을 당한다. 이를 면한 데벌레라는 콜린스에게 "미국에서 태어났다는 사실이 내 목숨을 살린 것 같네. 하여튼 난 어떻게 되든지 마음의 준비가 되어 있네. 아일랜드 공화국은 더 이상 꿈이 아니네. 저들의 피로써 우리의 독립이 공고하게 되며 저들의 죽음으로써 우리의 동지들이 늘어갈 것이네. 우릴 영원히 구속할 순 없어"라는 내용의 편지를 쓴다. 콜린스 역시 아일랜드의 독립을 향한 뜨거운 열정을 갖고 있었다. 그가 1918년 감옥에서 풀려난 뒤 행한 연설을 보자. "여러분들이 투표하실 후보자가 감옥에 있다고 주저하실 이유는 없습니다. 저도 방금 거기서 나왔습니다. 저들은 우리를 감옥에 집어넣고 우리에게 총을 쏘고 우리를 징집할 수도 있고 솜(Somme)에서 총알받이로 쓸 수도 있습니다. 하지만 우리에겐 저들보다 훨씬 더 강한 무기가 있습니다. 바로 우리의 거부권입니다. 우리의 법이 아닌 저들의 법을 거부합시다. 저들의 정부를 거부합시다." 투쟁 방법은 게릴라전이었다. 콜린스는 키티와 나눈 대화에서 "보이지 않는 군인이 되는 거야. 우리의 군복은 민간인 복장이야. 갑자기 튀어나와 적을 공격하고 군중 속으로 사라지는 거야"라고 언급한다. 기름에 담근 잔디에 불을 붙인 무기를 이용해 경찰 막사에 들어가 무기를 확보하고, 동료들에게는 모두 유격대로 편성되어 우리 방식대로 싸우자고 말한다.

독립 전쟁의 주도자는 콜린스였다. 처칠이 직접 뽑은 정보부대가 쫓는데도 콜린스는 만 파운드의 현상금이 걸린 몸으로 더블린 거리를 활보하며 사람들에게 인사를 건넨다. 그러나 동료인 브로이가 고문을 받다 죽고, 풋볼 구장에 장갑차가 들어와 난사하면서 많은 사람들이 희생당하는 등 지배 세력과 피지배 세력 간 폭력의 악순환은 멈추지 않고 계속되었다. 이 악순환을 끝내고자 콜린스는 협상 대표로 런던에 가서 4개월여에 이르는 회담 끝에 영국 정부의 자치주 제안을 수락하게 된다. 그의 생각은 다음 대사에 잘 나타나 있다. "최선을 다했지만 공화국이 아닌 자치주가 될 것 같소. 우리의 정부는 있지만 여왕에게 충성을 맹세해야 하오. 북아일랜드 역시 대영제국에 귀속될 것이오. 이 협상은 단지 발판일 뿐이오. 국민들도 같은 생각이길 바라오." 이 협상의 결과를 둘러싸고 격렬한 내부 논쟁이 발생한다. "북쪽을 포기하면 나라가 분열돼. 게다가 여왕에게 충성을 맹세하라니?" "저들은 포기할 뜻이 전혀 없어. 그래서 날 보낸 거야. 데벌레라는 악역을 대신할 사람이 필요했던 거야. 아일랜드 자치주를 독립의 발판으로 삼는 거야. 아니면 전쟁뿐이야."

데벌레라는 콜린스가 아일랜드인들에게 외국 여왕에 대한 충성과 국토 분열을 강요하고 있다며 비난하고 나선다. 콜린스는 이 조약을 거부하면 끔찍한 전쟁이 벌어질 것이며, 자유와 평화의 대가가 자신의 이름을 더럽히는 것이라면 기꺼이 받아들이겠다고 말하지만 데벌레라는 공화국을 파괴하는 조약의 비준에 항의해 사퇴를 선언하고 떠난다. 1922년 6월 조약안이 국민투표에서 통과되었으나 데벌레라와 그의 지지자들은 이를 거부한다. 내전의 시작이었다.

제국에 대항하는 다양한 길

마이클 콜린스가 아일랜드 협상 대표로 참여해 합의한 영국·아일랜드 조약을 둘러싼 IRA 내부의 갈등은 켄 로치(Ken Loach) 감독의 〈보리밭을 흔드는 바람(The Wind That Shakes the Barley)〉(2006)의 주요 소재이기도 하다. 이 영화는 〈랜드 앤 프리덤(Land and Freedom)〉(1995)이 개봉된 지 10년 후에 제작되었다. 로치가 두 작품을 만든 것은 스페인에서 일어나고 있는 자유와 민주주의를 위한 투쟁이 아일랜드 독립 전쟁과 유사성을 지닌다는 사실을 상기시킨다. 이에 대해 로치는 다음과 같이 이야기한 바 있다.

> 스페인과 아일랜드에는 두 가지 문제가 있었다. 첫 번째로 스페인의 문제는 '어떻게 파시스트들을 타도할 것인가'였다. 그리고 아일랜드의 문제는 '어떻게 제국주의자들을 타도할 것인가'였다. 그 문제를 해결하는 데 성공하면 그다음 문제는 '어떤 사회를 만들어야 하는가'가 될 것이다. 무언가를 위해 목숨 걸고 싸우는 사람이라면 누구든 자신이 무엇을 위해 싸우는지 알고 싶지 않겠는가. 그렇기에 그런 투쟁은 실제적인 결과와 연결된…… 대단히 정치적인 사건이다(힐, 2014: 457~458에서 재인용).

〈보리밭을 흔드는 바람〉의 시대적 배경은 1919년 초에서 1921년 7월까지 지속된 영국·아일랜드 전쟁 또는 사람들이 완곡하게 '분쟁(troubles)'으로 부른 사태이다. 이것은 한편으로는 게릴라 전쟁, 복병, 경찰 병영에 대한 습격과 계획된 암살들로 특징지을 수 있는 투쟁이었고, 다른 한편으로는 영국군 블랙앤탄스(Black and Tans)와 외인보조군대(Auxiliaries)를 고용한 '별동대(flying columns)'의 보복, 타운들의 사격과 방화, 처형과 테러를 행하는 것이었다(무디·마틴, 2009: 351). 친형제인 데미언과 테디 오노도반은 격동기의 역사 속에서 독립 투쟁의 방식을 둘러싸고 갈라져 서로 다른 길을 간다. 1920년 아일랜드 코크 서부의 한 마을에서 아일랜드 고유의 구기 종목인 헐링 경기를 하는 이들 형제는 끔찍한 사건을 목격하면서 운명의 행로가 바뀐다. 당시에는 영토 법령에 의거해서 모든 공공 집회가 금지되었는데 여기에는 헐링 경기도 포함되었다. 군복을 입은 퇴역 군인 출신의 특별 경찰 부대인 블랙앤탄스가 들이닥쳐서 아일랜드 젊은이들을 심문한다. 이 과정에서 영국 이름을 대는 것을 거부한 미하일이 구타를 당해 죽는다. 열일곱의 어린 나이였다. 분노와 슬픔에 찬 사람들이 장례를 치르고 할머니가 부르는 노래가 골짜기에 울려 퍼진다.

산골짜기에 미풍이 불어

금빛 보리를 흔들 때

분노에 찬 말들로

우리를 묶은 인연을

끊기는 힘들었지

그러나 우리를 묶은

침략의 족쇄는

그보다 더 견디기 어려웠네

그래서 난 말했지

이른 새벽

내가 찾은 산골짜기

그곳으로 부드러운

미풍이 불어와

황금빛 보리를

흔들어놓았네

〈보리밭을 흔드는 바람〉에서 눈길을 끄는 것은 독립을 위해 영국 제국주의자들과 싸우는 아일랜드인들의 처절한 투쟁이다. 그러나 그보다 감독이 이 영화에서 흥미롭게 묘사한 것은 독립을 위한 투쟁 방식을 놓고 아일랜드인들이 펼치는 격렬한 논쟁이다. 이 장면들은 우리에게 일제강점기에 존재했던 독립을 위한 다양한 길을 떠오르게 한다. 일부는 '실력양성론' 혹은 '준비론'을 내세웠는데 그 내용은 제국주의 침략에 저항하지 않고 그들과 타협하면서 점진적인 실력 양성에 주력하자는 것이었다. 그러나 타협적 개량주의 경향의 이런 흐름은 독립운동에서 일보 후퇴한 자치운동론으로 발전하면서 마침내 노골적인 친일의 길을 걷게 된다. 이들과는 다르게 비타협적 정치 투쟁을 주장하는 좌익 민족주의자, 무장투쟁 또는 테러 전술을 중시한 국외 민족주의자, 그리고 외교 운동을 중시한 외교론자 등 다양한 분파가 서로 경쟁했다. 동만주에서 중국공산당 소속으로 유격대에 편성되어 항일 무장투쟁을 전개하거나 중국 관내인 타이항 산 부근에서 활동하면서 통일전선체를 조직하고 조선의용군을 설치해 운용하던 공산주의자들도 있었다. 해방 후 이들은 각자 반일 운동에서 나오는 정통성을 가지고 새로운 국가 건설을 향한 경쟁의 장에 뛰어들게 된다.

영화에서 주인공 데미언은 주위의 만류에도 런던의 병원에 일자리를 얻어 떠난다. 그러나 도중에 영국 군인들이 기관사와 승무원을 구타하는 것을 목격하고 아일랜드로 다시 돌아와 IRA에 입단한다. 체포된 IRA 대원들이 녹슨 펜치에 손톱을 뽑히는 등 고문을 당하는 장면은 실제 역사적 사실에 근거한 것으로 영국 제국주의의 야만성을 잘 보여준다. "이름이 뭐지?" "나는 IRA

대원이며 정치범으로 대우해주길 요구한다." "아냐, 넌 등 뒤에서 총질하는 깡패 새끼야." "아니, 당신이 틀렸어. 난 자유민주당원이야. 우리 신페인당이 105석 중 73석을 얻었어. 민심은 영국에서 독립된 아일랜드 공화국 편이야. 민주적인 결정이지." "그건 내 소관이 아냐. 난 정부에서 파견된 군인일 뿐이야." "우리의 국회와 언론을 탄압하는 정부일 뿐이지. 당신들이 여기 있는 건 범죄 행위야. 외국을 침략한 거라고. 내가 민주당원으로서 뭘 해야 한다고 생각해? 다시 700년을 통치하라고 다른 뺨을 내밀까." "그건 내 소관이 아냐." "내 나라에서 나가!"

한편, 데미언과 같은 감방에 수감된 중년의 대원인 대니얼은 코놀리와 함께 시민군 편에서 싸웠다고 말한다. 코놀리의 연설에서 독립운동 진영이 다양한 정치 성향을 지닌 세력들로 구성되어 있음을 알 수 있다. "우리가 당장 내일 영국군을 몰아내고 더블린 성에 녹색기를 꽂는다 해도 여러분이 사회주의 공화국을 건설하지 못한다면 모두의 노력은 수포로 돌아갈 것입니다. 또한 여러분의 땅을 계속 지배하는 것은 영국의 자본가와 상업 단체들이 될 것입니다."

이런 갈등은 법원이 늙은 여인에게 과도한 이자를 부과한 상인에게 돈을 돌려주도록 판결하자 이에 항의하는 대원을 테디가 끌고 나가는 장면에서도 잘 드러난다. 테디는 무기도 없이 헐링 스틱으로 싸울 수는 없다면서 무기를 사려면 그 상인의 돈이 필요하다는 논리를 내세운다. "우린 무기로 사람들의 신뢰를 유지할 거야. 지금 이 마을을 지키는 건 우리니까. 힘으로 마을을 되찾는 것도 우리라고." 대니얼은 독립적인 법정에서의 첫 판결을 그런 식으로 훼손해도 되느냐고 따지면서 그를 비웃는 대원들에게 다음과 같이 말한다. "주머니 좀 털어봐, 돈이 얼마나 있지? 자네 이름으로 된 땅은 있는가? 우린 모두 가난뱅이야. 한번 둘러보라고. 그리고 투쟁에 나선 사람들도 뺏긴 땅과 가축을 찾으러 나선 사람들이야. 그 이유를 알아? IRA가 지주들은 지지하면서도 우린 짓밟는데 다들 미쳐 날뛰자고? 다들 지주 놈 편만 들고 너희같이 한 푼도 없는 가여운 사람들은 외면했다고! 네가 어떤 명령을 해도 난 따를 거야. 절벽에서 뛰어내리라면 뛸 수도 있어. 하지만 너도 이 법정을 존중해 줘. 이게 우리의 정부니까."

휴전이 선포된다. 그러나 평화조약 중 아일랜드가 영국의 자치령이 되고 의원들이 국왕에 충성하는 서약을 하며 북아일랜드는 연합 왕국에 잔존한다는 내용에 사람들은 경악한다. IRA를 이끄는 형 테디는 먼저 조약을 받아들이고 점진적으로 개혁을 이뤄나가자는 입장인 데 반해, 동생 데미언은 완전한 자유를 얻지 못하면 아무런 소용이 없다며 다시 투쟁하자는 주장을 펼친다. 테디는 이렇게 말한다. "끔찍한 전쟁이 일어난다고 영국 내각이 협박했어. 조약을 승인하지 않으면 그렇게 될 거라고. 로이드 조지, 처칠, 체임벌린, 버킨헤드, 그린우드, 전부 상상을 초월하게 사악한 인간들이야. 1차 대전 때 남자, 여자, 어린애들까지 1700만 명이 죽는 걸 지켜보기만 한 인간들이야. 아일랜드공화당원 몇 천 죽는다고 눈 하나 깜빡 안 해." 다른 대원이 테디의 주장을 반박한다. "자유가 바로 우리 코앞에 있어. 아직 쟁취하지 못했지만 거의 다 왔다고. 여기서 멈춘다면 우린 영원히…… 힘을 얻지 못해. 지금 우리가 여기서 멈춰버린다면 평생 되돌아오지 않아, 다시는! 여기 있는 여러분에게 간절히 부탁하는데 완전한 자유를 얻는 그날까지 멈추지 말자고." 데미언도 이견을 제시한다. "이 조약을 승인하면 우린 지난 선거로 얻은 가장 소중한 것 둘을 모두 잃게 되는 거야. 첫째, 타협 없는 완전한 자유를 지지하는 국민, 둘째, 개인보다 공공의 복지를 소중히 여기는 민주화 실현의 희망. 이 조약으로 인해 가난한 자들에 대한 권력자의 지배가 더욱 공고해지고 의회는 총독의 꼭두각시가 될 게 뻔해. 그럼 또 예전처럼 노동자들은 다시 작업대의 노예가 되어 일자리를 구걸하게 돼."

동료 대니얼이 다음과 같은 견해를 내놓자 대원들 대부분이 이에 동조하며 박수를 친다. 아일랜드 독립을 향한 다양한 길을 둘러싼 갑론을박 가운데 가장 설득력 있는 주장이기도 하다. "내 아버진 건설 노동자로 런던에서 일하셨지. 일당 몇 푼에 죽도록 일하다 결국 돌아가셨어. 여동생이 둘 있었는데 난 알지도 못해. 아기일 때 의사가 없어서 죽고 말았어. 그래서 난 공화당에 가입했어. 여기 내가 갖고 있는 글이 있어. 공화당에서 받은 민주적 강령이야. 짧은 글인데 한번 읽어볼게. 국가의 주권은 국가의 국민들뿐만 아니라 그들의 모든 소유와 국가의 토지, 자원 등 모든 부와 그 부를 창출하는 과정에까지 미친다. 즉 이 나라의 모든 것은 모든 국민의 것이란 말이야. 바로 이것 때문에 공화당을 지지했었어. 이쪽을 지지하면 우리 아이들에게도 공평한 기회가 생겨. 아니면 애들은 절대 기회도 얻지 못해. 만약 우리가 이 조약을 승인하면 바뀌는 건 겨우 상류층들 억양이랑 국기 색깔밖에 없을 거야."

아일랜드의 불행한 현대사를 다룬 또 다른 영화로 짐 셰리든(Jim Sheridan) 감독의 〈아버지의 이름으로(In the Name of the Father)〉(1993)가 있다. 런던 폭탄 테러범으로 오인된 한 아일랜드 청년이 경찰의 협박과 고문에 못 이겨 허위 진술서에 서명하고 종신형을 받아 복역했던 실제 사건을 소재로 했다. 주인공인 게리 콘론이 투옥되고 아버지 조지프를 포함한 가족도 테러 지원 혐의로 복역한다. 영화는 콘론 가족의 무죄를 입증하기 위한 한 변호사의 노력으로 15년간 복역한 게리 가족이 마침내 무혐의 판결을 받고 석방되는 감격스러운 과정을 보여준다. 영화의 제목은 게리가 "저는 싸울 겁니다. 아버지의 이름으로, 그리고 진실의 이름으로"라고 말한 데서 유래했다.

블러디 선데이 Bloody Sunday (아일랜드·영국, 2002)

감독	폴 그린그래스 Paul Greengrass		배우	제임스 네즈빗 James Nesbitt
각본	폴 그린그래스			팀 피곳 스미스 Tim Pigott-Smith
원작	돈 멀런 Don Mullan			니컬러스 패럴 Nicholas Farrell
				제라드 맥솔리 Gerard McSorley
				캐시 키라 클라크 Kathy Keira Clarke

마이클 콜린스 Michael Collins (미국·영국·아일랜드, 2006)

감독	닐 조던 Neil Jordan		배우	리엄 니슨 Liam Neeson
각본	닐 조던			에이던 퀸 Aidan Quinn
				스티븐 레아 Stephen Rea
				앨런 릭먼 Alan Rickman
				줄리아 로버츠 Julia Roberts

보리밭을 흔드는 바람 The Wind That Shakes the Barley (독일·이탈리아·프랑스·아일랜드·영국, 2006)

감독	켄 로치 Ken Loach		배우	킬리언 머피 Cillian Murphy
각본	폴 라베티 Paul Laverty			리엄 커닝엄 Liam Cunningham
				패드레익 델라니 Padraic Delaney
				올라 피츠제럴드 Orla Fitzgerald

'71 (2014) 얀 디맨지(Yann Demange) 감독

헝거 (Hunger, 2008) 스티브 매퀸(Steve Mcqueen) 감독

아버지의 이름으로 (In the Name of the Father, 1993) 짐 셰리든(Jim Sheridan) 감독

참고문헌

무디, 테오 W.(Theo W. Moody)·프랭크 X. 마틴(Frank X. Martin) 엮음. 2009. 『아일랜드
　　의 역사: 도전과 투쟁, 부활과 희망의 대서사시』. 박일우 옮김. 한울.
바톨레티, 수잔 캠벨(Susan Campbell Bartoletti). 2014. 『검은 감자: 아일랜드 대기근 이야기』.
　　곽명단 옮김. 돌베개.
최재희. 2004. 「1916년 부활절 봉기, 아일랜드 민족운동의 전환점」. ≪역사 비평≫, 여름 호.
크라우세, 엔리케(Enrique Krauze). 2005. 『멕시코혁명과 영웅들』. 이성형 옮김. 까치.
힐, 존(John Hill). 2014. 『켄 로치: 영화와 텔레비전의 정치학』. 이후경 옮김. 컬처룩.

Lee, Joseph J. 1990. *Ireland, 1912-1985: Politics and Society*. Cambridge: Cambridge
　　University Press.
White, Timothy J. 2007. "Catholicism and Nationalism in Ireland: From Fusion in the
　　19th Century to Separation in the 21st Century." *Westminster Papers in Communication
　　and Culture*, Vol.4, No.1.

10장

'인민을 위한 국가'는 어디 있는가?

〈재와 다이아몬드〉〈얼지 마, 죽지 마, 부활할 거야〉〈줄 위의 종달새〉

무한한 것은 정치적으로 의심스러운 양이었고, '나'는 의심스러운 질이었다. 당은 그 존재를 인정하지 않았다. 개인이란 단지 100만 명을 100만 명으로 나눈 것으로 정의되었다.

아서 케스틀러(Arthur Koestler)

현실 사회주의 체제의 모순

2차 대전 종전 무렵인 1945년 2월 개최된 얄타 회담(Yalta Conference)은 동유럽을 해방하고 '자유롭고 방해받지 않는 선거'를 포함해 민주주의 원리를 승인한 전시 회담이었다. 독일 분할과 폴란드 정부 형태 및 국경선도 획정되었다. 그러나 이 회담에서 결정된 가장 중요한 사항은 서유럽의 지도자들이 동·중부 유럽에서의 소련의 통제를 정당화했다는 사실이다. 동유럽은 서유럽에 비해 낙후된 산업, 복잡한 영토 문제와 종족적 민족주의의 득세, 취약한 시민사회, 강한 권위주의 전통 등으로 특징되는 지역이었다. 이러한 상황에서 주민들의 지지를 얻은 것은 민족주의자들과 사회주의자들이었다. 특히 혁명적 방법에 의한 사회적 정의 달성을 내세운 동유럽의 사회주의자들은 외세의 지배와 정치적 압제, 경제적 빈곤에 시달리는 대중의 지지를 손쉽게 얻을 수 있었다. 문제는 모든 동유럽 국가가 유고슬라비아처럼 사회주의자들이 전쟁 중 대독 항쟁을 통해 쌓은 굳건한 대중적 지지 기반을 갖고 있지 않았다는 점이다. 중동 유럽의 폴란드와 체코슬로바키아에서는 연합국 측에 있던 자유주의 성향의 망명정부가 전쟁 말기까지 국내외적으로 강한 영향력을 갖고 있어서 사정이 그리 간단하지 않았다. 전후 점령 초기에 스탈린(Iosif Vissarionovich Stalin)은 '얄타 정신'과 서유럽과의 협력을 유지하기 위해 이 지역들에서 형식적인 주권국가를 유지하고 연립 정치를 실시했다. 이후 소련의 지원하에 공산당은 가장 위험스러운 경쟁 세력이나 적대자를 제거하고 국가권력기관인 군대와 경찰을 장악한 후 반대 세력을 약화시키고 새로운 경제체제의 기초를 도입하기 위해 토지개혁과 핵심 산업의 국유화 같은 조치를 단행했다. 다른 정당의 적대적인 분파를 고립시키고 파편화해 점차적으로 제거하는 살라미 전술(salami tactic)도 채택되어 추진되었다. 명분으로는 노동계급 주도하에 노농동맹을 기초로 광범위한 민주주의 역량을 망라하는 통일전선을 추진한다는 인민민주주의를 내세웠다. 그러나 실제 내용은 광범한 인민대중에게는 민주주의를 실시하지만 적대적 계급에게는 강압력을 사용해 독재를 펼치는 것이었다.

동유럽에서 1948년 유고슬라비아가 코민포름(Cominform)에서 제명되고 난 후 1953년까지는 획일적 스탈린주의가 지배한 시기로 분류된다. 대부분의 동유럽 국가들은 소련과는 역사 발전과 사회적·경제적 조건이 다른데도 스탈린주의를 기초로 한 소련식 모델을 기계적으로 수용하고 이후에도 이를 유지·발전해나갔다. 이는 동유럽에 사회주의의 보루를 강력히 구축함으로써 안전 보장을 확고히 하려는 소련의 대(對)동유럽 정책의 결과이기도 했다. 스탈린주의는 소련 중심의 사회주의 국가의 결합과 정치체제의 획일화, 공산당의 절대적 지배권 확립, 획일적 국유화 경제체제, 집단농장화, 중공업 위주의 산업화 추진, 이를 위한 국민 총동원, 숙청과 비밀경찰의 사용, 소련 중심의 이념 강화, 티토주의자(Titoist) 추방, 사회적 획일화 등을 내용으로 하는 것이었다. 단지 생각이 다르다는 이유만으로 수많은 지식인과 관료를 체포·감금·유배·처형한 악명 높은 모스크바 재판(1936~1938)[1]이 벌어졌고, 평범한 주민들에게도 당의 이름으로 위로부터 테러가 자행된 스탈린 시대는 동유럽에서도 그대로 계승되었다.

이 시기 많은 당 지도자가 숙청되었고, 관료주의 지배가 자리를 잡았으며, 중공업 위주의 산업화가 일방적으로 추진되었다. 1953년 스탈린의 사망은 동유럽에도 변화를 불러일으켰다. 종주국 소련이 중공업 위주 정책을 수정하고 생활수준 인상과 경제 부문에서의 신노선을 약속하자 동유럽에서도 집

---

[1] 모스크바 재판과 독·소불가침조약(1939)은 러시아 혁명의 이데올로기에 동조했던 수많은 지식인들에게 극심한 배신감과 절망감을 가져다주었다. 모스크바 재판을 배경으로 한 아서 케스틀러(Arthur Koestler)의 소설 『한낮의 어둠(Darkness at Noon)』은 이데올로기와 현실의 괴리 속에서 파멸해가는 지식인의 삶을 그렸다. 이 소설에는 당의 폭력에 대해 언급한 인상적인 구절이 있다. "투쟁을 할 때 인간은 땅 위에 두 발을 확고히 딛고 서 있어야 한다. 당은 그렇게 서 있는 법을 가르쳤다. 무한한 것은 정치적으로 의심스러운 양이었고, '나'는 의심스러운 질이었다. 당은 그 존재를 인정하지 않았다. 개인이란 단지 100만 명을 100만 명으로 나눈 것으로 정의되었다. 당은 개인의 자유의지를 부정하는 동시에 자발적 자기희생을 강요했다. 당은 개인의 양자택일 능력을 부정하는 동시에 한결같이 옳은 것을 택하길 요구했다. 당은 선과 악을 분간할 수 있는 개인의 능력을 부정하는 동시에 죄와 배반에 대해 열정적으로 말했다. 개인은 경제적 숙명성이라는 계시 아래 서 있었다. 개인은 영원히 감기기만 하고 멈추거나 어떤 것에 영향받아 움직일 수 없는 시계 장치 속 한 바퀴였다"(쾌슬러, 2010: 341).

단지도제가 도입되고 새로운 경제정책이 실시되는 등 변화가 시작되었다. 스탈린주의를 비판하고 민주적 개혁을 요구하는 움직임도 분출했다. 대표적으로 동독에서는 1953년 3월 국가공안상 차이서(Wilhelm Zeisser)와 당 기관지 편집장인 헤른슈타트(Rudolf Herrnstadt)가 당 서기장인 울브리히트(Walter Ulbricht)의 스탈린 노선을 비판하고 반울브리히트 그룹을 결성한 데 이어서 6월에는 책임 생산량 증대 지시에 반발한 동독 노동자들이 비밀·자유선거, 정치범 석방, 생산 향상에 따른 10퍼센트 임금 인상 등을 요구하면서 봉기를 일으켰다. 1956년 6월 폴란드 포즈난의 '스탈린 주철 공장' 노동자들도 임금 인상과 아울러 자유 보장과 독재 타도, 소련 점령 종식의 구호를 내걸고 파업과 시위를 벌였다. 아래로부터의 변화에 대한 요구는 그러나 소련군이 개입해 무력으로 진압하면서 실패로 끝났다.

동유럽 사회주의 국가들은 1970년대부터 정치적·경제적·사회적으로 위기 상황에 직면했다. 1960년대에 산발적으로 전개되었던 체제 갱신 혹은 변혁을 위한 각종 개혁 운동이 소련의 무력 개입으로 좌절된 후였다. 위기는 경직된 스탈린주의 모델이 다시 정치·경제·사회를 지배하면서 나타났다. 먼저 경제적으로 스탈린주의는 레닌주의와 마찬가지로 중공업 건설을 통한 생산력 증가로 사회주의를 건설하는 것을 표방했다. 이를 위해 토지국유화를 강제하고 농업집단화를 추진함으로써[2] 발생한 잉여 재원을 중공업 건설에 투자했다. 정치적으로는 노동계급의 조직화된 부대이자 프롤레타리아 독

---

2 농업집단화는 회유와 협박, 수용소 수용, 사형 등 강제적 방법들을 동원해서 부농을 축출하고, 빈농들은 콜호스(Kolkhoz)에 편입시키는 방식으로 추진되었다. 이를 통해 농업은 공업 부문에 노동력과 식량 및 원료를 공급했으며, 중공업에 필수적인 기계나 설비의 수입 지불에 필요한 외환을 벌어들이는 농산물을 생산하는 역할을 담당했다. 이 과정에서 농민들은 말할 것도 없이 가혹한 고통을 겪었다.

재의 도구라는 당의 권한과 역할을 강화했다. 그러나 소비에트나 대중조직들은 중요한 정치 문제나 조직 문제를 자율적으로 결정해서는 안 되고 당의 지도 지침에 순종해야 하며 당내에서의 자유로운 토론과 다양한 의견 개진은 금지되었다. 레닌이 강조한 아래로부터의 참여와 통제는 실종되었다. 동유럽에서는 당내 소수의 권력자들[3]이 당과 정부 및 국가를 완전히 장악하고 어느 누구에게도 책임을 지지 않은 채로 통치하는 독재 체제가 정착되었다. 모든 권력은 당 중앙위원회 정치국과 서기국에 집중되었다. 대중은 노동절, 볼셰비키 혁명 기념일, 당 대회처럼 주요하고 의례적인 행사 때만 정치에 참여할 수 있었다. 사회주의의 주인이라는 인민들은 그들의 이익을 반영할 공식적인 대표 통로를 갖지 못하는 데 불만이 생길 수밖에 없었다. 여기에 더해 동유럽 국가들은 정보기관, 경찰, 군대를 이용해 철저하고 끊임없이 주민들을 감시했다. 동독의 경우 국가보안부(Ministerium für Staatssicherheit)가 대외 첩보뿐만 아니라 내국인에 대한 감시와 통제를 담당했다. 1950년부터 활동을 시작해 1989년 해체될 때까지 국가보안부는 20만여 명에 이르는 반체제 인사들을 강제수용소에 감금하고 수많은 살인 행위에 가담했다.

직접적인 위기는 경제적 쇠퇴에서 왔다. 스탈린주의 경제정책의 특징인 경제의 국가 소유와 정책 결정의 극단적인 중앙집권화, 계획의 성취를 위한 인적·물적 자원의 독재적인 동원화로 인한 폐해가 1970년대부터 점차 나타나기 시작했는데, 그중에서도 성장률 저하가 대표적이었다. 소비에트 블록 국가들의 연평균 성장률은 1950년대 10퍼센트, 1960년대 7퍼센트, 1970년

---

3   구소련의 특권적 관료를 지칭하는 노멘클라투라(Nomenklatura)나 구동유럽 사회의 관료층을 지칭하는 '신계급'이 대표적이다. 북한 역시 소련과 동유럽의 현실 사회주의 국가들과 유사한 불평등 문제가 존재한다. '신계급'에 대해서는 Djilas(1957) 참조.

대 5퍼센트 이하로 감소하고 1980년대에 들어서는 제로에 가깝게 되었다. 외채도 증가하고 있었다. 동유럽 국가들은 경제적 쇠퇴를 막기 위해 서유럽 은행들에서 외채를 조달했는데, 문제는 조악한 품질로 인해 수출도 순조롭지 못하고 그나마 벌어들인 외화도 외채를 갚는 데 충당한다는 것이었다. 극심한 인플레이션과 물자 부족도 뒤따랐다. 물가는 천정부지로 솟는 데 비해 오히려 노동자들의 실질 임금은 이에 반비례해서 하락했다. 생활필수품 역시 품귀 현상을 빚었다. 심각한 환경문제도 발생했다. 중공업 위주의 산업화로 인해 동유럽 국가들은 1인당 에너지 소비량이 세계 최고 수준을 기록한 반면, 유럽에서 가장 공해가 심한 곳이 되었다. 현실 사회주의 경제가 갖는 특징인 '결핍의 경제(shortage economy)'[4]로 인해, 대중은 공식적인 루트 밖에서 자신들이 필요로 하는 것을 얻기 위해 2차 경제(the second economy)를 형성했다. 전근대적인 형태로서 비공식적이고도 사적인 연줄이 상품과 용역 공급의 주요 원천으로 기능하는 것과 동시에, 계획경제 내에서는 크고 작은 일탈과 부패 현상이 나타났다.

사회적 불평등도 확대되었다. 이들 사회주의 국가가 통치 이데올로기의 토대로 삼은 마르크스주의를 확립한 카를 마르크스는 자본주의 사회에서 자본가계급과 노동계급은 근본적으로 조화될 수 없는 적대적 이해관계를 갖고 있고, 자본주의 사회가 점차 완숙해가면서 두 계급은 점차 양적·질적으로 팽창해나가고 계급 갈등도 첨예해지리라 예견했다. 그리하여 마침내는 사회혁명을 통해 노동자계급이 지배계급이 되는 '프롤레타리아 독재'가 이뤄지고

---

4   결핍의 경제는 이후 체제 전환 과정에서 극단적인 소비 추구로 나타났다. '시장경제체제는 곧 물질적 풍요'라는 환상을 품은 다수의 동유럽 주민들은 자유와 민주주의를 물질적 재화 소비와 등치하게 된다. 물론 그 대가는 혹독한 것이었다.

사회주의 사회의 과도기를 거쳐 더 이상 계급 간 갈등이 없는 평등한 공산주의 사회에 도달할 것으로 봤다. 그러나 동유럽 사회주의 국가들에는 공식적인 계급 이데올로기와는 별도로 현실에 심각한 사회 불평등이 존재했다. 중앙 집중적 계획경제에서 경제적 자원을 배분할 권력을 가진 특권 집단과 권력을 가지지 않은 주민들의 간극은 매우 컸다. 예를 들어, 육체노동자와 정신노동자들 간에 임금을 비롯한 각종 재화와 용역이 차등적으로 지급되었고, 같은 노동자들 사이에서도 고등교육 이수자와 비이수자, 숙련자와 비숙련자, 관리자와 비관리자 간에 차이가 존재했다. 비교적 평등하게 시행된 사회복지도 재원 부족 때문에 이러한 사회적 불평등을 해소할 수 없었고, 이로 말미암아 사회적 특권 철폐와 불평등 해소를 요구하는 목소리도 높아졌다.

재 속의 빛나는 다이아몬드

〈재와 다이아몬드(Popiol I Diament)〉(1958)는 폴란드의 대표적 감독으로 평가받는 안제이 바이다의 작품이다. 〈제너레이션(Pokolenie)〉(1955), 〈카날(Kanal)〉(1957)에 이은 그의 '전쟁 3부작' 중 세 번째 작품이다.[5] 앞의 작품에서 바이다는 나치 독일 점령하의 레지스탕스 활동이나 바르샤바 봉기의 마지막 국면을 다뤘다. 〈재와 다이아몬드〉는 전쟁이 끝난 후에도 이어지는 이데올로기 대립의 와중에 한 레지스탕스가 공산당 간부를 암살하는 과정에서

---

[5] 안제이 바이다는 〈바웬사, 희망의 인간(Walesa, Czlowiek z nadziei)〉(2013), 〈카틴(Katyn)〉(2007), 〈철의 사나이(Czlowiek Z Zelaza)〉(1981)와 같이 역사적인 사건과 인물을 소재로 한 영화를 비롯해 20여 편의 작품을 감독했다. 바이다의 또 다른 작품인 〈당통〉에 대해서는 이 책의 4장 참조.

겪는 회의와 심적인 혼란을 담고 있다. 그의 영화들은 조국 폴란드의 파란만장한 역사에 대한 세밀한 묘사와 그런 역사 앞에 선 인간들의 비극적 삶을 주로 다룬다. 예술가의 근본적 사명에 대해 바이다는 다음과 같이 언급한다.

> 만약 현대 폴란드 사회가 겪은 경험에 비추어 예술가의 근본적 사명이 무엇이냐고 묻는다면 대답은 하나이다. 바로 진실을 말하는 것이다. 오직 진실만이 사람들 사이와 사회와 정부 사이의 신뢰를 회복하고 현재 닥친 위기를 극복할 수 있는 유일한 힘이다. 우리는 새로운 용기를 갖고 우리가 누구이며 어디에 살고 있으며 우리를 지배하는 실체가 어떤 것인지를 새롭게 물어야 한다.[6]

안제이 바이다가 이렇게 역사와 인간에 천착했던 것은, 그 자신 기병대 장교를 아버지로 두었고 십 대의 어린 나이에 레지스탕스 활동을 한 경험 때문인 것으로 여겨진다.

예지 안제예프스키(Jerzy Andrzejewski)의 소설을 영화화한 〈재와 다이아몬드〉는 폴란드 영화사에서 기념비적인 위치를 차지하고 있다. 베니스 국제영화제에서 국제비평가상을 수상하는 등 국제적으로도 좋은 평가를 받았다. 제목은 폴란드의 저명한 시인 치프리안 노르비드(Cyprian Kamil Norwid)의 시구절에서 따왔다. 극중에서 공산당 간부를 암살하라는 명령을 받은 마치에크가 애인인 호텔 웨이트리스 크리스티나와 교회에 잠시 들렀을 때 발견한 묘비에 새겨져 있던 문구이다. "그대는 빛나는 햇불 그대 주변에 섬광이 흩

---

6 http://sensesofcinema.com/2005/conversations-with-filmmakers-36/andrzej_wajda. 바바라 홀렌데르(Barbara Hollender)가 바이다의 80세 생일을 맞아 진행한 인터뷰 (http://www.wajda.pl/en/wywiad80.html) 역시 바이다의 영화 세계를 조명하는 데 유용하다.

어지네 불꽃이 가져다주는 게 자유인지 죽음인지 그대는 알지 못하네 그대가 아끼던 것들이 모두 소멸해버리고 재만 남아 혼란과 무질서가 모든 걸 삼켜버리게 될까, 아니면 그 재에 별처럼 빛나는 다이아몬드의 영광이 영원히 승리처럼 남아 있을까." 이 시를 보고 둘은 다음과 같은 대화를 나눈다. "아름다운 시네요. 재 속에 남은 빛나는 다이아몬드 같은 영광. 그럼 우린 뭘까요?" "당신? 당신은 다이아몬드지." 감독은 전후 폴란드 사회의 혼란상을 교회 안에 거꾸로 걸린 예수상을 통해 관객에게 전달한다.

  민족주의 진영의 무장 조직 대원인 마치에크와 안제이는 폴란드의 한 지방 도시를 방문하는 노동당 비서 슈츠카를 암살하라는 명령을 받는다. 그러나 잘못된 정보로 엉뚱하게도 공장 급사와 시멘트 공장 직원인 두 노동자를 죽인다. 시장인 스타니에비츠에게 전화를 걸어 조용히 잘 해결되었다고 알린 두 사람은 그때 마침 슈츠카가 호텔로 들어오는 것을 발견하고 그제야 자신들의 실수를 알게 된다. 호텔방에 투숙한 마치에크는 건너편 건물 창문으로 한 젊은 여인이 울부짖는 것을 바라본다. "놈들이 내 약혼자인 스타제크를 죽였어요. 오늘 오후에 시멘트 공장 노동자 둘이 죽었어요. 누군가를 암살하려다 실수로 그를 죽였대요." 안제이는 시장에게 무고한 사람을 죽였다면서 괴로움을 토로한다. 그러면서 슈츠카를 꼭 죽여야 하느냐고 묻는다. 그런 그에게 시장은 실수였다면서 제대로 수습하라고 당부한 후 "노련한 군인이라면 제일 먼저 명심해야 할 게 있어. 상관한테 그런 대답을 요구해선 안 되네. 자네 생각 따윈 관심 없어. 알겠나? 지금은 여러 가지로 힘든 상황이야. 전쟁 때문에 모든 걸 대범하게 넘겨야 했어. 협상도 할 수 없었지"라고 말한다. 안제이에게 지하조직에 언제부터 가담했느냐고 묻고는 말을 이어간다. "자네는 폴란드의 자유를 위해 싸웠어, 그렇지? 하지만 이런 건 우리가 원하던 자유가 아니야. 자네 같은 사람이 갈 길은 단 하나, 투쟁뿐이야. 그

길뿐이야. 다른 길은 없어! 감옥 말고는. 우리를 계속 골치 아프게 한 슈츠카는 토목 기사이면서 공산당의 조직책으로 러시아에 오래 있다 귀국해서 당 위원회에 들어갔어. 일등서기관이라 영향력도 엄청나. 그런 인물을 제거하면 효과가 대단할 거야. 정치적으로도 이익이고 우릴 널리 알릴 수 있어. 지지층이 줄어드는 지금 같은 때엔 특히."

마치에크와 안제이는 신임 노동당 비서에게 그들이 하는 일에 대해 의문을 던진다. "당신이 새로 온 노동당 비서요? 당신에게 물어볼 게 있소. 나뿐 아니라 우리 모두가요. 언제까지 이런 사람들이 계속 죽어야 하는 거요? 이게 처음이 아니오. 마지막도 아닐 거요." "겁이 납니까?" "누구나 살고 싶어 하죠. 수많은 사람이 이렇게 죽었소. 아직도 모자라요? 스몰라스키는 두 아들을 잃었소. 뭣 때문에, 누가 죽였소? 경찰이? 언제까지 이런 일이 계속되는 거요?" "내가 여러분을 아이들처럼 위로하려 든다면 나는 못된 공산당원일 거요. 전쟁이 끝났다고 싸움이 끝나는 게 아니오. 우리 조국 폴란드를 위한 싸움은 이제 시작이오. 우리는 살아 있는 한 해야 할 일을 해야 하오."

호텔에서 백작이 주최하는 작은 연회에서 여가수가 부르는 노래는 파란만장한 역사 앞에 선 인간들의 비극적 삶이라는 이 영화의 주제를 잘 드러내고 있다. 노랫말은 다음과 같다. "언덕 위 저 폐허가 보이는가? 적이 들쥐처럼 저곳에 몸을 숨겼네. 무슨 일이 있어도 적의 목을 잡아 던져버려라! 그리해 사람들은 복수에 미쳤고 무턱대고 싸우려고 덤볐다네. …… 세월은 흘러 몇 백 년이 흘러가고, 몬테카시노에 핀 양귀비꽃은 폴란드인의 피로 물들어 더욱 붉도다!" 바깥 거리에는 스탈린의 대형 초상화들이 놓여 있고 탱크가 지나간다. 소련에 지배당한 폴란드의 현실을 보여주는 장면들이다. 마치에크처럼 '촌스러운 안경'을 쓴 사람들은 이제 해방과 자유를 위해 타올랐던 신념도, 이를 알아주는 '진심'도 제대로 보지 못한다. 그런 신념이란 '조국을 향한 불행했던 사랑의 유품'에 불과하다고 여긴다. 그들은 바르샤바 봉기 때 지하도에서 오랫동안 지내며 싸웠지만 이제는 목적도 불분명한 채로 서로에게 총을 겨누며 괴로워한다.

아이의 눈으로 본 수용소의 삶

스탈린 시대의 소련 영화는 사실상 국가와 결탁해 있었고 국가의 이데올로기를 적극 조장했다. 볼셰비키 국가는 자본주의 세계와 의식적으로 대립했고 자본주의 세계의 정치·경제 구조를 뒤엎고 타도하기 위해 작동했는데 소비에트 영화는 바로 이런 목적에 열성적으로 봉사했다. 세계 노동자들에게 봉기를 호소하는 에이젠슈타인의 〈파업〉이 그 대표적 영화라 할 수 있다. 그러나 이런 류의 영화들은 '일국 사회주의' 기치 아래 소련에서 벌어지고 있던 독재와 대숙청, 대기근 등에 관해 언급하지 않았고, 오직 소련의 성취를 대내외에 떠들썩하게 알리는 데만 동원되었다. 역사 영화, 코미디 영화, 전쟁 영화는 당이 인정한 과거의 '실수들'을 바로잡고 '찬란한 미래'를 가리켜 보인다는 점에서 정치적인 영화들이었다.

1980년대 들어 고르바초프(Mikhail Sergeyevich Gorbachev)가 추진한 정책인 페레스트로이카(perestroika)와 글라스노스트(glasnost)는 영화계에도 큰 변화를 초래했다. 당시 새로 제작된 영화들이나 '선반에서' 먼지를 털고 나온 영화들은 더 확실하고 일관성 있게 공산주의 이데올로기에 도전했다. 자신에게 저항하는 사람들이나 반대 세력으로 의심되는 사람들을 제거해버리는 조지아의 어느 소도시 시장의 악마적 형상을 그린 텐기즈 아불라제(Tengiz Abuladze)의 〈후회(Pokayaniye)〉(1987)는 글라스노스트의 주요 사건 가운데 하나가 되었다. 이 영화들은 가까운 과거를 역사적 관점에서 살핀 것이 아니라 테러의 통치 체제를 분석해보는 훈련으로서, 또는 과거의 불만을 공표해 바로잡기 위한 더 폭넓은 의제의 한 부분으로서 탐구했다. 이런 반스탈린 영화들에서 보이는 중요한 특징은 비천함과 박탈감, 잔혹성을 호되게 강조하는 것이었다. 이런 경향에서 가장 극단적인 사례가 바로 〈얼지 마, 죽지 마, 부활할 거야(Zamri Umri Voskresni)〉(1990)라고 할 수 있다(길레스피, 2015: 177~178, 192~193, 199~203).

〈얼지 마, 죽지 마, 부활할 거야〉는 비탈리 카네프스키(Vitali Kanevsky)가 각본을 쓰고 감독했다. 영화의 시공간은 1940년대 말 소련 극동 지방의 탄광 도시 수찬에 있는 정치범 수용소이다. 알렉산드르 솔제니친(Aleksandr Solzhenitsyn)이 그의 체험을 토대로 쓴 『수용소 군도(Arkhipelag Gulag)』에서 세밀하게 묘사했듯이, 신념에 가득 찼던 사회주의자뿐만 아니라 평범한 사람들까지도 단지 지도자를 비난하고 당의 방침을 위반했다는 이유로 체포되어 수용소에 감금되거나 처형되었다. 솔제니친도 2차 대전 시기 동프로이센의 전선에서 포병 장교로 복무하던 중에 스탈린을 비난했다는 이유로 재판도 없이 시베리아의 강제수용소에서 11년간이나 감금되어 있었다. 프롤레타리아 권력을 대표한다는 당의 명예를 위해 진력하던 인민들은 단지 당의 도구로 쓰였을 뿐이다.[7] 벨라루스 출신 작가 스베틀라나 알렉시예비치(Svetlana

---

7   솔제니친은 스탈린 시대에 소련 주민들은 저항은 생각지도 못한 채 비밀경찰이 시키는 대로 이웃 사람들이 듣지 못하도록 발끝으로 살금살금 계단을 걸어 내려갔다고 언급한다. 이 구절에 대한 저자의 주석은 다음과 같다. "우리는 자유 애호 사상이 부족했다. 아니 그보다 먼저 우리는 사태를 정확하게 이해하지 못했던 것이다. 우리는 1917년 혁명 당시 억제할 수 없는 격정 속에서 자기 역량들을 소모해버리고 그 후부턴 '서둘러' 명령에 복종해왔다. 우리는 '만족스러운 마음으로' 기꺼이 정부에 복종해온 것이다"(솔제니친, 2007: 29).

Alexievich)가 『세컨드 핸드 타임(Second-hand Time)』에서 지적했듯이, 태초부터 살아온 아담을 개조하겠다는 포부로 '마르크스-레닌주의 실험소'에서 창조한 호모 소비에티쿠스(Homo Sovieticus)는 이제 총살 및 숙청의 대상이 되고 말았다. 물론 대외적으로는 총살 및 숙청에 대한 정보를 숨기기 위해 '체포', '일체의 연락이 불가한 10년 형', '이민'이라는 표현이 사용되었다(알렉시예비치, 2016: 8~9). 체제가 강요하는 대로 소비에트식 사고방식과 행동을 내재화한 순종적인 '소비에트적 인간'들은 '인민의 적'이라는 낙인이 찍혀 체포된 후 거친 욕망이 날것 그대로 분출하고 약육강식이 지배하는 고립된 수용소에서 생존 투쟁을 벌여야 했다.

영화는 누추하고 지저분하며 음산하기까지 한 느낌의 수용소 생활을, 막사에서 엄마와 함께 사는 어린 발레르카와 그의 친구 갈리아를 통해 흑백 톤으로 묘사하고 있다. 이 영화는 카네프스키의 불행했던 어린 시절을 담고 있다. 그런 점에서 프랑수아 트뤼포(François Truffaut)의 〈400번의 구타(Les 400 Coups)〉(1959)와 같은 일종의 성장 영화라 할 수 있다. 카네프스키는 1960년에 모스크바 국립영화학교에 입학했으나 강간 혐의를 뒤집어쓰고 수감되어 무려 8년 반 동안 수감 생활을 했다. 그 때문에 1977년에야 겨우 학교를 졸업할 수 있었다. 그의 나이 마흔두 살 때였다. 졸업 직후 단편영화 두 편을 제작했지만 별다른 주목을 끌지 못했고 실직자로 몇 년을 보냈다. 단 세 달 만에 완성한 첫 번째 장편 〈얼지 마, 죽지 마, 부활할 거야〉가 1990년 칸 영화제에서 황금카메라상을 수상했고, 이 영화 한 편으로 그는 소련 붕괴 이후 러시아를 대표하는 감독으로 떠올랐다. 카네프스키는 〈눈 오는 날의 왈츠(Samostoyatelnaya Zhizn)〉(1991), 〈우리, 20세기의 아이들(Nous, les enfants du xxème siècle)〉(1994)까지 단 세 편의 영화를 제작해 발표했다.

카네프스키의 영화는 전후 이탈리아의 네오레알리스모를 연상시킨다. 네오레알리스모의 선구자로 평가되는 루키노 비스콘티는 비직업 배우를 고용하고 야외 촬영을 했으며 현장의 소리를 그대로 살려 사운드트랙으로 삼았다. 추악한 현실과 인간들의 거친 욕망을 암시하는 쇼트들을 통해 스크린에서 청결함과 예의범절을 지키라는 정부의 지침을 고의로 무시했다. 〈강박관념〉 같은 영화는 검열로 상당 부분이 잘리고 나서야 개봉할 수 있었다(헤이워드, 2012: 368). 카네프스키 역시 그의 이탈리아 선배들처럼 황량하기 이를 데 없는 강제수용소에 거주하는 인간 군상들의 비루한 일상을 있는 그대로 스크린에 담았다. 문학 작품을 각색하는 것이 아니라 현실을 정직하게 보여줌으로써 리얼리티를 확보할 수 있었던 것이 카네프스키 작품의 특징이다. 강제수용소 사람들의 일상적인 삶에 초점을 맞춘 영화 〈얼지 마, 죽지 마, 부활할 거야〉는 소련이 표방하고 있는 평등한 무계급의 사회주의가 실제로는 불평등한 사회관계를 유지하고 재생산하려는 지배계급의 이데올로기라는 점을 뚜렷하게 보여준다. 이런 이데올로기는 지배계급이 다른 계급을 통치하고 그들의 지위를 결정하는 것이 자연스러운 권리라고 상정하는 '잘못된 재현(misrepresentation)'을 가능하게 할 뿐만 아니라 현실 사회주의 체제의 주변부에 자리한 하위 계급도 지배 이데올로기를 수용하고 불평등한 권력관계를 자연스러운 것으로 인식하게 만든다. 이 점을 보이지 않게 하고 자연화하거나, 반대로 그것의 모순과 허위를 드러내는 것도 하나의 이데올로기적 장치라고 할 수 있다.

춥고 황량한 시베리아의 수용소에서 아이 하나가 소리친다. "스탈린에게 감사하라! 누가 우리에게 고무 옷을 입혀주겠어." 석탄 더미와 벌목한 목재가 쌓여 있고 눈이 녹아 질척질척한 길바닥에서 술주정뱅이와 남루한 아이들이 하루하루 삶을 영위하고 있다. 주인공은 발레르카와 갈리아이다. 발레르카의 엄마는 사람들에게 몸을 팔고, 갈리아 부모는 트럭을 운전하고 청소를 해서 생활한다. 발레르카는 벼룩시장에서 사람들에게 차를 판다. 갈리아를 시샘한 발레르카는 사람들에게 "그 차는 마시지 마세요. 녹슨 펌프에서 나온 물이에요. 저만 샘물에서 나온 물이에요. 샘물로 만든 차 드세요"라고 거짓말을 한다. 차를 팔아 번 돈으로 평소 갖고 싶었던 스케이트를 산 발레르카를 엄마는 돈을 훔쳤다고 야단친다. "훔치지 않았어요. 애인이나 잘 감시하세요! 내가 번 돈이라고요. 갈리아에게 물어봐요! 벼룩시장에서 차를 팔았어요. 뜨거운 차 말이에요. 한 잔에 1루블씩이요." 발레르카는 어렵게 구입한 스케이트를 그만 아이들에게 강제로 뺏긴다. 스탈린 초상화를 앞세우고 깃발을 든 아이들이 "패기 넘치고 강력한 우리, 그 누구도 당할 자 없네"라는 구호를 외치면서 행진하다가 길거리에 똥물이 흐르는 것을 보고 행진을 멈춘다. 그럼에도 소년단 지도자는 계속 행진하기를 강요하고 냄새가 고약하다고 말한 단원에게는 기강이 문란해졌다며 당장 자수하라고 윽박지른다. 누군가 다른 곳에서 행군을 하라고 제안하자 바보 같은 충고는 필요 없다면서 묵살한다. 실은 그 똥은 발레르카가 일부러 변기에 효모균을 넣어 부풀어 넘친 것이었다. 삽으로 똥을 치우는 인부들은 불평을 늘어놓는다. "망할 놈의 인텔리겐치아! 구역을 떠나지 마라. 아프면 병원에 가라! 악취 나는 고약한 것들, 감옥에는 사람도 없는데!"

심각한 물자 부족은 수용소에서 익숙한 풍경이다. 이 영화에서도 사람들이 몰려 있는 밀가루 배급소 장면을 볼 수 있다. 1년에 겨우 두 번 나오는 배급 가지고 공치사가 심하다는 불만이 나오고, 서로 밀가루를 먼저 타려고 하다가 싸움이 벌어진다. 작고 하얀 팬케이크를 먹고 싶다고 말한 남자는 배급받은 밀가루를 길에다 쏟고 반죽을 해 먹는다. 미친 것이 분명한 남자의 얼굴이 클로즈업되다 흐려진다. 시베리아의 다른 수용소로 향하는 기차도 이 마을에 잠시 멈췄다 간다. 기차에서 잠시 내린 한 남자 죄수는 "우리는 아마

다시는 만날 수 없을 거예요. 어머니, 이번에는 형기를 길게 받았어요. 피터 대제 밑에서 복무하던 군인들처럼 눈썹이 시커먼 소녀에게 키스를 보내주세요. 제겐 그럴 힘이 없어요"라고 하소연한다. 장기수인 열다섯 살 소녀는, 임신한 여자와 아이가 있는 여자는 석방된다는 수용소의 규정에 기대를 걸고 늙은 남자에게 매달리지만 남자는 이를 거절하고 그냥 떠난다. 발레르카가 사는 수용소 인근에는 일본군 포로수용소도 있다. 발레르카는 일본군 포로들에게도 차를 팔려 한다. "아무도 우리를 걱정해주지 않아. 모두 자기만 돌보기 바쁘지"라고 생각하는 발레르카가 몰래 철로를 변경해놓는 바람에 기차가 전복되는 사고가 일어난다. 철로 변에 떨어뜨리고 온 새총 때문에 사고의 범인이 누군지 알게 된 갈리아에게 발레르카는 아무한테도 말하지 말라고 당부한다. 그러면서 다음과 같은 얘기를 들려준다. "언젠가 어떤 사람이 총살을 당하게 되었는데 벽에다 세워놓고 총을 겨눌 때 그 사람이 셔츠를 찢으니까 가슴에 스탈린 그림이 있었대. 그래서 뒤로 돌려세웠더니 등 뒤에는 레닌이 있었대. 그거면 말 다 했잖아. 그래서 총살시키지 못하고 풀어줬대." 발레르카는 기차를 타고 도망친다.

스탈린 시대 보통 사람들의 삶을 분석한 영국의 역사학자 올랜도 파이지스(Orlando Figes)의 『속삭이는 사회(The Whisperers)』(2007)는 이 영화를 이해하는 데 유용한 자료이다. 이 책에 따르면 소련에서 수많은 사람들은 자신들이 일상생활에서 겪는 고통이 공산주의 사회를 건설하는 데 필수적인 희생이라고 믿도록 설득당했다. 이들은 오늘의 혹사는 소련의 '행복한 삶'을 만인이 향유하게 될 내일에 보상받을 것이라고 믿었다. 소련 지식인들도 낙관적인 분위기에 휩쓸려 진보의 이름으로 스탈린 체제가 조성한 공포에 눈감았다. 1933년 히틀러의 집권은 국내외 '자본주의 분자'들에 맞선 사활이 걸린 투쟁에서 결정적인 전환점이 되었다. 그것은 소련이 공산주의에 가까워질수록 적들의 저항이 더욱 거세질 것이라는 스탈린의 이론을 입증하는 증거로 받아들여졌다(파이지스, 2007: 318, 323, 325).

사회주의 국가에 대한 유머와 풍자

1960년대 초 체코슬로바키아 경제는 위기 상황이었다. 1961년에 시작된 제3차 5개년 계획은 실패로 끝났다. 당과 국가 지도부는 긴축예산과 중앙 통제 경제의 강화 등을 통해 위기의 돌파구를 열려고 했지만 이조차 성공하지 못했다. 본질적인 원인은 사회주의 계획경제의 구조적 모순에 있었다. 이런 상황에서 개혁적 성향의 지식인들이 체코 경제의 구조적 문제를 제기하고 공산당의 획일적 통제와 관료주의를 비판하고 나섰다. 개인의 소외와 저항을 상징하는 프란츠 카프카(Franz Kafka)에 대한 국제회의가 열리는 등 문화 부문에서도 자유화 움직임이 일어났다. 당 내부에서도 보수파와 개혁파 간에 분열과 권력투쟁이 전개되었다. 그 결과 개혁파의 둡체크가 1968년 1월 당 서기장으로 취임했다. 둡체크는 당뿐만 아니라 사회 전체에 대해 강력한 개혁을 추진했다. 사민당과 '민주적 사회주의의 실현을 위한 비공산당 참여 클럽' 같은 단체들이 새로이 설립되었다.

둡체크가 이끄는 공산당은 다원주의 정치체제를 염두에 두고, 복수정당제 도입과 제한적인 수준에서나마 시민권 회복과 체코와 슬로바키아의 연방 공화국 체제로의 전환도 추진했다. 이른바 '인간의 얼굴을 한 사회주의'가 모습을 드러내면서 '프라하의 봄'이 도래했다. 그러나 봄은 오래가지 못했다. 소련은 소비에트 블록의 권력 약화를 우려했고, 인접한 폴란드와 동독은 개혁운동이 자국민들에게 미칠 영향을 우려했다. 이는 1968년 11월 바르샤바 동맹국 정상 회의에서 체코슬로바키아의 사태를 파국적인 것으로 규정하고, 사회주의와 사회주의 공동체의 이익을 지키기 위해 이웃 사회주의 국가의 내정에 개입할 권리와 의무를 내세운 이른바 '브레즈네프 독트린(Brezhnev Doctrine)'[8] 발표로 이어지게 된다. 체코슬로바키아인들의 거센 저항에도 바르샤바 조약군의 군사적 개입은 '프라하의 봄'을 좌절시켰다.

〈줄 위의 종달새(Skrivanci Na Niti)〉는 1968년 '프라하의 봄' 당시에 제작된 이리 멘젤의 첫 번째 영화로[9] 보후밀 흐라발의 소설이 원작이다. 고철 처리장과 여자 감옥에서 일하는 주인공들은 현실 사회주의 체제하에서 분리되어 다뤄지는 노동자들이기도 하다. 그런 점에 비춰 보면 서로 어울리지 않는 요소가 공존하는 이 영화는 일견 코믹스럽기도 하다. 사회주의하에서는 노동자가 주권을 갖고 있고 자본가와 지주도 없으므로 계급 간의 갈등은 '원칙적으로' 존재할 수 없기 때문이다. 권력 집단을 뺀 나머지 주민들은 특권과 불평등이 두드러지는 사회라는 사실을 너무나 잘 알고 있다. 〈줄 위의 종달새〉는 현실 사회주의 국가에서도 희소 자원을 배분할 권력을 가진 특권 집단과 권력을 가지지 않은 주민들 사이에 간극과 갈등이 존재한다는 사실을

---

8   1968년 11월 폴란드 제5차 통일노동자당대회에서 소련공산당 서기장이던 레오니트 브레즈네프(Leonid Il'ich Brezhnev)는 사회주의에 적대하는 내외의 세력이 사회주의 국가의 발전을 자본주의 제도 부활의 방향으로 돌리려 할 때, 또 그 국가에서 사회주의 사업이 위협을 받아 전체로서의 사회주의적 공동체의 안전이 위협을 받을 때에 그것은 전체 사회주의 국가들 공통의 문제가 된다는 요지의 연설을 했다. 이는 체코에 대한 군사적 개입을 정당화하게 된다. 브레즈네프 독트린은 1980년대 말에 미하일 고르바초프가 모든 사회주의 국가는 스스로 발전의 길을 택해야 한다고 무조건 평등과 불간섭 원칙을 주창(신베오그라드 선언)하기 전까지, 동유럽 사회주의 국가들의 반소 자유화 움직임을 억누르는 강력한 외인으로 작용했다.

9   이리 멘젤의 또 다른 작품 〈가까이서 본 기차〉에 대해서는 이 책의 7장 참조.

경쾌한 방식으로 드러낸다. 특정한 사회구조나 사회집단의 구조를 묘사하고, 그 구조를 동일한 사건에 다른 방식으로 반응하는 각 사회집단의 행동과 대립시키는 플롯이라는 점에서 일종의 코미디로도 읽힐 수 있다.[10]

〈줄 위의 종달새〉의 주인공은 거친 환경 속에서도 따뜻함과 유머를 잃지 않는 노동자와 죄수들이다. 체코의 현실 사회주의 체제를 풍자한 까닭에 제작과 동시에 상영 금지 처분을 받았다가 20년 만에야 개봉되었다. 부르주아 출신 노동자들이 일하는 고철 처리장에는 다양한 사람들이 모여 있다. 감독은 자막으로 2월 혁명 후 마침내 노동자계급은 권력을 획득해 지배계급이 되었고, 나머지 계급 사람들은 작업장에 배치되어 정직한 노동을 통해 과거에 부르주아였음을 속죄해야 했다고 알려준다. "자신을 위해 일하는데 어찌 즐겁지 않겠는가?"라는 선전 포스터가 걸려 있는 처리장에는 깊은 지식과 신념을 지닌 노동자들이 있는 반면, 이들을 관리하는 경직된 노동자 출신의 당 간부도 있다. 당 간부는 슬하에 자식이 많고, 유독 아이들을 사랑한다. 그러나 벌거벗은 어린아이를 손수 목욕시키는 성도착증을 갖고 있기도 하다.

고철 처리장 옆에는 공화국 탈출 금지 조항을 어겨 끌려온 여자 죄수들의 작업장이 있다. 당시 법률은 허락 없이 체코슬로바키아 공화국을 벗어나려고 시도하는 자는 법원에 의해 시민권이 박탈되고 5~7년의 감옥 형에 처한다고 규정하고 있었다. 고철 처리장의 남자 노동자들은 틈나는 대로 이웃 작업장의 여죄수들을 엿본다. 단체로 숙소의 나무 울타리 구멍을 통해 취침 전 여죄수들의 모습을 훔쳐보기도 한다. 카메라가 산더미처럼 쌓여 있는 고철

---

[10] 독일의 커뮤니케이션 학자인 로타어 미코스에 따르면, 긴장·서스펜스와 비슷하게 코믹 역시 관객의 서사적 지식뿐만 아니라 세상 지식에도 부합하는 플롯 구조를 통해 발생한다고 한다. 여기서 관객의 여러 가지 기대나 지식을 이용한 놀이가 이루어지는데 이 놀이는 코믹한 상황 또는 행위로 펼쳐진다(미코스, 2015: 175~177).

더미를 비춘다. 당 간부가 당의 기관지에서 나온 사람에게 고철 처리장을 안내한다. "이것들을 다 녹여서 강철을 만들죠. 고철로 우리 경작지를 갈 트랙터를 만들고 더러운 옷을 빨 더 많은 세탁기를 만들죠." 노동자들에 대한 소개도 이어진다. "자원해서 온 이 노동자들은 대부분 부르주아 출신이에요. 그들도 녹여서 새 사람을 만들 겁니다. 저 철학 교수는 프라하에서 전직 도서관장이었고, 공장에 배치받았어요. 퇴폐적 부르주아 서양 문학책을 찢기를 거부해서였죠. 이 사람은 검사였는데 피고인은 스스로 변론할 권리가 있다고 주장하다 이곳으로 왔어요. 운이 좋았죠. 검사 동지가 기소를 안 했으니까. 이 사람은 전직 소목장이었죠. 특수 제작 빨래통. 부르주아에 대한 갈망을 네 명을 고용해서 채우고 있어요. 전직 이발사. 이발사의 5분의 3을 감축하는 바람에 여기로 왔죠. 다음 사람은 색소폰 연주자였는데 부르주아 악기라고 금지시켜 이리 왔죠. 옆에는 낙농장 주인이었는데 정말 자랑스러운 사람이죠. 스스로 농장을 닫고 사회주의에 헌신하려고 자원했죠. 이 사람은 파벨 흐베즈예요. 호텔에서 쫓겨나서 왔죠. 종교 때문에 토요일엔 일을 안 하겠다고 해서요. 여기서도 토요일엔 일 안 해요. 노동조합에서 날아온 세 번째 징계 서류예요. 제 명에 못 죽을 겁니다. 이들이 우리 노동자들이에요."

당 간부는 노동자들을 한데 모이게 한 후 다른 곳에서 화초와 수족관을 옆에 갖다 놓고 선전 영화를 촬영한다. 당 기관지에서 나온 남자가 지시를 내린다. "좋아요, 그럼 2월 혁명에 대해 얘길 해요. 영화를 보는 사람들이 모두 다 제국주의자들의 자본주의 놀음을 혐오하고 싫어한다는 것을 알도록. '미국 놈들, 바다로 뛰어들어라! 부산항은 곧 함락될 것이다!' 그리고 당신은 호민관으로서 분노에 차서 이렇게 외쳐요. '조심해, 제국주의자들, 우리의 평화의 쇳물을 전쟁광들 목에 부어넣을 테다! 한국에서 물러가라!'" 이웃 작업장에서 이를 바라보던 젊은 여죄수 이트카를 데려다가 파벨 옆에 앉힌다.

"두 사람은 서로 손을 잡고 즐거운 듯 눈을 바라보라고. 그럼 둘에 대한 설명이 다음과 같이 이어질 거야. 미래를 위해 일하고 있어요. 우리 청년들의 미래를 위해서. 서로 사랑하고 평등하게 아이를 키우는 가정을 이뤄 아이들이 다시는 전쟁의 고통을 겪지 않으며 끝없는 평화를 누리도록." 급조한 체제 홍보 영화를 촬영한 후, 처리장을 방문한 사람들은 장비를 거두어 철수한다. 꼭두각시들 같다는 조롱이 그들을 향한다.

고철 처리장의 노동자들은 "모두 평등하고 그들 같은 사람도 공산주의자들과 똑같으며 모두 인민이 더 잘살게 하기 위해 일한다"라고 말한다. 이런 이야기도 나온다. "노동자가 내 따귀를 때리면 아마 나 스스로 나를 가둘 거야. 내 탓이라면서. 하지만 내가 노동자 따귀를 때리면 그건 가혹 행위로 취급되지. 아프지 않게 살짝만 때렸더라도." '바쁘신 분'인 노동조합위원회 대표도 방문한다. "동무들, 우리의 요구에 동의하지 않는다니 유감이에요. 우리가 사회주의로 한 발 다가설 수 있는 방안인데." "상의도 없이 할당량을 늘려놓고는 규정에 따랐다는 게 말이나 돼? 전임 노조 위원장은 우릴 박대하지 않았어, 안 그래?" 전직 농장주가 말을 잇는다. "그는 내가 어릴 적에 내 아버지와 하모니카를 연주하곤 했지. 저녁이 되면 노동자들에게 투쟁에 대해 가르치셨고. 아버지와 선술집으로 한잔하러 가곤 했지. (노조 위원장의 가슴을 손으로 치며) 절대 위선자가 아니었어." "동무, 그런 식으로 말하면 안 되지. 그건 이적 행위일 뿐이야." "그거야 크로스나랑 자포토키 동무에게 맡기고 싶어. 하부의 말을 잘 듣는 게 상부의 임무라고 가르쳤던 사람들이니까." "그것도 반동분자들을 이롭게 하는 행위라고!" "그러게 할당량을 제대로 상의해서 올렸어야지! 기획자들더러 와서 우리와 협상하라고 해! 당에 대해서 잘 모르나본데 적어도 난 알지. 맥주나 하러 가자고, 친구들! 이 사람과 얘기해봐야 소용없어!" 노조 대표에게 거슬리는 소리를 한 전직 농장주는 다음 날

출근길에 납치되어 사라진다.

소년단원들을 이끌고 온 여교사가 고철 처리장 사람들을 향해 제국주의에 찌든 역겨운 얼굴을 가진 짐승 같은 파시스트라고 말한다. 노동의 기강이 점점 퇴색해가는 것 같다는 말에 전직 철학 교수는 "어찌 안 그러겠어. 그보다 더 중요한 것은 인간이 퇴색해가는 거야. 상상 속에서가 아니야. 실제로 사람들이 사라진다고. 사실을 얘기한 것 때문에 농장 주인이 사라졌어. 아무 협의도 없이 올린 할당량을 수용하지 않겠다고 했지. 기강 따위는 집어치우고 좀 물어볼까? 농장주는 어디로 간 거지?"라고 따져 묻는다. 그 역시 퇴근길에 요원들에게 끌려간다. 당 간부의 호의로 파벨 히브즈다와 이트카 흘라바초바의 결혼식이 열린다. "우리나라는 이들 부부에게 물질적·심적 지원을 아끼지 않을 것이고, 평화와 행복이 가득한 사회주의 건설에 이바지하게 할 것입니다." 결혼 피로연에서 파벨은 장관에게 "우리가 알고 싶은 것은 농장 주인이 어떻게 되었는지예요. 또 철학 교수님은 어디에 있죠? 또 그 좋은 시절은요. 사람들이 서로 존중하고 사랑하던 시절은요?"라고 묻는다. 꽃을 들고 이트카에게 달려가던 파벨도 요원들에 의해 강제로 탄광으로 끌려간다.

거친 작업장에서 강제로 노동에 종사하고 있는데도 사람들이 서로 연대하고 유머를 잃지 않는 모습이 인상적이다. 남자들이 할당량을 마치지 못하자 여죄수들이 자원해서 도우러 오고, 일렬로 서서 포탄 껍데기를 나르는 과정에서 서로 손이 스치고 따뜻한 눈길이 오간다. '높으신 분'이 지나가는 길가 담에 노동자들이 페인트를 칠하는데, 두 명이 자리를 옮기자 그들이 있던 자리만 페인트칠이 안 되어 있는 모습이 드러난다. 여죄수들은 폐기된 화물차 안에서 마대 자루를 서로 부딪치며 장난을 치고 고철 더미에서 나온 스프링으로 귀걸이와 목걸이, 머리띠를 해보며 황량한 숙소 앞 공터에 꽃을 심는다. 호텔에서 쫓겨 온 파벨은 마음에 둔 여죄수에게 거울 쪼가리로 빛을 비추고, 노동조합에서 온 세 번째 징계 서류는 받자마자 접어서 포크와 나이프를 싸는 데 사용한다. 단체로 여죄수들을 몰래 훔쳐보고 오는 길에 철학 교수는 칸트(Immanuel Kant)의 『실천 이성 비판(Kritik der praktischen Vernunft)』에 나오는 유명한 구절을 동료들에게 들려준다. "칸트는 쾨니히스베르크에서 이렇게 썼지. 두 가지 사실이 항상 내게 존경심을 불러일으킨다. 다시 또다시 점차 경외심과 존경심이 커진다. 그건 바로 별이 빛나는 하늘과 내 마음 속 도덕심이다. 무엇이 나의 품위를 파괴해 자신을 야수처럼 느껴지게 하는가? 하지만 도덕심은 끝없이 나의 가치를 더하며 나를 지각의 세계에서 완전히 독립하게 만든다." 비록 고철 처리장에서 일하는 보잘것없는 사람들이지만 그들도 우리 안에 있는 도덕법칙을 인식한다면 인간으로서의 중요성과 존엄성을 회복하게 된다는 일깨움이었다. 이 장면은 자연과 대한 외경심도 인간에 대한 존경심도 갖고 있지 않은 현실 사회주의 체제의 지배 세력에 대한 신랄한 비판과 풍자로도 읽힌다.

재와 다이아몬드 Popiol I Diament (폴란드, 1958)

감독	**안제이 바이다** Andrzej Wajda	배우	**즈비그니에프 시불스키**
각본	**안제이 바이다**		Zbigniew Cybulski
원작	**예지 안제예프스키**		**아담 파브리코프스키** | Adam Pawlikowski
	Jerzy Andrzejewski		**스타니슬라브 밀스키** | Stanislaw Milski
			알렉산데르 세브루크
			Aleksander Sewruk
			이그나시 마호프스키 | Ignacy Machowski

얼지 마, 죽지 마, 부활할 거야 Zamri Umri Voskresni (소련, 1990)

감독	**비탈리 카네프스키** | Vitali Kanevsky	배우	**디나라 드루카로바** | Dinara Drukarova
각본	**비탈리 카네프스키**		**파벨 나자로브** | Pavel Nazarov

줄 위의 종달새 Skrivanci Na Niti (체코, 1990)

감독	**이리 멘젤** Jiri Menzel	배우	**루돌프 흐루신스키** | Rudolf Hrusinsky
각본	**이리 멘젤**		**블라스티밀 브로드스키**
원작	**보후밀 흐라발** Bohumil Hrabal		Vlastimil Brodsky
			바츨라프 네카르시 | Vaclav Neckar
			이트카 젤레노호르스카
			Jitka Zelenohorska
			페르디난트 크루타 | Ferdinand Kruta
			레오스 수하리파 | Leos Sucharipa
			나다 우르반코바 | Nada Urbankova
			베라 크레사들로바 | Vera Kresadlova

철의 사나이 (Czlowiek Z Zelaza, 1981)   안제이 바이다 감독

참회 (Pokayaniye, 1987)   텐기즈 아불라제(Tengiz Abuladze) 감독

참고문헌

길레스피, 데이비드(David Gilespie). 2015. 『러시아 영화: 문화적 기억과 미학적 전통』. 라승도 옮김. 그린비.

루프닉, 자크(Jacques Rupnik). 1990. 『오늘의 동유럽: 자유와 평등의 갈림길에서』. 윤덕희 옮김. 문학과지성사.

미코스, 로타르(Lothar Mikos). 2015. 『영화와 텔레비전 분석 교과서』. 정민영·김혜숙 옮김. 커뮤니케이션북스.

솔제니친, 알렉산드르(Alexander Isayevich Solzhenitsyn). 2007. 『수용소 군도』. 김학수 옮김. 열린책들.

알렉시예비치, 스베틀라나(Svetlana Alexievich). 2016. 『세컨드 핸드 타임: 호모 소비에티쿠스의 최후』. 김하은 옮김. 이야기가있는집.

쾨슬러, 아서(Arthur Koestler). 2010. 『한낮의 어둠』. 문광훈 옮김. 후마니타스.

파이지스, 올랜도(Orlando Figes). 2013. 『속삭이는 사회 1: 스탈린 시대 보통 사람들의 삶, 내면, 기억』. 김남섭 옮김. 교양인.

하벨, 바츨라프(Václav Havel). 1994. 『프라하의 여름』. 강정석 옮김. 고려원.

Djilas, Milovan. 1957. *The New Class: An Analysis of the Communist System*. New York: Frederick A. Praeger.

Hazan, Baruch A. 1985. *The Eastern European Political System. Instruments of Power*. Boulder & London: Westview Press.

11장

68 혁명, 저항의 정치와 반문화 운동

〈이지 라이더〉〈프라하의 봄〉〈몽상가들〉〈바더 마인호프〉

1968년은 적어도 불만만큼이나 큰 희망으로부터 태어났다. 그것은 1945년 당시 미국의
세계 헤게모니 조직으로 대표되는 반혁명에 맞선 혁명이었다. 또한 러시아 혁명의 당초
목표들을 완수하려는 시도였고, 동시에 그 혁명의 한계들을 극복하려는 노력이었다.

이매뉴얼 월러스틴(Immanuel Wallerstein)

기존 질서에 저항한 세계적 운동

1968년을 전후해 발생한 '68 혁명'은 기존 질서에 저항해 세계적 규모로
발생한 일련의 저항운동이었다. 68 혁명은 서유럽뿐만 아니라 동유럽, 미국,
일본 등지에서도 펼쳐졌다. 1968년에 절정에 달한 각국의 저항은 서로 다른
진행 과정을 보이며 다양한 국가적 맥락에 묶여 있었지만 지향하는 목표나
동원 및 붕괴 과정의 구조에서 서로 닮은꼴이었다. 당시 서유럽 국가들은 제
2차 대전 후 높은 속도의 경제성장을 달성하고 물질적 풍요를 누리고 있었
으나, 관료주의나 권위주의 같은 과거의 유산은 여전히 남아 있었다. 반면

급속히 진행된 사회분화로 전후 세대는 기성세대와는 다른 다양한 욕구와 가치를 추구하게 되었다. 이탈리아에서 '4P'라 불리는 'Padre(아버지), Prete(신부·목사), Partito(정당), Padrone(주인)'가 공격의 대상이 된 것에서 알 수 있듯이 학생, 노동자, 신중간계급들이 기존 질서에 도전하기 시작했고, 그 결과 사회적으로 계급적 쟁점을 넘어 다양한 쟁점이 표출되었다.

그 주도 세력은 대학생들이었다. 68 혁명에서 핵심적인 역할을 하게 되는 소수의 학생 활동가들은 1960년대 초에 그룹을 결성하고 활동을 시작했다. 공통적으로 이들은 전후 자본주의의 모순에 관심을 갖고 있었기 때문에 그 걸 극복하는 것을 그룹의 목적으로 삼았다. 이들은 각자 나름의 문화적·정치적 유산에 따라 운동을 전개했다. 서독과 프랑스에서는 마르크스주의에 대한 새로운 해석과 공산당에 대한 개혁이 각각 시도되었다. 이탈리아에서는 민주주의의 의미를 확장하려는 움직임이 있었고, 미국에서는 자유주의적 급진주의와 민권운동이 추진되었다(프레이저, 2002: 87). 물론 이 활동가들이 상당수의 학생들을 동조자로 끌어낼 수 있었던 데는 프랑스에서처럼 열악한 대학의 교육 환경이 배경 요인으로 작용했다. 전후 대학생 수가 급격히 증가한 데 비해 대학 교원과 강의실이 턱없이 부족했고 암기와 주입식에 의존하는 교수들의 상투적 강의, 행정의 중앙 집중화와 관료주의도 여전했다(이성재, 2009: 35~36). 자유로운 대화와 토론의 권리에 대한 학생들의 요구를 학교 당국은 받아들이지 않았다.

시위는 다른 대학과 국가로 빠르게 퍼져나갔다. 구호도 '대학에 대한 비판에서 사회에 대한 비판으로' 옮겨갔다. 파리의 소르본 대학을 점거한 대학생들은 모든 노동자들에게 24시간 내내 개방된 자율적인 대중의 대학임을 선포하고 노동자, 학생, 교사로 구성된 '점거 관리 위원회'가 파리 대학을 운영하기로 결정했다. 5월에는 전국에서 대규모 시위, 폭동, 파업으로 확대되면서 드골 정권을 위협하기에 이르렀다. 독일에서도 1967년 6월 이란의 팔레비(Mohammad Reza Shah Pahlevi) 국왕의 방문에 항의하는 시위 도중 경찰 총격으로 대학생 베노 오네조르크(Benno Ohnesorg)가 사망한 사건을 계기로 시위가 전국적으로 확산되었다. 이들은 독일사회주의학생연맹(SDS)의 지도자였던 루디 두치케(Rudi Dutschke)의 암살을 배후에서 조종한 악셀 슈프링거(Axel Springer) 소유의 언론사들을 공격하고, 기민련·사민당 연립 정권이 통과시킨 비상시 국민의 기본권을 제한하는 긴급조치법에 반대했다. 이탈리아의 대학생들 역시 교과과정에 대한 통제, 신임 교수 선발에 대한 통제, 모든 학점에 대한 학생들의 감독 등을 요구했으며, 미국에서는 베트남전에 반대하는 대규모의 시위가 벌어졌다.

이들은 "모든 것을 상상력에게로", "더 많은 민주주의와 더 많은 자유", "우리는 모든 것을, 그리고 당장 원한다", "개인적인 것이 정치적인 것", "선거는 아무것도 바꾸지 못한다" 등의 구호를 내걸고, 불평등한 자본주의, 경직된 민주주의, 관료 지배, 제국주의 전쟁, 미디어에 의해 조종되는 사회, 남성 중심 사회를 비판했다. 이 중에서도 비판의 초점은 자본주의에 맞춰졌다. 당시에 독일 함부르크에서 교회의 권위에 반대하는 학생들이 뿌린 주기도문에는 이 점이 명백히 드러난다.

우리의 자본이시여,

서방 세계에서 이름을 거룩히 여김을 받으시오며,

투자가 임하옵시며,

유럽에서 그랬던 것처럼 월 스트리트에서도

이익을 내고 이윤을 증대해주옵소서.

우리에게 일용할 자본의 회전을 주옵시고,

우리가 우리의 채권자들에게 신용을 베푼 것처럼

우리의 신용을 늘리게 하옵소서.

우리를 파산하지 않도록 하옵시고,

노동조합의 위험에 들지 않게 하옵소서.

지난 200년 동안 이 세계의 절반은 권세 있는 자들과

부유한 자들의 것이었사옵나이다.

아멘!(알리·왓킨스, 2001: 60)

　68 혁명을 주도한 세력들은 합법적 권위에 의해 결정된 틀 안에서만 반대파를 용납하는 지배계급의 태도를 '억압적 관용(repressive tolerance)'이라 보고, 피지배자들의 입장을 옹호하는 차별적 관용을 실천할 것을 주장했다. 기존 질서에 대한 반대와 제3세계 해방전쟁 찬양, 반문화(counter-culture)의 형성, '인민 스스로의 삶에 대한 인민의 통제권 증대', 탈중앙집중화, 풀뿌리 운동 등이 시도되었다(카치아피카스, 1999: 51~53). 이 중에서도 특히 두드러지는 점은 68 혁명이 참여 기회의 확대를 겨냥한 운동이었다는 점이다. 참여민주주의 자주 관리, 공동 결정, 자치 등 운동의 중심 요구에는 참여 권리의 획득과 확대가 자리 잡고 있었다. 정치적·경제적·사회적·문화적 제도를 통틀어 지배와 위계 구조의 해체를 위한 노력이 자결과 자치를 통해 추구되었다. 사회 모든 영역의 민주화 요구 역시 68 혁명이 추구했던 주요한 목표였다.

　그러나 68 혁명은 내부 민주주의의 문제에서 한계를 갖고 있었다. 무엇보다 68 혁명은 참여민주주의, 자발성, 강령적 계획 등을 성취할 수 있는 지속적 조직 형태와 전략을 발전시키지 못했다. 혁명의 지도부는 운동에 의해 동원된 다양한 지지층을 통일할 수 있는 방도를 찾지 못했고, 시대 모순을 국내 모순과 지속적으로 연결시키는 것도 실패했다고 지적된다.

그럼에도 68 혁명은 이후 유럽 전체의 정치·사회·문화·예술 등 각 방면에 심대한 영향을 끼쳤고 운동 과정에서 표출된 대안적 문제 제기들이 점진적으로 제도화되는 과정을 거치면서 유럽의 사회시스템 변화의 초석으로 작용했다. 68 혁명을 평가하는 시각은 다양하다. 예를 들어, 서구 산업 문명의 위기의 징후로 보는 해석에서는 2차 대전 이후 급속한 산업화의 결과 대중 소비사회가 도래했으나, 일상생활은 파편화되고 개인들의 삶은 무의미와 부조리와 소외 상태에 떨어졌다고 한다. 68 혁명을 전통적인 계급 갈등의 표현으로 해석하는 입장에서는 혁명이 자본주의의 희생자들인 노동자들의 정당한 요구의 표현이라고 주장한다(정수복, 1993: 30~33). 이매뉴얼 월러스틴은 68 혁명을 한편으로는 미국의 세계 체계상의 헤게모니 상실이라는 조건, 다른 한편으로는 탈스탈린주의와 탈위성국가화라는 조건이 맞물려 일어난 것으로 해석한다. 1848년의 운동이 노동운동을 기반으로 하는 전통적인 좌파(Old Left)의 출현을 알리는 사건이었다면, 1968년의 운동은 새로운 사회운동을 기반으로 한 새로운 좌파(New Left)의 출현을 의미한다는 것이다.

이제껏 세계혁명은 단 둘뿐이었다. 하나는 1848년에, 그리고 또 하나는 1968년에 일어났다. 둘 다 역사적인 실패로 끝났다. 둘 다 세계를 바꾸어 놓았다. ⋯⋯ 1848년은 인민주권을 위한 ― 민족 안에서의 인민주권과 여러 민족들의 인민주권을 위한 ― 혁명이었다. 1848년은 1815년의 반혁명(왕정복고, 유럽의 협조)에 맞선 혁명이었다. 그것은 적어도 불만만큼이나 큰 희망으로부터 태어난 혁명이었다. 1848년은 프랑스 대혁명의 당초 희망을 실현하고 그 한계들을 극복하려고 했던 데서 '1789년의 지양'이었다.
1968년 역시 마찬가지였다. 그것 역시 적어도 불만만큼이나 큰 희망으로부터 태어났다. 그것 역시 1945년 당시 미국의 세계 헤게모니 조직으로 대표되는 반혁명에 맞선 혁명이었다. 그것 역시 러시아 혁명의 당초 목표들을 완수하려는 시도였고, 동시에 그 혁명의 한계들을 극복하려는 노력이었다. 따라서 그것 역시 하나의 지양이었는데, 이번에는 1917년의 지양이었다. 한편 1968년은 1989년 동유럽의 대변혁의 전조였으며, 이런 점에서 1989년은 1968년의 연속이라 할 수 있다(아리기·홉킨스·월러스틴, 1994: 116~117).

히피 운동과 코뮌주의

〈이지 라이더(Easy Rider)〉(1969)는 컬럼비아 영화사가 50만 달러도 채 안 되는 비용으로 제작했지만 예상외로 히트를 기록했고, 출연 배우인 데니스 호퍼(Dennis Hopper), 피터 폰다(Peter Fonda), 잭 니컬슨(Jack Nicholson)을 일약 스타덤에 올려놨다(Nowell-Smith, 2005: 540). 성조기가 그려진 헬멧을 쓰고 바이크를 탄 '캡틴 아메리카'를 피터 폰다가 연기했는데, 그의 아버지이자 전설적인 배우 헨리 폰다(Henry Fonda)가 분한 〈분노의 포도(The Grapes of Wrath)〉(1940)의 주인공 톰 조드의 현대적 구현이라는 평가를 받았다.

이 영화에는 무엇보다 1960년대 격변기 미국 사회의 젊은이들이 처해 있었던 불안한 현실이 잘 드러난다. 일부 젊은이들의 정치적 반항과 그들이 탐닉한 마약과 성적 쾌락은 이미 1950년대의 이른바 '비트 세대(beat generation)'에서 예고되었다. 그 대표자인 앨런 긴즈버그(Allen Ginsberg)는 미국의 자본주의와 제국주의를 비판하고 정치적 비순응주의의 권리를 요구했으며 생필품 구입을 위한 화폐 거래를 전면 폐지할 것을 주장했다. 이는 1960년대 학생운동과 미국식 반문화인 히피 운동으로 계승되었다. 산업사회의 문화로 요약되는 주류적 사고방식과 상반되는 철학적 개념과 정치적 견해, 생활양식으로 구성되는 반문화(생장폴랭, 2015: 19~21, 7)는 미국에서는 '플라워 칠드런(flower children)'으로 불리는 젊은이들이 중산층의 생활방식을 거부하는 대신 쾌락주의를 숭상하고 그들이 만든 '유토피아' 공동체 속에서 보헤미안 같은 생활을 하는 것으로 나타났다.

1960년대 미국의 반문화는 무엇보다 록 음악의 영향을 깊이 받았다. 록 아티스트들이 작곡한 전위 음악들이 1960년대의 10년간을 풍미했다. 록 음악을 수록한 음반이 날개 돋친 듯 팔렸고, 우드스탁 페스티벌을 비롯한 대규모 록 페스티벌이 연거푸 개최되었다. 이렇게 된 것은 크리스티안 생장폴랭이 지적했듯이 록이 참여자의 시간과 공간에 대한 감각을 없애버리는 목적의 원시 제의를 연상시키는 황홀한 트랜스 상태를 낳기 때문이다. 그리고 록이 '프리덤 송(freedom song)' 같은 미국 저항 가요의 전통을 잇고 있기 때문이기도 하다(생장폴랭, 2015: 74~75, 218~219). 헤로인 과다 복용으로 숨진 재니스 조플린(Janis Joplin)과 달콤하고 환상적인 유년기를 향한 불가능한 꿈을 그린 노래에서 환각성 마약인 LSD를 암시한 비틀즈가 전자라면, 노동조합 합창단을 만들어 '민중의 노래(People's Songs)' 프로젝트를 추진한 피트 시거(Pete Seeger)나 베트남 전쟁과 인종차별에 반대하고 파업 노동자들과 연대했던 존 바에즈(Joan Baez)는 후자에 속하는 가수라 할 수 있다.

같은 시기에 미국의 많은 젊은이들이 『길 위에서(On the Road)』를 쓴 잭 케루악(Jack Kerouac)처럼 진정한 자유와 새로운 깨달음을 찾아 광활한 미 대륙을 횡단하려고 길을 나섰다. 그것은 〈이지 라이더〉의 두 주인공, '캡틴 아메리카'로 불리는 와트와 빌리(데니스 호퍼 분)도 마찬가지이다. 둘은 멕시코의 라 콘텐타 바에 가서 마리화나를 구입해 오고 그걸 판 돈으로 할리 데이비슨 바이크를 구입한다. 남은 돈은 호스에 말아 넣은 후 성조기가 그려진 연료통 안에 보관한다. 그리고 출발하기 전에 손목시계를 버린다. 이 영화에서는 시계라는 소재가 여러 번 사용된다. 그들이 하룻밤 잠시 묵는 황량한 평야에 있는 폐가의 서랍에도 멈춰버린 시계가 있다. 손목시계를 버리는 것은 이들이 규칙적으로 정해진 삶을 벗어나 자유로운 삶을 살려 한다는 것을 의미한다. 서랍이 비밀스러운 욕망과 호기심을 나타내는 것이라면 그것은 멈춰진 시계처럼 정해진 일상과 사회 규율에서 단절된 삶과 훨씬 잘 어울린다. 이들은 권위주의적이고 엄숙한 기존 질서에 반대하고 마약과 프리섹스를 통해 자유분방한 쾌락을 추구했다.

와트와 빌리는 타이어를 수리하기 위해 잠시 들른 작은 목장에서 멕시코 여자와 함께 사는 남자를 만난다. 와트가 그에게 이곳은 정말 멋진 곳이라고 하자 그는 "전원을 지키는 사람도 있어야죠"라고 말한다. 와트는 "스스로 일구며 사니 자랑스럽겠어요"라고 맞장구를 친다. 여행 도중 히치하이킹을 하던 히피를 태우게 되는데, 어디서 왔냐는 질문에 히피는 그 도시가 그 도시 같고 멀리 떨어지고 싶어서 떠나왔다고 말한다. 그러면서 사람들이 수확을 기대하며 씨를 뿌리는 히피 공동체로 주인공들을 데리고 간다. 이들 히피에게 도시는 미국의 지배 문화인 개인주의뿐만 아니라 자본주의적 탐욕과 폭력, 불공평으로 가득 찬 곳이었다. 경찰 구치소에서 만난 주정뱅이 변호사 조지(잭 니컬슨 분)는 "자기 자신이 시장에서 사고 팔리는 물건이 되어 있는데도 자유롭다고 느끼는 건 정말 어려운 일이야"라고 말한다. 히피들은 그런 도시 문명 속에서 사는 사람들과는 다른 삶의 방식을 추구했다. 도시에서 떨어진 자연 속에서 자발적인 그들만의 결사체를 만들고 소박하고 자유로운 삶을 살려고 했다. 그런 점에서 미국식 반문화 운동인 히피 운동은 코뮌주의의 맥락 속에서도 해석될 수 있다.

〈이지 라이더〉는 전형적인 로드 무비이다. 길은 미국 문화에서 지속적인 주제가 되어왔다. 대중 신화와 사회사 모두에 담겨 있는 길의 중요성은 미국의 프론티어(frontier) 정신까지 거슬러 올라간다. 마놀라 다기스(Manohla Dargis) 는 "도로는 도시와 농촌 사이의 공간을 정의한다. 그것은 하늘의 창공, 백지 (tabula rasa), 진정한 마지막 국경이다"(Cohan and Hark, 1997: 1에서 재인용)라 고 지적한다. 〈이지 라이더〉에서 와트와 빌리는 바이크를 타고 길을 따라가 면서 많은 사람들을 만난다. 로스앤젤레스에서 그들이 최종 목적지로 정한 뉴올리언스의 마디그라까지 가는 동안, 광활하고 황량한 열린 공간들이 펼 쳐진다. 그러나 그런 풍경은 한편으로는 아름답지만 다른 한편으로는 죽음 과 재앙, 묵시록적인 미국의 야누스적 특징을 함께 지닌 것이기도 하다 (Klinger, 1997: 184~199). 수전 헤이워드에 따르면 로드 무비의 내레이션은 질 서정연하게 배치된 사건들의 시퀀스를 따르며, 결말은 좋거나 나쁜 것들 가 운데 하나를 단호히 선택한다(헤이워드, 2012: 105). 주인공이 무난한 해결책 을 찾는 결말의 〈파리 텍사스(Paris, Texas)〉(1984)가 전자라면, 주인공들이 보수적이고 배타적인 시골 주민들의 폭력에 희생되는 〈이지 라이더〉는 후 자에 속한다. 마지막 부분에서 와트가 빌리에게 "우린 실패했어"라고 말하는 장면을 보라. 와트는 캡틴 아메리카를 자칭하고 성조기가 그려진 헬멧과 바 이크를 타고 '진정한' 미국을 찾아 나섰지만 그것은 어디에서도 찾을 수 없었 다.[1] 그들이 맞닥뜨린 대다수의 미국인들은 모텔 주인, 시골 경찰, 마을 주민 들처럼 변화에 적대적이고 진보적 가치에 무감각한 사람들이었다. 주정뱅이 변호사 조지도 마디그라에 가려고 일곱 번이나 시도했지만 번번이 실패하고 주 경계에서 돌아왔다고 말한다. 그가 관심을 쏟는 UFO와 외계인은 지상의 현실 세계에서는 보이지 않는 것이다.

---

[1]   영화의 제목인 '이지 라이더'는 미국 남부 지방의 속어로 창녀의 기둥서방(prostitute's lover)이라는 뜻도 있다.

1960년대에 불붙은 사회운동은 영화계에도 변화를 가져왔다. 그 대표적인 것이 '벽에 앉은 파리(fly on the wall)'라고도 불린 다이렉트 시네마이다. 1960년대 사회적·정치적 맥락을 중요하게 여긴 미국의 관찰적 다큐멘터리 영화를 일컫는 다이렉트 시네마는 이동 카메라와 동시 음향 사운드를 이용해 격동기의 은폐된 측면을 노출했다. 메이슬스 형제(Albert Maysles and David Maysles)의 〈세일즈맨(Salesman)〉(1969)과 로버트 드루(Robert Drew)의 〈예비선거(Primary)〉(1960) 등이 이에 속한다. 이에 비해 시네마 베리테는 감독의 내레이션이나 인터뷰 등을 삽입하는 방식을 통해 현실에 더 적극적으로 개입했다. 꼭 사실주의적 경향을 지닌 이런 류의 영화가 아니더라도 당시 할리우드의 적지 않은 영화들이 시대 상황을 충실하게 화면에 담으려 했다. 미국 사회의 부정적 현실을 비판적으로 다루며 사운드와 영상을 감각적으로 융합한 아메리칸 뉴웨이브 시네마가 바로 그것이다. 그 대표적인 영화로 〈우리에게 내일은 없다(Bonnie and Clyde)〉(1967)를 들 수 있다. 1930년대 대공황 시대를 배경으로 한 이 영화는 카페 웨이트리스 출신의 보니 파커와 소작농의 아들로 좀도둑을 거쳐 무장 강도가 된 클라이드 배로, 두 주인공을 통해 고독과 불안과 분노 같은 정서를 잘 표출했다. 이 영화에 이어 개봉된 〈미드나잇 카우보이(Midnight Cowboy)〉(1969), 〈와일드 번치(The Wild Bunch)〉(1969), 〈대부(Mario Puzo's the Godfather)〉(1972) 등도 이런 새로운 흐름을 대변하는 영화로 꼽힌다.

또 다른 68, '프라하의 봄'

필립 코프먼(Philip Kaufman)의 〈프라하의 봄(The Unbearable Lightness of

Being)〉(1988)은 밀란 쿤데라(Milan Kundera)의 소설『참을 수 없는 존재의 가벼움(L'insoutenable legerete de l'etre)』을 영화화했다. 원작 소설과 영화는 먼저 그 형식이 다르다. 영화에는 독자에게 말을 거는 내레이터가 없고, 반복되는 복잡한 시점의 구조는 단순한 연대기적 시간 구조로 바뀌었다. 코프먼이 한 인터뷰에서 지적했듯이 내레이션을 대신하는 것은 레오시 야나체크 (Leoš Janáček)의 음악이다.

쿤데라처럼 코프먼 역시 역사와 정치라는 '무거운 것'들에서 놓치게 마련인 개인들의 삶, 특히 정서와 행동에 미친 영향에 초점을 맞추고 있다. 물론 쿤데라 소설의 특징인 에로티시즘과 유머는 영화에도 깔려 있다. 농담과 웃음이 통하지 않는 억압적 사회주의 체제에서도 인간의 자연스러운 본성인 성욕과 그 표현인 육체적 사랑은 멈추지 않게 마련이다. 농담이 인민들이 지지하지 않는 권력과 권위에 대한 조롱이자 도전인 것도 분명하다. 코프먼은 성과 사랑이라는 문제를 무거움과 가벼움, 현실과 이미지에 절묘하게 연결한다. 그러나 이 대칭적인 것들은 서로 그 관계가 혼동된다. 병원에서 토마스가 간호사의 옷을 벗기는 것을 옆방의 불투명한 유리창을 통해 동료들이 지켜보는 장면이라든가, 레만 호수 변의 철길을 따라 달리는 기차 안에서 사비나(레나 올린 분)와 프란츠가 키스를 하는 장면을 옆에 앉은 중년 남자가 지켜보는 장면도 감독 나름의 유머를 표현한 것으로 보인다. 그러나 이 영화에서 주목해야 할 것은 내과 의사인 토마스(대니얼 데이 루이스 분)와 휴양지의 카페에서 일하는 테레사(쥘리에트 비노슈 분), 전위예술가인 사비나 사이의 삼각관계가 아니라, 바로 이 영화의 배경인 1960년대 후반 체코슬로바키아에서 일어났던, '프라하의 봄'이라고 불리는 반소 자유화 운동이다.

1960년대 초의 체코슬로바키아는 생산의 축소, 농산물 수입으로 인한 무역수지의 악화, 국민소득 감소가 나타나는 등 경제적 위기에 직면해 있었다.

1961년부터 시작된 제3차 5개년 계획도 실패로 끝날 것이 명약관화했다. 당과 국가 지도부는 이 위기를 지출 감소, 중앙 통제경제 강화, 소련 경제 의존 강화 등을 통해 해결하려 했다. 그러나 사회주의 계획경제체제의 구조적 모순에서 비롯된 위기를 극복하기에 이들 대책은 한계가 있었다. 위기가 해결될 기미가 보이지 않자 개혁적 성향의 지식인들이 체코 경제의 구조적 문제뿐만 아니라 공산당의 획일적 통제와 관료주의를 비판하고 나섰다. 당내에서는 보수파와 개혁파가 분열했다. 슬로바키아에서는 민족주의적 정치 운동이 전개되었지만 여전히 체코 공산주의자들이 이를 가로막고 있었다. 권력투쟁이 벌어지고 알렉산드르 둡체크가 이끄는 개혁파가 승리함에 따라 공산당 지도부와 내각도 새로운 인물로 전원 교체되었다. '인간의 얼굴을 한 사회주의'를 목표로 사민당과 단체들이 창립되었으며, 검열이 중단되고 과거의 정치적 실책에 대한 비판이 봇물처럼 터져 나왔다. 이른바 '프라하의 봄'의 도래였다. 그러나 얼마 못 가 개혁에 대한 시민들의 관심과 참여가 떨어지자 보수파들이 다시 반개혁적 활동을 전개하기 시작했다. 이에 대한 불안으로 개혁 성향의 지식인들이 1968년 6월 〈노동자, 과학자, 농민, 그리고 모두에게 부치는 2000어 선언(Dva tisíce slov, které patří dělníkům, zemědělcům, úředníkům, umělcům a všem)〉을 발표했다. 작가이자 언론인인 루드비크 바출리크(Ludvík Vaculík)가 기초한 이 성명서는 개혁이 사회의 하부구조까지 침투하지 못하고 있다는 사실을 지적하고 시민들에게 개혁의 장애물을 제거하는 데 적극적으로 나서줄 것을 호소했다.

이러한 개혁 운동에 대해 소련은 자신이 주도하는 소비에트 블록의 권력 약화를 우려했고, 인접한 폴란드와 동독은 개혁 운동이 자국민들에게 미칠 영향을 걱정했다. 이에 1968년 3월 소비에트 블록 공산당들은 체코슬로바키아 공산당 지부에게 반혁명의 위험을 경고한 데 이어 5월에 개최된 모스크바 회담에서는 반혁명 세력에 대한 강력한 대응을 촉구하게 된다. 7월 중순 체코슬로바키아가 불참한 바르샤바 동맹국 정상 회의에서 소련, 폴란드, 동독, 헝가리, 불가리아는 체코슬로바키아 사태를 파국적인 것으로 규정하고, 사회주의와 사회주의 공동체의 이익을 지키기 위한 이웃 사회주의 국가의 내정에 개입할 권리와 의무를 내세웠다. 체코슬로바키아공산당 지도부는 타국에 대한 군사적 개입을 정당화하는 '브레즈네프 독트린'를 즉각 거부했다. 소련은 체코슬로바키아공산당 지도부 내의 반개혁 세력이 군사적 지원을 요청한 것을 명분으로 내세워 8월 21일 6000여 대의 탱크로 무장한 75만의 군대로 체코슬로바키아를 침략했다. 둡체크, 체르니크 등의 개혁파들은 소련으로 압송되어 억류되었다.

바르샤바 조약군의 군사적 개입은 체코슬로바키아인들의 거센 저항에 직면했다. 결국 그 내용이 공개되지 않았으나 사회주의 사회의 이익을 보호하기 위한 소련군 주둔이 주요 내용일 것이라고 추측되는 '모스크바 의정서'가 체결되면서 '프라하의 봄'은 종결되었다. 이후에도 체코인들은 소련이 '사회 정화'라는 명목으로 조종한 개혁 세력 숙청과 탄압에 항의하고, 세계 아이스하키 대회 결승전에서 체코 대표 팀이 소련 대표 팀을 격파한 데 자극받아 격렬한 시위를 벌이기도 했지만 무력 진압되고 말았다. 1970년 5월, 체코슬로바키아는 소련과 상호 원조 협력 조약을 맺으면서 명실상부한 소련의 위성국이 되었다. 모스크바의 지령을 충실히 따르는 당 지도부는 개혁 운동 이전으로의 '정상화'를 추진했다. 1970년대에 들어서면서 '프라하의 봄'은 점차 잊힌 봄이 되었다.

이 사건은 주인공들의 삶에 비극적인 전환을 가져온다. 스토리가 전개되는 과정에서 여러 차례 '프라하의 봄'과 관련된 장면이 나온다. 소련군 탱크를 앞세운 바르샤바 조약군이 체코를 침공하자 테레사가 카메라를 들고 거리로 나가는 장면은 직접적으로 이를 보여준다. 프라하 시민들이 소련군의 탱크에 쫓겨 도망치거나 침공군에게 항의하는 표시로 창가에서 냄비를 두드리거나 담벼락을 두드리는 장면들은 당시 영화 학교 학생들이 찍은 실제 필름에 따로 촬영한 주인공들의 반응 쇼트들을 갖다 붙인 것이다. 프라하의 클럽에서 토마스가 병원 동료들과 대화를 나누는 장면, 토마스가 과거 잡지에 게재했던 글 때문에 직장에서 쫓거나 청소부로 일하는 장면, 테레사가 제네바의 한 잡지사 편집장에게 사진 게재를 거부당하는 장면 역시 간접적으로 '프라하의 봄'과 관련이 있다.

예를 들어 스위스에서 테레사를 따라 돌아온 토마스가 옛날 상사를 찾아가 만나는 장면을 보자. 상사의 사무실 책상 뒤에는 소련의 정치 지도자인 레닌과 브레즈네프의 사진이 걸려 있다. 그는 "자네는 작가도 아니잖아, 혁명가도 아니고, 의사잖아"라고 말하면서 토마스에게 과거 글에 대한 철회서에 서명할 것을 제안한다. 내무부 소속 비밀경찰은 "의사가 정치를 알 필요는 없지요. 물론 정치범에게 뇌수술을 맡길 사람도 없구요"라면서 진술서를 들이민다. 진술서에는 "소위 인텔리들의 부정적 영향에 기인한 제 순간적인 실수는 공산당과 소련에 대한 충성심과는 전혀 상관이 없습니다"라고 이미 적혀 있다.

테레사가 찍은 사진을 본 제네바의 잡지사 편집장은 "프라하 사진들은 너무 많아요. 이제 이 사건은 끝났어요"라고 단정 짓는다. 테레사가 "끝나지 않았어요. 아직도 그들의 퇴각을 요구하고 있죠. 폭동과 저항이 온 나라를 뒤덮고 있고요"라고 항변하지만 잡지사 사람들은 이미 이 사건에 관심이 없다.

체코슬로바키아인들이 그들 나라를 침공한 소련인들을 어떻게 보고 있는지는 다음 장면에 잘 드러나 있다. 테레사가 찍은 사진이 신문에 실린 것을 축하하기 위해 토마스와 사비나, 테레사, 동료 의사들은 젊은이들이 어울려 춤을 추는 프라하의 한 클럽에 함께 들른다. 거기에는 공교롭게도 체코인 '동지' 한 사람이 러시아인 여러 명과 함께 술을 마시고 있다. 토마스 일행은 새로운 경향이 나타나고 모두가 변해가는 게 느껴지지만 우리의 동지는 결코 변하지 않고 항상 비열하다고 말한다. 병원 과장은 10만 명이 넘는 사람들이 그들한테 고문당하고 죽었지만 지금 와서 아무것도 모른다고 발뺌한다고 언급한다. 토마스와 동료들은 그들이 그 사건을 조작이라고 하며 자기들은 죄가 없다고 하는 것에 대해 비난을 퍼붓는다. 바로 그때 그 동지가 악단원한테 가서 뭔가 말하자 갑자기 악단이 러시아 민요인 「스텐카 라진(Stenka Razin)」을 연주하기 시작한다. 러시아인들이 일어나 건배를 한 후 노래를 따라 부르고 클럽에 있던 다른 사람들은 휘파람과 야유를 보낸다. 토마스가 오이디푸스 이야기를 꺼낸다. "오이디푸스가 아버지를 죽이고 친어머니와 동침한 죄 때문에 전염병이 퍼진 것을 알았을 때 자신이 한 짓을 참을 수가 없어서 두 눈을 뽑아버렸지. 죄책감을 느낀 거야. 스스로를 응징한 거지. 그러나 저들은 달라. 자신의 죄를 모르지. 스탈린 집권기의 죄상이 밝혀질 때 아무것도 몰랐다고 울부짖었어. 양심에 거리낄 것이 없다고 했지. 하지만 중요한 차이점은 그들은 힘이 있다는 거야."

토마스가 오이디푸스 왕과 관련한 글을 잡지에 게재한다. "이런 글도 실을 수 있게 되다니 정말 신나죠. 생각해봐요? 기소되었던 사람들의 사면복권, 연설과 언론의 완벽한 자유, 러시아로부터의 해방은 우리의 숙원이었죠." 시위를 진압하려고 소련군 탱크들이 몰려와서 총격으로 사람들을 쓰러뜨리는 것을 테레사가 촬영한다. 각기 눈과 입이 수건으로 가려진 동상들과 합창 음악을 배경으로 사람들이 차에 올라타 시위를 벌이는 장면, 그리고 총을 겨누는 소련군 모습을 찍은 테레사의 사진 필름이 네덜란드 기자를 거쳐 ≪뉴욕 타임스≫에 크게 실린다. 테레사를 끌고 가 취조를 하는 수사관이 그녀의 사진 필름을 보며 참가자들을 가려낸다. 외국으로 향하는 마차와 손수레, 자동차로 떠나는 사람들 행렬. 그중 한 자동차의 보닛에는 둡체크의 커다란 사진이 붙어 있다.

스위스 모처에서는 체코 망명자들이 "우리나라에 대한 러시아의 행위는 명백히 독립국에 대한 침략입니다. 체코인들은 이 침략자에 대항해 싸울 권리와 의무가 있습니다. 그들에게 맞설 용기가 없는 자는 자유 또한 반납해야 합니다. 언젠가 공산주의에 대항해 무엇을 했느냐는 질문을 받게 될 것입니다"라고 외치고 있다. 사비나가 그들에게 따진다. "그럼 왜 이민 오셨죠? 가서 싸우세요. 여기서 이러는 게 무슨 소용이죠?" 따라 나온 프란츠에게 사비나는 "도무지 들어줄 수가 없어요. 저들을 묶어주는 것은 패배와 비난뿐이에요"라고 말한다. 프란츠는 그가 파리에서 공부할 때 시위, 행진, 구호 같은 걸 좋아했다면서 "함께하고 싶었죠. 모든 것이 거대한 행렬처럼 보였으니까요. 더 나은 세계로 가는 행렬이요"라고 말한다. 이에 사비나는 "나도 매년 행진을 했죠. 억지로 했지만요. 다들 그랬어요. 노동절이 되면 모든 여자애들이 똑같은 옷을 입고 행진했죠. 난 늘 발을 못 맞추었어요. 내 뒤의 여자애들이 일부로 내 발뒤꿈치를 밟곤 했거든요"라고 자신의 경험을 들려준다. 그러면서 "당신 나라가 처한 현실은 비극적이에요. 희망을 없애버렸잖아요. 당신이 지루해질 일은 없겠군요"라고 한 뒤 레스토랑의 웨이터에게 음악을 꺼달라고 한다. "어디서든 음악은 소음이 돼버려요. 보세요, 이 조화도 물병에 꽂혀 있다니까. 저기 좀 봐요. 저 빌딩, 세계의 추악함이죠. 아름다움을 볼수 있는 곳은 아름다움의 박해자가 간과한 곳뿐이에요. 전 세계가 다 그렇죠. 참을 수가 없어요."

격동의 시기에 핀 우정과 사랑

〈몽상가들(The Dreamers)〉(2003)은 길버트 어데어(Gilbert Adair)의 소설
『성스러운 순수(The Holy Innocents)』를 베르나르도 베르톨루치(Bernardo
Bertolucci) 감독이 영화화한 것이다. 어데어는 자신의 소설이 장 콕토(Jean
Cocteau)의 『무서운 아이들(Les Enfants Terribles)』에 영향을 받았다고 밝힌
바 있다.

〈몽상가들〉은 격동의 시기였던 1960년대 후반 파리를 공간으로 세 젊은
이의 우정과 사랑을 담았다. 프랑스어를 배우러 파리에 온 미국 청년 매슈와
쌍둥이 남매 이사벨과 테오가 주인공이다. 이 영화는 68 혁명을 정면으로 다
루지는 않는다. 다만 영화의 한 배경일 뿐이다.

〈몽상가들〉에서 무척 인상적인 것은 영화의 일부로 삽입된 옛날 영화들이
다. 장뤼크 고다르(Jean-Luc Godard)의 〈네 멋대로 해라(A Bout de Souffle)〉(1959),
새뮤얼 풀러(Samuel Fuller)의 〈충격의 복도(Shock Corridor)〉(1963), 루벤 마물리안
(Rouben Mamoulian)의 〈크리스티나 여왕(Queen Christina)〉(1933), 버스터 키턴
(Buster Keaton)의 〈카메라맨(The Cameramen)〉(1928), 찰리 채플린의 〈시티 라이
트(City Lights)〉(1931), 마크 샌드리치(Mark Sandrich)의 〈톱 햇(Top Hat)〉(1935), 고
다르의 〈국외자들(Bande a Part)〉(1964), 토드 브라우닝(Tod Browning)의 〈프릭스
(Freaks)〉(1932), 요제프 폰 스턴버그(Josef Von Sternberg)의 〈금발의 비너스
(Blonde Venus)〉(1932), 하워드 호크스(Howard Hawks)와 리처드 로손(Richard
Rosson)의 〈스카페이스(Scarface)〉(1932), 프랭크 타슐린(Frank Tashlin)의 〈더 걸
캔트 헬프 잇(The Girl Can't Help It)〉(1956), 로베르 브레송(Robert Bresson)의 〈무
셰트(Mouchette)〉(1967) 등이다. 키턴과 채플린에 대해 테오와 매슈는 논쟁을
벌이고, 루브르 박물관에서 세 주인공은 〈국외자들〉의 설정을 흉내 낸다.

세계에서 가장 큰 규모의 영화 자료 보관소로 알려진 시네마테크 프랑세즈에서 프랑스 영화에 빠진 매슈는 장피에르 레오(Jean-Pierre Leaud)가 고다르가 작성하고 서명한 성명서를 읽는 모습을 지켜본다.[2] "불순한 의도를 지닌 연립내각의 앞잡이 말로 장관이 시네마테크 원장인 앙리 랑글루아를 몰아내려 합니다. 관료주의에 물든 문화의 적들이 자유의 성을 강탈한 데 대해 저항합시다. 자유는 주어지는 게 아니라 쟁취하는 겁니다. 영화를 사랑하는 프랑스와 외국의 사람들은 당신과 랑글루아와 함께할 것입니다." 매슈의 내레이션이 이어진다. "랑글루아는 시네마테크를 설립한 사람이다. 영화를 창고에 보관하기보다 보여주길 원했다. 좋든 나쁘든, 오래되었든 아니든 장르를 가리지 않았기에 누벨바그 영화인들이 모여들기 시작했으니 바로 여기서 현대 영화가 태어난 것이다. 랑글루아는 정부에 의해 해임되었고, 파리의 모든 영화광들은 궐기에 나섰다. 그건 우리만의 문화혁명이었다."

매슈는 시위 현장에서 만난 이사벨과 테오에게 흥분한 채 말한다. "트뤼포, 고다르, 샤브롤, 리베트, 그리고 르누아르, 장 루슈, 로메르가 여기 있어. 시뇨레와 장 마레도, 그리고 또 마르셀 카르네도!" 그들은 걸으면서 정치와 영화에 대해, 그리고 프랑스에 훌륭한 록그룹이 없는 이유 등에 대해 끊임없이 이야기를 나눈다. 매슈의 호텔방 탁자 위에는 수전 손태그(Susan Sontag)의 『하노이 여행기(Trip to Hanoi)』와 호찌민(胡志明)이 표지 모델인 라이프 잡지가 놓여 있다.

매슈를 집에 초대한 날 테오가 자신의 아버지와 벌이는 논쟁에서는 당시

---

2   1968년에 시네마테크에서 실제로 읽은 건 칼퐁(Jean Pierre Kalfon)이었지만 베르톨루치의 즉석 아이디어로 이렇게 연출했다. 레오는 언제나 누벨바그의 상징이었고, 고다르와 트뤼포의 영화에도 출연했다.

젊은이들과 기성세대의 가치관의 간극을 엿볼 수 있다. 시인인 테오의 아빠 조지는 "세상을 둘러보면 뭐가 보여? 완전한 혼란이야! 그러나 위에서 보면, 그러니까 신의 눈으로 보면 모든 게 갑자기 조화를 이루는 거야. 우리 애들은 시위와 투쟁과 마약을 믿고 있지. 그들은 그러면서 사회를 자극하고 변화시킬 수 있다고 생각하는 거야"라고 말한다. 테오가 반문한다. "그럼 랑글루아가 해임되었는데 가만히 있으라고요? 외국인들이 추방되고 학생들이 맞고 있는데도요?" "잘되려면 어느 정도는 온전하게 했어야지." "아버지 말곤 다 틀린 건가요? 프랑스, 이탈리아, 독일, 미국은요?" "들어봐, 세상을 바꾸기 전에 너도 그 일부분이란 걸 깨달아야 해. 밖에서 쳐다보며 살 순 없는 게다." "방관하는 건 아버지잖아요. 베트남전 반대 서명도 거부했으면서." "시인은 탄원서가 아닌 시에 서명하는 거야." "탄원서도 시라고요." "그래, 나도 안다! 그렇게 늙진 않았으니까. 내 작품을 환기시킬 필요는 없어!" "지금 모습을 보세요! 그런 모습이 되진 않겠어요."

당시 젊은이들은 기성의 위계질서와 권위주의에 거부감을 갖고 이에 반발했다. "모든 권위에 대항하라"는 68 혁명의 주된 슬로건이었다. 거리의 시위에 동참한 테오가 화염병을 만드는 것을 보고 매슈는 논쟁을 벌인다. 매슈는 폭력의 사용에 대해 부정적인 견해를 갖고 있다. "테오, 이것은 아니야! 이건 폭력이라고!" "아니야, 굉장한 일이야, 함께 가!" "이건 병 속에 든 파시즘이야!" "내가 아니야! 경찰이 파시스트야!" "그래, 경찰이 민중을 치겠지." "집어치워! 이해를 못하는군. 날 놔둬!" "내 말 좀 들어, 이건 그들이 하는 짓이야! 이건 아냐, 우린 머리를 써야 해!"

베르톨루치는 〈몽상가들〉에 대한 인터뷰[3]에서 이렇게 언급했다. "저는 세

---

3   http://www.blackfilm.com/20040130/features/bertolucci.shtml 참조.

계 모든 관객이 공감할 만한 부분은 아니지만 파리 관객에게 뭔가 와 닿는 느낌을 주고 싶었어요. 강을 결정하는 것이 중요했어요. 강 왼쪽에 매슈가 사는 곳이 있거든요. 센 강 좌안에 살고 있죠. 역사적으로 많은 예술가들이 보헤미안의 삶을 살았던 곳입니다. 시네마테크는 강 우안에 있었는데 학생들은 좌안에 살았지만 영화를 좋아하는 그들은 순례를 하듯 강 건너 시네마테크로 향하곤 했죠. …… 원작자인 어데어의 줄거리가 정치 이야기에 가려질까 걱정했는데 사실 정치 이야기는 배경에 불과합니다. 그 부분은 균형을 맞추는 게 어려웠어요. 지나치게 과거에 치중하지 않고 몇 장면과 대사만으로 당시의 시대적 분위기를 보여줘야 했으니까요. 68년 자체에 대한 영화는 아니죠. 이 시대에 관한 배경이 등장인물에게는 와 닿지만 이 영화는 세 주인공의 관계가 주된 내용이죠. …… 이건 정치적 영화나 시적 영화가 아니에요. 당시 사회적 기록 또는 정치적 역사를 담으려 한 게 아니라 60년대의 정서를 담으려고 한 것이죠. 유쾌한 일탈의 정신을 담은 거죠. 우리 세대가 새 시대를 이끌 것이라 믿었던 그 짧은 순간을 포착한 거예요."

68세대, 무장 행동에 뛰어들다

1960년대의 학생운동은 폭력에 대한 일반적이고 추상적인 이론을 공유하고 있었다. 제3세계 해방전쟁에 대한 찬양, 무장투쟁의 필요성, 정치권력은 총구에서 나온다는 생각 등은 공통된 것이었다. 그러나 이론은 추상적인 수준에 머물러 있었다. 경찰의 탄압에 맞서 학생들이 사용했던 폭력은 경우에 따라서는 심각하기도 했다. 그러나 대부분 그것은 혁명적 목표를 직접 겨냥하지 않은 항의의 형태, 실존적 분노의 형태였다. 그들은 결코 무기를 들지 않았다. 그러나 1970년대 들어 이 같은 운동의 특징은 변화했다. 무장폭력은 다수의 소그룹들에게 목표를 위한 수단으로 간주되기 시작했다(프레이저, 2002: 453). 서독의 적군파(RAF: Rote Armee Fraktion), 이탈리아의 붉은 여단(Brigate Rosse), 미국의 웨더 언더그라운드(Weather Underground) 등이 바로 대표적인 무장투쟁의 주창자들이었다.

〈바더 마인호프(Der Baader Meinhof Komplex)〉(2008)는 울리 에델(Uli Edel) 감독 작품이다. RAF 대원들의 이야기를 소재로 다뤘다. RAF는 운동권 변호사인 호르스트 말러(Horst Mahler)와 유명한 좌파 칼럼니스트 울리케 마인호프(Ulrike Meinhof)를 포함해 SDS 회원들이 1970년에 결성했다. 이미 SDS 회원들 사이에서는 1968년 부활절 가두 투쟁 이후 대연정의 긴급조치법에 대항하기 위해 의회 외부 반대 세력과 도시 게릴라 조직의 필요성에 대해 본격적으로 논의가 전개되고 있었다. 그들 지도자의 이름을 따서 바더·마인호프 그룹이라고 불리는 RAF는 서유럽에서 이루어지고 있던 이른바 '미국 제국주의'에 대항하는 무장투쟁 조직으로 모습을 드러냈다. 정치가, 기업인, 법관, 세관원, 미군 등에 대한 암살, 은행 공격, 폭탄 테러로 인해 수십 명이 죽고 수백 명이 부상을 입었다.

영화는 조직의 창설자인 울리케가 1967년 6월 독일의 휴양지인 질트 섬의 누드 비치에서 휴가를 즐기는 장면으로 시작된다. 울리케가 보던 잡지의 표지에는 이란 국왕 부부 사진이 실려 있다. 딸이 샤(Schah)가 뭐냐고 묻자 아빠는 마음에 안 들면 목을 냅다 칠 수 있는 사람이라고 답한다. 이란 왕이 정상회담차 베를린에 도착하고, 마인호프는 왕비에게 공개편지를 쓴다. "안녕하세요, 왕비님! 말씀하시길 고국인 이란은 여름에 매우 무덥다면서 여느 국민들처럼 가족들을 데리고 카스피 해에 가셨댔죠. '여느 국민들'이라…… 과연 그럴까요? 대부분 연 수입이 백 마르크도 안 되는 농사꾼이고 여자들은 한 아이 걸러 한 아이를 기아, 빈곤, 질병으로 잃고 애들은 하루에 열네 시간 씩 일하는데 과연 여느 국민들이 여름에 피서를 갈 수 있을까요? 왕조는 반드시 이어져야 하며 이는 이란 헌법에도 나와 있다고 하셨는데 국왕께선 원래 헌법을 무시하셔서 이란의 출판물을 재량껏 가위질하고 법무부장관에게도 무력을 행사했으며 국민은 재판을 받지도 못하고 법보단 고문이 앞서는 상황 아니던가요? 모욕하고 싶진 않지만 ≪뉴 레뷰≫에 실린 거짓 기사로 인해 독일 국민이 모욕받을 수야 없습니다."

영화에서는 1967년 이란 국왕 팔레비의 방문에 항의하는 학생들의 시위를 비교적 상세하게 보여준다. 당시 시위 와중에 베를린 자유대학의 학생이 경찰 총격에 맞아 숨졌는데도 정부가 발포한 경찰을 사면하자 시위는 격화되었다. 학생들은 강의를 거부하고 대학을 점거했다. 독일 오페라 극장을 관람하려고 방문한 팔레비를 향해 시민들이 고함을 지른다. "테헤란 대학에 자치권을." "정치범에 대한 고문을 멈춰라!" "살인자는 서베를린에서 나가라!" 한쪽에서는 방문을 지지하는, 검은 옷을 입은 남자들이 나타나 시위대와 충돌한다. 경찰이 시위대를 향해 뛰어들고 최루탄이 터진다. 경찰이 쏜 총에 대학생이 쓰러진다. 텔레비전 토론회에서 마인호프는 시위 대학생들 편에 선 이유를 다음과 같이 말한다. "우익 언론은 6월 2일 참사로 학생들을 비난하고 슈프링거 출판 그룹은 계열사의 신문을 이용해 학생들을 폭력배로 몰아붙였습니다. ≪빌트(build)≫지는 경고로는 안 되고 피를 봐야 한다고 부추겼습니다. 이 학생들의 항의를 통해 우리가 경찰국가임이 드러났죠. 경찰과 언론 테러가 극에 달했고 이 나라에서의 자유란 결국 경찰 만행의 자유임을 여실히 보여줬습니다. …… ≪빌트≫지의 기사가 선동입니다. 미국은 베트남에서 핵무기를 쓰려 들고 이스라엘은 미국의 원조로 전쟁을 일으켰어요. 자국을 지키겠단 뜻이겠죠. 그럼 히틀러의 침공도 정당하겠군요."

베를린 자유대학에서 SDS 주최로 열린 반베트남전 국제회의와 루디 두치케에 대한 암살 시도도 이 영화에서 눈길을 끄는 장면이다. 두치케는 이렇게 목소리를 높인다. "동지들이여! 시간이 없습니다. 베트남에서 우린 무참히 짓밟히고 베트남은 완전히 고립되었습니다. 체 게바라도 말했듯이 중요한 건 뒷짐 지고 응원하는 게 아니라 그들의 곤경에 동참하고 끝까지 손잡고 나아가 죽음이든 승리든 함께 나누는 것입니다. 이 땅, 독일에서는 아직도 전쟁을 준비하고 있습니다. 미 국방부는 독일군 주둔지를 베트남전의 기지로 삼고 있습니다. 베트남에서 벌어지는 제국주의 전쟁에서 독일 정부를 미국의 하인처럼 부리는 걸 두고 볼 수만은 없습니다! 우리는 별수 없이 불법 시위를 할 수밖에 없는 것입니다!" 강당에는 "혁명은 모든 피억압자의 해방을 위한 투쟁의 일부이다!", "베트남 혁명에서의 승리를 위해!" 같은 플래카드가 걸려 있다. 참가자들이 "호, 호찌민!"을 함께 외친다. 정체불명의 괴한이 "이 더러운 빨갱이 자식!"이라 외치며 두치케에게 총을 겨눈다. 전국의 젊은이들이 악셀 슈프링거 그룹이 이 암살을 사주했다며 시위를 벌인다.

무장투쟁도 본격화된다. 슈프링거 그룹의 신문을 운송하는 차를 넘어뜨리고 화염병을 던진다. 백화점에 방화를 한다. 대원인 구드룬은 법정 진술에서 "저희가 그 화재의 주범입니다. 백화점에 불을 질렀죠. 이는 베트남 대학살을 구경만 하는 국민들의 냉담함에 대한 항의였습니다. 저흰 배웠습니다. 행동 없이 말로만 해선 소용없다는 것을요"라고 밝힌다. 마인호프는 취재 기자에게 그들 행위의 정당성을 설파한다. "돌 한 개를 던지면 명실공히 범죄요, 천 개의 돌을 던지면 그것은 정치 행위다. 차 한 대에 불을 지르면 이 또한 범죄요, 수백 대의 차에 불을 지르면 이는 정치 행위다. 항의(Protest)는 반대 의사를 분명히 하는 것이요, 저항(Widerstand)은 반대하는 일이 더는 일어나지 않게 하는 것이다."

구드룬을 면회해서 나눈 대화도 인상적이다. "백화점에 불을 내는 걸로 베트남 대학살이 멈출까요?" "아뇨, 그런 면에선 실수였죠. 법정에서도 말했고요. 반란 정도로 이해해줘요. 히틀러 때 파시즘 퍼지듯 구경만 할 순 없잖아요. 저항할 만큼 해봐야 후세대에 떳떳하죠. 우리나 미국 사람들은 먹고 또 먹고 쇼핑도 하죠. 이런 상황을 모른 채 편히 잘 살고 있다고요. 안다면 그러진 못하죠." "그래서 백화점에 불을?" "전 이대로 끝내지 않아요. 절대로! 또 두치케처럼 누가 총을 맞는다면 되쏴주고 말 거예요. 그래야 공평하죠." "해보는 말이죠?" "무장한 동지들이 전 세계에서 싸우고 있어요. 우리도 단결력을 보여줘야죠." "그러고 있잖아요. 이러다 그쪽도 가두면?" "저항의 불씨쯤은 되겠죠. 하지만 몇 자 적는다고 뭐가 바뀔까요?"

영화의 마지막 부분에서는 텔레비전 뉴스가 이들 급진주의자의 투쟁이 실패로 끝났음을 알려준다. 이제 민주적으로 해결할 때라는 빌리 브란트(Willy Brandt) 수상의 취임사를 삽입 화면으로 보여준 후, 앵커는 브란트가 학생들에게 손을 내밀었고, 독일 내 폭동을 거의 종식시켰으며, 개혁을 약속하자 학내 분위기도 잠잠해지고 학생들도 민주화에 동참할 것으로 보인다고 지적한다. 실제는 어떠했을까? 서독에서 브란트가 "더 많은 민주주의를 과감히 실천하자"라는 구호를 내걸고 연방 수상으로 취임할 수 있었던 데는 의회 외부 반대 세력들이 대연정을 비판하면서 정치적 동원을 시도한 것이 일조했다고 평가된다. 사민당과 그 당의 청년 사회주의자 조직은 68 혁명의 활동가와 동조자 일부를 끌어들일 수 있었다. 빌리 브란트 정부는 교육 분야와 형법, 기업 운영 제도 등 사회 각 분야의 민주화 시도에 착수했다. 그러나 참여 기회의 확대라는 68 혁명의 중심 사상을 추상적으로는 받아들이지만, 구체적인 계획에서는 1960~1970년대의 정당 제도 안에서 다수파를 이룬 자유주의적 사고를 따랐다(길혀홀타이, 2005: 181).[4] 무장투쟁은 물론이고 68 혁명은 그 참가자들이 지향하는 목표를 달성하는 데 실패했다. 그러나 그들이 운동 과정에서 표출한 대안적 문제 제기들은 기성 정당들에 의해 점진적으로 제도화되기도 했다. 특히 참가자들이 택했던 직접행동 방식은 이후에도 기성 질서에 대한 대안적인 사회를 창출하려는 급진적인 운동 즉, 코뮌 운동이나 빈집 점거(squatting) 운동 등으로 이어졌다.

---

4 68 혁명이 서독에서 정권 교체에 기여했지만 프랑스의 경우는 사정이 달랐다. 드골이 마련한 새로운 선거는 1968년 6월 드골주의자의 압승으로 끝난다. 프랑스인의 다수는 반드골파를 분명히 거부했다. 68 혁명의 직접적인 여파로 꼽을 만한 것은 정당 구조의 변화였다. 민주주의와 사회주의 좌파 연합인 좌파민주사회주의연합(FGDS)과 프랑스 공산당 사이에 선거 전술상의 합의가 깨지고 FGDS는 해체된다. 그 결과 좌파는 1969년 대선에서 단일 후보가 아닌 서로 경쟁하는 네 명의 후보를 내고, 어느 후보도 2차 결선 투표에 필요한 자격을 얻지 못했다. 이탈리아에서도 68 혁명은 프랑스처럼 정당 구조의 변화에 기여했다. '프라하의 봄'이 진압되자 이탈리아공산당은 소련공산당에서 이탈했다. 이는 유로코뮤니즘(Eurocommunism)에 길을 터주었을 뿐만 아니라 공산당과 기독교민주연합(DC)의 역사적인 타협의 길도 열어줬다(길허홀타이, 2005: 180~183).

이지 라이더 Easy Rider (미국, 1969)

　감독　**데니스 호퍼** Dennis Hopper

　각본　**피터 폰다** Peter Fonda, **데니스 호퍼, 테리 서던** Terry Southern

　배우　**피터 폰다, 데니스 호퍼, 잭 니컬슨** Jack Nicholson, **루아나 앤더스** Luana Anders, **루크 애스쿠**

　　　　Luke Askew, **토니 배질** Toni Basil, **캐런 블랙** Karen Black, **워런 피너티** Warren Finnerty, **새브리나**

　　　　샤프 Sabrina Scharf

프라하의 봄 The Unbearable Lightness of Being (미국, 1988)

　감독　**필립 코프먼** Philip Kaufman

　각본　**장클로드 카리에르** Jean-Claude Carriere, **필립 코프먼**　　원작　**밀란 쿤데라** Milan Kundera

　배우　**대니얼 데이 루이스** Daniel Day-Lewis, **쥘리에트 비노슈** Juliette Binoche, **레나 올린** Lena Olin

몽상가들 The Dreamers (영국·이탈리아·프랑스·미국, 2003)

　감독　**베르나르도 베르톨루치** Bernardo Bertolucci

　각본　**길버트 어데어** Gilbert Adair　　　　　　　　　　　원작　**길버트 어데어**

　배우　**마이클 피트** Michael Pitt, **에바 그린** Eva Green, **루이스 가렐** Louis Garrel, **로빈 레누시** Robin

　　　　Renucci, **애나 챈셀러** Anna Chancellor

바더 마인호프 Der Baader Meinhof Komplex (독일·프랑스·체코, 2008)

　감독　**울리 에델** Uli Edel

　각본　**베른트 아이힝거** Bernd Eichinger, **울리 에델**　　　　원작　**슈테판 아우스트** Stefan Aust

　배우　**마르티나 게데크** Martina Gedeck, **모리츠 블레이브트로이** Moritz Bleibtreu, **요한나 보카레크**

　　　　Johanna Wokalek, **나드야 울** Nadja Uhl, **얀 요제프 리퍼스** Jan Josef Liefers, **스티페 에르체그** Stipe

　　　　Erceg, **닐스 브루노 슈미트** Niels-Bruno Schmidt, **빈첸츠 키퍼** Vinzenz Kiefer

독일의 가을 (Deutschland im Herbst, 1978)　알렉산더 클루게(Alexander Kluge)·맥시밀리안 메인카
(Maximiliane Mainka)·라이너 베르너 파스빈더(Rainer Werner Fassbinder) 등 감독

2000년에 25살이 되는 조나 (Jonas qui aura 25 ans en l'an 2000, 1976)　알랭 태너(Alain Tanner) 감독

테이킹 우드스탁 (Taking Woodstock, 2009)　이안(李安) 감독

참고문헌

길허홀타이, 잉그리트(Ingrid Gilcher-Holtey). 2006. 『68운동: 독일·서유럽·미국』. 정대성 옮김. 들녘.

노웰 스미스, 제프리(Geoffrey Nowell-Smith) 엮음. 2005. 『옥스퍼드 세계 영화사』. 이순호·이남 외 옮김. 열린책들.

생장폴랭, 크리스티안(Christiane Saint-Jean-Paulin). 2015. 『히피와 반문화: 60년대, 잃어버린 유토피아의 추억』. 성기완 옮김. 문학과지성사.

손더스, 데이브(Dave Saunders). 2010. 『다이렉트 시네마: 관찰적 다큐멘터리와 1960년대의 정치』. 김상균 옮김. 커뮤니케이션북스.

아리기, 조반니(Giovanni Arrighi)·테런스 K. 홉킨스(Terence K. Hopkin)·이매뉴얼 월러스틴(Immanuel Wallerstein). 1994. 『반체제 운동』. 송철순·천지현 옮김. 창작과비평사.

알리, 타리크(Taliq Ali). 2008. 『1960년대 자서전: 열정의 시대 희망을 쏘다』. 안효상 옮김. 책과함께.

알리, 타리크(Tariq Ali)·수전 왓킨스(Susan Watkins). 2001. 『1968년: 희망의 시절, 분노의 나날』. 안찬수·강정석 옮김. 삼인.

이성재. 2009. 『68운동』. 책세상.

정수복 편역. 1993. 『새로운 사회운동과 참여민주주의』. 문학과지성사.

카치아피카스, 조지(George Katsiaficas). 2009. 『신좌파의 상상력: 전 세계적 차원에서 본 1968년』. 이재원 옮김. 난장.

캐루악, 잭(Jack Kerouac). 2009. 『길 위에서 1·2』. 이만식 옮김. 민음사.

프레이저, 로널드(Ronald Fraser). 2002. 『1968년의 목소리』. 안효상 옮김. 박종철출판사.

헤이워드, 수잔(Susan Hayward). 2012. 『영화 사전』. 이영기 옮김. 한나래.

Cohan, Steven and Ina Rae Hark(eds.). 1997. *The Road Movie Book*. London: Routledge.

Klinger, Barbara. 1997. "The Road to Dystopia: Landscaping the Nation in *Easy Rider*." Steven Cohan and Ina Rae Hark(eds.). *The Road Movie Book*. London: Routledge.

Nowell-Smith, Geoffrey. 2008. *Making Waves. New Cinemas of the 1960s*. New York: Continuum.

12장

제3세계의 군부 정치

〈로메로〉〈제트〉〈계엄령〉〈칠레 전투〉

군부는 민간 리더십을 교체하거나 직접적인 군부 통치를 확립함으로써, 혹은 간접적으로 통치할 수 있도록 민간 지도자를 다른 사람으로 교체함으로써 권력을 장악할 수 있다. 이는 경제적 후진성, 민간 지배자의 정당성 상실, 군부와 정부 간의 갈등, 그리고 유리한 국제적 상황이라는 특정한 상황과 연관이 있는 것처럼 보인다.

앤드루 헤이우드(Andrew Heywood)

군부는 왜 정치에 개입하는가?

지난 세기 동안 군부가 쿠데타를 통해 민간 정부를 전복시키는 일이 빈번하게 발생했다. 이는 물리적 강제력을 사실상 독점한 군부가 전쟁의 도구이기도 하지만 때로는 국내 정치에 개입해 정치 변동을 주도한다는 것을 의미한다. 그렇다면 왜 군부는 정치에 개입하는 것일까? 이에 대해서 학자들은 다양한 국내외적 요인들을 제시한다. 이 중에서 널리 알려진 견해는 군부가 민간 정부의 무능과 이로 인한 정치적 혼란을 바로잡고 정치적 게임을 중재하기 위해서 정치에 개입한다는 것이다. 이 경우 사회의 법과 질서를 회복했다고 판단을 내릴 경우 군부는 병영으로 복귀한다고 한다. 군부가 정치권력을 획득하고 거부권을 행사하기도 하지만 기존 체제나 정권을 바꾸는 등 거시적 변화를 이끌지는 않는다. 그 까닭은 군부에 대한 민간 지배의 강한 전통, 군부 내 일체감 결여, 조직 능력 및 기술의 부족 등에서 찾을 수 있다. 이러한 유형의 정치 개입을 하는 군부를 일컬어 '중재자'라고 한다. 이와 달리 군부가 심각한 정치적·경제적·사회적 위기 상황에서 부패하고 비효율적이라 판단된 민간 집단을 대신해 직접 정치에 개입하는 경우도 있다. 급격한 방식으로 강압력을 동원해 정치권력을 장악한 후 기존 정치 질서를 개편하는 경우이다. 이는 '통치자' 유형이라 불린다.

이러한 차이는 군부의 성격에 대한 견해의 차이에서 비롯된 것이다. 군부가 본질적으로 보수적인 까닭에 근대화와 정치 발전을 저해하는 집단이라는 견해가 있는 반면, 군부가 근대화되고 잘 훈련된 조직이기 때문에 경제 발전과 사회 변화를 이끄는 핵심적인 행위자가 된다는 주장도 존재한다. 그리고 군부가 사회변동에 독자적으로 영향을 미칠 능력을 갖고 있지 않으므로 정권과 사회 변화 사이에 상관관계를 찾을 수 없다는 견해도 있다.

실제 역사를 살펴보면 1960년대 중반 이후부터 군부는 빈번히 중재자가 아니라 통치자로서 정치에 간섭해왔다. 이러한 현상은 특히 라틴 아메리카의 직업화된 군부에서 현저하게 나타났다. 이 지역에서 군부는 '하나의 제도로서' 통일된 행동을 바탕으로 정치에 개입해 각국의 정치·경제를 직접 지배해왔다. 군부는 따라서 사실상의 정치집단, 특히 많은 경우 가장 강력하고 조직적인 정치집단으로 등장한 것이다(김영명, 1985: 18~19). 군부의 정치적 역할에 대해서는 다양한 수준에서 분석이 행해지고 있다. 군 장교의 개인적 야심 및 불만에 초점을 맞추거나, 군대의 규모, 장교 간의 훈련 및 교육과정, 동지적 유대감, 사회적·경제적 출신 배경, 정치 성향, 직업주의 등 군부의 내재적 특징을 중심으로 군부의 정치 개입을 분석하는 것이 그것이다. 그리고 사회 각 계층의 점증하는 요구를 정치제도가 수용하지 못할 경우 군부가 이들과 상호작용하면서 정치에 개입한다는 사회적 분석이 있다. 중간계급의 구성원들이 그들의 이익을 보호하기 위해 군부의 정치 개입을 유도 내지 선호해왔다는 호세 눈(Jose Nun)의 견해가 대표적이다. 이 밖에 세계 자본주의 및 군국주의의 압력, 특히 다국적기업과 국제금융 기구 및 미국 정부의 주변 국가에 대한 간섭, 그리고 민족해방운동과 전쟁의 영향 등 세계 체제 수준을 강조하는 분석도 존재한다(김영명, 1985: 21~32).

아모스 펄뮤터(Amos Perlmutter)는 군부의 직접통치 형태를 세 가지 유형으로 분류한다. 첫째, 전제적 집정관 체제는 한 사람의 군인이 아무런 견제를 받지 않고 무제한의 권력을 행사한다. 둘째, 과두적 집정관 체제는 소수가 이끄는 군부에 의한 통치로 대부분의 군부 지배가 이에 해당된다. 셋째, 조합주의적 집정관 체제는 민간인과 군부의 제휴에 의해 형성되며, 정부의 권위는 민간 연합에 토대를 둔다(Perlmutter, 1977: 94~114).

군부 정치는 다양한 형태의 시민사회 행위자들이 집단적인 이익을 표출함으로써 정치 과정에 다양한 경로를 통해 영향을 미치려고 하는 집단 정치의 범주에서 살펴볼 수 있다. 사회분화가 미약하고 다원적 이익 표출이 발달하지 못한 권위주의나 전체주의 국가에서는 집단 정치가 주로 정부 기구 내에서, 그리고 정부 기구를 통해 영향력을 발휘하고자 하는 관료와 군부를 중심으로 이뤄진다. 민주화 이전의 포르투갈이 그 대표적인 사례라 할 수 있다. 1970년대 초반 포르투갈에서는 아프리카에서의 소모적인 군사작전으로 군장교 집단 내부에서 불화가 발생했다. 정규 장교들은 낡은 진급 체계와 징집 장교(Milicianos) 우대에 불만을 품고 있었다. 사회적으로도 1974년 초에 30퍼센트가 넘는 인플레이션을 기록하고 있었고, 노동운동도 확산되고 있었다. 이러한 상황에서 1974년 4월 25일 마르셀루 카에타누(Marcello Caetano) 정권에 대항하는 쿠데타가 발생했다. 안투네스(Ernesto Melo Antunes) 소령 등의 주도로 권력 장악에 성공한 후 혁명평의회를 중심으로 군부가 정치 무대의 전면에 나서게 되었다. 포르투갈은 스페인과 달리 '협의에 의한 개혁(reforma pactada)'을 실시할 수 있는 기반이 없었고, 결국 쿠데타에 의해 자신들의 이해관계가 보전될 것이라고 여긴 군부에 의해 권위주의 체제가 붕괴했다.

군부 내의 소장파가 민주화 과정에서 일정한 역할을 한 포르투갈에 비해, 미얀마는 군부가 민주화를 억제하면서 권위주의 통치를 지속해왔다. 1948년 영국으로부터 독립한 미얀마는 1962년부터 줄곧 군사정권이 통치해왔다. 그러나 식민지를 경험한 지배 세력이 자력갱생을 위한 비자본주의 발전 노선을 실험했으나 별 성과 없이 국제사회에서 고립된 개발 없는 독재로 전락했다. 정치적 억압과 경제적 빈곤으로 누적된 불만은 1988년 8월 옛 수도 양곤에서 항만 노동자들이 시작해 전국으로 확대된 총파업으로 나타났다. 그러나 민주주의와 경제개혁에 대한 미얀마 국민들의 요구를 군부는 무차별 총격과 폭행으로 좌절시켰다. 같은 해 창당된 버마민족민주동맹(NLD)을 와해시켰으며 아웅 산 수 치(Aung San Suu Kyi) 등 민주화 운동을 이끄는 인사들을 체포·탄압했다. 8월 8일 군부가 시위대에 발포한 사건을 '8888'이라고 한다. '랑군의 봄'으로 지칭되는 광범위한 민주화 시위를 무력으로 진압한 군부는 권력 유지를 위해 다시 한 번 쿠데타를 일으켰다. 군부의 국가법질서회복위원회(SLORC)는 무력으로 정권을 접수하고, 1989년 계엄령을 선포했다.

1990년에는 아웅 산 수 치가 이끄는 NLD가 의회의 489석 가운데 392석을 차지하는 압도적인 승리를 얻었지만, 군부가 선거를 무효화하고 당선자 상당수를 투옥했다. 2007년 9월에는 미얀마 전역에서 승려들을 중심으로 군부 통치에 반대하는 이른바 '샤프론(Saffron) 시위'가 전개되었지만 군부에 의해 유혈 진압되고 말았다. 국제 여론이나 자국 내 승려들의 반발에도 아랑곳없이 강압적인 통치를 지속하던 군부는 2011년 후반부터 개혁·개방 노선을 채택하고 비록 더디고 제한적인 범위에서나마 변화를 꾀하고 있다. 2015년 11월 8일 총선에서는 야당인 NLD가 군부 의석을 합해 총 657석인 상·하원 의석 중 59퍼센트를 확보해 대통령을 배출하고 단독으로 정부를 구성할 수 있게 되었다. 군부에 의해 정치 과정이 규율되는 이른바 '규율 민주주의(disciplined democracy)'에서 진정한 민주주의로 이행하는 시험대에 미얀마는 놓여 있다.

군부 정치와 교회

〈로메로(Romero)〉(1989)는 1970년대 말 중남미 엘살바도르에서 인권과 정의를 위해 헌신하다 군부 정권에 의해 암살당한 오스카 로메로 대주교(Archbishop Oscar Romero, 라울 줄리아 분)의 이야기를 담고 있다. 대부분의 성직자가 그렇듯이 원래 로메로는 정치에 관심이 없었다. 가톨릭교회는 기존 체제를 옹호하고 권력자들과 유착해 있었다. 대부분의 성직자들은 그들이 독점한 종교 권력을 활용해 보수적인 신앙을 유포하고 신자 대중의 의식을 탈정치화하는 데 골몰해 있었다. 당시 엘살바도르에서는 군부가 사회 혼란을 명분으로 정치에 개입하고 그 지도자인 움베르토 장군(Carlos Humberto Romero, 해럴드 캐넌 분)이 대통령으로 취임하려는 움직임이 본격화되고 있었다. 그때 예상 밖의 인물이 신임 대주교로 임명되었는데, 바로 로메로였다. "저분은 타협을 잘하는 편이라 풍파는 없겠지요. 책벌레이지요. 난리가 나도 모를 겁니다." 그가 무기력한 대주교에 머물 것이라며 의심의 눈초리를 보내는 사람들도 있었다. 그러나 대부분의 라틴 아메리카가 그렇듯 엘살바도르도 불평등과 빈곤이 만연하고 소수의 지배 세력이 반대 세력을 탄압하고 있었다. 이런 사실을 깨달은 일부 성직자들이 불의에 저항하고 인권을 옹호하는 데 앞장서게 된다. 로메로가 성직자로서의 사명을 새롭게 깨닫게 된 계기는 절친한 사이였던 그란데 신부(리처드 조던 분)가 군인들에게 피살된 사건이었다. 군사정권의 탄압의 강도가 점차 높아지자 로메로 대주교의 고뇌도 깊어지고 결국 그는 억압받는 사람들을 위해 고난의 길을 가기로 결심한다. 그런 점에서 〈로메로〉는 정치와 거리를 두던 한 성직자가 고난받는 사람들과 연대하며 '넓은 의미의' 정치에 참여하게 되는 과정과 그 이후의 정치적 삶을 비교적 객관적으로 재현해주는 영화이다.

교회나 성직자, 신자들이 직간접적으로 정치적 행위에 가담해 체제 정당화나 체제 비판 등의 역할을 수행하는 것을 일컫는 '교회의 정치화'는 이 영화를 관통하는 키워드이기도 하다. 영화에서 로메로 주교가 대주교로 임명되기 전 그란데 신부와 함께 선거 유세를 지켜보는 장면이 있다. 한 시민이 지난 선거에서는 권리를 뺏겼지만 이번에는 자유선거가 이뤄질 때까지 광장에서 물러설 수 없다는 연설을 한다. 선거 당일 한 농민은 독립이 된 후 우리의 것이니까 이 땅을 사랑하게 되었지만 이제는 쫓겨나야 한다고 하소연한다. 떠나지 않으면 남김없이 집에 불을 지른다면서 그들 자신은 소작농일 뿐 아무런 권리가 없다는 것이다. 이 광경을 지켜보던 로메로가 그란데에게 어떤 사람들이 신부를 파괴적인 선동자라고 말한다고 알려준다. 그란데는 "그런 말을 들을 분은 주님 한 분이십니다. 예수님은 구름 속에 계시지 않아요. 왕국을 건설하며 우리와 여기에 계십니다. 우리 눈앞의 형제들을 사랑하지 못한다면 보이지 않는 하느님을 사랑할 수 없습니다"라고 대답한다.

영화에서는 군인들이 노골적으로 투표를 방해하는 장면이 펼쳐진다. 주민들이 투표를 못하도록 군인들이 언덕에서 드럼통으로 도로를 막고 버스에 총격을 가하기까지 한다. 그란데가 버스에 탄 사람들이 투표소에 가야 한다고 말하지만 장교는 게릴라들 때문에 못 간다며 통과를 막는다. 유권자의 다수를 차지하는 가난한 주민들이 그들의 이해를 충족시켜주는 대표자를 선출하는 것을 군부가 우려했기 때문이다. 농지개혁이나 임금, 인권에 대해 생각한 것을 말하는 사람은 누구나 공산주의자로 몰려 공포 속에서 살며, 군인들이 이들을 데려가서 고문하고 죽이기까지 한다는 그란데의 언급은 권력을 쥔 군부가 주민들의 기본적인 권리를 보장하지 않고 반대 세력에 대해서는 노골적으로 폭력을 행사하고 있는 현실을 잘 보여준다.

영화는 그란데 신부의 피살 사건이 로메로 주교를 변화시키는 모습을 보여준다. 그란데 신부는 동료 신부들이 성체성사를 올리는데 갑자기 군인들이 와서 사람들을 죽였다는 소식을 듣고 그의 형제들이 살아 있는 동안만이라도 함께 일하고 봉사하고자 한다면서 아길라레스로 떠났었다. 그리고 얼마 후 자동차를 타고 가던 중 괴한들에게 살해된다. 로메로는 "착한 신부와 노인과 소년을 위해 대성당에서 미사가 집전될 것입니다. 그들은 평등하며 그들은 우리들입니다. 그들은 살해되었고 이런 일이 다시는 없어야 합니다"라고 단호하게 말한다. 로메로가 직접 장례미사를 집전하려 하자 장군은 미사가 정치적인 성명을 발표하는 것으로 해석될 수 있다며, 교회의 사명은 복음의 전파라고 말한다. 다른 주교도 이제껏 교회는 항상 큰 영향력을 가져왔는데 그 역할을 포기할 수 없다며 로메로에게 반대한다. 이에 대해 로메로는 함께 모여 이 죽음을 애도하고 그들의 만행에 대해 얘기해야 한다고 응답한다. 그란데 신부와 친분이 있던 젊은 여인 한 명이 건넨 조언을 듣고 로메로는 결심을 굳힌다. "제가 천당에 갈 수 있나요? 이곳은 너무해요. 누군가 나서서 말할 사람이 있어야 해요. 희망을 가질 무언가가 있어야 해요." 장례미사에서 행하는 로메로의 설교가 라디오를 통해 전국에 전달된다. "지금은 우리 모두가 이 죽음의 의미에 대해 생각할 때입니다. 그런데 신부가 가르쳤던 자유는 신앙에 뿌리를 둔 것이지만 권력자들은 이를 정치적인 것으로 왜곡되게 해석했습니다. 그래서 그런데 신부는 살해되었습니다. 누가 알고 있습니까? 살인자들도 이 말을 듣고 있을 것입니다. 그래서 살인을 저지른 형제들에게 우리는 그대를 사랑한다고, 그래서 진심으로 회개하기를 바란다고 말하고 싶습니다."

물론 체제의 옹호자들은 로메로에게 신랄한 비난을 퍼붓는다. 게릴라들에게 납치된 농산부 장관 라파엘 젤라다의 장인이 대표적이다. "교회 사람들은 영혼 속에서나 살지 우리 일을 이해 못 합니다. 생산하고 팔아서 달러를 벌고 자본을 만들어서 경제를 발전시키지요. 사람들을 움직이게 하는 거죠. 그러기 위해 법과 질서가 필요하고. 당신네 신부들, 정의와 인간의 권리를 말하면서 스스로 전능하다고 믿는 그 신부들 때문에 생긴 일이오. 그러나 교회는 창녀요. 가장 높은 고객에게 아부나 하는."

한편, 군인들이 지키는 교도소로 오수나 신부와 빌레즈 신부를 면회하러 간 로메로는 고문 사실을 알게 되고 석방을 요구하기 위해 움베르토 장군을 찾아간다. 상반된 관점과 이해관계를 지닌 두 사람이 교회와 정치의 관계에 대해 나누는 대화가 눈길을 끈다. "폭력이 난무하고 있어요." "문제는 어디에나 있지요. 교회가 정치에 개입해서는 안 되지요." "복음에도 정치 내용이 있습니다." "정치는 우리가 하죠. 이번 주에 대통령에 취임할 겁니다. 대주교가 참석하는 것이 관례지요. 수락이 없더군요?" "선량한 사람들이 매일 실종되는 때에 어떻게 강복을 하겠습니까?" "그렇다면 불행하게도 아길라레스를 점령해서 교회 문을 닫아야겠군요. 수락하실 때까지요. 그런데란 사람이 어떤 일을 했는지 알아요. 증거도 있지요. 사람들을 선동하고 정치 집회를 열었죠. 당신이 대주교가 되던 날에도, 그가 죽은 날에도 그랬지요. 그는 공산주의자요." "내가 대주교가 되던 날 그는 나와 함께 있었소. 살해된 날도 세례를 주고 오던 길이었소." "그건 거짓말이오." 아길라레스의 성당에 간 로메로 대주교는 미사를 행하려다 군인들에게 끌려나온다. 차를 돌려 다시 성당 안으로 향하고 주민들이 그를 따른다. "오늘 우리는 이 교회를 되찾고 억눌린 이들에게 힘을 주기 위해 왔습니다. 여러분들은 홀로 고통받는 것이 아닙니다. 여러분이 교회이고 하나님의 백성이고 예수입니다. 바로 여기 이곳에서 수난을 받으십니다. 2000년 전 예루살렘에서 그러하셨듯이. 여러분의 고통과 수난이 그분의 것처럼 살바도르의 해방과 구원에 기여할 것을 아서야 합니다."

로메로 대주교는 군부 정권의 폭력을 목격하면서 라틴 아메리카 교회가 현재 처해 있는 사회적 차원을 통찰하고 교회의 예언자적 사명을 재발견했다고 볼 수 있다. 군인들에게 잡혀가 실종된 자식들에 대해 호소하는 사람들, 쓰레기 더미에서 비참하게 살고 있는 사람들, 정치범 명단을 전달하고 기다리던 로메로에게 "정치범은 없습니다"라고 적은 카드 하나를 달랑 보낸 대통령도 이에 영향을 미쳤다. 로메로처럼 불평등과 착취와 빈곤이 만연한 지역에서 사회적 불의를 고발하려는 사제들은 기득권 세력들에게 비난을 받았다. 복음의 전파라는 본연의 임무를 망각하고 바깥 세상사에 간섭한다느니 마르크스주의 이념에 빠져 있다느니 하는 것이었다. 경찰과 군 당국의 감시 대상이 되고 때에 따라서는 투옥되거나 암살되는 경우도 적지 않았다.

로마 가톨릭교회가 기존 체제와 경제적 저발전을 옹호하고 조장하는 데에서 벗어나 라틴 아메리카 전역에 만연한 착취와 억압과 인간소외에 대해 더 적극적인 태도를 취하게 된 계기는 교회의 사회적 책임을 강조한 제2차 바티칸 공의회(Sacrosanctum Concilium, 1961~1965)[1]라 할 수 있다. 이후부터 수많은 사제들이 교회의 사명을 가난한 이들과의 유대에서 찾기 시작했다. 요셉 사이어(Josef Sayer)는 '해방의 목회'가 가난하고 고통당하고 억압당하고 착취당하는 인간, 주민 대다수가 점증하는 불의에 내맡겨진 인간, 사회적으로 '인격적 대우를 받지 못하는 인간들'과 관련되어 있다고 지적한다. 그들에게는 권리, 정의, 존엄성, 해방과 예수 그리스도를 통해 해방하는 하느님의 현존재, 즉 세계의 강자들 위에 있는 해방하는 현존재의 구원이 허락되어 있다는 것이다(아이허, 1988: 69~70).

로메로 역시 같은 견해를 밝힌다. "교회의 사명은 가난한 자들과 일치하는 것입니다. 함께 정의를 위해 싸우는 것입니다. 그렇게 함으로써만 교회는 구원을 얻게 됩니다." 로메로 평전을 쓴 마리 데니스(Marie Dennis)와 레니 골든(Renny Golden), 스콧 라이트(Scott Wright)는 로메로가 말한 '가난한 이들의 모습'이란 고통을 참고 견디며 저항하는 이들의 모습이라고 지적한다. 토지를 강탈당한 이들, 노동쟁의에 휘말린 이들, 구금당한 이들, 실종자들, 살인부대와 보안대에게 학살된 이들의 모습이라는 것이다. 이는 교회가 가난한 이들을 사목 대상으로 삼아야 하고 그래서 결국 가난한 이들과 공동 운명체

---

1   당시 교황이었던 요한 23세는 기독교와 사회 진보, 평화 수립에 대한 회칙들을 통해 세계의 문제들에 대한 실천적이고 창조적인 해결책을 제시하면서 인권의 개념을 사회적·경제적 권리를 포함하는 데에까지 확장시켰다. 바티칸 공의회는 정신적 영역과 현실적 영역을 단일하게 파악하고 오랫동안 선호해온 교회와 국가의 긴밀한 결합을 배격했으며, 교회가 정의와 인권 그리고 자유를 증진하도록 적극적으로 헌신할 것을 강조했다. 이후 더 구조적이고 범세계적인 차원에서 공정한 분배를 달성하기 위한 조직적 변화를 중시하는 여러 가르침들이 제시되었다. 공의회 이후 제3세계의 가톨릭 성직자들도 새로운 진보적 가르침을 이론적으로 받아들이기 시작했다. 그러나 이를 실천으로 연결하고 일상화한 것은 로메로의 사례에서 보듯이 비민주적 정권에 의해 가혹한 탄압을 경험한 후였다.

가 되어 움직여야 한다는 뜻이다. 로메로는 이렇게 말한다.

　　가난한 이들에게 고통을 주는 자는 누구라도 가난한 이들이 겪는 것과 똑같은 고통을 겪어야 합니다. 엘살바도르에서 가난한 이들이 겪어야 하는 운명, 빼앗기고 고문당하고 감옥에 갇히고 결국 죽임을 당하고 마는 그 고통을 우리는 잘 알고 있습니다(데니스 외, 2004: 77~78).

　　저명한 해방신학자인 구스타보 구티에레즈(Gustavo Gutiérrez)는 가난한 사람들과의 유대와 기성 체제에 대한 저항은 해방을 목적으로 하는 한 필연적으로 정치적인 성격을 띠게 된다고 주장한다. 피압제자들을 편들면 압제자들을 적대하게 된다는 것이다. 그런 까닭에 가난한 자들과 유대를 맺는 일은 개인적 모험, 때로는 생명의 위험을 무릅쓰는 것이라고 한다(구티에레즈, 2000: 336). 로메로의 주장도 점차 사회적이고 정치적인 성격을 띠게 된다. "폭력의 종말은 여러분에게 달렸습니다. 봉건적 과거에 집착하지 마십시오. 새로운 시대가 왔습니다. 하느님의 백성이 평화와 자유, 인간의 존엄성을 지키며 살아갈 시대입니다. 특히 군인들에게 간청합니다. 형제들이여, 여러분 각자가 모두 우리입니다. 우리는 같은 사람입니다. 여러분이 죽이는 노동자, 농민은 여러분의 형제, 자매입니다. 죽이라는 명령을 들을 때 하느님의 말씀을 생각하십시오. 살인하지 마라. 어떤 군인도 하느님의 계명을 어기면서 명령을 따를 필요는 없습니다. 하느님의 이름과 비탄의 소리가 하늘을 찌르는 억눌린 백성의 이름으로 간청합니다. 명령합니다. 억압을 중단하십시오."

　　로메로 대주교는 1980년 3월 24일 암살되었다. 자신의 죽음을 예견한 듯 이전에 그는 이렇게 말했다. "저는 자주 죽음의 위협을 받았습니다. 그러나 그들이 저를 죽인다면 저는 엘살바도르 사람들 사이에서 다시 부활할 것입

니다. 제가 흘린 피는 자유의 씨앗이 되고 희망이 곧 실현되리라는 신호가
될 것입니다. 사제는 죽을지라도 하느님의 교회인 민중은 결코 죽지 않을 것
입니다." 그는 진리를 전파했으나 많은 이들이 들으려 하지 않았다. 결국
1980년과 1989년 사이에 6만 명 이상이 살해되었다. 그의 순교 이후에도 세
상은 여전히 부의 양극화와 비참한 빈곤, 전쟁과 집단 학살, 생태계 파괴로
고통받고 있다. 그러나 그의 정신과 증언은 전 세계로 퍼져나가 고통받는 이
들에게 용기와 희망을 주고 있다. 프란치스코 교황(Franciscus PP)은 2015년
5월 로메로 대주교의 시복식을 거행했다(≪경향신문≫, 2015년 12월 26일 자).

그리스 군부 통치와 반공주의

그리스는 1970년대 중반에 아래로부터의 동원과 압력에 의해 민주주의로
이행하기까지, 장기간에 걸친 주변 강대국의 지배와 좌·우파 세력 간의 내
전, 군부 정권의 통치를 경험한 국가이다. 전형적인 완고한 반공주의가 존재
했던 국가이기도 하다. 이처럼 세계 체제의 준주변부나 주변부에 위치해 있
는 국가, 특히 경제 발전 수준이 낮고 사회 분열이 심각하며 후진적 정치 문
화를 지닌 국가에서 정치적으로 독립된 군부가 집단적 이익을 위해 정치에
개입하는 경우 완고한 반공주의 형태를 띠기 쉽다. 2차 대전 후 냉전이 시작
된 이후 그리스의 지배 연합은 반공주의를 정당화의 이데올로기이자 메커니
즘으로 동원하고 있었다. 이 때문에 1960년대 들어 선거 결과에 불만을 품
은 군부가 공산주의자들의 음모를 명분으로 쿠데타를 감행할 수 있었다. '대
령들의 정권'은 집권 기간 동안 반대 세력의 압력과 외부의 간섭에 반응해 더
욱 권위주의적인 형태의 통치를 행했다.

역사적으로 그리스에서 반공주의가 본격적으로 생성된 때는 1936년 이후 메탁사스(Ioannis Metaxas) 장군이 지배한 일종의 권위주의 체제에서였다. 이 시기에 군대의 근대화가 서둘러 추진되었고, 공산주의는 자유주의·의회주의와 더불어 배척되었다.[2] 이어서 1946년부터 1949년에 걸쳐 발생한 내전을 거치면서 반공주의는 사회통제를 위한 통치 이데올로기로 변화했다. 국내 정치적 차원에서 반공주의 질서를 구축하고 유지시켜나갔던 정치 세력은 내전 직후 권력을 장악한 우파 정치인들과 왕정 세력, 군 장교들로 이뤄진 이른바 '삼두정치(Triumvirat)' 세력이었다. 이들 지배 연합은 불법화된 공산당이 사회 불평등과 관료들의 부패에 식상한 대다수 대중의 지지를 얻을 것을 우려해 공산주의의 위협을 과장했고 강압력을 동원해 좌파 조직을 파괴하려 했다. 이를 위해 다수대표제로의 선거제도 변경, 내전 시기에 도입된 각종 긴급 입법 강화 등과 같은 제도적 장치가 구축되었다. 반공주의가 실제적으로 기능할 수 있도록 한 이들 조치는 1967년 군부 쿠데타를 통해 집권한 군부 정권하에서 더욱 강화되었다. 무력을 독점한 군부는 문민정부 대신 질서, 경제 번영, 국가이익을 약속하고, 광범한 사회적·경제적 개혁 프로그램을 추진하면서 모든 종류의 국가정책 결정을 통제했다(Close, 2002: 116~118).

---

2   의회 내 정치 세력 간의 갈등과 연이은 쿠데타 기도, 수출 감소와 노동자들의 파업이라는 혼란한 상황이 계속되자 국왕 게오르그 2세(George II)는 공산주의자들이 호소한 24시간 총파업을 반대하는 것을 명분으로 메탁사스가 헌법의 주요 조항을 일시 정지하도록 승인했다. 이 조치를 계기로 메탁사스는 정권을 장악하고 노조 지도자들을 체포하고 군대를 동원해 전투적인 노조를 해산했다. 자칭 '8월 4일 정권'은 히틀러와 무솔리니를 모방해 '제3의 그리스 문명'을 주창하고 공산주의, 자유주의, 의회주의를 증오했지만 파시즘의 역동성과 급진성은 결여하고 있었다. 공산당은 비밀경찰에 의해 붕괴되었지만 공산주의자들에 대한 고문은 행해지지 않았다. 표현의 자유는 억압되었지만 여론은 독재 행태를 조롱을 섞어 다룰 수 있었다(Woodhouse, 1998: 231~233; Clogg, 2002: 115~117).

'대령들의 정권'은 쿠데타 직후 그리스 헌법의 11개 조항이 일시 정지된다고 발표했다. 이에 따라 누구나 언제든 영장 없이 체포될 수 있고 군사법원에서 재판을 받게 되었다. 직간접적으로 국가의 통제하에 있는 기구들의 주요 인사들은 추방되거나 교체되었다. 대학들은 경찰의 직접적인 통제하에 들어갔고, 모든 강의는 정기적으로 사찰을 받아야 했다. 교회 조직도 군부의 성향에 맞게 자의적으로 바뀌었다. 아테네의 추기경직에 전투적·반공적 성향의 인사가 임명되었고, 그가 은퇴한 이후에는 세라페임(Serapheim)의 칭호를 얻은 또 다른 전투적 반공주의자로 교체되었다. 그는 독일 점령 시기에 반공주의자들로 구성된 저항 단체에 참여했던 사람이었다. 세라페임 치하에서 열두 명의 주교가 옷을 벗었다. 이 사건은 이후 교회 분열을 일으켰고 독재 종식 후에도 오랫동안 교회의 평판을 훼손했다. 좌파 지도부가 장악했던 노조 재산은 몰수되었고, 상향식의 풀뿌리 노조 조직은 붕괴했다. 정치적으로 의심되는 인사들에 대한 악명 높은 경찰 파일(Fakeloi)이 다시 증가했다. 이에 주목해 사마타스(Minas Samatas)는 내전 후 그리스 사회를 '권위주의적 감시 사회(authoritarian surveillance society)'로 규정한다(Samatas, 2005: 477). 정부 부서, 노조, 심지어는 이민 공동체에서도 정보 제공자들이 암약했다. 공개적인 정치적 토론, 혹은 전화나 우편을 통한 연락은 위험한 행위로 간주되었다. 경찰의 허가 없이 집회는 개최될 수 없었다. 정치범에 대한 고문이 눈에 띄게 확산되었다. 잔인한 행위에 대한 소문은 반대 세력을 절망하게 하고 공포 분위기를 조성하는 역할을 했기 때문에, 군부 정권은 오히려 이를 반겼다(Woodhouse, 1998: 295~296; Clogg, 2002: 160~161; Close, 2002: 114~116).

군부의 정치 참여는 그리스 군부가 갖는 고유한 특성과 더불어 정치적·사회적 요인에 기인한 것이었다. 그리스 군부는 규율, 효율성, 용맹 따위의 전통적인 군인 미덕을 에토스로 갖고 있었고 1940년대의 내전을 통해 노동계급 및 좌파 정치 세력과 대결하면서 이미 반공주의를 내화하고 있던 집단이다. 이들은 노동계급을 비롯한 사회 하층계급이 좌파 세력의 정치적 기반이라는 점 때문에 하층계급에 대해 이질감을 갖고 있었다.[3] 이들이 동질감을 갖고 보호하려 했던 계급은 중간계급이었다. 중간계급 역시 군부와 유사한 성향을 가진 데다 기득권 유지를 위해서라면 군부 통치를 얼마든지 수용할 자세가 되어 있었다. 여기에 군부의 엘리트 집단들은 미국 내 군사교육을 포함한 미국의 막대한 군사원조의 영향으로 친미화·보수화되었다. 대부분의 장교들은 민주주의 제도와 절차에 대해 부정적 시각을 갖고 있었다. 이런 까닭에 1950년대 이후 진행된 산업화로 인해 사회동원과 사회 세력의 정치 참여가 폭발적으로 증가하는 상황에서 좌파 세력들이 부상하고 전통적 엘리트가 주도하는 권위주의적 연합이 약화될지도 모른다는 군부의 우려는 당연했다. 이는 정치화된 군부가 무력을 동원해 기존 정권을 무너뜨리고 정치권력을 장악하는 것으로 연결되었다.

쿠데타가 성공한 후 출범한 '대령들의 정권'은 구질서의 전면적인 변혁을 목표로 삼지 않았다. '대령들의 정권'은 집단으로서의 군부가 통치권을 장악하고 정치 기능을 수행하는 과두 체제를 형성했으며, 기술 관료 및 자본가들과 연합했다. 그러나 독점적 권력은 군부에 있었다. 민간 부문과 연합한 것은 정당성 보강과 효율성 제고를 위해서였을 뿐이다. 이 같은 특징 때문에 군부 정권이 갖는 권위주의적 속성인 물리적 억압과 경제에 대한 국가 개입은 더욱 강화되었다. 물론 이데올로기적 공세도 병행되었다. 대령들은 그들

---

3   계급적 기반을 지니고 영향을 받았다는 점에서 그리스의 반공주의는 전국적인 반공주의
     운동인 1950년대 미국의 매카시즘과 구분된다. 이에 대해서는 Samatas(1986: 29~30)
     참조.

권력이 경제적 계급 갈등의 결과가 아니며 오히려 가난한 자들에게 유리한 것이라 주장했다. 좁은 계급 이익으로부터의 분리 주장은, 자기 이익 추구에 대한 비난에서 대령들을 보호하는 데 어느 정도 기여했지만(Veremis, 1997: 168~169) 그 효과는 한계가 있는 것이었다. 애초 정당성이 부족한 정권에 의해 억압정책이 지속되고 정권 나름대로의 효율성 제고를 위한 전시적 정책이 성과를 거두지 못하자, 군부 정권에 대한 아래로부터의 저항이 다시 시작되었다. 군부 통치자들은 서방 여론의 악화와 미국의 지원 감소를 우려했다. 과거 지배 연합 세력들과의 갈등으로 지지 기반이 약화된 데다 아래로부터의 동원과 압력에 부딪히면서 붕괴했다. 아래로부터의 도전에 직면한 군부 정권은 외국과의 전쟁이라는 모험주의 정책으로 눈을 돌렸고 결국 이는 군부 정권의 몰락을 초래했다.

두 차례에 걸친 내전을 거치면서 그리스 사회는 극단적으로 분열되었다. 이러한 상황에서 국왕을 정점으로 군부와 우파 정치 세력들로 구성된 전통적인 지배 연합은 주도권을 장악하기 위해 영국과 미국 등 외부 후원 세력의 지원을 받아 반공 국가를 구축했다. 반공주의를 매개로 광범위한 동맹을 형성한 지배 연합은 반공주의를 이용해 대다수 국민들의 공포를 유인하는 한편, 반대 세력이 공산주의와 관련이 있고 국가 안보와 경제 발전을 해친다는 논리를 내세워 이들을 탄압하고 제거하려 했다.

영화 〈제트(Z)〉(1969)는 2차 대전 후 그리스가 처한 이 같은 정치 상황을 이해하는 데 매우 유용하다. 특히 군부가 쿠데타로 정권을 장악하기 이전인 1960년대 그리스 사회의 갈등과 분열상을 잘 묘사하고 있다. 군부와 경찰뿐만 아니라 준군사 조직이 반대 세력에게 어떻게 폭력을 행사하고 이를 은폐하려 했는지도 알게 해준다.

영화에서 경찰은 반대 세력들에게 일선에서 폭력을 직접 행사하는 조직이다. 이들은 종교와 군주제를 훼손하는 '불순한 적들'을 어떻게 다룰지에 대해서도 교육을 받는다. "보통 황산구리 살포 방식을 이용해 흰가루병 병균 번식을 막습니다. 대체적으로 두 가지의 전통적 해결 방법이 있는데 하나는 보로도 지방에서, 다른 하나는 부르고뉴 지방에서 사용되었습니다. 우수한 포도주 생산지로 유명하죠. 1년에 세 번 뿌려줍니다. …… 농림부 차관이 말한 대로 세 번의 치유가 필요합니다. 사상 오염은 흰가루병과 같아서 적극적인 예방 방법이 요구됩니다. 흰가루병처럼 이런 것은 부패 병균과 여러 가지 기생충 병균 때문입니다. 그래서 일반 대중에게도 적당한 방법이 강력히 요구되는 것입니다. 1단계는 학교에서 나타납니다. 은유를 하자면, 싹이 벌써 나온 거라고 볼 수 있지요. 2단계는 대학생이나 젊은 노동자로서 이념적인 사상의 꽃이 피게 될 시기가 되겠습니다. 진압이라는 방식이 국가 자유라는 신성한 나무를 사상적 병균으로부터 보호하는 데는 가장 효과적인 최선책입니다. 하늘에서 떨어진 이파리들이 우리나라를 좀먹기 시작하는 이데올로기 병균이라는 것을 예고하고 있습니다. 이 새로운 변종이 사회 저변에 만연해 가고 있습니다. 이것이 우리를 하느님과 군주에게서 멀어지게 하는 불순한 적인 것입니다. 우리가 목표로 싸워야 할 적들이 바로 이들입니다."

무조건적인 단결의 중요성과 적으로 간주된 사람들의 '청소'를 당연시하는 것은 경찰뿐만이 아니라 경찰이 은밀하게 지원하는 비밀 조직원들도 마찬가지이다. 영화에서는 '크리스천 로얄리스트(CROC)'라는 비밀 조직이 나온다. 탐문 수사 끝에 밝혀진 이 조직의 구성원들은 정육점 주인, 뚱뚱이, 이발사, 기능공, 전직 복서, 무화과 판매상 등과 같은 평범한 사람들이다. 이들은 정기적으로 회합을 갖고 획일적인 사상을 학습받으며 그 대가로 허가증과 일을 얻는다. 상관의 사주를 받은 이들은 미국 미사일의 그리스 배치에 반대하는 집회에 참석하고 돌아가는 야당 국회의원인 제트를 습격한다. 이들은 체제의 지배 세력에게 정치적으로 동원되어 무분별하게 행동하는 사람들이다. 이익을 미끼로 고용되어 지배 세력의 적을 타도하기 위해 암살과 파괴 등을 수단으로 하는 백색테러도 서슴지 않는다. 이를 통해 감독이 말하려는 것은 무엇이었을까? 이에 대해 한 평론가는 다음과 같이 설득력 있게 분석을 내리고 있다.

> 코스타 가브라스는 이브 몽땅 캐릭터를 살해하는 범죄자들이 매일매일의 생활고에서 자유롭지 않은 밑바닥 계층의 사람들이며 그들 삶의 불우함이 사회적 혼란을 야기한다고 비난하는 지배 계층과 야당 지도자, 지지 세력들에게 원인으로 투사되는 사람들임을 보여준다. 그들은 자신들의 범죄에 관해 어떤 자각 증상도 갖고 있지 못하며…… 코스타 가브라스가 결국 효과적으로 묘사하는 것은 권력의 야비함과 사회의 혼란, 일상적으로 침윤되어 있는 지배 권력의 메커니즘에 대한 공포이다(김영진, 2010: 59).

1963년 살로니카에서 교수이자 국회의원 그리고리스 람브라키스(Grigoris Lambrakis)가 암살당한 사건을 소재로 다루고 있는 〈제트〉는 장 르누아르의 〈위대한 환상(La Grande Illusion)〉(1937) 이후 처음으로 아카데미 외국어영화상을 받은 프랑스 영화이다. 시위대와 경찰의 빠르고 거친 충돌을 핸드헬드로 담아낸 촬영, 불안감이 팽배하고 긴장감이 고조되는 상황을 극대화한 스타카토 편집 기법, 이를 뒷받침하는 미키스 테오도라키스(Mikis Theodorakis)의 음악은 이 영화를 메시지뿐만 아니라 기술 면에서도 뛰어난 정치 영화로 자리매김하게 하는 요인들이다. 미국 할리우드의 미스터리 스릴러 형식 차용과 이브 몽탕(Yves Montand)이라는 인기 스타의 캐스팅은 진부한 스토리없이도 대중의 흥미를 불러일으켰다. 무엇보다 이 영화는 관객에게 그들이 속한 국가와 사회의 정치 상황을 돌아보게 하고 답답한 현실 속에서나마 영화를 통해 일종의 카타르시스를 경험하게 한다. 고지식하기 이를 데 없는 원칙주의자 검사가 제트의 암살 사건을 은폐하려는 고위 권력자들에게 맞서 뚝심 있게 사건의 진상을 밝혀나가는 점이 특히 그렇다.

코스타 가브라스는 〈제트〉를 비롯해 〈자백(L'Aveu The Confession)〉(1970), 〈계엄령(Etat De Siege)〉(1973), 〈스페셜 섹션(Section speciale)〉(1975) 등 정치적 색깔이 뚜렷한 영화를 만든 감독으로 널리 알려져 있다. 이런 성향의 영화를 만든 데는 코스타 가브라스의 성장 배경이 작용했다고 할 수 있다. 다음은 코스타 가브라스가 부산국제영화제에 초청받아 왔을 때, 자신을 소개한 내용이다.

> 나치 지배 시절, 아버지께서 레지스탕스 활동을 하셨는데, 좌파당과 함께 독일군에 저항하셨습니다. …… 해방 이후 저항운동에 참석했던 모든 사람들은, 공산당원이 아니었던 제 아버지 역시, 일자리를 잃었으며 그들의 자녀들은 대학에서 공부하는 것이 금지되었습니다. 당시 제가 교육받을 수 있는 유일한 방법은 프랑스에 가는 것이었습니다. …… 프랑스의 소르본에 입학해 비교문학을 공부했고, 영화 학교에서 영화제작과 기술, 분석을 배웠습니다(김영진, 2010: 29~31).

〈제트〉는 해피엔딩으로 끝나지 않는다. 검사는 제트의 암살 사건이 경찰에 의해 사주된 고의적인 사건이라고 확신을 갖고 수사를 진행하지만 검사장과 검찰총장 등 검찰의 수뇌부는 이를 막기 위해 온갖 압력을 가한다. 검사의 미래가 달렸고 그의 경력에 해가 될 것이라는 협박이 가해진다. 경찰 간부를 기소하는 것은 경찰과 법정을 모독하는 일이고, 기소에 사용될 증거는 영웅을 만들려는 반전론자가 조작한 것이라는 말도 더해진다. 이 장면은 우리나라의 지난 대선 때 국정원의 정치 개입·선거 관여 사이버 활동이 드러나자 초기 수사를 지휘하는 과정에서 경찰청장을 비롯한 경찰 관계자들이 수사를 축소하기 위해 압력을 행사했던 일을 떠오르게 한다. 어렵게 출범한 특별검사는 서울중앙지검장을 비롯한 검찰 수뇌부와 법무부의 집요한 방해에 부딪혔고, 결국 '보이지 않는 세력'은 특검의 후원자인 검찰총장을 낙마시켰다. 이로써 국정원 대선 개입 사건은 '유야무야'되었다(≪주간경향≫, 2015년 12월 29일 자).

영화에서는 검사가 온갖 압력에도 소신을 굽히지 않고 수사를 진행해 사건의 실체를 파헤친다. "당신은 계획적인 살인 혐의로 기소되었소!"라는 대사는 관객에게 적잖은 카타르시스를 선사한다. 사람들은 "제트가 살아 있는 것 같아요! 정말 혁명이죠!"라면서 기뻐한다. 그러나 마지막 장면에서 관객은 일곱 명의 증인들이 재판 전에 각종 사고로 죽었으며, 군부가 쿠데타로 권력을 잡은 후 재판부를 해산시켰고, 제트의 동료들은 심문 중 사망하거나 섬으로 추방되었음을 알게 된다. 그리고 군부 정권에 의해 금지된 것들의 목록이 다음과 같이 열거된다.

장발, 미니스커트, 소포클레스, 톨스토이, 에우리피데스, 러시아식 축제, 파업, 아리스토파네크, 이오네스크, 사르트르, 비틀즈, 올비, 핀터, 자유신문, 사회학, 베케트, 도스토예프스키, 현대음악, 팝 음악, 신수학, 그리고 '그는 살아 있다'라는 뜻을 가진 고대 그리스의 Z 문자.

라틴 아메리카의 군부독재와 미국

〈계엄령〉의 시대적 배경은 독재 정권이 통치하던 시기의 우루과이이다.

이 영화는 라틴 아메리카 국가들에 대한 미국의 외교정책을 생각하게끔 한다. 2차 대전 후 냉전이 시작되면서 미국은 정치적 동맹 관계에 있는 국가들의 정치적 안정과 경제적 부흥을 위해 각종 원조와 차관을 제공했다. 아옌데 정권 시기 칠레의 경우는 원조를 대폭 감축하는 등 압박 수단으로 이용했다. 이는 경제차관 및 무상 원조, 식량 원조에만 그친 것이 아니라 군사원조, 군사훈련과 군사 장비 제공, 군사·정보 기구의 설립과 육성에까지 미치는 것이었다. 미국은 약 1500여 곳의 기지와 훈련 학교에서 해당국의 요원들을 훈련시켰으며, 해당 국내 기지 근무를 위해 기동부대와 고문단을 파견했다. 이 훈련은 라틴 아메리카의 젊은 장교들에게 이미 1950년대 초반부터 전복을 꾀하는 침입자들이 어느 곳에나 있다는 독단적인 반공주의를 주입했다. 20만 명이 넘는 라틴 아메리카 군사 요원들이 미국에서 훈련을 받았고, 1949년 이후에는 아메리카 군사학교(The School of the Americas: SOA)[4] 한 곳에서만도 3만 5000여 명의 장교들이 훈련을 받았다. CIA도 라틴 아메리카 국내 정치에 깊숙이 개입해서, 정치 지도자들에 대한 살인과 습격, 미국에 비우호적인 정부의 교란과 전복, 정치적 뇌물과 자금 지원, 문서 위조, 시위 조직과 자금 제공에 나섰다. 심지어는 고문 기술을 전수함으로써 비인간적인 수사 방법과 재소자에 대한 무차별적인 취급이 증가했다. 그 결과 원조를 받은 국가들의 민주주의와 인권에는 부정적인 영향을 미쳤다(촘스키·허만, 1985: 66~78).

---

4   아메리카 군사학교는 미국이 라틴 아메리카 군인들을 훈련시킬 목적으로 1946년 파나마에 설립했다. 이 학교에서는 각국에서 온 군인들에게 반란 기술, 저격 훈련, 기습과 심리전, 군사정보 및 심문 전술 등을 가르쳤다. 귀국한 졸업생들은 이 학교에서 배운 지식과 기술을 주로 정치적 반대 세력과 노조 및 종교 단체 지도자들을 고문하거나 암살하는 일에 사용했다. 그래서 이 학교는 '암살자 학교'라고도 불렸다.

〈계엄령〉에서도 군부독재에 저항하는 우루과이의 지식인들과 대학생들이 투옥되어 고문을 당한다. 이때 미국의 국제개발처(AID) 직원으로 알려진 필립 마이클 산토레(이브 몽탕 분)라는 인물이 브라질 영사와 함께 좌익 도시 게릴라 조직인 투파마로스(Tupamaros)에 납치되었다가 살해된다. 사건이 발생하자 의회에서는 긴급회의를 개최하고 산토레의 추모일을 정하고 공공기관, 학교, 은행과 주식시장은 하던 일을 멈춘다고 발표한다. 장례식에서 산토레에 대한 추도사가 발표된다. "그는 죄 없는 사람이고 순교자입니다. 그는 고통을 알고 그 고통과 평생 싸워왔습니다. 그 때문에 많은 어린이들에게 도움을 주었으며 점잖은 사회인으로 살 수 있게끔 도움을 주었습니다. 죽음을 무릅쓰고 테러와 격한 분노와 폭력과 맞서 싸웠습니다." 그러나 투파마로스가 산토레를 심문하면서 드러난 사실로 국면은 반전된다. 산토레는 워싱턴 국제경찰학교 소속이며, 남아메리카 독재 정권의 경찰관들을 훈련시키는 책임자임이 밝혀진다. 여론이 들끓고 각 정당 대표들로 구성된 의회위원회가 구성되어 그동안 경찰에 의해 자행된 고문의 실상을 조사한다.

기자회견장에서 한 기자가 질문을 한다. "테러범들이 미 대사관 비서실장 대리를 납치했습니다. 납득이 가는 일이지요. 브라질 영사를 납치한 것은 이전 논리에 맞지만 산토레 씨는 왜일까요? 그는 유명한 인물도 아니었습니다. 아무 관련도 없죠. 그의 존재조차 몰랐습니다. 그럼 과연 산토레 씨는 누구였을까요? 그리고 우리나라에서 무엇을 했죠?" 이에 대해 기자회견장에 나온 AID 담당자는 산토레가 AID 사원이었다고 언급하며, AID는 우루과이 기업들의 여러 사업에 관여하고 있다고 말한다. "저희의 관심 업종은 농업, 광산업, 교육, 산림업, 과학 연구 정도입니다. 중남미에서는 동맹국들을 돕고 있습니다. 파견된 미국 기술자들이 현지 기술자들을 교육하고 있습니다." 그러나 AID가 경찰 본부 건물에 입주해 있고 산토레가 경찰과 밀접한 관계에 있던 것이 밝혀진다. "AID는 공공질서, 교통에 관한 질문 및 행정상 문제들의 대화를 발전시키기 위해 저희 경찰과 협력하고 있습니다. 산토레는 통신 분야의 전문가였습니다. 중남미의 여러 나라에서 일했습니다. 도미니카 공화국이나 브라질일 겁니다."

조사 결과 AID는 내전이 벌어지고 있는 도미니카에서 해병대 4만 명의 지원 아래 군부 정권 사람들을 훈련·무장·집결시켰고, 산토레 역시 그곳에서 경찰을 재편성하고 질서를 다시 수립하는 데 관여했던 것이 드러난다. 여기서 질서란 '혼란, 약탈과 강도를 예방하기 위한 질서'로 불렸지만 실제로는 중남미에 진출한 미국 기업들을 위한 질서였다. 산토레는 브라질에서는 의회와 모임을 진압하고 자유를 억압한 군부 정권 휘하에서 경찰의 기술 고문으로 있었는데, 당시 브라질 경찰은 상파울루를 비롯한 곳곳에서 고문을 하는 것으로 악명 높았다. 투파마로스도 산토레가 미국의 국제경찰학교에서 교육을 할 때 알제리·쿠바·베트남의 혁명전쟁, 특히 파업이나 시위, 노조 조직, 폭약에 관해 가르쳤다는 것을 폭로한다. 의회위원회가 대통령에게 조사 결과를 발표한다. "앞에 있는 이 고문 기구는 앞서 수사위원회에 의해 입증되었습니다. 이 위원회의 대표들은 의회 구성원들로 이루어져 있습니다. 투표 결과는 만장일치로 내용은 다음과 같습니다. 첫째, 국내에서도 고문이 잦은 것이 입증되었습니다. 체계적이고 마치 버릇처럼 이루어집니다. 둘째, 죄 없는 시민에게나 재판 전 심문 중에, 또는 재판에서 무죄를 받았어도 고문이 가해졌습니다. 대부분의 희생자들은 학생이거나 노조 지도부입니다. 넷째, 관할 관청에서는 이런 사실을 부인하거나 받아들이려 하지 않습니다. 그들을 설득하려면 이 기구들의 존재를 경찰이나 저희 기구에 자백해야 합니다. 아니면 걷잡을 수 없는 사태가 발생할 것입니다. 이상입니다, 대통령 각하. 여러분, 이게 다 우리나라에서 일어난 겁니다. 우리나라에서 몰래 행해졌습

니다. 이제는 멈춰야 합니다. 현 정부의 여러분! 여러분이 이 사실을 아셨는
지는 잘 모르겠습니다. 하지만 이제 그들은 우리나라를 통제할 자격이 없습
니다."

군부에 대항한 칠레 민중의 투쟁

〈칠레 전투(La batalla de Chile)〉(1975)는 '제3영화'를 대표하는 영화이다.
제3영화란 페르난도 E. 솔라나스(Fernando E. Solanas)와 옥타비오 게티노
(Octavio Gettino)가 제1영화(할리우드 제작 영화), 제2영화(유럽의 아트시네마)와
구별하기 위해 처음 사용한 용어이다. 이들은 1960년대 민족해방운동이 전
개되는 현실에서 서구, 특히 할리우드로 대변되는 식민지적 영화제작 관행
에 저항한 영화인이다. 차이점이 있긴 하지만 제3영화는 공통적으로 식민주
의와 신식민주의, 수탈과 착취가 가져온 고단한 현실에 주목하는 정치성 짙
은 영화라는 특징을 갖는다.

이 영화의 부제는 '비무장한 민중의 투쟁(la lucha de un pueblo sin armas)'이
다. 제2부의 마지막 멘트가 이를 잘 보여준다. "9월 11일부터 비밀리에 부상
하고 있는 다양한 저항 방식을 채택해 민주 세력들은 투쟁을 계속해나간다.
칠레 전투는 아직 끝나지 않았다." 아옌데의 마지막 방송 연설도 그렇다. "그
들은 힘으로 우리를 지배하는 것처럼 보이지만 무력이나 범죄행위로도 사회
변혁을 멈추게 할 순 없습니다. 역사는 우리의 것이며 인민(los pueblos)이 이
루어내는 것입니다. 언젠가는 자유롭게 걷고 더 나은 사회를 건설할 역사의
큰 길을 인민의 손으로 열게 될 것입니다." 〈칠레 전투〉는 칠레의 아옌데 정
권하에서 벌어지는 사회주의적 개혁과 이를 둘러싼 여러 세력들의 갈등을

충실히 채록했다. 파트리시오 구스만(Patricio Guzman)은 다섯 명의 동료들과 함께 16밀리미터 카메라와 녹음기 한 대만을 갖춘 채 격동의 현장을 거친 상태로 담고 기록했다. 어렵사리 쿠바로 필름을 빼낸 후 6년여 간의 편집 과정을 거쳐 개봉했다.

영화는 인류 역사상 최초로 선거로 집권한 사회주의 성향의 아옌데 정권의 붕괴와 군부의 집권을 배경으로 하고 있다. 아옌데는 1970년 칠레 대통령 선거에서 사회당, 공산당 등 좌파 정당들의 선거 연합인 인민연합(Unidad Popular)의 대통령 후보로 나와 36.3퍼센트의 득표율로 1위를 기록했다. '인민연합 강령'을 통해 아옌데는 외국 자본의 통제 아래 있던 구리 광산, 철광석과 질산염 광산들과 대규모 독점기업, 금융기관들을 국유화하겠다고 발표했다. 대지주 소유 농장들인 라티푼디아(latifundia) 등의 농지를 급진적인 방식으로 개혁하겠다는 약속도 했다. 이와 더불어 각 지역별로 노동자 대표들이 참여하는 생계 임금 및 최저임금 결정 위원회를 구성하고, 모든 칠레 국민에게 무상 공공 의료를 제공하는 국영 보건 체제를 구축하는 등 사회보장 제도를 개혁하겠다고 밝혔다. 이 강령을 주도적으로 작성한 사람은 칠레 대학의 경제학 교수 페드로 부스코빅(Pedro Vuskovic)으로, 국제연합 산하의 라틴아메리카경제위원회(CEPAL)에서 활동하면서 구조주의 시각에서 저발전 현상을 탐구하던 학자였다. 이들 공약에 대해 구리 광산을 소유한 그란 미네리아와 전화 회사 칠레텔코를 소유한 ITT(International Telephone&Telegraph) 등 미국계 기업이 심각하게 우려를 표명하고 대책 수립에 나섰다. 전 CIA 국장이자 ITT의 자문 역인 존 매콘(John McCone)을 만난 자리에서 CIA 국장 리처드 헬름스(Richard Helms)는 이렇게 말했다. "아옌데가 집권한다면, 칠레 경제를 압박해서 그 나라 경제가 비명을 지르도록 만들겠소." 이들은 칠레 경제의 전복과 합법 정부의 전복을 내용으로 하는 대칠레 비밀공작을 주도

했다. 행정부에서 움직인 주된 인물은 국무장관 헨리 키신저(Henry Kissinger)였다. 그는 백악관에서 비밀공작을 책임지는 '40인위원회'를 소집해 아옌데 당선을 막기 위한 공작에 착수했다.

미국 정부가 아옌데에게 공세적으로 대응한 이유는 다음과 같다. 첫째, 베트남 전쟁으로 어느 때보다도 반제국주의 세력의 성장과 확산에 신경을 곤두세우고 있었다. 인민연합의 승리는 선거라는 또 다른 방식에 의한 봉기로 읽혔다. 둘째, 미국은 라틴 아메리카를 제국의 안마당으로 여겼다. 미국의 지정학적·지경학적 실리에 위협이 되는 것으로 인식했다. 셋째, 칠레 대선이 급진 좌파가 선거를 통해 집권할 수 있다는 우려를 증폭했다. 키신저는 쿠바의 폭력혁명보다 칠레의 선거 혁명이 다른 남미 국가들에 더 강력한 호소력을 지닐 수 있다고 봤다. 넷째, 아옌데 정부는 신국제경제질서를 지지하고 그 수단으로 자원민족주의를 추진했다(장석준, 2011: 73~96).

〈칠레 전투〉는 '부르주아의 봉기', '쿠데타', '민중의 힘' 3부로 구성되었다. 영화는 폭격으로 파괴되는 모네다 궁을 보여준 후 시간을 거슬러 올라가 폭격이 있기 6개월 전 총선을 앞둔 칠레인들에게 마이크를 들이댄다. 총선에서 누구를 지지할 것이냐는 질문에 한 젊은 여인은 다음과 같이 답한다. "프레이가 정권을 잡고 있을 때 저는 쓰러져가는 오두막에 살고 있었어요. 바닥은 항상 눅눅했고 네 명의 아이들은 모두 기관지 폐렴에 걸렸죠. 도와달라고 여기저기에 부탁해봤지만 소용없더군요. 하지만 이제 난 따뜻한 내 집이 있어요. 아옌데에게 감사드려요. 불편한 게 없는 건 아니지만 그래도 배고프지는 않거든요." 다른 남자들도 인터뷰에 응한다. "저는 퇴직자입니다. 과거의 어떤 정부도 지금의 정부만큼 하지 못했습니다." "인민연합이 이길 겁니다. 칠레의 운명은 노동자들의 손에 달려 있거든요. 기독교민주당은 기득권자들입니다. 자신들의 이익은 옹호하지만 노동자에 대해서는 아무 관심이 없습니다." "인민연합이 바로 노동자의 정부, 민중의 정부입니다. 사회주의가 대중에게 많은 이익을 줬다는 걸 시민들은 알고 있습니다." 그러나 다른 견해를 밝히는 시민들도 있다. "일요일 선거는 국민투표입니다. 칠레는 마르크시즘과 자유 중에서 하나를 결정해야 합니다. 유일한 해결책은 정권 교체입니다." "인민전선을 완전히 박살내서 깨끗이 청소할 것입니다." "대통령을 고발해서 5월 21일에 몰아내야 해요! 나라를 망쳤어요. 부정부패가 가득하고 타락했어요. 더러운 공산주의자들을 모두 국외로 추방해야 해요!"

〈칠레 전투〉에서는 주요 장면들에 관련된 해설을 삽입함으로써 관객이 당시 칠레의 정세를 이해하게 돕는다. 예를 들어, 인민연합이 43.4퍼센트 득표로 선거에서 승리한 후 미국과 칠레 야당은 대의제 민주주의 메커니즘이 그들에게 아무 소용이 없다는 것을 깨달았고, 인민연합 정부가 거둔 승리는 미국 정부가 수백만 달러를 칠레에 지원했음에도 칠레 국민의 개혁에 대한 열망이 결코 줄거나 식지 않았다는 것을 보여주었다는 것이다. 그리고 3월 이후 야당의 전략은 역설적이게도 쿠데타 봉기로 변해갔다고 지적한다. 야당이 인민연합 측 각료들을 계속해서 탄핵하고 정부가 추진하는 정책들을 방해한다. 정부는 식료품의 공급을 늘리는 한편, 식품의 분배를 감독하고 소매점의 투기 행위를 색출하는 지방 기구인 물가협의회의 권한을 강화한다. 이에 맞서 공장주들은 공공연히 생산을 중단하고 거부한다. 이런 상황에서 아옌데가 의회에서 지지를 호소하는 연설을 한다. "야당은 법을 자신들의 수중에 두고 인민의 의사와는 다르게 사용하면서도 우리에게는 사용하지 못하게 하고 있습니다. 그러나 이때 우리가 합법적인 정부와 노동자들의 진보를 지키기 위해 법을 집행할 때 저항하는 기색은 우리나라가 경험하고 있는 현실 속에서 기득권을 가진 모든 부문에 나타납니다. 이 정부는 사회주의 정부가 아닙니다. 대중적·민주적·혁명적 정부입니다. 사회주의와 우리 사회의 변혁으로 가는 길을 가능한 넓게, 그리고 빨리 열기 위해 일정을 진행해야 하는 정부입니다." 아옌데는 지금 근본적인 것은 정부 정책을 강화하고 제도적 투명성을 확보하기 위한 수단을 쟁취하는 것이며, 지주적·금융적·봉건적 과두제 정치와 제국주의가 바로 현재 우리가 처해 있는 경제적인 문제의 주범이라고 역설한다.

피노체트의 철권통치가 끝난 후 중도좌파정당연합 콘셉시온(Concepción)의 후보로 대통령을 역임한 리카르도 라고스(Ricardo Lagos)는 비망록에서, 아옌데가 집권하자 외부의 강력한 힘이 아옌데를 몰락시키기 위해 끊임없이 움직였다고 지적하고 있다. 닉슨(Richard Nixon)은 아옌데가 집권해서 사회 정책을 통해 대중의 지지를 받을까봐 겁을 먹었다. 당시 CIA 책임자 리처드 헬름스에게 닉슨은 '경제가 아우성치도록 만들라'고 지시를 내렸다. 미국 의회는 아옌데가 취임하자 잽싸게 제재 조치 법안을 통과시켰다. 정보기관은 군부와 신문사 내부에 있는 반대 세력을 부추겼다. 아옌데 취임 이전에 이미 CIA는 사회주의자 대통령에 반대하는 쿠데타를 일으키는 데 우호적이라고 생각되는 군부 장성들을 접촉했다. 그러한 시도로 미국 정부에 동조하는 군부 장성들의 연결망이 만들어졌다. CIA는 우익 성향의 ≪엘 메르쿠리오(El Mercurio)≫에도 아옌데 정부에 대해 강력한 공개적 공격을 행한다는 조건으로 자금을 쏟아부었다. 1970년부터 1973년까지 미국 정부는 아옌데 반대파를 육성하고 고무하기 위해 350만 달러를 지출했다. 여당과 야당 어느 정당도 전체 의석 가운데 다수를 차지하지 못한 가운데 정치적 교착 상태가 지속되었다. 야당은 아옌데를 몰아내기 위해서 3분의 2 의석이 필요했고, 여당은 성공적으로 공약을 달성하기 위해 과반수 의석이 필요했다. 아옌데는 거부권을 활용해 통치할 수밖에 없었고 이런 상황에서 쿠데타가 발생했다(라고스, 2012: 58~61).

영화에서는 '조국과 자유'라는 이름의 극우파들이 시위대를 조직해 "칠레는 하나다! 칠레는 위대하다! 칠레는 자유다!"라고 외치며 폭력과 사회 혼란을 부추기는 모습을 보여준다. 야당이 라디오 방송국을 무력으로 점거한 후 소요를 선동하기도 한다. 야당이 다수를 점한 의회에서 경제 범죄 처벌에 대한 법안은 통과되지 못하고, 노동자들의 봉급과 구조조정에 관한 법은 연기되었으며, 노동자의 공장 운영에 대한 법안도 통과되지 못한다. 우익 시위대들은 대기업 소유주, 전국농업협회, 제조업개발협회 등의 지원을 받고 있었는데 가장 큰 협력자는 미 국무부였다. 1974년 미국 국무부의 전직 관료 몇 명은 당시 칠레에 40명의 CIA 고위 직원이 상주했는데 이들 중 대부분이 '조국과 자유' 대원을 훈련시켰다고 폭로한 바 있다. 이들은 엘 테니엔테 구리 광산 노동자들에게 파업을 부추기고 그들을 경제적으로 후원했다. 부유한 집안 출신들이 재학하는 가톨릭대학교는 이를 지지하며 동맹휴업을 벌인다. 트럭차주총연맹 소속 5만여 명의 트럭 운전사들은 아옌데 정부의 국영 운송 회사 설립에 반대해 무기한 파업에 돌입한다. 그러나 그 이면에서는 의장인 레온 빌라린(León Vilarín)이 CIA의 조종을 받고 있었다. CIA가 500만 달러나 되는 풍족한 파업 기금을 지원했고, 3만 5000명의 운송업자들은 암시장 환율로 매일 4달러를 받았다.

아옌데의 '적'들은 정부를 무너뜨릴 수 있는 거의 모든 방법을 동원한다. 카를로스 프라츠(Carlos Prats) 장군이 진압하긴 했지만 무장한 제2연대가 여섯 대의 탱크와 수송 차량에 나눠 타고 모네다 궁을 공격하는 일도 있었다. 아옌데는 의회에 비상사태 선포를 요청하지만 받아들여지지 않는다. 좌파 노동자들은 "인민의 권력을 장악하자! 노동자들에게 참여와 경영을!"이라는 구호 아래 전국의 공장, 회사, 광산, 농업 센터를 장악하고 나선다.[5] 결집한 비무장 시민들을 본 칠레 야당과 미국의 국무성은 최후의 수단을 쓰기로 하는데 바로 해군 장성들이 발파라이소 급습을 지시한 것이다.

모든 장성들이 쿠데타를 지지한 것은 아니었다. 대표적으로 헌법의 충직한 수호자였던 프라츠와 정부 측 장군들은 8월 23일 과격파들에 밀려 사임할 수밖에 없었다. 프라츠는 육군 총사령관 후임에 피노체트를 천거했는데 그는 피노체트가 충성스럽고 민주적인 인물이라고 생각했다. 9월 초에 열린 비밀회의에서 군부 지휘관들은 피노체트를 지도자로 선출했다. 피노체트는 미국의 지원 아래 군부 쿠데타를 일으키고 아옌데 정부를 붕괴시킨 주모자가 되었다. 쿠데타 당일 반란군 지도부는 대통령에게 사임을 요구하며 국외 도피용 비행기를 제공했으나 아옌데는 이를 거부했다. 9시 15분 대통령은 결전을 준비하며 마지막으로 라디오 연설을 했다. "공군이 포르탈레스 방송국과 연합 방송을 폭격했습니다. 이 상황에서 저는 노동자 여러분께 절대 굴복하지 않겠다는 말씀밖에 드릴 수 없습니다. 이 역사적인 전환점에서 인민의 신뢰에 목숨으로 보답하겠습니다. 인민이 이룬 이 역사는 우리의 것입니다. 칠레 만세! 인민 만세! 노동자 만세!"

칠레의 군부 쿠데타와 관련해서는 인도의 작가 아룬다티 로이(Arundhati Roy)가 쓴 『9월이여 오라(Complete Essays)』도 참조할 만하다. '언어의 무기를 든 여전사'로 불리는 로이는 전통적인 문학의 경계를 초월해 연약하고 소중한 작은 것들의 관점에서 자본과 권력, 제국주의 전쟁의 이면에 있는 추악한 위선을 파헤친 용기 있는 여성으로 평가된다. 로이는 세 개의 9·11을 언

---

5 공장주와 사무직·기술직 사원들이 파업에 동참한 작업장에서 노동자들이 산업조정위원
   회(Cordones industriales)를 조직해 노동자 자주관리를 시작했다. 지역별 코르돈
   (Cordon)도 결성되어 공장 간에 생산을 조정했다. 각 지역의 산업 코르돈들은 '자치지
   도부'를 결성해 마비된 물자 수송을 재개하고 파업 상점들을 대신해 인민 시장을 운영했
   다(장석준, 2011: 107~108).

급하며 역사의 아픔을 공유하고 짙은 안개를 걷어보자고 제안한다(로이, 2004: 63~88). 그중 잘 알려진 것은 2001년 미국에서 발생한 9·11 테러 사건이다. 1922년 영국이 아랍인들의 격렬한 반대를 무시하고 팔레스타인에 대한 신탁통치를 결정한 날도 9월 11일이었다.[6] 그리고 1973년 칠레에서 민주적으로 선출된 아옌데 정부가 미국의 CIA가 지원하는 군부 쿠데타에 의해 붕괴된 날이기도 하다. 당시 미국의 국무장관이던 헨리 키신저는 쿠데타를 일으킨 피노체트 장군에게 "미국의 우리는 당신이 애쓰는 일에 공감하고 있다"라면서 노골적으로 지원을 약속한 바 있다. 그리하여 칠레인들이 맞이한 것은 공포정치와 신자유주의 정책이었다. 로이는 17년 동안 칠레인들이 한밤중의 노크 소리, 일상화된 실종, 갑작스러운 체포와 고문의 두려움 속에 살았다고 지적한다.

---

6 9·11 신탁통치는 1917년 밸푸어 선언(Balfour Declaration)의 후속 조처였다. 이와 관련해 윈스턴 처칠은 "나는 아무리 오랫동안 개가 여물통에 누워 있더라도 그 여물통을 차지할 최종 권리가 그 개한테 있다는 생각에 동의하지 않는다"라고 말했다(로이, 2004: 73). 무책임하기 그지없는 영국의 팔레스타인 정책은 2차 대전 후 UN에 의해 두 개의 국가 제안으로 연결되었다. 이를 거부한 팔레스타인 지역에서는 그 후 봉기와 전쟁과 인티파다(Intifada)가 발생했다. 팔레스타인은 불법 점령되고 수만 명이 사망했으며, 주민들 대부분은 지금까지 비인간적인 상황 속에 살고 있다.

로메로 Romero (미국, 1989)

감독	존 듀이건 John Duigan		배우	라울 줄리아 Raul Julia
각본	존 세이크릿 영 John Sacret Young			리처드 조던 Richard Jordan
				애나 얼리샤 Ana Alicia

제트 Z (알제리·프랑스, 1969)

감독	콘스탄틴 코스타 가브라스		배우	이브 몽탕 Yves Montand
	Constantin Costa-Gavras			이레네 파파스 Irene Papas
각본	바실리스 바실리코스 Vassilis Vassilikos			장루이 트린티냥 Jean-Louis Trintignant
원작	바실리스 바실리코스			찰스 데너 Charles Denner

계엄령 Etat De Siege (프랑스·서독·이탈리아, 1973)

감독	콘스탄틴 코스타 가브라스		배우	이브 몽탕
각본	콘스탄틴 코스타 가브라스			레나토 살바토리 Renato Salvatori
				자크 베버 Jacques Weber
				장뤼크 비도 Jean-Luc Bideau
				O. E. 하세 O. E. Hasse

칠레 전투 La batalla De Chile 1·2·3부 (베네수엘라·프랑스·쿠바, 1975)

감독	파트리시오 구스만 Patricio Guzman
각본	파트리시오 구스만

같이 볼만한 영화

산티아고에 비가 내린다 (Il Pleut Sur Santiago, 1975)   헬비오 소토(Helvio Soto) 감독

비욘드 랭군 (Beyond Rangoon, 1995)   존 부어만(John Boorman) 감독

화려한 휴가 (2007)   김지훈 감독

침묵의 시선 (Senyap, The Look of Silence, 2014)   조슈아 오펜하이머(Joshua Oppenheimer) 감독

참고문헌

가르시아 마르케스, 가브리엘(Gabriel Garcia Marquez). 2011. 『칠레의 모든 기록』. 조구호
    옮김. 간디서원.

구띠에레즈, 구스타보(Gustavo Gutiérrez). 2000. 『해방신학』. 성염 옮김. 분도출판사.

김영명. 1985. 『제3세계의 군부 통치와 정치·경제』. 한울.

김영진 엮음. 2010. 『코스타 가브라스』. 인출연·에린원.

네루다, 파블로(Pablo Neruda). 2008. 『파블로 네루다 자서전: 사랑하고 노래하고 투쟁하다』.
    박병규 옮김. 민음사.

데니스, 매리(Marie Dennis) 외. 2004. 『오스카 로메로: 엘살바도르의 순교자』. 박미경 옮김.
    분도출판사.

도르프만, 아리엘(Ariel Dorfman) 외. 2011. 『기억하라, 우리가 이곳에 있음을: 칠레, 또 다른
    9·11』. 정인환 옮김. 서해문집.

라고스, 리카르도(Ricardo Lagos). 2012. 『피노체트 넘어서기: 칠레 민주화 대장정』. 정진상
    옮김. 삼천리.

로이, 아룬다티(Arundhati Roy). 2004. 『9월이여, 오라』. 박혜영 옮김. 녹색평론사.

아이허, 페터(Peter Eicher) 엮음. 1988. 『해방신학을 말한다』. 손규태 옮김. 한국신학연구소.

장석준. 2011. 『신자유주의의 탄생』. 책세상.

촘스키, 노움(Noam Chomsky)·에드워드 허만(Edward S. Herman). 1985. 『미국 대외 정책
    론』. 임채정 옮김. 일월서각.

헤이우드, 앤드류(Andrew Heywood). 2003. 『정치학: 현대 정치의 이론과 실천』. 조현수 옮
    김. 성균관대학교출판부.

Boorstein, Edward. 1977. *Allende's Chile*. New York: International Publishers.

Büttner, Friedemann. 1989. "Militärregimee in der Dritten Welt. Eine Einführung." Reiner
    Steinweg(Hrsg.). *Militärregime und Entwicklungspolitik*. Franffurt/M: Suhrkamp.

Clogg, Richard. 2002. *A Concise History of Greece*. Cambridge: Cambridge University Press.

Close, David H. 1995. *The Origins of the Greek Civil War*. London: Longman.

Close, David H. 2002. *Greece since 1945: Politics, Economy and Society*. London: Longman.

Finer, Samuel E. 2002. *The Man on Horseback: The Role of the Military in Politics*. New
    York: Transaction Publishers.

Horton, Andrew. 1999. *The Films of Theo Angelopoulos: A Cinema of Contemplation*. Princeton:

Princeton University Press.

Kaloudis, George Stergiou. 2000. *Modern Greek Democracy: The End of a Long Journey?* Lanham: University Press of America.

Nordlinger, Eric A. 1976. *Soldiers in Politics: Military Coups and Governments.* New York: Prentice Hall.

Perlmutter, Amos. 1977. *The Military and Politics in Modern Times: On Professionals, Praetorians, and Revolutionary Soldiers.* New Haven: Yale University Press.

Samatas, Minas. 1986. "Greek McCarthyism: A Comparative Assessment of Greek Post-Civil War Repressive Anticommunism and the U.S. Truman-McCarthy Era." *Journal of the Hellenic Diaspora*, Vol.13, No.3-4.

Sapelli, Giulio. 1995. *Southern Europe since 1945: Tradition and Modernity in Portugal, Spain, Italy, Greece and Turkey.* London & New York: Longman.

Veremis, Thanos. 1997. *The Military in Greek Politics: From Independence to Democracy.* Montréal: Black Rose Books.

Woodhouse, C. M. 2000. *Modern Greece: A Short History.* London: Faber & Faber.

13장

국가는 왜 전쟁을 하는가?

〈위대한 환상〉〈영광의 길〉〈지옥의 묵시록〉〈그린 존〉

> 전쟁은 정치적 행동일 뿐만 아니라, 진정한 정치적 도구이고 정치적 교류의 연속이며
> 다른 수단에 의한 정치적 교류의 실행이다.
>
> **카를 폰 클라우제비츠(Carl von Clausewitz)**

전쟁은 왜 일어나는가?[1]

전쟁은 인류 역사에서 언제 어디서나 있었고 지금도 끊이지 않고 있다. 이
렇다 보니 전쟁이라는 말은 단지 학자들뿐만 아니라 일반 대중도 흔하게 사
용하는 진부한 용어로 자리 잡았다. 모호하고 일관성 없이 사용되고 있는 것
도 사실이다. 이런 까닭에 전쟁에 대한 분명하고 유용한 개념 정의가 쉽지
않다. 전쟁에 관한 많은 정의 중에서 대다수의 국제정치학자들이 동의하는

---

1   이 절은 홍익표(2015: 254~257)를 수정·보완했다.

것은 전쟁을 '둘 이상의 서로 대립하는 국가 또는 이에 준하는 집단 간에 군사력을 비롯한 각종 수단을 사용해서 일정 규모 이상의 사상자와 파괴를 불러일으키는 사건'으로 보는 것이다. 그러나 어느 정도의 군사력이 사용되고 사상자가 발생해야 하는지에 대해서는 학자들 간에 합의된 것이 없다.

독일의 장군 클라우제비츠가 전쟁에 대해 내린 다음의 정의는 유명하다. 그는 『전쟁론(Vom Kriege)』(1832)에서 전쟁이란 우리의 의지를 구현하기 위해 적을 강요하는 폭력 행동이라고 설파했다. 나아가 전쟁은 정치적 행동일 뿐만 아니라, 진정한 정치적 도구이고 정치적 교류의 연속이며 다른 수단에 의한 정치적 교류의 실행이라고 강조했다(클라우제비츠, 1998: 55). 이러한 클라우제비츠의 지적은 전쟁이 정치적 상황에서 출발하며, 정치적 동기로 유발되고, 정치적 수단에 의해 해결된다는 것을 밝혔다는 점에서 지금까지 많은 이들에게 인용되고 있다. 나아가 이 지적은 갈등을 원만하게 해결하지 못하는 무능력한 정치가 결국 전쟁을 유발할 수도 있다는 점을 보여준다는 데 의의가 있기도 하다.

국제사회에서 전쟁이란 부족, 민족, 국가, 정치단체 등과 같은 각종 집단 간에 발생하는 무력 투쟁을 의미하지만, 일반적으로는 주권국가 간에 행해지는 조직적인 무력 투쟁을 지칭하는 경우가 대부분이다. 대표적으로 퀸시 라이트(Quincy Wright)는 전쟁을 상당 기간에 걸쳐 상당 규모의 무장력에 의해 행해지는, 주권국가를 주축으로 한 정치집단 간의 분쟁이라 정의한다. 물론 오늘날의 전쟁은 비단 국가 간에만 행해지는 것은 아니다. 상이한 집단안전보장 체제에 속한 국가 집단 간에 일어날 수 있고, 내란을 일으킨 정치단체도 국제법상으로 전쟁의 주체가 될 수 있다. 전쟁의 수단에서도 한 국가가 명시적으로나 묵시적으로 전쟁 개시의 의사표시가 있을 경우에는 현실적으로 무력 행동의 유무에 관계없이 전쟁 상태로 간주되고 있다.

전쟁과 혼용되는 용어로 분쟁, 적대 행위, 테러 등이 있다. 이 용어들은 전쟁과 관련이 있지만 엄격하게는 구별되어 사용된다. 먼저 분쟁은 전쟁보다 포괄적인 의미를 지닌 용어로 사회 구성원이나 집단 간에 기존의 균형이나 질서를 혼란시키는 행동을 말하며 대립이나 투쟁 등을 포함한다. 적대 행위역시 전쟁과 다른 의미로 쓰인다. 경제·정치·종교 영역에서 근본적인 이해관계가 대립되어 서로 적대 관계에 놓인 결과 일어나는 행위가 반드시 전쟁으로 이어지지는 않는다. 한편, 테러는 특정한 목표를 달성하기 위해 비합법적인 강제나 폭력을 써서 적이나 상대편을 위협하거나 공포에 빠뜨리는 행위를 말한다.

프랑스 혁명 시기 자코뱅의 공포정치(régime de terreur)에서 유래한 테러(terror)는 1960년대 중반 이후 역사상 전례가 없는 규모로 확산되었다. 테러행위들이 복합적인 차원에서 정당화되었고, 수단도 다양해졌으며, 테러 집단들 간에 국제적인 협력이 시도되는 등 국제화되었다. 상징적 의미를 지닌목표물에 대한 공격이 증가하고, 무차별적인 대량 인명 살상을 목표로 하는테러 행위도 증가하고 있다(구춘권, 2005: 31~36). 테러가 전쟁으로 연결된 경우도 있는데, 2001년 9·11 테러가 발생한 후 미국과 동맹국들은 오사마 빈라덴(Osama bin Laden)과 그가 조직한 테러 조직 알카에다(Al-Qaeda)를 보호하고 있는 아프가니스탄의 탈레반 정권을 상대로 전쟁을 벌였다.

그렇다면 전쟁은 왜 일어나는가? 미국의 국제정치학자인 월츠(Kenneth N. Waltz)는 전쟁의 원인을 갈등이론적 입장에서 분석하는데, 이는 전쟁의 원인을 분석하는 데 유용한 출발점을 제공해준다. 월츠는 전쟁이 발생하기까지는 세 가지 상이한 이미지나 설명조합(sets of explanation)이 있다고 말한다. 첫 번째 이미지는 전쟁 발생의 주요 원인은 인간 자신에게 있다는 것이고, 두 번째 이미지는 개별 국가의 성격, 즉 한 국가의 정부 형태나 그 사회의 성격에 있다는 것이다. 세 번째 이미지는 국제적 무정부라고 규정하는 국제 체제의 조건에 있다는 것이다. 이러한 세 가지 차원 가운데 첫 번째는 미시적 차원의 심리학적 접근, 두 번째와 세 번째는 거시적 차원의 사회학적·정치학적 접근이 사용된다.

미시적 접근은 전쟁을 인간의 심성론과 심리적인 측면 및 인지 과정을 통해 설명한다. 예를 들어 성악설을 기반으로 한 인간본성론은 인간의 이기적이고 악의적이며 공격적인 특성을 강조한다. 이에 따르면 전쟁은 인간의 이기심, 잘못 인도된 공격적 충동, 어리석음 등의 결과로 발생한다. 때문에 전쟁이 발발하는 데는 특히 지도자의 성격과 의지, 판단이 중요하게 작용한다고 본다. 예를 들어 1차 대전의 빌헬름 1세(Wilhelm I), 2차 대전의 히틀러와 무솔리니, 한국전쟁의 김일성, 중동전쟁의 나세르(Gamal Abdel Nasser) 등의 정치적 선택이 전쟁을 유발했다는 것이다. 히틀러의 경우 1941년 독일이 러시아를 공격하기로 결정한 데는 그의 종족적·이념적 우월성과 뿌리 깊은 열등감이 작용했다고 지적한다.

거시적 접근은 인류학·사회학·국제정치학 학자들이 취하는 접근법이다. 이들은 계급 갈등이나 계층화, 권력과 부의 불균등한 배분, 자원 쟁탈, 민족 또는 종교적인 갈등, 그리고 제3세계의 경제 근대화와 정치 근대화의 괴리 등에서 전쟁이 발발한다고 한다. 인류적·사회적 구조와 성격에서 분쟁 및 전쟁의 원인을 찾으려는 것이다. 예를 들어 발칸 반도에서 발생한 보스니아 내전과 코소보 전쟁, 베트남과 튀니지 등 아시아와 아프리카 식민지에서 발생한 민족해방전쟁은 민족 혹은 종교적 갈등이 분쟁과 전쟁으로 연결된 대표적 사례이다. 체첸 전쟁은 민족과 종교의 이질성에 더해 석유 자원을 둘러싼 갈등이 전쟁으로 비화한 경우이다.

도널드 케이건(Donald Kagan)은 저서 『전쟁의 기원과 평화의 보전에 대해

(On the Origins of War: And the Preservation of Peace)』에서 기원전 5세기 그리스의 학자인 투키디데스(Thucydides)가 국가 속의 조직화된 사람들이 왜 전쟁을 하는가에 대한 이유를 명쾌하게 설명했다고 지적한다. 케이건에 따르면, 전쟁을 '권력을 얻기 위한 무기 경쟁'으로 이해한 투키디데스는 인간이 힘을 추구하는 이유로 '두려움과 이익, 명예 추구'를 들었는데 이는 현재에도 전쟁의 원인을 설명하는 데 유용하다. 투키디데스는 펠로폰네소스 전쟁이 아테네 제국의 성장과 팽창에 대한 지나친 탐욕, 그로 인해 스파르타에 조성된 두려움 때문이라고 믿었다. 케이건은 아테네가 전쟁 저지 능력이 부족했고 전쟁의 승리를 보장할 어떤 전략도 없었기에 결국 패했다고 지적한다.

케이건에 따르면 펠로폰네소스 전쟁에 대한 투키디데스의 지적은 1차 세계대전에도 적용할 수 있다. 즉, 20세기로의 전환기 독일은 전 세계에서 가장 강력한 군사력을 지니고 있었으며 유럽 대륙에서 가장 강렬하고 역동적인 경제를 이룩했는데, 특히 북해에 집중된 독일의 지속적인 대규모 군함의 건조는 점증하는 영국의 의심과 두려움을 정당화하기에 충분했다고 한다. 독일은 영국 해협에서 우크라이나 반도에 이르기까지 유럽 대륙을 점령해 지배하고, 그 경제적 자원을 착취하고, 그것을 세계 제국 건설을 위한 전진기지로 사용하기를 원했다는 것이다. 케이건은 기존의 힘의 분배를 자신에게 이로운 방향으로 변화시키려는 독일로 인해 영국은 국가적 영향력과 안보상의 상당한 손실을 감수하지 않기 위해 어떠한 반격이든지 가할 수밖에 없었다고 말한다. 그러나 영국은 자신의 정책에 맞게 전략적 능력을 조절하는 데 실패했다는 것이다.

지금껏 적지 않은 전쟁 관련 영화가 제작되었다. 전쟁은 영화가 발명된 이래 지금까지 주요한 제재였다. 대부분의 관객은 전쟁의 스펙터클을 스크린에서 간접 체험해보려는 욕구를 지니고 있다. 그런 까닭에 전쟁을 제재로 한 영화는 별개의 독자적 하위 장르를 구성할 수 있었다. 이 중에는 적군을 무능하고 사악하며 위선적으로 그렸다는 한계가 자명한 것들도 적지 않다. 남성 우월주의와 인종주의를 드러내는 전쟁 판타지를 재연하는 영화도 존재한다. 그러나 개중에는 작품성과 더불어 나름의 메시지를 전달해줬다고 평가되는 영화도 있다. 이 장에서는 후자에 해당하는 전쟁 영화라 할 수 있는 〈위대한 환상(La Grande Illusion)〉, 〈영광의 길(Paths of Glory)〉(1957), 〈지옥의 묵시록(Apocalypse Now)〉(1979), 〈그린 존(Green Zone)〉(2010)을 살펴보기로 한다.

국경을 넘어선 인류애

장 르누아르 감독의 〈위대한 환상〉은 역사상 가장 위대한 영화 리스트에 빠짐없이 들어가는 명화이다. 후대 감독들에게도 큰 영향을 미쳤다. 대표적인 경우가 마이클 커티즈(Michael Curtiz)의 〈카사블랑카(Casablanca)〉(1942)에서 술집에 있던 사람들이 독일군들의 화를 돋우려고 프랑스 국가 「라마르세예즈」를 부르는 장면, 존 스터지스(John Sturges)의 〈대탈주(The Great Escape)〉(1963)에서 전쟁 포로들이 땅굴을 파서 탈출하는 장면 등이다. 〈위대한 환상〉의 원래 제목은 〈마레샬 대위의 탈출〉이었다. 미국의 영화 평론가 로저 에버트(Roger Ebert)는 〈위대한 환상〉이 포로들의 탈출을 다룬 영화도 아니고, 호전적 애국주의를 부추기는 정치적인 영화도 아니라고 지적한다. 이 영화는 붕괴 일로에 있는 유럽 문명의 구체제를 묵묵히 성찰하는 영화라는 것이다(에버트, 2002: 374).

국제정치학자 로버트 W. 그레그 역시 〈위대한 환상〉은 상투적인 전쟁 포로 영화가 아니며, 영웅적인 탈출을 그린 영화가 아니라고 주장한다. 유럽 전역에 전쟁의 폭풍우의 전조가 드리우던 1937년에 제작된 이 영화를 그레 그는 뛰어난 반전 영화라고 평가한다. 르누아르 감독이 직접 말한 것처럼 '정치적 국경선을 넘어선 사나이들의 동지애'에 관한 영화라고 보는 것이 옳 다고 한다. 르누아르는 전 세계 공통적인 인류애에 관심을 보이고 있으며, 그 결과 프랑스와 독일 양국 출신의 모든 등장인물들과 공감대가 형성된 인 물을 묘사했다는 것이다. 독일 포로수용소장인 폰 라우펜슈타인(에리히 폰 슈 트로하임 분)과 그가 격추시켜 떨어뜨린 프랑스군 비행사 볼디외(피에르 프레스 네 분)는 둘 다 관료주의자인 동시에 천부적인 직업군인이다. 볼디외는 기만 작전을 통해 기술자 마레샬(장 가방 분)과 유대인 로젠탈(마르셀 달리오 분)의 탈출을 돕는다. 마레샬은 탈출 후에 자신을 돌봐줬고 훗날 전쟁이 끝나면 결 혼하기로 약속했던 한 독일인 과부와 결혼을 한다(그레그, 2007: 273~274).

〈위대한 환상〉은 처음 개봉 당시 비평가들에게 극찬을 받았고 흥행에도 성공했다. 미국의 루스벨트(Franklin Roosevelt) 대통령은 민주주의를 대변하 는 영화라고까지 언급했다. 이 영화가 좋은 평가를 받고 흥행에도 성공할 수 있었던 것은 전쟁을 틀에 박힌 시각에서 벗어나 다른 각도에서 조명했기 때 문이다. 전쟁이라는 비상 상황에서도 상하가 아닌 수평적인 평등 사회를 강 조한 이 영화는 팽창적인 외교정책을 수립하고 유럽의 다른 국가들에 대한 침략을 꾀하고 있던 나치 독일에서는 기피 대상이 되었다. 당시 선전장관이 던 괴벨스는 〈위대한 환상〉을 '영화 공적 제1호'로 지정하고 상영을 금지했 다. 영화가 정치적인 메시지를 주입해 대중의 무의식에 강력한 영향을 미치 는 매체가 되어야 한다는 신념을 갖고 있던 괴벨스로서는 당연한 조처였다. 나치 군대가 파리를 점령한 뒤에는 〈위대한 환상〉의 필름 복사본들을 전부 압류했다. 괴벨스는 이 영화가 베니스 국제영화제에서 수상을 하지 못하도록 압력을 넣기도 했다. 그럼에도 영화제 측은 르누아르에게 최우수예술공헌상을 수여했다.

한편, 무솔리니는 이 영화를 개인적으로 보관했다고 전해진다. 독일군에 압류된 필름은 파리 폭격 때 분실되었는데 간신히 그중 하나가 미군 기록영화 팀에 의해 복원된 후 1946년 재개봉될 수 있었다. 이후 르누아르는 시나리오 작가인 샤를 스파크(Charles Spaak)와 편집자 르네 리히틱(Renee Lichtig)과 함께 1957년 필름을 다시 복원해서 다음 해 재개봉했다.

〈위대한 환상〉은 크게 두 파트로 구성되어 있다. 전반부는 제1차 대전 중 독일군 포로수용소에 갇힌 사람들을 다뤘고, 후반부는 수용소에서 탈출한 두 병사의 자유를 찾기 위한 험난한 여정을 보여준다. 평범한 정비공 출신의 낙천적이고 사교적인 군인인 마레샬 역을 맡은 장 가방(Jean Gabin)은 당시 프랑스에서 최고 인기를 구가하던 배우였다. 볼디외와 마레샬의 비행기를 격추한 독일군 장교인 폰 라우펜슈타인 역에는 에리히 폰 슈트로하임(Erich von Stroheim)이 발탁되었다.

이 영화에서 보여주는 것처럼 1차 대전에는 다양한 계층과 신분의 직업군인들이 참전했다. 수용소에도 정비공, 은행가, 배우, 교수, 토지 측량 기사 등 다양한 직업을 가진 사람들이 모여 있었다. 그렇다 보니 영화에서도 독일어, 프랑스어, 러시아어, 영어 등 다양한 언어가 사용되었다. 촬영을 맡은 크리스티앙 마트라스(Christian Matras)는 영화 전반에 걸쳐 공간과 인물을 분할하지 않는 독창적인 기법인 이동 기법을 사용했다. 즉, 카메라를 앞뒤로 끌고 회전하면서 등장인물들을 다양한 각도에서 차례로 보여줬다. 격추 장면은 제작비 조달에 어려움을 겪던 르누아르가 비행기를 구하지 못해서, 과감한 디졸브(dissolve) 화면으로 비행 장면을 생략하고 독일군 쪽의 상황을 보여주는 것으로 넘어갔다. "코드론 한 대를 격추했어. 만약 장교들이라면 점심식사에 초대하도록." 영화에서 장 가방이 입은 군복은 르누아르가 실제로 1차 대전에 참전했을 때 입었던 것이었다. 참전 당시 르누아르는 적지를 정찰하고 사진을 찍는 임무를 담당했다.

두 장교가 수용된 할바흐 수용소 장면들은 빌헬름 2세(Wilhelm II)가 독불 국경에 세웠던 기지에서 촬영되었다. 볼디외와 마레샬이 도착하자 수용소장은 "장교들은 각자 직위에 상응하는 대우를 받을 것이다. 그러나 독일법의 적용을 받는다는 것을 명심하라"라고 말한다. 마레샬은 전축으로 노래를 틀고 따라 부르면서 흥겨운 시간을 보낸다. 측량 기사 출신인 동료 포로는 팔을 다친 마레샬의 발을 대신 씻겨준다. 수용소장은 십자가와 예수상으로 교회처럼 꾸민 그의 방에서 귀족 출신 직업장교인 볼디외와 좋았던 시절을 얘기하며 서로의 향수를 달랜다. 대화하는 둘 사이의 창가에는 제라늄 화분이 놓여 있다. 독일군도 같은 인간이라는 걸 함축하는 식사 장면은 따뜻한 인간애를 보여준다. 식사는 전쟁과 수용소 음식에 지친 나이 든 군인들을 결속하는 역할을 하며, 식당은 기본적인 본능을 충족시키면서도 긴장을 풀고 화합하게 하는 공간이다.

독방의 롱 테이크 신도 인상 깊다. 감금된 마레샬이 울부짖는다. 독일군 감시병은 그 내용을 이해하지 못함에도 마레샬의 처지에 동정심을 느끼고 담배를 건넨다. 마레샬이 반응을 보이지 않자 이번에는 하모니카를 건넨다. 역시 대꾸가 없자 악기를 놓고 조용히 나간다. 마레샬이 하모니카를 불자 문 밖에서 이를 쳐다보는 독일 병사도 곡을 조용히 따라 부른다. 유폐된 공간에서 적으로 존재하지만 그럼에도 둘 사이에는 교감과 유대가 흐른다. 이처럼 르누아르는 인간미가 흐르는 수용소를 보여주려고 했다. 하지만 섬세한 화면과 감정 표현으로 수용소의 참상을 제대로 표현하지 못했다는 비평을 받기도 했다.

한편, 수용소에 수감된 포로들은 몰래 석탄 부삽, 깡통을 사용해 두 달 동안 쉬지 않고 탈출로를 판다. 점호를 마친 후에는 출입문을 열지 못하도록 의자로 괴어놓고 창문을 담요로 가린 후 각자 분담된 역할에 따라 탈출용 땅굴을 판다. 여기서 나온 흙은 밭에다 버린다. 영화는 땅굴 작업을 통해 극한 상황에 처한 인간들의 협력 행위를 보여준다. 포로들이 탈출을 거행하기로 한 날 전에 다른 수용소로 이송되는 바람에 땅굴을 이용한 탈출은 실패로 끝난다. 연병장에서 훈련 중인 나이 어린 독일 병사들을 무심하게 쳐다보는 포로들의 모습은 전쟁의 광기로 희생되는 소년들, 그리고 전쟁의 부질없음을 생각하게 한다. 성탄절 공연 예행연습에서 여장을 한 포로들이 카바레 쇼를 준비하는 것을 포로들은 입을 벌린 채 쳐다본다. 이에 대해 볼디외는 밖에서는 애들이 군인놀이를 하는데 여기서는 군인들이 애들처럼 놀고 있다고 말한다. 성탄절 공연 중 프랑스군이 두아몽을 수복했다는 소식을 듣고 한 영국 군인이 가발을 벗고 프랑스 국가를 부르자 다른 포로들도 따라 부른다. 러시아 포로들에게 황후가 보낸 상자에는 보드카나 캐비아가 들어 있으리라는 기대와는 달리 책이 들어 있다. 러시아 장교는 책을 내던지며 화를 내고, 다른 장교들은 책에 불을 붙인다. 『핀다로스(Pindaros)』를 번역하고 있던 프랑스 포로 디몰더는 이를 막다가 러시아 포로들의 화를 돋운다.

점차 동료 포로들과 융화하게 된 볼디외는 독일군이 우왕좌왕하자 로젠탈과 마레샬에게 민간인 복장을 하게 하고 밧줄을 이용해 탈출시키려고 한다. 볼디외가 장갑을 끼고 손빨래를 하고 있을 때 마레샬이 물을 부어주는 장면에서, 둘 사이에 호감과 신뢰가 형성된 것을 알 수 있다. 거사일이 되자 다른 포로들은 두 사람의 탈출이 발각되지 않도록 피리를 불고 냄비와 그릇을 두들긴다. 떠나는 두 사람을 향해 볼디외는 장갑 낀 손을 내밀고 그저 가볍게 미소만 짓는다. 마레샬과 로젠탈은 동료 뒤에 숨어 있다가 탈출에 성공한다.

볼디외는 성곽 꼭대기까지 피리를 불며 계단을 올라가고 독일군들이 그 뒤를 쫓는다. 실감 나는 계단 추격 장면에는 배경음악으로 스트라빈스키(Igor Fyodorovich Stravinsky)의 「교향곡 3번 E플랫 장조」가 깔린다. 볼디외에게 배신감을 느낀 라펜슈타인은 한때 영혼의 교감을 나눴던 친구를 권총으로 쏜 후 장갑 낀 손으로 그의 눈을 감겨준다. 그리고 제라늄 화분이 놓여 있는 창문으로 다가가 가위로 꽃을 자른다. 라펜슈타인은 자신이 귀족의 덕목이라고 믿는 충성심과 기사도 정신, 우애를 중시하지만 이것들이 상류계급이 대중을 기만하는 허위의식이라는 점은 깨닫지 못한다. 전선에서 대치하고 있는 귀족 출신 장교들이라면 모두 동일한 행동 규범을 갖고 있을 것이라는 생각은 감상적인 상류계급이 품고 있는 환상에 불과하다. 탈출한 두 남자가 추위를 피하기 위해 서로 끌어안고 몸을 녹이는 장면은 이들이 환상을 좇고 있다는 걸 상징하는 것이기도 하다. 처음엔 서로를 믿고 의지하다가 다투기 시작하고, 마레샬은 유대인을 비난한다. 그때 로젠탈이 볼디외가 연주했던 「항해하지 않는 배」를 부르자 다시 끈끈한 우정이 발휘되면서 마레샬이 로젠탈을 부축한다.

전쟁의 참혹성과 무의미함

〈영광의 길〉은 전쟁의 참혹성과 무의미함이 잘 묘사된 영화이다. 그런 점에서 〈위대한 환상〉과 다른 방식이기는 하지만 이 영화 역시 반전 영화의 범주에 포함시킬 수 있다. 스탠리 큐브릭 감독이 친구이자 동업자인 제임스 해리스(James B. Harris)와 함께 만들었다. 큐브릭은 고등학교 때 재미 삼아 읽은 몇 안 되는 책 가운데 하나를 떠올리고 해리스와 의기투합해 제작하기로 했지만 메이저 스튜디오 어느 곳도 관심을 보이지 않았다. 결국 큐브릭과 해리스의 에이전트가 애를 쓴 결과, 커크 더글러스의 관심을 끌어 그의 소개로 유나이티드 아티스츠 사의 지원을 얻을 수 있었다. 유나이티드는 유럽에서 대단히 적은 제작비로 작업해야 한다는 조건을 내걸었다(필립스, 2014: 61). 현재 유통되고 있는 필름은 UCLA영화·텔레비전아카이브가 MGM 스튜디오와의 협력으로 복구한 것이다.

〈영광의 길〉은 제1차 세계대전 중 교착상태에 빠진 참호전 전투를 다뤘다. 독일군은 개전 일주일 만에 파리 근교 18마일까지 진격했다. 독일은 몬강 전투에서 프랑스군을 대파했으나 예상외 반격에 후퇴할 수밖에 없었다. 전쟁은 소강상태에 들어갔다. 그러는 사이 영국 해협에서 스위스에 이르는 500마일 전선에 보강된 참호가 건설되었다. 1916년까지 2년간의 전투에서 양쪽은 별 소득을 얻지 못했다. 몇 미터만 전진해도 성공이었고, 총력 공세를 퍼부어도 기껏해야 몇 백 미터의 땅을 확보하는 데 그쳤다. 소름 끼치는 참호전을 치르는 과정에서 수십만 명이 사망했다. 프랑스군은 방어를 하기에도 벅찬 지경이 되었다. 사정이 그러한데도 프랑스군 사령부에서는 '개미언덕'이라 불리는 난공불락의 독일군 진지를 모레까지 수복하라는 명령을 내리고, 이를 담당할 부대의 지휘관으로 폴 미로 장군을 지목한다. 사령부에 있는 조지 장군은 폴에게 "본부에서 떠도는 얘기로 자넬 12사단 책임자로 찍어놓았다고 하더군. 별이 하나 더 달린 자리지. 최선을 다해 자네를 밀어보겠네. 그들은 적극적인 장군을 원해. 자네는 충분히 부합하지"라고 귀띔한다. 전공을 세워 출세하기를 열망하는 미로 장군은 정신 무장은 확실하고 능력은 무한대라고 답한 뒤 부하들에게 돌격을 재촉한다. 적군의 폭탄이 터지는 가운데 공격이 시작된다. 많은 병사들이 죽는다. 대령은 호루라기를 불며 공격을 독려한다. 장군은 진격할 시간인데 병사들이 참호 속에 그대로 있다며 겁쟁이들이라고 화를 낸다. 이 과정에서 상당수 부대원이 전사하고 생존자들은 포화 아래로 숨는다.

닥스 대령과 병사들이 군사재판에 회부된다. 부대원이 다 죽거나 다친 가운데 무인 지대까지 간 단 두 명 중 한 병사에게 재판관이 왜 개미 언덕을 혼자서 휩쓸어버리지 않았냐고 질문한다. 병사는 "저와 마이어 단둘이서 말씀입니까? 지금 농담하시는 겁니까?"라고 답한다. 힘들게 아군 철조망까지 진격했으나 참호로 복귀하라는 부대장의 말을 듣고 돌아온 병사는 참호 밖으로 세 걸음도 걷기 전에 대부분 죽거나 다쳤다고 말한다. "질문에만 대답하게. 그러니까 아군의 철조망에서 벗어나지 않았단 말인가?" 다른 병사는 장교가 쓰러지면서 그 충격으로 기절해 아예 참호를 벗어나지도 못했다고 밝힌다.

군사법정에서 닥스 대령은 재판이 형식적인 절차에 불과하다며 이의를 제기한다. "재판장님, 인간인 것이 유감일 때가 있는데 이 경우도 그렇습니다. 이 재판은 변론을 허락지 않았고 결국 변호가 불가능했습니다. 결정적인 증거를 제출하지 못하게 한 이 재판에 이의를 제기합니다. 증인도 없이 재판을 하며 피고들에 대한 죄목이 적힌 정식 기소장조차 없습니다. 이제 마지막으로 이 재판에 이의를 제기합니다. 이 재판은 형식적인 절차에 불과합니다. 어제 아침의 전투는 결코 프랑스군에게 오명이 아닙니다. 또한 치욕은 더욱 아닙니다. 바로 이 재판이 오명이고 치욕입니다. 이 병사들을 고소한다는 건 완전히 비윤리적인 처사입니다. 재판장님, 이들에게 유죄를 선고한다는 건 모두가 범죄인이 되는 것이며 죽는 날까지 죄를 못 벗을 겁니다. 심지어 귀족이 평민에게 보이는 그런 동정조차도 없어졌다는 게 믿겨지지 않습니다. 이들에게 자비를 베풀어주십시오." 그러나 닥스 대령을 제외하고는 아무도 이들에게 신경 쓰지 않는다. 사령부의 조지 장군은 아예 노골적으로 "지금이 사형 집행에 적기지. 사형만큼 더 병사를 자극하고 격려하는 것은 없어. 군인은 어린애와 같네. 어린애에게 훈계가 필요하듯 군대에도 군기가 필요하네. 때때로 군기를 유지하려면 누군가의 희생이 필요하지"라고 말하기도 한다. 결국 사령부와 장군의 책임을 전가하고자 무작위로 세 명의 병사들을 뽑은 후 비겁한 행위를 했다는 이유로 사형선고를 내린다.

영화에서 묘사된 프랑스 장군들은 큐브릭이 지적했듯이 "그저 직업적으로 군인인 자들은…… 국기, 조국, 이미지에 집착하며, 참호 속의 순종적인 병사들은 안중에도 없는 사람들" 가운데 하나라 할 수 있다. 그레그는 특히 이 영화의 다음 장면이 전쟁의 무익함과 노골적인 광기를 잘 드러냈다고 평한다(그레그, 2007: 254). 개미 언덕을 돌격하기 전 장군은 참호 속을 돌아보며 여러 병사들에게 더 많은 독일인들을 죽일 준비가 되어 있는지 물어본다. 병사들 중 하나가 멍하니 허공을 응시하며 질문 자체를 제대로 듣지 못하고 두서없이 중얼거리며 대답을 한다. 그러자 다른 병사가 나와 문제의 병사는 전투 노이로제를 앓고 있다고 알려주자 장군은 그따위 병은 존재하지 않는다고 소리친다. 그는 문제의 병사가 겁쟁이라고 매도하면서 다른 병사에게 전염될지 모르므로 다른 부대로 전출시켜버리라고 명령한다. 장군을 수행하는 부관은 그것이 옳은 결정이며 이번 시찰이 장병들의 사기에 엄청난 효과를 거둘 것 같다고 말한다.

베트남 전쟁: 광기, 공포와 절망

〈지옥의 묵시록〉은 프랜시스 포드 코폴라(Francis Ford Coppola) 감독이 제작한 전쟁 블록버스터이다. 20세기 중반의 냉전 시기에 발생한 대표적인 전쟁인 베트남 전쟁이 그 배경이다. 19세기 말 이후 인도차이나 반도에 있는 베트남, 라오스, 캄보디아를 식민지화했던 프랑스는 종전 직후 이 세 국가를 다시 수중에 넣기 위해 인도차이나 전쟁을 일으켰다. 이에 대해 일명 '베트민(Viet Minh)'으로 불리는 베트남독립동맹의 지도자로 반제국주의 투쟁을 이끌었고 대중의 신망을 받고 있던 호찌민이 협상을 이끌었지만 1946년 하이퐁에서 발생한 우발적인 사고로 인해 결국 프랑스와 제1차 인도차이나 전쟁이 벌어졌다. 프랑스와 베트민의 전쟁은 1954년 5월 베트민이 프랑스군의 거점인 디엔비엔푸를 점령한 후 끝났고 프랑스는 인도차이나 지배에서 손을 떼게 되었다. 그해 7월 체결된 제네바 휴전협정은 북위 17도선을 기준으로 남북 베트남을 잠정 분할하고 2년 뒤인 1956년에 전국 선거를 통해 통일국가를 수립하기로 결정했다. 북베트남을 장악한 베트민과 그 지도자인 호찌민은 인도차이나 전역의 대중적 지지를 확보한 상태였고, 무난한 선거 승리를 예견하고 있었다.

그러나 평화협정은 지켜지지 않았다. 인도차이나 전쟁에서 프랑스를 지원했던 미국이 남베트남에서 응오딘지엠(Ngo Dinh Diem)을 내세워 선거를 거부하고 1955년 독자 정권을 수립했기 때문이었다. 아시아에서 공산주의가 확산되는 것을 두려워한 미국은 응오딘지엠 정권에 대해 경제적 지원과 군사적 지원을 하기 시작했다. 남북 갈등은 심화되었고 평화적인 통일은 불가능해졌다. 결국 북베트남은 1960년 베트남민족해방전선(NLF)을 결성해 남베트남을 탈환하기 위한 군사적 대응에 나섰다. 이에 미국의 케네디(John F. Kennedy) 정권은 1961년부터 정규군을 투입하고 대규모 폭격 등을 통해 남베트남을 지원했다. 그러나 애초부터 대중적 지지가 부재했던 남베트남의 전세는 불리할 수밖에 없었다. 응오딘지엠 정권의 억압 정치와 부패에 반대하는 대규모 시위도 확산되었다.

미국은 불리한 전세를 만회하기 위해, 1963년 11월 군사 쿠데타를 일으켜 허약한 응오딘지엠을 몰아내고 응우옌반티에우(Nguyen Van Thieu) 군사정권을 수립했다. 1964년 8월에는 이른바 통킹 만 사건을 빌미로 베트남 전역에서 군사행동을 개시하게 된다. 통킹 만 사건은 당시 북베트남 어뢰정이 미국 구축함을 공격했다고 주장한 사건이지만, 후에 공개된 미 국방부 비밀문서를 통해 존슨 정권이 수개월 전부터 북베트남 공격을 정당화하기 위해 꾸며낸 치밀한 자작극이었음이 밝혀졌다. NLF는 지형을 이용한 게릴라전을 폈고, 미군은 북베트남의 주요 지역을 폭격하고 남·북베트남 각지의 삼림에 은거한 게릴라들을 찾아내기 위해 곳곳에 고엽제와 제초제를 살포했다. 그후 1974년 4월 NLF의 남부임시혁명정부가 사이공을 점령해 무력으로 통일을 이룰 때까지 베트남은 가공할 현대 무기들의 실험장이 되었고, 무수한 사람들이 피해를 입었으며, 자연이 파괴되었다. 무엇보다 베트남 전쟁은 냉전 시기 미국과 소련이 벌인 대리전쟁의 성격을 띠며, 이념의 대립과 국익을 위한 보이지 않는 갈등 등 다양한 요소들이 얽혀 있는 전쟁으로 평가된다.

베트남 전쟁을 다룬 영화는 매우 많다. 이 영화들은 1970년대 말에 다양한 형식으로 등장해 1980년대 중반에 정점에 달했다. 초기의 영화 중 일부는 명백히 표준적인 2차 대전 모델을 따랐으며, 다른 일부는 1970년대 초 '할리우드 르네상스'의 스타일을 실험했다. 후자에 속하는 영화로는 미국 펜실베이니아에 있는 어느 공업 도시의 젊은 노동자 세 명이 베트남전에 복무하면서 삶과 인간성이 파괴되어가는 과정을 보여주는 〈디어 헌터(The Deer Hunter)〉(1978)와 베트남전에 회의를 품고 탈영해 정글 깊숙이 자신만의 왕국을 설립한 커츠 대령을 통해 전쟁의 광기와 공포를 보여준 〈지옥의 묵시록〉을 들 수 있다. 이 작품들은 대체로 2차 대전 전투 영화의 '곤경에 빠진 소대'의 변형체를 택했는데, 친숙한 장르 구분론에 네이팜탄과 약물 중독, 록 음악 사운드트랙, 생생하고 노골적인 폭력, 특이하고 인상적인 속어 같은 새로운 의미론 요소들을 결합했다. 베트남전 전투 영화(Vietnam war combat films)가 뒤늦게 제작되고 그것이 알아보기 쉬운 하위 장르로 구체화된 것은, 그 전쟁의 격렬하고 지속적인 정치화와 현대 미국이 경험한 첫 패배의 과정을 반영한다(랭포드, 2010: 209~210).

〈지옥의 묵시록〉의 원작은 조지프 콘래드(Joseph Conrad)의 소설 『어둠의 심연(Heart of Darkness)』이다. 콘래드는 그의 작품에서 아프리카의 '거대한 강' 깊숙한 오지에 들어가 교역소를 운영하면서 신처럼 군림하는 유럽인 커츠를 그렸다. 주인공 말로는 오지로 깊이 들어갈수록 역사 이전의 세계, 문명 이전의 인류 상태에 가까워진다고 느끼며, 심지어 자신의 심장 박동 소리와 '야만인들'의 북소리를 동일시하고 정글 속에서 늙을 때까지 살아야겠다고 생각한다. 말로는 교육을 통해 내재화한 문명적 사유와 도덕적 가치를 버리고 그동안 문명이 억압해온 야성적 본능에 사로잡힌다. 그리고 문명인들이 중시하는 원칙이나 도덕이 세게 흔들면 날아가버리는 가벼운 왕겨 정도에 지나지 않는다는 점을 알게 된다. 그런 점에서 문명 세계의 개인은 바다에 떠 있는 '노후한 배'와 같다. 문명인이란 눈앞에 있는 위험을 보지 못하고 그 앞에서 뽐내는 아둔한 존재이기도 하다. 내면의 악이 발호할 때 인간들은 속수무책일 수밖에 없다. 그나마 경찰관과 푸주한이라는 쌍둥과 지켜보는 이웃들이 있어 당장 침몰하지 않고 버티는 것이다(이석구, 2008: 242~245).

코폴라 역시 〈지옥의 묵시록〉에서 자신의 부대원을 이끌고 적지 깊숙한 캄보디아의 밀림에 독자적인 왕국을 만든 전쟁 영웅 월터 커츠 대령(말런 브랜도 분)을 주인공으로 삼았다. 커츠 대령이 탈영을 한 까닭은 베트남 전쟁이 지닌 광기와 공포, 그로 인한 절망을 처절히 깨달았기 때문이다. 이는 마치 『어둠의 심연』의 말로가 어느 순간 악의 세계로 침몰할지 모르는 문명 세계의 불안정성을 느낀 것과 비슷하다. 커츠의 다음 대사는 전쟁을 겪으면서 느낀 공포를 잘 보여준다. "난 공포라는 놈을 봤어. 너도 봤을 거야…… 말로는 도저히 불가능해. 공포가 뭔지. 모르는 사람한테 필요한 걸 말로 설명하기는. 공포는 얼굴이 있어. 그놈과 친구가 되어야 해. 친구가 되지 않으면 무서운 적이 돼. 가장 무서운 적이지. 특수부대에 복무할 때가 떠오르는군. 우리는 아이들에게 소아마비 예방접종을 하러 갔지. 접종을 끝낸 후 그 수용소를 떠나려는데 한 노인이 울면서 달려왔어. 다시 가봤더니 접종해준 애들의 팔을 잘라냈더군. 통 속에 작은 팔들이 수북했어. 난 울었어. 난 그 일을 절대로 잊지 않을 거야. 그 후로 난 깨달았지. 총에 맞은 것처럼. 마치 다이아몬드 총알이 내 이마를 관통한 것처럼. 팔을 잘라내는 그 의지는 완벽하고 순진하며 수정처럼 순수했어. 그들이 우리보다 더 강하다는 걸 깨달았네. 그들은 강한 거지, 괴물은 아냐. 그들은 정예부대야. 사랑으로 가득 찬 가족과 자식이 있는데도 신명을 바쳐 싸우지. 그들에겐 힘이 있지. 팔을 잘라낼 힘이. 내게 그런 병사들이 10개 사단만 있다면, 이곳 문제는 순식간에 사라지게 될 걸세. 양심을 갖고 있으면서 동시에 원초적인 본능으로 살인하는 사람이 필요하지. 느낌, 감정, 판단 없이. 우린 판단하기 때문에 패배해."

공포뿐만이 아니다. 전쟁이 가져다준 절망감은 그가 나무 사이로 간신히 내리쬐는 희미한 빛에 의존해 낭송하는 T. S. 엘리엇(Thomas Stearns Eliot)의 시 「텅 빈 사람들(The Hollow Men)」을 통해서 관객에게 전달된다. "우리는 속이 텅 빈 사람들. 우리는 머릿속이 볏짚으로 채워진 채 서로 기댄 허수아비들. 서로 속삭일 때 바싹 마른 목소리들은 마른 풀잎에 부는 바람처럼 조용하고 무의미하다. 건조한 지하실에 있는 깨진 유리잔에 깔린 생쥐의 발처럼 형태 없는 외모, 색깔 없는 그림자." 엘리엇의 시를 읽는 장면을 포함시킨 것은 이 시인이 원시의 신비스러운 정신을 복원하는 것이 문명인의 도덕성과 인간성 상실 및 종교적 타락을 회복할 수 있는 대안이라고 주장했기 때문이다. 엘리엇은 그의 초기 시에서 원시의 생명력을 강조하기 위해 웨스트민스터 의회를 폭파하려 했던 가이 포크스(Guy Fawkes) 사건과 조지프 콘래드의 『어둠의 심연』을 원용하기도 했다. 코폴라는 커츠 대령이 사용하는 탁자 위에 놓인 인류학자 제임스 프레이저(James George Frazer)의 『황금 가지(The Golden Bough)』와 신화학자 제시 웨스턴(Jessie L. Weston)의 『제의에서 로망스까지(From Ritual to Romance)』에 카메라를 비춤으로써 야성적 본능과 원시의 생명력을 다시 한 번 강조한다.

원주민인 몽타그나드 종족을 사병으로 부리며 개인 왕국을 만들어 군림하는 '미친' 탈영 군인 커츠 대령을 처리하고 그의 부대를 섬멸하라는 비밀 지령을 받고 그를 찾아 떠난 윌러드 대위(마틴 신 분)도 강을 거슬러 오르는 긴 여행 끝에 커츠가 발견한 공포를 이해하게 된다. 나트랑에 있는 장군들이 자신처럼 커츠의 진면목을 알았더라도 그를 죽이려 했을까 반문하게 된다. 윌러드는 커츠를 완전한 이방인이라고 생각한다. "그는 세상을 버렸고 결국 자신까지도 버렸다. 그토록 갈가리 찢겨진 영혼을 본 적이 없다." 커츠 대령이 어떤 사람인가는 커츠의 왕국에 머물고 있는 사진기자(데니스 호퍼 분)가 감금된 윌러드에게 물을 따라주면서 한 얘기를 통해서도 짐작할 수 있다. "자넨 모르지만 난 알아. 정말이야. 그는 정신은 말짱한데 영혼이 미쳤어. 그래, 그는 죽어가고 있어. 이 모든 것을 증오해, 증오! 그는 시를 큰 소리로 낭송해. 그 목소리, 목소리…… 그가 사라지면 사람들이 뭐라고 할까? 그는 의인이었다고? 현자였다고? 계획과 지혜가 있었다고? 다 헛소리야." 물론 사진기자는 마약에 취해 있으므로 그의 평가를 액면 그대로 받아들이기는 힘들다. 그럼에도 코폴라가 왜 사진기자를 커츠와 윌러드 사이를 연결하는 매개자로 심어놓았는지를 염두에 두고 이 장면을 살펴볼 수 있다.

윌러드의 원정 여행 중에 펼쳐지는 명장면들은 개봉한 지 30여 년이 훨씬 지난 지금까지 사람들이 〈지옥의 묵시록〉을 베트남 전쟁을 다룬 최고의 영화로 꼽게 만든다. 전쟁의 광기를 매우 인상적으로 보여주는 것은 윌러드가 도중에 킬고어 중령(로버트 듀밸 분)을 만나는 장면이다. 킬고어는 서핑을 즐기기 위해 리하르트 바그너의 「발퀴레의 기행(Ritt der Walküren)」을 최고 볼륨으로 틀어놓은 채, 전폭기에서 베트남 촌락을 향해 무차별적으로 네이팜탄을 발사한다. 바그너의 음악을 트는 까닭은 베트콩들이 기절초풍해서 병사들이 좋아한다는 것이다. 윌러드에게는 이렇게 말한다. "냄새 나지? 네이팜탄 말이야. 세상에 저런 냄새는 없지. 아침에 맡으면 더 좋아." 정글 가운데 있는 촌락에서는 어린 학생들이 학교에서 공부를 하고 있고, 농민들이 대바구니를 짜고 체로 곡식을 거르는 등 평화롭게 일상생활을 영위하고 있다. 그들의 머리 위로 무장한 헬기 편대가 기관총과 네이팜탄을 퍼붓는다. 도망가는 주민들은 사냥감마냥 쫓긴다.

윌러드가 승선한 경비정이 주민들이 탄 작은 어선과 조우하는 장면도 거론할 만하다. 경비정에 탄 군인들이 어선을 발견하고 무기가 있는지 검색하지만 아무것도 발견하지 못한다. 베트남 여자가 앉아 있던 통을 수색하려 하자 여자가 달려오고, 흑인 병사는 기관총을 난사해 일가족을 몰살한다. 다른 병사들도 미친 듯이 총을 쏴댄다. 그러나 그녀가 숨긴 것은 강아지라는 것이 밝혀진다. 선장은 아직 숨이 붙어 있는 여자를 경비정에 태워 치료해주려고 하지만 윌러드가 그녀를 향해 권총을 발사한다. 민간인에 대해서도 서슴없이 폭력을 행사하는 전쟁의 잔인함이 잘 드러나는 장면이다. 비정상적이며 무의미한 전쟁을 그린 이 영화는 1979년 제32회 칸 영화제에서 황금종려상을, 다음 해 제37회 골든 글로브 시상식에서는 감독상·남우조연상·음악상을, 제52회 아카데미 시상식에서는 음향상과 촬영상을 수상했다.

전쟁과 거짓말

〈그린 존〉은 이라크 전쟁을 배경으로 한 영화이다. 미국의 부시 정부는
9·11 테러 사건을 계기로 북한, 이라크, 이란 등의 국가를 '악의 축(axis of
evil)'으로 지명한 후 알카에다와의 연루, 대량살상무기(WMD) 은닉을 이유로
2003년 3월 20일 이라크 남동부에 폭격을 가하면서 전쟁을 시작했다. 동맹
국인 영국군과 오스트레일리아군을 포함해 약 30만여 명의 병력이 투입되었
고, 개량형 스마트폭탄(JDAM), 무인정찰기 겸 공격기인 프레데터 등 각종 첨
단 무기가 동원되었다. 그러나 미국의 군사적 헤게모니를 여지없이 보여준
냉전 종식 직후의 걸프 전쟁[2]과 달리 이라크 전쟁에서 미국은 과거의 동맹국
이 적극적으로 협력하지 않은 탓에 당초 예상보다 많은 비용과 큰 피해를 감
수해야 했다. 2011년 12월 종전을 선언하고 이라크에서 완전히 철수할 때까
지 미군 4700여 명이 사망했다. 또한 10만 여 명으로 추산되는 무고한 이라
크 민간인들이 사망했으며, 450만여 명의 난민이 발생했고, 문화유산과 거
의 모든 인프라가 파괴되었다.

　UN 결의안을 바탕으로 동맹국의 협조를 얻어 전쟁을 시작한 것이 아니라
독자적으로 전쟁을 시작한 미국의 일방주의 외교 노선에 대해 독일과 프랑

---

[2]　걸프 전쟁은 이라크가 1990년 8월 쿠웨이트를 침공하자 미국이 다국적군을 구성해
　　1991년 1월 쿠웨이트에서 이라크군을 축출하려 하면서 시작되었다. 중요한 점은 걸프
　　전쟁에서 미국이 후세인 정권을 타도하지 않았다는 사실이다. 그 까닭을 브렌트 스코크
　　로프트(Brent Scowcroft) 당시 백악관 국가안보보좌관은 '지정학' 때문이라고 간단히
　　설명했다. 후세인 정권 이후 대안이 없었고, 그 정권이 이슬람주의 확산과 이란 견제 등
　　중동의 세력균형을 맡고 있었기 때문이다. 2003년 미국의 이라크 전쟁의 또 다른 주역
　　인 딕 체니(Dick Cheney) 전 부통령은 당시 국방장관으로서 후세인 정권 존속을 적극
　　지지했다(≪한겨레≫, 2014년 6월 16일 자).

스, 러시아가 반대했고, 세계 각지에서 반전·반미 운동이 일어났다. 이는 광범위한 동맹을 구축할 미국의 능력이 약화되었다는 것을 의미한다.

이라크 전쟁은 복합적 배경을 지닌 것으로 평가된다. 첫째, 이라크의 석유 자원이다. 후세인 시절 이라크 정부는 석유 채굴업을 국유화하고 미국에게는 석유 판매를 제한했다. 이 조치는 미국의 이해에 반하는 것으로 받아들여졌다. 둘째, 군산복합체(the military-industrial complex)의 이익이 고려되었다. 군산복합체는 미국의 정치와 경제계에 막강한 영향력을 행사하는 세력으로 정부의 군비 지출에 깊이 관여하는 군부, 군수산업체, 정치가들, 보수적 싱크탱크와 보수 언론으로 구성되어 있다. 이들은 로비스트들을 동원해 군비 지출을 증액하라고 압력을 가할 뿐만 아니라 친군사적 정치인 당선 지원, 신무기 개발 사업 요구, 군수산업에 대한 정부 보조금 확보 등을 꾀한다. 외교 노력보다 군사 행위를 중시하고, 적의 능력을 부풀리며, 위기를 조장할 수 있는 새로운 전쟁 상대를 물색하는 것은 물론이다. 부시 정부의 고위급 인사인 딕 체니 부통령, 도널드 럼즈펠드(Donald Rumsfeld) 국방장관 등과 의회 인사 상당수는 군산복합체와 밀접한 이해를 맺고 있었다. 그런 점에서 이들은 이라크 전쟁의 최대 수혜자이기도 하다. 셋째, 미국의 세계 전략 차원에서 전쟁이 수행되었다. 특히 유라시아 세력 재편과 중국 경계는 핵심적인 고려 대상이었다. 미국은 유럽, 아프리카, 아시아를 잇는 교두보 지역인 이라크를 친미 세력으로 만들어 영향력을 확대하려고 했다. 후에 BBC 등 영국 언론은 전쟁이 9개월 전 이미 치밀하게 준비된 것이었으며, 전쟁의 목표는 대량살상무기 제거가 아닌 정권 교체였다고 폭로한 바 있다. 영국 정부 수석 과학 고문을 역임한 데이비드 킹(David King)은 한 강연에서 "이라크 전쟁은 강대국들이 자원 확보를 위해 무력을 사용한 21세기 첫 '자원 전쟁'"이었다고 지적했다(≪연합뉴스≫, 2010년 3월 19일 자).

미국은 전쟁 명분인 대량살상무기 보유설, 테러 연관설 등이 허위로 드러나 국제사회의 비난 여론이 비등해지자, 이라크 치안 질서 유지와 재건, 민주주의 정착을 위해 이라크에 주둔해야 한다고 주장했다. 그러나 미국식 민주주의가 아랍권에서 보편적 가치로 받아들여지지 않는 현실을 고려하면, 이라크에 대한 미국식 민주주의의 '이전(移轉)'은 오히려 이라크를 분열과 갈등으로 몰아넣었다고 평가된다. 헌법 제정과 총선을 거쳐 이라크 주권정부가 출범했지만 이라크 내 시아파와 수니파 간 갈등의 골은 깊기만 하고, 이슬람국가(IS) 같은 급진주의 정치 세력의 영향력도 더욱 확대되고 있다.

대량살상무기의 존재 여부를 둘러싼 내용을 그린 〈그린 존〉은 그런 점에서 볼만한 가치가 있다. 이 영화는 ≪워싱턴 포스트(The Washington Post)≫의 바그다드 특파원이었던 라지브 찬드라세카란(Rajiv Chandrasekaran)의 논픽션 『그린 존(Imperial Life in the Emerald City: Inside Iraq's Green Zone)』에서 모티브를 얻어 제작되었다. '본 시리즈'로 널리 알려진 폴 그린그래스가 메가폰을 잡았고, 맷 데이먼(Matt Damon)이 주연을 맡았다. '그린 존'은 이라크 내 미군들을 위한 안전지대를 가리키는데, 이라크 전쟁의 모순을 응축해 보여주는 장소이다.[3] 2009년 1월 1일 미국은 주둔군지위협정(SOFA)에 따라 바그다드의 그린 존 관할권을 이라크 정부에 이양했다.

〈그린 존〉에서 주인공 로이 밀러 준위는 이라크 내에 은닉되었다고 알려

---

3   또한 이곳은 '부시 신발 투척 사건'이 벌어진 곳이기도 하다. 2008년 12월, 이집트 카이로에 있는 민영방송 알 바그다디야(Al-Baghdadia)의 기자인 문타다르 알 자이디 (Muntadhar al-Zeidi)는 이라크 총리와 함께 기자회견을 하던 부시 대통령에게 "이라크인의 선물이자 작별 키스다, 개자식아!"라며 신발 한 짝을 던진 데 이어, "이건 미망인들과 고아, 그리고 이라크에서 죽은 사람들이 주는 것이다"라며 나머지 한 짝도 집어던졌다.

진 대량살상무기를 제거하라는 명령을 받고 정찰 부대원들과 바그다드로 급파되어 수색 작전을 펼치지만 거듭 실패한다. 사담 후세인의 최측근이었던 알라위(Iyad Allawi) 장군의 회의 장소를 현지 정보원에게서 알아내고 침투하지만 그 역시 검거에 실패한다. 그러나 이 과정에서 대량살상무기의 은신처를 알려주는 '마젤란'이라는 숨겨진 제보자의 행적이 의심스럽다는 점을 눈치채고 이를 추적하지만 국방부 간부의 방해에 부딪힌다. 모로코에서 촬영된 전장 신은 핸드헬드 카메라를 이용해 박진감과 긴장감을 그대로 관객에게 전달한다. 그러나 〈그린 존〉이 정치 영화로서 보여주는 가치는 '내부고발자' 밀러 준위가 깨닫게 되는 전쟁의 이면에 감춰진 추악한 진실에서 찾을 수 있다. "이곳에서 일어나는 일을 당신들이 결정하지 말라"라는 정보원 프레디의 외침 역시 제3세계 국가 주민들의 안위는 돌아보지 않고 일방적으로 외교정책을 밀어붙이는 미국 정부에 보내는 항의의 메시지로 볼 수 있다.

전쟁을 배경으로 한 다른 영화인 스탠리 큐브릭의 〈닥터 스트레인지러브 (Dr. Strangelove)〉(1964)는 핵전쟁의 위험성을 보여주는 블랙코미디이다. 정신 나간 잭 리퍼 장군으로 인해 미국과 소련 간에 핵전쟁이 발발하려는 상황을 그렸는데 피터 셀러스(Peter Sellers)가 1인 3역을 맡았다. 막스 브라더스 (Marx Brothers)의 〈식은 죽 먹기(Duck Soup)〉(1933)는 전쟁의 광기와 어리석음, 전쟁을 위한 분별없는 핑계, 그리고 비양심적이고 무책임한 지도자에게 국정 운영을 위임했을 때 어떤 일이 벌어지는가를 보여주는 영화이다. 올리버 스톤(Oliver stone)의 〈7월 4일생(Born on the Fourth of July)〉(1989)의 주인공 론 코빅은 베트남 전쟁에서 하반신 마비라는 심각한 부상을 입고 귀국한다. 전쟁에 대한 신념이 변화하며 코빅은 결국 반전운동을 이끌게 된다. 휠체어를 탄 코빅이 귀향한 베트남전 참전 군인들을 이끌고 미국 공화당 전당대회장을 점거하는 장면은 이 영화의 하이라이트이다.

위대한 환상 La Grande Illusion (프랑스, 1937)

　감독　장 르누아르

　각본　장 르누아르, 샤를 스파크 Charles Spaak

　배우　장 가방 Jean Gabin, 디타 파를로 Dita Parlo, 피에르 프레스네 Pierre Fresnay, 에리히 폰 슈트로하임
　　　　Erich von Stroheim, 장 다스트 Jean Daste, 가스통 모도 Gaston Modot, 마르셀 달리오 Marcel Dalio

영광의 길 Paths of Glory (미국, 1957)

　감독　스탠리 큐브릭

　각본　스탠리 큐브릭, 짐 톰슨 Jim Thompson, 콜더 윌링햄 Calder Willingham

　배우　커크 더글러스 Kirk Douglas, 랠프 미커 Ralph Meeker, 아돌프 멘저 Adolphe Menjou, 조지 매크리디
　　　　George Macready, 웨인 모리스 Wayne Morris, 리처드 앤더슨 Richard Anderson

지옥의 묵시록 Apocalypse Now (미국, 1979)

　감독　프랜시스 포드 코폴라 Francis Ford Coppola

　각본　프랜시스 포드 코폴라, 존 밀리어스 John Milius, 마이클 허 Michael Herr

　원작　조지프 콘래드 Joseph Conrad

　배우　말런 브랜도 Marlon Brando, 로버트 듀밸 Robert Duvall, 마틴 신 Martin Sheen, 프레더릭 포레스트
　　　　Frederic Forrest, 앨버트 홀 Albert Hall, 샘 보텀스 Sam Bottoms, 로런스 피시번 Laurence Fishburne,
　　　　데니스 호퍼 Dennis Hopper

그린 존 Green Zone (프랑스·미국·스페인·영국, 2010)

　감독　폴 그린그래스 Paul Greengrass

　각본　브라이언 헬걸런드 Brian Helgeland　　　　원작　라지브 찬드라세카란 Rajiv Chandrasekaran

　배우　맷 데이먼 Matt Damon, 제이슨 아이작스 Jason Isaacs, 그레그 키니어 Greg Kinnear, 칼리드 압둘
　　　　라 Khalid Abdalla

스파이 대소동 (Duck Soup, 1933)　 레오 매커리(Leo McCarey) 감독

닥터 스트레인지러브 (Dr, Strangelove, 1964)　 스탠리 큐브릭 감독

7월 4일생 (Born on the Fourth of July, 1990)　 올리버 스톤(Oliver stone) 감독

참고문헌

그레그, 로버트 W.(Robert W. Gregg). 2007. 『영화 속의 국제정치』. 어문환·윤상용 옮김. 한울.

김동춘. 2004. 『미국의 엔진, 전쟁과 시장』. 창비.

닐, 조너선(Jonathan Neale). 2004. 『미국의 베트남 전쟁』. 정병선 옮김. 책갈피.

랭포드, 배리(Barry Langford). 2010. 『영화 장르: 할리우드와 그 너머』. 방혜진 옮김. 한나래.

비릴리오, 폴(Paul Virilio). 2004. 『전쟁과 영화: 지각의 병참학』. 권혜원 옮김. 한나래.

쉬어, 로버트(Robert Scheer). 2008. 『권력의 포르노그래피: 테러, 안보 그리고 거짓말』. 노승
    영 옮김. 책보세.

아노브, 앤서니(Anthony Arnove) 외. 2002. 『미국의 이라크 전쟁: 전쟁과 경제제재의 참상』.
    이수현 옮김. 북막스.

에버트, 로저(Roger Ebert). 2003. 『위대한 영화』. 최보은·윤철희 옮김. 을유문화사.

이석구. 2008. 「콘래드의 소설과 타자의 재현」. 조지프 콘래드. 『어둠의 심연』. 이석구 옮김.
    을유문화사.

케이건, 도널드(Donald Kagan). 2004. 『전쟁과 인간』. 김지원 옮김. 세종연구원.

콘래드, 조지프(Joseph Conrad). 2008. 『어둠의 심연』. 이석구 옮김. 을유문화사.

클라우제비츠, 카알 폰(Carl von Clausewitz). 1998. 『전쟁론』. 유제승 옮김. 책세상.

투퀴디데스(Thucydides). 2011. 『펠로폰네소스 전쟁사』. 천병희 옮김. 숲.

필립스, 진 D.(Gene D. Philips) 엮음. 2014. 『스탠리 큐브릭: 장르의 재발명』. 윤철희 옮김.
    마음산책.

홍익표. 2015. 「전쟁과 평화」. 부산대학교 사범대학 국제이해교육연구팀 엮음. 『국제사회의 이
    해』. 부산대학교출판부.

Modleski, Tania. 2006. "Do We Get to Lose This Time? Revising the Vietnam War
    Film." Robert Eberwein(ed.). *The War Film*. Piscataway: Rutgers University Press.

14장

독일, 통일이 남긴 그림자

〈타인의 삶〉〈베를린 장벽〉〈굿바이 레닌〉

앞으로 오게 될지도 모를 그날, 빠른 길과 느린 길 사이의 선택이 문제가 될 경우가 있다면 나는 여러분에게 독일인들이 조급하게 걸어간 짧은 길이 남기고 간 긴 그림자를 사려 깊게 되돌아보도록 권하고 싶다.

위르겐 하버마스

독일 분단은 어떻게 이뤄졌는가?

독일이 일으킨 제2차 세계대전은 엄청난 재앙으로 점철된 전쟁이었다. 수천만 명의 군인들뿐 아니라 더 많은 민간인들이 사망했고 대부분의 산업 시설이 파괴되었다. 당시 독일은 히틀러가 이끌던 국가사회주의독일노동당(나치당)을 정점으로 극도로 위계적인 질서를 지닌 전체주의 국가였다. 나치당은 높은 실업률과 광범위한 빈곤을 겪던 패전 국민의 굴욕감을 자극하고 위대한 독일의 미래를 약속해 집권한 정당이었다. 민족적 가치와 영광을 강조한 점은 이탈리아의 파시스트민족당(PNF)과 마찬가지였다. 돌격대를 앞세운 나치당은 국가기관과 언론을 장악하고 정당을 해산하고 노조를 해체했으며 긴급명령으로 시민들의 정치 권리를 유보했다. 불안을 조장하고, 위대한 독일인의 생활공간을 확충한다는 명분으로 호전적이고 팽창적인 대외 정책을 추구했다. 이는 오스트리아와 체코를 합병하고, 무솔리니의 이탈리아와 강철조약(Stahlpakt)을 체결하며 소련과 불가침조약을 조인한 후 1939년 9월 폴란드를 침공하는 것으로 나타났다.

전쟁은 1945년 들어 소련군이 동프로이센을 점령한 데 이어 베를린으로 진격하고, 서방 연합군은 이탈리아 공세를 성공적으로 이끈 후 독일 서부로 진격하면서 연합국으로 승세가 기울기 시작했다. 결국 5월 독일이 서방 연합군과 소련군에 항복하면서 유럽에서 일어난 이 전쟁은 끝날 수 있었다. 하지만 국제사회에서 독일은 평화를 파괴하고 수천만의 사람들을 살상한 패전국으로 낙인이 찍혔다. 연합국들은 독일이 과거처럼 재무장을 하고 인접국을 침략할지도 모른다는 악몽에서 벗어나기 위해 더 근본적인 대책을 마련할 필요가 있었다. 이러한 노력은 전시에 연합국들 간에 개최된 여러 회담으로 이어졌다.

이른바 '독일 문제(Deutsche Frage)[1]'에 관해 연합국들 간에 최초로 논의가

---

1 미국의 정치학자인 필립 젤리코(Philip Zelikow)와 콘돌리자 라이스(Condoleezza Rice)는 냉전의 종식과 독일 통일 과정을 둘러싼 각국의 외교정책을 설득력 있게 분석한 『독일 통일과 유럽의 변환(Germany Unified and Europe Transformed)』에서, 종전 이후 모든 국가들이 고민했던 독일 문제는 다음과 같은 세 가지 문제를 동시에 포함한다고 언급한다. 첫째, 독일인들을 믿을 수 있는가? 그래서 독일이 통일되어도 안심할 수 있는가? 둘째, 독일인들을 믿을 수 있는가? 그래서 그들이 스스로 자국의 정치적·군사적 노선을 결정하도록 내버려둘 수 있는가? 셋째, 독일인들을 믿을 수 있는가? 그래서 그들의 민족주의적 열망이 유럽의 평화를 위협하지 않을 것이라 믿고 안심할 수 있는가?(젤리코·라이스, 2008: 95)

이뤄진 것은 1943년 10월 모스크바에서 개최된 3국외상회의였다. 이 회의에서 미국, 소련, 영국의 외상들은 다시는 국제 질서를 파괴하고 평화를 유린하지 못하도록 3개국이 독일을 공동 점령해 관리하고, 경제적 통합을 유지하며, 민주 정권을 수립한다는 원칙에 합의했다. 연합국의 승리가 점차 뚜렷해지던 1945년 2월 얄타에서 연합국 정상 루스벨트, 스탈린, 처칠은 분할 통치에 대한 합의를 재확인했다.

독일이 항복하고 1945년 7월 포츠담에서 열린 회담에서 미국, 소련, 영국 정상들은 독일 영토를 축소하기로 최종 결정했다. 이에 따르면 오데르-나이세 강 동쪽의 독일 영토와 동프로이센 남부를 재건된 폴란드에 할양하는 동시에 동프로이센 북부는 소련에 주고,[2] 그 밖의 지역에 대해서는 독일의 국경을 1936년 이전의 국경으로 회복한다는 것이었다.

이를 통해 오스트리아는 다시 한 번 독립국가가 되었으며, 보헤미아와 모라비아 지역은 체코슬로바키아에 반환되었고, 프랑스는 일시적으로 자르 지방에 대한 관리권을 갖게 되었다. 분할통치도 확정되었다. 소련은 동부 네 개 주를, 영국은 독일 북부를, 프랑스는 독일 남서부를, 미국은 독일 중부와 남부 지역을 각각 관할해 통치하게 되었다. 연합국은 소련 점령지 한가운데

---

2   새로운 영토 확정은 더 많은 영토를 획득해 자국의 국경을 서쪽으로 확장시켜 일종의 안보를 위한 완충지대를 형성하려는 소련의 목표에 부합하는 것이었다. 일찍이 스탈린은 그것을 히틀러와의 협상을 통해 이루고자 했다. 1939년의 몰로토프·리벤트로프 협정(Molotov-Ribbentrop Pakt)이 바로 그것이었다. 종전 후 소련이 점령한 지역은 히틀러가 본격적으로 영토 확장을 시작하기 전인 1937년 독일 영토의 거의 절반에 해당했다. 스탈린은 그것을 둘로 나눠 그중 하나를 소련 군정 지배하에 두었다. 나머지는 아예 소련과 폴란드의 영토로 병합해버렸다. 이는 과거 동프로이센의 절반과 쾨니히스베르크(Königsberg)를 포함하는 것이었다. 영국과 미국은 이를 묵인했다(젤리코·라이스, 2008: 89~90).

있던 독일의 수도 베를린 역시 비슷한 방식으로 분할했다(콜리어 외, 2008: 891~892).

포츠담 회담에서 3국 정상들은 외무장관회의(Council of Foreign Ministers)가 합의를 이행할 작업을 담당하고, 각국의 군정장관들로 구성된 연합국통제회의(Allied Control Council)가 독일의 행정을 관리하기로 했다. 그러나 이들 연합국 사이에서 독일의 미래에 대한 합의를 이끌어내는 것은 쉽지 않았다. 전후 1년간 독일 문제에 대해 관심이 적었던 미국에서 전후 처리 문제에 소련의 협력을 기대할 수 없다는 비관론이 떠오른 것은 1946년 여름이었다. 당시 트루먼 정부 내에서는 유럽과 세계에서 영향권을 확대하려는 소련의 행위와 의도에 대해 하나의 컨센서스(Consensus)가 형성되었다. 빈곤과 생필품 부족에 더해 정치적 혼란을 겪고 있던 유럽에서 정작 위험한 것은 소련의 군사적 공격이 아니라 내부로부터의 전복 활동이라는 인식도 확산되었다. 이에 따라 독일을 지원해서 경제를 회복하려는 계획이 본격적으로 추진되었다(젤리코·라이스, 2008: 90~91). 이는 미국의 조지 마셜(George Marshal) 국무장관이 수립한 포괄적인 유럽 부흥 계획 '마셜플랜(Marshall Plan)'으로 나타났다. 정치적으로 이는 공산 세력에게 위협받고 있는 다수의 국가들을 지원하는 것을 핵심 내용으로 하는 외교정책인 '트루먼 독트린(Truman Doctrine)'으로 연결되었다.

전후 강대국으로 떠오른 미국과 소련이 대립했던 냉전은 독일이 두 개의 국가로 분단되는 데 결정적으로 영향을 미쳤다. 소련은 이미 점령 직후부터 사회주의적 질서 수립을 목표로 은행 재산을 차압하고 토지개혁을 실시하며 대산업을 징수하는 개혁 조치를 취하고 있었다. 1946년 4월에는 이른바 "반파시스트적이고 민주적인 정당을 한 군데로 모은다는 정책(Blockpolitik)"하에 독일공산당(KPD)과 사민당(SPD)이 사회주의통일당(SED)으로 통합되었다. 이 같은 소련의 점령 정책에 대응해 미국과 영국도 타협보다는 대립 노선을 채택했다. 이와 더불어 체코슬로바키아 쿠데타와 그리스 내전도 미국의 정책 결정자들이 소련을 팽창적 성향을 지닌 국가로 인식하게 했다. 이는 조지 캐넌(George F. Kennan)의 '장문의 전보(The Long Telegram)'와 니콜라이 노비코프(Nikolai Novikov)의 또 다른 장문의 전보에서 볼 수 있듯이 미국과 소련이 상대방을 공격적으로 인식하고 안전과 이익을 위해 행동하기 시작했다는 것을 의미한다.

독일 분단은 그 당연한 결과였다. 1948년 미국, 영국, 프랑스 3국은 자국 점령 지역에서 민주적 연방제 국가 수립과 통화개혁에 합의했다. 1948년 6월에는 서방 연합군 사령관들이 열한 명의 주 수상들에게 독일 서부 지역에서 통용될 헌법을 의회에서 제정하도록 요청하는 「프랑크푸르트 문서(Frankfurter Dokumente)」를 전달했다. 이는 이후 수립될 독일 공화국의 실제 '출생증명서(Geburtsurkunde)'로 기능했다는 점에서 매우 중요한 문서로 평가된다(Halder, 2002: 70).

1949년 5월에는 의회위원회의 작업을 거쳐 최고법인 기본법(Grundgesetz)이 공포되었다. '기본법'이라는 겸손한 명칭이 붙은 것은 이 법이 통일이 될 때까지의 과도기에만 효력을 지닌 것으로, 통일 후에는 독일 민족의 자유로운 자결권에 의해 제정된 헌법(Verfassung)으로 대체될 것이기 때문이었다.

8월에는 연방의회 선거가 실시되었다. 당시 대중적 지지를 크게 받았던 인물은 바이마르 공화국의 제헌의회 의원이었다. 나치에 대한 비판적 태도로 나치 집권 기간에는 정치 활동이 금지되었던 사민주의자 쿠르트 슈마허(Kurt Schumacher)로, 그는 점령국의 독일 정책을 비판했을 뿐만 아니라 마셜 플랜도 위장된 제국주의에 불과하다고 지적했다.

선거 결과 보수 성향의 정당 연합인 기독교민주연합·기독교사회주의연합

(CDU·CSU, 이하 기민련·기사련)이 슈마허가 이끄는 전통적인 좌파 정당인 사회민주당(SPD)을 근소한 차이로 이겼다. 기민련·기사련은 소수 정당인 자민당(FDP), 독일당(DP) 등과 연립정부를 구성했다. 기민련 당수인 콘라트 아데나워(Konrad Adenauer)를 초대 연방 수상 후보로 내세웠고, 아데나워는 9월 연방의회에서 연방 수상으로 선출되었다. 아데나워는 국유화와 계획경제를 주장하던 슈마허에 맞서 사회적 시장경제(Soziale Marktwirtschaft)를 주창하던 루트비히 에르하르트(Ludwig Erhard)를 연방 경제장관으로 임명했다. 자유경쟁 원리에 입각해 경제성장을 달성하되 사회보장을 통해 사회정의와 사회발전을 달성하는 것을 내용으로 하는 사회적 시장경제는 이후 서독 경제체제의 기본 틀이 되었다. 이러한 준비 과정을 거쳐 9월 독일연방공화국(Die Bundesrepublik Deutschland: BDR, 이하 서독)이 수립되었다.

소련 역시 서독과는 다른 체제와 이념을 갖춘 국가 수립을 추진하고 있었다. 소 군정은 점령지에서 1947년 독일인민회의(Der Deutsche Volkskongreß)를 구성한 데 이어 사회주의통일당의 주도로 의회 기능을 수행하는 독일인민위원회(Der Deutsche Volksrat)를 구성했다. 1948년 6월에는 서방 연합국이 점령 지역에서 화폐개혁을 실시한 데 반발해 서베를린을 봉쇄했다. 아울러 동부 독일과 베를린을 대상으로 화폐를 개혁하고 헌법을 제정했다. 1949년 5월 소련 점령 지역에서 총선을 실시했고 10월 독일민주공화국(Die Deutsche Demokratische Republik: DDR, 이하 동독)이 수립되었다. 권력은 사회주의통일당에 집중되었는데 제1서기로는 바이마르 공화국 시기 독일공산당을 이끌었던 발터 울브리히트가 임명되었다. 이로써 전범국 독일은 연합국의 분할 점령을 거쳐 두 개의 상이한 국가로 국토와 체제 분단이 이뤄지게 되었다.

독일 통일: 과정과 유산

동서 진영이 첨예하게 대립하던 냉전 시기 독일은 냉전의 전방 국가였다. 초대 수상인 아데나워는 두 진영 간 힘의 균형에서 미국을 정점으로 하는 서방 진영이 우세할 것으로 보았다. 이런 인식에서 아데나워는 서방 지향을 시급하게 여겨, 독일의 안보는 서유럽 민주국가에 굳게 결속될 때만 보장된다고 보고, 이를 바탕으로 안전보장과 주권 회복을 꾀하는 '힘의 정치(Politik der Stärke)'를 추진했다. 아데나워의 정책은 적지 않은 성과를 거두었다. 북대서양조약기구(NATO) 가입과 서유럽연합(WEU) 편입이 그것이었다. 이에 따라 독일은 안보가 보장되고, 비록 제한적이나마 주권을 회복할 수 있게 되었다. 또 산업 시설의 철거가 중지되면서 독일은 이들 시설을 근간으로 경제 재건 노력을 본격적으로 시작할 수 있게 되었다.

그러나 아데나워는 '균형적이지 못한 외교'라는 유산을 독일인들에게 남겼다. 독일의 분단이 지닌 국제정치적 제약을 고려할 때 독일 통일은 서방국들과 결속을 유지하면서도 동유럽 국가들과 서로 문호를 개방하고 교류를 통해 신뢰를 축적해야만 가능한 것이었다. 동유럽 국가들에 대한 접근 정책을 구상하고 이를 실천에 옮긴 정치가는 베를린 시장 출신으로 후에 서독 총리가 된 브란트였다. 브란트는 유럽 평화 질서라는 큰 틀 속에서 동독을 포함한 동유럽 제국과의 관계 개선을 모색했다. 그에 따르면 "2차 대전에서 발생된 모든 문제는 오로지 유럽의 평화 질서 내에서만 궁극적으로 해결될 수 있다"라는 것이었다. 브란트는 동향 출신인 토마스 만(Thomas Mann)이 제시하기도 했던 "독일의 유럽으로의 귀환, 유럽과의 화해, 독일의 자유로운 유럽 평화 체제로의 입문"을 자신의 외교정책 노선으로 규정했다. 그는 "서유럽이 서로 연합하는 것과, 다른 한편으로 서유럽과 동유럽이 협력한다는 것은 서로 모순되게 대립하고 있는 것이 아니라 서로 보완적인 관계에 있는 것이다"라고 지적했다(Brandt, 1989: 478~479). 그는 과도한 독자적 외교정책에 대한 서방국들의 우려를 의미하는 라팔로 요인(Rapallo factor)의 긍정적 측면을 강조해서 동서 관계의 균형을 중시하면서도 이것과 소련과의 관계 개선은 별개라는 주장을 폈다. 구체적 실현 방법은 3중주로 비유되는 긴장 완화와 협상, 협력이었다.

동독에 대한 접근에서 브란트는 우선 통일(Einheit)이라는 용어를 회피하고 병존(Nebeneinander)이나 공존(Miteinander)이라는 용어를 사용함으로써 동독을 안심시켰다. 그는 "우리는 결코 단일 대표권을 주장하지 않는다. 우리는 독일 민족 전체의 이익을 고려하는 것이 정당한 임무라고 생각한다. …… 양 독 간의 적절히 조정되고 시간적으로 제한된 병존이 이뤄질 수만 있다면, 그것은 아주 다른 문제가 된다. 그것은 끈질긴 의도를 갖고 앞으로의 적극적인 문제 해결을 위한 잠정 협정(modus vivendi)을 말하는 것이다"(Brandt, 1971: 163)라고 강조했다. 이 같은 브란트의 언급에서 알 수 있듯이 동방 정책은 동유럽 국가들과의 잠정 협정을 위한 일련의 조약 체결을 가리킨다고 할 수 있다. 한편 독일은 동유럽 국가들과의 조약 체결을 성사시키기 위해 이 국가들에 대해 차관과 원조 등 적지 않은 경제적 지원을 제공했다. 이는 독일이 우세한 경제력을 이용해 동유럽 국가들이 독일의 안보와 이익을 해치지 않도록 하는 실제적 제재 전략을 구사했다는 뜻이다.

아데나워에 이은 새로운 대동구 접근 정책이라 할 만한 브란트의 새로운 동방 정책은 세력균형을 통해 독일의 정치적·경제적 안정을 추구하려는 것이라고 할 수 있다. 이 정책은 전후에 형성된 동서 양 진영 구도라는 현상을 인정하는 것이며, 이를 기반으로 평화적인 질서를 구축하려는 것이었다. 또한 대동독 관계와 관련해서는 독일 영토 내에 '두 국가'가 존재하는 것을 인정하는 정책이었다. 브란트에 따르면 "독일 안에 두 개의 국가가 존재한다면 그들은 서로에게 외국이 아니다. 그들 서로의 관계는 다만 특수한 관계일 수 있을 뿐이다"(Brandt, 1989: 224). 이렇게 세력균형을 중시하는 것은 현실주의 외교정책의 주요 특징 가운데 하나라 할 수 있다. 즉, "세력균형 및 그 보존을 위한 정책은 불가피할 뿐만 아니라 주권국가로 구성된 국제사회의 가장 중요한 안정 요소"(모겐소, 1987: 227)라는 전통적인 현실주의의 인식이 잘 반영되어 있는 정책인 것이다.

전후 질서의 인정과 동독과의 특별 관계 수립의 단초가 된 새로운 동방 정책은 '접근을 통한 변화'로 요약된다. 즉 동유럽 국가의 정치체제 붕괴가 불가능한 현실에서 이들과의 경제적·문화적 접촉 증가로 평화적 변화를 유도해, 장기적으로 지배 체제 자체의 변화를 꾀하자는 것이었다. 이는 동독과의 기본조약 및 동유럽 국가들과의 조약 체결이라는 적지 않은 성과를 거뒀으며, 이후 헬싱키 유럽안보협력회의(KSZE)를 통해 동서 유럽 간에 현상 유지에 관한 상호 인정 위에서 교류·협력을 실현하고 군축과 인권에 관한 논의를 성사시키게 되었다.

독일 통일의 물꼬를 튼 것은 소련공산당 서기장이었던 미하일 고르바초프였다. 1985년 소련공산당 중앙위원회 총회에서 고르바초프는 소련 사회의 발전 전략으로 페레스트로이카와 글라스노스트라 불리는 개혁과 개방정책을 제시했다. 고르바초프는 러시아 혁명 후 왜곡된 사회주의 때문에 계획경제체제가 중앙집권적이고 관료화되었으며, 이로 말미암아 경제가 악화되고 사회 기능이 경직되었다고 봤다. 당시 소련은 경직된 관료적 정치체제뿐만 아니라 경제적으로도 1970년대 이래 막대한 외채와 마이너스성장, 극심한 인플레와 만성적인 물자 부족 등을 겪고 있었다. 1987년 페레스트로이카를 공식적 지도 이념으로 채택한 후 정치제도의 개혁과 탈국유화 및 시장경제로의 이행이 추진되었다. 1989년에는 복수후보제의 보통선거에 의해 인민 대의원 대회가 결성되고 이어서 공산당의 지도적 지위를 보장한 헌법 6조를 폐기하고 다당제가 도입되었다. 그리고 고르바초프는 '프롤레타리아 국제주의의 포기'와 '상호 의존적 평화 교류의 다변화 외교'가 특징인 '신사고(New Thinking)' 외교를 추진했다.

이 중에서 신사고 외교 노선은 소련의 영향권 아래 있던 동유럽 사회주의 국가들에게 큰 영향을 미쳤다. 1987년 11월 볼셰비키 혁명 70주년 기념 연설에서 고르바초프는 소련공산당이 동맹국의 정책에 간섭하지 않을 것이라고 밝혔는데 이는 동유럽 국가들과의 관계에서 제한주권론을 천명한 '브레즈네프 독트린'의 포기를 의미하는 것이었다. 이듬해 3월 고르바초프는 유고슬라비아를 방문해 "독립과 주권 및 영토 보존에 대한 상호 존중과 평등, 그리고 어떤 구실로도 상대방의 국내 문제에 간섭하지 않는다"라는 내용의 '신베오그라드 선언'을 채택했다. 고르바초프는 동유럽 국가들이 소련식의 '체제 내' 변혁을 수용하기를 권했다. 그러나 고르바초프는 이들 체제가 얼마나 정통성이 취약하고 국민들의 지지 기반이 허약한지에 대해 과소평가했다. 또 개혁·개방에 대한 지지와 소련의 군사개입 반대에 대한 그의 발언들이 얼마나 동유럽 사회주의 '형제국'들을 위태롭게 할지 모르고 있었다. 동독을 비롯해 체코슬로바키아, 루마니아, 불가리아 등 동유럽 지도자들 대부분이 이에 반대한 것은 당연했다. 한편 고르바초프의 개혁·개방 정책에 크게 자극받은 동유럽의 반대 세력은 본격적으로 민주개혁을 요구하는 시위에 나서기 시작했다. 집권당은 서둘러 부분적인 개방과 개혁 조처를 발표했으나 주민들의 높아진 요구를 충족시킬 수가 없었다.

동독에서 이런 변화는 1989년 5월 지방선거 부정과 가중되던 경제난으로 동독 주민들의 체제 적대감이 고조되면서 가속화되었다. 여행 자유화와 자유선거, 일당독재 폐지 등을 요구하는 반대 세력들의 민주화 시위가 확산되고, 일부 주민들은 서방으로 탈출하기 시작했다. 특히 헝가리가 자국과 오스트리아와의 국경선을 개방한 것이 동독 주민들에게 널리 알려지자 동독인들은 서방 국가들로 탈출하기 위해 헝가리로 쇄도했다. 동독 정권 수립 40주년 기념행사에 참석하려고 동독을 방문한 고르바초프는 에리히 호네커(Erich Honecker) 서기장에게 "늦게 오는 사람은 목숨을 잃을 벌을 받는다"라는 독일 속담을 인용하며, 동독 문제는 모스크바가 아닌 동베를린에서 결정되어야 한다는 점을 강조했다.

수십만의 동독 주민들이 동베를린, 라이프치히, 드레스덴 등 동독의 주요 도시에서 열린 시위에 연일 참여하는 등 아래로부터의 개혁 요구가 거세지자 결국 1989년 10월 18일 에리히 호네커 서기장이 사임했다. 후임자인 에곤 크렌츠(Egon Krenz)가 외국 여행 허용 등 부분적 개혁 조치를 약속했음에도 전국적 시위는 계속되었다. 1989년 11월 7일 내각이 총사퇴하고 개혁 성향의 드레스덴 시 당 제1서기인 한스 모드로(Hans Modrow)가 신임 총리로 취임했다. 11월 9일 동독 정부는 서독과 베를린으로 향하는 모든 국경과 장벽을 개방했다. 크렌츠와 당 정치국원 전원은 퇴진했다.

개혁 성향의 모드로 정부는 정부, 정당, 교회, 노동자 대표로 구성된 원탁회의에서 결정된 총선을 1990년 3월 실시하기로 결정했다. 통일과 관련해서는 서독 정부와 동·서독 관계의 긴밀한 협력과 통일을 위한 작업에 나서기로 했다. 3월 총선의 결과 인민의회(Volkskammer)가 구성되고 기민련(CDU)의 로타어 데메지에르(Lothar de Maiziere)가 총리로 취임했다. 기민련은 독일 사회당(DSU), 민주개혁(DA)과 독일연맹(Allianz für Deutschland)을 결성하고 서독 기본법 23조에 의해 동독이 서독에 편입하는 방식으로 조속한 통일을 추진했다.[3] 독일통일에 따른 대외 문제는 2+4회담(Zwei-plus-Vier-Gespräche)

기구를 구성해 협의해나가기로 했다. 독일의 분단이 갖는 국제적 성격을 고려하면 독일통일을 이루기 위해서는 4대국이 동의하는 방식으로 통일에 유리한 국제환경이 조성될 필요가 있었다. 이런 상황은 4대국이 각자 나름의 이익에 대해 고려한 이후에 나타났다. 분단 당사국과 4대국은 1990년 2월 14일 오타와에서 개최된 유럽안보협력회의 외상 회의에서 동맹 소속 여부, 동맹국 병력의 철수, 독일의 완전한 주권 회복 등과 같은 독일통일 관련 대외 문제들을 협력할 기구의 구성과 운영에 합의하고, 6개국 외상 회담인 이른바 2+4회담을 개최했다. 회담 진행 과정에서 미국은 유보적 태도를 보이던 영국과 프랑스를 설득했고, 개혁 노선을 유지하기 위해서 미국의 지원을 필요로 하던 소련 역시 미국의 설득을 외면할 수 없는 상황이었다.

협상의 결과 1990년 5월 화폐·경제·사회통합 조약의 서명이 이뤄졌다. 이에 따르면 서독 마르크를 단일 통화로 정하고 동독 마르크를 순수 임금, 보수, 연금 등은 일 대 일 비율로 교환해주되 기타는 나이에 따라 차등을 두기로 했으며, 사회적 시장경제를 토대로 단일경제체제를 채택하기로 했다. 8월 인민의회는 서독에 편입하기로 의결했고, 이에 따라 8월 31일 '통일 조약(Vertrag über die Herstellung der staatlichen Einheit Deutschlands)'이 체결되었다. 9월 12일 미국, 소련, 영국, 프랑스는 2+4조약을 체결한 데 이어 10월 1일 '베를린과 독일 전체에 대한 권한과 책임' 종료를 선언했다. 10월 3일 전

---

3   서독의 기본법에 명시된 통일 관련 조항은 11조, 23조, 116조, 146조이다. 기민련이 주장한 23조는 "독일의 다른 주가 독일연방공화국에 가입하면 그 가입한 주에도 기본법이 적용된다"라고 하여 통일 과정에서 동독 지역이 독일연방공화국에 가입할 수 있는 근거가 되었다. 또한 116조는 동독 주민도 독일 국적을 갖고, 11조는 모든 독일 국민은 거주 이전의 자유가 있다고 규정되어 있다. 이에 비해 사민당은 "이 기본법은 독일 국민의 자유로운 결정으로 제정된 동·서독 단일 헌법이 발효되는 날에 그 효력을 상실한다"라는 기본법 146조에 따라 합의에 의한 점진적 통일을 주장했다.

세계에 독일통일이 공포되었다. 2차 대전이 끝난 지 45년, 그리고 두 개의 국가로 분단된 지 41년 만이었다.

그렇다면 독일통일을 이룬 요인은 무엇인가? 독일통일 요인은 크게 내부 요인과 외부 요인으로 나눠 살펴볼 수 있다. 먼저 내부 요인은 다음과 같다. 첫째, 동독 사회주의 체제가 지닌 모순이다. 스탈린주의를 기초로 한 사회주의 정치체제에서는 당이 모든 제도와 사회조직, 그리고 국가 자체를 통제했다. 당내 소수의 실력자들은 어느 누구에게도 책임을 지지 않은 채 국가 전반을 통제했다. 이들과 이들에 의해 임명되는 국가 관료는 자유롭게 희소품을 포함한 물질적 재화를 취득할 수 있었다. 이들 사이에는 뇌물 수수, 정실주의, 공공 자금 횡령 등 각종 부패가 만연했다. 동독 내 모든 권력은 당 중앙위원회 정치국과 서기국에 집중되었고, 민주집중제는 실제로는 적용되지 않았다.

또한 다른 동유럽 사회주의 국가들의 지배자들처럼 동독의 지배 세력 역시 끊임없이 반대파에 대한 숙청을 전개했다. 이들은 모든 경쟁자들을 숙청하고 정부와 당 관료들도 끊임없이 교체함으로써 자신들의 권력 기반을 공고화하고자 시도했다. 이에 비해 대중의 정치 참여는 형식적으로만 존재했다. 이들의 참여란 기껏해야 노동절, 볼셰비키 혁명 기념일, 당대회 등과 같은 주요하고 의례적인 행사에만 한정되었다. 노동자들은 그들의 이익을 반영할 공식적인 대표 통로를 갖지 못하는 데 불만을 가질 수밖에 없었다.

둘째, 서독은 성공적으로 민주주의를 실현하고 있었다. 서독은 기본법에 따라 국민이 직접 선출한 의원들에 의해 연방의회(Bundestag)를 구성하고 연방의회에서 연방 총리를 선출하는 의원내각제를 채택했다. 이러한 의원내각제하의 서독은 전후 모범적인 자유 민주국가로 발전했다. 이 중에서도 건설적인 불신임제도, 비례대표제와 소선거제를 혼합한 연방의회의 이중선거제도와 봉쇄 조항 등은 서독의 민주정치를 가능하게 한 제도들로 꼽힌다.

셋째, 서독은 경제력이 우세했고 민주적 경제제도를 갖추고 있었다. 서독은 사회적 시장경제에 기초를 둔 사회국가(Sozialstaat)이다. 반면 동독 경제는 스탈린주의 경제정책의 특징인 경제의 국가 소유와 정책 결정의 극단적인 중앙집권화, 계획의 성취를 위한 인적·물적 자원의 독재적인 동원화로 인해 부작용과 폐해가 나타났다. 그 결과 1970년대 초반부터 성장률이 점차 저하되기 시작했다. 이와 더불어 물가는 천정부지로 솟는 데 비해 오히려 노동자들의 실질임금은 이에 반비례해서 하락했다. 생활필수품 역시 품귀 현상을 빚어 노동자들이 궁핍한 상황에 처했다.

넷째, 오랜 기간에 걸쳐 동·서독 교류와 협력이 행해졌다. 특히 소련과 동유럽 사회주의 국가들과 외교적 협상을 벌여 관계를 개선함으로써 동독을 점차적으로 변화시키고 이를 토대로 통일을 달성해야 한다는 브란트 정권의 동방 정책은 동·서독 교류와 협력 증진에 크게 기여했다고 평가된다. 제한된 수준에서 허용되던 동·서독인들의 상호 방문은 1972년 12월 동·서독기본조약의 체결 이후 급증했다. 동독 주민들의 경우 1989년 베를린 장벽 붕괴까지 전 인구의 3분의 1이 서독을 방문할 수 있었다. 완만하게 증가하던 내독 무역도 기본조약 체결을 계기로 급속도로 증가했고, 1980년대 들어서는 문화 부문과 우편·통신 교류가 큰 폭으로 허용되었다.

외부 요인은 소련의 불개입 정책과 서독의 재확신 정책을 들 수 있다. 고르바초프는 사회주의의 낡은 정치와 경제 위기를 타개하기 위해 개혁 정치를 추진하면서, 동유럽 국가들에게도 소련과 동일한 개혁 노선을 실시할 것을 촉구했다. 이는 동유럽 국가 인민들에게 '민주주의라는 바이러스'를 확산시켰고 반대 세력들을 고무시키면서 체제 전환을 촉진했다.

그러나 통일의 달성에 가장 크게 기여한 요인은 서독 지도자들의 협상력이었다. 이미 동방 정책으로 본격화된 교류·협력으로 상호 신뢰가 어느 정도 조성되어 있었던 데다, 서독의 정치 지도자들은 통일에 유리한 국제 환경을 형성하기 위해 적지 않은 노력을 기울였다. 독일통일에 대한 소련의 긍정적 입장을 끌어내기 위한 헬무트 콜(Helmut Kohl) 수상의 노력이 그중 대표적이다. 구체적으로 서독의 의도에 대한 소련의 '명백한 오해'를 해소하기 위해 콜은 양국 간에 맺은 조약들의 규정이 변하지 않고 계속 유효하며, 서독이 사태의 변화에서 결코 일방적 이익을 취하지 않을 것임을 강조했다. 이러한 외교적 노력은 역사적 경험 때문에 독일통일을 우려하고 있던 이웃 국가인 프랑스에 대해서도 행해졌다. 콜은 독일통일을 통한 동독의 자동 통합을 가장 현실적인 시나리오로 본 유럽위원회 의장 자크 들로르(Jacques Delors)와 밀접히 협력하면서 통일이 유럽 통합과 합치되도록 노력했다(Falke, 1994: 171~177).

그러나 통일에 유리한 외부 환경으로 변화한다고 해도, 그것은 독일 자신이 안보에 대한 인접국들의 우려를 불식할 수 있을 때에만 통일에 기여할 수 있었다. 독일은 각종 회담을 통해 통일 과정은 유럽 통합과 결부될 것이라며 주도적인 참여 의지를 천명했다. 이와 관련해 콜 수상은 "앞으로는 19세기의 민족국가가 아니라 통일된 유럽을 향해 매진해야 한다"(콜, 1998: 15)라는 확신을 갖고 있었다. 그러나 콜은 유럽 통합이 독일통일에 우선해야 한다고는 생각지 않았다. 그는 독일통일을 위해 유럽 통합을 이용했다. 그 근거로 콜은 "국가 통일 목표와, 민족과 국가의 정체성 회복을 고수해야 한다"라는 기본법에 대한 확고한 생각을 갖고 있었다. 따라서 "기본법 속에 들어 있는 통일 의지는 기민련·기사련이 야당과 여당 시절을 통해 고수해온 독일 정책의 기본 입장"이었다(콜, 1998: 23).

독일통일의 달성을 위해 독일은 주변국들에게 확실한 안전보장 장치를 보여줄 필요가 있었다. 이와 관련해 유럽 안보 체제의 틀 내에서 나토 잔존, 폴란드 등 현 국경 유지, 병력 감축과 원자·생화학무기 제조·보유의 포기를 선언하면서 안보에 대한 주변국들의 우려를 불식할 수 있었다. 이 같은 독일의 외교정책을 주변국이 수용해, 마침내 1990년 9월 12일 동·서독과 4대국 외상들은 모스크바에서 협상을 끝내고 최종 조약에 서명하게 되었다. 4대국은 베를린을 포함한 전체 독일에 대한 그들의 권리와 책임이 종결되었음을 선언했다.

서방국들은 독일을 유럽 통합의 틀 속에 묶어둠으로써 독일통일과 관련한 대외 안전장치를 마련하는 데 성공했으며, 독일은 완전한 주권을 회복하게 되었다. 이러한 성과는 독일이 주변국들과의 협상 과정에서, 통합 유럽에 주도적으로 참가하는 한편 소련의 안보적 이해를 순화하면서 북대서양 동맹체에 잔존한다는 것을 '재확신'시켜 관련국들의 지지를 끌어냈기에 가능했다. 통일을 위한 협상 과정에서는 이익 개념을 기반으로 한 도구적 합리성보다는 '우호적 설득'이 중요한 역할을 했으며, 그 결과 독일통일의 이해 당사자들 사이에 상황에 대한 공동 규정과 집합적 이해가 가능해졌다(Risse, 1997: 183~184).

독일통일은 급속하게 이뤄진 만큼 부작용 또한 적지 않았다. 독일의 유명한 철학자 위르겐 하버마스는 이를 "독일인들이 조급하게 걸어간 짧은 길이 남기고 간 긴 그림자"(Habermas, 1998: 103~118)라고 지칭한다. 급속한 통일이 낳은 부작용은 첫째, 급격한 화폐·경제 통합과 이와 연관된 구조조정으로 기업 도산과 대량 실업이 나타났고, 이는 동독인들이 갖고 있던 개인 및 집단 정체성을 파괴했다. 대부분의 동독인들은 원소유주 반환 원칙이 적용된 재사유화 과정에서 아무것도 낙찰받지 못했다. 통일의 수혜자와 피해자가 생기면서 독일인들은 사회적으로 분열되었고 새로운 인종주의와 극우주의가 유행하기 시작했다.

둘째, 통일 후 동독의 체제 전환을 지원하기 위해 거액의 통일 비용이 투입되었다. 주로 공채 발행이나 세금 및 사회보장료 인상 등으로 조달된 통일 비용은 당초 예상보다 급증했는데, 이는 과대평가된 동독 상품의 경쟁력 상실과 취약한 사회 간접 시설, 정치적 고려에 따른 사회보장 때문이었다. 이로 인해 물가가 상승하고 실업이 증가했으며, 이는 주로 노동자를 포함한 사회적 약자들에게 부담이 전가되면서 사회적 형평성 문제가 제기됐다.

이러한 부작용이 발생한 것은 독일통일 과정이 정치적 고려 외에 다른 충분한 고려 없이 급속하게 진행되었기 때문이다. 독일의 전 수상인 헬무트 슈미트(Helmut Schmidt)는 이를 독일통일 과정에서의 일곱 가지 실수로 정리하고 있다. 경제통합으로 발생할 문제의 과소평가, 시장경제의 능력에 대한 과도한 믿음, 부적절한 구동독 마르크화의 평가절상, 구동독에 대한 재정 이전의 포기, 잘못된 신탁관리청의 조직 구조와 임무, 사유재산의 원소유주 반환 원칙, 고용주 단체와 노동조합에 의한 불합리한 임금 인상이 그것이다(슈미트, 2007: 124~130).

독일통일은 아직도 분단국으로 남아 있는 우리에게 결코 남의 나라 이야기로만 그쳐서는 안 된다. 그러나 하버마스가 지적했듯이 양극적인 세계 질서가 초래한 두 나라의 2차 대전 이후의 운명을 고찰해볼 때 드러나는 여러 가지 유사성들에 현혹되어, 양자 사이의 구조적인 차이점들을 간과해서도 안 될 것이다. 이러한 본질적인 차이점들을 고려할 때 우리는 독일의 경험을 너무 성급하게 한국의 경우에 확대 적용하지 않도록 해야 한다(≪연합뉴스≫, 1996년 4월 29일 자).[4]

---

[4]   하버마스는 북한과 동독의 차이점이 뚜렷하다고 지적한다. "동독에는 전체 독일 인구의

장차 다가올 통일에 제대로 대비하기 위해서 우리는 먼저 통일을 이룬 나라의 사례를 철저히 분석하고 이를 타산지석으로 삼는 지혜가 필요하다. 독일통일은 우리에게 많은 교훈을 주고 있다. 이 중에서 가장 중요한 교훈은 남북한이 성급하게 통일을 추진하기보다는 서로 여유를 갖고 합의에 의해 단계적으로 통일을 추진해야 한다는 점이다. 당장 통일을 이룩하는 데 주력하기보다는 평화 정착을 통해 남북 간의 공존·공영을 실현하는 것이 시급하다. 이러한 평화 정착의 기반 위에서만 남북 간 화해를 도모하고 협력을 추진할 수 있으며 나아가 바람직한 통일도 달성할 수 있는 것이다.

사회주의, 인민을 감시하다

동독은 다른 사회주의 국가들과 마찬가지로 '인민의 국가'를 표방했다. 형식적으로는 인민이 모든 권력기관을 수립하는 데 참여하고 그 계획과 활동

약 5분의 1밖에 살고 있지 않았던 반면, 북한에는 비교적 인구가 많다. 동독이 늘 소련의 위성국가 역할밖에는 수행하지 못했던 것과 달리, 북한은 주체사상에 기초해 중국 및 러시아에 대해서도 이데올로기 및 정치에서 나름의 독자성을 주장하고 있다. 동독은 관료주의적 사회주의가 몰락하면서 자신이 존재해야 할 정당성을 상실한 반면, 북한은 1989~1990년 이후에도 중국이 견지하고 있는 '사회주의적 시장경제' 노선과 더불어 서구의 발전 모델에 대한 하나의 대안적 입장을 견지하고 있으며, 북한은 이러한 입장을 앞으로도 계속 견지할 수 있을 것으로 보인다. 따라서 북한이 내부적인 이유로 어쩔 수 없이 자체 붕괴될 확률은 동독의 경우보다 훨씬 낮은 것으로 보이며, 그로부터 도출되는 결론은 어떤 폭력의 사용 없이 북한이 자기 변신하거나 해체될 전망은 일차적으로 남한에서의 경제적 성공뿐 아니라 사회적 제관계 및 정치적 자유 등이 북한 주민들에게 얼마나 매력적인 것으로 보이는가에 달려 있다는 것이다"(≪연합뉴스≫, 1996년 4월 29일 자).

을 공동으로 결정한다고 되어 있었다. 헌법에 따르면 인민을 대표하는 유일한 헌법 및 입법 기관인 인민의회는 동독의 최고 국가권력기관이었다. 그러나 실제로는 사회주의통일당이 행정부와 입법부, 사법부 등 국가기관을 장악하고, 교육기관과 언론기관, 각종 사회단체들을 완벽히 통제하고 있었다. 더 정확하게 말하면 국가권력은 유고의 정치가인 밀로반 질라스가 『새로운 계급(The New Class: An Analysis of the Communist System)』에서 언급한 대로 소수의 특권 관료층이 독점했다(Djilas, 1957: 38). 동독 주민들은 시민권을 보장받는다고 선전되었지만 그것은 일정한 한계를 지니고 있었다. 이에 대해 독일 함부르크 출신의 사회학자 랄프 다렌도르프(Ralf Dahrendorf)는 『독일의 사회와 민주주의(Gesellschaft und Demokratie in Deutschland)』에서 늘 모든 사람을 통제하기 위한 획일화가 추진된 동독에서 사회 발전은 이중적인 경향을 갖는다고 지적한다.

사실상 전후 동독에 있어서 사회발전은 이중적인 경향을 그 특징으로 한다. 즉, 형식적인 시민권은 극도로 축소된 반면 이들 권리의 사회적 맥락은 오히려 독일 사회에서 유례를 찾아볼 수 없을 만큼 확대되었다. 바이마르 공화국과는 달리 동독에서는 시민권의 실현을 위한 사회적 선행조건은 존재하나 자유주의 체제의 요체인 시민권에 대한 수많은 공식적 제약으로 말미암아 시민 역할의 실현이 불가능해졌다. 실제로 보통·평등·자유·비밀 선거권도 없고 신체의 자유, 정치 활동의 자유도 부재하며, 법 앞에서의 평등도 없다. …… 다른 한편으로 획일화의 과정은 세 가지 차원에서 분석될 수 있다. 첫째, 극빈자, 노인, 환자들이 보호를 받을 권리, 최저임금과 기본적 의료보호를 받을 평등한 권리 같은 사회적 권리를 위해 사회보장제도가 크게 확대되었다. 모든 중등학교에서 노동자와 농민의 자식을 적어도 50%를 수용해야 한다는 '50퍼센트 조항'에서 보듯이 교육의 기회가 확대되었다. 셋째, 전통적인 제도를 폐지함으로써 기본적으로 모든 주민들이 평등한 지위를 갖게 되었다(다렌도르프, 1986: 464~466).

다렌도르프의 지적에서 알 수 있듯이 동독 주민들은 이전에 비해 사회적 권리가 확대된 반면에 정치적 권리는 보장받지 못했다. 절대 권력을 쥔 정당이 지배하는 국가에서 사회적 갈등은 공식적으로 인정되지 않았다. 사회적 권리 역시 이전보다 확대되었다고는 하지만 이에 입각한 정책을 실시하기 위해서는 국가의 재원 마련이 필수적이었다. 그러나 신생 사회주의 국가에서 정치적 반대 의견은 억압받았고 심각한 물자 부족이 이어지는 등 내부 갈등이 고조되었다. 이렇게 된 것은 10장에서 살펴본 것처럼 2차 대전 후 동유럽 국가들이 스탈린주의를 기초로 한 소련 모델을 기계적으로 수용한 데 주요한 원인이 있었다. 도그마화한 레닌주의이자 소련 관료 지배 체제의 국가 이데올로기였던 스탈린주의는 동유럽에서 적지 않은 폐해와 부작용을 낳았다. 레닌이 강조한 아래로부터의 참여와 통제는 부재했다. 또한 스탈린 시기의 또 다른 특징은 영국의 역사학자 올랜도 파이지스가 지적했듯이 소련 지식인들이 낙관적인 분위기에 휩쓸려 진보의 이름으로 스탈린 체제가 조성한 공포에 눈을 감았다는 사실이다. 수많은 대중은 자신들이 일상에서 겪는 고통이 공산주의 사회를 건설하는 데 필수적인 희생이라고 믿도록 설득당했다(파이지스, 2013: 318, 323). 이런 상황은 동독에서도 그대로 나타났다.

동독에서 권력을 장악한 사회주의통일당은 소련식 사회주의 모델을 기계적으로 수용해 이에 입각해 동독을 사회주의적으로 개편해나갔다. 국가권력이 노동계급에 있다고 공표했지만 실제로는 사회주의통일당이 정치권력을 독점하고 위계적 권력 구조를 구축했다. 정치적인 반대와 개혁 요구는 억압과 숙청, 혹은 중립화 방식을 통해 통제했다. 1950년대 초에 전개된 대대적인 당원 숙청 과정에서 티토 추종 세력과 사회민주주의자로 몰린 15만여 명의 당원이 축출된 것이 그 대표적 사례이다. 경제적으로는 생산수단과 기업을 국유화하고 생산과 기업 운영을 중앙계획화했다. 그러나 물자를 생산하고 공급하는 국영기업이나 국영기업 연합의 형태를 취한 콤비나트(kombinat)에 소속된 노동자들의 물질적 생활수준은 낮았고 정치적 참여 역시 억제되었다. 권력과 물질적 특권을 누린 것은 소수의 당 간부와 고위 관료들뿐이었다. 책임지지 않는 당 간부와 고위 관료들에게 극단적인 중앙 집중이 이뤄진 반면 주민들은 끊임없는 감시에 시달렸다. 1950년 소련 KGB의 주도로 창설된 국가보안국(Ministerium für Staatssicherheit, 이하 슈타지)은 정보 수집과 대외 공작, 국경 경비 외에도 동독 주민에 대한 감시를 담당한 악명 높은 기관이었다. 동독의 현실 사회주의 정권은 모든 것을 파악한다는 목표로 10만 명의 직원과 20만 명의 정보원을 두고 있었다. 체제 유지의 전위대로 무소불위의 권력을 행사한 슈타지는 수천 명의 정치범을 비롯해 동독 정부와 정책에 반대한 수많은 사람들을 자체적으로 운영하는 감옥에 구금했다. 그런 점에서 동독은 국가 자체가 권력이 자신을 드러내지 않은 채로 모든 수용자를 효율적으로 감시하는 거대한 팬옵티콘(panopticon)이었다.

영화 〈타인의 삶(Das Leben Der Anderen)〉(2006)은 1980년대 중반부터 1990년 통일 직후에 이르는 시기 스탈린주의 경찰국가였던 동독이 시공간적 배경이다. 극작가 게오르크 드라이만(제바스티안 코흐 분)과 슈타지 직원 게르트 비즐러(울리히 뮈헤 분) 사이에 전개되는 복합적 관계를 주된 스토리로 엮어나간다. 플로리안 헨켈 폰 도너스마르크(Florian Henckel von Donnersmarck) 감독은 이 영화로 독일영화상에서 최우수작품상 등 일곱 개 부문을 휩쓴 데 이어 아카데미 최우수외국어영화상을 수상했다. 비즐러 역을 맡아 열연한 울리히 뮈헤는 영화가 개봉한 이듬해 세상을 떠났다.

비즐러는 동독 정권에 충성하는 전형적인 공무원이다. 포츠담 아이헤에 있는 슈타지 대학 교수인 비즐러가 학생들에게 반체제 인사를 심문한 녹음 테이프를 틀어주며 강의를 진행한다. 끌려온 주민에게 슈타지 직원은 "당신은 우리가 무고한 시민을 가뒀다고 믿는군? 당신이 우리의 휴머니즘 체제를 그따위로 의심한다면 구속되어야 할 이유가 충분하다는 것쯤은 인정할 텐데. 기억을 되살리는 것을 좀 도와주지. 당신의 친구이자 이웃인 페르마넨트 디터란 자가 9월 28일에 공화국을 탈출했어. 그리고 우린 당신이 그를 도왔다고 믿고 있고"라며 압박을 가한다. 주민은 친구가 탈출 계획을 말한 적이 없고 나중에 직장에서 그 소식을 들었을 뿐이라고 부인한다. 그러자 슈타지 직원은 잠을 재우지 않은 채로 9월 28일에 한 일을 상세하게 진술해보라고 반복해서 채근한다. 녹음기를 끄며 비즐러는 국가의 적들은 이처럼 오만하다며 이들과는 약 40시간 정도 인내심의 싸움을 벌여야 하니 유념하라고 강조한다.

잠을 못 자게 하는 것이 비인간적이라는 의견을 개진한 학생의 이름을 출석부에 체크한 뒤 비즐러는 다음과 같이 덧붙인다. "결백한 사람은 오랜 시간 못 자게 되면 점점 분노하지. 왜냐면 그건 불공정하게 대접받는 거니까. 소리 지르다가 결국 발광하지. 반면에 죄가 있는 사람은 점점 조용해지거나 침묵하거나 혹은 울기 시작하지. 자신이 그곳에 앉아 있는 이유를 알기 때문이야. 여러분이 누군가의 유무죄를 식별하려면 그가 지칠 때까지 심문하는 것이 최고의 방법이다." 그러면서 거짓 진술자는 고도의 긴장 상태에서 진술한 내용을 토씨와 단어 하나 틀리지 않고 똑같이 진술하게 마련이라고 말한다. 비즐러는 학생들에게 자백을 이끌어내는 결정적인 방법을 알려준다. 협조자의 이름을 대지 않으면 오늘 밤 진술자의 부인을 체포할 수밖에 없고, 그러면 그의 딸들은 공공보육원에 보내질 수밖에 없다고 말하는 것이다. 그러면서 비즐러는 학생들에게 도청이라는 직업에서 항상 사회주의의 적들과 대면하게 될 것이라는 점을 강조한다. 학생들에게 취조 시 강제 자백을 받아내기 위한 고문과 가혹 행위 기법을 강의하는 비즐러는 타인의 고통에는 아랑곳하지 않는 냉혈한으로 보인다.

비즐러는 슈타지 동기이자 문화 담당 부장인 그루비츠의 권유로 드라이만의 연극 〈사랑의 여러 얼굴〉을 관람한다. 당의 실력자인 문화부 장관 햄프도 온다. 이 자리에서 그루비츠가 드라이만에 대해 언급한다. "시인이지. 내가 학생들에게 항상 경고하는 그런 오만한 타입이군. 건방지지만 신망을 받는 자야. 모든 이들이 저자와 같다면 우리 모두 실업자가 되었을 거라고. 작가 중에서 우리가 유일하게 의심하지 않는 사람이지. 그에겐 이 나라가 세상에서 가장 아름다운 나라야." 동기의 인물평에 대해 비즐러는 자기라면 드라이만을 감시하도록 시켰을 것이고, 게다가 자기가 직접 했을 것이라고 말한다. 중간 휴식 시간에 장관에게 인사를 하는 자리에서 그루비츠는 당을 위한 칼과 방패일 뿐이라며 아첨을 떤다. 그리고 비즐러에게 말한 것과는 달리 드라이만이 겉보기와는 달리 뒤로 딴짓을 할 수도 있는 자라고 말하고 상관 햄프에게서 지도자감이라는 칭찬을 듣는다.

햄프는 그루비츠에게 드라이만 집에서 열리는 파티에 의심 가는 연극인들이 참가할 것이니 그 이전에 '뭔가 작고 은밀한 것'을 준비해보라고 지시한다. 드라이만에게 불리한 뭔가를 발견한다면 중앙당에 강력한 친구를 얻게 되는 것이라는 말도 듣는다. 그루비츠나 햄프 모두 개인의 영달이나 사적인 이익을 위해 서슴없이 주민들을 억압하고 해치는 전형적인 인물이다. 어느 누구에게도 책임을 지지 않은 채로 국가 전반을 통제했지만 아래로부터의 민주적 통제가 부재한 까닭에 이들 사이에는 뇌물 수수, 정실주의, 공공 자금의 횡령 등 각종 부패가 만연했다. 동독 체제를 끌고 나갔던 이들 관료에 대해, 가택에 연금된 채 슈타지의 감시를 당했던 시인 볼프 비어만(Karl Wolf Biermann)은 이렇게 노래했다. "내게 말해다오. 어째서 온갖, 관료주의자들의 둥지가 그토록 좋은지, 그것이 어떻게 열정적으로 민첩하게 민중의 목을 내리누르고 세계사의 큰 바퀴를 굴리는지."[5]

비즐러가 담당자가 되어 드라이만이 외출한 후 그의 집에 도청 장치를 설치한다. 그리고 드라이만의 아파트에 있는 모든 것을 감시하고 찾아낼 요량으로 헤드폰을 착용한 채, 자신이 교대로 머무르는 위층 다락방의 바닥에 드라이만의 아파트 도면을 그린다. 이때 카메라는 천장에서 아래 방 전체를 극단적인 하이 앵글 쇼트인 조감(birds eye view)으로 잡는다. 높은 위치에서 아래의 피사체를 내려다보는 촬영이라 다른 앵글에서는 볼 수 없는 공간의 전경을 관객에게 보여줄 수 있다.

한편, 드라이만의 스승으로 당에 의해 7년 동안이나 작품 활동을 금지당한 연극 연출가 알베르트 에르스카가 생일 파티에 와서 「아름다운 영혼의 소나타」라는 피아노 악보를 선물하는데, 그는 며칠 후 목매달아 자살한다. 도청을 계속하면서 비즐러는 점차 드라이만의 인간성과 예술성에 매료된다. 드라이만을 도청하는 숨은 이유가 햄프 장관이 드라이만의 애인인 여배우 크리스타 마리아에게 끌렸기 때문이라는 사실도 알게 된다. 이후 비즐러는 완고한 공산주의자에서 차츰 드라이만의 처지에 동정심을 품고 그를 돕는 사람으로 변한다. 드라이만에게 크리스타가 햄프 장관을 만나는 장면을 목격하게 해준다든가, 몰래 드라이만의 집에 들어가 브레히트의 시집을 꺼내

---

5   이 시의 제목은 「그들이 싫증나(Die habe ich satt!)」이다. 시와 노래를 통해 반체제 활동을 했던 볼프 비어만이 1969년 발간한 LP 음반 〈초세가 131번지(Chausseestraße 131)〉에 실려 있다.

와 읽는 행동들이 그러하다. 비즐러가 읽은 시는 젊은 시절의 브레히트가 연인과 주고받은 사랑 시 가운데 하나인 「마리 A의 기억(Erinnerung an die Marie A)」이다. "푸르른 9월의 어느 날…… 싱그런 자두나무 아래에서 난 창백한 내 사랑 그녀를 품 안에 안았네. 황홀한 꿈인 듯했네. 우리 위에는 아름다운 여름 하늘이 펼쳐져 있었고 한 무리의 구름을 나는 오래 쳐다보았네. 매우 하얗고 무척이나 높이 있었던 구름은 내가 다시 올려 보았을 땐 사라지고 없었네"(브레히트, 2014: 50~51).

비즐러는 드라이만이 에르스카의 사망 소식을 들은 후 그가 남기고 간 곡을 피아노로 연주하는 것을 몰래 듣고는 감상에 젖어 눈물을 흘리기도 한다. 주점에서 크리스타를 만나서는 그녀가 사랑했던 사람에게 상처를 주고 예술을 위해 그녀 자신을 팔았다면 그건 세상에서 가장 나쁜 일이라면서 크리스타가 위대한 예술가이고 좋은 사람이라고 말한다.

서독의 ≪슈피겔(Der Spiegel)≫에 "동독, 비밀스러운 자살 통계"라는 표지 타이틀과 함께 익명의 동독인이 쓴 「동독의 자살에 대해」라는 제목의 글이 실린다. 텔레비전 뉴스로도 방송된다. 이는 비즐러가 파울 하우서(Paul Hausser)가 국경을 넘는 것을 눈감아준 덕분이다. 글을 작성하기 위해 하우서를 비롯한 드라이만의 지인들이 모였을 때도 동독 정권 수립 40주년 기념 연극 작품을 쓰기 위해서라고 둘러댔다. 글은 동독 정권의 치부를 드러내고 있다. "권력층에 있는 어떤 사람이 말하길 한스 바이블러가에 있는 국가 통계청에선 모든 것을 통계 내고 모든 것을 알고 있다고 한다. 1인당 1년에 구입하는 신발의 수 2.3켤레, 1년 독서량 3.2권, 아비투어에서 매년 전 과목 A를 받는 학생 수 6347명. 하지만 한 가지 일은 거기에 기재되어 있지 않았다. 아마도 그런 통계는 관료들 자신에게 고통이 될 수 있기 때문이다. 바로 자살률이다. 만약 당신이 바이블러가에 있는 통계청에 전화해서 얼마나 많은 사람들이 엘베 강과 오더 강 사이에서, 발트 해와 오레 산맥 사이에서 자살하는지 묻는다면 우리 통계청에선 침묵하실 거고 아마도 당신의 이름을 정확히 기록해놓을 것이다. 슈타지를 위해. 국가의 안보와 행복을 위해서라는 명분 아래. 1977년부터는 자살률에 대한 통계를 내지 않는다. '자발적인 살인' 국가가 자살을 이렇게 칭한다. 자살 행위는 살인과는 전혀 상관이 없다. 그 행위는 살기가 없고 열정이 없다. 단지 죽음이 있을 뿐이다. '희망의 죽음'. 우리가 9년 전에 자살 통계를 그만둔 이후 유럽에서 동독보다 자살자 수가 많은 유일한 나라는 헝가리이다. 그다음이 우리나라, '진정한 사회주의 국가' 말이다. 통계로 잡히지 않은 자살자 중 한 사람이 위대한 연출가 알베르트 에르스카이다." 몰래 드라이만의 타자기를 숨겨준 덕분에 드라이만은 체포되지 않았지만 그 대신 비즐러는 우편배달부로 좌천된다. 장벽이 개방된 후에야 이 사실을 알게 된 드라이만은 그의 신작 소설에 헌정사를 넣는다. "감사한 마음을 담아 HGW XX/7에게 헌정한다."

또 다른 장벽과 통일이 가져온 혼란

동독에서 정치적 반대 의견이 억압받고 심각한 물자 부족이 이어지는 등 내부 갈등이 고조되자 주민들은 다른 방식으로 그것을 표현하기 시작했다. 서독으로 탈출하거나 파업과 노동자 봉기를 일으키는 것이었다. 동독 당국이 탈출을 범죄로 규정했음에도 건국된 1949년부터 동·서베를린을 완벽하게 분리하는 장벽이 축조된 1961년까지 무려 270만여 명의 동독인들이 서독으로 탈출했다. 울브리히트는 동독에서 공식적인 명칭인 '반파시스트 보호벽'이 "혁명을 반대하고 인민을 위한 민주주의 질서를 교란하는 적들로부터 집의 균열을 막고 구멍을 메워 독일 인민 최악의 적이 몰래 숨어들지 못하게 하려는 것"이라고 강조했으며 나중에 사회주의통일당의 서기장이 되는 에리히 호네커는 "베를린 장벽은 앞으로 50년, 100년 뒤에도 이 자리에 있을 것이다"라고 호언장담했다(케텔, 2013: 163~166).

1970년대 들어 경제의 국가 소유와 정책 결정의 극단적인 중앙집권화, 계획의 성취를 위한 인적·물적 자원의 독재적인 동원화로 인한 폐해가 나타나기 시작했다. 성장률이 저하되고 외채가 증가했으며, 극심한 인플레이션과 물자 부족이 나타났고, 심각한 환경문제와 더불어 이차경제가 발생했다. 공식적인 계급 이데올로기와는 별도로 실제 사회 불평등이 존재했기 때문에 체제에 대한 주민들의 불만이 점차 쌓여갔다. 그 결과 지식인 서클에서 저항운동이 시작되었다. 볼프 비어만, 슈테판 하임(Stefan Heym) 등은 국가보안국의 감시를 받는 와중에 시민권을 박탈당하고 추방되는 등 탄압을 겪었다. 이들이 이끈 저항운동은 1980년대 중반에 들어와 '평화와 인권을 위한 이니셔티브(IFM)', '지금 민주주의를(Demokratie Jetzt)', '출발 89-신광장(Aufbruch 89-Neues Forum)' 등 시민권과 민주화를 요구하는 여러 세력으로 이어졌다.

〈베를린 장벽(Westen)〉(2013)은 크리스티안 슈보초브(Christian Schwochow) 감독의 작품으로, 2013년 몬트리올 영화제에서 여우주연상과 국제비평가상을 수상했다. 2014년 광주 국제영화제 폐막작이기도 하다. 동독인들은 목숨을 걸고 동독에서 탈출하지만 서독 역시 동독인들에 대한 편견으로 가득한 사회이다. 주인공인 넬리 젠프는 브로커에게 돈을 지불하고 아들 알렉세이와 함께 동독 국경을 넘는다. 검문소에서 그녀는 조사를 위해 옷을 벗으라고 강요당한 후 서독의 이탈 주민을 위한 임시수용소(Notaufnahmelager)에서 조사를 받는다. 첫 질문은 당연히 왜 동독을 떠나왔느냐는 것이다. 넬리는 개인적인 이유라고 답한다. 알렉세이를 통해 조사관은 아빠가 소련 출신의 바실리 바탈로프이고 교통사고로 사망했다는 말을 듣는다. 모자는 140마르크와 일주일 치 식권을 받는다. 도장 열두 개를 모두 받아야 정식으로 서독 시민이 된다고 한다. 다시 모자는 이상이 없는지 확인하는 일상적인 절차라는 이유로 옷을 다 벗고 조사를 받는다. 조사관이 "벌레 같은 것은 없네요"라고 말한다.

동독에서 물리학자로 일한 아빠 바실리에 대해서도 질문이 퍼부어진다. 흑인인 미국 대사관 참사관이 방문해 동독을 떠나온 이유를 다시 묻는다. 아주 개인적인 이유로 환경을 바꾸고 싶었고, 잊고 싶은 것도 있었다고 대답한다. 넬리는 "동독을 떠난 이유가 뭔지 알아요? 바로 이런 질문들 때문이죠. 교묘하고 공격적이어서 겨우 묻어둔 상처를 헤집는 질문이요"라고 말한다.

넬리는 수용소에서 나가지 못하고 머물게 된다. 같은 수용소에 갇힌 한스라는 남자는 2년 동안 있었다며 수용소와 동독 감옥의 이불이 똑같다고 알려준다. 그러면서 저주처럼 내려오는 말이 있는데 빨리 떠나지 못하면 뿌리를 박게 된다고 말한다. 알렉세이는 수용소 여자들에게서 동독에는 러시아군이 있고, 여기에는 미국이랑 프랑스, 영국 군인들이 있다, 자기네들끼리도 못 믿어서 곳곳에 첩자가 있다는 말을 듣는다. 넬리는 미국 참사관 존과의 대화에서, 국제회의 참석이 잦은 물리학자였던 남편 바실리가 슈타지의 정보원이었다는 것을 듣게 된다. 수용소로 돌아온 넬리에게 한스는 매일 돌아가고 싶다는 생각을 하지만 돌아가도 달라지는 건 없다고 토로한다. 그러면서 자기가 여기서 썩어도 아무도 상관하지 않겠지만 넬리와 알렉세이라면 다르게 행동할 것이라고 충고한다. 넬리는 참사관을 다시 찾아갔을 때, 남편이 슈타지 정보원을 관두고 싶었던 것 같다면서 서독 비밀정보국의 도움으로 사고와 시체를 위장한 후 정보를 제공하고 지금은 익명으로 살 가능성이 크다는 말을 듣는다. 슈타지가 바실리 뒤를 쫓을 거고 넬리도 감시할 것이라는 말도 덧붙여진다. 넬리는 우여곡절 끝에 취업을 해서 아들과 함께 수용소를 나간다.

〈굿바이 레닌(Good Bye, Lenin!)〉(2003)은 급격한 통일이 초래한 동독 사회의 혼란을, 교사로 일하는 크리스티아네 커너라는 열혈 공산당원과 그의 가족들을 중심으로 보여준다. 호네커와 고르비가 참석한 동독 정권 수립 40주년 기념식 장면처럼 실제 행사 촬영 필름을 사용해서 영화의 사실성을 높이려 했다. 영화는 크리스티아네의 어린 아들이 흑백텔레비전을 통해 소련의 우주선 발사 중계를 시청하는 장면으로 시작한다. "천천히 조심스럽게 거대한 우주선이 발사대에 놓이고 있습니다. 세계 인민의 공동 노력이 이룩한 위대한 시험 비행이 곧 막을 올립니다. 여기 그 마지막 단계에 들어갔습니다. 전 다국적 멤버의 동독 조종사로 소유즈 31호에 탑승했습니다. 소련의 중앙 공산당에 감사의 마음을 전합니다."

1978년 8월 지그문트 얀이 독일인으로 첫 우주 비행사가 되던 날 가족의 수난사가 시작된다. 소년의 내레이션에 따르면, 우주의 심연 속에서 지그문트가 조국을 빛내는 동안 아버지는 자본주의 여자한테 빠져 다시 돌아오지 않았고 어머니는 슈타지 직원들에게 끌려가 8주 동안이나 아버지의 행방을 취조받는다. 그 후로 어머니는 심한 우울증에 빠져 어느 누구와도 말을 하지 않는다. 그 후 아버지 얘기는 금기가 되었고, 어머니는 마치 사회주의 조국과 결혼한 것처럼 열성적인 애국자로 변해서 온 정력을 아이들의 교육과 사회주의의 실현에 바쳤다. 열렬한 사회운동가로 변신해 인민 생활 개선의 십자군이 되어 사소한 부조리의 개혁에도 힘써 공산주의적 사회질서에 기여한 공로로 당에게서 모범시민 표창을 받는다.

크리스티아네는 TV 수리 기사가 된 아들 알렉스가 베를린 장벽 개방을 주장하는 시위를 벌이다 끌려가는 것을 목격하고 충격을 받아 그만 혼수상태에 빠진다. 그녀는 독일사회주의통일당 당수이자 국가평의회 의장인 에리히 호네커의 사임도, 서독 지도자들이 서베를린 시청 앞에서 연 이벤트도, 유별난 장벽 철거 행사도 보지 못한 채 잠만 잔다. 영화에는 비디오 가게에서 틀어놓은 포르노 필름 앞에 입을 벌리고 서 있는 동독 주민들의 모습처럼, 장벽 철거 후 서독으로 몰려간 동독 주민들이 겪는 문화적 충격도 잘 묘사되어 있다. 짧은 기간에 크리스티아네의 자식들은 커다란 변화를 겪는다. 처음 맞는 자유선거를 놓치거나, 딸 아리안은 대학을 자퇴하고 자본주의 직업을 체험하며 무산계급의 적인 새 연인 라이너와 동거에 들어간다. 8개월 후 크리스티아네는 의식을 회복한다. 그 사이 정치적 격변이 일어나 동독이 붕괴하고 독일은 통일이 된 직후였다. 그녀는 이를 눈치채지 못한다. 의사는 기억상실증과 함께 심장이 약해진 까닭에 크리스티아네가 약간만 흥분을 해도 생명이 위험하다고 말한다. 아들은 엄마의 건강을 위해 아직도 동독 체제인 것처럼 꾸민다.

이 영화로 볼프강 베커(Wolfgang Becker) 감독은 베를린 국제영화제에서 칼리가리상을, 런던 비평가협회상에서 외국어영화상을 수상했다. 제16회 유럽영화상에서는 작품상과 감독상, 각본상, 여우주연상, 남우주연상 등을 휩쓸었다.

타인의 삶 Das Leben Der Anderen (독일, 2005)

감독	플로리안 헨켈 폰 도너스마르크	배우	울리히 뮈헤 Ulrich Mühe
	Florian Henckel von Donnersmarck		마르티나 게데크 Martina Gedeck
각본	플로리안 헨켈 폰 도너스마르크		제바스티안 코흐 Sebastian Koch
			울리히 투쿠르 Ulrich Tukur

베를린 장벽 Westen (독일, 2013)

감독	크리스티안 슈보초브	배우	요르디스 트리벨 Jordis Triebel
	Christian Schwochow		트리스탄 괴벨 Tristan Göbel
각본	크리스티안 슈보초브		알렉산더 셰어 Alexander Scheer
			재키 이도 Jacky Ido
			아나 안토노비치 Anna Antonowicz

굿바이 레닌 Good Bye, Lenin! (독일, 2003)

감독	볼프강 베커 Wolfgang Becker	배우	다니엘 브륄 Daniel Brühl
각본	볼프강 베커		카트린 자브 Katrin Sab
	베른트 리히텐베르크		마리아 사이먼 Maria Simon
	Bernd Lichtenberg		플로리안 루카스 Florian Lukas

1989 가을, 라이프치히 (Leipzig im Herbst, 1990) 게르트 크로스케(Gerd Kroske)·안드레아스 포크트 (Andreas Voigt) 감독

더 터널 (The Tunnel, 2001) 롤란트 수소 리히터(Roland suso Richter) 감독

바바라 (Barbara, 2012) 크리스티안 페촐드(Christian Petzold) 감독

참고문헌

다렌도르프, 랄프(Ralf Dahrendorf). 1990. 『분단 독일의 정치사회학』. 이종수 옮김. 한길사.

도널스마르크, 플로리안 헨켈 폰(Florian Henckel von. Donnersmarck). 2011. 『타인의 삶』. 권상희 옮김. 아담북스.

모겐소, 한스(Hans Morgenthau). 1987. 『현대국제정치론』. 이호재 옮김. 법문사.

베어, 볼프강Wolfgang Behr). 1988. 『동·서독 체제 비교: 정치·경제·사회』. 이영기 옮김. 고려대학교출판부.

브레히트, 베르톨트(Bertolt Brecht). 2014. 『베르톨트 브레히트 시선: 마리 A.의 기억』. 아티초크.

슈미트, 헬무트(Helmut Schmidt). 2007. 『독일통일의 노정에서』: 결산과 전망』. 오승우 옮김. 시와진실.

임홍배·송태수·정병기. 2011. 『기초 자료로 본 독일통일 20년』. 서울대학교출판문화원.

젤리코, 필립(Philip Zelikow)·콘돌리자 라이스(Condoleeza Rice). 2008. 『독일통일과 유럽의 변환: 치국경세술 연구』. 김태현·유복근 옮김. 모음북스.

케텔, 클로드(Claude Quetel). 2013. 『장벽: 인간의 또 다른 역사』. 권지현 옮김. 명랑한지성.

콜, 헬무트(Helmut Kohl). 1998. 『나는 조국의 통일을 원했다』. 김주일 옮김. 해냄.

콜리어, 폴(Paul Collier) 외. 2008. 『제2차 세계대전』. 플래닛미디어.

파이지스, 올랜도(Orlando Figes). 2013. 『속삭이는 사회 1: 스탈린 시대 보통 사람들의 삶, 내면, 기억』. 김남섭 옮김. 교양인.

홍익표. 2000. 「코소보 전쟁에 대한 독일의 외교정책: 연속성 속의 변화」. 『국제정치 논총』, 제40집, 3호.

홍익표. 2003. 「독일의 정치적 현실주의: 이론적 논의와 정책 적용」. 우암평화연구원 엮음. 『정치적 현실주의의 역사와 이론』. 화평사.

Adenauer, Konrad. 1965. *Erinnerungen 1945-1953*. Stuttgart: Deutsche Verlagsanstalt.

Bahr, Egon. 1996. *Zu meiner Zeit*. München: Karl Blessing Verlag.

Bender, Peter. 1995. *Die Neue Ostpolitik und ihre Folgen: Vom Mauerbau bis zur Vereinigung*. München: Deutscher Taschenbuch Verlag.

Brandt, Willy, 1971. *Der Wille zum Frieden*. Hamburg: Hoffmann und Campe.

Brandt, Willy. 1989. *Erinnerungen*. Berlin: Siedler.

Djilas, Milovan. 1957. *The New Class: An Analysis of the Communist System*. New York:

Frederick A. Praeger.

Elbe, Frank and Richard Kiessler. 1996. *A Round Table with Sharp Corners: The Diplomatic Path to German Unity*. Baden-Baden: Nomos Verlagsgesellschaft.

Falke, Andreas. 1994. "An Unwelcome Enlargement? The European Community and German Unification." M. Donald Hancock and Helga A. Welsh(eds.). *German Unification. Process and Outcomes*. Boulder: Westview Press.

Fulbrook, Mary, 2005. *The People's State: East german Society from Hitler to Honecker*. New Haven and London: Yale University Press.

Habermas, Jürgen. 1998. "National Unification and Popular Sovereignty." Sang-Jin Han (ed.). *Habermas and the Korean Debate*. Seoul: Seoul National University Press.

Hacke, Christian. 1997. *Weltmacht wider Willen: Die Aussenpolitik der Bundesrepublik Deutschland*. Berlin: Ullstein TB.

Halder, Winfrid. 2002. *Deutsche Teilung. Vorgeschichte und Anfangsjahre der doppelten Staatsgründung*. Zuerich: Pendo Verlag.

Larres, Klaus. 1996. "Germany and the West: the 'Rapallo Factor' in German Foreign Policy from the 1950s to the 1990s." Klaus Larres and Panikos Panayi(eds.). *The Federal Republic of Germany since 1949: Politics, Society and Economy before and after Unification*. London: Longman.

Risse, Thomas. 1997. "The Cold War's Endgame and German Unification." *International Security*, Vol.21, No.4.

Schoellgen, Gregor. 1999. *Die Außenpolitik der Bundesrepublik Deutschland. Von den Anfängen bis zur Gegenwart*. München: C.H.Beck.

Schroeder, Klaus. 1998. *Der SED-Staat: Partei, Staat und Gesellschaft 1949-1990*. Wien: Karl Hanser Verlag.

Seibel, Wolfgang. 2005. *Verwaltete Illusionen. Die Privatisierung der DDR-Wirtschaft durch die Treuhandanstalt und ihre Nachfolger 1990-2000*. Frankfurt/New York: Campus Verlag.

Staritz, Dietrich. 1996. *Geschichte der DDR*. Frankfurt/M: Suhrkamp.

Weidenfeld, Werner. 1998. *Aussenpolitik für die deutsche Einheit. Die Entscheidungsjahre 1989/1990*. Stuttgart: Deutsche Verlags-Anstalt.

15장

미완의 해방과 격동의 한국 현대사

〈피아골〉〈태백산맥〉〈지슬: 끝나지 않은 세월 2〉

국제에 있어서 친소 및 반미의 행동을 취하는 동시에 국내에 있어서는 자기네의 독점
정권의 수립을 기도하는 노선이나, 친미반소의 행동을 취하면서 일부 독점 정권의 수립
을 몽상하는 노선은 우리 민족의 자주적 입장을 망각한 것이며, 민족적 통일 단결을 파
괴하는 것이며, 좌우 양익의 협조에 의한 민주주의 임시정부의 수립을 저지하는 것이며,
미소 양국의 조선에 관한 진정한 협조를 방해하는 것입니다.

김규식

해방에서 분단을 거쳐 전쟁으로

함석헌은 평생을 반독재 민주화 투쟁의 선두에 섰고 가장 낮은 곳에서 고
난의 상황에 처해 있는 민중이 이 나라의 실질적 지탱자요, 뿌리라는 '씨알
사상'을 정립했다. 그는 해방이 "도둑같이 뜻밖에 왔다"(함석헌, 1971: 356)라
고 말한다. 해방은 한국인들의 힘으로 이룬 것이 아니라 외세에 의해 주어진
것이었다. 전쟁의 와중에 연합국들은 여러 차례 전시 회담을 개최했는데 이
회담들의 의제 중에는 한반도 문제도 포함되어 있었다. 대표적인 것이 1943
년 11월에 열린 카이로 회담이었다. 카이로에 모인 미국, 중국, 영국 3국 정

상들은 "조선 인민의 노예 상태에 유의해 '적절한 과정을 거쳐서' 조선을 자유독립케 할 것을 결정한다"라고 합의했다. 그러나 '적절한 과정'이란 그 내용이 없는 매우 모호한 표현이었다. 이렇게 된 것은 회담에 참가한 국가들이 한반도에 대해 갖고 있는 이해관계가 서로 달랐기 때문이다. 프랭클린 루스벨트 미국 대통령은 이 지역의 새로운 강자인 소련을 의식해 신탁통치를 상정하고 있었다. 신탁통치와 같은 다국적 통치 안에는 한반도와 국경을 접하고 있는 소련의 단독 지배를 공동의 힘으로 막아보자는 숨은 의도가 있었다.

한국인들이 일제가 패배했다는 사실을 알게 된 것은 1945년 8월 15일 정오 일왕 히로히토(裕仁)가 항복을 선언한 라디오 방송을 통해서였다. 한국인들은 차별과 수탈이 만연하던 식민 지배가 끝나고 드디어 고대하던 해방이 온 것으로 생각했다. 수많은 사람들이 거리로 쏟아져 나와 해방의 감격을 만끽했고, 서대문형무소에 수감되어 있던 정치범들 역시 여운형의 교섭으로 모두 풀려났다. 자주적인 국가를 수립하려는 움직임도 본격화되어서 일종의 민중 자치 기관이라 할 수 있는 각종 자생적 위원회들이 우후죽순으로 생겨나 활동을 시작했다.[1] 그러나 한반도에서 하나의 독립된 국가를 수립하려는 한국인들의 움직임은 외세인 미국과 소련에 의해 한반도가 분단되면서 실패

---

[1] 해방 직후 전국 각지에서 자발적으로 생겨난 인민위원회는 대부분 조직·선전·치안·식량·재정부를 갖추고, 지역에 따라 보건 후생·귀환 동포·소비 문제·노동문제·소작료 문제 등을 다루는 부서를 뒀다. 그 수가 1945년 8월 말경에는 전국 145개소에 달했다. 친일파·민족 반역자를 제외한 다양한 계급·계층을 포괄하던 인민위원회는 대부분의 지역에서 실질적인 통치 기능을 수행했다. 해방 직후 정치적 공백 상태로 인한 혼란을 수습하고 치안 확보와 개인의 생명·재산 보호를 위해 여운형이 조직한 임시 경찰 기구인 치안대도 각 지역과 직장에서 활동하고 있었다. 그러나 미 군정이 이들 자치 기구의 존재를 부정하고 탄압에 나서면서 인민위원회와 치안대의 활동도 쇠퇴하게 된다. 미 군정은 일본의 식민지 통치 기구가 남한을 효율적으로 지배하는 데 매우 적합하다고 판단하고, 그 통치 기구와 조선인 관리들을 그대로 인계받아 통치했다.

로 끝났다. 역사적으로 외세가 한반도를 분할하려 시도한 것은 그 전에도 여러 번 있었다. 이완범에 따르면 최초의 사례는 16세기 말의 임진왜란 때였다. 당시 명과 일본은 수차례 강화 회담을 통해 조선 분할을 책동했다. 일본 장수 고니시 유키나가(小西行長)가 명의 심유경에게 대동강 이동의 땅은 일본에 귀속하며 평양 이서는 조선에 귀속하는 안을 제시한 것이 대표적이다. 명은 여러모로 성가신 조선을 때마침 합병하려고 했고, 일본은 '조선 영토를 탈취하기 위한 전쟁'을 벌여 새로운 땅을 얻음과 동시에 내부 분란도 잠재우려 했다. 다시 열강들에 의해 한반도 분할 논의가 전개된 시기는 대륙 세력과 해양 세력이 날카롭게 충돌한 19세기 말부터 20세기 초까지였다. 영국이 청일 간에 서울 남북 분할선을 제안한 것을 시작으로 일본이 러시아에 분할안을 제의한 데 이어 러시아도 일본에 39도선 안을 제안했지만 모두 실현되지 못했다(이완범, 2013: 47~139).

한반도 분단 시도가 본격화된 것은 2차 대전 종전을 앞둔 때였다. 이 무렵 미국 군부의 정책 브레인들이 한반도 분할안을 제출했다. 가장 중요한 고려 사항은 소련의 남진을 최소화하면서 미국의 이익을 최대화할 수 있는 절충 가능한 타협점을 찾는 것이었다(정병준, 2006: 122). 이후 미국은 1945년 8월 15일 자로 연합군 최고사령부 명의의 '일반 명령 1호'를 일방적으로 결정해 소련과 영국에 통고하고 승인을 받았다. 그 내용은 북위 38선을 경계로 한반도 이북 지역의 일본군 무장해제는 소련군이, 이남 지역은 미군이 담당한다는 것이었다. 물론 소련은 미국의 정치적 의도를 파악하고 있었다. 그러나 미국과의 정면 대결에 대한 부담과 일본 점령 참여에 대한 기대, 그리고 무엇보다 핵심 전략 지역인 동유럽에서 지배적 위치를 차지하기 위해 더 남쪽의 선을 고집하지 않고 미국안을 수락했다.

38선 분할에 대해서는 학계에서 다양한 주장이 나온 바 있다. 군사적 편의주의설, 얄타 밀약설, 포츠담 합의설, 일본 음모설 등이 그것이다. 최근 연구에 따르면 38선 분할은 국무·전쟁·해군부 3부 조정위원회(SWNCC)에 근무하던 딘 러스크(Dean Rusk), 찰스 본스틸(Charles Bonsteel) 두 대령에 의해 1945년 8월 10일 자정 무렵 30분 만에 확정되었다. 그때까지 분할안을 준비해오던 기관은 미국 육군부 작전국 전략정책단(S&P)이었다. 러스크의 상관이었던 코딜 헐(Cordeel Hull) 중장과 함께 조지 링컨(George A. Lincoln) 준장이 1944~1945년까지 한반도에 대한 미국의 군사 전략적 이해라는 관점에서 한반도 분할안을 검토하고 있었다. 이런 사실은 한반도 분할이 당시 국제정치적 맥락에서 미국의 정치적 이익을 극대화하려는 정책의 결과라는 점을 알려준다. 후에 미 국무장관이 된 러스크는 회고록을 통해 자신이 한국의 운명을 결정했다고 자랑했는데 이후 이 이야기는 군사적 편의주의설과 함께 학계의 통설이 되었다(정병준, 2006: 123, 126).

전시 회담의 합의에 따라 미군과 소련군이 한반도에 진주했다. 먼저 진주한 것은 소련군이었다. 소련군은 대일 선전포고 며칠 후인 1945년 8월 15일부터 제1극동방면군 예하 제25군이 청진과 함흥, 원산으로 들어왔고, 미군은 9월 6일 태평양육군사령부 소속 제24군단이 제물포를 통해 한반도에 진주했다. 서울 진주와 동시에 공포된 맥아더 포고 제1호에서 미군은 38선 이남 지역에 군정을 실시한다고 천명했다. 그 내용은 행정권은 당분간 본관의 권한하에 시행하고(1조), 정부 공공단체 및 그 밖의 명예직·고용원·고용인 전원 및 모든 공공사업에 종사하는 직원 및 고용인은 별도 명령이 없는 한 종래의 직무에 종사하며(2조), 점령군에 대한 반항 행동이나 질서 보안을 교란하는 행위를 하는 자는 엄벌에 처한다는(3조) 것 등이었다. 이에 따라 주한 미 군정 사령부가 설치되고 군정 요원들이 속속 충원되었다.

미 군정은 통치의 효율성을 이유로 일제의 식민지 통치 기구와 조선인 행정관리들을 그대로 인계받아 활용했다. 친일 관료·경찰·지주 등 반민족적 인사들이 중용된 데 반해 사회주의자들은 물론 김구와 임시정부 인사들은 배제되었다. 이는 기존의 통치 구조를 활용하는 간접통치 방식이라는 대일본 정책과는 다른 철두철미한 군정을 의미하는 것이었다. 급작스럽게 한반도 점령 부대로 결정된 존 하지(John R. Hodge) 소장이 이끄는 24군단은 한반도의 현지 사정에 어두웠다. 그렇다 보니 필요한 정보를 조선 주둔 일본군 제17방면군에게서 주로 얻었다. 제17방면군은 소련의 남진 및 38선 이남 단독 점령 가능성을 부각하는 한편, 한국인 공산주의자들의 폭동, 약탈을 반복적으로 강조했다. 이런 왜곡된 정보는 미 24군단의 초기 점령 정책에 큰 영향을 미쳤다고 평가된다.

1945년 12월 16일 모스크바에서 미·영·소 외상 회의가 개최되었다. 미국 국무장관인 제임스 번스(James Burns)는 국제연합이 주도하는 신탁통치안을 한국 문제의 해결 방안으로 제시했다. 미·영·중·소 4개국에 의한 신탁통치 기간은 5년으로 하되 필요하면 신탁통치국 간의 협정으로 다시 5년을 연장하자는 제안이었다. 미국의 안에 대해 소련은 민주주의적 임시정부 수립을 내용으로 하는 수정안을 제안했다. 최종 합의안은 한국인들의 민족적 요구에 부합하도록 한국을 독립국가로 재건설하며, 민주주의적 원칙하에 발전시키는 조건을 조성하고, 일본의 장구한 통치의 참담한 결과를 가급적 빨리 청산할 여러 조건을 창조할 목적으로 민주주의 제정당, 사회단체와 협의해 민주주의 임시정부를 수립하는 것이었다. 3국 외상들은 이를 위해 미소 점령군 대표자들로 공동위원회를 설치하기로 했다.

1946년 1월부터 시작된 미소공동위원회 준비 회담에서부터 양국은 첨예한 입장 대립을 보였다. 남한 내 정치 세력들도 신탁통치에 대한 찬반 여부를 놓고 극심한 갈등에 빠졌다. 신탁통치는 다른 모든 쟁점들을 빨아들이는 블랙홀로 작용했다. 미국과 소련은 자국의 세력 기반을 협의 대상으로 끌어들여 다국적 신탁통치를 통한 우호적 정부 수립을 기도하다 실패하자, 이전부터 검토하고 추진한 단독 행동을 적극적으로 밀고 나가게 된다. 소련은 이미 1946년 2월에 임시정부에 대비해 북조선임시인민위원회 수립을 지원한 데 이어, 3월에는 토지개혁을 단행하는 등 여타 사회주의 개혁을 추진해나갔다. 북한을 혁명의 책원지로 해 혁명을 공고히 한 뒤 이를 전국적 혁명, 즉 대남 혁명으로 연결한다는 '민주기지 노선'이 구사되었다. 미 군정 역시 이에 대응해 미국식 자유민주주의 국가를 수립하고 이를 북한에 강제하겠다는 '자유기지 노선'이라는 동일한 구상을 실행에 옮겼다. 모스크바 3상 회의 결정 실행을 위한 두 차례의 미소공동위원회가 결렬되면서 미국은 한국 문제를 일방적으로 자신들이 주도하는 국제연합에 이관했다. 1948년 초 한반도의 정치 형세는 이승만과 한민당 계열이 남한 단독선거와 단정 수립을, 김구의 반단정 진영은 유엔과의 협력하에 남북회담을 통한 전국 총선거를, 남북한 좌파 진영은 미소 양군 철수와 유엔 배제하의 전국 총선거를 제각기 주장하고 있었다. 1948년 2월 국제연합 소총위에서 유엔한국위원회가 임무 수행 가능 지역에서 총선을 실시한다는 미국안을 가결했다. 1948년 5·10 선거는 미군의 무력에 의존한 강압적 분위기 속에서, 단선 반대 운동에 대한 탄압과 감시 상태에서 치러졌다. 미국 주도로 남에서는 1948년 8월 15일 대한민국 정부가, 북에서는 소련의 후원에 따라 9월 9일 북한 정부가 수립되었다(이근욱, 2012: 27~50; 김영명, 2013: 40~53).

강력한 외세의 규정력은 한반도가 분단된 가장 큰 요인이었다. 그러나 내부적 요인 역시 무시할 수 없다. 해방 이후 많은 다양한 정치 세력들은 반일 운동에서 나오는 정통성을 가지고 새로운 국가 건설을 향한 경쟁의 장에 뛰어들었다. 민족주의와 국가에 대한 다양한 견해가 분출된 것은 물론이었다.

이 중에서 해방 정국 초기를 주도한 것은 건국준비위원회를 중심으로 한 좌파 민족주의 세력이었다. 좌파 세력은 박헌영을 중심으로 조선공산당을 재건했고, 미군의 진주를 고려해 조급히 조선인민공화국을 수립했으며, 통일정부 수립을 주장했던 김구와 김규식 등 중도 우파 민족주의 세력이나 이승만을 비롯한 친미 우파 세력과 새로운 독립국가의 주도권을 둘러싸고 격렬한 갈등을 빚었다. 그러나 미 군정의 강력한 탄압을 받아 쇠퇴했고, 일부 지도부 인사들은 월북해서 북한 정권의 수립 과정에 참여했다. 남한에 잔류한 이들은 입산을 해서 게릴라 활동을 벌였다. 폭동, 군 반란 등과 같은 폭력 사태도 빈발했다. 10월 여수 주둔 14연대가 제주도 반정부 폭동을 진압하라는 명령을 거부하고 일으킨 여순 사건에서 이는 절정에 달했다.

반란을 진압하기 위해 전체 군 병력의 4분의 1가량을 동원했고 미군의 도움으로 가까스로 진압한 여순 사건은 한국전쟁으로 향하는 1948년의 동력학을 만들어냈다고 지적된다. 좌파 세력이 일으킨 일련의 폭력 사태는 한국 정부의 존립을 위태롭게 했고 그 결과 증오와 폭력을 기초로 한 적대 의식이 생겨났다(정병준, 2006: 236). 한편 북한의 김일성은 무력 통일을 유일한 방안으로 강조할 정도로 평화통일의 가능성은 염두에 두지 않았다. 이승만 역시 북한에 대해 억누를 수 없는 증오심을 품고 있었다. 여기에 미국은 세계 최대 규모인 500명의 군사고문단을 잔류시켰고, 무기·지휘 체계·편성·훈련을 미국식으로 진행했다. 소련 역시 북한을 지배하고 있었는데, 120명 이상의 군사고문단이 파견되었고 북한군 지휘 체계·편성·훈련도 소련식으로 이뤄졌다. 군사분계선인 38선에서는 남북한 군대 간, 미군과 북한 경비대·북한군 간, 소련군과 남한 경찰·청년단 간에 이미 무수한 총격전과 경계선 침범이 발생하고 있었다.

결국 무력에 의한 통일 방침을 굳힌 김일성은 1949년 3월 소련을 방문해 스탈린에게 대남 공격에 대한 승인을 요청하고, 양국 간 물품 거래 및 대금 결제에 관한 의정서를 체결했다. 사실상 군사원조에 관한 상호 협정이었다. 같은 해 4월 말~5월 초에는 당 중앙위 위원이자 인민군 정치위원이던 김일이 중국을 방문해 마오쩌둥(毛澤東), 저우언라이(周恩來) 등을 면담하고 중국인민해방군 소속 세 개 한인사단의 북한 파병을 요청해 동의를 받았다.

1950년 초 중국 혁명의 성공 등 국제 환경 변화와 미국의 개입 가능성이 낮다는 판단에서, 전쟁에 반대하던 소련의 입장이 변화했다. 그러나 소련은 자국군을 개입시키지 않겠다는 입장을 견지했다. 1950년 5월 말 북한은 전반적인 공격 계획을 작성한 후 6월 25일 모든 전선에 걸쳐 총공격을 개시했다. 4일 만에 서울을 점령한 북한군은 3개월 만에 대구·부산 등 경상도 일부를 제외한 전 지역을 장악했다. 미국은 국제연합 안전보장이사회를 개최해 국제연합군 참가 결의를 이끌어냈다. 미군을 주축으로 한 국제연합군이 인천에 상륙해 서울을 탈환하고, 38선을 넘어 평양을 점령했으며, 한국군 일부가 압록강 근처 초산까지 진격했다. 그러나 국제연합군의 북진에 위협을 느낀 중공군의 개입으로 전세가 다시 역전된다. 한국군이 오산 부근까지 후퇴했다가 다시 38선을 넘어 철원, 금화 일대까지 진출하게 되고, 소련이 휴전을 제의한 후 반전과 역전을 거듭하다가 1951년 6월경 38선을 중심으로 전선이 고착되었다.

1953년 7월 오랜 공방 끝에 정전협정이 체결되었다. 교전 당사국들이 정치적 합의를 이룰 수 없어 전투 행위만 정지하는 정전은, 적대 행위만 정지되고 전쟁은 계속되는 휴전과 구분되는 용어이다. 한국전쟁이 끼친 영향은 아직도 지속되고 있다. 국제적으로 한국전쟁은 동서 냉전을 격화시켰고 동아시아에 고유한 냉전 체제를 구축했다. 한반도 차원에서는 남북한 분단 체제가 굳어졌다. 남한의 경우 이승만 정권이 공고화되고 반공적 질서가 강화되었으며, 북한에서는 스탈린식 숙청을 통해 김일성 1인에게 권력이 집중되는 체제로 바뀌었다.

전쟁과 이데올로기

〈피아골〉(1955)은 한국전쟁 직후 제작된 영화이다. 실제 전라북도 경찰국 공보 주임이었던 김종환이 토벌 과정에서 획득한 빨치산들의 기록과 수기를 바탕으로 시나리오가 쓰였다. 〈아리랑〉(1954)에 이은 이강천 감독의 두 번째 작품으로 1955년 제1회 금룡영화상에서 작품상, 감독상, 연기상, 녹음상을 수상했다. 배우 김진규와 이예춘이 이 영화로 데뷔했다. 〈피아골〉은 분단의 비극, 이데올로기와 휴머니즘의 갈등을 당시 시대 상황에 비춰볼 때 어느 정도 사실주의적으로 재현했다. 같은 사실주의 계열의 수작으로는 〈오발탄〉(1961)이 있다.

〈피아골〉은 한국전쟁이 정전협정으로 마무리된 지 얼마 안 된 시점에 제작되었기 때문인지, 스토리에 이데올로기적으로 강한 반공주의가 드러나 있다. 이는 영화의 여러 장면에서 뚜렷하게 나타난다. 예를 들어, '아가리'로 불리는 빨치산 대장은 온갖 만행을 저지르는 악인으로 묘사되고, 주인공인 빨치산 대원 철수는 공산주의 이념에 회의를 느껴 귀순을 시도하다 아가리에게 죽임을 당하며, 여자 주인공인 애란이 백사장을 혼자 비틀거리며 걸어가는 장면에서는 태극기가 휘날리는 장면이 겹쳐 나타난다.

그러나 〈피아골〉은 개봉 당시에 오히려 국방과 치안에 부정적 영향을 미친다는 이유로 예정된 상영이 취소되는 등 격렬한 논란을 불러일으켰다. 비판자들은 이 영화가 빨치산 조직 안에서 지식인이 느낀 허무와 고뇌, 성욕을 포함한 인간적 욕망으로 인해 빚어진 갈등 등을 통해 휴머니즘을 표현했기 때문에 순수한 반공 영화로만 볼 수는 없다는 주장을 펼쳤다. 심지어는 '적색 빨치산을 영웅화'했다는 비판도 제기되었다. 등장인물 전원이 빨치산이고, 공산주의에 대한 적극적 비평이 없으며, 단지 빨치산에 대한 대중의 엽기적인 호기심을 충족시키기 위해 제작된 상업 영화라는 것이다(≪한국일보≫, 1955년 7월 24일 자). 논란 끝에 일부 장면을 삭제하고 엔딩 신에 태극기를 추가하는 등 수정을 거쳐 겨우 검열을 통과할 수 있었다.

〈피아골〉에서 아가리는 빨치산 조직을 이끄는 잔인한 성격의 공산주의자로 묘사된다. 골짜기를 타고 힘겹게 이동하는 빨치산 대원들 가운데 하나가 총을 분실하자 책임을 물어 총살한다. 여성 대원인 소주를 겁탈하며 민간인을 죽이고 집을 불태운다. 반동분자의 친척이라며 대원 일동이를 죽인 후 '"대내 부동분자'를 숙청하며 후방 기지를 파괴하고 민심을 교란하는 것이 저 조국 소련이 요구하는 방향이라는 것을 잊어서는 안 된단 말이야"라며 자신의 행동을 정당화하는 인물이기도 하다. 빨치산 대원들이 처한 녹록치 않은 사정은 그들이 나누는 대화에서 잘 나타난다. "이렇게 쫓겨만 다니는 팔자, 풀릴 날이 아득하단 말이야…… 요샌 보급 투쟁도 맘대로 안 되니 야단이거든. 중공군은 오지 않고 대열은 줄어만 들고. 해방될 날이 아득하지. 정말 이제는 간부들 얘기는 믿을 수 없단 말이야…… 휴전된 지가 언제라고, 오긴 뭘 와." 어린 대원은 "공화국은 영 우릴 버릴 작정인가보죠?"라며 다른 대원에게 푸념을 늘어놓는다.

이 영화에서 단연 인상적인 부분은 주인공 철수가 눈앞에 펼쳐진 지리산의 영봉들을 바라보며 혼자 앉아 깊은 생각에 잠겨 있는 장면이다. 영화는 이 장면을 처음에는 전체가 보이도록 멀리서 촬영하다가 점차 주인공의 얼굴을 클로즈업으로 보여준다. 이어서 카메라가 주변의 작은 나무들이 바람에 흔들리는 것을 비추는데 이는 주인공의 심정도 동요하고 있다는 것을 알려주는 것이다. 철수는 이전에도 아가리가 집을 불태우고 노파를 죽인 행위에 대해 민심이 날카로워진다며 동료들과 말다툼을 벌인 적이 있다. 당시에 애란은 오히려 아가리의 그런 과감성을 찬양해야 옳지 않겠느냐며 논박을 했다. 그러나 이 장면에서 애란은 다른 심정을 드러낸다. "빨치산이 사색에 잠긴다는 건 위험한 일이 아니에요? 그것도 인텔리 출신의 여독이겠지요. 아아 저 구름, 저 구름은 얼마나 자유스러울까? …… 저는 잘 알고 있어요. 귀순만 하면 목숨을 살려주겠죠? 저도 인간이에요. …… 나는 이런 짐승 같은 산 생활에 정말 싫증났소."

이 영화의 배경 공간은 피아골로 불리는 지리산의 한 골짜기이다. 피아골이라는 이름은 옛날 이곳에 피를 가꾸던 밭이 있어 '피밭골'로 불리던 데서 유래했다. 그러나 전쟁 때에 빨치산과 이를 토벌하던 국군과 경찰관이 많이 죽어 '피의 골짜기'라는 뜻으로 붙였다는 견해도 있다. 한국전쟁 뒤에 〈피아골〉이 나온 것도 이런 견해를 부추겼을 것이다. 행정적으로 피아골은 전라남도에 속한 곳이다. 신군부가 쿠데타를 통해 정권을 장악하고 온갖 강압력을 동원해 국가를 통치하던 암울한 시절인 1980년대 초에 뿌리깊은나무 출판사에서 발간된 열한 권짜리 인문 지리지 『한국의 발견』 시리즈 중 전라남도 편은, 이곳이 이 나라 역사에서 줄곧 힘센 호족이나 벼슬아치들에게 법에 없는 수탈을 받아왔다고 지적한다.[2] 그 과정에서 의롭지 않은 일에는 타오르

---

2   다산 정약용이 남도 끝자락에서 유배를 살 때 쓴 『목민심서(牧民心書)』에는 당시 백성들이 겪었을 고난이 잘 묘사되어 있다: "오늘날 국가 재정은 날로 줄어들어 백관의 봉록과 공인(貢人)에 대한 공가(貢價) 지불에 있어서 항상 신구 연도가 이어지지 않는 어려움이 있다. …… 마땅히 호조에 납부해야 할 것이 4000석이라면 본읍(本邑)에서 백성으로부터 징수하는 것은 만 석도 훨씬 넘는다. 아침에 영을 내려 저녁에 거두어들일 수 있

는 불처럼 뭉쳐 일어났다면서, 한말의 줄기찬 의병 봉기 그리고 일본 제국주의 시대의 광주학생운동과 '삼성 삼평'이 상징하는 굳센 항일 정신, 해방 뒤의 이른바 야당 기질로 불리는 비판 정신은 모두 그런 역사 배경과 맥이 닿아 있다고 언급한다(문순태·이이화 외, 1983: 4).

시대정신으로 담은 해방 공간

영화 〈태백산맥〉(1994)은 조정래의 동명 소설이 원작이다. 소설 『태백산맥』은 여순 사건 이후부터 농지개혁에 대한 저항, 그리고 한국전쟁에 이르기까지 한국 현대사의 가장 중요한 사건들을 본격적으로 다루었다는 점에서 분단 문학의 새로운 지평을 연 작품으로 평가된다. 그동안 반공 이데올로기에 의해 일방적으로 왜곡되어왔던 해방 8년사를 세밀하게 살펴보면서도 작품 전체에서 균형 감각을 잃지 않는 것이 장점이다. 다양한 인물들이 엮어나가는 삶의 궤적 역시 풍성하다. 이들은 크게 염상진, 하대치, 정하섭, 이지숙 등의 좌익 빨치산 계열, 백남식으로 대변되는 토벌군, 염상구의 대동 청년단, 김범우, 서민영, 심재모, 손승호 등의 중도파 지식인 그룹 등으로 나누어

는 것은 아전이 모두 부정해서 횡령한다. 혹은 토지대장에 등록되지 않은 경지에서 거두고, 혹은 궁결(宮結)이라 해 수세 장부에서 빼버리고, 혹은 저가(邸價)로서 거두고, 혹은 거짓 재결(災結)로서 수세 장부에서 빼버리고, 혹은 돈으로써 받고 혹은 쌀로써 받는다. ······ 수령은 바야흐로 홀아비·과부·병든 자들을 잡아다가 독촉해 매질이 뜰에 가득하고 칼을 씌워 가둔 자가 옥에 넘친다. 이에 사람을 뽑아 검독(檢督)이라고 칭하고서 사방으로 풀어 보내면 그들은 친척이나 이웃 사람들에게 징수해 엉뚱한 해를 입히고 송아지와 돼지를 빼앗아가며 솥과 가마솥을 떼어가니 울부짖는 백성은 길에 넘어지고 쓰러져 곡성이 하늘에 사무친다(정약용, 1988: 273~274).

볼 수 있다. 소설은 총 4부로 구성되어 있다. 제1부와 제2부는 여수·순천에서의 반란이 실패하고 입산한 빨치산들의 게릴라전과 군경의 토벌 작전을 중심으로 다루고, 제3부는 전쟁의 발발과 빨치산의 하산, 미군의 참전과 빨치산의 재입산, 그리고 좌우익 간의 극한 대립을 다루고 있다. 그리고 제4부는 휴전협정의 조인이 주된 내용이다. 이 책은 1980년대 젊은이들의 필독서였다. 1980년대는 신군부가 권력을 찬탈한 후 군부 정권이 연장된 엄혹한 시기였다. 정의롭지 못한 정권에 대한 분노가 캠퍼스와 거리, 공장에서 분출되었는데 이때 등장한 책이 바로 조정래의 『태백산맥』이었다. 무엇보다 이 대하소설은 1980년대의 시대정신을 충실하게 담고 있었고 그런 까닭에 많은 인기를 끌 수 있었다. 작가가 국가보안법 위반으로 기소되었다가 뒤에 무죄를 선고받는 등 고초를 겪기도 했다.

이 소설은 임권택 감독에 의해 1994년 영화로 만들어졌다. 이 해는 문민정부가 들어선 그다음 해로 역사 바로 세우기와 부패 청산 등 개혁의 바람이 불던 시기였다. 군부 정권 시기라면 제작이 어려웠을 이 영화도 변화된 사회의 흐름 속에서 빛을 볼 수 있었다. 출연진 역시 당시 최고의 배우들로 구성되었다. 안성기가 김범우 역으로 나왔고, 김명곤과 김갑수가 각기 염상진과 염상구로 분해 열연을 펼쳤다. 그 외 오정해, 신현준, 최동준, 정경순, 방은진, 이호재 등으로 화려한 캐스팅을 구성했다. 음악은 김수철이 담당했다. 장대한 대하소설을 한 편의 영화에 담으려다 보니 상영 시간도 2시간 43분에 이른다. 무엇보다 이 영화의 특징은 한국 현대사의 주요 사건을 자막으로 보여준다는 점이다. 이를 통해 관객은 각 장면의 배경이 되는 역사적 사건을 알 수 있게 된다. 시작 부분부터 다음과 같은 자막이 등장한다. "제2차 대전 이후 한반도의 분단은 아시아에서 마주친 미국과 소련이 만들어낸 가장 비극적인 세력균형의 산물이었다. 미소의 냉전 구조는 한국 민족 내부의 이기적 갈등을 조장했고 두 개의 정부로 갈라선 남과 북은 적대의 이빨을 들이댄 채 서로 다른 이념의 골짜기로 가고 있었다."

한국 사회와 정치의 기본 틀이 형성된 해방 8년사라는 시공간에서 소작인, 여성, 무당 등 이름 없는 민중이 짊어져야 했던 역사의 무게는 너무 버거웠다. 특히 이 영화에서는 그들이 기대고 살아가던 땅을 둘러싼 투쟁을 갈등의 핵심 축으로 설정한다. 지주의 아들인 김범우와 소작인 문 서방의 대화를 보자. "문 서방도 땅을 갖고 싶죠?" "아무라요. 살아생전에 안 되면 저승이라도 보고 잡은 소원인데요." "그럼 그 소원이 풀려 십 마지기쯤 논이 생겨 농사를 짓는다고 칩시다. 수확한 쌀을 나라에 내놓고 매달 배급을 타 먹는 것은 어떻겠소?" "미쳤서라오? 제가 지은 농사 제가 제 손으로 간수하는 맛에 살지. 무슨 초진 마음으로 배급을 타 먹어라요." "그럼 공동으로 농사짓고 정해진 배급을 타 먹는 것은 어떻소?" "그것도 별것도 아닌 논에 그놈의 농사 잘돼먹겠소. 내 텃밭의 배추가 주인집 텃밭 배추보다 속살이 더 잘 여문 이치가 뭔디라요?" "좌익이 논을 분배한다는 것이 바로 그 방법이요."

빨치산들의 대화도 인상적이다. "치명적인 것은 농지개혁입니다. 4월 5일 유상분배 이후 민심이 완전히 바뀌었소. 보급 투쟁이 먹혀들지 않고 있습니다. 대놓고 항의하는 인민들이 있습니다. 무상분배도 더 이상 통하지 않아요." 빨치산들이 나눈 대화는 아무리 이데올로기적 명분이 뚜렷하다 할지라도 사람들의 욕망을 간과한 개혁은 실패하기 쉽다는 점을 알게 해준다.

"도대체 이 벌교는 어떤 곳입니까? 어째서 좌익이 많이 나왔고 좌우 갈등이 심했는지요?"라는 물음에 대한 김범우의 대답에서 땅에 대한 역사적인 고찰을 읽을 수 있다. "벌교의 좌우익 갈등은 땅에서 시작되고 땅으로 귀결되었소. 일제가 식민지화에 착수하면서 가장 먼저 한 것이 8년간에 걸친 토지조사사업과 농민 땅의 약탈이었소. 농민들의 8할이 소작농으로 전락했고 이

중 8할은 극심한 굶주림으로 절량농가가 되었소. 그 와중에도 지주들은 일인과 협조해 땅을 사들여 대지주가 되어 일인 지주들과 함께 농민을 착취하고 식민정책에 적극 협조했소. 농민들은 수확량의 7할 이상을 지주에 바쳐야 했고, 춘궁기·추궁기의 악순환을 겪었소. 그런 비참이 집중된 곳이 땅이 너른 삼남 지방, 그중에서도 전라도였소. 북에서 무상몰수, 무상분배의 토지개혁이 실시되자 남에서는 실망이 컸소. 그런 갈등의 틈을 좌익이 파고들어 무상몰수, 무상분배 소작인들의 열망에 부합하는 것이었소. 사상이 뭔지도 모른 채 좌익에 동조하고 가담했소. 여순 때 많은 소작인이 입산한 것도 그 때문이었소." 김범우가 지적했듯이 봉건 왕조는 물론이고 일제강점기나 해방 후 이데올로기 대립이 벌어지던 시기, 그리고 정부 수립 후에도 토지 분배는 가장 관심이 집중된 사회 현안이었다. 1946년 북조선임시인민위원회가 추진한 토지개혁과 1950년 한국전쟁 발발 직전에 이승만 정부가 단행한 토지개혁은 당시 남북한의 정치 지형 형성에 상당한 영향을 미쳤다.

이 영화에서 단연 눈에 띄는 것은 출신 계급과 사상이 다른 다양한 등장인물들이 펼쳐놓는 풍요롭기 그지없는 말의 향연이다. 먼저 염상진의 부친이 다시 입산하려는 아들에게 하는 푸념 섞인 원망. "예끼 이 숭한 놈들아! 열흘도 못 채우고 야반도주할 것들이 그리 험하게 사람을 해쳐. 이놈들아, 내 칠십 평생에 나라가 금하는 일에 맞서서 이기는 것을 못 보았다." 여순 사건이 14연대 단독으로 일으킨 것이고 중앙당과 연결되지 않은 것이라고 도당의 책임을 거론하는 입산 동지에게 염상진은 "당은 언제나 신성하고 현명하며 비판의 대상이 될 수 없소"라고 일갈한다. "자식들 굶겨가면서 빨갱이 짓 해서 뭐하겠다는 거여!"라고 닦달하는 토벌대장에게 염상진의 부인이 항변조로 뱉는 다음의 말은 이 영화의 백미이다. "자식이 굶으니까 빨갱이 짓 하제, 빨갱이 짓 해서 자식 굶긴 게 아녀. 입은 삐뚤어도 말은 바로 하랬어. 나가

틀린 말 했어? 설움 중에 굶는 것이 제일 큰 것인데. 있는 사람들은 쌀가마니 쌓아놓고 유과 해 먹고 떡 해 먹고 한쪽에서는 못 먹어서 부황 든 사람들이 하찮이 많은데. 요런 시상이 어째 사람 사는 시상이여?"

한편 정하섭은 무당의 딸인 소화에게 자신이 바로 빨갱이라면서 어떻게 생각하느냐고 묻는다. 이에 대해 소화는 "가난하고 불쌍한 사람 편이라는데 그렇게 나쁜 일을 하겠는가요?"라고 대답한다. "나는 벌교 사람 80퍼센트가 빨갱이라고 보고 있소. 빨갱이에 동조하는 사람은 다 빨갱이로 취급될 수 있소"라는 토벌대장의 말에 김범우는 이렇게 답한다. "빨갱이라는 말이 공산주의자와 사회주의자와 같으면서도 느낌이 많이 다르다는 것을 알고 있었소만 오늘 토벌대장이 한 말은 정말 증오와 살기를 품고 있더군요. 그 말 한마디에 사람 목숨이 오고가는 위태로움을 느꼈소." 그러나 초등학교 교사인 이지숙은 중도파 지식인인 김범우와 다른 견해를 지니고 있다. 그녀는 무지는 굴종을 낳고 그 위에 착취계급의 횡포가 계속되므로 불평등한 사회를 타파하고 인민을 깨우쳐야 한다고 주장한다. 심지어는 교육의 목적은 민족의 자각이며 외세를 없애고 민족 분단을 극복하는 것이라는 김범우의 주장에 대해서도 회색주의자는 더 이상 용납되지 않는 시대라며 거부감을 보인다.

고립된 빨치산이 "우리는 다 죽어가고 있는데 북쪽에서는 뭐 하고 있는 거요?"라고 말하는 장면은, 〈피아골〉에서 한 빨치산이 내뱉은 "중공군은 오지 않고 대열은 줄어만 들고, 해방될 날이 아득하지"라는 말을 상기시킨다. 한국전쟁이 발발하자 중앙당 요원과 빨치산 대원들 간에 갈등이 발생한다. 북에서 내려온 요원이 중앙당이 남조선의 당 조직을 신뢰하지 않는다고 단언하자 하대치는 "야, 개자식들아! 너희들이 월급 받아 혁명 사업이라고 할 때 우리는 발에 동상 걸려 발가락 떨어져나가며 목숨 걸고 투쟁했어!"라며 대든다. 북한의 주류 집권 세력은 동만주에서 중국공산당 소속으로 항일유격대 활동을 하던 이들로 구성된 데 비해 남한의 빨치산들은 조선공산당 계열로 당 재건 운동과 노동운동 등에 종사하던 사회주의자들이었다. 해방 후에 북한의 사회주의자들은 소 군정의 후원 아래 비교적 순탄하게 사회주의적 개혁과 국가 수립을 추진했지만 남한의 사회주의자들은 미 군정의 탄압이라는 조건 속에서 어렵게 운동을 전개할 수밖에 없었다. 1946년 8월 북한 사회주의자들이 북로당을 결성하고 민주기지 노선을 채택한 것에서 알 수 있듯이 분열은 이미 예정되어 있었다. 김범우조차 양키 첩자로 몰리는 모습은 이들 빨치산이 같은 사회주의자들에게서도 배제되어 곧 몰락할 운명이라는 것을 짐작케 한다. 1930년대 스탈린이 자행한 모스크바 재판에서도, 1950년대 중반 김일성이 주도한 국내파 공산주의자들에 대한 재판에서도 피고인들에게 씌운 주된 죄명은 반혁명적 스파이 활동이었다. 어떤 면에서 모든 권력의 속성은 같다. 마지막 장면에서 소화가 "굿이란 살아 있는 사람들을 위한 것이지라요. 그네들의 한을 푸는 것이지요. 산 자들의 한"이라고 하자 김범우는 "그렇다면 당신이 해야 할 일이 너무 많은 것 같소"라는 말을 건넨다.

역사의 비극과 희망의 끈

〈지슬: 끝나지 않은 세월 2〉(2012)는 여러 국내외 영화제에서 수상하면서 먼저 알려졌다. 2012년 부산 국제영화제 4관왕, 올해의 독립영화상에 이어 2013년 선댄스 영화제 심사위원대상, 브졸 국제아시아영화제 황금수레바퀴상 등 수상 실적은 〈지슬〉에 대한 영화계의 높은 평가를 보여준다. 심사평으로는 "깊이 있는 서사와 더불어 시적인 이미지까지 〈지슬〉은 우리 모두를 강렬하게 사로잡을 만큼 매혹적이었다", "영화, 연출 모든 영역에 걸친 탁월한 재능" 등과 같은 찬탄이 쏟아졌다. 흑백영화로서 영상미가 빼어나고, 구수한 제주도 토착어는 우리 이웃들의 소박한 생활을 있는 그대로 들여다보는 느낌을 준다. 영화의 배경은 제주 4·3 사건이다. 그런 점에서 〈지슬〉은 대만의 2·28 사건을 소재로 한 허우샤오시엔 감독의 〈비정성시〉와 비견될 수 있다.

오멸 감독이 개봉 인사에서 "4·3에 대한 슬픔이 치유가 되고 생각이 공유되어야 더 많은 기쁨이 생기지 않을까 생각한다"(《제주의 소리》, 2013년 3월 1일 자)라고 언급한 데서 알 수 있듯이 제주 4·3 사건은 오랜 기간 현실 정치와 이데올로기에 억눌려 제대로 조명되지 못했다. 1980년대 후반 민주주의로의 이행 국면에서 시민사회의 진상 규명 운동이 전개되면서 비로소 4·3에 대해 활발한 논의가 시작되었다. 4·3의 성격도 남로당이 대한민국의 건국을 방해하기 위해 일으킨 무장 폭동이 아닌, 제주도의 역사적 특수성에 기반을 둔 방어적 평화 투쟁으로 보는 시각이 제기되었다. 이 같은 시각의 전환을 이끈 선구적인 연구서로는 1988년 아시아·아프리카·라틴 아메리카 연구원에서 엮은 『제주민중항쟁』을 들 수 있다. 이 책은 '제주민중항쟁은 지금, 우리에게 있어 무엇인가', '좌파, 우파, 극우파는 제주민중항쟁을 어떻게 보고 있는가'에 대한 글과 자료들을 통해 4·3을 새롭게 조명했다. 그 후 본격화된 관련 연구는 4·3을 오랜 기간 이어져온 중앙 권력과 외세에 의한 수탈과 착취 구조라는 제주도의 특수성, 분단과 냉전이라는 한반도의 국제적·국내적 조건이 서로 복잡하게 착종한 사건으로 평가하게 된다. 수탈과 불의에 저항한 제주인들에게 초점을 맞춘 평가도 있다. 4·3의 성격과 관련해 박찬식은 다음과 같이 주장한다.

일제 치하 제주도민의 강력한 항일 투쟁, 해방 직후 자율적인 사회운동 결사체의 조직, 높은 교육열, 일본 및 한반도 내륙과의 잦은 교류를 통한 정보의 유입 등 타 지역에 비해 결코 뒤떨어지지 않는 조건을 구비하고 있었다. 더구나 타 지역에 서는 찾아보기 힘든 공동체적 연대감, 어려운 자연조건을 개척해나가는 강인함 등 으로 해방 공간기 한반도에서 가장 이상적인 민족 공동체를 형성해나갈 수 있는 대표적인 지역이었다. 이러한 공동체성이 친일파와 우익청년단에 의해 파괴되어 나가는 지점에서 4·3이 발발했다는 점을 결코 놓쳐서는 안 될 것이다. 이런 점에 서 4·3은 제주도의 특수성과 제주도민의 자존심이 담긴 역사적 사건으로서 그 당 위성이 성립되는 것이다(제주대학교 평화연구소, 2013: 60~61).

4·3은 1947년의 3·1절 발포 사건에서 비롯되었다. 전후 제주에는 외지에 나가 있던 6만여 명의 제주인들이 귀환했지만 그들을 기다리고 있는 것은 실업과 물자난, 전염병, 흉년이었다. 여기에 일본 경찰 출신이 군정 경찰로 변신해 있었고, 군정 관리들은 밀수품 단속을 빙자해 사익을 취하는 일이 빈 발했다. 이런 상황에서 경찰이 시위 군중에게 발포해 여섯 명이 사망하고 여 덟 명이 중상을 입게 되자 남로당 제주도당은 이에 항의해 '3·10 총파업'을 결정하게 된다. 미 군정은 이를 남로당의 선동이라고 보고 응원 경찰과 서북 청년회 단원들을 대거 제주에 내려보내 검속을 행하게 했다. 이에 대해 남로 당이 조직을 유지하고 단선·단정 반대 운동을 전개하기 위해 무장투쟁으로 전환하자 미 군정은 군대와 경찰 병력을 동원해 진압 작전을 펼치게 된다. 이후 4·3은 여순 사건과 밀접하게 얽히면서 새로 수립된 정부의 명운이 걸 린 중대한 사건으로 새롭게 인식되었다.

앞에서 살펴보았듯이 1948년 10월에 일어난 여순 사건은 한국전쟁으로 향하는 1948년의 동력학을 만들어냈다고 지적된다. 좌파 세력이 일으킨 일 련의 폭력 사태는 한국 정부의 존립을 위태롭게 했고 그 결과 증오와 폭력을 기초로 한 적대 의식이 생겨났다(정병준, 2006: 236). 이에 따라 중산간 마을을 대상으로 한 대대적인 초토화 작전이 추진되었다. 이 과정에서 많은 민간인 희생자가 발생했다. 이승만 정부에게는 엄격한 반란 진압에 한국 정부의 미래가 달려 있다는 미국 조야의 메시지가 여러 경로로 전달되었다. 미 군정 추산으로는 제주도 내 활동 게릴라는 최대 3000여 명인데 1949년 말 미국 자료에는 1만 5000여 명에서 2만 명이 사망했다고 기록되어 있다. 한국 정부 통계는 2만 8000여 명 사망으로 되어 있다. 4·3을 거치면서 제주도 전체 400개에 달하던 마을 가운데 230여 개가 사라졌다(정병준, 2006: 235).

가장 큰 피해를 당한 이들은 민간인들이었다. 무장대와 토벌대 간의 무력 충돌과 진압 과정에서 수많은 희생자들이 발생했다.[3] 무장대에 협조했다는 이유로 죽임을 당하는 이들이 증가하자 많은 주민들은 이를 피해서 한라산으로 입산했다. 그러다가 붙잡히면 총살되거나 형무소로 보내졌다. 현기영의『순이 삼촌』은 군경에 의한 집단 학살에서 혼자 살아난 순이 삼촌에 대한 이야기이다. 순이 삼촌은 "1949년에 있었던 마을 소각 때 깊은 정신적 상처를 입어, 불에 놀란 사람 부지깽이만 봐도 놀란다는 격으로 군인이나 순경을 먼빛으로만 봐도 질겁하고 지레 피하던 신경증세"가 있다. 이 소설에는 민간인 학살이 매우 구체적으로 묘사되어 있다.

교문 밖에 맞바로 잇닿은 일주도로에 내몰린 사람들은 모두 한결같이 길바닥

---

3   4·3은 오랫동안 진상 규명이 미뤄져오다 2000년 1월 제주4·3특별법이 제정·공포되면서 비로소 정부 차원의 진상조사에 착수하게 되었다. 2003년 이 법에 의해 구성된 '제주 4·3사건 진상규명 및 희생자명예회복위원회'에서 「제주4·3사건 진상조사보고서」가 확정되었고, 대통령이 국가권력에 의해 대규모 희생이 이뤄졌음을 인정하고 제주도민에게 공식 사과를 하기에 이르렀다.

에 주저앉아 울며불며 살려달라고 애걸했다. 군인들의 바짓가랑이를 붙잡고 울부짖는 할머니들, 총부리에 등을 찔려 앞으로 곤두박질치는 아낙네들, 군인들은 총구로 찌르고 개머리판을 사정없이 휘둘렀다. 사람들은 휘둘러대는 총개머리판이 무서워 엉금엉금 기어갔다. 가면 죽는 줄 번연히 알면서 어떻게 제 발로 서서 걸어가겠는가. 뒤처지는 사람들에게는 뒤꿈치에다 대고 총을 쏘아댔다. 군인들이 이렇게 돼지 몰 듯 사람들을 몰고 우리 시야 밖으로 사라지고 나면 얼마 없어 일제사격 총소리가 콩 볶듯이 일어나곤 했다. 통곡 소리가 천지를 진동했다(현기영, 1979: 59).

영화 〈지슬〉은 초토화 작전을 전개하는 군경을 피해 한라산에 있는 춥고 어두운 동굴 속에 머무는 주민들이 주인공이다. 이들에게 제주 말로 지슬이라 불리는 감자는 생존을 위해 가장 소중한 식량이었다. 동굴 안에서 이들은 삶은 감자를 서로 나눠 먹는다. 나가서 발견되면 죽을지 모르는 긴박한 상황에서도 이들은 흥겨운 대화를 나눈다. "뭐 그리 걱정하세요? 내일모레 나갈 텐데. 금방 끝나니까 걱정들 하지 마세요." "그나저나 돼지 밥 줘야 하는데 큰일 났네." "하루 이틀 굶은 걸로 돼지가 죽습니까? 내일모레 나갈 거니까 걱정 마세요." 돼지 접붙이는 얘기와 총각 장가가라는 얘기가 이어진다.

이들 간의 관계를 이어주는 것도 역시 감자이다. 순덕이 부모는 급하게 감자를 챙겨 입산하느라 정작 순덕이를 잃어버리고 온다. 피신을 안 가겠다는 노인은 자식에게 갖고 가라며 감자를 준다. 불편한 다리 때문에 함께 피신하지 못한 어머니를 모시러 다시 마을로 내려간 무동이 발견한 것은 불탄 집과 어머니 품속에 있는 감자이다. 토벌대의 박 상병은 순덕에게 다른 사람 몰래 감자를 챙겨준다. 영화의 제목이 지슬인 까닭도 어두운 시절을 살아가는 제주민들에게 생명을 영위하고 희망의 토대가 되는 것이 감자이기 때문이다.

영화는 크게 신위, 신묘, 음복, 소지라는 네 개의 제의적 형식을 지닌 시퀀스로 구성되어 있다. 감독은 〈지슬〉이 4·3 당시 이름 없이 돌아가신 분들의 제사를 지낸다는 마음으로 만들어진 영화라고 밝힌 바 있다. 조상의 신주를 모신 사당을 의미하는 '신묘' 시퀀스에는 주민들이 어떻게 무고하게 죽임을 당했는지 잘 묘사되어 있다. 이를 상징적으로 보여주는 것은 용눈이오름에서 군인인 상덕이 순덕을 향해 총을 겨누는 장면이다. 망설임 끝에 그가 방아쇠를 당기지 못하자 순덕은 도망가고 다른 군인들이 그 뒤를 쫓는다. 돼지밥을 주려고 마을에 내려간다고 우기는 원식 삼촌에게 동굴에 있는 사람들은 "아랫마을 사람 다 죽었다는 얘기 못 들었습니까? 총소리도 다 들었으면서 왜 이러십니까? 절대 못 내려갑니다"라며 말린다. 이미 초토화 작전으로 마을에 남아 있던 사람들이 학살당한 것을 피신한 주민들도 알고 있다. 순덕은 군인들에게 잡혀 끌려가 강간을 당하고 흐느낀다. 상의가 벗겨진 순덕의 얼굴에 칼을 들이대며 김 상사는 "그저 이 에미나이, 피부가 매끈해서 참 곱네. 그러니까 나는 너 같은 빨갱이 새끼들이 제일 싫어. 너 같은 빨갱이 새끼들은 씹어 먹어도 내 성에 안 차. 알겠어?"라고 윽박지른다. 그러나 김 상사 같은 부류의 군인만 있는 것은 아니다. 온몸을 적셔가며 물통을 나르는 신병인 정길은 김 상사를 향해 "이제 제발 그만 좀 죽이세요!"라고 외친다.

소지는 신위를 태우며 드리는 간곡한 염원을 의미한다. 마지막 시퀀스에서 감독은 무고하게 죽은 이름 없는 주민들의 넋을 위로한다. 총도 피할 수 있을 만큼 달리기가 빠르다며 '몰다리'를 자랑하는 상표가 군인들에게 잡혀 고문 끝에 동굴의 위치를 알려준다. 동굴을 포위한 군인들은 마을 사람들을 나오게 하려고 마른 고추를 태워 연기를 피우고 서둘러서 끝내라는 재촉이 가해지자 입구를 돌로 막는다. 총소리. 아이의 울음소리. 동굴 안으로 흰 종이가 내려온다.

〈지슬〉에서 눈길을 끄는 또 다른 요소는 출연진들이 합창하는 「이어도 사나」이다. 노랫말에는 오랜 기간 고난과 슬픔의 역사 속에서도 삶에 대한 희망을 놓지 않았던 평범한 제주민들의 정서가 잘 묘사되어 있다.

…… 제주 바다에 배를 띄워 노를 저어서 빨리 나가자

바람아 바람아 불지 말아라 잠수하러 가는 배 떠나간다

물질하러 바다에 들어가 테왁 하나에 목숨을 맡겨

가여운 아기 두고 바다에 드니 살고자 살고자 하면서 소라, 전복을 따고

이승질 저승질 갓닥온갓닥

숨그친지는 숨비 소리 좀녜 눈물이 바당물 되언

우리 어멍도 바당물 먹언 나도 낳곡 성도 나신가

이승질 저승질 갔다 왔다

목숨 끊어지는 숨비 소리 해녀 눈물이 바닷물 되어서

우리 엄마도 바닷물 먹고 나도 낳고 형님도 낳는가

이어도 사나 이어도 사나 이어도 사나

이어도 사나 이어도 사나 이어도 사나

아방에 아방에 아방덜 어멍에 어멍에 어멍덜

이어도 가젠 살고나 지고

제주 사름덜 살앙죽엉 가고저 허는 게 이어도우다

아버지의 아버지의 아버지들 어머니의 어머니의 어머니들

이어도 가려고 살고나 지고

제주 사람들 살아서 죽어서 가고자 하는 곳이 이어도입니다

이어도 사나 이어도 사나 이어도 사나 이어도 사나

이어도 사나 이어도 사나 이어도 사나 이어도 사나

이어도 사나 이어도 사나 이어도 사나 이어도 사나

피아골 (한국, 1955)

감독	이강천	배우	노경희
각본	김종환		이예춘
			김진규
			허장강

태백산맥 (한국, 1994)

감독	임권택	배우	안성기
각본	송능한		김명곤
원작	조정래		김갑수
			오정해
			신현준
			방은진

지슬: 끝나지 않은 세월 2 (한국, 2012)

감독	오멸	배우	조은
각본	오멸		양정원
배우	홍상표		어성욱
	이경준		김형진
	문석범		주정애
	성민철 (조감독)		백종환

같이 볼만한 영화

남부군 (1990) 정지영 감독
하얀 전쟁 (1992) 정지영 감독
박하사탕 (1999) 이창동 감독
화려한 휴가 (2007) 김지훈 감독

참고문헌

김영명. 2013. 『대한민국 정치사: 민주주의의 도입, 좌절, 부활』. 일조각.

문순태·이이화 외. 1983. 『한국의 발견: 전라남도』. 뿌리깊은나무.

서중석. 1991. 『한국현대민족운동연구 1』. 역사비평사.

서중석. 1997. 『한국현대민족운동연구 2』. 역사비평사.

아시아·아프리카·라틴 아메리카연구원 엮음. 1988. 『제주민중항쟁 I』. 소나무.

이근욱. 2012. 『냉전』. 서강대학교출판부.

이완범. 2013. 『한반도 분할의 역사: 임진왜란에서 6·25전쟁까지』. 한국학중앙연구원출판부.

이태. 1989. 『남부군』. 두레.

정병준. 2006. 『한국전쟁: 38선 충돌과 전쟁의 형성』. 돌베개.

정약용. 1988. 『목민심서 1』. 다산연구회 역주. 창작과비평사.

제주대학교 평화연구소 엮음. 2013. 『제주 4·3 연구의 새로운 모색』. 제주대학교출판부.

조정래. 2007. 『태백산맥 1~10』. 해냄.

함석헌. 1971. 『뜻으로 본 한국 역사』. 삼중당.

현기영. 1979. 『순이 삼촌』. 창작과비평사.

16장

더불어 함께 꾸는 복지국가의 꿈

〈모던 타임즈〉〈내비게이터〉〈식코〉

> 복지국가는 국민들에게 일정한 보호를 보장하기 위해 복지에 관한 최소한의 전국적 기준을 정하고 각종 사회보장제도를 운영함으로써 사회적 연대의 기능을 독점한다.
>
> 프랑수아 자비에 메랭(François-Xavier Merrien)

복지국가란 무엇인가?[1]

금융 외환 위기 이후 한국 사회가 신자유주의적으로 재편되면서 사회적 불평등이 확대되고 사회 구성원들의 삶도 불안정해지고 있다. 각종 소득분배 지표가 악화되고 비정규직의 급증으로 노동시장의 불안이 심화되며 저출산·고령화라는 인구 사회학적 변화 역시 급격히 진행되고 있다. 그럼에도 사회복지 지출 수준은 경제협력개발기구(OECD) 30개 회원국 가운데 최하위

1 　이 절은 홍익표·진시원(2015: 401~411)을 수정·보완했다.

권에 머문다. 사회 안전망이 취약하니 대다수 국민들은 국가 복지가 아닌 사보험이나 가족에 의존하고 있는 형편이다. 많은 사람들이 고용과 주택, 교육 등의 영역에서 위험을 감지하고 삶의 질이 저하되는 것을 심각하게 우려하게 되었다. 이들은 불안과 위험에 직면한 사회적 약자들의 삶에는 아랑곳하지 않는 이기적이고 무책임한 기득권층의 행태에 분노하고, 이제 변화해야 한다는 요구를 정치적·사회적으로 광범위하게 표출하고 있다.

사회복지(social welfare)란 사회 구성원들이 자신의 기본적인 욕구를 충족시킬 수 있도록 도움을 제공하는 조직화된 사회적 활동을 일컫는다. 이는 산업화와 도시화, 세계화 등의 사회 변화로 인해 가족, 정부, 종교, 시장 등과 같은 기존의 사회제도가 사회 구성원들의 욕구를 제대로 충족시켜주지 못하는 상황에서 그 필요성이 부각되었다. 이에 비해 사회보장(social security)은 불가항력적인 소득 중단 사고에 대해 국가가 책임지고 사회 구성원을 보호하는 제도를 가리킨다. 국가가 국민들의 최저 생활 보장을 위해 정액 급여를 제공하는 공공 부조(public assistance)나 고용주와 국가의 분담으로 노동자에게 보험을 강제하는 사회보험(social insurance), 그리고 공중 보건, 교육, 주택 제공 등의 각종 사회적 서비스 등이 여기에 속한다.

역사적으로 복지 제도는 시민권(civil rights)의 확대와 밀접한 관련을 맺고 발전했다. 이와 관련해 영국의 사회학자인 마셜(Thomas H. Marshall)은 시민권을 산업사회로 변화하면서 그 구성원이 될 자격 요건이라 정의하고 이것이 융합과 분리라는 이중의 과정을 통해서 공민권(civil right)과 정치권(political right), 사회권(social right) 순으로 발전해왔다고 말한다. 이 중에서 "약간의 경제적 복지와 보장을 받을 수 있는 권리에서부터 사회적 유산에 대한 자신의 몫을 누릴 권리, 사회에서 일반적으로 받아들여지는 수준의 문명화된 삶을 영위할 수 있는 권리까지를 모두 포함"하는 사회권은 각종 사회 서비스를 통해 구현된다고 지적한다. 즉, 최소한의 교육과 소득, 건강, 주택 등은 사회적 연대를 증진하며, 공민권과 정치권을 발휘하는 데도 필수불가결한 조건이라는 것이다(마셜, 2014: 30~35).

사회권은 다른 시민권과 마찬가지로 처음에는 구호를 필요로 하는 최소한의 사람들만을 대상으로 하던 것에서 나중에는 전 국민에게로 확대되었다. 전후 복지국가 논의의 초석을 마련한 리처드 티트머스(Richard Titmuss)의 구분을 따르자면, 이는 초창기에는 소수의 사람들만을 대상으로 임시적이고 자선적인 잔여적(residual) 복지에서 모든 사람들을 대상으로 항시적·조직적으로 서비스를 제공하는 제도적(institutional) 복지로 발전했다는 것을 의미한다. 여기서 제도적 복지를 행하는 주체가 국가일 때 우리는 그것을 복지국가(welfare state)라 부를 수 있다. 복지국가에 대해서는 학자들이 나름의 기준을 동원해 다양한 정의를 내렸다. 이 중에서 가장 설득력 있는 정의 가운데 하나인 아사 브리그스(Asa Briggs)의 정의를 살펴보자.

> 복지국가는 시장 지배력의 역할을 조절하기 위해 조직된 권력이 (정치와 행정을 통해) 최소한 세 가지 방향으로 신중하게 사용되는 국가이다. 첫째, 개인과 가족들에게 그들의 노동이나 재산의 시장가치에 상관없이 최소한의 소득을 보장한다. 둘째, 그렇지 않을 경우 개인과 가족들의 위험으로 이어지는 '사회적 우연성(예를 들어 질병, 노령, 실업)'을 최소화한다. 셋째, 지위나 계급에 상관없이 모든 시민들에게 합의된 사회적 서비스의 범위에 따른 이용 가능한 최선 수준의 제공을 보장한다(Briggs, 1961: 288).

이들 정의에 입각해보면 복지국가는 사회적 시민권의 하나로서 국민들에게 일정 수준 이상의 삶의 질을 제도적으로 보장해주는 국가를 지칭한다. 또한 복지국가는 국민들에게 일정한 보호를 보장하기 위해 복지에 관한 최소한의 전국적 기준을 정하고 각종 사회보장제도를 운영함으로써 사회적 연대의 기능을 독점한다. 복지국가는 프랑스의 에타프로비당스(État-providence), 독일의 사회국가(Sozialstaat)와 비슷하나 엄격히 구별하면 이들보다 더 큰 외연을 가진다. 빈민과 노동자들만이 아니라 전체 시민들에게 보호를 제공하고, 필요할 때마다 그들의 욕구에 부응하는 복지국가는 경우에 따라 권력 집중이 증대되고 사회적 계획화가 진행되기도 한다(메랭, 2000: 27).

덴마크 출신의 사회학자 에스핑안데르센(Gøsta Esping-Andersen)은 복지국가를 국가의 성격, 계층화, 대외 개방의 정도, '탈상품화(decommodication)'의 수준 등과 같은 다양한 요소를 고려해 신중하게 정의할 필요가 있다고 지적한다(에스핑앤더슨, 2007: 47~57). 여기서 중요한 요소는 탈상품화와 계층화이다. 탈상품화는 "어떤 서비스가 권리의 대상으로 주어질 때, 그리고 어떤 사람이 시장에 의존하지 않고서도 생계를 유지할 수 있을 때 성립한다". 이에 따르면 자본주의 시장경제의 노동시장에서 결정되는 자신의 노동력 가격에 의존하지 않고 인간다운 생활을 누릴 수 있게 해주는 것이 바로 복지 제도라 할 수 있다. 한편, 계층화는 사회적 시민권 같은 어떤 한 사람의 시민으로서의 지위가 그의 계급적 지위와 경합하거나 그것에 의해 대체되는 것을 가리킨다. 그런 점에서 복지국가는 불평등의 구조에 개입하거나 이를 시정하는 메커니즘인 동시에 그 자체로서 사회적 관계를 서열화하는 적극적인 힘으로서의 계층화 체계라고 한다. 이러한 논의에 입각해 에스핑안데르센은 복지국가를 자유주의, 보수주의적 조합주의, 사회민주주의의 세 유형으로 구분했다.

복지국가는 각국의 역사적 맥락과 정치적·사회적·경제적 조건에 따라 그 형태와 수준을 달리해 발전했다. 이러한 복지국가는 역사적으로 근대화의 산물로 19세기 말경 서유럽에서 처음으로 모습을 드러냈다. 당시 서유럽은 근대화의 일환으로 기술이 발전하고 생산의 범위와 규모가 확대되고 이로 말미암아 자본주의 체제도 재조직되는 산업화가 광범위하게 진행되고 있었다. 생산의 확대는 대량 생산과 소비를 가져왔고 다시 산업의 통합과 팽창을 초래했다. 그 결과 인구가 증가했는데 특히 자본가들에게 고용되어 생산을 담당하는 노동자들의 수가 급속히 늘어났다. 이렇게 된 데는 영국에서처럼 자본가들이 장악하고 있던 의회가 일련의 법안들을 통해 농촌 마을의 토지를 울타리가 쳐진 단일한 토지로 재분배하고 농민들을 토지 없는 노동자로 내몬 것도 영향을 미쳤다. 그러나 프리드리히 엥겔스(Friedrich Engels)가 『영국 노동계급의 상태(Die Lage der arbeitenden Klasse in England)』에서 면밀하게 관찰한 대로, 이들 노동자는 가혹한 생활환경과 노동조건에서 힘겹게 삶을 영위해나가고 있었다. "이러한 동물적인 처지에서 벗어나고 더 나은 인간적인 지위를 얻기 위해" 노동자들은 그들을 착취하고 있던 자본계급과 그들이 장악하고 있는 국가권력에 대항해 투쟁을 전개했다(엥겔스, 1991: 154). 당시 노동자들이 급진적 운동을 전개하자, 사회불안을 막고 안정적으로 노동자가 공급되기를 바라던 지배계급은 이를 위한 수단적 방편으로 노동계급의 복지를 고려하게 되었다. 이 같은 역사적 사실로 미루어 보면 산업화는 복지국가가 출현하기 위한 전제조건 가운데 하나라고도 할 수 있다.

복지국가는 산업화를 가장 먼저 추진한 영국이 아닌 후발 자본주의 국가인 독일이 처음 추진했다. 19세기 중반에 들어서면서 독일에서는 급속한 산업화가 추진되는 과정에서 산업재해가 급증하고 노동자들의 질병과 건강이 사회문제가 되었다. 또 다른 한쪽에서는 노동자들이 자신들의 권리를 확보하기 위한 투쟁을 시작했다. 1863년에 발족된 전독일노동자협회(Allgemeiner Deutscher Arbeiterverein: ADAV)에 이어서 1875년에는 독일사회주의노동당

(Sozialistische Arbeiterpartei Deutschlands, 1890년 독일사회민주당으로 개칭)이 결성되면서 노동자들의 권리 투쟁은 더 조직적으로 전개되었다. 이러한 상황에서 독일 제국의 총리인 비스마르크는 노동운동과 사회주의 단체에 대해서 채찍과 당근 정책을 병행했다. 사회주의 정당, 협회, 모임, 출판을 금지한 사회주의자법(Sozialistengesetz, 1878)이 전자라면, 질병보험(1883), 산재보험(1884), 노령연금(1889)으로 이어지는 사회보험제도의 도입은 후자라 할 수 있다. 이들 사회보험은 저소득 임금노동자를 의무적으로 가입시키고, 정부가 보험을 독점하고 통제하며, 사보험회사를 배제하고, 고용주의 비용 부담을 정부가 지원하는 것을 특징으로 했다. 그런 점에서 비스마르크는 현실주의 정책을 선호한 정치가인 동시에 사회보장에 관한 포괄적인 계획을 수립한 최초의 정치가이기도 하다. 그러나 이는 노동계급을 포섭하고 사회주의 정당을 길들임으로써 구질서를 유지하기 위한 전략으로 채택되었다고 평가된다. 이같은 독일의 사회보험 입법은 다른 서유럽 국가에도 영향을 미치면서 복지국가는 점차 제도적으로 정착되고 공간적으로 확산되어갔다.

두 차례의 세계대전을 거치면서 서유럽 국가들에서는 복지비 지출이 증대하고, 복지 수혜자의 범위가 확대되었다. 특히 스칸디나비아 제국과 영국, 독일에서 큰 폭으로 상승했는데 이는 전쟁에 효과적으로 국민을 동원하기 위한 것이라고 할 수 있다. '요람에서 무덤까지'라는 복지국가의 슬로건을 제시한 1942년 영국의 「베버리지 보고서(Beveridge Report)」도 내외부의 위협에서 국민을 보호하는 것과 아울러 시민들과 병사들에게 대독일 전쟁 참가의 정당성을 확인해주려는 목적이 있었다. 심지어는 복지 지체국(welfare laggard)이라 불리는 미국에서도 전쟁을 계기로 사회보장법을 제정하고 취약계층을 지원하기 시작했다. 이는 일부 학자들이 주장하는 '전쟁-복지국가(warfare-welfare state) 가설'을 뒷받침하는 역사적 사실이기도 하다. 이런 발전이 가능했던 것은 국가적 위기 상황에서 자본가와 노동계급(정당들)이 뉴딜, 사회계약, 역사적 타협이라 불린 사회 협약을 체결해 국가 복지가 대폭 확대됐기 때문이다. 계급 타협에 의해 보편주의적 복지국가를 확립한 대표적 국가는 스웨덴이다. 스웨덴에서 복지국가 논의를 주도한 세력은 유연한 정치적 태도를 가진 사민당이었다. 1928년 선거에서 페르 알빈 한손(Per Albin Hansson)은 국가가 모든 국민이 행복을 누릴 수 있는 집이 되어야 한다는 '국민의 집(folkhemmer)'을 구호로 내걸었다. 1932년부터 17년 동안 재무부장관으로 재직했던 에른스트 비그포르스(Ernst Wigfores)는 총체적 기획으로 '나라 살림의 계획'이라는 경제모델을 제시했고 여기에 포함된 선별적 경제정책, 적극적 노동시장 정책, 포괄적인 보편적 복지정책 등은 사민당의 핵심 정책 노선이 되었다. 이들 정책은 한편으로는 보편적 복지국가정책과 결합되어 노동자 가족의 고용과 생계를 안정시켰으며, 다른 한편으로는 발렌베리(Wallenberg) 가문과 같은 자본가계급과의 협조를 통해 스웨덴의 산업 고도화 및 생산성 향상을 이루어내는 데 크게 기여했다.

전후 서유럽에서는 계급 타협에 기초해 경제성장과 완전고용, 사회보장을 추구하는 '동의의 정치(politics of consensus)'가 자리를 잡았다. 국가와 자본가들은 높은 수준의 복지 지출과 노동자들의 경영 및 분배 과정 참여 보장을 통해 노동계급과 일반 국민의 체제에 대한 동의를 이끌어내는 데 성공할 수 있었다(김태성·성경륭, 2000: 105). 국민들에 대한 사회적 보호의 약속은 서구 민주주의의 정당성을 높여줬다. 사회 급여의 보장은 노동자들이 변화하는 시장 조건에 적응할 수 있도록 도움을 줬고, 임금 인상 요구를 자제할 수 있게 해줌으로써 자본주의 시장경제체제의 유지에 기여했다(Pierson, 2006: 22). 폴란드 출신의 미국 정치학자 아담 프셰보르스키(Adam Przeworski)는 국가의 복지 지출이 노동계급과 일반 국민의 체제에 대한 순응성을 함양하는 '동의의 물질적 기초'로 기능했다고 지적한다. 프셰보르스키는 급진적 재분배 정책이 초래할 자본주의의 경제 위기가 불가피하게 임노동자에게도 불이익이 되기 때문에 사민주의자들이 생산수단의 사적 소유 철폐를, 생산력을 증가시키고 그 이익을 분배하는 데 있어서 자본가들의 협력과 맞바꾸었다고 한다. 이것이 바로 사민주의자들이 자본주의를 재생산하려고 시도할 뿐만 아니라 자본가의 저항을 무릅쓰고 자본주의를 개선하기 위해 투쟁하는 이유라는 것이다(Przeworski, 1986: 135~136). 제2차 세계대전 역시 효과적 국민 동원을 위해 국가의 복지 서비스가 확대되는 계기를 제공했다.

제2차 세계대전 후 약 30여 년간은 경제성장에 힘입어 높은 수준의 복지 지출을 유지했기 때문에 복지국가의 황금기라 불렸다. 이에 따라 이전에 형성된 국가·자본·노동 간의 화해적 정치 구조도 그대로 지속되었고 '동의의 정치'를 기반으로 해 국가가 국민들에게 안정적으로 각종 사회보장을 제공했다. 당연히 국가의 복지 지출은 노동계급과 일반 국민의 체제에 대한 순응성을 높이는 데 기여했다. 그러나 인구 통계학적인 변화와 1970년대부터 시작된 전 세계적인 경제 침체로 인해 동의의 물질적 기초인 복지 지출이 어려워지면서 유럽에서도 다양한 형태로 복지국가의 재편이 이뤄지고 있다. 이러한 재편은 특히 경제와 복지 분야에 대한 국가의 개입을 비판하고 궁극적으로는 복지국가의 해체를 통해 자유 시장 체제를 확고히 하려는 보수 세력이 집권하면서 더욱 거세졌다.

자본주의 사회의 소외와 실업

찰리 채플린이 제작과 감독, 각본을 맡은 〈모던 타임즈〉(1936)는 시작 부분의 자막에 나오는 것처럼 "개별 기업이 지배하는 산업사회에서 행복을 찾아 방랑하는 인간들의 이야기"이다. 산업사회에서 인간들은 자본주의 체제라는 기계의 톱니바퀴로 전락한 존재이다. 처음부터 영화는 양 떼를 모는 장면과 공장에서 노동자들이 쏟아져 나오는 장면으로 화면을 분할해 보여준다. 목초지에서 양치기들의 신호와 채찍에 따라 이리저리 몰려다니는 양들과 거대 공장의 컨베이어벨트 앞에서 반장의 통제 아래 분업화된 노동에 종사하는 노동자들은 별반 다르지 않다. 자본가들은 생산성의 향상을 위해 노동자들에게 분업을 통한 노동을 강제한다. 그런데 문제는 노동자들이 자신에게 필요한 것을 넘어선 제품을 소유하고 다른 이의 것과 교환함으로써 삶의 질이 향상된다는 애덤 스미스의 주장이 현실에서는 좀처럼 실현되지 않는다는 점이다. 자본주의 체제하에서 임노동에 종사하는 사람들은 착취의 대상이 되고 그 과정에서 소외를 경험하기 때문이다. 그렇다 보니 〈모던 타임즈〉의 주인공인 방랑자는 거대한 기계의 톱니에 걸리고, 자동 급식기를 위한 모르모트 노릇을 하며, 정신병원에 강제로 수용되고, 본의 아니게 혁명 선동가가 되기도 한다.

자본주의에 대한 신랄한 비판을 담은 〈모던 타임즈〉를 읽는 두 키워드는 소외와 실업이다. 독일어로 '엔트프렘둥(Entfremdung)', 즉 소외는 원래 이방인 혹은 타자를 만드는 작용을 의미하는 용어이다. 정치경제학에서는 탈취를 통해서든 매매를 통해서든 어떤 것이 그 소유자에게 외적인 것이 됨을 가리킨다. 카를 마르크스와 프리드리히 엥겔스는 이런 외화가 자본주의 체제하에서는 적대적 성격으로 나타난다고 주장한다. 이들에 따르면 소외는 노동 생산물로부터의 소외, 생명 활동으로부터의 소외, 인간의 '유적 존재(Gattungswesen)'에 대한 참여로부터의 소외, 그리고 집합적 노동에 종사하는 타자들로부터의 소외라는 다양한 측면을 지닌다고 한다. 불가결하게 서로 연관된 이들 네 개의 소외는 임금노동이라는 가장 기본적인 특징에서 나온 것이다. 무엇보다 임노동에 종사하는 노동자들은 자신들의 생산물에서 사회적으로 분리되어 있고 생산물에 대해 소유권을 갖고 있지도 않을 뿐만 아니라 사회적 활동에서 소외된다. 즉, 집합적 노동에 참여하면서 노동자들은 관계를 트는 타자들과 자유롭게 지낼 수 있는 모든 가능성들에서 소외되는 것이다(오스본, 2005: 83~89).

이 점은 채플린의 영화에서도 잘 드러난다. 그가 연기한 방랑자는 이민자와 유랑자, 시시한 악당 같은 불우한 사람들로 구성된 사회에서 좌충우돌한다. 그러나 다른 한편으로 가난과 실직, 파업 파괴자, 그리고 기계의 횡포와 맞서는 수많은 인간 가운데 하나이며, 달리 아무 희망이 없는 세상에서의 숭고한 도피자들이라 할 수 있다(로빈슨, 2002: 726~727).

〈모던 타임즈〉에서 거대한 기계가 있는 전기·철강 회사의 사장은, 파업이 발생하자 군대를 투입하고 노조를 싫어하며 공공연히 히틀러를 지지했던 헨리 포드를 연상시킨다. 사장은 모니터를 통해 공장 전체를 감시하며 작업반장에게 지시를 내린다. 5번 작업대에서 너트 조이는 일을 하는 노동자인 찰리가 속도를 못 맞추자 반장은 속도를 더 높이라고 질책한다. 작업 교체 시간을 이용해 잠시 화장실에 가 담배를 피우지만 여지없이 화면에 사장이 나타나 꾸물거리지 말고 자리로 돌아가 일을 하라고 말한다. 점심시간을 없애 생산을 증가시키고 경비를 절감해준다는 '벨로우즈 급식기'가 소개되자 찰리는 실험 대상으로 뽑힌다. 기계가 제대로 작동되지 않자 사장은 실용적이지 않다고 힐책한다. 찰리는 빨라진 컨베이어벨트의 속도를 따라가지 못하고 기계 속으로 빨려 들어가고, 그 후 너트 비슷한 것만 보이면 달려가 죄려고 한다. 실제로 채플린이 풍자한 포드 자동차는 이른바 포드주의를 통해 대량생산과 대량소비 시대를 선도한 기업이기도 하다. 포드 자동차에서 설치한 컨베이어벨트 시스템은 생산양식의 표준화를 이룸으로써 대량생산과 대량소비를 가능케 했다. 나중에 '과학적 노동 관리'를 통해 노동 효율성을 극대화하는 테일러주의가 도입되었다.

이 영화의 두 번째 키워드는 실업이다. 우연히 죄수들의 탈옥 시도를 저지한 덕분에 찰리는 감옥에서 편안한 생활을 누린다. 그러나 바깥은 실업 문제로 혼란스럽다. 찰리가 감방에서 보는 신문의 헤드라인에는 "파업과 폭동, 폭도들이 식량 배급 공격"이라는 기사가 실려 있다. 석방된 후의 찰리도 불안한 노동에 직면하게 된다. 영화는 취업과 해고, 투옥을 거듭하는 찰리의 삶을 보여준다. 이를 순서대로 살펴보면 다음과 같다. 찰리는 보안관의 소개장 덕분에 취직을 하지만 그만 선박을 고정하는 쐐기를 뽑는 실수를 저질러서 해직된다. → 다시 감옥에 들어가려고 경찰에게 자기가 물건을 훔쳤다고 말하지만 사건을 목격한 여자의 신고로 실패한다. → 식당에서 한 상 가득 주문해 식사를 한 후 돈을 내지 않아서 다시 경찰에 잡혀간다. → 아버지를 잃고 홀로 되어 빵을 훔친 소녀를 경찰차에서 만나 함께 도망간다. → 배고픔을 면하려고 다시 백화점의 야간 경비원으로 들어간다. 강도로 침입한 옛 공장 동료들은 찰리에게 "우린 강도가 아냐. 배고파서 그랬을 뿐이야"라고 말한다. → 다시 문을 연 공장에서 기계공의 조수로 일을 하게 되지만 파업이 발생하고 실수로 경찰에게 벽돌을 날리는 바람에 다시 경찰서에 잡혀 들어간다. → 소녀의 추천으로 일하게 된 카페에서 춤과 노래를 선보여 고정 계약을 제안받지만 소녀를 찾는 보안관이 나타나면서 다시 도망친다.

정신병원에서 퇴원한 찰리가 본의 아니게 혁명 선동가가 되어 투옥되는 장면은 역사적으로 온전한 좌파가 형성되지 못한 미국 사회에서 단순한 노동운동조차 공산주의 운동으로 간주하고 탄압하는 현실을 풍자한 것이다. 찰리는 노동운동가도 아니었다. 단지 길가를 지나가다 달리는 트럭에 실린

목재에서 깃발이 떨어지는 것을 보고 운전사에게 알려주려고 소리치며 깃발을 흔들어댄 것뿐이었다. 그때 공교롭게도 "자유가 아니면 죽음을"이라는 팻말을 든 시위 군중이 밀려오고 졸지에 그들의 선두에 서게 되면서 찰리는 경찰들에게 두들겨 맞게 된다.

'없는 자'들 간의 연대를 강조한 점도 〈모던 타임즈〉의 또 다른 특징이다. 사회복지학자의 관점에서 영화를 분석한 정재훈은 다음과 같이 지적한다.

> 실업자 찰리는 식당에서 풍족한 먹거리를 즐기고 자본주의 사회 사치품의 하나인 시가를 멋지게 피우지만 그 대가를 하나도 지불하지 않는다. 그러면서 지나가는 아이들에게 먹을 것을 나눠 준다. 자본주의의 풍요로움을 어느 정도는 그냥 나눠 주어도 되지 않느냐는 항의를 채플린은 영화를 통해 하는 듯하다. 그리고 자본주의 질서를 지키는 파수꾼인 경찰에게 매우 당당하고 여유 있게 잡혀가는 모습에서 채플린은 자본주의의 풍요로움을 즐길 권리를, 없는 사람들도 갖고 있다고 말하는 듯하다. 결국 채플린은 '없는 자'가 본인의 결함이나 책임에서 눈을 떼지 못하고 주눅 든 모습에서 벗어나 동질 의식을 갖고 서로 연대하자는 메시지를 전하고 있다(정재훈, 2013: 221~223).

채플린은 평소 노동문제를 비롯한 사회적 쟁점에 관심이 많았다. 이는 〈모던 타임즈〉를 통해 자본주의 체제하에서 사람들이 겪는 노동불안과 소외를 강조하고 자본가의 탐욕을 비판하는 것으로 이어졌다. 채플린은 1931년 2월 ≪뉴욕 월드(New York World)≫와의 인터뷰에서 다음과 같은 견해를 피력하기도 했다.

> 노동 절약 장치와 여타의 현대적 발명품들은 이익 추구 때문이 아니라 인간에

게 행복을 추구할 수 있게 하려는 목적에서 만들어진 것이다. 미래에 조금이라도 희망이 있으려면 이러한 상황에 대처할 급격한 변화가 필요하다고 생각한다. 편안히 앉아 지내는 사람들은 현 상황이 바뀌기를 원하지 않게 마련이다. 그럴 경우 조만간 만연될지도 모를 볼셰비즘이나 공산주의 사상을 저지할 방법이 없다. 뭔가가 잘못되어 있다. 일을 제대로 처리하지 못했기 때문에 세계에서 가장 부유한 나라에서 500만 명씩이나 일자리를 잃고 있는 것이다. …… 나는 우리의 생산방식과 신용 체계에 뭔가 잘못된 점이 있다고 생각한다. …… 노동자의 작업 시간을 줄이고 숙련 및 미숙련 노동자에게 최저임금을 지급한다면 스물한 살이 넘은 모든 사람들에게 품위 있게 살 수 있는 보수가 보장될 것이다(로빈슨, 2002: 724~727).

이미 오래전에 채플린은 실업과 빈곤으로 고통받는 사람들을 위한 대안으로 최저임금 지급과 노동시간 단축을 제시했다. 이는 채플린이 사회주의자가 아닌 수정자본주의자에 가깝다는 것을 보여준다. 실제로 그는 루스벨트와 뉴딜 정책에 열광했다. 그리고 이 같은 채플린의 혜안은 정부와 여당이 '노동시장 선진화법'이라는 미명하에 자본가들의 필요에 따라 노동시간을 무제한 연장할 수 있는 정책을 밀어붙이고 최저임금보다 적은 수준의 임금을 지급하거나 그마저도 지키지 않는 일이 비일비재한 작금의 한국 사회에도 시사하는 바가 크다.

민영화가 초래한 노동계급의 분열

건설 현장에서 일했던 한 일용직 노동자의 회고담에 바탕을 둔 켄 로치 감독의 〈하층민들(Riff-Raff)〉(1991)처럼, 〈내비게이터(The Navigators)〉(2001)는 영국철도공사(British Rail)의 신호 및 원거리 통신 부서에서 일했던 롭 도버(Rob Dawber)의 체험담을 바탕으로 제작되었다. 이 영화로 켄 로치는 1991년 칸 영화제에서 국제비평가협회상을 수상했다. 〈내비게이터〉는 민영화(privatization)가 초래한 노동계급 내부의 갈등을 다루고 있다. 영국에서 국유철도의 해체 및 선로 운용과 열차 운용 간의 분리를 핵심 내용으로 하는 민영화 조치는 보수당 정권뿐만 아니라 공약을 어긴 노동당 정부에 의해서도 추진되었다. 당시 영국 사회에서 커다란 논란이 되었던 이 문제를 켄 로치는 이 영화에서 '아주 구체적이고 명확한 방식'으로 전달하려 했다. 그래서 철도 매각이 이루어진 뒤인 1995년 요크서 차량 기지에서 일하는 철도 보수 노동자들을 주인공으로 이야기를 진행했다. 특히 이 영화에서는 시장의 압력으로 악화된 노동조건이 실제로 노동자들을 어떻게 분열시키는가를 구체적으로 보여준다(힐, 2013: 386~387).

일반적으로 민영화란 국가와 공공단체가 소유하던 기업을 민간 부문으로 이전하는 것을 의미한다. 단지 공공 자산을 매각하는 것만이 아니라 국영기업을 민간 부문에 개방해 경쟁을 유도하는 것도 포함된다. 시장 개방, 탈규제, 감세와 더불어 신자유주의에 기반을 둔 세계화의 핵심 정책 수단이다. 영국의 지리학자인 데이비드 하비는 물을 비롯해 모든 종류의 공공재들의 민영화, 그리고 대학교 등 이제까지 공적 자산이었던 것들의 법인화가 '공유지 종획(Enclosing the Commons)'의 새로운 물결을 보여준다면서 이를 '강탈에 의한 축적(accumulation by dispossession)'이라 지칭한다. 과거처럼 국가권력이 대중의 의지에 반해 이러한 과정들을 빈번하게 강제한다는 것이다. 그는 수년간의 어려운 투쟁을 통해 획득한 공유재산의 권리들인 국가 연금, 복지, 국가 의료 보건 등이 사적 영역으로 반전되는 것은, 신자유주의의 이름으로 추구된 모든 강탈 정책 중에서 가장 괘씸한 것들이라고 지적한다. 그리고 노동과 환경을 퇴락에서 보호하기 위해 설계된 규제 틀의 후퇴는 권리의 상실을 동반한다고 지적한다(하비, 2005: 142~148).

신자유주의를 주도적으로 추진한 국가는 미국과 영국이다. 미국에서는 1980년대부터 민영화가 본격화되었고, 정부가 민간 부문과는 구분되는 특정한 역할만을 수행할 때 능률적으로 업무를 처리할 수 있다는 효율성의 원칙에 입각해 실행되고 있다. 최근에는 국가 고유 기능이었던 체납된 세금 징수, 해안 경비대 현대화 프로그램까지도 민간 부문으로 위임되었다. 그러나 중요한 공공 정책에 관련된 업무를 아웃소싱하듯 오로지 효율성만을 강조한다면 책임의 문제와 부딪힐 뿐 아니라 민주주의 가치도 위협받게 된다는 비판이 제기되고 있다(버카일, 2011: 20). 영국은 1979년 대처(Margaret Thatcher) 정부의 출범 이후 민영화가 본격화되었는데 우선적인 대상이 된 것은 석탄과 철강 부문이었다. 정부와 노조 사이에 갈등이 빚어진 것은 당연한 귀결이었다. 대표적으로 1984년 영국석탄공사(National Coal Board)가 남 요크셔와 스코틀랜드에 있는 두 탄광을 폐쇄했을 때 전국광부노조(National Union of Mineworkers)가 대규모 파업을 일으켰다. 파업이 실패로 끝나면서 대처 정부의 민영화는 더욱 확대되어 석탄과 철강에 이어 철도, 가스, 전기, 통신, 수도, 항공, 자동차를 포함한 대부분 정부 소유 기업들이 민영화되었다.

〈내비게이터〉에는 1995년 남 요크셔에서 철로 정비 작업을 하는 노동자들이 회사의 간판이 바뀌는 것을 보고 나누는 대화가 나온다. 한 노동자가 저게 다 무엇이냐고 물어본다. 이에 대해 동료는 우리 모두가 이제부터 저렇게 불릴 거라고 말한다. 브리핑 장에서 새로운 회사의 간부는 노동자들에게 이렇게 강조한다. "여러분들은 이제 더 이상 철도 노동자가 아니라 '이스트 미들랜즈 인프라'의 직원입니다. 영국철도공사를 위해 일하는 것이 아니라 우리 철도 회사가 경쟁에서 승리하도록 일해야 합니다. 그걸 위해 경영 전문가도 고용했습니다. 앞으로 일만 하는 건 중요치 않고, 우리의 경쟁력을 광고해야 합니다. 시장에서 성공하려면 우리의 상품을 많이 팔아야 합니다. 고객을 유치하고 그들에게 책임을 져야 합니다." 그가 알려준 새 회사의 사훈은 "우리가 해야 할 것을 말해주면 실천으로 옮기는 곳"이었다. 명예퇴직 관련 서류가 돌려지고 퇴직금을 받은 노동자들부터 해고되기 시작한다. 노동자들에게는 '변화의 길에서 벗어나 있는 사람은 도태된다'는 위협이 가해진다. 그들에게 놓여 있는 선택지는 자원해서 나가든지, 아니면 그냥 내쫓기든지 둘뿐이다. 청소부 잭도 해고당한다. 그는 다시 일하려면 청소 도구를 자기 돈으로 사야 하고 6개월마다 입찰을 해야 한다.

평생직장이라는 개념이 사라지고 오랜 역사를 지닌 노사 합의가 더 이상 지켜지지 않는 시대가 오자 노동자들도 분열된다. 이혼남 폴은 전처가 생활비가 부족하다며 초과근무를 요구하고 아동보호국이 급여에서 양육비를 빼가자 명예퇴직서에 사인하려고 한다. 생활 기반이 없으면 직업을 쉽게 구할 수 없다면서 함께 단결하자는 동료의 간곡한 제안에도, 폴은 먹여 살릴 입들이 있다면서 거절한다. 같이 일하던 믹은 선택지가 없고 경쟁에서 생존할 수 없는 걸 잘 알지만 그래도 실업수당만으로는 못 산다면서 일하길 원한다고 말한다. 고용 기관 직원은 믹에게 앞으로는 여러 곳을 돌아다니면서 다른 종류의 일을 해야 한다고 알려준다. 이전에 존재했던 휴일 보조금이라든가 파견 보조금, 장비 구입 보조금은 더 이상 없다고도 말한다. "만약 일자리가 있어 당신이 임금과 노동시간에 대해 계약을 하게 되면 그게 전부입니다. 휴가는 없어요. 그리고 당신은 직접 자신의 장비를 구입해야 합니다." 결국 믹은 이전보다 적은 인원들과 철로 침목 교체 작업을 하지만 신호원의 허락 없이 운행 선로에서 작업하는 것을 거부한 까닭에 해고된다. 하청을 따낸 팀에서 일하던 폴을 비롯한 노동자들이 적은 인원으로 경계 조처 없이 일하다 짐이

기차 사고를 당한다. 그러나 안전 수칙을 지키지 않았다는 것이 조사에서 드러나 일거리를 잃을 것을 염려한 노동자들은 서로 언쟁을 벌이고, 결국 기차가 아니라 차에 치인 것으로 입을 맞춘다.

영국에서 철도 민영화는 많은 문제점을 초래했다. 1990년대 영국 보수당은 효율성과 경제성을 운운하며 보수·시설 관리를 모두 민간 회사에 맡겼다. 민간 회사들은 이윤 확대를 위해 자동 열차 보호 장치와 신호 시설을 제대로 설치하지 않았고, 민간 회사에게 또다시 외주 업무를 받은 민간 회사는 선로 균열을 보수하지 않았다. 그 결과 1994년부터 2002년까지 대형 사고가 여섯 회나 발생해 56명이 목숨을 잃었다. 1997년에는 사우스올 역을 지나던 여객열차가 정차해 있던 화물열차와 충돌해 일곱 명이 사망하고 150명이 부상당했다. 철도 회사가 비용을 줄이기 위해 선로의 안전장치를 꺼버린 것이 사고의 주원인이었다(≪민중의 소리≫, 2015년 6월 1일 자). 뿔뿔이 흩어진 철도 노동자들의 보건과 안정은 이전보다 더욱 나빠졌다. 민영화 이후 요금이 폭등했지만 서비스의 질은 더욱 낮아졌다. 기차는 연착하기 일쑤이고 운행하지 않는 노선은 더욱 많아졌다. 또 일반석보다 두 배가량 비싼 일등석을 대폭 늘렸다. 그런 까닭에 민영 철도 회사가 서비스 개선이나 안전 관리보다는 주주들에 대한 배당 등에 더 신경을 썼다는 비판이 제기되었다(≪세계일보≫, 2014년 1월 4일 자).

의료보험 제도는 누구를 위해 존재하는가?

〈식코(Sicko)〉(2007)는 마이클 무어(Michael Moore)가 만든 다큐멘터리이다. 그는 미국 영화계에서 가장 많은 논란을 몰고 다니는 감독이다. 〈로저와

나(Roger & Me)〉(1989), 〈볼링 포 콜럼바인(Bowling for Columbine)〉(2002), 〈화씨 9·11(Fahrenheit 9·11)〉(2004) 등의 작품을 통해 미국 사회의 치부를 그대로 드러낸 뒤 이를 신랄하게 비판했기 때문이다. 〈로저와 나〉는 미국의 자동차 회사인 제너럴모터스(GM)가 플린트에 있던 공장을 닫고 노동자들을 집단 해고한 일을 추적했다. 영화는 GM의 로저 스미스(Roger Smith) 회장이 회사 경영의 어려움을 들먹이며 멕시코로 공장을 이전하겠다고 밝힌 뒤 플린트 시민들의 삶이 얼마나 급속도로 황폐화되고 있는지를 샅샅이 훑는다. 그리고 그 와중에도 GM은 상당한 이익을 내고 있었고 회장의 연봉도 올랐다는 것을 폭로한다. 〈볼링 포 콜럼바인〉은 콜럼바인 고등학교에서 일어난 총기 난사 사건을 소재로 한 영화로, 빈발하는 미국 사회의 총기 사건 뒤에는 정계·경제계·언론계에 대한 미국총기협회(National Rifle Association: NRA)의 막대한 영향력이 자리 잡고 있다는 것을 밝혔다. 〈화씨 9·11〉은 이라크 전쟁을 시작한 부시 정부의 외교정책을 비판적으로 조명한 다큐로 2004년 칸 영화제에서 황금종려상을 수상했다. 9·11 테러의 배후 인물인 오사마 빈라덴의 가문이 사우디 왕가뿐만 아니라 부시 대통령 일가와 사업 파트너로 가까운 관계라는 사실을 폭로했다.

이들 영화를 통해 무어는 미국 사회의 문제를 소재로 채택해 다큐로 만드는 데 탁월한 능력을 발휘했고, 선동에도 능하다는 것을 보여줬다. 여기에 더해 심각한 주제를 위트를 섞어 유머러스하게 다루는 것도 특징이다. 그렇다면 왜 무어의 작품들이 많은 사람들의 관심을 끌고 논란을 초래할까? 먼저 무어의 다큐가 미국 지배층의 위선과 가식을 풍자했기 때문이다. 그는 〈볼링 포 콜럼바인〉으로 아카데미 장편다큐멘터리상을 수상하면서 "지금 우리는 가식의 시대에 살고 있습니다. 우리는 가짜 대통령을 선출한 조작된 선거 결과의 시대에 살고 있습니다. 우리는 엉터리 이유를 만들어내 우리를 전쟁에 보내는 인간과 함께 살고 있습니다. 그 인간은 화생방 공격에 대비해 덕트 테이프를 사두라고 뻥을 치고 테러 경보를 남발하면서 우리를 전쟁에 내보내고 있습니다"라고 소감을 피력한 바 있다. 그러면서 무어는 나쁜 정치로 고통받는 수많은 이들에게 따뜻한 연대의 손을 내민다. 주요 미디어가 단지 사회의 강력한 이익집단을 위해 존재하고 특권층들의 관점과 이익을 반영하는 보도를 행하는 현실에서 무어의 다큐는 취약 계층과 약자들의 목소리를 대변하고 있다.

무어 영화의 강점은 다큐멘터리가 갖고 있는 특징에서도 찾을 수 있다. 다큐멘터리는 스토리를 담지 않는 비서사 형식 체계의 영화이다. 이는 범주적·수사적·추상적·연상적 체계의 네 유형으로 나뉘는 데 이 중에서 무어의 다큐는 논쟁점을 제시하고 지지할 증거를 보여주며 관객이 의견을 받아들이고 행위하도록 하는 수사적 형식 면에서 더욱 돋보인다고 할 수 있다. 수사적 형식의 영화가 성공하기 위해서는 ① 지적이고 충분한 지식을 갖고 있고 성실하고 신뢰할 수 있는 사람들에게서 나온 확실한 근원의 정보에 근거하거나, ② 한 시대의 문화에 통용되는 신념들에 호소하거나 어떤 요점을 지지하는 예들을 이용하거나 생략삼단논법과 같은 익숙하고 쉽게 받아들여지는 논쟁적인 유형을 이용하고, ③ 애국심, 낭만적 감상주의 등 관객의 감정에 호소하는 논점을 만들어야 한다(보드웰·톰프슨, 2008: 151~153).

무어가 제작한 대부분의 다큐는 새로운 지적 확신과 정서적 태도나 행위를 갖고 논쟁적인 방식으로 관객을 설득하거나 때로는 감정적으로 이들에게 호소한다는 점에서 ①과 ②와 ③ 모두를 만족시킨다고 할 수 있다. 이를 통해 관객은 무어의 주장이 그들이 실행에 옮길 만큼 충분히 중요하다고 인식하게 되는 것이다. 나아가 어떤 정치 후보를 선택할 것인가, 젊은이들이 전쟁에 나가야 하는가와 같이 일상이나 실제 생활에 영향을 주게 될 선택을 하도록 자극받는 것이다.

〈화씨 9·11〉은 미국의 사회보장제도에 대해서도 날선 비판을 한다. 무어는 하층계급이 거주하는 지역의 고등학교에 징병 담당자들이 돌아다니며 입대를 권하는 모습이라든가 가난한 집의 자식들이 이라크 전쟁에 참가해 다치고 목숨을 잃는 모습을 보여준다. 그가 직접 국회의사당 앞에 가서 의원들에게 팸플릿을 돌리며 자식들을 이라크 전쟁에 보내라고 권하기도 한다. 그렇지만 돌아오는 것은 싸늘한 반응뿐이다. 영화는 내레이션을 통해 부시가 큰소리친 것처럼 군인들을 끝까지 책임지기는커녕 오히려 이들에 대한 각종 사회보장 혜택을 축소했다는 것을 고발한다. "부시는 군인들을 아끼는 척하면서 전투병의 봉급을 33퍼센트나 깎고 가족수당도 60퍼센트 깎았다. 퇴역군인을 위한 의료 보조금 증액에 반대하고 향군병원이 문 닫는 데 일조했다. 퇴역 군인의 약품 값도 두 배로 올리려 했고 시간제 예비군을 위한 각종 혜택에 반대했으며 브렛 상사가 이라크에서 전사했을 때 가족에게 보내는 마지막 월급에서 그가 죽는 바람에 채우지 못한 닷새 치 수당을 공제했다."

우린 문명을 구하기 위해 전쟁을 선택했고 반드시 승리할 것이라는 부시의 주장에 대해 무어는 이 영화에서 이렇게 반박한다. "조지 오웰은 이렇게 썼다. 그것이 가상이든 현실이든 전쟁에 승리는 없다. 전쟁은 끝없는 악순환을 의미할 뿐이다. 위계적 사회는 빈곤과 무관심에 기반을 두고 있다. 전쟁의 명분은 달라도 목적은 언제나 같다. 그 목적은 유라시아나 극동 지역에서 승리를 거두는 것이 아니라 한 사회의 지배 구조를 유지하는 데 있다. 근본적으로 전쟁은 사회에서 극단적 빈곤을 유지하게끔 기획된다."

〈식코〉에서는 이윤만 추구하는 미국 건강보험 제도의 문제점들을 전면적으로 살펴보고 있다. 무어는 여러 가지 다양한 사례를 동원해 구체적으로 그 근거를 제시한다. 이를 통해 미국이 건강보험을 위해 1인당 지출하는 금액

이 세계에서 가장 높은 국가이지만 역설적이게도 선진국 중 최하위의 복지 수준을 가지고 있는 국가라는 사실을 폭로한다. 공공 의료보험 제도가 없는 세계 유일 산업국가인 미국에서는 약 5000만 명이 의료보험에 가입하지 못하고 있다. 의료보험의 사각지대에 위치한 이들은 비싼 병원비를 감당할 수 없어 단지 아프지 않기를 기도하는 수밖에 없다. 또 다른 문제는 민영 보험회사에 가입한 2억 5000만 명 역시 제대로 된 치료를 받지 못하고 파산하거나 죽는 일이 자주 발생한다는 사실이다. 이들은 응급처치, 중증 질환의 수술, 약 처방을 받기 전에 보험사의 사전 승인을 얻어야 하는데 만약 승인이 나지 않으면 미국 내 어떤 병원에서도 치료를 받을 수 없다.[2]

〈식코〉에서 보여주는 미국의 의료 현실은 충격적이다. 한 신장암 환자는 병원에서 신장 이식으로 회복이 가능하다는 통보를 받지만 민영 보험사가 신장 이식 수술은 위험하다며 거절해 끝내 사망한다. 한 어머니는 열이 펄펄 끓는 18개월 딸을 안고 허겁지겁 근처 병원에 가지만 그녀가 가입한 보험과 연계된 병원이 아니기 때문에 치료를 거부당한다. 제때 치료를 받지 못한 아이는 몇 시간 뒤 끝내 숨지고 만다. 어떻게 이런 일이 발생할까? 그 이유는 미국 의료보험 시스템이 환자가 아니라 보험사의 이익에 따라 운영되기 때문이다. 보험회사들은 갖가지 이유를 들어 환자의 치료비 청구를 거부한다. 가입 거부, 까다로운 이용 절차, 치료비 추가 부담, 치료 비용 회수, 치료 과정 통제, 치료 거부는 흔히 일어나는 일이다. '미국의 영웅'으로 떠받들어지

---

2   현재 미국에서는 오바마 대통령이 제안한 일명 '오바마 케어'라고 불리는 '전 국민 의료 보험 개혁안(Affordable Care Act)'이 우여곡절 끝에 시행되고 있다. 의료보험을 총괄하고 통제하는 의료보험 제도라 할 수 있는 오바마 케어의 시행으로 그동안 의료보험에서 배제되었던 취약 계층 사람들이 정부에게 보조금을 받고 의료보험에 가입할 수 있게 되었다.

던 9·11 테러 구조대원들은 미국에서 제대로 된 치료를 받지 못하던 차에 정작 쿠바에 가서야 공짜로 진료를 받는다. 그 숨은 이유는 대형 보험회사의 전 의료 고문이었던 린다 피노(Linda Peeno)의 증언에서 찾을 수 있다. "50만 달러를 아끼려 한 환자의 수술을 거절했고, 결국 그는 사망했다. 내가 하는 일은 내 의학적 지식을 이용해 의료비 지출을 막아 회사에 이익을 안기는 것이었다. 거부율이 높을수록 인센티브를 받고 승진했다."

이 영화에서 무어가 논증을 위해 의존한 또 다른 방법은 비교이다. 무어는 국민이 무료로 병원 치료를 받는 캐나다, 영국, 프랑스, 쿠바를 찾아가 이들 국가의 의료 현실을 취재하고 미국의 것과 비교한다. 이들 국가를 방문한 무어가 "병원비가 얼마나 많이 들었습니까?"라고 묻는 바람에 사람들의 웃음 거리가 되고, 영국의 원로 정치인이 전 국민 의료보험은 여성의 참정권처럼 당연하다며 이 제도를 없애려 한다면 혁명이 일어날 것이라고 말하는 장면을 보여준다.[3] 영화 말미에서 무어는 다음과 같은 질문을 던진다. "소방서와 경찰은 이익을 추구하지 않는다. 생사가 걸린 문제이기 때문이다. 의료 역시 생사가 걸린 문제이다. 병원에서 오래 기다려야 한다고? 나와 한 배를 탄 다른 국민들 역시 치료를 받을 수 있다면 기꺼이 기다리겠다. '나'가 아니라 '우

---

[3]   캐나다, 영국, 프랑스, 쿠바에서는 적어도 의료보장과 관련해 사람들이 서로 도와가며 살아가는 방식, 즉 연대의 형태에서 미국의 그것과는 현저히 차이가 난다. 세금을 재원으로 하는 영국, 캐나다, 쿠바 방식이나 보험료를 강제로 거두어들이는 프랑스 방식 모두 의료보장 비용을 소득수준에 비례해 부과하지만 혜택은 동일하면서도 포괄적으로 제공한다는 공통점을 가진다. 전형적인 거시적 연대 조직 원리에 따른 제도를 운영하고 있는 것이다. 이러한 거시적 연대 형성의 조건은 국가와 국민 간의 신뢰에서 찾을 수 있다. 〈식코〉는 의료보장 측면에서 국가가 사회적 약자를 어떻게 대우하고, 국가와 사회 발전을 위해 희생한 사람을 어떻게 대우하느냐와 관련해 미국 사회는 모두 실패했다는 메시지를 전한다(정재훈, 2013: 232~241).

리'를 생각해야 한다." 전 영국 국회의원인 토니 벤(Tony Benn)의 다음과 같은 지적 역시 음미할 만하다. "가난한 사람은 절망하게 되고 절망한 사람은 투표하지 않는다. 하지만 가난한 사람들이 들고일어나 자신들의 입장(이익)을 대변하는 후보에게 표를 던지면 그건 민주혁명이 될 것이다. 그러니 그들은 그런 일이 일어나지 않도록 국민들을 계속 절망하고 회의적이게 만드는 것이다"(≪오마이뉴스≫, 2014년 4월 15일 자).

모던 타임즈 Modern Times (미국, 1936)

감독	찰리 채플린		배우	찰리 채플린
각본	찰리 채플린			폴레트 고더드
				헨리 버그먼 Henry Bergman
				티니 샌드포드 Tiny Sandford
				체스터 콩클린 Chester Conklin
				행크 만 Hank Mann
				스탠리 블리스톤 Stanley Blystone
				알 어니스트 가르시아
				Al Ernest Garcia

내비게이터 The Navigators (영국·독일·스페인, 2001)

감독	켄 로치		배우	딘 앤드루스 Dean Andrews
				토머스 크레이그 Thomas Craig
				조 듀틴 Joe Duttine
				스티브 휘슨 Steve Huison
				벤 트레이시 Venn Tracey
				앤디 스왈로우 Andy Swallow

식코 Sicko (미국, 2007)

감독	마이클 무어 Michael Moore		배우	마이클 무어
각본	마이클 무어			레지 세르반테스 Reggie Cervantes
				존 그레이엄 John Graham

같이 볼만한 영화

두 개의 문 (2011)   김일란·홍지유 감독

도가니 (2011)   황동혁 감독

존 큐 (John Q, 2002)   닉 카사베츠(Nick Cassavetes) 감독

참고문헌

김태성·성경륭. 2000. 『복지국가론』. 나남.

로빈슨, 데이비드(David Robinson). 2002. 『채플린』. 한기찬 옮김. 한길사.

마셜, 토마스 험프리(Thomas Humphrey Marshall). 2014. 『시민권』. 조성은 옮김. 나눔의집.

메랭, 프랑수아 사비어(François-Xavier Merrien). 2000. 『복지국가』. 심창학·강봉화 옮김. 한길사.

미쉬라, 라메쉬(Ramesh Mishra). 1999. 『복지국가의 사상과 이론』. 남찬섭 옮김. 한울.

버카일, 폴(Paul Robert Verkuil). 2011. 『정부를 팝니다』. 김영배 옮김. 시대의창.

보드웰, 데이비드(David Bordwell)·크리스틴 톰프슨(Kristin Thompson). 1993. 『영화 예술』. 주진숙·이용관 옮김. 이론과실천.

에스핑앤더슨, G.(G. Esping-Andersen). 2007. 『복지 자본주의의 세 가지 세계』. 박시종 옮김. 성균관대학교출판부.

엥겔스, 프리드리히(Friedrich Engels). 1991. 「잉글랜드 노동계급의 처지」. 김보영 옮김. 마르크스, 카를(Karl Heinrich Marx)·프리드리히 엥겔스(Friedrich Engels). 『칼 맑스 프리드리히 엥겔스 저작 선집 1』. 최인호 외 옮김. 박종철출판사.

오스본, 피터(Peter Osborne). 2007. 『How To Read 마르크스』. 고병권·조원광 옮김. 웅진지식하우스.

정재훈. 2013. 『영화와 사회복지』. 신정.

정한석. 2008. "마이클 무어 영화를 둘러싼 픽션 대 논픽션 공방." ≪씨네 21≫, 647호.

피어슨, 크리스토퍼(Christopher Pierson). 2006. 『복지국가는 해체되는가』. 박시종 옮김. 성균관대학교출판부.

홍기빈. 2011. 『비그포르스, 복지국가와 잠정적 유토피아』. 책세상.

힐, 존(John Hill). 2014. 『켄 로치: 영화와 텔레비전의 정치학』. 이후경 옮김. 컬처룩.

Briggs, Asa. 1961. "The Welfare State in Historical Perspective." *European Journal of Sociology*, Vol.2, No.2.

Przeworski, Adam. 1986. *Capitalism and Social Democracy*. Cambridge University Press.

17장

신자유주의의 빛과 그림자

〈월 스트리트〉 〈브래스드 오프〉 〈사회적 학살〉 〈배틀 인 시애틀〉

> 신자유주의적 전환을 합법화하기에 충분한 대중적 동의의 방식들은 다양했다. 강력한
> 이데올로기적 영향이 기업, 대중매체, 그리고 시민사회를 구성하는 여러 제도들을 통해
> 유포되었다. …… 국가 장치가 일단 신자유주의로 전환하기만 하면 권력 지속을 위해 필
> 요한 동의 분위기를 유지하고자 설득, 포섭, 매수, 위협이라는 권력을 사용할 수 있었다.
> 이는 대처와 레이건의 특기였다.
>
> 데이비드 하비

신자유주의란 무엇인가?[1]

신자유주의는 1970년대에 케인스주의적인 타협을 기초로 한 국제통화 체
제가 붕괴하면서 본격적으로 등장했다. 이는 2차 대전 후에 창설된 몽페를
랭 협회(Mont Pelerin Society)에서 기원한다. 특히 프리드리히 폰 하이에크
(Friedrich August von Hayek)와 밀턴 프리드먼(Milton Friedman)의 사상에 영향
을 받았다. 당시 몽페를랭에 모인 소수의 배타적이고 열정적인 자유주의자

---

[1] 이 절은 홍익표(2013: 28~36)를 수정·보완했다.

들은 사유재산 및 경쟁적 시장에 대한 믿음의 쇠퇴로 인해 문명의 핵심 가치가 위험에 처해 있다고 주장했다. 이들은 사유재산 및 시장 제도들과 결부된 광범위한 권력과 선도가 없다면 자유가 효과적으로 보호될 수 있는 사회를 상상하기 어렵다고 말했다. 이들의 주장은 케인스주의에 입각한 복지국가의 황금기인 전후 30여 년 동안에는 별다른 관심을 끌지 못하고 정책 및 학문 영역에서 주변적인 위치에 머물러 있었다. 그럼에도 이들은 개인주의와 자유주의의 강한 전통으로 냉전 시기 체제 경쟁을 이끌었던 미국에서는 지속적으로 재정적 지원을 받을 수 있었다.

이후 신자유주의가 학문적·정책적으로 관심을 끌게 된 데는 1970년대에 일어난 세계경제의 큰 변화가 그 배경으로 작용했다. 특히 제4차 중동전쟁이 초래한 석유파동은 1970년대 내내 미국과 더불어 스태그플레이션을 겪고 있던 영국에 큰 타격을 주었다. 대처와 레이건 같은 정치가들은 국가가 시장에 개입해 국가 구성원의 사회적 권리를 보장함으로써 사회적 평등과 연대를 추구하는 복지국가를 공격의 타깃으로 삼았다. 좌파 정당이 추진한 복지국가가 노동 동기를 약화하고, 저축 및 투자를 감소시켰으며, 생산을 위축시키는 등 온갖 경제 문제를 야기했다는 것이다. 그 대안으로 이들 정치가는 자본가들이 자유롭게 자본을 축적하도록 각종 규제 철폐와 민영화를 추진했다. 이후 신자유주의는 미국 정부의 지지를 받으며 국제기구에 의해 현실화되었고, 전 세계를 상대로 쉬지 않고 강요되어왔다. 비판자들에게 '불경한 삼위일체'라고도 불리는 국제통화기금, 국제부흥개발은행(IBRD), 세계무역기구(WTO)는 신자유주의 세계화의 경제적·정치적 교과서인 '워싱턴 컨센서스(Washington Consensus)'를 실행에 옮기는 주요 기구들이다. 이들은 채무국들에게 부채를 재조정해준 대가로 시장 개방, 복지 축소, 탈규제, 노동시장의 유연화, 민영화 등과 같은 신자유주의적 개혁을 강요했다.

신자유주의 이데올로기 혹은 세계시장 지배의 이데올로기를 독일의 사회학자인 울리히 벡(Ulrich Beck)은 지구주의(Globalismus)라고 칭한다. 이 지구주의는 단일 인과적이고 경제주의적인 접근법으로서, 세계화의 다차원성을 단지 하나의 경제적 차원으로 축소하고 환경적·문화적·군사적 세계화와 같은 차원들을 세계시장 체제에 종속시킨다(Beck, 2000: 28). 피에르 부르디외(Pierre Bourdieu)가 1930년대 독일의 보수 혁명에 비유한 신자유주의 혁명은 "전혀 통제되지 않은 채 전 지구를 돌아다니는 화폐의 순환 내지는 자본주의 내부에서 터져 나오는 폭주하는 광기"로 인해 민주주의에 부정적 결과를 미친다는 비판에도 직면해 있다. 세계화의 추동력이 경시와 배제, 박탈과 비참함의 특수한 현대적 양상만을 창출한 결과, 기능적으로 불필요한 인구층은 정치적·법적·사회적으로 모든 보호에서 배제되고 있다는 지적이 바로 그것이다(Assheuer and Perger, 2005: 16~17, 153, 159).

신자유주의 세계화가 진척되면서 정당하게 자신을 대변하지 못하는 다양한 특수 집단과 자신들의 곤경을 정치화하지 못하는 배제된 사람들도 급속하게 증가하고 있다. 불평등이라는 사다리의 밑바닥에 자리 잡은 사람들은 각종 인간 활동과 자연재해의 '부수적 피해자'(바우만, 2013: 16~17)가 될 가능성도 높다. 그런데도 사회 불평등은 정치 의제 가운데 차지하는 지위가 매우 낮고 또 계속 하락하고 있다.

데이비드 하비는 신자유주의로의 변화가 지리적으로 불균등하게 전개되고 있으며 국가별로 다양한 방식에 따라 이뤄지고 있다고 지적한다. 그는 신자유주의로 인해 더욱 큰 사회적 불평등과 상위 계급의 경제적 권력 장악이 이뤄졌다는 점을 강조한다. 탈규제는 항공과 원격통신부터 금융에 이르기까지 전 부문에서 기업의 이해관계를 강력히 옹호하기 위해 무제한적인 시장 자유의 새로운 영역을 열었다. 법인세는 상당한 폭으로 감소했고, 최상위 개인의 세율은 "역사상 가장 큰 세금 감면"이 이뤄졌다(하비, 2007: 43~44). OECD 회원국 가운데 신자유주의를 주도적으로 추진한 영국과 미국의 사회 불평등 정도가 유독 크다는 사실도 이 점과 관련이 있다. 한국에서도 1997년 IMF가 구제금융을 제공하면서 지원 조건²으로 신자유주의적 개혁을 요구한 이래 여러 정권에 의해 사회의 신자유주의적 재편이 급속히 추진되어왔다. 그 결과 시장의 절대화와 함께 사회적 배제가 규칙이 되면서 사회 구성원들은 생존을 위해 극단적인 경쟁이 지배하는 시장으로 내몰리고 있다.

'강탈에 의한 축적'은 하비가 『신제국주의(The New Imperialism)』(2003)에서 사용한 용어이다. 하비는 마르크스가 말한 '본원적 축적'이 현재에도 강하게 남아 있다고 하면서, 그 예로 소농 인구의 교체와 무토지 노동자의 형성, 물과 같은 공공재의 사유화, 대안적 형태의 생산과 소비의 억제, 국영 산업의 민영화, 가족 기업의 영농 기업으로의 양도, 성매매에서의 노예제의 잔존 등을 거론한다. 신용 체제와 금융자본은 약탈, 사기, 도둑질의 주요한 수단이 되면서 이전보다 더 강한 역할을 담당하고 있고, 지적재산권이라는 새로운 메커니즘도 조성되었다는 것이다. 하비에 따르면 강탈에 의한 축적은 매우 낮은 비용으로 자산을 방출하는 것이고, 과잉 축적된 자본은 이들 자산을 취득해 즉각적으로 이윤 창출이 가능한 방식으로 사용한다. '공유지 종획의 새로운 물결'을 국가권력이 과거처럼 대중의 의지에 반해 빈번하게 강제한 결과, 노동과 환경의 퇴락을 방지하기 위해 설계된 규제들이 후퇴하고 사회

2　금융 외환 위기는 한국에 신자유주의 정책이 본격적으로 도입되는 계기가 되었다. IMF
　는 구제금융의 대가로 한국 사회의 신자유주의적 재편을 핵심 내용으로 하는 지원 조건
　을 부과했다. 한국 정부는 IMF의 지원을 받는 조건으로 대기성자금지원협약을 맺었고,
　지원 조건으로 통화·재정 정책의 긴축적 운영과 금융 산업의 구조조정 및 무역과 자본
　시장 자유화, 그리고 노동시장의 유연화 등 구조조정 프로그램에 합의했다.

적 약자들의 권리는 상실된다는 것이다. 하비는 강탈에 의한 축적이 주로 지리적 불균등 발전 내에서 가장 취약하고 퇴락한 지역에서 다양한 방법으로 발생하고 있다고 말한다(하비, 2005: 142~148).

탐욕은 좋은 것입니다!

올리버 스톤은 〈월 스트리트(Wall Street)〉라는 제목으로 두 편의 영화를 만들었다. 1편은 1987년에 나왔다. 마이클 더글러스(Michael Douglas)가 월 스트리트의 악명 높은 금융가 고든 게코 역으로, 찰리 신(Charlie Sheen)이 게코와 손잡고 일확천금을 노리는 증권 브로커 버드 폭스 역으로 열연했다. 월 스트리트는 경제의 금융자본 부문을 지칭하는데, 실제로 뉴욕의 월 스트리트는 막강한 경제력을 자랑하는 상위 기업들이 집중되어 있는 곳이기도 하다. 골드만삭스, 모건 스탠리, JP 모건 체이스, 웰스 파고, 뱅크오브아메리카, 시티 그룹 등등이 바로 그들이다. 이들 기업은 금융과 보험, 부동산 부문에서 벌어들인 엄청난 돈으로 정당과 정치인들에게 정치 자금을 제공하고 수많은 로비스트들을 고용해 그들의 이익이 정책 결정에 반영되도록 힘쓴다. 정당과 의회를 비롯한 미국의 정치계에 이들이 미치는 영향력은 실로 막대하다고 평가된다.

월 스트리트의 권력이 강화된 계기는 1970년대 초 '브레튼 우즈 체제 (Bretton Woods system)'로 불리는 국제통화 체제가 붕괴되면서 자본의 자유로운 이동을 허용하는 금융의 세계화가 본격화된 데서 찾을 수 있다. 미국 정부가 선호한 자유로운 금융 질서는 '카지노 자본주의(casino capitalism)'라는 결과를 초래했다. 1980년대에 들어서는 전통적인 제조업의 경쟁력이 하락하자 새로운 성장 동력으로 금융 산업에 주목하게 된다. 이에 따라 금융기관을 대형화하고 각종 규제를 철폐하는 정책이 추진되었다. 1990년대에는 아예 상업은행과 투자은행 간에 놓여 있던 장벽을 걷어낸 데 이어 2000년대 들어서는 5대 투자은행에 대해 자본금보다 지나치게 많은 부채를 갖지 않도록 하는 '레버리지(leverage) 규제'를 면제해주기에 이른다. 월 스트리트의 금융자본들은 돈을 빌려 위험한 파생 상품을 만들고 고수익이 나온다고 선전하며 팔았다. 불법 정치자금과 분식 회계 등 온갖 범죄가 난무했으나 제대로 처벌된 금융인은 극히 일부에 그쳤다. 거기에 월 스트리트 금융자본들의 강력한 로비가 작용했음은 물론이다.

〈월 스트리트〉 1편은 이렇게 금융시장이 팽창하고 단기 금융 이윤을 좇는 주주들이 득세하는 주주 자본주의 시대의 중심지에서 발생할 법한 사건들을 스토리로 엮었다. 주인공인 게코는 무자비하게 기업을 인수해 가치 있는 자산을 매각한 후 문을 닫게 하는 '자산 수탈(asset strip)'을 일삼는 인물로 나온다. 자신의 행동을 정당화하기 위해 게코는 "딱히 적당한 단어가 생각나지는 않지만, 탐욕(greed)은 좋은 것입니다. 세상을 발전시키는 동력이지요" 라고 강변한다. 이런 게코에게 버드 폭스는 "말해보시오. 도대체 언제 그만 둘 거요? 얼마나 많은 요트를 가져야 만족하겠소? 도대체 얼마가 있어야 충분하겠소?"라고 묻는다. 결국 경영난을 겪는 부친의 회사를 둘러싸고 게코와 대립하게 된 버드는 주가를 조작해서 게코에게 손해를 입히고 교도소에 수감된다. 버드의 폭로로 게코 역시 교도소에 갇힌다.

1편이 나온 지 23년이 지난 2010년 올리버 스톤은 "돈은 잠들지 않는다" 라는 부제를 붙여 〈월 스트리트〉의 속편을 세상에 내놓았다. 당시는 미국발 금융 위기가 요동치고 월 스트리트는 각종 범죄와 모럴 해저드(moral hazard)로 대중의 공분의 대상이 되었던 때였다. 월 스트리트가 온갖 금융 파생 상품을 만들고 이에 투자해 천문학적인 부를 축적할 동안 미국의 제조업 경쟁력은 하락했고 기술 투자는 위축되었으며 노조와 노동권은 약화되었다. 결국 닷컴 버블과 부동산 버블이 터지고 정부가 구제금융을 투입했다. 시민들에게는 내핍이 강요되었지만 그런 와중에도 월 스트리트 기업가들은 방대한 퇴직금과 보너스를 챙기는 후안무치를 보여줬다. 그런 점에서 2011년의 월 스트리트 점령 시위가 벌어졌던 주코티 공원에서 슬라보이 지제크(Slavoj Žižek)가 행한 야유 섞인 지적은 정확하다.

우리는 모두 패배자입니다. 그러나 진정한 패배자는 뉴욕 도심의 월 스트리트에 있습니다. 우리 돈 수십억 달러가 금융권을 구제하는 데 들어갔습니다. 혹자는 우리를 보고 사회주의자라고 합니다. 언제나 있었던 것은 부자들을 위한 사회주의입니다. 그들은 우리가 사유재산을 존중하지 않는다고 말합니다. 그러나 설령 여기에 있는 우리 모두가 한 달 내내 밤낮으로 사유재산을 파괴한다고 해도 그건 우리가 잃은 사유재산에 비하면 아무것도 아닙니다. 우리가 피땀 흘려 번 것보다 더 많은 사유재산이 2008년 금융 위기로 날아가버렸으니 말입니다(지젝 외, 2012: 105).

2편에서 게코는 7년간의 수감 생활을 끝내고 석방된다. 게코는 교도소에서 집필한 책을 발간하는데 그 제목이 바로 『탐욕은 좋은 것인가? 왜 월 스트리트는 지나치게 사업을 벌였는가?(Is Greed Good? Why Wall Street Has Finally Gone Too Far?)』이다. 한 회사의 증권 분석가로 일하는 제이콥 무어와 동거 중인 위니는 텔레비전에서 그녀의 친부인 게코의 동향이 나오자 리모컨을 집어던진다. 제이콥은 월가 최고의 주식 투자가 중 한 명인 루이스 자벨에게 100만 달러를 보너스로 받지만 얼마 안 있어 해당 회사의 주식이 폭락한다. 미 연방준비은행 관계자들에게 루이스는 1500명이 일자리를 잃게 되었다면서 시간을 일주일만 더 달라고 부탁한다. 그러나 관계자들은 이번에 입은 큰 손해 때문에 루이스의 신뢰가 떨어졌다며 요청을 거절한다. "당신들, 도덕적 해이가 어째?"라며 분노를 터뜨렸던 루이스는 지하철역에서 투신자살한다.

한편 게코는 독자들을 상대로 새로 발간된 책에 대해 강연을 한다. "아직은 모르겠지만 당신들은 닌자 세대와도 같아요. 수입도, 직업도, 자산도 없습니다. 낼 돈은 많지만요. 지난번에 누가 저한테 그러더군요. 제가 탐욕이 좋다고 한 적이 있다고. 보아하니, 탐욕이 합법화되었더군요. 미국 정부의 탐욕 때문에 9·11 이후 카드 이자는 1퍼센트에 지나지 않습니다. 다들 가서 돈 쓰라고 말입니다. 지난 한 해 동안 대기업의 수익 40퍼센트는 투자 정보 기관으로부터 왔습니다. 미국 시민이 필요로 하는 건 전혀 관심도 없고 말이죠. 웃긴 건, 우리도 이미 한통속이라는 겁니다. 은행이건 소비자건 돈은 그저 돌고 돌 뿐입니다. 돈에 힘을 잔뜩 실어 넣고는 그걸로 차입금 투자를 노립니다. 전 그걸 스테로이드 뱅킹이라고 하죠. 저도 금융에 관해선 꽤 알고 있지만, 아니면 제가 감옥에 너무 오래 있었을지는 모르겠지만 때론 철창 밖으로 고개를 내밀고 '다들 미친 것 아닙니까!'라고 외쳐주는 것도 좋다고 생각합니다. 정신 차리고 있는 사람들은 아마 알 것입니다. 모든 악의 어머니는 투기입니다. 자본금을 지렛대로 얻어 쓴 부채(leverage debt)를 생각해보세요. 결론적으로 헛수고일 뿐이에요. 이런 말씀 드리긴 싫지만 파산으로 이끄는 길입니다. 어쩔 수 없어요. 조직적이고 악의로 가득 차 있고 범세계적입니다."

게코는 위니와 그를 화해시킬 목적으로 방문한 제이콥에게 누군가가 주식을 팔아서 크게 돈을 벌 목적으로 자벨을 엿 먹인 것 같다면서 그 사람이 슈

바르츠 처칠사의 브레튼 제임스라고 알려준다. 이를 듣고 제이콥은 의도적으로 브레튼에게 접근해서 그의 휘하에서 일하게 된다. 제이콥의 소개로 브레튼은 게코에게 1억 달러를 투자한다. 그러나 월 스트리트 대기업의 주식이 폭락하고 다우지수 수치가 급하락하자 부동산 업계도 위기를 맞는다. 대책 회의가 열리고 사상 최고의 면책과 국유화가 언급된다. 이에 대해 참석자들은 "사회주의로 가자는 거요? 난 평생 그것과 싸워왔소"라거나, "1929년이구만. 더 빨리 가려고 하면 더 심해질 뿐이오. 이번 주가 끝날 무렵엔 세계 금융시장이 정지 상태가 될 거요. ATM에서 인출하는 건 불가능해지고 연방예금보험은 부도가 날 거고 은행들은 파산할 거예요"라고 지적한다. "정말 이런 경험은 미국도 최초네요. 마치 진주만 사태를 보는 것 같네요. 어떻게든 불을 꺼야죠. 해답은 정부뿐입니다"라는 등 온갖 주장이 쏟아져 나온다. 제이콥은 브레튼에게 "제 스승은 루이스 자벨이에요. 그리고 당신 주둥이가 그를 파멸시켰어요. 자살까지. 그러니까 도덕적 해이는 언급도 마세요. 당신 자체가 도덕적 해이니까. 당신이 세계 최악의 오염원이에요"라고 말하며 계약을 파기한다.

　게코의 집에 걸려 있던 16세기 네덜란드의 튤립 그림은 상징적이다. 게코는 사상 최대의 과열 투기 사건이었던 튤립 파동(Tulipomania)에 대해 설명한다. "투기에 빠져서 튤립 한 송이로 암스테르담 운하에 아름다운 집을 살 수 있었다고 전해지지. 그러다 열 송이를 2달러에 팔기 시작하면서 추락했지. 사람들도 파산했는데, 뭐 누가 기억이나 하겠어?" 이 밖에도 영화에는 인상적인 대사가 많이 등장한다. 서점에서 독자 사인회를 하는 게코에게 한 할머니가 도덕적 해이가 뭐냐고 묻는다. "도덕적 해이라는 것은 누군가가 당신의 돈을 가져가서는 책임을 지지 않을 때 쓰는 말이에요." 그리고 게코는 위니의 명의로 숨겨져 있던 스위스 은행에 있던 1억 달러를 들고 잠적한다. 런던에서 새 사업을 시작한 게코를 찾아간 제이콥에게 게코는 "넌 언제나 그걸 이해하지 못하더구나. 돈 때문이 아냐. 게임에 관한 거지. 사람들끼리의 게임. 단지 그것뿐이야"라고 말한다. 제이콥은 게코가 딸과의 약속을 지키라는 그의 충고를 거절하자 「미국 강도 이야기(An American Heist Story)」라는 글을 작성해 언론에 기사로 게재하라며 위니에게 보낸다. "최고의 강도 사건이야. 전부 사실이고, 알려지지 않는다면 우리 같은 사람들은 또 당하게 될 거야. 거짓에 당하는 거지."

신자유주의 시대의 잊힌 사람들

〈브래스드 오프(Brassed Off)〉(1996)는 1990년대 초 폐광을 앞둔 영국 요크셔의 탄광에서 일하는 노동자들에 관한 이야기이다. 공동체와 희망에 대해 생각하게끔 하는 데서 이 영화의 가치를 발견할 수 있다. 또한 신자유주의의 광풍 아래 힘겹게 삶을 영위하는 약자들의 현실을 잘 묘사했다. 가상의 요크셔 탄광 도시인 그림리를 무대로 탄광 브라스 밴드의 저항 정신을 통해, 탄광 산업의 몰락으로 경제적 기반을 잃게 된 사람들의 현실을 잘 보여준다.

1997년 선댄스 영화제 오프닝 작으로 선정되었고, 베를린 영화제에도 출품되어 파노라마 부문 교회상을 수상했다. 이완 맥그리거(Ewan McGregor)와 〈아버지의 이름으로〉로 친숙한 피트 포슬스웨이트(Pete Postlethwaite), 〈잉글리시 맨〉의 타라 피츠제럴드(Tara Fitzgerald)가 주연을 맡았다. 1996년 11월 영국에서 개봉 당시 흥행 돌풍을 일으키며 하반기 영국 영화 흥행 1위, 관객 선정 2위, 비평가 선정 3위를 차지하는 등, 대니 보일(Danny Boyle) 감독의 〈트레인스포팅(Trainspotting)〉(1996)과 더불어 흥행과 비평 양면에서 좋은 평가를 얻은 작품이다.

이 영화는 대처리즘(Thatcherism)에 대한 노골적이고 신랄한 풍자를 담고 있다. 영국에서 탄광은 산업혁명의 모태였고, 광부 노조는 자신들의 희생과 노력으로 산업화가 이뤄졌다는 데 자부심이 있었다. 정부와 대중 역시 이들에게 부채 의식을 갖고 있었다. 이것이 광부 노조가 지닌 정치적 영향력의 토대였다. 이미 1970년대 초에 당시 히스 보수당 정권이 노조 권한 제한과 국가 개입 축소, 감세를 시행하며 케인스주의적 합의에서 과격하게 이탈하자 노조 운동은 이를 그들의 존립 자체에 대한 위협으로 간주하고 전국적인 불복종운동을 전개한 적이 있었다. 최대 규모 파업 파동의 절정에 뒤이어 히스 정권은 국가비상사태 선포와 주 3일 노동을 강행했지만 곧 이은 총선에서 근소한 표차로 노동당에게 패배하고 말았다(고세훈, 1999: 337~341, 355).

극심한 경제 침체 속에서 치러진 다음 선거에서는 보수당이 다시 승리했다. 보수당의 대처 당수는 총리로 취임하자마자 탄광 노조와 갈등을 빚는다. 대처는 복지국가를 사회주의와 동일시했던 정치가로 노동운동에 대해서도 강경한 태도로 일관했다. 그녀는 시장 효율성을 명분으로 20개의 광산을 폐광하는 석탄 정책을 밀어붙였다. 수많은 실업자가 발생하리라는 것은 자명한 사실이었다. 대처는 해당 정책을 발표하기 전에 이미 석탄 재고량을 확보하고 언론을 통해 호의적 여론을 형성하는 치밀함을 보였다. 그런 데다 당시 노조 위원장인 아서 스카길(Arthur Scargill)은 극좌파로서 대처 정부가 법제화한 파업에 대한 조합원 찬반 투표 규정을 무시하고 각 지역 간부들의 일방적인 결정에 근거해 파업을 강행하는 미숙함을 보였다. 영국 노조 운동을 주도했던 광부 노조는 패배했고, 대처는 노조와 싸워 승리한 정치인이라는 타이틀을 얻었다.

자신감을 얻은 대처는 공공 부문 민영화와 세금 감면과 같은 신자유주의적 정책을 더욱 노골적으로 추진했다. 탄압과 내부 분열로 노조 운동은 쇠퇴했고, 신자유주의의 광풍 아래서 노동자들은 더욱 불안한 고용 환경에 내몰리게 되었다. 1984년부터 영국에서는 140개의 탄광이 문을 닫았고 25만여 명에 가까운 광부들이 일자리를 잃었다. 그러나 대처 정권은 집권 11년간 평균 경제성장률이 2.1퍼센트에 머무는 등 경제정책에서도 그리 좋은 성과를 내지 못했다. 무엇보다도 대처가 남긴 가장 큰 부정적인 유산은 민영화와 노동시장의 유연화 등을 고집하면서 영국 사회를 분열시킨 것이다. 물가가 치솟고 실업률이 떨어지자 1990년 대처는 자리에서 물러날 수밖에 없었다.

〈브래스드 오프〉는 1990년대 초 폐쇄 위기에 놓인 가장 오래되고 큰 탄광 그림리를 배경으로 탄광 밴드 구성원들이 처한 비극적이고 우울한 삶을 화면에 담았다. 그러나 광부들이 걸어나간 다채로운 삶의 궤적에 아름다운 음악을 섞어놓아서 이 영화가 마냥 슬프게만 느껴지지는 않는다. 트레버 존스(Trevor Jones)는 대중에게 널리 알려진 고전음악 작품들을 영화의 배경음악으로 선택했다. 글로리아가 밴드에 들어와 플루겔 혼으로 연주해 단원들을 매료시켰던 호아킨 로드리고(Joaquin Rodrigo)의 「아란후에스 협주곡(En Aranjuez Con Tu Amor)」, 진폐증으로 대니가 입원한 병원 앞에서 단원들이 연주하던 「대니 보이(Danny Boy)」, 런던의 로열 앨버트홀에서 결선 연주할 때 쓰였던 로시니(Gioacchino Antonio Rossini)의 「윌리엄 텔 서곡(William Tell Overture)」, 그리고 템스 강의 여객선에서 연주했던 엘가(Edward Elgar)의 「위풍당당 행진곡(Pomp and Circumstance)」 등이다. 도입부에는 홀(Robert Browne Hall)의 흥겨운 행진곡인 「죽음이냐 영광이냐(Death or Glory)」를, 지역 경연 대회에는 푸치크(Julius Fučík)의 「플로렌티너 행진곡(Florentiner March)」을 배치했다. 그들에게 이들 음악은 단지 세련된 형식과 스타일을 지닌 음악만은 아니다. 음악은 광부들의 질긴 생명력을 보여주는 것이자 오래된 탄광의 정신을 구현해주는 것이라 할 수 있다. 밴드의 지휘자인 대니는 대원들에게 "이 밴드는 백 년이 넘었어. 두 번의 전쟁, 세 번의 재난, 일곱 번의 파업과 대공황까지 어떤 상황에서도 우리 밴드는 연주를 계속해왔어"라면서 "우리 자부심의 상징은 바로 밴드라고. 탄광이 문 닫으면 밴드도 끝이라고? 천만에. 탄광이 흔적도 없이 사라져도 밴드는 기억될 거야. 노조의 입을 막고 광부의 입을 틀어막아도 장담하건대 우리 입을 막을 순 없어!"라고 말한다.

영화에서는 광부와 가족들이 그들의 일터를 지키기 위해 펼쳐나가는 투쟁에 더해 그들이 겪는 고통도 상세하게 보여준다. 광부의 아내들은 탄광 입구에 모여서 "광부들이여, 뭉쳐라, 패배는 없다!"를 연호한다. 노조 지도자는 "소리치는 것만 해서는 아무것도 해결되지 않아요. 다음 주에 꼭 투표해요! 협박에 흔들리지 말고. 탄광을 살립시다! 우리가 원하는 건 그것뿐이오!"라고 강조한다. 폐광을 결정한 회사 경영진에 대한 분노도 표출된다. 모임에서 한 광부는 "여긴 수익성이 충분히 있는 탄광입니다. 백 년 동안 한결같이 탄을 캤어요. 그런데도 그 망할 놈들은 그걸 모릅니다. 우리 덕에 돈을 벌어왔으면서도 우리를 쫓아내려 합니다. 그리고 여전히 폐광만을 고집하고 있습니다"라고 말한다. 대니의 아들 필은 "협상을 하자는 놈들은 경영진의 꼭두각시예요. 1984년에도 우린 끝까지 버텼습니다. 절대 굴복하지 않았어요. 감옥에 간 사람까지 있었지요." 그게 뭐 대단하냐는 비아냥에는 "이봐, 난 정직당한 적이 있어. 복직하기까지 1년 반이나 걸렸어. 18개월 동안 파업수당으로 살았다고. 가족들을 데리고 저당까지 잡히면서"라며 반박한다. 삶의 벼랑에 몰려 텅 빈 방의 의자에 망연자실한 채 앉아 있던 필은 예수상을 보고 울부짖는다. "하느님? 바로 여기에 있네! 그런데 뭐 하는 거지? 존 레논도 데려가고, 에인즐리 탄광의 광부 세 명도 데려가고, 내 아버지마저 데려가려

하면서 왜 마거릿 대처는 살려두는 거야? 하느님이 있기는 한 거야?"

회사에서는 거절하기 어려운 큰 액수의 퇴직금을 제시하며 광부들을 회유하려 한다. 그런 와중에 글로리아가 영국광산협회가 탄광의 경제성을 조사하기 위해 파견한 감정사였다는 사실이 드러난다. 글로리아는 어린 시절 친구인 앤디의 추궁에, 조사해보니 탄광이 수익성이 있다면서 그녀의 보고서가 탄광 유지에 도움이 될 것이니 희망을 가지라고 말한다. 그러나 앤디는 회의적인 입장이다. "희망은 없어, 그들은 원칙만 있지. 네 보고서는 아무 의미가 없어. 단지 광고용일 뿐이야. 너 역시 단순한 우리들과 다르지 않아. 아무리 공정하고 정확하게 조사해서 계산한다고 해도 그들은 적자라고 할 거야. 다른 곳들처럼 폐광할 거라고. 이미 결정되어 있는 거야."

앤디의 말대로 폐광은 이미 결정되어 있었다. 글로리아는 경영진에게 "첫째, 전 아무도 읽지 않을 보고서를 썼어요. 둘째, 그림리는 수익성이 있는 탄광이에요. 셋째, 이 결정은 조작이에요. 몇 주 전에 이미 결정은 나 있었어요!"라고 항의하지만, 경영진들은 벌써 2년 전에 난 결정이며 석탄은 한물갔다고 말한다. 요크서 지역 콘테스트에 참여하고 돌아온 대원들 앞에 있는 것은 폐광이 결정된 마을의 황량한 모습뿐이다. 간판에는 "우리는 싸웠다 그러나 패했다"라는 구호가 스프레이로 쓰여 있다. 노동자들과 가족들이 거리를 힘없이 걷는다. 탄광 밴드는 수천 명의 광부들을 위해, 투병 중인 한 명의 광부를 위해 런던에서 열리는 전국 대회에 참가해 멋진 혼신의 연주로 대상을 차지한다. 병실에서 몰래 빠져나온 대니가 눈물을 글썽이며 수상 소감을 말하는 장면은 이 영화의 압권이다.

"제 뒤에 서 있는 밴드는, 이 트로피가 제게 세상 그 무엇보다도 중요하다고 말할 것입니다. 틀린 얘기입니다. 사실 그렇게 생각했던 때가 있긴 했지요. 음악이, 어떻게 사람보다 중요할 수 있겠습니까? 이까짓 트로피를 받는다고 누가 관심이나 갖겠어요? 하지만 우리가 수상을 거부한다면 아마 얘기가 달라질 것입니다. 뉴스에 한 줄이라도 나오겠지요. 보셨죠? 제가 무슨 말을 하는지. 이제 그나마 사람들이 제 말에 귀를 기울이겠죠? 지난 10년 동안이 빌어먹을 정부는 조직적으로 한 산업을 통째로 파괴했습니다. 우리의 산업, 바로 석탄산업 말입니다. 파괴한 것은 산업만이 아닙니다. 우리의 공동체, 우리의 가족, 그리고 우리의 삶 자체를 송두리째 파괴했습니다. 진보라는 이름으로, 소수의 더러운 인간들을 위해서 말이죠. 몇 마디 더 말씀드리겠습니다. 며칠 전, 이 밴드가 속한 탄광도 문을 닫게 되었습니다. 수천 명의 탄광 노동자들이 일자리를 잃었습니다. 잃어버린 것은 일자리뿐이 아닙니다. 대부분 이미 오래전에 '이길 수 있다'는 의지를 잃어버렸습니다. 더는 싸울 엄두를 못 내게 되었습니다. 살려는 의지, 숨을 쉴 의지마저 잃어버렸습니다. 이들이 차라리 동물이었다면 화를 냈을 겁니다. 이들은 어떻게 했을까요? 화내지 않았습니다. 이들은 평범한 보통의 정직하고 예의 바른 사람들입니다. 그리고 티끌만 한 희망으로 살아갑니다. 이들은 아름다운 음악을 연주했지만 그게 무슨 소용이죠?"

라틴 아메리카의 신자유주의 광풍

페르난도 E. 솔라나스 감독의 〈사회적 학살(Memoria Del Saqueo)〉 (2004)은 아르헨티나의 카를로스 메넴(Carlos Menem) 정권 시기에 추진된 신자유주의 정책의 폐해를 고발한 다큐멘터리 영화이다. 자칭 페론주의자라 했던 메넴은 대통령이 된 이후에 극단적인 신자유주의 정책을 밀어붙였다. 메넴은 '워싱턴 컨센서스'를 추종하는 경제자유화정책에 따라 국영 석유 회사를 비롯

한 공기업의 민영화, 재정 긴축, 그리고 페소화와 달러화의 교환 비율을 1:1
로 고정시킨 통화교환(currency convertibility) 정책을 추진했다. 이 정책으로
아르헨티나 산업은 초토화되었고, 전 인구의 50퍼센트가 넘는 사람들이 빈
곤층으로 전락했다. 경제는 마이너스성장을 기록했고 실업률이 폭등했으며
정국은 극도로 불안해졌다. 친미파이던 그는 무분별한 투기 펀드의 유입으
로 경제 위기를 가속화했으며 막대한 외채만 남겼다.

결국 2001년 아르헨티나 정부는 1410억 달러의 외채에 대해 디폴트를 선
언하고 페소화의 대폭적 평가절하를 단행하게 된다. 작업장 폐쇄로 일자리
를 잃은 노동자들과 도시 빈민들은 '아르헨티나소(Argentinazo)'로 불리는 급
진 운동을 전개하고 나섰다.

영화는 초고층 빌딩과 거리의 노숙자들을 한 화면에 분할해 보여주는 것
으로 시작한다. 감독은 화면 분할을 통해 관객에게 극단적인 부와 빈곤이 신
자유주의 정책이 초래한, 상반되면서도 서로 연관된 두 현상이라는 것을 알
려준다. "존엄 있고 용기 있게 그동안 투쟁해온 이들에게"라는 자막에서 알
수 있듯이 〈사회적 학살〉은 신자유주의 정권에 대항한 이들에게 초점을 맞
췄다. 영화에 따르면 아르헨티나의 페르난도 데라루아(Fernando de la Rúa)
대통령은 전임인 카를로스 메넴의 신자유주의 정책을 그대로 계승했다. 불
황의 심화, 수백만의 극빈층과 실업자, 대량의 자본 도피, 은행 계좌 동결,
위기 악화가 이어지자 그는 2001년 12월 19일 전국에 비상사태를 선포했다.
상황이 이에 이르자 노동자와 주부, 고용인과 은퇴자, 학생 등 시민들이 그
릇을 두드리며 5월 광장(Plaza de Mayo)을 비롯한 거리로 몰려나왔다. 수십
년 동안 독재의 탄압에 저항하던 이들의 후예이며 긴축정책을 감내하던 이
들은 케케묵은 경제모델을 강요하는 IMF에 저당 잡히는 것을 인정할 수 없
고, 루아 도당들은 물러나야 한다고 주장했다. 경찰이 최루탄을 쏘면서 진압

에 나섰다. 영화는 그토록 부유하던 나라에서 어떻게 수많은 사람들이 굶주리게 되었을까라고 질문을 제기한다. 평온한 민주주의의 시기에 소리 없는 일상의 폭력이 어떻게 커다란 사회 혼란을 초래했는지 보여준다. 영화는 군부독재 시기의 테러와 말비나스 전쟁 때보다 더 많은 사람이 떠나고 죽은 이 시기를 일곱 개의 키워드로 나눠 설명하고 있다.

가장 중요한 문제로 솔라나스 감독은 끝없는 부채를 거론한다. 200여 년 전 독립한 이래 아르헨티나에서는 늘 외채가 궁핍과 부패의 온상이었고 가장 수치스러운 문제였다. 부채는 아르헨티나의 금융업자들을 살찌워 재정을 통제하고 국부를 비우는 데 사용되어왔다. 정부가 지원하고 공모한 거의 모든 외채 협정에는 늘 대기업이 관여했다. 이 부채 정책이 자국의 이익을 꾀하는 외국은행과 다국적기업을 등에 업은 기술 관료 세대를 부상시켰다는 것이다. 카메라는 하버드와 시카고, 옥스퍼드와 부에노스아이레스 대학 졸업생인 이들의 초상화가 걸려 있는 관청 복도를 비춰준다. 그러면서 이들이 1970년대 군부독재의 산물인 외채의 관리자이고, 외채의 수혜자는 늘 그렇듯 거대 복합기업들이라는 사실을 밝힌다. 군부 정권은 공공에 이익이 되지 않는 사적 부채 문제를 불법으로 국가에 귀속했는데 이를 '더러운 채무(odious debt)'라고 부를 수 있다고 한다. IMF의 미국 측 관계자가 말했듯 더러운 채무론을 적용한다면 제3세계의 부채는 존재하지 않는다고 강조한다.

〈사회적 학살〉은 알폰신(Raul Alfonsin) 대통령이 집권했던 기간을 '배신의 연대기'라 지칭한다. 그 내막은 다음과 같다. 1983년 집권한 사민주의를 지향하는 급진당의 라울 알폰신은 인권을 수호하고 빈곤과 싸우며 '먹고 배우고 치료받을' 민주주의를 약속했다. "이제 막중한 책무를 지고 아르헨티나에서 인간의 존엄을 존중하는 민주주의를 보장하겠습니다." 그러나 국가는 부도 사태였고 알폰신은 금융 세력에 굴복한다. "유일한 해결책은 아주 강력한 긴축정책이며 모두 허리띠를 졸라매야 합니다. 이것은 바로 경제 전쟁입니다." 이 극단적인 조치는 '아우스트랄 계획(Plan Austral)'이라 불린다. 다시 한 번 막대한 공적 자금이 은행과 대기업에 이전되었다. 알폰신은 채무 이행 거부를 약속해놓고도 중앙은행 총재에게 합법화를 지시했다. 독재 시절 범죄를 저지른 군사평의회를 기소한다고 했으면서도 2년 뒤에 상관의 명령이었다는 '복종 이행(Due Obedience)법'으로 범죄자들을 면책했다. 1987년 이 법이 결국 '얼굴에 칠을 한' 장교들의 반란을 초래했다. 대중은 거리를 점거하고 탱크에 맞섰다. 알폰신은 반란군들을 사면했다. 1989년 급진당의 총선 패배로 위기가 가속화되었다. 주식시장이 휘청거렸고 초인플레이션으로 슈퍼마켓 약탈이 일어났다. 알폰신은 대통령직을 사임한다.

영화는 후임자인 카를로스 메넴도 마찬가지라고 주장한다. 가장 가난한 라 리오하 주의 주지사 출신인 정의당의 카를로스 메넴은 '평원의 호랑이'라 불렸던 반란자 파꾼도 키로가(Juan Facundo Quiroga)를 연상시키는 긴 구레나룻을 기르고 있었는데, 그는 큰 목소리와 과장된 몸짓으로 생산주의자 혁명과 고임금을 약속했다. 그는 "아르헨티나여, 일어납시다! 가난하고 굶주린 아이들을 위해, 슬픔에 젖은 이들을 위해, 형제자매들을 위해, 집 없는 사람들을 위해, 식탁이 빈 사람들을 위해, 우리 조국을 위해 저를 믿고 따라와주십시오! 믿음을 저버리지 않을 것입니다. 배신하지 않을 것입니다"라고 약속했다. 취임 며칠 뒤 메넴은 구레나룻과 개혁의 약속을 함께 밀어버리고 유권자들을 배신했다. 이 두 얼굴의 지도자는 인민이 저항한 50년을 가루로 날려보냈다. 세계화 모델에 충성을 서약하고 군부 정권의 지도자들을 사면하면서 압제 속에 살아온 수많은 노동자들을 배신했다. 페론(Juan Perón)과 에비타(Eva Peron)가 격찬했던 인민의 반제주의와 비동맹을 저버리고 미국과 은밀한 관계를 맺었다. 세계은행과 IMF에게서는 정책 지시를 받았다.

그러나 배신한 건 메넴만이 아니었다. 정치와 노조 지도자들 다수도 저항의 생애를 헌신짝처럼 차버렸다. 서로 합의해 자리를 보장받고 민영화의 시류에 편승하기도 했다. 대법원과 연방 법원이 메넴과 한 편이 되었다. 한 달만에 국가 개혁 법안이 통과되어 민영화의 문이 활짝 열렸다. 메넴은 장관들에게 특별한 권한을 부여해 막강한 공권력을 행사하게 했다. 국영기업들의 자산과 대차대조표의 사전 실사도 없이 흑자든 적자든 민영화할 권한을 줬다. 신페론주의자들이 주도했고 급진당에서 맞장구를 쳤다. 뇌물 의원들의 협조로 아르헨티나 최대 공기업인 석유공사와 가스공사의 민영화가 통과되었다. 연이어 텔레비전과 전화 회사, 도로와 철도의 사업권, 국영 항공, 라디오 등 국가 핵심 사업의 민영화도 추진되었다. 외국 기업들은 본국에서 못하던 일을 아르헨티나에서는 자유자재로 했고, 정부는 민영화된 기업에 여전히 국가보조금을 지급했다. 이들 기업은 선거운동의 돈줄이었고, 주요 국책 사업의 간여자였다. 그 과정에서 시장 보호, 천문학적 보조금, 세금 혜택, 바가지요금, 벌금과 처벌 면제, 사업권 연장, 달러 부채의 페소 전환 등 온갖 특혜가 제공되었다.

영화에서는 신자유주의의 광풍이 공화국의 추락을 가져왔다고 지적한다. 이는 아르헨티나에서 소수의 탐욕을 위해 다수의 시민들을 배제하는 정치가 만연했다는 것을 가리킨다. 정치 공동체의 주권자인 시민들이 자유롭고 평등한 존재로 정치에 참여하는 일이 형식적인 법조문으로만 존재했다는 것이다. 심지어 국가 예산을 의회에 앞서 워싱턴에서 승인받는 일도 있었는데 이를 솔라나스 감독은 '무릎 꿇은 국가'라고 부른다.

이 밖에도 〈사회적 학살〉에서는 수입자유화, 민영화, 석유산업 정리, 담합주의와 마피오크라시(Corporativismo y Mafiocracia)라는 제목으로 아르헨티나 정치와 경제의 타락상을 강하게 고발하고 있다. 영화는 실업이 전염병처럼 사회로 번져나가면서 노동자들의 임금이 줄고 사회보장 혜택에서 제외되는 사람도 늘었다는 사실을 전해준다. 한때 라틴 아메리카 가운데 사회적 권리가 가장 앞섰던 국가에서 수많은 극빈자들이 산 카에타노 성당으로 몰려가 수호성인에게 도움을 청하는 지경에까지 이르렀다고 한다. 그런데 그들의 보호자가 되어야 할 정당과 노동총동맹(CGT)은 자신들의 특혜에만 매달리고 있다는 것이다.

신자유주의의 물결은 시차를 달리해 한국에도 몰아쳤다. 신자유주의를 신봉하는 한국의 정부들은 시장 개방과 감세, 노동시장 유연화에 더해 민영화도 본격적으로 추진하고 있다. 한국에서 민영화의 문제점을 다룬 영화로는 2012년에 김형렬 감독이 만든 다큐멘터리 〈맥코리아〉가 있다. 맥쿼리는 '맥쿼리 한국인프라투자운용주식회사'를 말한다. 서울시 민간투자 사업 1호로 개통된 우면산 터널은 장밋빛 전망과 달리 통행량이 예상에 훨씬 못 미쳐 시 재정으로 적자를 보전해주고 있는데, 영화는 이것이 부풀리기 수요 예측으로 맥쿼리에 과도한 최소운영수입보장(MRG)을 해주기 때문이라는 사실을 밝힌다. 문제가 되는 사업은 우면산 터널뿐만이 아니다. 영화는 서울 지하철 9호선, 인천공항고속도로, 인천대교, 천안·논산 고속도로, 서울·춘천 고속도로, 마창대교, 수정산 터널 등 무려 14개에 달하는 맥쿼리의 민간투자 사업의 폐해를 까발린다. 지방재정은 바닥나고 법적 제재를 가하려 해도 방법이 없다. 〈맥코리아〉는 국가의 주요한 자산을 외국자본들이 운용하고 제 멋대로 수익 사업화하고 여기에 국민의 세금이 투입되는 구조를 낱낱이 파헤쳐 보여준다. 이 영화가 개봉된 후 투기자본감시센터는 서울시의회, 경실련 등과 함께 '맥쿼리와의 불공정 계약 파기와 영화 〈맥코리아〉 응원을 위한 서명' 운동을 펼쳤다.

신자유주의에 맞선 세계 시민사회의 저항

〈배틀 인 시애틀(Battle In Seattle)〉(2007)은 등장인물은 가상이지만 실화를 기반으로 했다. 영화의 배경은 1999년 11월 시애틀에서 개최된 WTO 총회인 밀레니엄 라운드(Millennium Round)이다. 우루과이 라운드가 발효된 1995년 1월 창설된 WTO의 공식적 목적은 "무역이 원활하고 자유로우며 공정하고 질서정연하게 이루어질 수 있도록 돕는 것"이다. 이를 위해 중립적으로 무역협정을 집행하고, 무역 협상 논의의 공간을 제공하며, 무역 분쟁의 해결을 돕는다. 또한 각 정부의 무역정책을 심의하고 기술적 자문과 교육 프로그램을 통해 개발도상국이 무역정책을 수립하는 데 협조한다고 한다. 우루과이 라운드 협정의 사법부 역할도 수행해 국가 간 무역 분쟁에 판결권을 행사하고 분쟁을 조정한다. 여기서 알 수 있듯이 WTO는 무역과 관련한 방대한 분야에서 관세 및 무역에 관한 일반 협정(GATT)과 달리 법률로 회원국을 제재하는 것이 가능하다.

지금까지도 WTO를 둘러싼 찬반 논쟁이 지속되고 있다. WTO는 자유무역이 이루어질 수 있는 엄격한 조건이라는 뜻으로 차별이 없는 '공정한' 무역 체제 창출을 추구한다고 하지만 이런 언급은 중립적이지 않고 이데올로기적이라는 비판이 제기된다. 또한 비판자들은 자유무역이 WTO가 내세우는 대로 빈곤한 국가에 경제성장과 소득 증가를 안겨주지 않으며, 무역정책 심의도 매번 같은 정책 처방을 내리는 데 그치고 있다고 한다. 또한 "고무한다", "도와준다", "공동으로 평가한다" 같은 표현으로 사실상 여러 국가들이 움직여나가도록 규율을 강제하고 지도하고 다그치고 경고한다는 것이다. 이들은 선진국들이 일방적으로 선언하고 시행하도록 밀어붙인 무역정책과 관행으로 인한 혜택은 주로 다국적기업이나 대기업에 집중되는 반면, WTO가 주도

하는 자유무역 체제가 엄청난 생산과 대량소비를 동반하면서 환경오염을 유발하고 개도국 노동자들의 고용이나 노동조건을 악화시킨다고 주장한다.

〈배틀 인 시애틀〉은 1999년 WTO 총회에 맞선 세계 시민사회의 저항을 담았다. 영화는 WTO가 대다수 국가들의 국경을 허무는 수단에 불과하며 삶의 가치보다 돈의 가치를 우선시한다고 말한다. 미국의 대기오염방지법 폐기(1995), 유럽의 소비자에 대한 유전자조작식품 강요(1998), 카리브 지역 소규모 바나나 농가들의 대기업 횡포로 인한 파산(1998) 등의 사례에서 보듯이 WTO의 규제가 정부의 권력을 능가하고 있다는 것이다. 그런 점에서 도입부에서 제이 알리건과 루이스 필립스의 동료들이 크레인 위에 설치한 대형 펼침막에 쓰여 있는 "민주주의(DEMOCRACY) → ← WTO"라는 글귀는 매우 상징적이다.

1999년 11월 29일 월요일, 노조와 환경 단체, 인권 단체 등 5만 명 이상의 시위대가 메모리얼 스타디움에 집결하려 한다. 시위대 내에서는 1968년처럼 폭력 시위가 발생할 것을 우려해 비폭력적으로 대처하자는 주장이 나온다. 그러나 내부 모임에서 감옥에 갈 준비가 된 사람을 묻는 질문에 모두 손을 든다. 시위대들은 크고 기다란 연통을 이용해 서로 팔을 묶은 뒤 원을 형성한다. 이들이 외곽에서 교차로를 막았기 때문에 WTO 총회의 대표단들은 회의장에 참석하지 못한다. 불만이 제기되자 경찰은 바리케이드 밖에서는 아무도 체포하지 말라고 했다면서 교통 체증으로 문제가 많다고 말한다. 그러나 백악관에서 재촉 전화가 오자 해산 작전을 실시한다. 최루탄이 터지고 경찰은 시위대를 쫓으며 무차별 폭력을 가한다.

이들 시위대는 출신과 정치 성향이 이질적인 다양한 사람들로 구성되어 있었지만 그럼에도 이들을 하나로 묶는 공통의 관심사가 있었다. 영화에서 한 기자가 시위를 이끄는 쟁고 밀스에게 "거북 보호도 중요하지만 더 중요한 세계적 문제를 제기해야 하지 않을까요?"라고 질문을 던진다. 이에 대해 쟁고는 "똑같다는 느낌 안 드세요? 멸종 위기종에 적용된 룰과 수백만 명의 노동자들이 아웃소싱으로 밀려나고 우리 환경의 질이 떨어지거나 먹거리가 위협받는 게?"라고 대답한다. WTO 총회에서 인권, 노동, 환경 등의 쟁점들은 정식 의제가 아니었다. 경찰이 발사한 최루가스를 덮어 쓴 한 시위대의 몸에는 "WTO의 정책이 이 몸을 위협합니다"라는 구호가 쓰여 있었다. 그들이 내건 펼침막에 적힌 구호들, "WTO에 반대하자", "WTO가 민주주의를 끝장내고 있다", "기업의 탐욕을 멈춰라", "노동자들의 권리를 세계화하자" 등은 이들 시위대가 공동으로 제기하는 요구이기도 하다.

'블랙 블록(Black Bloc)' 단원들을 중심으로 일부 시위대가 가게 유리창을 부수고 스프레이로 낙서를 하면서 시위의 양상이 바뀐다. 이들은 폭력 행동이 메시지를 전달하는 최선의 방법이라고 여긴다. 기업의 지배가 확산되는 걸 막고, 다른 별들은 5억 년 동안 아무렇지도 않은데 왜 지구는 전 세계가 오물로 뒤덮이고 있는지 세계에 알리고 싶다고 말한다. 반대자들은 언론이 폭력 시위를 부각시킨다며 신중할 것을 요구한다. 가게 기물이 파손되자 가게들이 문을 닫는다. 스타벅스 회장인 하워드 슐츠(Howard Schultz)는 크리스마스 연휴 대목 시작인데도 매장을 다 닫아야 했다면서 이건 말도 안 된다고 말한다. 결국, 시장에게 긴급사태와 통행금지를 선포하고 시위대를 일격에 진압하자는 의견이 개진되고, 시장은 주 방위군 투입을 승인하고 시애틀에 비상사태를 선포한다. 실제로도 당시 폴 셀(Paul Schell) 시애틀 시장은 통행금지와 50블록의 시위 금지 구역을 선포한 바 있다.

'시애틀 전투'는 거대한 권력의 담을 넘지 못했다. 세계화와 WTO에 반대하는 시위는 실패로 끝났다. 그러나 '다른 세계'에 대한 희망도 여전히 이어지고 있다. 영화에서 절대 이길 수 없다며 화를 내며 떠나려 하는 루를 붙들며 제이는 포기하면 실패하는 것이고, 네가 세상을 바꿀 수 있다는 것을 안다면서 멈추지 말라고 설득한다. 총회장에서 아프리카 대표는 이렇게 주장한다. "주초엔 우리 모두 가슴속에 희망을 품고 여기 왔습니다. 우리나라를 위해 더 좋은 해결책을 찾을 거란 희망이었죠. 지난 우루과이 라운드와는 다를 거란 약속도 했습니다만. 우리에 대한 대우도 그럴 거라고 들었습니다. 하지만 짐승과 다름없는 취급을 받았습니다. 제3세계 국가에 대한 속임수는 또 다른 식민주의와 다름없었습니다. 저 밖의 시위대를 불러서 좀 들어보라고 하세요! 우린 가장 중요한 의제에서 소외되고 무시당했습니다. 필요한 합의안은 이번 회의에서 부결되었습니다. 우린 대표단을 안 보내겠소. 계속 우릴 이용하고 착취할 심산이라면."

영화의 메시지는 엔딩 크레디트에 나오는 다음의 자막에서도 분명히 드러난다. "2001년 도하에서 새로운 라운드가 시작되었다. 2001년 WTO는 필수 의약품에 대한 접근이 상업적 이익에 우선해야 한다는 판단을 내렸다. 빈곤국들의 요구를 의제에 올리기로 합의했다. 2003년 칸쿤. 개도국들은 실제 의제가 실패한 WTO 모델을 확대하는 것임이 분명해지자 퇴장해버렸다. 한국의 전농 지도자인 이경해가 시위 중 자결했다. WTO로 인해 인도의 지역 시장에 수입품들이 쇄도하자 부채에서 벗어나기 위해 4만여 명의 농부들이 자살했다. 전 세계 3600만 명 이상이 이라크 전쟁에 반대하는 사상 최대의 시위를 벌였다. 2007년까지 도하 결의문은 필수 의약품 문제를 포함해서 거의 진전을 보지 못했다. 빈곤국들의 통상 문제는 아직 의제에 오르지 못했다. 미국에서 수백만 개의 일자리가 사라졌고, 임금은 감소했으며, 오염된 식품 수입이 급증했다. 그렇지만 또 다른 세계를 만들려는 사람들의 노력을 멈추진 못했다. 스위스, 에콰도르, 온두라스, 인도, 한국, 필리핀 등 세계 전역에서 전투는 계속된다."

월 스트리트 Wall Street: Money Never Sleeps (미국, 2010)

감독　올리버 스톤

각본　앨런 러브 Allan Loeb, 스티븐 시퍼 Stephen Schiff, 스탠리 와이저 Stanley Weiser, 올리버 스톤

배우　마이클 더글러스 Michael Douglas, 샤이아 라보프 Shia LaBeouf, 케리 멀리건 Carey Mulligan, 찰리 신 Charlie Sheen, 수전 서랜던 Susan Sarandon, 조시 브롤린 Josh Brolin, 바네사 페를리토 Vanessa Ferlito, 프랭크 란젤라 Frank Langella

브래스드 오프 Brassed Off (영국·미국, 1996)

감독　마크 허먼 Mark Herman

각본　마크 허먼

배우　피트 포슬스웨이트 Pete Postlethwaite, 타라 피츠제럴드 Tara Fitzgerald, 이완 맥그리거 Ewan McGregor, 짐 카터 Jim Carter

사회적 학살 Memoria Del Saqueo (스위스·프랑스·아르헨티나, 2004)

감독　페르난도 E. 솔라나스 Fernando E. Solanas

배틀 인 시애틀 Battle In Seattle (캐나다·미국·독일, 2007)

감독　스튜어트 타운센드 Stuart Townsend

각본　스튜어트 타운센드

배우　앤드루 벤저민 Andre Benjamin, 제니퍼 카펜터 Jennifer Carpenter, 우디 해럴슨 Woody Harrelson, 마틴 헨더슨 Martin Henderson, 레이 리오타 Ray Liotta, 코니 닐슨 Connie Nielsen, 미셸 로드리게스 Michelle Rodriguez, 라드 세르베드지야 Rade Serbedzija

레이닝 스톤 (Raining Stones, 1993)　켄 로치 감독

풀 몬티 (The Full Monty, 1997)　피터 카타네오(Peter Cattaneo) 감독

마진 콜: 24시간, 조작된 진실 (Margin Call, 2011)　J.C. 챈더(J.C. Chandor) 감독

월 스트리트: 분노의 복수 (Assault on Wall Street, 2013)　우베 볼(Uwe Boll) 감독

맥코리아 (2012)　김형렬 감독

참고문헌

김달관. 2007. 「아르헨티나의 포퓰리즘: 페론과 메넴의 비교 사례 연구」. ≪국제지역연구≫, 제
　　11권 3호.

바우만, 지그문트(Zygmunt Bauman). 2013. 『부수적 피해: 지구화 시대의 사회 불평등』. 정
　　일준 옮김. 민음사.

박병수. 2004. 「신자유주의 경제 재편의 사회적 수용과 국가의 역할: 아르헨티나 메넴 정부를
　　사례로」. ≪라틴 아메리카 연구≫, 제17권 4호.

박선미·김희순. 2015. 『빈곤의 연대기: 제국주의, 세계화 그리고 불평등한 세계』. 갈라파고스.

사드필류, 알프레도(Alfredo Saad-Filho)·데버러 존스턴(Deborah Johnston) 엮음. 2009. 『네
　　오리버럴리즘: 신자유주의는 어떻게 세계를 지배하게 되었는가?』. 김덕민 옮김. 그린비.

지젝, 슬라보예(Slavoj Zizek) 외. 2012. 『점령하라』. 알에이치코리아.

하비, 데이비드(David Harvey). 2005. 『신제국주의』. 최병두 옮김. 한울.

하비, 데이비드(David Harvey). 2007. 『신자유주의: 간략한 역사』. 최병두 옮김. 한울.

하이에크, 프리드리히 A.(Friedrich August von Hayek). 2006. 『노예의 길: 사회주의 계획경
　　제의 진실』. 김이석 옮김. 나남출판.

홀, 스튜어트(Stuart Hall). 2007. 『대처리즘의 문화 정치』. 임영호 옮김. 한나래.

홍익표. 2013. 「신자유주의: 경제에 침식된 정치」. 『한국 정치를 읽는 20개의 키워드: 신자유
　　주의부터 포퓰리즘까지』. 오름.

18장

모두를 위한 나라여야 한다

〈랜드 앤 프리덤〉〈마리포사〉〈브이 포 벤데타〉

공공의 것이라는 말이 시민 전부에게 해당되는 국가를 앞세우고 애정으로 대할 필요가
있고, 그런 조국을 위해서라면 죽을 수도 있어야 하고, 그런 조국에서는 우리 것을 모조
리 내놓고 봉헌하다시피 해야 하네.

키케로(Marcus Tullius Cicero)

공화국이란 무엇인가?[1]

공화국이란 '모두를 위한 나라'를 가리킨다. 역사적으로 공화국은 아테네
의 폴리스와 로마의 공화국에서 그 기원을 찾을 수 있다. 특히 공화국에 대
한 사상을 정립하고 이를 후대 사람들에게 지적 유산으로 남겨준 이는 로마
의 철학자이자 정치가인 키케로이다. 키케로는 카이사르에 맞서 자신의 나
라 로마를 '공공의 것(res publica)'이라고 지칭한다. 키케로가 활동하던 시기

---

[1] 이 절은 홍익표(2013: 128~139)를 수정·보완했다.

는 로마 제국 말기인데, 게르만족의 대이동으로 법률적 정체성과 종족적 정체성이 뒤얽히던 시기였다. 키케로는 법률의 보편 원리를 다룬 책인 『법률론(De Legibus)』에서 자신에게는 두 개의 조국이 있다고 말한다.

확실히 나는 그 사람에게도 그렇고 자치도시 출신들 모두에게도 조국은 둘이라고 생각하네. 하나는 태생의 조국이고 또 하나는 시민권상의 조국이지. 저 카토로 말한다면, 비록 투스쿨룸에서 태어났지만 로마 인민의 시민권을 받았지. 그래서 출신으로는 투스쿨룸 사람이지만 시민권으로는 로마인이어서 장소상의 조국과 법률상의 조국이 다른 셈이지. …… 우리도 우리가 태어난 곳을 조국으로 삼으면서 우리가 받아들여진 곳을 또한 조국이라고 여기지. 그렇더라도 공공의 것이라는 말이 시민 전부에게 해당되는 국가(qua rei pulicae nomen universae civitati est)를 앞세우고 애정으로 대할 필요가 있고, 그런 조국을 위해서라면 죽을 수도 있어야 하고, 그런 조국에는 자신을 오로지 헌신해야 하며, 그런 조국에서는 우리 것을 모조리 내놓고 봉헌하다시피 해야 하네(키케로, 2007: 117~118).

키케로가 '태생의 조국(patria naturae)'보다 '법률상의 조국(patria iuris)'을 상위에 놓고 있음을 알 수 있다. 여기서 키케로는 법이란 신과 인간에게 공통되는 것이고, 시대를 초월하는 영원성을 띠는 무엇이라고 한다. 신에게 있는 영원법이 인간의 양심 내지 예지로 박혀 있고 그것이 대다수가 인정하는 실정법으로 받아들여질 때에 '법률'이라는 것이다. 모든 법률은 '시민의 안녕과 국가의 안전과 인간들의 평온하고 행복한 생활'이라는 공공복리의 목적을 갖는다(키케로, 2007: 142). 이런 까닭에 개개인에 대해 태생의 조국이 차지하고 있는 영향권보다 법률상의 조국이 미치는 영역이 훨씬 넓고 보편적이다. 그래서 '공동의 일'이라고 할 것이 더 많으며, 종국에는 전체 구성원을 하나로 묶을 수 있다는 것이다. 왜냐하면 국가란 누구에게나 해당하고 모두의 이해관계와 연관된 문제를 다루는 것이기 때문이다(안재원, 2004). 인민의 소유물인 국가 전체에 대한 주장은 『국가론(De Re Publica)』에서 다시 한 번 언급된다. "국가는 인민의 것입니다. 인민은 어떤 식으로든 군집한 인간의 모임 전체가 아니라, 법에 대한 동의와 유익의 공유에 의해서 결속한 다수의 모임입니다"(키케로, 2007: 130).

키케로는 공화국 사상을 시민이라면 누구나 동등한 자격으로 지배에 참여하는 공동의 국가를 이뤘던 고대 그리스에서 물려받았다고 한다. 소포클레스(Sophocles)의 비극 『안티고네(Antigone)』에서 하이몬은 "한 사람이 지배하는 곳은 폴리스가 아니다"라고 단언하는데, 여기에 공화국 사상이 담겨 있다는 것이다. 아리스토텔레스도 인간을 '폴리스적 동물(zõion politikon)'이라고 규정한 뒤, "지배하는 자가 지배받고 지배받는 자가 지배하는 곳"이 폴리스라고 했는데, 공화국은 이렇게 시민이라면 누구나 동등한 자격으로 지배에 참여하는 공동의 국가에서 기원한다고 할 수 있다(조승래, 2010: 16~17). 로마 공화정 몰락 이후 공화주의가 부활한 것은 15세기 피렌체에서 시민적 휴머니즘을 주장한 사상가들 덕이었다. 그 길을 연 사상가들 중 하나가 바로 레오나르도 브루니(Leonardo Bruni)였다. 브루니는 14세기 말~15세기 초 피렌체의 제1서기장으로서 밀라노 비스콘티가의 위협 앞에서도 비타 악티바(vita activa)의 이상을 제시해 이후 공화정의 초석을 놓았다고 평가된다. 역사학자인 존 포콕(John G. A. Pocock)은 브루니가 강조한 시민적 가치에 대해 다음과 같이 말한다.

행동적 비르투스가 포르투나와의 대결 속에서 그 최고의 발전을 성취하기 위해서는 시정에 대한 완전한 참여가 요구되며, 시민은 장관을 선임하고 법을 제정하며 결정을 내리는 일에 개입하지 않으면 안 된다. 피렌체는 이런 요구에 부응할 수 있다. 왜냐하면 그것은 평민적 성격의 공화국으로서, 관직 대부분이 시민들 대부분에게 개방되어 있을 뿐만 아니라, 시민 개개인은 비록 약간의 자격 제한이 있다 하더라도 재산이나 기타 다른 종류의 자격 때문에 고위직 몇몇을 포함해 다양한 수준의 책임을 떠맡으면서 정치 생활에 참여하는 데 더 이상의 제한을 받지 않기 때문이다(포콕, 2011: 182~183).

니콜로 마키아벨리(Niccoló Machiavelli)는 근대 정치학의 원리를 최초로 제시한 정치가이다. 그는 피렌체 등 도시국가가 과두정치와 외부 침략으로부터 어떻게 주권과 인민을 지킬 수 있는가를 고민했고 통일 이탈리아의 건설과 그 과업을 달성할 군주상을 모색했다. 그러나 마키아벨리는 다수가 정치권력의 핵심이며 그들의 정치 의사가 공공선이라고 말한 사상가로, 공화주의의 발전에 크게 기여했다고 평가되기도 한다. 이 같은 그의 사상이 집대성되어 있는 책이 바로『로마사 논고(Dicorsi sopra la prima deca di Tito Livio)』이다. 이 책에서 마키아벨리는 공화국을 주요 논증 자료로 삼아 도시의 정치체제를 분석한다. 그는 왜 어떤 도시들은 위대함을 이루게 되었는지, 특히 로마라는 도시는 어떻게 최고의 위대함을 달성할 수 있었는지 설명한다. 마키아벨리에 따르면, 위대함을 지향하는 도시는 전제군주의 지배에 의해 '내적으로' 부과된 것이든 제국주의 세력에 의해 '외적으로' 부과된 것이든 간에 어떤 종류의 정치적 예속에서든 자유로워야 한다. 결국 어떤 도시가 자유롭다고 말하는 것은 그 도시가 공동체의 권위 외에 다른 모든 권위로부터 독립적이라고 말하는 것과 같으며, 이에 대해 기술하는 것은 곧 스스로 다스리는 국가에 대해 논하는 것이다. 그러면서 도시를 위대하게 만드는 것은 개별적인 선이 아니라 공공선이며 이러한 공공선은 의심할 여지 없이 공화국에서

만 중요한 것으로 간주된다고 한다(스키너, 2010: 101~103).

마키아벨리는 "공화국은 행복한 나라라고 할 수 있다. 이러한 나라에서는 다행히 매우 신중한 인물이 있어서, 그 심사숙고 덕택에 법률도 매우 적절하게 제정되어 사람들은 모두 평온한 생활을 유지하면서 개혁 소동을 일으킬 필요가 없다"(마키아벨리, 2008: 80)라고 지적한다. 여기서 마키아벨리는 위대한 업적을 달성하는 것이 단지 행운의 결과만이 아닌 비르투(virtù)와 결합한 운명의 산물이라고 한다. 여기서 비르투란 우리가 불운을 차분하게 견딜 수 있게 해주는 동시에, 운명의 여신에게는 호의적인 관심을 이끌어낼 수 있도록 하는 자질이다.[2] 그는 로마인이 자유를 유지하고 강력하고 위대해진 것은 자신들의 운명을 최상의 비르투와 결합했기 때문이라며, 그 결과 민중은 "400년 동안 왕정의 적이자, 자신이 태어난 도시의 영광과 공공선을 사랑하는 사람들"이 되었다고 한다(스키너, 2010: 104~107).

키케로에 의해 처음 논의되고 마키아벨리에 의해 강조된 공화국을 지향하는 신념 또는 담론 체계인 공화주의는 17~18세기의 사상가들과 정치가들에

---

2 스키너(2010)에 따르면 마키아벨리는 외교관이자 군주의 조언자이고 자유 이론가이자 피렌체 역사가이다. 특히 마키아벨리는 정치인들에게 요구되는 자질에 대해 설파한 가장 유명한 사상가이기도 하다. 그는 공적 영역인 정치에서 요구되는 지도자의 담대한 능력인 '비르투'를 불운을 차분하게 견딜 수 있게 해주는 동시에 운명의 여신에게서 호의적인 관심을 이끌어낼 수 있도록 하는 자질이라고 정의한다. 지도자는 용맹하고 단호하고 군사적으로 탁월해야 할 뿐만 아니라 인민의 동의를 얻어야 하고, 낡은 제도를 개혁하며, 엄격하면서도, 너그러운 통치술과 동맹의 기술을 갖춰야 한다는 것이다. 또한 사자의 용기와 여우의 교활함이라는 동물적 역량도 겸비해야 하지만, 그러나 사악함으로는 진정한 영광을 얻을 수 없다는 점도 같이 밝힌다. "군주는 여우와 사자 가운데 선택해야 한다. 사자는 함정으로부터 스스로를 방어할 수 없고 여우는 늑대들로부터 스스로를 방어할 수 없기 때문이다"라는 말은 강렬한 대비 효과를 기대하고 쓴 명제라는 점을 감안해야 한다.

게로 이어지면서 정치 변동에 상당한 영향을 미쳤다. 17세기 영국의 의회파 지식인들은 공화주의적 신념으로 무장하고서 전제 왕정을 타도했으며, 18세기 미국 혁명과 프랑스 혁명에도 공화주의 정신이 결정적인 영향을 끼쳤다. 그러나 공화주의는 미국 혁명과 프랑스 혁명의 소용돌이가 잦아들고 자본주의가 급속히 진전되면서 빛을 잃어갔다. '공화주의적 자유'는 시대착오적 개념으로 치부되고, 대신 소극적 자유를 강조하는 자유주의적 자유가 주류를 이루게 된 것이다(조승래, 2010: 20~29).

자유주의적 자유는 개인이 자기의 욕구를 추구하는 과정에서 일정한 유형의 간섭이 없는 상태를 의미하는 소극적 자유(negative liberty)와 상통하는 개념이다. 개인과 국가 간의 관계에서 소극적 자유는 국가의 간섭이 부재하거나 최소한에 그칠 것을 요구한다. 자유주의적 자유는 파시즘과 현실 사회주의를 경험하면서 점차 세를 불려갔고 1970년대 말에 이르러서는 적극적 자유(positive liberty)에 기초한 복지국가를 공격하면서 대세를 이루게 되었다. 대표적으로 오스트리아 출신의 경제학자인 프리드리히 폰 하이에크는 공화주의적인 적극적 자유가 전체주의로 귀결될 수밖에 없다고 주장하면서 신자유주의에 이론적 정당화를 제공했다. 그러나 지배 이데올로기로 자리 잡은 신자유주의는 사적 영역 확보만을 추구함으로써 인간 사회의 공동체적 기반을 훼손하는 부작용을 가져왔다. 이에 맞서 역사학자 쿠엔틴 스키너(Quentin Skinner)와 정치학자 리처드 벨러미(Richard Bellamy), 철학자 필립 페팃(Philip Pettit) 같은 학자들이 공화주의적 자유론을 새롭게 제시했다.

그렇다면 공화국이란 어떤 특징을 지닐까? 공화국이란 공동의 이익을 실현하기 위해 공동체의 구성원들이 공동의 참여와 공동의 결정으로 법을 만들어 통치하는 나라이다. '합의된 법과 공공 이익에 의해 결속된 다중의 공동체'인 시민들의 정치적·사회적 연대가 곧 공화국이다. 물론 공화국은 시대와 장소에 따라 내용이 다양하게 변화했다. 그렇지만 그 핵심적인 내용은 정치 공동체의 주권자인 시민이 개인의 사적인 자유보다는 공적 이익을 중시하고 이를 실현하기 위해 적극적으로 공적인 참여를 하는 것이라 할 수 있다. 이를 강조한 사람이 바로 프랑스의 정치가이자 사상가인 알렉시 드토크빌(Alexis de Tocqueville)이다. 토크빌은 미국을 여행하면서 중앙집권화된 행정과 위계적인 관리 제도가 없이 동등한 사회적 지위를 지닌 미국인들이 지역공동체에 자발적으로 참여해 대화와 토론 속에 자치를 행하는 것을 목격하고 깊은 인상을 받았다.

> 뉴잉글랜드의 주민들은 타운이 자주적이고 자유롭기 때문에 타운에 애착을 갖는다. 주민들은 타운의 업무에 적극적으로 협조하며, 타운은 주민들에게 복리를 제공한다. 그들은 타운에서 일어나는 모든 일에 참가한다. 그들은 자기 손이 닿을 수 있는 작은 영역 안에서 정부의 일을 한다. 그들은 바로 그런 형식에 익숙해지는 것이다. 만약 그런 형식이 없었다면 혁명을 통해서만 자유를 누릴 수 있었을 것이다. 그들은 그런 형식의 정신을 섭취하고 질서를 존중하는 태도를 갖게 되며 세력 균형 감각을 이해하게 되고 자기 의무의 본질과 자기 권리의 범위에 관해서 분명하고 현실적으로 인식하게 된다(토크빌, 1997: 122~129).

여기서 지역공동체 참여를 통해 법과 자치를 익히는 것을 토크빌은 '마음의 습관(habits of the heart)'이라 일컬었다. 이는 자질을 갖춘 시민들의 참여가 공화국의 운용에서 핵심적인 요소라는 뜻이다.

시민은 공화국과 불가분의 관계를 지닌 용어이다. 시민은 단순히 공화국의 구성원만을 일컫지 않고 정치 공동체의 주권자로 정치에 참여하는 공민을 지칭한다. 고대 그리스의 폴리스에서 형성된 시민은 도시나 국가의 통치에 참여할 수 있는 자격을 갖춘 사람으로 소수의 통치자에 복종하는 것이 아니라 시민들 자신이 자유롭고 평등한 권리를 갖고 정치 공동체를 만들어가는 데 함께 참여했다. 로마 시대에는 주권자로 인정되는 정치 공동체의 구성원들이 자신의 정치적 대표자를 선출할 수 있고 나아가 자유롭고 평등한 시민으로 정치에 참여할 수 있는 권리를 부여받았다. 공화국은 이러한 국가형태를 가리켰다. 시민 관념은 중세 시대에 퇴조했다가 종교개혁 이후 신 아래 평등한 시민이라는 관념으로 부활했다. 봉건적 토지 소유를 기반으로 하는 사회가 해체되고 자본주의 생산양식에 입각한 근대사회로 진입하면서 도시 상공업자 출신으로 자본을 축적한 자본가계급은 사회혁명을 통해 정치권력을 장악했다.

대표적으로 1789년 프랑스 혁명은 민주주의적 시민 개념이 확립된 결정적인 계기였다. 국민의회가 선포한 '인간과 시민의 권리선언'은 모든 개인이 시민으로서 법적·정치적으로 평등함을 선포함으로써 전통 사회에서 전승되어온 모든 특권을 폐지했다. 이 선언은 제6조에서 다음과 같이 일반의지로서 법률을 제정할 권리주체, 또 원천적으로 평등한 존재로서의 시민을 강조했다.

> 법은 일반의지의 표현이다. 모든 시민들은 직접, 또는 그들의 대표를 통해 그것의 형성에 협력할 권리를 갖는다. 법은 보호해주는 경우에도, 처벌을 가하는 경우에도 만인에게 동등해야 한다. 모든 시민들은 법 앞에 평등하므로 그들의 능력에 따라서 또 그들의 덕성과 재능 이외에는 어떠한 차별도 없이 평등하게 모든 공적인 위계, 지위, 직무에 오를 수 있다.

그러나 권리선언은 실제로는 시민의 지위를 인정받는 특정한 신분 집단의 법적·정치적 이해관계를 대변하는 것이었다. 이는 자유주의적 시민관이라고도 칭할 수 있다. 이는 국가의 공적 기능과 국가에 대한 시민의 의무를 수용하면서도 그와 동시에 국가가 재산권을 비롯한 개인의 자유를 침해하지 않을 것을 강조한다. 그러나 이런 시민관은 시장에서의 부르주아의 요구를 반영하는 것으로 자본주의 생산양식을 지속하는 역할을 수행하는 것이라는 점에서 한계가 있다(터너, 1997: 185). 실제로도 제3신분의 주축을 이뤘던 자본가계급은 전통적 지배 세력과 싸우는 과정에서 하층계급과 연대했지만 구체제 세력이 약화된 이후에는 자신들의 기득권을 유지하려고 하층계급과 갈등을 빚었다. 이런 점에 비추어 보면 개인주의를 중시하고 사회 불평등을 묵인하는 자유주의적 시민관보다는, 상호 신뢰와 협력을 통해 공공선을 추구하는 것을 강조하는 공화주의적 시민관이 더 바람직하다고 할 수 있다.

공화국은 개인들이 사적인 영역을 확보하고 자유를 추구하는 것을 비판하고 공동체의 구성원들이 공동의 이익을 실현하기 위해 공동의 참여를 행할 것을 강조한다. 그런 점에서 공화국은 공공성 추구를 핵심적 특성으로 삼는다고 할 수 있다. '공동의'라는 의미를 지닌 라틴어 푸블리쿠스(publicus)와 관련된 공공성이라는 용어는 17세기에 들어와 공적 복리, 공적 이익, 공적 질서 등의 의미를 지닌 용어로 사용되었다. 이 영향으로 정치 공동체는 올바른 목적을 지향해야 한다는 규범적 의미를 내포하게 되었다. 공공성은 시민, 공공복리, 공개성 세 요소(Die Trias des Öffentlichen)에 토대를 둔 개념이다(조한상, 2009: 21~34). 여기서 시민이란 국정에 참여할 수 있는 자유민을 일컬으며, 공공복리(salus publica)란 개인이 아닌 공동체 구성원 모두의 복리, 특수한 것이 아닌 일반적 복리를 가리키며, 공개성은 공개된 정보를 바탕으로 공개된 절차에서 자유롭게 의견을 교환함으로써 자신과 타인의 주장이 진정 올바른지에 대해 판단하고 결정할 수 있어야 한다는 것을 의미한다. 공개성과 관련해 위르겐 하버마스는 사회 구성원 간의 이성적이고 비판적인 토론과 대화가 이루어지는 공론장을 강조했다. 반면, 일부 학자들은 자유 시장을 공공성으로 이해했는데, 이는 불완전한 시장을 공공복리의 선험적 내용으로 간주한다는 데 논리적 결함이 있다. 이들과는 대조적으로 한나 아렌트나 마이클 월저(Michael Walzer) 같은 철학자들은 다양성을 기꺼이 환영하는 일, 또한 자신들 그리고 자신과 친숙한 것들을 넘어서는 공통 이익들의 담지자로서 시민들이 동료 시민들과 더불어 공동선을 추구하는 일을 도덕적 성숙성(moral maturity)으로 이해해왔다(에드워즈, 2005: 133).

공화국을 위한 국제적 연대

일반적으로 역사 영화는 과거의 사건들이 어떻게 개인의 삶과 현실 구조에 영향을 미치는가를 보여준다. 역사학자인 로버트 로젠스톤에 따르면, 역사 영화는 과거의 의미를 설명하기 위해 근사치의 적당한 인물, 상황, 이미지, 메타포들을 창조해낸다. 그리고 이러한 노력의 성패는 단지 영화가 의미 있고 유용한 역사를 얼마나 훌륭히 창조해내고 해석하느냐에 달려 있다는 것이다(로젠스톤, 2002: 19). 바로 여기서 켄 로치의 〈랜드 앤 프리덤〉이 갖는 가치를 발견할 수 있다. 주류 역사 영화는 흔히 과거를 '폐쇄된 것'이자 '완료된 것'으로 다루지만 이 영화는 과거와 현재 사이를 넘나들고 과거의 사건이 현재의 행위를 자극하도록 함으로써 과거는 아직 끝나지 않았으며 현재에도 계속해서 반향을 일으키고 있다는 것을 보여준다(힐, 2014: 440~441).

"스페인 혁명에서 시작된 하나의 이야기"라는 부제에서 알 수 있듯이 〈랜드 앤 프리덤〉은 스페인 내전을 배경으로 삼은 영화이다. 이 영화는 1995년

유럽 영화상에서 올해의 영화로 선정되었고, 같은 해 칸느 영화제에서 국제 비평가상을 수상했다. 자유주의와 공산주의 진영의 지원을 받은 공화정부와, 히틀러와 무솔리니의 지원을 받은 보수 우익·군부 세력이 치열한 다툼을 벌여 100만 명 가까운 희생자를 낸 스페인 내전은 세계사적으로도 중요하게 평가된다. 부르주아 민주주의(자유민주주의)와 사회주의, 파시즘이라는 3대 정치 세력이 모두 참여해 치열하게 다툰 첫 전쟁이기 때문이다. 여기에 세계 각국의 예술가들과 지식인들이 공화정부를 지원하기 위해 자발적으로 참전했기 때문에, 이데올로기가 낭만과 함께했던 마지막 전쟁으로 평가되기도 한다. 영국의 사학자인 앤터니 비버(Antony Beevor)는 스페인 내전의 특징에 대해 다음과 같이 지적한다.

스페인 내전은 자주 좌파와 우파의 충돌로 묘사돼 왔다. 그러나 그런 설명은 너무 단순하며, 오해를 불러일으킨다. 좌우의 충돌 말고도, 이 전쟁에서는 두 개의 갈등축이 더 나타난다. 하나는 국가의 중앙집권과 지역적 독립 간의 갈등이고, 다른 하나는 권위주의와 자유주의 간의 갈등이다. 우파 국민 진영은 소수 예외를 제외하고는 결속력이 강한 세 가지 극단적 경향이 한데 결합했기 때문에 공화 진영에 비해 훨씬 통일성이 있었다. 그들은 모두 우익이었고, 중앙집권적이었으며, 권위주의적이었다. 반면에 공화정부는 공존이 불가능하고, 서로가 서로를 의심하는 사람들이 모여 있는 혼란의 도가니였다. 중앙집권주의자, 공산주의로 대표되는 권위주의자들이 지역주의자, 자유주의자들과 어지럽게 한데 뒤섞여 있었다. 결국 내부 권력투쟁이 일어났고 무고한 공화국 전사들이 탈주자, 반역자, 스파이로 몰려 살해되었다. 그런 군대가 어떻게 전쟁에 승리할 수 있었겠는가(비버, 2009: 6).

영화는 내전이 한창이던 1936년에서 1937년 사이의 몇 개월 동안에 스페인의 아라곤 전선에서 한 부대의 활동을 다룬다. 무정부주의에 뿌리를 둔 준 트로츠키파 단체에 초점을 맞춘 데서 조지 오웰(George Orwell)의 『카탈로니아 찬가(Homage to Catalonia)』의 영향을 받았다고도 평가된다. 그렇지만 켄 로치와 작가인 짐 앨런(Jim Allen)은 중산층 지식인보다 노동계급 캐릭터의 시선을 통해 이야기를 전달하고 싶어서 이 소설의 영화화를 포기했다고 전해진다. 영화와 텔레비전 역사에 대한 연구로 알려져 있으며 켄 로치에 대한 연구서를 쓰기도 했던 존 힐(John Hill)에 따르면, 로치와 앨런이 영화 속 이야기를 택한 것은 크게 두 가지 이유 때문이라고 한다. 먼저, 그들이 공산주의 체제가 붕괴하고 철의 장막이 무너지자 스탈린의 러시아와 공산당에 반대하는 혁명주의자들의 과거를 다시 불러내고 싶어 했다는 것이다. 앨런도 "우리가 보여주고 싶었던 것은 사회주의는 스탈린주의와 다르며 사회주의를 그냥 땅에 묻어버리고서는 완전히 끝났다고 말하면 안 된다는 것"이었다고 지적한다. 프랑코 장군의 반란이 일어나자 다양한 노동조합과 정당이 일으킨 민병대인 인민군은 경례도 필요 없고 장교들은 선거를 통해 선발되며 모든 일은 토론과 투표를 거친다는 점에서, 행동 중인 사회주의의 한 사례를 보여주었다는 것이다. 이 영화는 주인공인 데이비드 개인의 궤적에 초점을 맞추는 동시에 그가 집단 활동 참여라는 계기를 통해서 사회주의의 의미를 더 폭넓게 이해하고 전과 다른 정치적 관점을 갖게 되는 것을 보여준다고 힐은 지적한다(힐, 2014: 440~446).

영화는 소파에 쓰러진 데이비드 카라는 노인이 앰뷸런스 운송 도중 사망하는 장면으로 시작한다. 그는 신문 기사 스크랩과 함께 이전에 스페인에서 가져온 붉은 스카프에 담긴 흙을 남긴다. 감독은 이 노인의 젊은 시절로 돌아가는 플래시백 기법을 이용해 관객에게 특정한 시기에 벌어진 역사적 사건을 전달한다. 주관적으로 역사를 재구축하려는 감독의 시도는 이어서 나오는 자막과 당시의 기록영화를 통해 더 뚜렷하게 나타난다. "1936년 스페인에서 사회주의자 연합, 공화주의자와 기타 좌익 정당들은 총선에서 승리했다. 그들은 일련의 민주개혁을 약속했다. 대지주, 자본가, 성직자, 장교들은 노동계급의 세력이 커지는 것을 두려워했다. 같은 해 7월 18일. 파시스트인 프랑코 장군이 이끄는 군부는 민주적으로 선출된 정부에 대항해 반란을 일으켰다. 인민전선 지지자들은 스스로를 지키기 위해 민병대(militias)를 창설했다. 노조와 정당들로 조직된 이들은 파시스트들에 대항해 민주적 권리를 위해 싸웠다." 엔딩 크레디트가 올라가기 전에 마지막으로 손녀딸이 낭송하는 윌리엄 모리스(William Morris)의 시도 마찬가지이다. "전투에 참여하라 / 아무도 실패할 수 없다 / 육신은 쇠하고 죽어가더라도 / 그 행위들은 모두 남아 승리를 이룰 것이므로."

이 낡은 기록영화는 아라곤의 사라고사 전선으로 이동하는 민병대 차량들에 '철도 노조', '전국 노동자 연합' 같은 노동조직의 명칭이 부착되어 있는 모습을 보여준다. 이들 차량을 노동자들이 몰수해 국유화했기 때문이다. 빨간 머플러를 한 남자는 전쟁의 의미를 이렇게 설명한다. "우리의 패배는 곧 여러분의 패배입니다. 스페인에서 프랑코가 권력에 다가갈수록 여기에서도 파시스트가 권력에 다가가는 것입니다. 프랑코가 싸움에서 이긴다면 모든 곳에 파시스트들이 들끓게 될 것입니다. 머지않아 놈들은 자유를 사랑하는 모든 민중을 야만과 전쟁 속으로 내동댕이칠 것입니다. 스페인, 영국, 미국, 중국 할 것 없이 우리는 평등 사회라는 같은 염원을 가진 같은 계급의 민중입니다. 우리와 함께 동참해, 우리의 투쟁을 여러분의 투쟁으로 만드십시오. 함께 나갑시다! 놈들은 통과할 수 없습니다. 통과 금지(No Pasaran)!"

데이비드 역시 놈들을 저지하지 않으면 너무 늦고 이곳 영국의 미래가 없어져버린다며 마르세유 해안에서 밀항선을 타고 스페인으로 향한다. 몰래 탄 기차 안에서 한 사내가 데이비드에게 여긴 왜 왔느냐고 묻는다. 데이비드가 공화국을 위해 싸우러 왔다고 말하자 그는 잘했다며 오는 사람이 많으면 승리도 빨리 찾아올 거라고 말한다. 도착한 곳에는 POUM(마르크스주의통일노동자당)의 깃발이 걸려 있고 마당에서 사람들이 막대기를 들거나 빈손으로 제식훈련을 받고 있다. POUM 민병대는 프랑스, 독일, 미국, 스페인, 스코틀랜드 등에서 건너왔고 전직도 제과사, 갑판장, 하인 등 다양한 사람들로 구성되어 있다. 그들을 한데 묶은 것은 이 민병대가 파시스트 타도와 노동자 그리고 농민혁명이라는 대의를 위해 어깨 걸고 함께 싸우는 민중의 군대라는 점이다. 민병대 내에서는 모든 일이 민주주의적으로 진행된다. 이들이 자긍심을 느끼는 까닭은 민병대가 경례가 필요 없고 장교를 투표로 뽑으며 모든 일을 토론하고 표결하는 등 사회주의가 살아 있는 곳이기 때문이다.

민병대가 해방시킨 마을에서 토지를 집단으로 경작할 것인가를 둘러싸고 벌어지는 토론은 민병대원들의 정치 성향을 드러내준다. 서둘러 농업의 집산화(collectivisation of agriculture) 체계를 갖춘 후 식량을 모아 전선으로 보내야 한다는 주장이 개진되고, 대지주의 토지를 몰수해 재분배하는 것은 좋지만 각자 소유하던 적은 땅은 그대로 두자는 이견이 제시된다. 혁명은 내일로 미뤄선 안 되고 즉각 완수해야 하는 것이며, 새끼 밴 암소와 같아서 돌보지 않으면 암소와 송아지까지 잃게 되고 아이들은 굶게 된다는 의견도 나온다. 파시스트에 반대하지만 적은 토지를 소유했고 집산화에 참여하고 싶지 않은 상인의 입장을 고려해야 한다는 주장, 농민을 반파시스트 세력과 대립시키려는 책략이므로 서로 싸우면 식량 생산을 위태롭게 할 것이라는 주장도 쏟아진다. 민중이 자기의 삶과 토지를 직접 관리할 수 있다는 걸 자각할 때 집산화가 현실화된다거나, 사람들은 자신이 무언가를 소유하고 있다고 생각하지만 아무것도 없다며 가난하지만 살아 있고 이제는 권력을 가지게 되었다는 것을 보여주자는 견해도 나온다. 그중 다수의 공감을 얻은 것은 다음과 같은 주장들이다.

"이 마을을 벗어나서 바라봐야 한다는 말은 틀린 게 아니야. 하지만 외국 은행들과 외국 정부들만이 아냐. 우리가 반드시 봐야 할 것은 바로 이 창문들 바깥이기도 해. 이 땅에는 200만 명의 토지 없는 농민들이 있어. 태어날 때부터 비참한 삶 이외에는 아무런 희망도 없는 신세지. 우리가 그 에너지를 지금 활용하지 않으면 이념은 죽어버릴 테고 아무것도 바뀌지 않은 채 이 짓도 헛수고가 될 거야. 이념이야말로 혁명의 근거인 거야."

"저 사람들은 이념과는 상관없이 죽게 될 거야! 프랑코군이 쳐들어오면, 프랑코가 이 전쟁에서 승리하면 수백 만 민중을 죽어버릴 거라고. 놈들에겐 아무것도 아냐. 그저 쓰레기에 불과하지. 전쟁에서 승리하지 못하면 이념을 실현할 기회도 얻지 못해. 이념은 책 속에 존재하는 것이 아냐. 있어야 할 곳에 존재해야 해. 현실의 민중을 위한 현실이 되어야 해."

이와 관련해서는 황보영조의 『토지, 정치, 전쟁: 1930년대 에스파냐의 토지개혁』을 살펴보는 것이 이해에 유용하다. 내전이 시작되면서 공화국에 충성하는 스페인에서는 농민들의 토지 점령과 분배가 속도를 냈다. 당시 토지의 사회화를 두고 두 가지 개념이 크게 대립하고 있었다. 아나키즘 노조는 자치단체가 운영하는 집산화를 주장했고, 사회노동당·공산당·카탈루냐통합사회당은 토지의 국유화를 주장했다. 내전이 끝날 때까지 농업부 장관은 공산주의자들이 맡았다. 공산주의자들은 토지 문제에 관해 자신들의 주장을 관철하고자 노력했다. 농업부장관 비센테 우리베(Vicente Uribe Galdeano)는 1936년 11월 7일 토지법을 공포해 공화국을 반대하는 데 직간접적으로 관여한 지주와 소작농 농지의 무상 수용을 합법화하고 그 농지를 국유화했다. 이와 더불어 농민들의 농장 점거 활동에 제동을 걸기 시작했다.

이런 가운데 1936년 여름부터 1937년 여름까지 농촌에서는 집산화와 사회혁명이 절정에 달했다. 아나키스트들은 전시 상황을 이용해 자신들의 이념을 실현할 기회를 갖게 되었다. 총회를 열어 주민들의 결정을 반영하고 공동 경작을 조직하며 민간 교역과 화폐를 폐지했다. 부르주아 사회의 대안을 마련하고 사회생활 전반을 관리해나갔다. 이러한 실험을 한 농업집단(Collectivadad agraria)들이 이 시기 공화 진영 1475곳에서 등장했고 40만 가구가 거기에 참여했다. 집산화 작업에 전국노동연합(Confederación National del Trabajo)만 참여한 것은 아니었다. 사회주의 성향의 노조인 노동자총연맹(Unión General de Trabajadores)이 협력하기도 했다. 지역에 따라 앞서거니 뒤서거니 하면서 집산화 과정에 참여했다. 이렇게 농업집단을 구성하는 데 강압과 폭력이 전혀 없었던 것은 아니다. 농민들의 자발적 지원 없이 구성된 경우도 많았다(황보영조, 2014: 299~300).

새로운 공산당 군대로 편입해야 무기를 계속 공급해준다는 결정을 둘러싸고도 논쟁이 벌어진다. 이러한 주장은 소련에서 파견된 고문관과 이들의 지시를 받는 공산주의자들이 고집했다. 파시스트에 맞선 공화국의 승리보다는 주도권을 장악하고 스탈린주의를 확대하는 데 더 열심이었던 이들은 내부 분열을 초래했다. 당연히 반발도 거셌다. 영화에서 한 민병대원은 새 군대의 창설이 스탈린주의자들의 의도대로 민중의 혁명 정신을 파괴할 것이라며 민병대는 투쟁의 심장이라고 말한다. 스탈린이 서방세계와의 협정에 서명하려면 거부감을 없애고 우호적으로 보일 필요가 있다는 것이다. 협박은 계속될 것이고 우리가 무기를 받아들이면 그들은 조건을 걸 것이며 그들에게는 파트너가 아니라 들러리가 필요한 거라고 말한다. 투표 결과, 지도부가 혁명 조직을 고수하면 계속 지지하겠다는 대원들이 다수를 차지한다. 중년 여인이 외친다. "서로 싸우지 말고 파시스트랑 싸워야지!" 그러나 반파시스트 전선은 깨지고 영국의 맨체스터와 리버풀 출신이 적이 되어 총질을 하고 식당에서는 양편이 뒤엉켜 싸운다. 부대는 해산된다. POUM이 불법 단체라면서 신문은 금지되고 지도부는 체포된다. 파시스트와 공모한 죄, 프랑코와 협력한 죄를 범했다는 이유로. 데이비드는 공산당원증을 꺼내 찢어버린 후 키트에게 편지를 쓴다.

"당은 썩었어. 이런 말을 하게 될 날이 올 줄은 정말 몰랐어. 역겹게 타락해버렸어. 바르셀로나에서 나는 선한 동지들이 체포되어 처형되고 고문실로 사라지는 걸 봤어. 아직도 계속되고 있지. 스탈린은 노동계급을 장기짝처럼 이용할 뿐이야. 팔아먹고 이용해먹고 희생시킬 장기짝. 큰 공격이 있을 거라는 소문이 나도는데 여전히 무기도 지원도 없어. 그러나 우리가 이길 거야. 모든 상황에도 우리의 정신만큼은 숭고해."

스페인 내전과 관련 있는 또 다른 영화로 〈마리포사(La Lengua De Las Mariposas)〉(1999)를 들 수 있다. 마누엘 리바스(Manuel Rivas)의 소설을 호세 루이스 쿠에르다(Jose Luis Cuerda) 감독이 영화화했다. 천식으로 호흡보조기를 늘 소지해야 하는 어린 소년의 눈을 통해 본 격동기 스페인 사회의 모습이 눈길을 끈다. 1931년 스페인 군주정이 종식되고, 스페인 공화국이 성립되었다. 새 정부는 그 후 5년 동안 보수적 교회, 군대, 지주(landed gentry), 파시스트들에게서 지속적으로 위협을 받았다. 스페인 민중은 자신들의 새로운 자유를 확대하고자 하는 열망을 품었지만, 전통적인 지배 세력을 신경 써야 해서 그만 중간에 갇혀 있었다. 영화는 그 중간에 갇힌 평범한 스페인인들의 고난에 눈을 돌린다. 초등학교 교사인 공화주의자 돈 그레고리오는 아이들을 때리지 않을 뿐만 아니라 따뜻하게 보살핀다. 아이들에게 인생을 가르치고 훌륭한 시민으로 성장하도록 이끈다. 영화에서 나비는 자유를 상징한다. "인간의 강한 정신에 자유가 깃들면 그 무엇도 자유의지를 꺾지 못하리. ……

책이란 집과 같은 것이란다. 책 안에서 우리의 꿈은 죽지 않고 안식을 찾지. …… 지옥은 저세상에 있는 게 아니야. 증오와 잔인함, 그게 지옥이지. 지옥은 바로 우리 자신 속에 있단다."

그레고리오는 퇴임사에서 이렇게 말한다. "인생의 가을에 접어들면서 이런 생각이 들더군요. 자유를 잃은 인간은 존재 이유를 잃은 것이다. 난 확신합니다. 스페인에서 단 한 세대만이라도 자유를 맛보며 성장하게 된다면 영원히 그들 마음속에 자유가 살아 숨 쉴 것이다. 그건 누구도 훔쳐갈 수 없는 것입니다. …… 모두 자유롭게 날아라!" 공화주의자들에 대한 압박이 점점 커지자 몬초 가족은 신문과 포스터, 당원증을 불태운다. 군인들에게 잡혀가는 그레고리오 선생 앞에서 파시스트들은 어린 몬초의 입으로 무신론자, 빨갱이라고 외치게 한다. 몬초는 그레고리오가 가르쳐준 나비와 새 이름인 '프로보시스', '틸로노린코'를 소리 높여 외친다. 영화 곳곳에는 감독의 상징이 배치되어 있다. 애정 행각을 벌이는 남녀를 향해 계속 짖다가 결국 남자에 의해 나무가 박혀 죽는 개. 늑대에 물린 충격으로 실어증에 걸려 단지 들을 줄만 아는 중국 여인 등은 가부장제, 교회, 파시스트들의 폭력에 대한 순종 혹은 저항을 은유하는 것들이다.

〈살라미나의 병사들(Soldados De Salamina)〉(2003)도 스페인 내전을 다룬 또 다른 영화로서 볼만한 가치가 있다. 스페인의 유명 작가 하비에르 세르카스(Javier Cercas)가 실화를 바탕으로 쓴 동명의 소설을 영화화했다. 주인공은 무솔리니가 통치하던 이탈리아에서 돌아와 파시스트당인 스페인 팔랑헤당을 창당한 신문기자이자 작가로, 당 최고 지도자 호세 안토니오 프리모 데리베라(José Antonio Primo de Rivera)의 고문이기도 했던 라파엘 산체스 마사스, 그리고 그를 내전 막바지에 벌어진 집단 총살 현장에서 살려준 공화국의 이름 없는 병사 안토니오 미라예스 두 명이다. '숲의 친구들'이란 그를 숨겨주고 도와준 세 명의 공화국 탈영병 병사들을 가리키는 이름이다. 스토리를 이끌어가는 소설가이자 대학교수가 이들 가운데 한 명이 남긴 수첩을 단서로 과거를 추적해나간다. 과거는 흑백 기록영화처럼 펼쳐진다. 공화국을 구성하는 이름 없는 평범한 사람들이야말로 진정한 영웅이라고 이 영화는 지적한다.

"이보시오, 젊은 처자, 아무도 내게 나라를 위해 청춘을 바쳐줘서 고맙다는 말 한마디 안 했소. 그 누구도. 그런 척을 한 적도 없었고, 편지 한 장 받은 적도 없었소. 아무것도 없었소." "자네가 찾고 있는 건 영웅이고 그 영웅이 나란 말이지? 영웅은 살아남지 못하는 법이오. 내가 전선으로 떠났을 때, 많은 청년들과 함께였었소. 다 나처럼 타라사 출신들이었어. 대개는 모르는 사람들이었지. 가르시아 수게스 형제, 미겔 카르도스, 가비 발드리크, 피포 카날, 뚱뚱이 오데나, 산티 브루가다, 조르디 구다욜…… 다 죽었소. 다들 정말 젊었고 하루도 이 사람들을 생각하지 않고 보낸 날이 없소. 그중 누구도 인생에서 좋은 일들이 뭔지 몰랐었소. 아내가 있었던 사람도 없었고, 일요일 아침에 침대로 파고드는 아들을 가진 사람도 없었소. 가끔 이 사람들을 꿈에서 보는데. 그 시절 그대로. 젊은 사람이지. 이 사람들한테 시간은 흐르지 않는 거요. 그 누구도 이들을 기억하는 사람이 없소. 이 세상 어느 나라의 무지렁이 시골 마을의 손바닥만 한 길 하나도 이 사람들의 이름을 딴 곳이 없소."

정부가 국민을 두려워해야 해요!

워쇼스키 형제(Andy Wachowski·Lana Wachowski)가 각본을 쓴 〈브이 포 벤데타(V for Vendetta)〉(2005)는 앨런 무어(Alan Moore)의 동명 그래픽 노블

이 원작이다. 자신이 추구하는 이념을 위해 헌신한 이들을 찬양하는 여주인공 이비 해몬드의 내레이션은 이 영화의 주제를 압축하고 있다. "기억하라! 기억하라! 11월 5일의 화약음모사건(the Gunpowder Treason and Plot)을! 그 사건을 결코 잊어선 안 된다. 그럼 그 남자는? 이름은 가이 포크스. 1605년, 그는 의사당을 폭파하려고 했다. 그는 누구였을까? 어떤 사람이었지? 그는 사람이 아닌 이념(idea)을 기억하라 배웠다. 사람은 실패하고, 체포되고, 처형되어 잊히니까. 400년이 지난 지금도 이념은 세상을 바꿀 수 있다. 난 이념의 힘을 목격했다. 이념을 위해 죽이고 죽는 사람을 봤다. 하지만 이념에 입 맞출 순 없다. 만지거나 잡을 수도 없다. 이념은 피를 흘리거나 고통을 느끼지 못하며 사랑하지 않는다. 내가 그리운 건 이념이 아닌 한 남자다. 11월 5일을 기억하게 만든 남자. 영원히 잊지 못할 남자."

영화의 무대는 독재자인 최고 의장 서틀러가 지배하는 가상현실의 잉글랜드이다. 권력이 분산되기는커녕 일인의 권력자에게 집중되어 있고 나머지 구성원들은 아무런 권리도 갖지 못한 채 그저 억압과 동원과 감시의 대상이 되는 전형적인 독재국가이다. 민주적 제도와 절차가 부재하다보니 권력자는 아무런 견제도 받지 않고 자의적으로 나라를 통치한다. 그런 점에서 서틀러는 조지 오웰의 『1984』에 등장하는 빅브라더와 같은 인물이라고 할 수 있다. 서틀러는 TV 연설을 통해 이렇게 외친다. "이제 20년 뒤면 전 세계는 하나의 식민지가 될 겁니다. …… 이민자들, 무슬림들, 동성애자들, 테러리스트들, 에이즈 환자들 죽어 마땅했어요. 단결을 통한 강력함, 믿음을 통한 단결입니다!" "하나 된 국민, 하나 된 조국!"이라는 구호와 황색 통금 경보의 발효는 이 체제가 일종의 파시즘을 기초로 하고 있다는 것을 알려준다. 통행시간을 넘겼다가 핑거맨들에게 붙잡혀 괴롭힘을 당하는 이비를, 마스크를 쓴 가이 포크스가 구한다. 가이 포크스는 이비에게 자신을 'V'라고 부르라 한다. "모습이 광대인지라 운명의 장난에 따라 가해자나 피해자가 되지. 이 마스크는 자취를 감춰버린 여론을 상징하며 또한 과거의 분노를 상기시켜 온갖 악행을 일삼으며 국민을 탄압하는 사악한 벌레들을 멸할 도구이지. 임무는 단 하나, 피의 복수! 정의로운 복수를 맹세하고 행함으로써 고통받는 자들을 해방시키는 것!"이라고 말한다. 이어서 V는 이비에게 형사재판소에 바치는 그의 협주곡이라며 아주 특별한 연주를 선사한다. 암울한 시대에 무용지물이 되어 정부의 규제와 탄압을 방관한 공로 덕분이라는 것이다. 곳곳에서 불꽃이 솟고 폭발음이 들리는 가운데 차이코프스키의 「1812년 서곡」[3]이 연주되는 장면은 장관이다.

서틀러는 크리디 당수, 핀치 경감 등이 참석한 화상 회의에서 범인을 색출하지 못하면 정부의 능력과 권위가 의심받을 것이라면서 반드시 테러리스트를 잡아 진정한 공포가 뭔지를 가르쳐주라고 압박을 가한다. 텔레비전 방송인 BTN 뉴스에서는 낡은 재판소 철거를 맡은 기술자들이 성대한 고별인사를 해주고 싶었다며 예정된 철거였지만 음악과 불꽃놀이는 즉흥적인 결정이었다고 말한다. 몸에 폭탄 띠를 두른 V가 방송국에 나타나 비상 채널로 메시지를 전한다. 이 연설은 민주주의가 실종된 나라에서 독재자의 감시 속에 침묵과 순종의 삶을 살아가는 사람들에게 다시 공정과 자유, 정의의 가치를 상기시키려는 V의 호소이자 외침이다. "런던 시민 여러분! 아무도 기억하지 않

---

3   1812년은 러시아의 역사에서 특별한 해이다. 바로 나폴레옹의 러시아 침공이 있던 해로 러시아인들은 '조국전쟁'이라고 불리는 이 전쟁에서 프랑스군을 패퇴시켰다. 관현악곡에서는 사용되지 않는 대포와 교회종 등을 사용해 격렬한 전투를 극적으로 묘사했고, 프랑스 국가인 「라마르세예즈」와 러시아 정교 성가, 제정 러시아 국가, 러시아 민요가 교차한다. 절묘하게 강약과 완급을 오가며 악상을 전개한 표제음악의 걸작으로 꼽는다. 카라얀(Herbert von Karajan)의 베를린필이 1966년 녹음한 음반에는 돈 코사크 합창단이 장중하고 느린 도입부를 힘차게 노래한다.

는 11월 5일을 맞아 잠시나마 그 의미를 되새겨볼까 합니다. 지금 이 순간, 내 입을 막으려고 누군가 전화통에 고함을 질러대고 곧 경찰 특공대가 오겠죠. 왜일까요? 정부가 대화 대신 곤봉을 휘둘러도 언어의 강력한 힘이 의미 전달을 넘어서 들으려 하는 자에게 진실을 전해서죠. 그 진실이란 이 나라가 단단히 잘못되었다는 겁니다. 잔혹함, 불의, 불관용과 억압이 만연하고, 한 때는 자유롭던 비판과 사고, 의사 표현이 가능했지만 이젠 온갖 감시 속에 침묵을 강요당하죠. 어쩌다 이렇게 되었죠? 누구의 잘못입니까? 물론 가장 큰 책임은 정부에 있고 대가를 치르겠지만 이 지경이 되도록 방관한 건 바로 여러분입니다. 이유는 간단해요. 두려웠던 거죠. 누군들 아니겠습니까? 전쟁, 테러, 질병, 수많은 문제가 연쇄 작용을 일으켜 여러분의 이성과 상식을 마비시켰죠. 공포에 사로잡힌 여러분은 서틀러 의장한테 구원을 요청했고 그는 질서와 평화를 약속하며 침묵과 절대 복종을 요구했지요. 어젯밤, 난 침묵을 깼습니다. 재판소를 파괴해 조국에 잊힌 가치를 일깨워줬죠. 400여 년 전 한 위대한 시민이 11월 5일을 우리의 뇌리에 각인시켰습니다. 세상 사람들에게 공정, 정의, 자유가 단순한 단어가 아닌 심오한 단어임을 알리길 원했죠. 눈을 가리고 살았고 정부의 범죄를 알지 못한다면 11월 5일을 무시하고 지나가십시오. 하지만 나와 생각이 같고 내가 느끼는 것과 추구하는 것에 공감한다면 들고일어나십시오. 정확히 1년 후 의사당 앞에서 그들에게 11월 5일의 진정한 의미를 다신 잊지 못하게 해줍시다!"

이비가 임시로 머물고 있는 V의 집은 그림자 갤러리라고 부르는 데서 알 수 있는 것처럼 금지품 압류소 금고에서 가져온 책과 미술품들로 가득 차 있다. 이비는 V에게 의사당을 파괴한다고 해서 이 나라가 더 나아지느냐고 묻는다. V는 "국민들이 정부를 두려워해서는 안 돼. 정부가 그들을 두려워해야 해"라고 대답한다. 국민이 국가의 주인이며 통치자와 정부는 한낱 위임된 권력을 행사하는 봉사자이기 때문에 국가기관은 항상 주권자들에게 관심을 갖고 그들의 기본권 보장에 힘써야 한다는 국민주권론을 강조하는 대사라고 할 수 있다. 국가의 주권이 전체 구성원에게 있으며 그들이 자유롭게 대표를 뽑고 다양한 방식으로 정책 결정 과정을 통제해야 한다는 것을 설파한 이 대사는 민주주의 국가에서는 당연한 공리이다. 하지만 이 영화에 나오는 국가 같은 곳에서는 이와는 반대로 오히려 통치자가 권력을 독점하고 국민들을 통제한다. 건물을 폭파한다고 정부가 국민을 두려워하게 되느냐는 이비의 이어진 질문에 V는 "건물은 상징에 불과하오. 그것을 파괴하는 행위도. 그 건물에 권위를 부여한 사람들이 힘을 합치면 그걸 파괴함으로써 세상을 바꿀 수 있지"라고 말한다.

이비가 V의 집에서 거울을 닦을 때 거기에는 "Vi Veri Veniversum Vivus Vici(나는 진실의 힘으로 생전에 세상을 정복했다)"라는 『파우스트』의 한 글귀가 쓰여 있다. 감독은 왜 괴테의 이 글귀를 영화에 집어넣었을까? 잘 알려져 있듯이 괴테는 독일의 고전주의를 대표하는 작가이면서 바이마르 공국의 국정에 참가한 정치가이기도 하다. 그가 생애에 걸친 대작 『파우스트』에서 파우스트 박사의 말을 빌려, 전제주의 국가가 아니라 자제와 공공 정신에 따라 참다운 자유에 투철한 백성들로 구성된 공화국의 중요성을 피력한 점은 되새겨볼 만하다. 『파우스트』의 마지막 부분에는 이런 구절이 나온다.

인간 지혜의 마지막 결론이란 이러하다. 자유도 생명도 날마다 싸워서 얻는 자만이 그것을 누릴 만한 자격이 있는 것이다. 그래서 위험에 에워싸여 있으면서도 여기에서는 아이고 어른이고 노인이고 값진 세월을 보내게 되리라. 나는 이러한 인간의 무리를 바라보며, 자유로운 땅에서 자유로운 백성과 더불어 살고 싶다(괴테, 2006: 365).

V도 바로 그런 자유를 위해 투쟁한 사람이었다. 그런 이에게 권력자들이 핍박을 가하는 것은 당연한 일이다. 서틀러는 V와 이비에게도 위험한 신념으로 무장하고 사회의 질서를 어지럽히는 테러리스트라는 낙인을 찍고 수배령을 내린다. 두 사람은 방송국 사장이 이라크, 아프가니스탄, 시리아, 수단 등에서 군 복무를 하고, 라크힐 수용소 소장으로 재임한 복무 기록을 찾아낸다. 의사가 남긴 기록을 조사하다가, 생물학 무기 개발에 실험 도구로 희생된 사람들이 있었음을 알게 된다. 그리고 5호실 남자(V)가 실험실 화재에서 살아남았다는 사실도 밝혀진다. V는 책임이 있는 사령관과 주교들을 차례로 응징하는데, 사건 현장에는 어김없이 장미가 놓여 있다. 이비는 친구의 죽음을 경험하면서 거짓이 판치는 세상에 진실은 고귀한 것이라는 점을 깨닫는다. V가 옳았고, 이 나라에 필요한 건 건물이 아니라 희망이라고 말한다.

국가란 국민입니다!

공화국은 공동의 이익을 실현하기 위해 공동체의 구성원들이 공동의 참여와 공동의 결정으로 법을 만들어 통치하는 나라를 가리킨다. 공공성은 공화국이 중시하는 핵심 가치이다. 이를 상기시키는 국내 영화로는 〈변호인〉이 있다. 영화는 부산이라는 공간과 1980년대 초반이라는 시간적 맥락에서 살펴볼 수 있다. 부산은 1990년 3당 합당 이전까지만 해도 야당의 주요 지역적 지지 기반 가운데 하나였다. 특히 1979년 부마항쟁은 유신 체제의 종말을 가져온 사건이다. 그러나 대다수 국민의 바람대로 정치의 봄은 오지 않았고, 새로운 군부 세력이 다시 집권했다. 쿠데타를 통해 집권한 이 '잉여 군사정권'(김영명, 2013: 224)은 숙청과 사이비 개혁을 통해 권력을 공고화하고자 했다. 내란음모 혐의로 김대중에게 사형을 선고했으며, 부패와 정치적 소요의 책임을 물어 800명이 넘는 정치인들의 활동을 금지했고. 언론기관 통폐합과 노동관계법 개정을 통해 언론과 노동 분야에 대한 국가의 통제를 강화했다. 1983년 말 일종의 유화정책을 펼 때까지 억압적인 통치는 지속되었다. 이런 엄혹한 현실에서 군부 정치에 저항한 것은 학생들이었다. 1980년 5월부터 1983년 유화 국면에 이르기까지 1400여 명의 학생들이 투옥되거나 구속되었다. 대다수 법조인들은 고난을 겪는 학생들을 외면했지만 몇몇 변호사들은 이들의 곁에 다가가 친구가 되어주었다.

1100만 명이 넘는 사람이 〈변호인〉을 관람한 이유는 실제 인물과 사건을 바탕으로 했다는 점에 흥미를 느꼈기 때문일 것이다. 이 영화는 암울했던 독재정권하의 현실을 비교적 정직하게 스크린에 담고 있다. 지난 몇 년간 실제 인물과 사건을 소재로 한 영화가 부쩍 많았다. 〈부러진 화살〉, 〈도가니〉, 〈남영동 1985〉, 〈지슬: 끝나지 않은 세월 2〉, 〈또 하나의 약속〉 등이 그것이다. 물론 〈변호인〉은 정치인으로 변신하기 이전의 한 변호사의 삶을 다룬 영화로 본격적인 정치 영화는 아니다. 삼성전자 직업병 피해 사례를 다룬 〈또 하나의 약속〉이 우여곡절 끝에 겨우 개봉관을 잡아 상영을 할 수 있었던 것처럼, 강고한 보수 기득권층의 문제를 다룬 영화에 대한 사회적 압박과 제약은 매우 크다. 이들에 포섭되고 순치된 영화인들이라면 아예 그런 영화는 만들지 않으려 할지도 모르겠다. 그럼에도 좋은 정치 영화는 인간과 역사와 사회를 정확하게 볼 수 있도록 돕고 나아가 더 정의롭고 인간적인 세상으로 진전하는 데 기여하기 때문에 가치가 있다.

이 영화가 사람들의 관심을 끌었던 또 다른 이유는 여전히 바뀐 것이 없는 사법부에 대한 불만을 비록 영화를 통해서나마 어느 정도 해소할 수 있다는 점 때문일지도 모른다. 사법 엘리트가 부당한 권력에 동조하고 기득권층의 이익만을 대변하는 현실은 여전하다. 권력자들이 저지른 범죄에 대한 온정주의적 판결은 지금도 넘쳐난다. '유전무죄, 무전유죄'의 현실은 바뀌지 않았다. 이런 답답한 현실에서 '주류'에서 멀리 떨어진 한 변호사가 부당한 권력에 대항해 진실을 규명하기 위해 분투하는 모습이 관객에게 상당한 공감을 불러일으켰던 것으로 보인다. 그런 점에서 〈변호인〉은 그리스 야당 국회의원 암살 사건의 조직적 은폐를 소신 있게 파헤치는 용기 있는 검사가 주인공인 가브라스의 〈제트〉와 비견될 수 있다.

무엇보다 〈변호인〉은 주인공이 법정에서 절규한 "대한민국 주권은 국민에게 있고 모든 권력은 국민으로부터 나온다. 국가란 국민입니다!"라는 자명한 법구가 지켜지지 않는 현재를 관객이 불편하게 돌아보게 한다는 점에서 좋은 영화이다. 여기서 주인공이 외친 '국가=국민'이라는 주장은 근대 국가가 추진한 국민 형성 과정에서 도출된 것이다. 한 국가의 영토 경계 내에 존재하는 사람들은 결코 동질적이지 않다. 그런 사람들을 국민이라는 이름으로 한데 묶고 이들이 같은 소속감과 충성심을 지니도록 인위적으로 민족주의를 동원하고 대의제 민주주의를 확대한 결과가 국민국가이다. 그런 까닭에 억압과 민주, 배제와 통합의 메커니즘에 입각한 국민화 논리가 반드시 바람직한 것은 아닐 수도 있다. 이 점을 감안해서 본다면 영화에서 주인공이 사용한 국민이라는 용어는 민주공화국을 정체성으로 하는 대한민국이라는 정치적 공동체의 구성원으로서 권리와 의무를 담지하는 시민을 지칭하는 것이라고 할 수 있다. 민주공화국에서 주권자는 시민이고 그런 시민들의 정치적·사회적 연대가 바로 민주공화국이다. 그러나 2008년 촛불시위의 참가자들이 헌법 1조와 2조인 "대한민국은 민주공화국이다!" "대한민국의 주권은 국민에게 있고, 모든 권력은 국민으로부터 나온다!"를 반복적으로 외친 데서 알 수 있듯이, 집권 세력이 국가의 근본정신과 가치인 민주주의와 공화주의에 입각해 위임된 권력을 행사하지 않고 이를 훼손하는 경우도 빈번하다. 이는 권력이 주인에게 돌아가고 있지 않다는 뜻이다.[4]

'기울어진 운동장' 구도에서 불평등과 차별, 배제가 난무하고, 어렵사리 이룩한 민주주의는 한없이 후퇴하고 있는 이 땅의 현실을 돌아보라! "역사를 다시 쓰고 비판자들을 억압하는 가혹한 조치들이 해외에서 한국의 평판에 대한 가장 큰 위험"[5]이라는 유력 외국 언론의 논평까지 나오는 지경이 되었다. 이렇듯 민주공화국의 구성원 개개인이 실제적으로 인간다운 삶을 누릴 수 있는 권리를 보장받고 정의로운 사회를 이룩하는 것은 형식적인 헌법 조

---

4   한 언론인은 한국 정치에 대한 글에서 권력이 실종된 시민에 대해 언급하고 있다. "현대 사회에서 시민은 정부의 소유자가 아닌 정부의 서비스를 받는 고객으로, 공적 목표를 추구하는 집단적 존재가 아닌 개인적 존재로 변했다. 시민은 누군가가 만든 의제에 반응하는 수동적 존재가 되었다. 여론조사가 만들어낸 통계적 가공물, 이게 오늘날의 시민이다"(이대근, 2015).

5   ≪뉴욕 타임스≫는 2015년 11월 19일 자 "한국 정부, 비판자들을 겨냥하다(South Korea Targets Dissent)"라는 제목의 사설을 통해 "(한국은) 독재로부터 민주주의를 일궈낸 것에 대해 자랑스러워할 만하다"라며 "(그러나) 북한의 꼭두각시 체제와 한국을 구별해주던 민주주의적 자유를 대통령이 퇴행시키려고 골몰하는 것처럼 보이는 것은 우려스럽다"라고 비판했다. 신문은 수만 명의 한국인들이 정부의 억압적인 두 가지 조처에 항의하기 위해 거리로 나왔다고 소개한 뒤 "하나는 역사교과서를 정부 발행 교과서로 대체하려는 것이며, 다른 하나는 한국의 족벌 대기업들이 노동자들을 더 쉽게 해고할 수 있도록 노동법을 개정하는 것"이라고 설명했다. 신문은 역사교과서 국정화와 관련해 "대통령이 학생들에게 한국 역사, 특히 민주주의적 자유가 산업화에 방해물이 되는 것으로 간주되던 시기를 미화하기 위한 버전을 배우게 하려고 한다"라고 밝혔다. 또 "대통령이 소셜미디어와 인터넷에서의 비판이나 반대 의견을 통제하려고 한다"라며 전 카카오 공동대표의 최근 사임 소식을 소개했다. 신문은 "한국 경제는 올해 메르스 유행과 중국 등의 수요 감소로 타격을 입었다"라고 하면서도 "그러나 해외에서 한국의 평판에 대한 가장 큰 위험은 경제적인 것이 아니라 정치적인 것으로, 주로 역사를 다시 쓰고 비판자들을 억압하는 대통령의 가혹한 조처들"이라고 강조했다(≪한겨레≫, 2015년 11월 20일 자).

문이나 표를 얻기 위한 정치인들의 공허한 수사로나 존재할 뿐, 현실에서는 실현 불가능한 이상에 불과한지도 모른다. 조니 뎁(Johnny Depp)과 아미 해머(Armie Hammer)가 주연한 〈론 레인저(The Lone Ranger)〉(2013)에서 가면을 쓴 론 레인저는 원주민 주술사에게 다음과 같이 말한다. "세상에 정의는 존재하지 않아. 철도 회사, 경비대들이 세상을 주물러. 그런 자들이 법을 대표한다면 차라리 나는 무법자가 되겠어." 이런 대사가 매우 불편하게 느껴지는 것은 현재 한국 사회의 모습도 이 영화와 그리 크게 다르지 않기 때문이다.

랜드 앤 프리덤 Land and Freedom (스페인·영국·독일, 1995)

감독	**켄 로치**	배우	**이언 하트** Ian Hart
각본	**짐 엘런** Jim Allen		**로사나 파스토르** Rosana Pastor
			이시아 볼레인 Iciar Bollain
			톰 길로이 Tom Gilroy
			마크 마르티네즈 Marc Martinez
			프레더릭 피에로 Frederic Pierrot

마리포사 La Lengua De Las Mariposas (스페인, 1999)

감독	**호세 루이스 쿠에르다** Jose Luis Cuerda	배우	**페르난도 페르난 고메즈** Fernando Fernan Gomez
각본	**라파엘 아즈코나** Rafael Azcona		**마누엘 로자노** Manuel Lozano
	호세 루이스 쿠에르다		**욱시아 블랑코** Uxia Blanco
원작	**마누엘 리바스** Manuel Rivas		**곤잘로 유리아르테** Gonzalo Uriarte
			알렉시스 드 로스 산토스 Alexis de los Santos
			귀예르모 톨레도 Guillermo Toledo

브이 포 벤데타 V for Vendetta (영국·독일, 2006)

감독	**제임스 맥테이그** James McTeigue	배우	**휴고 위빙** Hugo Weaving
각본	**라나 워쇼스키** Lana Wachowski		**내털리 포트먼** Natalie Portman
	앤디 워쇼스키 Andy Wachowski		**존 허트** John Hurt
원작	**앨런 무어** Alan Moore		**스티븐 레아** Stephen Rea
			스티븐 프라이 Stephen Fry
			팀 피곳 스미스 Tim Pigott-Smith

한 아나키스트의 고백 (Buenaventura Durruti, Anarquista, 2000)   장루이 코몰리(Jean-Louis Comolli) 감독

살라미나의 병사들 (Soldados De Salamina, 2003)   다비드 트루에바(David Trueba) 감독

변호인 (2013)   양우석 감독

참고문헌

김영명. 2013. 『대한민국 정치사: 민주주의의 도입, 좌절, 부활』. 일조각.

괴테, 요한 볼프강 폰(Johann Wolfgang von Goethe). 2006. 『파우스트 1·2』. 이인웅 옮김. 문학동네.

로젠스톤, 로버트 A.(Robert A. Rosenstone). 엮음. 2002. 『영화, 역사: 영화와 새로운 역사의 만남』. 김지혜 옮김. 소나무.

마키아벨리, 니콜로(Niccoló Machiavelli). 2003. 『로마사 논고』. 강정인·안선재 옮김. 한길사.

무어, 앨런(Moore, Alan). 2008. 『브이 포 벤데타』. 정지욱 옮김. 시공사.

박찬승. 2013. 『대한민국은 민주공화국이다: 헌법 제1조 성립의 역사』. 돌베개.

비버, 안토니(Anthony Beevor). 2009. 『스페인 내전: 20세기 모든 이념들의 격전장』. 김원중 옮김. 교양인.

세르카스, 하비에르(Javier Cercas). 2010. 『살라미나의 병사들』. 김창민 옮김. 열린책들.

스키너, 퀜틴(Quentin Skinner). 2010. 『마키아벨리의 네 얼굴』. 강정인·김현아 옮김. 한겨레출판.

블랑코 아기나가, 카를로스(Carlos Blanco Aguinaga)·홀리오 로드리게스 푸에르톨라스(Julio Rodriguez Puertolas)·이리스 사발라(Iris M. Zavala). 2013. 『스페인 문학의 사회사 4: 20세기, 위기의 군주정, 공화정, 내전』. 정동섭 옮김. 나남출판.

안재원. 2004.10.8. "시민은 종족과 국가의 분리를 통해 탄생한다!" ≪프로메테우스≫.

에드워즈, 마이클(Michael Edwards). 2005. 『시민사회: 이론과 역사, 그리고 대안적 재구성』. 서유경 옮김. 동아시아.

이대근. 2015.10.14. "한국 정치가 나빠지는 이유." ≪경향신문≫.

조승래. 2010. 『공화국을 위해: 공화주의의 형성 과정과 핵심 사상』. 길.

조한상. 2009. 『공공성이란 무엇인가』. 책세상.

키케로, 마르쿠스 툴리우스(Marcus Tullius Cicero). 2007. 『국가론』. 김창성 옮김. 한길사.

터너, 브라이언 S.(Brian S. Turner). 1997. 『시민권과 자본주의』. 서용석·박철현 옮김. 일신사.

토크빌, A.(Alexis de Tocqueville). 1997. 『미국의 민주주의 I』. 임효선·박지동 옮김. 한길사.

포콕, 존 G. A.(John G. A. Pocock). 2011. 『마키어벨리언 모멘트 1: 피렌체 정치사상과 대서양 공화주의 전통』. 곽차섭 옮김. 나남.

한홍구. 2014. 『유신: 오직 한 사람을 위한 시대』. 한겨레출판.

홍익표. 2013. 「공화국: 박제된 공화국의 이상」. 『한국 정치를 읽는 20개의 키워드: 신자유주의부터 포퓰리즘까지』. 오름.

황보영조. 2014. 『토지, 정치, 전쟁: 1930년대 에스파냐의 토지개혁』. 삼천리.

힐, 존(John Hill). 2014. 『켄 로치: 영화와 텔레비전의 정치학』. 이후경 옮김. 컬처룩.

Rosenstone, Robert A. 1995. "The Historical Film as Real History." *Film-Historia*, Vol.V, No.1.

찾아보기

지은이 **홍익표**

부산대학교 사회교육연구소 부소장. 독일 함부르크 대학교에서 정치학 박사 학위를 취득했다. 아태평화재단 책임연구위원·선임연구위원, 한국국제정치학회 국제지역연구소 전임연구원, 경남대학교 극동문제연구소 객원연구위원을 역임했다. 고려대학교 대학원, 연세대학교 등에 이어 현재는 부산대학교, 서울교육대학교에서 정치학을 가르치고 있다.

저서로는 『유럽의 민주주의: 발전 과정과 현실』, 『한국 정치를 읽는 20개의 키워드: 신자유주의부터 포퓰리즘까지』가 있고, 공저로는 『왜 시민주권인가?』, 『세계화 시대의 정치학』, 『세계화 시대의 국제정치경제학』, 『왜 민족음악인가?: 다시 읽는 유럽의 민족주의와 음악』, 『남북한 통합의 새로운 이해』, 『유럽 질서의 이해: 구조적 변화와 지속』, 『유럽연합 체제의 이해』, 『정치적 현실주의의 역사와 이론』, 『국제사회의 이해』, 『북한, 그리고 동북아』 등이 있다.

한울아카데미 1903

시네마 폴리티카
영화로 읽는 정치적 삶과 세계

ⓒ 홍익표, 2016

지은이 **홍익표**
펴낸이 **김종수**
펴낸곳 **한울엠플러스(주)**
편집책임 **이수동**
편집 **양선화**

초판 1쇄 인쇄 **2016년 7월 5일**
초판 1쇄 발행 **2016년 7월 15일**

주소 **10881 경기도 파주시 광인사길 153 한울시소빌딩 3층**
전화 **031-955-0655**
팩스 **031-955-0656**
홈페이지 **www.hanulmplus.kr**
등록번호 **제406-2015-000143호**

Printed in Korea.
ISBN 978-89-460-5903-0 93300 (양장)
    978-89-460-6180-4 93300 (학생판)

* 책값은 겉표지에 표시되어 있습니다.
* 이 책은 강의를 위한 학생판 교재를 따로 준비했습니다.
  강의 교재로 사용하실 때에는 본사로 연락해주십시오.

용어

(ㄱ)